LES GRANDS ENJEUX DES DROITS HUMAINS EN AFRIQUE

Regards croisés

Tome 1

CENTRE D'ETUDES, DE RECHERCHE ET DE PROSPECTIVE EN AFRIQUE (CERPA)

Sous la direction de :
Eloi DIARRA
Mamadou Bakaye DEMBÉLÉ
Amadou SOW
Mamadou DIAWARA
Zoumana DIARRA
Samba DIAMBOU

LES GRANDS ENJEUX DES DROITS HUMAINS EN AFRIQUE

Regards croisés

Tome 1

Préface de Mohamed Lemine Salem MOHAMED BEIBA
Représentant Résident-UNFPA-Mali

Avant-propos du Pr Eloi DIARRA
Professeur émérite, agrégé des facultés de droit

L'Harmattan
Mali

Les grands enjeux des droits humains en Afrique : Regards croisés

Acte de colloque international du 29 au 30 Janvier 2024
Avec l'appui financier du Fonds des Nations Unies pour la Population (FNUAP-MALI)

ACI2000 Bamako - Immeuble Jean-Marie CISSE - Bureau 10
Tél.: +223 76 43 00 66 /+223 66 89 33 72
www.harmattanmali.com

Couverture et mise en page : Coco Joyce

ISBN : 978-2-336-56473-9
EAN : 9782336564739

Membre du comité scientifique

PRESIDENT DU COMITE SCIENTIFIQUE

Pr. Eloi Diarra, Professeur Emérite, Agrégé des facultés, Université de Rouen (France)

MEMBRE DU COMITE SCIENTIFIQUE

Pr. Bakary CAMARA, Professeur Titulaire des Universités, Agrégé des facultés, Université des Sciences Juridiques et Politiques de Bamako.

Pr. Alain Kenmogne SIMO, Professeur Titulaire, Agrégé des facultés, Université de Yaoundé II SAO.

Pr. Pélagie THEOUA N'DRI Professeure Titulaire des Universités, Agrégée des facultés, Vice-Présidente de l'Université Alassane Ouattara de Bouaké (Cote d'Ivoire) .

Pr Catherine Maia, Professeure à l'Université de Lusofo (Portugal).

Pr. Mbissane NGOM, Professeur Titulaire, agrégé des facultés, Université Gaston berger de Saint Louis (UGB) (Sénégal).

Pr Abdoul AZIZ DIOUF, Professeur Titulaire, Agrégé des facultés à l'Université Cheick Anta Diop de Dakar (Sénégal).

Pr. Abdoulaye SOMA, Professeur Titulaire, Agrégé des facultés, Université Thomas SANKARA de Ouagadougou (Burkina Faso).

Pr. Brehima KAMENA, Maitre de Conférences, Agrégé des facultés, Université des Sciences Juridiques et Politiques de Bamako, Recteur de l'Université de l'USJPB (Mali).

Pr. Bouréma KANSAYE, Professeur Titulaire à l'Université des Sciences Juridiques et Politiques de Bamako, Recteur de l'Université de l'USJPB) (Mali).

Pr. Cheick Amala TOURE, Professeur Titulaire, Doyen de la faculté des Sciences Administratives et Politiques de Bamako (Mali).

Pr. Mamadou Lamine Dembélé, Maitre de Conférences, Agrégé des facultés, Université des Sciences Juridiques et Politiques de Bamako, Vice-Recteur de l'Université de l'USJPB (Mali).

Pr. Sidy Alpha NDIAYE, Maitre de conférences, Agrégé des facultés, Université Cheikh Anta Diop, Directeur de l'Institut des Droits l'Homme de l'UCAD (Sénégal).

Pr. Ramsès AKONO, Maitre de Conférences, Agrégé des facultés, Université de Ngaoundéré (Cameroun).

Pr. Mamadou Bakaye DEMBELE, Maitre de Conférences, Agrégé des facultés, Université des Sciences Juridiques et Politiques de Bamako (USJPB) (Mali).

Pr. Boubou KEITA, Maitre de Conférences, Agrégé des facultés, Université des Sciences Juridiques et Politiques de Bamako (USJPB) (Mali).

Pr. Kissima GAKOU, Maitre de Conférences, Université des Sciences Juridiques et Politiques de Bamako (USJPB).

Pr. Dianguina TOUNKARA, Maitre de Conférences, Université des Sciences Juridiques et Politiques de Bamako (USJPB)

Dr. Sékou faco CISSOUMA, Maitre-Assistant, Université des Sciences Juridiques et Politiques de Bamako (Mali).
Dr. Zoumana DIARRA, Maitre-Assistant, Université des Sciences Juridiques et Politiques de Bamako (USJPB) (Mali).

Acte du colloque international du CERPA sur les grands enjeux des droits humains en Afrique : regards croises

Avec l'appui :

UNFPA

CNDH

ONU-FEMMES

USJPB

Président d'honneur du CERPA

Pr Eloi DIARRA

Directeur Exécutif du CERPA

Dr Mamadou DIAWARA

Directeur des Etudes, de Recherche et de la Prospective du CERPA

Dr Amadou SOW

Directeur de programme du CERPA

Samba Diambou

Membre du CERPA

Abdoulaye ZALLE

Oumou Abdoulaye

Dr Jeanine TANO-BIAN

Dr Fanta Coulibaly .

AVERTISSEMENTS

« Les opinions exprimées dans cette publication sont celles des auteurs et ne reflètent pas celles du CERPA, de la CNDH, de l'ONU FEMMES et de l'UNFPA»

REMERCIEMENTS

Nous souhaitons exprimer notre profonde gratitude à toutes les personnes et institutions qui ont contribué à la réalisation de cet ouvrage.

Nos remerciements vont tout particulièrement à **l'UNFPA-Mali, l'USJPB, ONU FEMMES et la CNDH** pour leur soutien précieux, qui a permis de concrétiser ce projet. Leur engagement a été essentiel tout au long de ce travail.

Un merci spécial à **Caroline Muller** pour sa collaboration, son soutien constant et ses précieux conseils.

Nous tenons à faire une mention spéciale à **Madame Faye Nana Mouneissa TOURE**, pour son engagement indéfectible et son soutien essentiel tout au long de cette démarche. Sa vision et son expertise ont été une source d'inspiration pour ce projet.

Une mention spéciale au Professeur **Mamadou Lamine DEMBELE**, pour son soutien technique et scientifique pour la réalisation du colloque.

Une mention toute particulière à **Eloi Diarra**, pour sa contribution exceptionnelle et son rôle clé dans l'aboutissement de cet ouvrage.

Son professionnalisme, son enthousiasme et son engagement a été déterminant pour la réussite de ce travail.

Enfin, nous adressons une mention spéciale à **Yves SASSENRATH**, pour avoir cru en ce projet dès le début. Son soutien et sa confiance ont été des moteurs essentiels pour la concrétisation de cette initiative.

Merci à toutes et à tous pour votre collaboration et votre soutien sans faille.

SOMMAIRE

Préface

Les grands enjeux sur les droits humains en Afrique : Regards croisés " est un ouvrage qui présente une perspective multidisciplinaire sur les droits humains en Afrique. L'ouvrage est un acte issu du colloque sur les grands enjeux des droits humains en Afrique : Regards croisés.
L'ouvrage examine d'abord les différents regards croisés des experts, offrant ainsi une vision complète et approfondie des droits de l'Homme en Afrique. Il aborde plusieurs thématiques, notamment les droits humains et la santé sexuelle et reproductive/VBG/pratique néfaste, les droits humains et les personnes déplacés, les apatrides, les refugies, les droits humains et la justice transitionnelle/genre/paix et sécurité ; droits humains et l'environnement, les droits humains et le numérique ;les droits humains et l'entreprise ;les droits humains et la procédure judiciaire ;les droits humains et la démocratie, les droit humains et la sociétés traditionnelles africaines.
Il convient de souligner que ce colloque s'inscrit dans la mise en œuvre des recommandations de l'Examen Périodique Universel (EPU). Ce mécanisme, instauré par le Conseil des droits de l'homme des Nations Unies, vise à évaluer la situation des droits humains dans chaque État membre et à formuler des recommandations spécifiques pour renforcer la protection et la promotion de ces droits.
En organisant cette rencontre, les participants répondent à l'appel à l'action lancé dans le cadre de l'EPU, en contribuant à la diffusion des bonnes pratiques et à la consolidation des acquis en matière de gouvernance, d'éducation et de justice sociale. Cet événement permet non seulement d'approfondir les réflexions sur les réformes nécessaires, mais aussi de valoriser les initiatives académiques et scientifiques alignées sur ces objectifs.
Penser les droits humains en termes de catégorie juridique est une vue de l'esprit qui ne s'accommode plus aux mutations de notre modernité juridique. Ils renvoient davantage à un paradigme transportant, un enjeu de civilisation. En ce sens, comme objet civilisationnel, ils transgressent les frontières classiques du droit et réinventent une nouvelle épistémologie du droit en Afrique. Ils déstructurent les classifications traditionnelles, devenues anachroniques, et créent des passerelles ou des congruences disciplinaires. En somme, les droits de l'homme essaiment dans toutes les disciplines. Cet ouvrage invite à saisir le paradigme transdisciplinaire des droits de l'homme par la convocation d'une charge critique de catégories perçues, à travers les différentes contributions réunies, comme des espaces d'expression des droits fondamentaux. L'ouvrage parcourt, décrit et explique la dualité de l'univers épistémique des droits de l'homme. D'une part, le prisme horizontal des rapports sociaux individu-individu questionne le vivre-ensemble africain. D'autre part, le versant vertical des relations État-individu interpelle sur une querelle dont l'arbitrage en faveur de

l'une ou de l'autre des parties au dialogue débouche soit sur l'autoritarisme, soit sur le tournant de la démocratie libérale. Au demeurant, l'interdit totalitaire explique la sur-présence des droits de l'homme dans toutes les catégories juridiques. C'est en cela que sa dimension paradigmatique est postulée. L'ouvrage en ce sens est éclectique en ce qu'il aborde, sans être exhaustif, la santé sexuelle et reproductive, les VBG, les refugies, les apatrides, les déplacés, la justice transitionnelle, l'environnement, le numérique, l'entreprise, la démocratie, le pouvoir dans ses différents avatars, les normes qu'il s'agisse de celles de l'ordre juridique ou qu'il s'agisse des normes sociales traduisant un « code culturel » non positivé. Par conséquent, l'ouvrage propose une introspection dans les linéaments de l'État de droit dans sa vocation substantielle et non pas seulement formelle. La mobilisation des universitaires, des organisations internationales, les défenseurs des droits de l'homme, la société civile confirme la vocation transversale et transfrontière de l'ouvrage. Cet ouvrage essaye de convaincre que les droits de l'homme sont des « ressources dogmatiques communes » à toutes les disciplines. Cet empirisme, postulé par la fondamentalisation du droit ou des droits, se manifeste à plusieurs égards : les questions de santé sexuelle et reproductive ne sont que le sous-produit du droit de la santé, la violence basée sur le genre, les pratiques néfastes etc.

D'autres catégories juridiques postulent la même filiation fondamentale, la voie de fait et l'emprise irrégulière notamment.

Je vous invite donc, cher lecteur, à plonger dans ces pages et à découvrir non seulement les défis mains aussi les potentialités d'un continent dont le destin est étroitement lié à l'humanité tout entière. Que ce livre nous inspire à agir, à comprendre et à participer activement à la construction d'un avenir ou les droits humains ne sont pas un privilège, mais un droit effectif pour tous.

Représentant Résident-UNFPA-Mali
Mohamed Lemine Salem MOHAMED BEIBA

Avant-propos

Eloi DIARRA,
Professeur émérite, agrégé des facultés de droit, président du Comité scientifique du Centre d'études, de recherche et de prospective en Afrique (CERPA)

Avant-propos. Avant de parler. Avant de dire le fond. Introduire, en somme. Ou, tout simplement, préambule.

Cher lecteur, pourquoi un si copieux et volumineux ouvrage sur « Les grands enjeux des droits humains en Afrique : Regards croisés » ?

Tout d'abord, parce que les droits humains en Afrique constituent, en eux-mêmes, un défi majeur pour l'Afrique. Non pas que la notion n'existait pas en Afrique. Bien au contraire ! Toute société quelque peu organisée secrète automatiquement des règles concernant les individus et que l'ensemble de la collectivité se doit de respecter. On a souvent plus mis l'accent sur la solidarité africaine que sur l'individu africain. Mais cela relève davantage des prismes idéologiques que de la réalité. Car même dans les sociétés occidentales, dites « individualistes », c'est précisément pour sauvegarder la communauté que les règles de respect de chacun dans son intégrité, dans son droit à la vie, de se marier, de se reproduire, dans son droit de travailler, de se déplacer, etc. ont été élaborées. Ces oppositions sont des facilités auxquelles il ne convient plus de succomber aujourd'hui. Notons, avant de passer les différents sujets soumis à la sagacité du lecteur, que le colloque a été organisé au Mali, dans un contexte de crise sécuritaire, de recherche d'affirmation de la souveraineté et de l'appropriation des ressources naturelles du pays. Ces éléments ont évidemment un impact sur les thématiques proposées aux contributeurs.

I – Le constant. Et donc, les droits humains sont, en eux-mêmes un défi majeur, pour l'Afrique. Ces droits existent, puisqu'ils sont proclamés dans les constitutions, ils sont largement décrits dans de grands textes internationaux, conventions, chartes et autres que les nations africaines se sont appropriés depuis des décennies maintenant.

Hélas, ce n'est pas parce que les droits et libertés sont proclamés qu'ils sont effectivement mis en œuvre. Alors, le premier objectif des Actes de ce colloque qui s'est déroulé du 29 au 30 janvier 2024 (avec l'appui financier du Fonds des Nations-Unies pour la population – FNUAP Mali) est de poser la grave question : « Et si, non contente d'être à la traine en matière de développement industriel, scientifique, technologique, l'Afrique se classait également parmi les derniers en matière de mise en pratique des droits humains » ! Ah, non ! A Dieu ne plaise ! Oui, l'Afrique a un challenge à relever. Durant notre carrière, à la sollicitation d'étudiants, nous avons assuré la direction de nombreuses thèses ; à la demande de collègues, nous avons participé aux jurys de thèses plus nombreuses encore. Et plusieurs fois, l'intitulé de ces travaux universitaires était ainsi libellé : « l'effectivité du droit de l'environnement au Sénégal, l'effectivité du contrôle de constitutionnalité dans tel pays, l'effectivité des règles budgétaires dans le droit financier de tel autre, sans parler de ceux qui évoquaient l'effectivité des droits des femmes, de l'effectivité du droit électoral, de l'effectivité de l'alternance politique, de l'effectivité du contrôle financier, de l'effectivité de l'égalité devant l'impôt, etc. Et donc, le défi des droits humains en Afrique est bien celui de leur effectivité ! Trop et trop souvent, il y a loin du texte proclamé à la réalité quotidienne vécue par les populations africaines, par les peuples africains. Ces échecs, ces ineffectivités nombreuses sont la résultante d'un double échec, celui de l'Etat et des hommes. De l'Etat qui soit ne prend pas les mesures nécessaires à l'application des textes adoptés, de l'Etat qui ne sanctionne pas, de l'Etat qui soit est lui-même un violeur des droits des individus lorsque, condamné par le juge, il n'exécute pas la décision, lorsqu'il exproprie injustement ou ne paie pas à ses clients en temps voulu ce qui leur est dévolu par la règlementation. Echec des hommes qui ne respectent pas mutuellement leurs droits, par la violence, par l'intrigue, par le vol, la prévarication ou la destruction et l'extorsion.

II – Ce qui semble désormais acquis, ce n'est pas l'existence des textes. C'est fait. Ils existent. Et certains droits semblent désormais ne pas souffrir de trouble majeur : la liberté d'aller et de venir à l'intérieur du même territoire – il n'en va pas forcément de même de la liberté de circulation d'un Etat à l'autre pourtant reconnue dans de nombreux traités fondant des communautés ou des coopérations commerciales et douanières entre Etats africains. Le droit à la vie ne souffre pas non plus d'atteintes majeures, si ce n'est dans certains codes pénaux où la peine de mort subsiste. Ne pas confondre néanmoins le droit à la vie avec le droit à la sûreté où à la sécurité de soi ou tout simplement le droit à l'alimentation ou le droit à un environnement sain et salubre. Le droit au mariage fait partie également des acquis, même si la liberté dans le droit au mariage n'existe pas toujours, avec la pratique des mariages précoces ou des mariages forcés dans les tranches traditionnelles des sociétés africaines. Voire parfois au-delà. Sur le plan politique, la démocratie a ouvert la participation de tous au suffrage, c'est-à-dire à la qualité d'être électeur ou éligible. Dans la foulée, la liberté d'expression, à travers une presse libre s'est épanouie, même si les pouvoirs de tous bords tentent toujours de la contrecarrer. Il en est de même de la liberté syndicale qui a connu un grand développement, avec la multiplication des centrales, elles aussi constamment sous le regard sourcilleux des tenants du pouvoir. Parmi les libertés économiques, il convient de signaler l'installation de la liberté d'entreprise ; celle-ci a offert, sur les trente-cinq dernières années, des progrès remarquables au continent, dans le domaine économique, industriel, bancaire, hôtelier, l'informatique et dans l'agriculture. Tous ces acquis sont désormais permanents et il paraît difficile de revenir en arrière. Mais ces quelques victoires ne doivent pas cacher la forêt qu'il reste à investir, c'est-à-dire les nombreux domaines où il y a tant de progrès à faire. D'autant plus que les droits et libertés ne sont pas statiques : ils sont en

constante mutation, en fonction des mutations sociales, techniques et scientifiques.
III – En dépit de ces acquis, des progrès sont encore nécessaires dans de nombreux autres domaines et dans les strates de la société. Ainsi, si l'égalité de tous est proclamée, les discriminations fondées sur l'origine sociale, la couleur, le sexe ou la religion demeurent très fréquentes dans toutes les sociétés, y compris africaines. Si l'enfant est protégé dans les textes contre le travail précoce, le trafic de personne ou l'enrôlement dans des groupes armés, celui ci, dans les faits, se trouve fréquemment confronté à des pratiques totalement contraires. Si l'esclavage est interdit, il demeure une réalité dans de nombreuses strates des sociétés africaines. Si toute personne a droit à un procès équitable, dans un délai raisonnable, combien de millions de personnes n'ont pas accès à la justice, tout simplement parce qu'elles sont trop éloignées, dans le temps et dans l'espace, des juridictions et de ce fait, n'y ont pas accès. Aussi, c'est soit la justice personnelle, soit la justice traditionnelle qui continuent de prévaloir largement. Mais c'est surtout dans le domaine des droits économiques et sociaux que le bât blesse le plus. Si l'éducation est un droit, il reste que le manque d'enseignants et d'établissements scolaires interdisent l'accès à l'instruction pour des milliers et des milliers d'enfants ou de jeunes adultes et même moins jeunes. Et le grand chômage des jeunes ne s'explique pas autrement que par le fait qu'un grand nombre n'a pas accès à la formation, à la préparation à un métier, dans un monde où l'agriculture, activité la plus répandue, n'est pas suffisamment rémunératrice. Et que dire du droit au travail, du droit au logement, à la santé, à la protection sociale ou aux loisirs. Dans tous ces domaines, les textes internationaux ou nationaux n'expriment que des vœux pieux, puisqu'aucune sanction ne vient frapper la défaillance de l'Etat ou tout simplement lui imposer une obligation de fourniture ou de prestation. Et les personnes privées ne peuvent pallier les insuffisances étatiques. Combien de mal-logés ? Heureusement, le temps est plus climat sous les tropiques que dans les zones tempérées ! Quant à la santé, l'insuffisance des hôpitaux, leurs équipements vétustes, l'insuffisance des centres de santé sur l'ensemble du territoire contraignent bon nombre de personnes à recourir à des formes de soins qui relèvent plus des pratiques magiques que de véritables traitements médicaux. Et quand ces hôpitaux et centres de santé existent, les coûts d'accès aux consultations et aux soins sont excessifs au regard du pouvoir d'achat des populations. Fort heureusement, on assiste à un développement remarquable de la pharmacopée traditionnelle africaine : elle est la voie de salut du plus grand nombre. Et que dire du droit à un environnement sain et durable ? Plus qu'un vœu, n'est-ce pas une lubie, car sa réalisation dépasse largement le cadre national pour être un enjeu international dont les protagonistes principaux sont au nord ou à l'est de notre planisphère. Le sud global n'est-il pas quasiment démuni, lui, la principale victime des plus grands pollueurs et qui refusent d'assumer financièrement les dégâts causés à notre maison commune, la terre ! Et l'on pourrait continuer l'inventaire des domaines où le gant de l'effectivité des droits humains doit être relevé.

Mais si nous avons jugé bon d'organiser ce colloque dont les actes sont ici réunis, c'est précisément parce qu'il faut aller plus loin, car dans de nombreux secteurs, la mise en œuvre des droits humains se heurte à de nouveaux paradigmes, disons plus simplement, de nouveaux paramètres sociétaux, conflits mondiaux, remises en cause planétaires, extrémismes violents source d'une insécurité grandissante, paramètres économiques ou technico-industriels. Tous ces éléments concourent à remodeler l'exercice des droits humains, individuellement et collectivement. C'est ce qui explique l'ensemble des thématiques retenues.

IV – Lire les problématiques retenues. Elles sont au nombre théorique de neuf. Elles auraient pu être élargies, à douze, vingt ou trente. Celles-ci nous sont apparues comme les plus pertinentes. C'est au sein de ces problématiques que se sont inscrites les différentes contributions des auteurs auxquelles il sera fait allusion dans les développements qui suivent.

(1) La première porte sur la femme, sur les violences dont elle est plus spécifiquement victime, en société en temps normal, mais aussi en temps de guerre et d'insécurité.

Les différents intervenants nous interrogent sur les droits de la femme dans le cadre de la planification familiale, sur les violences entre femmes, dans le cadre de la polygamie.

Mais surtout, ils nous posent la question des droits de la femme sur son corps, des hommes et des femmes sur les produits du corps, tels les spermes et les ovules ; ils nous questionnent sur les droits de l'homme et de la femme dans le cadre d'une interruption volontaire de grossesse. Enfin, si toute personne a droit à la santé, qu'en est-il de la santé sexuelle et productive des femmes en Afrique ? L'étude comparée du droit positif du Sénégal et du Mali est alors éclairante, en ce sens que l'avortement médicalisé est le seul reconnu et qu'il est très encadré. Sans doute que des marges existent pour élargir les droits de la femme. Mais ne sommes-nous pas en face de sociétés très patriarcales et en même temps très marquées par la religion musulmane pour laquelle le respect de la vie dès la conception est fondamental ?

(2) En ce qui concerne les personnes déplacées, réfugiées, migrantes, le lecteur est appelé à réfléchir sur la notion même de migrants ou de réfugiés : peut-on être considéré comme réfugié ou migrants ou déplacés dans son propre pays ? Il semblerait que ces concepts doivent être reconnus dans le contexte actuel africain si l'on veut pour toutes ces personnes des mesures efficaces. De façon connexe, la situation de l'enfant, au regard de la charte africaine des droits et du bien-être de l'enfant et du droit marocain est abordée de façon très éclairante. En la matière, la seule boussole utile est celle de « l'intérêt supérieur de l'enfant ». C'est également à cette source qu'il faut remonter si l'on veut vaincre le syndrome épouvantable de l'apatridie qui met toute personne dans une précarité infinie ! .

(3) La troisième thématique nous ramène encore et toujours aux droits de la femme. N'est-elle pas l'autre moitié – si ce n'est plus – de l'humanité ? Ainsi, c'est sous le prisme des droits de la femme qu'il faut lire l'intéressante contribution portant sur « l'atteinte au corps de la femme comme champ de

bataille en temps de guerre ». Les viols, violences et autres maux dont elle est victime montrent à suffisance combien l'humanité a de grandes marges de progression en la matière pour sortir de la bestialité . Et quand bien même, on serait en temps de paix, est-ce pour autant que la femme dispose des mêmes droits que l'homme ? Le cas du Mali montre bien l'abysse entre le texte et la réalité ou plus être plus exact la dichotomie ou la césure entre deux mondes, le monde des citadins et le monde des ruraux, le monde de ceux qui ont accès à une culture dite moderne et le monde de ceux qui sont restés dans la culture traditionnelle africaine. Ainsi, les beaux projets du président malien de 2002 à 2012 de faire en sorte que la part de la femme malienne représente au moins 36 % des fonctions publiques sont très éloignés des objectifs, encore à ce jour. Et n'évoquons pas l'épineuse question de la place des filles dans les successions au Mali. Le pluralisme juridique que le droit de la famille et des successions a intégré fait encore qu'aujourd'hui la fille ne représente que la moitié du garçon. Aussi est-il important que l'accent soit mis sur l'autonomisation économique de la femme, celle qui souffre d'un handicap tout comme celle qui est en pleine possession de tous ses membres.

Sous cette rubrique est évoquée l'épineuse question du droit à la vie en période de conflit, quelles garanties pour celle-ci dans un tel contexte ? Quel rôle peut jouer la justice transitionnelle qui permet de relier la tradition et les auteurs de violence contre de simples et paisibles citoyens ? Comment et sur quelles bases établir la réconciliation entre belligérants et victimes ? Ces questions sont bien complexes, mais démontrent les paramètres nouveaux auxquels les droits humains sont confrontés, en particulier celui des conflits dus à l'extrémisme islamiste violent dans la zone du sahel.

(4) Est toute aussi nouvelle la confrontation des droits des personnes avec la donne qu'est le changement climatique. Celui-ci provoque des désertifications, des inondations et par conséquent des déplacements de populations. Victimes de l'action économique humaine, ces personnes méritent protection, mais qui doit la leur fournir : leur seul Etat d'origine ou l'ensemble de la communauté internationale, collectivement responsable de la catastrophe ? Sans doute que la réponse se doit d'inclure les deux.

(5) Et tout aussi brutale est la confrontation des droits humains au numérique. Celui-ci est autant une chance dans la protection des droits humains qu'une menace à leur égard.

Comme la langue, le numérique, avec l'intelligence artificielle, est autant la meilleure que la pire des choses pour les droits et libertés. L'homme saura-t-il en tirer le meilleur pour lutter contre la cybercriminalité ? Saura-t-il l'utiliser pour protéger le droit à une vie privée, dans l'intimité de la personne, jusque dans la lutte contre l'usurpation d'identité ? Les pouvoirs publics ne seront-ils pas tentés de priver les individus d'avoir accès à l'information fournie par ce canal, lequel tend à devenir l'un des vecteurs majeurs dans la communication ? Les contributions fournies sur ces sujets sont d'un intérêt certain. Ici, l'exemple de la règlementation camerounaise est éclairant, sur une question quasi-scabreuse. La leçon à retenir étant qu'il ne faut jamais baisser la garde.

(6) Est plus ancien le choc entre les droits de l'homme et l'entreprise. Mais ici l'entreprise mise en avant est celle de l'exploitation minière, laquelle dégrade souvent l'environnement et le milieu de vie d'une population agricole – le plus souvent – sans lui apporter les moyens financiers d'un recyclage dans de nouvelles activités économiques. Il s'agit aussi de l'entreprise multinationale dont la toute puissance des années 1970 à 2010 doit être vigoureusement remise en cause ; mieux, on doit lui rappeler qu'elle est au service de la société et non pas l'inverse, sous peine de mettre en jeu sa responsabilité pénale, car elle doit désormais inclure les droits humains dans sa politique de développement.

(7) Le garant du respect des droits est le juge. Pour qu'il joue ce rôle, encore faut-il avoir accès à lui. Ce qui n'est pas toujours aisé, à cause de problèmes financiers, ou de l'inaction des protecteurs des droits, individus comme associations, comme on peut le constater dans le cas sénégalais. Mais jusqu'où le juge et la procédure civile peuvent-ils aller ? Ainsi, quels sont les droits du terroriste dans le cadre d'une garde à vue ? Dans le cadre de la procédure, est-il judicieux d'ériger la transaction comme principe d'extinction de l'action publique ? ne serait-ce pas une forme déguisée d'amnistie ?

Dans quelle mesure la contrainte par corps peut-elle être utilisée sans vicier la procédure ? Ou encore, dans quelle mesure les voies d'exécution de l'OHADA peuvent-elles contribuer au respect des droits humains ? Quelles techniques d'enquête faut-il utiliser dans le cadre de la criminalité transnationale et du terrorisme ? Des techniques plus sophistiquées et plus hardies que dans les cas ordinaires, car la traque de ces crimes est très difficile.

(8) Le champ politique, en particulier la démocratie et son exercice, à travers l'élection, met également les droits humains à l'épreuve. Aussi, l'un des contributeurs s'interroge-t-il sur l'esprit de Kurukanfuga et la reconstruction démocratique au Mali ; deux autres sur l'attitude de la CEDEAO face aux coups d'Etat constitutionnels et militaires dans l'ouest-africain. Dans tous ces cas, la question est celle du droit à l'élection, à la représentativité et à la conquête pacifique du pouvoir. Dans la deuxième interrogation, il apparaît bien que la CEDEAO ne s'est pas dotée de moyens suffisants pour contrer ces atteintes à la démocratie. De façon plus directe, on se demande si les régimes d'exception en place au Mali depuis 2020 et au Burkina-Faso depuis 2021 n'essaient pas quand même de singer la démocratie en usurpant les procédures d'investiture constitutionnelle, faisant ainsi semblant de se plier à la loi fondamentale du pays alors qu'il n'en est rien. Il en résulte une fragilisation des droits de l'homme, au contraire d'un régime véritablement démocratique où les droits sont non seulement formalisés juridiquement, mais sont également protégés par les juges nationaux et internationaux.

(9) Mais les droits humains dans leur vision d'aujourd'hui ne peuvent pas ne pas questionner la société traditionnelle africaine en général, malienne en particulier. Ainsi, le débat sur le communautarisme et sur l'individualisme dans le prescriptif

des sociétés africaines est-il invité dans le débat. Dans un segment plus restreint, mais caractéristique du droit traditionnel africain, on se demande quels sont les droits extrapatrimoniaux du neveu, tout comme on se demande comment concilier les règles du mariage traditionnel et les droits fondamentaux de la femme en Côte d'Ivoire, eu égard au fait que la femme dans ce cas a si peu droit à la parole, alors que son consentement doit être requis. Deux autres interrogations sont formulées. La première est relative au droit d'accès aux herbages et à l'eau pour les éleveurs dans la zone du Sahel, car ils doivent cohabiter avec les agriculteurs et cultivateurs. La seconde, iconoclaste, se demande si l'on ne devrait pas étendre les compétences de la justice coutumière traditionnelle au risque de tordre le droit processuel en vigueur. La société africaine traditionnelle admettait l'esclavage : sa condamnation expresse par les constitutions successives maliennes ne l'a pas fait disparaître dans la région de Nioro du Sahel au Mali. Un contributeur interroge gravement sur cette question et se demande comment déconstruire les arguments de cette pratique.

Comme on peut donc le constater, les sujets abordés sont très divers, même s'ils ont tous pour point commun de se focaliser sur le respect des droits humains, malgré les évolutions nouvelles de la société.

Le lecteur ne perdra certainement pas son temps en se plongeant dans ces textes, parfois roboratifs, mais tous intéressants et de grande facture intellectuelle. Aussi, nous prions les auteurs d'accepter, ici, tous nos remerciements les plus chaleureux.

Pr Eloi DIARRA

MOT DE BIENVENUE

Discours du Directeur Exécutif du CERPA

Mamadou DIAWARA

Monsieur le Ministre de la justice, des droits de l'Homme, garde des sceaux ;
Monsieur le Ministre de l'Enseignement Supérieur et de la Recherche Scientifique
Madame le Ministre de la Promotion de la Femme, de l'Enfant et de la Famille
Monsieur le Vice-Recteur de l'Université des Sciences Juridiques et Politiques de Bamako ;
Messieurs les Doyens des facultés ;
Madame la vice-Présidente de la Commission Nationale des Droits de l'Homme ;
Madame la Représentante de l'ONU-FEMMES;
Monsieur le Représentant du Fonds des Nations Unies pour la Population ;
Mesdames et Messieurs les Représentants des Partenaires Techniques et Financiers ;
Mesdames et Messieurs les Représentants des Institutions et Organisations de Défense des Droits de l'Homme ;
Mesdames et Messieurs les Défenseurs des droits de l'homme ;
Distingués participants ;
Mesdames et Messieurs ;

En vos rang, titre et qualité, tout protocole observé. C'est un grand honneur pour moi de m'adresser à vous ce matin, à l'occasion du colloque international sur « **les grands enjeux des droits humains en Afrique : regards croisés** »

Je voudrai tout d'abord remercier les organisateurs de cet important rendez-vous scientifique qui réunit aujourd'hui les chercheurs, les experts en Afrique et à ailleurs pour interroger la réalité des droits humains en Afrique avec un regard pluridisciplinaire.

Mesdames et messieurs, chers participants,

Le choix du thème de ce colloque part d'un constat. Le constat suivant lequel les droits humains interviennent dans toutes les activités des êtres humains et y sont violés constamment dans toutes les activités des êtres humains en Afrique. C'est pourquoi, il était important pour les initiateurs de poser le débat dans l'espace universitaire en vue de trouver ensemble des solutions. Car comme disant un auteur, je cite : « **le rôle d'un universitaire est d'expliquer les choses dans leur complexité pour qu'elle puisse servir les décideurs politiques et le législateur** » fin de citation.

Mesdames et messieurs, chers participants,

Le Centre d'Etudes, de Recherche et de Prospective en Afrique a été créé en 2022 par un groupe d'expert pluridisciplinaire. Le CERPA combine de manière stratégique le droit avec les méthodes et outils de la prospective, du management,

de la régulation, et de la normalisation pour répondre avec rigueur et efficacité aux besoins différents et complexes des questions liées au développement socio-économique.
Défendre et promouvoir la recherche et le savoir en développant des activités de formation, des études, de recherche prospective, d'accompagnements et d'évaluations, à destination des organisations. C'est pourquoi, ce colloque a été initié pour fournir aux théoriciens et praticiens l'occasion de partager de nouvelles idées, des connaissances ainsi que des méthodes pour interroger efficacement les droits humains en Afrique, surtout à plus long terme.
De repenser les diverses approches des droits humains dans différents contextes nationaux et internationaux, en vue de connaître la situation actuelle de l'évolution des droits humains.
D'identifier les succès et les défis sur les grands enjeux des droits humains en Afrique pour qu'à la fin de ce colloque nous puissions avoir un document pouvant aider les autorités politiques pour mieux prendre leur décision et d'améliorer la légistique en matière de droit de l'Homme.

Mesdames et messieurs, chers participants,

Je ne saurai terminer ce discours sans remercier le Ministre d'avoir honorer de leur présence, le Représentant résident du Fonds des Nations Unies pour la Population, le vice-recteur de l'USJPB, la Représentante de l'ONU-FEMMES, le Président de la CNDH, les doyens de différentes facultés de l'USJPB, le titulaire de la chaire UNESCO, Droits de l'Homme et la promotion de la culture de la Paix, les collègues de l'USJPB, les collègues venus de la République Démocratique du Congo, et de la Cote d'Ivoire, et particulièrement toute l'équipe du CERPA en l'occurrence Dr. Amadou SOW, Samba DIAMBOU, Abdoulaye ZALLE qui n'ont ménagé aucun effort pour la réalisation de cet évènement.

ALLOCUTION

Anandita PHILIPOSE
Représentante adjointe de l'UNFPA-Mali

Monsieur le Ministre de la Justice et des droits de l'homme ;
Monsieur le Ministre de l'Enseignement Supérieur et de la Recherche Scientifique
Madame le Ministre de la promotion de la Femme, de l'Enfant et de la Famille
Monsieur le Vice-Recteur de l'Université des Sciences Juridiques et Politiques de Bamako ;
Monsieur les Doyens des facultés ;
Monsieur le Président de la Commission National des Droits de l'Homme ;
Monsieur le Directeur Exécutif du Centre d'Etudes, de Recherche et de Prospective en Afrique (CERPA) ;
Madame la Représentante d'ONU-FEMMES ;
Mesdames et Messieurs les Représentants des Partenaires Techniques et Financiers ;
Mesdames et Messieurs les Représentants des Institutions et Organisations de Défense des Droits de l'Homme ;
Mesdames et Messieurs les Défenseurs des droits de l'homme ;
Distingués participants ;
Mesdames et Messieurs ;
En vos rang, titre et qualité, tout protocole observé. C'est un grand honneur pour moi de m'adresser à vous ce matin, à l'occasion du colloque international sur « les grands enjeux des droits humains en Afrique : regards croisés »
Permettez-moi de féliciter tous ceux qui ont œuvré à l'organisation de cet grand événement et de souhaiter également la bienvenue aux orateurs éminents qui ont accepté de faire le déplacement pour Bamako,
Mesdames et messieurs, chers participants,
En raison de la pertinence de la thématique, nous n'avons pas hésité d'accompagner cette belle initiative qui est notre combat de tous les jours et nous en remercions les organisateurs de nous avoir associe à cette rencontre science sur « LES GRNDS ENJEUX DES DROITS HUMAINS EN AFRIQUE : REGARDS CROISES ».
Mesdames et messieurs, chers participants,
Depuis la Conférence internationale de 1994 sur la population et le développement, les cercles mondiaux de la santé et des droits humains se sont attelés à définir et faire progresser la santé et les droits sexuels et reproductifs, enregistrant une série d'avances et de revers. Si la communauté de la SDSR reconnaît largement les liens qui unissent tous les éléments entre eux, et sait combien le respect des droits sexuels et reproductifs importe à l'accès à la santé à ces mêmes égards, la plupart des accords internationaux ont adopté une perspective plus étroite de la santé et des droits sexuels et reproductifs. Les droits des femmes à disposer de leur corps font partie des droits humains fondamentaux, mais ils sont loin d'être acquis dans certaines régions du monde y compris au Mali. Si des progrès ont été enregistrés

dans les pays d'Afrique francophone, il reste encore beaucoup à faire. La discrimination liée au genre et d'autres formes d'inégalités demeuraient profondément ancrées dans les sociétés. Parmi les sujets qui suscitent les plus vives inquiétudes, citons les flambées de violences fondées sur le genre, l'accès limité aux services et aux informations en matière de santé sexuelle et reproductive, les mariages précoces ou forcés, et le fait que des filles enceintes se retrouvaient exclues du système scolaire. Par exemple, au Mali, la loi sur la santé sexuelle et reproductive est plus ou moins obsolète et le projet de loi sur les violences basées sur le genre rencontre toujours des difficultés de mise en œuvre comme dans plusieurs pays africains.

Mesdames et messieurs, chers participants,

Rien n'évoluera tant que les droits et les choix des femmes continueront d'être considérés comme inférieurs à ceux des hommes, et tant que les femmes ne disposeront pas pleinement de leur corps.

La violence à l'égard des femmes et des filles existe partout. Au sein du foyer, à l'école, en entreprise, dans les parcs, dans les transports en commun, sur les terrains de sport mais aussi, de plus en plus souvent, en ligne. Cette violence s'amplifie dans les contextes de changements climatiques et en temps de guerre. Les femmes et les filles ne sont jamais pleinement en sécurité. La violence à l'égard des femmes et des filles demeure aujourd'hui la plus récurrente, la plus dévastatrice et la plus négligée des violations des droits de l'homme à travers le monde.

Et pourtant, cette violence est entièrement évitable. Nous pouvons mettre fin à cette crise en nous montrant solidaires des personnes, de plus en plus nombreuses, qui prennent aujourd'hui la parole pour dire : « stop ». Chaque personne a le droit de disposer de son corps et de vivre en toute sécurité.

Mesdames et messieurs, chers participants,

Je me réjouis de voir dans le premier axe du colloque, les experts aborderont la problématique des droits humains et santé sexuelle et reproductive/VBG et les pratiques néfastes. Il s'agira de porter des réflexions critiques sur la manière dont les DSSR sont représentés, diffusés, acceptés et vécus en Afrique au Sud du Sahara pour éclairer les politiques publiques. Plus spécifiquement, il s'agit de faire l'état des lieux de la contribution des chercheurs sur les DSSR. Etudier dans quelles mesures repositionner les réflexions scientifiques sur les DSSR comme outil d'aide à la décision. Et surtout d'interroger le cadre juridique en la matière et faire des plaidoyers pour l'adoption des lois inexistantes et améliorer les lois existantes.

Mesdames et messieurs, chers participants,

Nous restons convaincus que les résultats issus de ces deux jours contribueront au rehaussement de la protection et la promotion des droits humains et la sante sexuelle et reproductive, y compris les VBGs et les pratiques néfastes.

Mesdames et messieurs, chers participants,

Je vous souhaite un excellent colloque et vous en remercie de votre aimable attention.

ALLOCUTION

Mamoudou KASSOGUE

Ministre de la Justice et des Droits de l'Homme, Garde des Sceaux

Monsieur le Ministre de la Justice et des Droits de l'Homme ;
Madame le Ministre de la promotion de la femme, de la famille et de l'enfant ;
Monsieur le Vice-Recteur de l'Université des Sciences Juridiques et Politiques de Bamako ;
Monsieur les Doyens des facultés ;
Monsieur le Président de la Commission National des Droits de l'Homme ;
Monsieur le Directeur Exécutif du Centre d'Etudes, de Recherche et de Prospective en Afrique (CERPA)
Monsieur le représentant du Fonds des Nations Unies pour la Population
Madame la Représentante d'ONU-FEMMES ;
Mesdames et Messieurs les Représentants des Partenaires Techniques et Financiers ;
Mesdames et Messieurs les Représentants des Institutions et Organisations de Défense des Droits de l'Homme ;
Mesdames et Messieurs les Défenseurs des droits de l'homme ;
• Distingués participants ;
Mesdames et Messieurs ;

En vos rang, titre et qualité, tout protocole observé. C'est un grand honneur pour moi de m'adresser à vous ce matin, à l'occasion du colloque international sur « **les grands enjeux des droits humains en Afrique : regards croisés** »

Permettez-moi tout d'abord de sacrifier aux devoirs de l'hospitalité et de souhaiter la plus chaleureuse bienvenue à tous les participants et tout particulièrement à nos illustres hôtes étrangers, éminents Professeurs, qui ont bien voulu faire le déplacement dans notre pays pour nous honorer de leur présence.

Le succès de ce colloque est également l'œuvre de tous ceux qui, dans le Comité d'organisation et le Conseil scientifique ont inlassablement donné de leur temps et de leur entregent. Je voudrais également les féliciter chaleureusement.

Mesdames et Messieurs,

Ce que je souhaiterais d'abord dire, d'emblée, et sans ambiguïté, c'est qu'il n'y a pas d'autre voie que de franchir ensemble une nouvelle étape dans cette marche vers l'autonomie des universités, une autonomie à la fois plus profonde, plus courageuse et plus exigeante, pour relever les défis qui sont devant nous. Ce colloque est donc l'occasion de faire des propositions concrètes en toute autonomie pour quelle puisse servir les pouvoirs publics dans la protection et la promotion des droits humains.

Les droits humains, il nous faut la défendre, mais il nous faut aussi la comprendre, l'enseigner, la consolider et la renforcer, et pour tout cela, oui, nous avons besoin de vous, des chercheurs.
Le présent est pesant. Troublé aussi. Mais cela ne doit jamais nous conduire à occulter l'avenir. Et l'avenir s'aborde avec la recherche, avec les études, avec le travail conduit par nos équipes de recherche dans nos laboratoires, nos universités et nos grandes écoles !

Mesdames et messieurs, chers participants,

La thématique sur **« les grands enjeux des droits humains en Afrique : regards croisés »** qui constitue l'objet de notre rencontre pour ces deux jours est d'une importance capitale pour nos États où les droits humains se construisent et se déconstruisent au gré des contradictions et contingences politico-sociales et securitaires internes et qui, pour la plupart, peinent à imposer les exigences de l'état de droit.

Mesdames et messieurs, chers participants,

Durant le colloque ; Chaque axe fera l'objet de communication en plénière et discuté en plénière.

Le premier axe porte sur les Droits humains et santé sexuelle et reproductive/VBG et pratiques néfastes

Il s'agira de porter des réflexions critiques sur la manière dont les DSSR sont représentés, diffusés, acceptés et vécus en Afrique au Sud du Sahara pour éclairer les politiques publiques. Plus spécifiquement, il s'agit de faire l'état des lieux de la contribution des chercheurs sur les DSSR. Etudier dans quelles mesures repositionner les réflexions scientifiques sur les DSSR comme outil d'aide à la décision. Et surtout d'interroger le cadre juridique en la matière et faire des plaidoyers pour l'adoption des lois inexistantes et améliorer les lois existantes

Le deuxième axe sur les Droits humains et les personnes déplacées, réfugiées, migrants et les apatrides

Il s'agira d'interroger et donner une nouvelle approche aux questions des droits humains et les personnes déplacées, réfugiées, migrants et les apatrides.

Le **troisième axe sur les Droits humains et genre, paix, sécurité, justice transitionnelle**

Il s'agira d'aller vers une approche innovante des questions des droits humains et genre, paix, sécurité et notamment la justice transitionnelle.

Le quatrième axe sur les Droits humains et changement climatique/dégradations de l'environnement

Il s'agit de discuter de la relation entre les droits de l'homme et la protection de l'environnement dans le contexte des politiques nationales. D'explorer la manière de développer une stratégie pour aider les États membres à mieux remplir leurs obligations dans ce domaine. Dans ce contexte, ils examineront le potentiel des différents textes, en rapport notamment avec le Pacte mondial pour l'environnement.

Le cinquième axe sur les Droits humains et numérique

Il s'agira de réfléchir sur la pleine jouissance de nos droits dans le cyberespace, s'accompagne d'une protection adéquate contre les risques engendrés dans un environnement en ligne. Le droit à la vie privée, la dignité humaine, la sécurité, l'intégrité de la personne, la non-discrimination sont en jeu et menacés par la cybercriminalité. Comment les gouvernements peuvent-ils remplir leurs obligations positives de protection des individus contre la criminalité et leurs obligations de sauvegarde des droits fondamentaux des victimes de la cybercriminalité ? Ce défi nécessite un équilibre minutieux afin que la justice pénale fournisse une réponse efficace avec des garanties appropriées en matière d'État de droit.

Le sixième axe sur Droits humains et l'entreprise

La mise en cause de certaines pratiques de compagnies internationales questionne la société civile africaine en matière d'éthique et droits humains.

Il s'agira d'apprécier l'environnement offert par l'OHADA, à l'entreprise, tant sur le plan des normes que sur le plan judiciaire, en l'analysant à partir du cadre formel de l'entreprise, de la prévention et l'accompagnement de l'entreprise quant aux risques financiers, la régulation du contentieux dans l'espace OHADA y compris la responsabilité sociétale de l'entreprise.

Le septième axe sur les Droits humains et procédure judiciaire

Il s'agit de discuter sur les violations des droits humains (accès à la justice, procès équitable, droits de la défense etc..) dans la procédure judiciaire. Cependant, les juridictions rencontrent des difficultés dans l'application des normes destinées à garantir les droits fondamentaux des accusés. Ces difficultés sont liées, d'une part, au contexte des affaires traitées et, d'autre part, à la complexité de la procédure.

Le huitième axe sur les Droits humains et démocratie /élection

Il s'agira de mettre la lumière sur la réalité et l'étendue des crises qui mettent en souffrance la Constitution en Afrique ; cerner les conséquences des crises sur le respect de la Constitution dans nos États ; insister sur le rôle du juge constitutionnel dans la gestion du contentieux électorale et des crises politiques et évaluer la contribution des organisations internationales à la gestion des transitions politiques.

Le neuvième axe sur les droits humains et sociétés traditionnelles

Il s'agit de mettre en lumière les droits humains tels que vécus dans les sociétés rurales et la confrontation avec des droits nouveaux.

Chaque axe du colloque constitue un tremplin de réflexion enrichissant et stimulant pour le monde de la recherche et une occasion pour les chercheurs et praticiens de repenser les diverses approches des droits humains dans différents contextes nationaux et internationaux, en vue de connaître la situation actuelle de l'évolution des droits humains.

Mesdames et messieurs, chers participants,

Nous restons convaincus que les résultats issus de ces deux jours contribueront au rehaussement de la recherche et de la promotion des droits humains.

Vive l'Afrique et vive la recherche au service des droits humains

ALLOCUTION

Coulibaly Mariam MAIGA
Ministre de la Promotion de la Femme, de l'Enfant et de la Famille

Monsieur le Ministre de la Justice et des Droits de l'Homme;
Monsieur le Ministre de l'Enseignement Supérieur et de la Recherche Scientifique
Monsieur le Vice-Recteur de l'Université des Sciences Juridiques et Politiques de Bamako ;
Monsieur les Doyens des facultés ;
Monsieur le Président de la Commission National des Droits de l'Homme;
Monsieur le Directeur Exécutif du Centre d'Etudes, de Recherche et de Prospective en Afrique (CERPA) ;
Monsieur le représentant du Fonds des Nations Unies pour la Population ;
Madame la Représentante d'ONU-FEMMES;
Mesdames et Messieurs les Représentants des Partenaires Techniques et Financiers ;
Mesdames et Messieurs les Représentants des Institutions et Organisations de Défense des Droits de l'Homme ;
Mesdames et Messieurs les Défenseurs des droits de l'homme ;
Distingués participants ;
Mesdames et Messieurs ;

En vos rang, titre et qualité, tout protocole observé. C'est un grand honneur pour moi de m'adresser à vous ce matin, à l'occasion du colloque international sur les grands enjeux des droits humains en Afrique.

Permettez-moi tout d'abord de souhaiter la plus chaleureuse bienvenue à tous les participants et tout particulièrement à nos illustres hôtes étrangers, éminents Professeurs, qui ont bien voulu faire le déplacement dans notre pays pour nous honorer de leur présence.

Permettez-moi de féliciter les organisateurs de m'avoir associé à cette belle rencontre scientifique.

Mesdames et messieurs, chers participants,

« Les droits des femmes sont des droits humains », a déclaré Hillary Clinton en septembre 1995 lors de la Quatrième conférence mondiale sur les femmes. Alors que nous célébrons un colloque international sur les grands enjeux des droits humains, je ne peux que me faire l'écho de cette déclaration et inviter l'ensemble des experts à faire de l'égalité des sexes et du respect des droits des femmes une réalité et non seulement une promesse.

Mesdames et messieurs, chers participants,

Le Mali, en vue de concrétiser ses engagements nationaux, internationaux et africains au regard de l'édification d'une société démocratique et d'un État de

droit dans lequel l'égalité entre les femmes et les hommes constitue une valeur fondamentale, le Mali a élaboré une Politique Nationale du Genre en 2009.
Pour y parvenir, il a entrepris un vaste chantier de réformes afin de moderniser l'État.
Des progrès ont été faits au cours des dernières décennies dans un certain nombre de domaines, en particulier par l'adoption de législations et de mécanismes interdisant la discrimination pour des motifs liés au sexe. Des objectifs ambitieux, y compris en matière d'égale participation des femmes à la vie politique, ont aussi été fixés. Cependant, la pleine réalisation des droits des femmes se fait toujours attendre en Afrique, notamment au Mali.
Mesdames et messieurs, chers participants,
L'égalité des genres est au cœur des droits humains et des valeurs de notre département.
La discrimination fondée sur le genre est interdite dans presque tous les traités relatifs aux droits humains. Malgré les nombreux progrès réalisés pour garantir les droits des femmes dans le monde, des millions de femmes et de filles continuent de subir des discriminations et des violences et sont privées de leurs droits à l'égalité, à la dignité et à l'autonomie, voire de leur droit de vivre.
Cette discrimination et cette violence à l'égard des femmes et des filles, qui sont profondément ancrées dans nos sociétés, sont persistantes et systématiques. Ces dernières années, nous avons par ailleurs assisté à une récurrence du scepticisme et du déni des normes internationales concernant les droits des femmes, l'égalité des genres et la violence fondée sur le genre, tandis que les femmes et les filles se sont de plus en plus manifestées pour réclamer l'égalité, notamment à travers des mouvements féministes.
Mesdames et messieurs, chers participants,
Je suis heureux de voir dans les axes du colloque des thématiques en relation avec notre combat de tous les jours, d'où ma motivation et ma participation en tant que ministre de la promotion de la femme, de l'enfant et de la famille, mais aussi à ma qualité d'universitaire comme panéliste.Je me réjouis de voir dans le programme qu'il existe sur le programme du colloque plusieurs thématiques sur les droits des femmes, des enfants, y compris la famille.
Mesdames et messieurs, chers participants,
Nous restons convaincus que les résultats issus de ces deux jours contribueront au rehaussement de la promotion de la femme, de la famille et de l'enfant.
Mesdames et messieurs, chers participants,
Il y a un proverbe africain qui dit ceci : « Qui a planté un arbre n'a pas vécu inutilement. ».
Je vais conclure mon propos et paraphraser en disant « qui aura contribué à rendre sa dignité à une femme dont les droits auraient été bafoués n'aura pas vécu inutilement ».
Vive une Afrique au service de la protection des droits humains et la promotion des droits de la femme, de la famille et l'enfant.

Je vous remercie de votre aimable attention

Discours d'ouverture

Bouréma KANSAYE
Ministre de l'Enseignement supérieur et de la Recherche scientifique

Monsieur le Ministre de la Justice et des Droits de l'Homme ;
Madame le Ministre de la promotion de la femme, de la famille et de l'enfant ;
Monsieur le Vice-Recteur de l'Université des Sciences Juridiques et Politiques de Bamako ;
Monsieur les Doyens des facultés ;
Monsieur le Président de la Commission National des Droits de l'Homme;
Monsieur le Directeur Exécutif du Centre d'Etudes, de Recherche et de Prospective en Afrique (CERPA) ;
Monsieur le représentant du Fonds des Nations Unies pour la Population ;
Madame la Représentante d'ONU-FEMMES ;
Mesdames et Messieurs les Représentants des Partenaires Techniques et Financiers ;
Mesdames et Messieurs les Représentants des Institutions et Organisations de Défense des Droits de l'Homme ;
Mesdames et Messieurs les Défenseurs des droits de l'homme ;
• Distingués participants ;
Mesdames et Messieurs ;
En vos rang, titre et qualité, tout protocole observé. C'est un grand honneur pour moi de m'adresser à vous ce matin, à l'occasion du colloque international sur « **les grands enjeux des droits humains en Afrique : regards croisés ».**
Permettez-moi tout d'abord de sacrifier aux devoirs de l'hospitalité et de souhaiter la plus chaleureuse bienvenue à tous les participants et tout particulièrement à nos illustres hôtes étrangers, éminents Professeurs, qui ont bien voulu faire le déplacement dans notre pays pour nous honorer de leur présence.
Le succès de ce colloque est également l'œuvre de tous ceux qui, dans le Comité d'organisation et le Conseil scientifique ont inlassablement donné de leur temps et de leur entregent. Je voudrais également les féliciter chaleureusement.
Mesdames et Messieurs,
Ce que je souhaiterais d'abord dire, d'emblée, et sans ambiguïté, c'est qu'il n'y a pas d'autre voie que de franchir ensemble une nouvelle étape dans cette marche vers l'autonomie des universités, une autonomie à la fois plus profonde, plus courageuse et plus exigeante, pour relever les défis qui sont devant nous. Ce colloque est donc l'occasion de faire des propositions concrètes en toute autonomie pour quelle puisse servir les pouvoirs publics dans la protection et la promotion des droits humains.
Les droits humains, il nous faut la défendre, mais il nous faut aussi la comprendre, l'enseigner, la consolider et la renforcer, et pour tout cela, oui, nous avons besoin de vous, des chercheurs.

Le présent est pesant. Troublé aussi. Mais cela ne doit jamais nous conduire à occulter l'avenir. Et l'avenir s'aborde avec la recherche, avec les études, avec le travail conduit par nos équipes de recherche dans nos laboratoires, nos universités et nos grandes écoles !

Mesdames et messieurs, chers participants,

La thématique sur **« les grands enjeux des droits humains en Afrique : regards croisés »** qui constitue l'objet de notre rencontre pour ces deux jours est d'une importance capitale pour nos États où les droits humains se construisent et se déconstruisent au gré des contradictions et contingences politico-sociales et sécuritaires internes et qui, pour la plupart, peinent à imposer les exigences de l'état de droit.

Mesdames et messieurs, chers participants,

Durant le colloque ; Chaque axe fera l'objet de communication en plénière et discuté en plénière.

Le premier axe porte sur les Droits humains et santé sexuelle et reproductive/VBG et pratiques néfastes

Il s'agira de porter des réflexions critiques sur la manière dont les DSSR sont représentés, diffusés, acceptés et vécus en Afrique au Sud du Sahara pour éclairer les politiques publiques. Plus spécifiquement, il s'agit de faire l'état des lieux de la contribution des chercheurs sur les DSSR. Etudier dans quelles mesures repositionner les réflexions scientifiques sur les DSSR comme outil d'aide à la décision. Et surtout d'interroger le cadre juridique en la matière et faire des plaidoyers pour l'adoption des lois inexistantes et améliorer les lois existantes

Le deuxième axe sur les Droits humains et les personnes déplacées, réfugiées, migrants et les apatrides

Il s'agira d'interroger et donner une nouvelle approche aux questions des droits humains et les personnes déplacées, réfugiées, migrants et les apatrides.

Le troisième axe sur les Droits humains et genre, paix, sécurité, justice transitionnelle

Il s'agira d'aller vers une approche innovante des questions des droits humains et genre, paix, sécurité et notamment la justice transitionnelle.

Le quatrième axe sur les Droits humains et changement climatique/dégradations de l'environnement

Il s'agit de discuter de la relation entre les droits de l'homme et la protection de l'environnement dans le contexte des politiques nationales. D'explorer la manière de développer une stratégie pour aider les États membres à mieux remplir leurs obligations dans ce domaine. Dans ce contexte, ils examineront le potentiel des différents textes, en rapport notamment avec le Pacte mondial pour l'environnement.

Le cinquième axe sur les Droits humains et numérique

Il s'agira de réfléchir sur la pleine jouissance de nos droits dans le cyberespace, s'accompagne d'une protection adéquate contre les risques engendrés dans un environnement en ligne. Le droit à la vie privée, la dignité humaine, la sécurité, l'intégrité de la personne, la non-discrimination sont en jeu et menacés par la cybercriminalité. Comment les gouvernements peuvent-ils remplir leurs obligations positives de protection des individus contre la criminalité et leurs obligations de sauvegarde des droits fondamentaux des victimes de la cybercriminalité ? Ce défi nécessite un équilibre minutieux afin que la justice pénale fournisse une réponse efficace avec des garanties appropriées en matière d'État de droit.

Le sixième axe sur Droits humains et l'entreprise

La mise en cause de certaines pratiques de compagnies internationales questionne la société civile africaine en matière d'éthique et droits humains.

Il s'agira d'apprécier l'environnement offert par l'OHADA, à l'entreprise, tant sur le plan des normes que sur le plan judiciaire, en l'analysant à partir du cadre formel de l'entreprise, de la prévention et l'accompagnement de l'entreprise quant aux risques financiers, la régulation du contentieux dans l'espace OHADA y compris la responsabilité sociétale de l'entreprise.

Le septième axe sur les Droits humains et procédure judiciaire

Il s'agit de discuter sur les violations des droits humains (accès à la justice, procès équitable, droits de la défense etc..) dans la procédure judiciaire. Cependant, les juridictions rencontrent des difficultés dans l'application des normes destinées à garantir les droits fondamentaux des accusés. Ces difficultés sont liées, d'une part, au contexte des affaires traitées et, d'autre part, à la complexité de la procédure.

Le huitième axe sur les Droits humains et démocratie /élection

Il s'agira de mettre la lumière sur la réalité et l'étendue des crises qui mettent en souffrance la Constitution en Afrique ; cerner les conséquences des crises sur le respect de la Constitution dans nos États ; insister sur le rôle du juge constitutionnel dans la gestion du contentieux électorale et des crises politiques et évaluer la contribution des organisations internationales à la gestion des transitions politiques.

Le neuvième axe sur les droits humains et sociétés traditionnelles

Il s'agit de mettre en lumière les droits humains tels que vécus dans les sociétés rurales et la confrontation avec des droits nouveaux.

Chaque axe du colloque constitue un tremplin de réflexion enrichissant et stimulant pour le monde de la recherche et une occasion pour les chercheurs et praticiens de repenser les diverses approches des droits humains dans différents contextes nationaux et internationaux, en vue de connaître la situation actuelle de l'évolution des droits humains.

Mesdames et messieurs, chers participants,

Nous restons convaincus que les résultats issus de ces deux jours contribueront au rehaussement de la recherche et de la promotion des droits humains.

Vive l'Afrique et vive la recherche au service des droits humains

LEÇON INAUGURALE

« LES GRANDS ENJEUX DES DROITS HUMAINS EN AFRIQUE : REGARDS CROISÉS »

Abraham BENGALY,

Enseignant - chercheur à l'Université des Sciences Juridiques et Politiques de Bamako

INTRODUCTION

Le contraste entre la consécration formelle des droits de l'homme et le sort qui leur est réservé en réalité parait plus qu'évident en Afrique.

Aujourd'hui, les Etats africains se trouvent confrontés à de nombreux défis liés notamment à l'instabilité politique, à l'insécurité et au développement socio-économique.

L'intensification de la dégradation sociale et de la situation sanitaire, menacent activement la vie humaine ainsi que le développement durable et pacifique.

Pourquoi s'interroger aujourd'hui sur les grands enjeux des droits de l'homme en Afrique ?

L'idée selon laquelle les droits humains sont universels, indivisibles et indissociables semble particulièrement mise à mal sur le continent Africain. En se référant à la Déclaration Universelle des Droits de l'Homme du 10 décembre 1948, on a l'impression que ces trois principes sont considérés comme des objectifs modestes et défendables.

En effet, il ne s'agit pas de réclamer la richesse pour tous, mais juste un état d'équilibre permettant d'accéder à la dignité humaine. Contrairement à la philosophie de base de la Déclaration Universelle des Droits de l'Homme, la situation actuelle sur le continent africain montre à l'évidence que l'être humain est dénué de ce qui lui est inaliénable, sa dignité.

De façon générale, la dignité humaine qui est le socle des droits de l'homme est presqu'en péril partout en Afrique. Outre, le droit de vivre décemment en toute sécurité, celui d'accéder à un niveau de vie suffisant *(y compris une nourriture, un vêtement et un logement suffisants)*, le droit de jouir du meilleur état de santé physique et mentale possible ainsi que des conditions de travail justes et favorables *(dont une rémunération équitable)* restent des défis majeurs pour les pays africains dont les populations vivent dans l'extrême pauvreté.

Par ailleurs, les pertes en vies humaines et les atteintes diverses à l'intégrité physique et corporelle ainsi que le déplacement des populations à l'intérieur ou en dehors de leur pays d'origine sont les conséquences les plus visibles des conflits armés , des guerres civiles et des situations d'instabilité diverses qu'abrite , si souvent , le continent africain[1].

Dans un tel contexte, comprendre les enjeux et les défis auxquels sont confrontés les Etats africains dans la promotion et la protection des droits de l'Homme devient une exigence. Tel est l'objectif que le présent colloque s'est assigné en nous offrant ainsi l'occasion d'évoquer les facteurs qui ont pu favoriser ou au contraire retarder l'effectivité des droits de l'homme en Afrique et d'entrevoir les perspectives.

Il est d'une évidence que la littérature consacrée aux enjeux et défis des droits de l'homme en Afrique est extrêmement abondante. Par conséquent, la prétention de pouvoir y apporter une perspective nouvelle peut paraitre trop audacieuse. Toutefois, les bouleversements actuels dans le monde et les mutations en cours en Afrique nous inclinent à réinterroger les différentes disciplines sur la problématique des droits de l'homme.

Dans cette perspective, les différentes thématiques de ce colloque sont d'un grand intérêt, ceci d'autant qu'elles nous offrent opportunément l'occasion de revisiter l'approche des droits de l'homme en Afrique à l'aune des nouveaux enjeux politiques, sécuritaires, économiques, culturelles, géopolitiques, géostratégiques et géoéconomiques.

Sous ce rapport, la présente communication n'a pas la prétention de trouver des réponses aux questions complexes sur la situation des droits de l'homme en Afrique. Son but est plus modeste, susciter des questions afin de permettre aux universitaires, chercheurs et professionnels du droit d'approfondir la réflexion sur la problématique des droits de l'homme en Afrique.

Après avoir évoqué les limites de l'approche des droits de l'homme face à l'ampleur des menaces multiformes **(I)** nous proposerons quelques pistes de réflexion dans la perspective de repenser l'approche des droits de l'homme face aux défis existentiels **(II).**

I. UNE APPROCHE DES DROITS DE L'HOMME LIMITÉE FACE A L'AMPLEUR DES MENACES MULTIFORMES

Aujourd'hui, les échecs sont largement consommés dans la quasi-totalité des États africains, ce qui a poussé et pousse encore à s'interroger sur les causes qui ont entraîné la propagation et la persistance des crises et leur impact sur les droits de l'homme **(A).** Dans le même temps, la problématique de la transition démocratique ne cesse de s'accroitre pendant cette dernière décennie entrainant une remise en cause évidente de certains acquis au nombre desquels la démocratie constitutionnelle **(B).**

A. La persistance des crises

L'Afrique demeure associée aux pires fléaux de l'humanité que sont la faim, la maladie et la guerre. Ces fléaux ont marqué le passé du continent et assombrissent

[1] V. sur ce point, Thiaca THIAW, *La protection internationale des droits de l'homme dans les situations de crise en Afrique : Le droit à l'épreuve des faits,* éd. l'harmatan, 2014, page 23.

encore ses perspectives, dans le contexte contemporain de démocratisation de promotion de l'état de droit et de respect des droits de l'homme[2].
Comme soutient Thiaca THIAW, *« il est difficile de dissocier la problématique des violations des droits de l'homme et celle des conflits armés sur le continent africain »*[3].
En effet, poursuit-il, dans les situations de guerre et d'instabilité, il n'y a rien d'original à affirmer que les populations civiles paient le plus lourd tribut. Cette évidence continue à s'imposer aujourd'hui encore malgré l'existence d'un arsenal répressif plus performant qu'auparavant et aussi malgré le fait que la société internationale est plus sensibilisée sur la protection des droits humains[4].
La situation des populations civiles est d'autant plus alarmante qu'elles sont constituées de personnes vulnérables, notamment les femmes et les enfants.
Ces deux catégories sont les victimes les plus exposées et les plus meurtries parce qu'elles ne sont nullement capables de se défendre, ne détenant pas les armes.
A l'instar des autres continents, l'Afrique n'échappe pas à l'usage de la violence sexuelle comme arme de guerre. En outre, le phénomène d'enfant soldat est bien réel dans les pays africains ou sévissent des conflits armés. Ce phénomène ne date pas d'aujourd'hui. Plus d'une vingtaine de pays africains dont le Mali ont enregistré le recrutement et l'incorporation des enfants dans les hostilités armées au cours de la décennie écoulée[5].
Ce colloque nous offre l'occasion d'approfondir la réflexion sur une nouvelle approche sur les questions de genre de paix et de sécurité en Afrique (axe 3).
En outre, les déplacements forcés suite aux conflits armés et aux troubles intérieurs constituent en Afrique autant de préoccupations majeures [6]
Obligées de quitter leur milieu naturel de vie, les personnes déplacées sont victimes de toutes sorte de violation des droits de l'homme et font face à de nombreuses exactions. Les droits les plus élémentaires, notamment le droit à la sécurité, le droit à l'alimentation, le droit au travail, le droit au logement sont souvent violés. Leur intégrité physique est souvent atteinte par la torture, le meurtre, les mutilations. C'est le cas des réfugiés et personnes déplacées internes entre la République démocratique du Congo et le Rwanda, au Darfour en Somalie, au Niger,au Burkina Faso et au Mali [7].
La vie dans les camps de réfugiés et de personnes déplacées constitue en elle-même une atteinte à la dignité humaine.
C'est à juste titre que le présent colloque entend proposer une nouvelle approche dans la recherche et la mise en œuvre des solutions appropriées pour

---

[2] Denis COGNEAU, *Quelle place pour l'Afrique dans la mondialisation ?* L'économie mondiale 2008, éd. La découverte Page 72.
[3] Thiaca THIAW, *op cit*, page 153.
[4] Ibid. page 123.
[5] Ibid. page 124.
[6] Ibid. page 152.
[7] Ibid. page 154.

la protection des personnes déplacées, refugiées, migrants et les apatrides (axe 2).

Par ailleurs, la constitutionnalisation des libertés économiques[8] a permis l'éclosion de nombreuses entreprises sur le continent africain. La plupart de ces entreprises définissent leurs valeurs et agissent suivant leurs principes en dehors du respect des règles d'éthique et des droits sociaux des travailleurs.

Ce colloque nous invite justement à approfondir la réflexion sur la problématique de la gouvernance d'entreprise en Afrique en vue de proposer des stratégies pour le rétablissement des règles du jeu (axe 6).

Aujourd'hui, notre monde connaît des progrès fulgurants dans les domaines des sciences, des techniques et des technologies.

La société de l'information annoncée à l'orée du 21è siècle est désormais une réalité dans nos villes et campagnes. Partout, le citoyen est connecté jusque dans le village.

La transition numérique, elle, se poursuit sur notre continent, qui n'a pas réussi le basculement attendu à date, en 2015. Mais, depuis, tous les gouvernements ont pris la bonne mesure des enjeux de la transformation digitale de l'environnement.

Les Technologies de l'Information et de la Communication (TIC) ont ouvert une nouvelle ère, celle de la civilisation numérique. Afin d'améliorer la qualité des services, accroitre leur efficacité et promouvoir la transparence dans la gestion des affaires publiques les gouvernements ont amorcé le processus de dématérialisation des actes et procédures administratifs. L'utilisation d'internet a conduit à une révolution numérique qui implique des mutations de la règlementation de ce secteur pour une meilleure protection des droits de l'homme.

La cybercriminalité, le cyberterrorisme ainsi que la protection des données à caractère personnel sont autant d'éléments structurants de la cybersécurité en Afrique.

Comment promouvoir la liberté d'expression et préserver en même temps le respect de la vie privée des citoyens en cette ère du numérique ?

Quelle attitude face à l'usage abusif des réseaux sociaux contre les personnes et les institutions mettant en péril nos valeurs sociétales ?

Les échanges au cours de ce colloque nous permettront de proposer des pistes de solutions pour une meilleure protection des droits de l'homme dans le cyberespace (axe 5).

Face à l'invasion du continent africain par les forces économiques, la conservation des ressources naturelles et le maintien de l'écosystème restent des défis permanents pour nos Etats[9].

---

[8] Les libertés publiques peuvent être considérées comme des libertés premières englobant et conditionnant l'existence et la réalisation de tout autre droit ou liberté. V. sur ce point, Véronique CHAMPEIL -DESPLATS et Danièle LOCHAK, *Libertés économiques et droits de l'homme*, éd. Presse Universitaire de Paris ouest, 2011, page 25.

[9] V. sur ce point, Gabin KORBEOGO, *Pouvoir et accès aux ressources naturelles au Burkina Faso, La topographie du pouvoir* éd. l'harmattan- Etudes africaines, 2013 page 148 et suiv.

Nous sommes invités, ici, à réfléchir sur les stratégies permettant d'informer et de sensibiliser sur les préoccupations relatives à la protection de l'environnement et formuler des propositions permettant de s'assurer que les activités de développement en Afrique respectent l'environnement (axe 4).

B. La rupture de la démocratie constitutionnelle

Le début des années 1990 marqua l'entrée de l'Afrique dans une nouvelle vague de transition démocratique. Ce processus a abouti à l'adoption, dans presque tous les pays africains, de nouvelles constitutions consacrant une démocratie dont la reconnaissance du pluralisme, de l'opposition politique ainsi que la proclamation de droits et libertés sont les traits fondamentaux[10]. Ce renouveau démocratique est également marqué par la construction progressive de l'État de droit et l'organisation d'élections disputées débouchant sur une alternance dans plusieurs pays[11].

Ainsi, après trois décennies de pratiques démocratique, un saut qualitatif impressionnant a été réalisé sur le continent africain, dans un temps finalement relativement court. En effet, en trente ans les principes du pluralisme politique, la compétition électorale, l'alternance politique sont autant d'éléments qui ont été les caractéristiques principales des régimes politiques en Afrique. Dans le même temps, les régimes d'exception semblaient appartenir à un passé révolu de même que les présidences à vie.

Le fonctionnement normal et régulier des différentes institutions de l'Etat constituait, si besoin en est, la preuve de l'appropriation des règles et principes de la démocratie formelle. Dans presque tous les pays africains, les constitutions ont été adoptées ou réadaptées au nouveau contexte, les parlements légiféraient en votant des lois. De même, les juridictions constitutionnelles, chargées du contrôle de constitutionnalité des lois, participaient au travail institutionnel. Les élections se tenaient régulièrement dans l'ensemble des pays ayant opté pour la démocratie constitutionnelle. L'Afrique s'est donc appropriée les règles et principes de fonctionnement des régimes démocratiques.

Malgré cette avancée sur le plan formel, le constat unanime a été fait que la plupart des crises observées dans les processus de démocratisation en Afrique résultaient du peu de cas fait aux droits sociaux, économiques et culturels. Ces droits devraient pourtant occuper une place centrale dans le débat démocratique dans les Etats où les besoins élémentaires comme l'accès à l'eau, à l'électricité, aux soins de santé de base, à l'alimentation ou à l'éducation ne sont pas encore satisfaits.

Comme le dit l'adage commun africain, ***« on ne se nourrit pas de démocratie »***. En effet, le niveau encore extrêmement élevé de pauvreté et les fortes inégalités sont les premiers indicateurs des limites objectives de cette démocratie formelle.

---

[10] V. sur ce point, Babacar GUEYE, *La démocratie en Afrique : succès et resistances*, in Pouvoirs 2009/129 éd. Seuil, 2009, 5-26, page 25.

[11] *ibid.*

Les pathologies socioéconomiques des régimes démocratiques africains, fort nombreuses encore, restent vivaces : corruption endémique et absence de redevabilité, monopolisation des ressources et moyens de l'Etat par les tenants du pouvoir, inefficience bureaucratique, absence de sens de l'intérêt général, manipulations des normes , faible indépendance de la justice, faiblesse des partis politiques, insuffisance des allocations destinées aux organes de contrôle et aux collectivités locales, restriction des espaces civiques et publics[12]..

Toutes ces tares congénitales de la démocratie constitutionnelle formelle impactent négativement la promotion et la protection des droits de l'homme sur le continent africain.

Comme le soutien le professeur Babacar GUEYE, « *Les pays africains ont certes accompli des progrès significatifs sur la voie de la démocratisation. Mais l'expérience est encore jeune et fragile, donc réversible. Les résistances rencontrées démontrent que les perspectives prometteuses que l'ouverture démocratique au début des années 1990 avait laissé entrevoir semblent être dans une impasse préoccupante. Mais cette mauvaise passe ne doit pas incliner à l'afro-pessimisme car la démocratie est une quête permanente. Il reste que, pour qu'elle puisse se hisser de son état embryonnaire à un niveau plus achevé, elle doit s'appuyer sur une véritable culture démocratique qui lui fait encore défaut* »[13].

Ainsi, au regard de **la dialectique entre les droits de l'homme et la démocratie,** la légitimité du régime démocratique ne saurait reposer sur la pseudo solidité de ses institutions, mais bien sur sa capacité à anticiper ou répondre aux demandes de ses citoyens et à protéger leurs droits fondamentaux.

Comme le souligne Bertrand MATHIEU, le régime démocratique repose sur deux principes qu'il convient de distinguer[14]. D'abord, le principe légitimant qui renvoie au fondement de l'ordre juridique et à la question de la souveraineté entendue comme principe de légitimité. Le second concerne le processus décisionnel et renvoie à la technique décisionnelle visant à l'acception des décisions prises par leurs destinataires[15].

S'il nous faut espérer des dividendes des processus démocratiques, il faudrait mettre fin à « une démocratie d'en haut ***(démocratie politique)*** » pour « une démocratie d'en bas ***(démocratie sociale)*** »[16].

Les échanges au cours de ce colloque pourront mieux éclairer les transitions démocratiques en cours dans certains pays africains sur la nécessité de

---

[12] IDEA, Trois *décennies de démocratisation en Afrique : Quels dividende pour le citoyen ?* 10-12 novembre 2017, Rapport du Dialogue régional de Cotonou, page 12 et suiv.

[13] Babacar GUEYE, *La démocratie en Afrique : succès et resistances,* op cit page 25.

[14] Bertrand MATHIEU, *Vers la fin de la démocratie*, in mélanges en l'honneur de Jean Claude COLLIARD, *L'Etat, le Droit, le Politique éd.* Dalloz, 2014 p 48 et suiv.

[15] V. en ce sens Pierre ROSANVALLON, *La légitimité démocratique*, éd., Seuil, 2008.

[16] IDEA, *Trois décennies de transition démocratique en Afrique : quels dividendes pour les citoyens ?* Rapport du Dialogue régional de Cotonou, 10-12 novembre 2017, *op cit*, page 11 et suiv.

repenser la démocratie constitutionnelle y compris l'approche des droits de l'homme au regard des défis existentiels (axes 7et 8)[17]***.***

II.UNE APPROCHE DES DROITS DE L'HOMME A REPENSER FACE AUX DÉFIS EXISTENTIELS

L'Afrique donne encore l'image d'un continent profondément marqué par le déferlement de la violence et des violations graves parfois massives des droits de l'homme.

Comme le soutient Roger KOUDE, « *ce portrait d'une Afrique pourvoyeuse d'images apocalyptiques que nous livrent à longueur de temps certains médias semble jeter un doute sur l'humanité des valeurs africaines profondes et leurs capacités intersèques à honorer l'homme dans toute sa dignité irréductible* »[18].

En conséquence, il faut repenser notre approche des droits de l'homme. Pour ce faire, la Charte africaine des droits de l'homme et des peuples préconise le respect du droit des peuples à disposer d'eux même **(A)** au regard des revendications citoyennes en cours dans les pays africains notamment ceux du sahel et d'autre part nous engage dans la voie de la légitimation des droits de l'homme **(B).**

A La réémergence du droit des peuples à disposer d'eux même

Dans le contexte actuel marqué par l'aspiration des Etats africains à s'affranchir de toutes formes de domination étrangère, le débat sur le droit des peuples à disposer d'eux-mêmes refait surface.

Les *« peuples »,* selon la Charte africaine des droits de l'homme et des peuples, ont droit à l'existence, à l'autodétermination et à la libre disposition de leurs richesses naturelles.

Chaque peuple a le droit de choisir son propre gouvernement ainsi que le cadre politique dans lequel il entend vivre. Telle est en substance le sens et la portée du droit des peuples à disposer d'eux-mêmes.

S'il est bien établi en droit international, le droit des peuples à disposer d'eux même a été mis en avant par les pays africains dans leur lutte pour l'indépendance. Il occupe une place centrale dans la charte africaine des droits de l'homme et des peuples. En effet , dans le cadre des consultations pour l'élaboration de cette charte un comité d'experts, présidé par Kéba Mbaye et regroupant un vingtaine de professeurs, juges et professionnels du droit , s'est réuni à Dakar avec comme directives de s'inspirer des traditions et principes de la sociétés africaines , de respecter les choix politiques des etats et les divers systèmes doctrinaux ,

---

[17] Il s'agira de mettre l'accent sur le rôle central des droits de l'homme dans les règles de transition d'une part et d'autre part sur les caractéristiques spécifiques de la protection des droits de l'homme dans le cadre des transitions démocratiques sur ces points, Xavier PHILLIPE, *La spécificité du droit de transition dans la construction des Etats démocratiques, l'exemple de l'Afrique du sud*, in Laurent SERMET (Sous la direction de), Droit et démocratie en Afrique du Sud, l'harmattan, 2001, pages 52-54.

[18] Roger KOUDE, *La promotion des droits humains et l'éducation à la paix comme stratégie de prévention de l'extrémisme violent*, in UCAO- UUBa, Le respect des droits de l'homme et l'éducation à la paix dans le cadre de la prévention de l'extrémisme violent -Actes du colloque international scientifiques, 2019, page 370.

d'intégrer la notion, de *« Droits des peuples »* et surtout de ne pas aller au-delà de ce que les etats africains étaient disposés à accepter dans le domaine de la protection des droits de l'homme[19]

Ainsi suivant les dispositions de la Charte africaine des droits de l'homme et des peuples, tout peuple africain détermine en toute liberté son statut juridique et choisi les moyens par lesquels il entend assurer son développement économique et social en suivant les voies qu'il a jugé les plus appropriées pour atteindre le but qu'il s'est fixé.

Au regard de l'universalité des droits de l'homme, le droit à l'autodétermination ne saurait être réservé exclusivement à certains peuples au détriment d'autres peuples.

La souveraineté permanente des peuples sur leurs richesses et ressources naturelles est considérée comme un corollaire du droit des peuples à disposer d'eux-mêmes[20].

Dans la recherche des réponses appropriées aux questions soulevées par les transitions démocratiques en cours notamment dans les pays du sahel, il nous faut revisiter le concept du droit des peuples à disposer d'eux pour mieux apprécier à leur juste valeur les revendications formulées par les citoyens.

Aujourd'hui, l'aspiration des peuples africains à la souveraineté, malgré l'indépendance acquise depuis soixante ans, est bien la manifestation de leur volonté de jouir pleinement de leurs droits et libertés conformément à leur propre conception des droits de l'homme.

B. L'indispensable légitimation des droits de l'homme

Le professeur René-DEGNI SEGUI nous apprend qu'un droit, quelle que soit sa perfection technique formelle, doit être en relation avec la société et l'exprimer et non être un idéal, incompréhensible pour ceux qu'il doit régir et qui sont censés ne pas l'ignorer[21].

S'il est vrai que le continent africain n'a pas participé formellement au processus de conception, de codification et de négociation des principaux instruments juridiques internationaux relatifs aux droits de l'homme notamment la Déclaration Universelle des Droits de l'Homme et les deux pactes internationaux, le patrimoine culturel africain contient des normes correspondantes à l'esprit et aux valeurs prônées par ces instruments[22].

---

[19] V sur ce point Keba MBAYE, *Droits de l'homme et des peuples et la Charte africaine,* Rapport de la Conférence de la Commission internationale des Juristes, Nairobi, 2-4 décembre 1985, page 23.

[20] V. sur ce point George FISCHER, « *La souveraineté sur les richesses naturelles », AFDI,* 1962, p. 516.

[21] Voir René DEGNY-SEGUI, *Codification et uniformisation du droit,* in Encyclopédie juridique de l'Afrique Tome 1 p 453 cité par Abraham BENGALY, *La protection juridictionnelle des droits de l'homme au Mali,* éd., l'harmattan, 2014, page 260.

[22]Abraham BENGALY, *La protection juridictionnelle des droits de l'homme au Mali*, *op cit*, page 325.

Après tout, les droits de l'homme, malgré des revendications relativement exagérées d'universalité, sont eux-mêmes l'émanation de cultures spécifiques[23].Cet argument repose sur le principe du relativisme culturel : ni la culture africaine ni la culture occidentale ne peut être considérée supérieure pour des raisons inhérentes; toutes les deux ont droit à un respect égal[24].

A ce propos, le doyen Kéba MBAYE relève à juste titre qu'il y a effectivement « *une conception africaine spécifique du droit et particulièrement du droit des droits de l'homme ». En Afrique,* poursuit-il, *le droit n'est pas conçu comme une sorte d'épée mise entre les mains de l'individu pour lui permettre de se défendre contre le groupe. Il est plutôt considéré comme un ensemble de règles protectrices de la communauté dont l'individu fait partie*"[25].Cette conception africaine des droits de l'homme est inscrite dans la Charte Africaine des droits de l'homme et des peuples.

Selon Stéphane DOUMBE-BILLE, la Charte africaine est porteuse à la fois de principes classiques et novateurs tout en s'enracinant dans des valeurs africaines spécifiques[26]. Cette dynamique de la connexion la charte internationale des droits de l'homme s'adjoint d'une volonté de non renoncement à des principes moraux éthiques profondément ancrés dans la tradition africaine[27].

Pour Saidou Nourou TALL, la Charte africaine des droits de l'homme et des peuples met l'accent sur les valeurs africaines et magnifie les structures sociales telles que la famille, la communauté dans le respect dû aux personnes les plus vulnérables (femmes, enfants , vieillards , handicapés)[28].

Si l'on part de l'idée selon laquelle les droits de l'homme sont fondamentalement un acte de fondation et de refondation des sociétés, la question de leur légitimation retrouve toute son importance.

La légitimation nous renvoie à la vision africaine du monde marquée par le respect du sacré. Parmi ces choses sacrées, il y a la personne humaine, la vie et le vivant[29].

---

[23] Jack DONNELLY, "*Human rights and human dignity, an analytical critic of non- Western conception of human rights* ", American Political Science Review, 1982, 76, p 312 cité par Abraham BENGALY, page 325.

[24] Des traces de cette pensée apparaissent dans le paragraphe 4 de la charte africaine des droits de l'homme et des peuples de 1981, qui contient une clause exhortant les Etats à faire attention "aux vertus de leur tradition historique et aux valeurs de la civilisation africaines Le texte est cité intégralement dans international legal Materials, 1982, 21, 58 ff. Pour les commentaires, voir U.O. UMOZURIKE, 1983, in American Jnl of int Law, 902 ff. V. sur ce point Abraham BENGALY, *op cit*, p 305.

[25] Keba MBAYE, *Les droits de l'homme en Afrique* Ed. Pedone, Paris 2002 page 187.

[26] Stéphane DOUMBE-BILLE, *La charte africaine des droits de l'homme et des peuples, annuaire international des droits de l'homme* (Athènes /Bruxelles) Vol. I page 139-158, 2006.

[27] V. sur ce point, Paul TAVERNIER (dir), *Regards croisés sur les Droits de l'homme, la démocratie et la paix en Afrique,* éd. l'Harmattan, Presse Universitaire des Sceaux, 2008.

[28] Saidou Nourou TALL, *Droit des organisations internationales africaine, théorie générale, droit comparé, droits de l'homme paix et sécurité,* éd., Harmattan-CREDILA 2016 Page 347.

[29] Roger KOUDE, *op cit*, page 372.

Dans les pensées profondes africaines, souligne Roger KOUDE, l'être humain est sacré, il a un statut transcendant d'où l'interdiction de verser le sang humain[30].
C'est donc cette représentation de l'homme, de sa dignité intrinsèque, de son statut dans la société et dans l'univers, de ses obligations vis-à-vis de tout être et de la Nation qu'il faudrait nécessairement se réapproprier et de façon optimale tout en assurant la promotion et la protection de ses droits fondamentaux contre les dérives que connaissent les sociétés africaines[31] (axe 9)

Toutefois, cette réappropriation des valeurs africaines fondamentales ne pourrait être entendue comme devant soustraire les Etats africains de leurs obligations juridiques, nationales et conventionnelles en matière des droits de l'homme[32].

Ce colloque nous offre assurément l'opportunité de mettre en lumière le droit vécu en Afrique pour mieux éclairer les choix et les orientations politiques notamment dans la prise en compte des questions spécifiques sur la santé sexuelle et reproductive, les violences basées sur le genre et les pratiques néfastes (axe 1).

CONCLUSION

Nonobstant les progrès réalisés ainsi que les efforts déployés de nombreux défis restent à relever dans la promotion et la protection des droits de l'homme en Afrique.

L'enjeu principal aujourd'hui est la refondation de l'Etat. Pour ce faire, il faut trouver nécessairement une nouvelle rationalité. Celle des droits de l'homme parait plus évidente puisqu'ils sont porteurs de justice, d'ouverture au pluralisme. A ce titre, le thème de ce colloque ***« les grands enjeux des droits humains en Afrique »*** est fort stimulant pour le chercheur. Celui-ci est appelé à réfléchir sur trois problématiques.

Première problématique : les droits de l'homme et les transitions démocratiques en Afrique

A ce propos, le constat relevé par le Dr Badiè HIMA assez évocateur lorsqu'il affirme : « Trente (30) ans après les Conférences Nationales Souveraines en Afrique, on peut bien constater des progrès mais « la révolution copernicienne » reste encore à faire.

Les fragilités ont pris le pas sur la grandeur et les objectifs assignés. Les institutions démocratiques rapidement mises en place dans l'espace-temps de l'événement des années 1992, restent trop fragiles et peinent à être fortes ou solides.

L'Afrique de l'ouest en particulier renoue avec des crises politiques et institutionnelles qu'on croyait révolue, avec des prolongations de mandat encore l'instauration de régime d'exception.

---

[30] *Ibid.* page, 378.
[31] *Ibid.* page 379.
[32] *Ibid.* page 380.

Les mouvements sociaux et politiques appellent à la refondation dans ces pays comme pour dire que les fondations issues des Conférences doivent être rebâties. Vingt-cinq ans après la démocratie en Afrique semble toujours en transition »[33].

Deuxième problématique : les droits de l'homme et la transformation numérique en Afrique

La révolution numérique bouleverse l'Afrique. Cependant plusieurs défis restent à relever au nombre desquels : le besoin de développement des infrastructures, le risque de fracture numérique, la nécessité de renforcer les politiques publiques et l'encadrement juridique des médias sociaux.

Troisième problématique : les droits de l'homme et le relativisme culturel africain.

Les diversités culturelles enrichissent l'universalité des droits de l'homme. L'universalisme découle de l'enrichissement possible et souhaitable des droits de l'homme par toutes les nations du monde.

Dès lors les droits de l'homme que nous cherchons à garantir ne peuvent être que le résultat d'un dépassement, le produit d'un effort conscient pour retrouver notre essence commune par-delà nos clivages apparents, nos différences du moment, nos barrières idéologiques et culturelles

Au regard de ce qui précède, il revient à chacun en ce qui le concerne, d'apprécier la pertinence ou non de ces trois problématiques./.

Références bibliographiques :

1. Abraham BENGALY, *La protection juridictionnelle des droits de l'homme au Mali*, éd. l'harmattan, 2014.
2. Babacar GUEYE, *La démocratie en Afrique : succès et resistances*, in Pouvoirs 2009/129 éd. Seuil, 2009
3. Badié HIMA, *Les transitions démocratiques en Afrique : « grandeur » et « fragilité » du commencement à partir de la pensée de fabien EBOUSSI BOULAGA*, note d'analyse politique n°100 de Thinging Africa, 2022.
4. Bertrand MATHIEU, *Vers la fin de la démocratie*, in mélanges en l'honneur de Jean Claude COLLIARD, *L'Etat, le Droit, le Politique éd.* Dalloz, 2014
5. Denis COGNEAU, *Quelle place pour l'Afrique dans la mondialisation ? L'économie mondiale*, éd. La découverte, 2008
6. Gabin KORBEOGO, *Pouvoir et accès aux ressources au Burkina Faso, la topographie du pouvoir* éd. l'harmattan - Etudes africaines, 2013
7. Gérard FELLOUS, *Les droits de l'homme, une universalité menacée* éd. La documentation Française, 2010
8. Georges FISCHER, « *La souveraineté sur les richesses naturelles* », *AFDI,* 1962

---

[33] Badié HIMA, *Les transitions démocratiques en Afrique : « grandeur » et « fragilité » du commencement à partir de la pensée de fabien EBOUSSI BOULAGA,* Note d'analyse politique n°100 de Thinging Africa 2022. page 21.

9. Keba MBAYE, *Les droits de l'homme en Afrique*, Ed. Pedone Paris, 2002
10. Keba MBAYE *Droits de l'homme et des peuples et la Charte africaine,* Rapport de la Conférence de la Commission internationale des Juristes, Nairobi, 2-4 décembre 1985
11. Laurent SERMET (dir), *Droit et démocratie en Afrique du Sud,* l'harmattan, 2001
12. Paul TAVERNIER (dir), *Regards croisés sur les Droits de l'homme, la démocratie et la paix en Afrique,* l'harmattan, Presses universitaires des sceaux, 2008
13. Pierre ROSANVALLON, *La légitimité démocratique*, éd. du Seuil, 2008
14. IDEA international, *Trois décennies de transition démocratique en Afrique : quels dividendes pour les citoyens ?* Rapport du Dialogue régional de Cotonou, 10-12 novembre, 2017
15. Roger KOUDE, *La promotion des droits humains et l'éducation à la paix comme stratégie de prévention de l'extrémisme violent*, in UCAO-UUBa, Le respect des droits de l'homme et l'éducation à la paix dans le cadre de la prévention de l'extrémisme violent -Actes du colloque international scientifiques, 2019
16. Saidou Nourou TALL, *Droit des organisations internationales africaine, théorie générale, droit comparé, droits de l'homme paix et sécurité*, éd. l'harmattan-CREDILA, 2016
17. Robert. CHARVIN et Jean Jacques SUEUR, *Droits de l'homme et libertés de la personne* éd. Litec. Paris, 2002
18. Stéphane DOUMBE-BILLE, *La charte africaine des droits de l'homme et des peuples, annuaire international des droits de l'homme* (Athènes /Bruxelles) Vol I page 139-158, 2006
19. Thiaca THIAW, *La protection internationale des droits de l'homme dans les situations de crise en Afrique : Le droit à l'épreuve des faits* éd. l'harmattan, 2014
20. Véronique CHAMPEIL -DESPLATS et Danièle LOCHAK, *Libertés économiques et droits de l'homme*, éd. Presse Universitaire de Paris-ouest, 2011.

PREMIERE SESSION

DROITS HUMAINS ET SANTÉ SEXUELLE ET REPRODUCTIVE/VBG ET PRATIQUES NÉFASTES

L'encadrement juridique de la sante de la reproduction au Mali : Cas de la planification familiale

Abdoulaye KONE,
Enseignant Chercheur, Inspection de la santé du Mali,
Email : kone_ml@yahoo.fr
COULIBALY Mariam MAIGA,
Enseignante Chercheure, Université des Sciences Juridiques et Politiques de Bamako,
Email : maigamaria@yahoo.fr

Résumé
La reproduction a été tout le temps au cœur des préoccupations de toutes les sociétés car c'est d'elle que dépend la perpétuité de l'espèce humaine. Cependant cette préoccupation n'a pas eu partout les mêmes perceptions et cela du fait de l'influence d'une part des pratiques coutumières et d'autre part de la religion. Même si cette préoccupation a été longtemps aussi partagée par tous, son encadrement et sa prise en compte comme droit humain résulte en partie des Conférences de Téhéran sur les droits humains en 1968 et du Caire en 1994. Des conclusions de la Conférence de Téhéran, on peut retenir la reconnaissance pour la première fois du droit des parents à « déterminer librement et consciemment la dimension de leur famille et de l'échelonnement des naissances ». Quant à la Convention de Caire, elle ajoute que l'accès à la contraception droit être libre de toute contrainte. On comprend ainsi aisément que la question de la planification constitue une composante essentielle des droits reproductifs. Cette reconnaissance internationale a été prise en compte, au plan national, dans la loi sur la santé de la reproduction de 2002 du Mali ainsi que dans plusieurs autres documents de politiques de santé, de population et de développement. Cependant, malgré cette reconnaissance, la question de la planification demeure un véritable tabou au Mali où l'accès aux méthodes contraceptives reste encore très limité à cause des limites textuelles mais aussi de la perception sociétale du concept (planification familiale), d'où la nécessité de procéder à des réformes prenant en compte l'évolution des besoins dans le domaine.
Mots clés : Santé, droits reproductifs, planification familiale, méthodes contraceptives, responsabilité médicale.

Abstract
Reproduction has always been at the core of the concerns of societies, from it depends the perpetuity of human specy. However, this concern has not always had the same perceptions because of the influence of customary practices on one hand, and of religious influence on the other part. Though this concern has also long been shared by all, its management and taking into account as human rights result in part from the Téhéran conferences about human rights in 1968 and Cairo

in 1994. From the Teheran conference conclusions, we can for the first time retain the right of parents to " freely and consciously determine the size of their family and the spacing of births" As to the Cairo convention, it says that the access to contraception must be free from any constraint. So, we easily understand that the question of planning is an essential component of reproductive rights. The international acknowledgement was taken into account at the national level, about the malian health law of reproduction in 2002 as well as in several other health policies about population and development. However, despite this acknowledgment, the question of reproduction remains a real taboo in Mali. Where the access to the methods of contraceptives is yet very limited because of textual insufficiencies in addition to the societal perception of the concept hence the necessity to make reforms that take into account the evolution of the needs in the domain.

Key words : health, reproductive health right, Family planning, contraceptive methods, medical liability

INTRODUCTION

De prime abord, notons que la santé de la reproduction en tant que bien être total au plan mental, physique et social[34] relativement à tous les aspects du système reproductif est de plus en plus encadrée dans nos sociétés. Des politiques, plans, programmes et cadres juridiques sont institués en vue d'une meilleure prise en compte des intérêts de la population générale concernant cet aspect de la santé et particulièrement ceux de la femme, actrice et sujette importante de la procréation. L'importance accordée à la question a permis une reconnaissance des droits reproductifs comme partie intégrante des droits de l'homme et cela à travers deux conférences importances : la Conférence Internationale de Téhéran sur les droits de l'homme (1968)[35] et la Conférence de Caire (1994)[36] sanctionnée par la Convention de Caire. En effet comme indique Alain Giami, la question des droits sexuels a connu une évolution depuis sa conceptualisation jusqu'à l'incorporation de la santé sexuelle dans les droits de l'homme. Ces étapes, selon l'auteur, ont été institutionnalisées avec le concours d'organisation internationale œuvrant dans le domaine de la santé. Ces étapes sont : (i) la mise en place des concepts : santé sexuelle, (ii) l'inclusion des questions sexuelles, de reproduction et de genre dans les droits de l'Homme, (iii) l'inclusion des droits de l'Homme dans le champ de la santé sexuelle et reproductive, (iv) l'émergence des questions d'identité de

---

[34] Cette affirmation fait référence à la définition holistique donnée à la santé, dans la Constitution de l'Organisation Mondiale de la santé, comme *« un état de complet bien-être physique, mental et social, et ne consiste pas seulement en une absence de maladie ou d'infirmité »*

[35] Arlette Gautier « Les droits reproductifs, une nouvelle génération de droits ? » Autrepart (15), 2000 : 167-180

[36] Arlette Gautier et Chrystelle Grenier-Torres (2014) « Controverses autour des droits reproductifs et sexuels », Autrepart 2014/2 (N° 70)

genre et de lutte contre les discriminations, (v) le développement récents : la santé incorpore les droits humains[37].

L'Etat du Mali, à travers les programmes de prévention et de lutte contre la maladie, a mis un accent particulier sur la santé de la reproduction et la planification familiale (SR/PF) ou sur la santé maternelle et infantile, que ce soit dans le secteur public ou privé. Cela se manifeste surtout à travers le renforcement, des capacités des acteurs, des soins, notamment les prestataires de la santé (établissements et soignants).

La santé de la reproduction comporte de nombreux volets allant de la planification familiale (PF), au dépistage et traitement de certaines maladies, aux soins après avortement (SAA), aux hémorragies du post partum (HPP) à la réduction des risques liés à l'avortement non sécurisé (RRANS), à la santé des adolescents et des jeunes.

La Planification Familiale (PF), bien qu'elle soit une composante très importante de la SR demeure une question très taboue dans la société africaine en générale et malienne en particulier, eu égard à son affinité avec la sexualité et la procréation. Ce qui ne sous-entend pas pour autant, qu'elle n'était pas de pratique dans nos réalités conjugales. Elle vise fondamentalement les soins prénataux, périnataux, postnataux et la survie de l'enfant (de 0 à 05 ans), la lutte contre les pratiques traditionnelles néfastes à la santé des femmes.

Au Mali, au cours de ces dernières décennies, des efforts colossaux sont déployés par plusieurs acteurs (public-privé) contribuant à l'amélioration de la PF qui a dû braver beaucoup de résistances socioculturelles et dont l'instauration a nécessité parfois des reformes juridico institutionnelles[38].

Il faut noter que, comme cadre politique en matière de planification familiale, les premiers documents de politique sur la santé de la reproduction ont été élaborés en 1987 a et intitulé « politiques, normes et procédures en santé familiale » ; en 1999, une autre révision révisée sera faite pour tenir compte de l'approche genre et santé ainsi que la reproduction des jeunes adultes. L'actuel document de « Politiques, Normes des services en santé de la reproduction » a été élaboré en Juin 2019, et sert de cadre de référence pour l'ensemble des intervenants. Le concept a son contenu au Mali. Il s'agit de réguler la fécondité et non l'arrêter. Il prend en compte la contrôle de la naissance, l'espacement des naissances (2 ans minimum entre les naissances) et la limitation en cas de nécessité.

Ce panorama démontre que l'Etat du Mali consacre bien un ancrage politique à la santé de la reproduction. Toute chose qui conditionne celle juridique permettant une meilleure régulation des rapports entre les acteurs intervenants dans ce domaine.

---

[37] Alain Giami « Sexualité, santé et droits de l'Homme : l'invention des droits sexuels »,

[38] La question de la planification familiale a opposé à plusieurs reprises les techniciens et les leaders notamment religieux. Les premiers considérant la PF comme un moyen de pouvoir assurer un minimum de bien être sanitaire à la mère et à l'enfant, tandis que les seconds pensent que la PF est « une stratégie de l'occident afin de limiter la procréation de l'homme noir afin de pouvoir continuer à mieux le dominer »

L'adoption par le Mali de la loi n°2002-044 du 24 juin 2002 relative à la santé de la reproduction a été une grande avancée, puisqu'elle a favorisé une plus grande définition des contours : principes, notions, droits, obligations et sanctions de ce domaine.
Cependant, après son adoption, le système sanitaire et la société ont subi beaucoup de changements nécessitant une réforme dans le domaine de la santé de la reproduction[39]. Le processus de ladite réforme s'avère de plus en plus long et complexe eu égard à la difficulté de prendre en compte tous les aspects liés à la Santé de la Reproduction dont certains peuvent être problématiques au regard des valeurs socio-culturelles locales.
Cette situation soulève beaucoup d'autres questionnements juridiques tels que : les limites apportées au principe d'égalité et de liberté en matière de planification familiale au Mali ? Les obligations juridiques du praticien de la santé dans le cadre de la santé de la reproduction ? Le cadre juridique des fautes médicales relatives à la fourniture des services de la santé de la reproduction ? la conciliation entre les besoins en santé de la reproduction et la religion et les traditions ?
A travers une analyse des textes et doctrines, notamment la loi SR, nous tenterons d'apporter une réponse à ces questions. Cette étude revêt un intérêt pratique car, permet sans doute de faire connaître l'encadrement juridique actuel de la santé de la reproduction mais aussi de pouvoir questionner ce cadre afin de pouvoir proposer des adaptations afin de mieux prendre en charge les évolutions de l'environnement global de la santé en général et celui de la santé de la reproduction en particulier. Les limites de l'étude sont intimement liées aux insuffisances contenues dans l'actuelle loi SR et dans l'absence d'accès aux plaintes de personnes ou de litiges relatifs à la SR.
Ainsi, il sera procédé à une analyse du cadre juridique de la SR (I), un cadre qui mérite d'être amélioré afin de prendre en compte d'autres aspects non moins importants tels que la procréation médicalement assistée, la gestion de la faute médicale relative à la SR, etc. (II).

I. LE CADRE JURIDIQUE DE LA SANTE DE LA REPRODUCTION AU MALI

Pas moins que la santé, la santé de la reproduction est au confluent de deux domaines différents à savoir : les droits humains à la santé et la santé publique mais conciliables compte tenu de leur intérêt commun pour la protection de l'homme.

[39]L'assistance médicale à la procréation est illustrative. L'Hôpital du Mali a été le premier Etablissement Public Hospitalier à mettre en place le dispositif d'Assistance Médicale à la Procréation. Ceci fait suite à une forte demande de la population dans ce domaine et cela à cause du coût assez élevé pour le citoyen malien, sollicitant les spécialistes soit à l'étranger soit dans le secteur privé au Mali et à cause du risque encouru à cause des échecs thérapeutique.

La santé de la reproduction est donc un droit fondamental de tout malien consacrée par l'article 10 de la constitution du Mali du 22 juillet 2023[40] qui, en prévoyant le droit à la santé ne fait pas abstraction de la santé de la reproduction qui en est une composante essentielle comme indiqué dans l'Observation Générale N°14 sur le droit au meilleur état de santé susceptible d'être atteint du Comité des Droits économiques, sociaux et culturels (2000).
La loi N°02-044 du 24 juin 2002 relative à la santé de la reproduction encadre fondamentalement une majeure partie des domaines de la planification familiale. Elle contient vingt un (21) articles répartis entre quatre titres traitant respectivement des définitions, de la santé de la reproduction (dont la dernière section est consacrée à la planification familiale), des sanctions pénales et des dispositions finales et transitoires tous à notre avis d'importance égale.
Elle consacre des principes généraux (A) et des obligations en matière de santé de la reproduction (B)

A. La consécration juridique des principes d'égalité et de liberté en matière de santé de la reproduction

Consacré par la Déclaration Universelle des Droits de l'Homme (DUDH) ainsi que le Pacte International relatif aux droits économiques sociaux et culturels (PIDESC), le respect des principes d'égalité et de liberté sont des obligations qui pèsent sur les Etats en matière de droit de l'homme. Le droit à la santé de la reproduction ne fait pas exception à cette règle et la loi de 2002 pose clairement ces principes.

- Principe d'égalité[41]

La reconnaissance, à l'article 3 de la loi de 2002, de l'égalité en droit et en dignité entre l'homme et la femme en matière de santé de la reproduction est symbolique d'une part de l'affirmation de la liberté de la femme sur son corps et contribue d'autre part à son autonomisation sous différents angles, notamment social et économique.
Cette égalité ouvre le droit à la femme au libre choix de sa méthode de planification ou de régulation des naissances, si ces choix ne sont pas contraires à la loi. L'effectivité de ce principe peut lui permettre de prendre des décisions primordiales ou de faire des choix indiscutables concernant sa santé. On peut affirmer que le principe d'égalité dans la santé de la reproduction, constitue un

[40] Le droit à la santé avait fait déjà l'objet de consécration par la Constitution du 25 février 1992. Cette disposition, évoqué à l'article 17 a été reconduite dans la nouvelle constitution de 2023 du Mali.
[41] Le principe d'égalité est consacré dans tous les domaines de la santé et la santé de la reproduction n'y fait pas exception. Dans le domaine de la santé ce principe suppose une égalité d'accès aux traitements disponibles sans aucune forme de discrimination entre les demandeurs. Ce principe est un principe général posé par les dispositions des articles 5 et suivants de la Loi n ° 98 – 012 du 19 janvier 1998, régissant les relations entre l'Administration et les usagers des Services publics.

facteur d'épanouissement économique et social de la femme du fait du contrôle qu'elle peut exercer sur son processus de reproduction.

- Principe de liberté

Conformément à l'article 4 de la loi SR, tout individu, tout couple, peut accéder librement à des services de santé de reproduction et de bénéficier des soins de la meilleure qualité possible.

La liberté de la personne sur son corps est de plus en plus prise en compte par le droit. La liberté de disposer de son corps, dans le champ du droit médical est encore un concept juridique en construction, qui prend peu à peu sens autour d'une reformulation originale de principes déontologiques, de règles étatiques relatives à la protection de la santé publique et de la dignité de la personne humaine.

La libre disposition du corps apparaît substantiellement liée au droit au respect de la vie privée dans sa double acception de protection contre les atteintes non consenties à l'intégrité physique ou aux informations corporelles, d'une part, et d'autonomie de décision quant à l'usage de son corps, d'autre part.

Le principe de la liberté est un principe consacré dans le domaine de l'accès aux soins de santé. Il concerne à la fois, les libertés reconnues pour le soignant mais aussi pour le soigné. Pour ce dernier, il couvre essentiellement la liberté de choix de l'établissement et du praticien. Aussi, il lui permet d'être un participant à son processus de prise en charge, notamment par l'observation des mesures prises par le soignant.

Dans le domaine de la santé de la reproduction, la liberté se situe au niveau du choix du nombre d'enfants et du temps d'espacement de ceux-ci (article 5). La contraception rentrant dans le vaste domaine de la santé de la reproduction, il va de soi, que le bénéficiaire jouisse de toutes ces libertés ou droits y compris la liberté d'adhérer ou de refuser les soins. La liberté englobe, également, le libre choix des méthodes (temporaires et irréversibles) l'information, le consentement ou même de refus des soins.

Cependant, s'agissant de l'adhésion et du consentement à la contraception irréversible, l'article 14 de la loi SR pose le principe du consentement obligatoire du conjoint pour la femme mariée, sauf cas de menace de survivance d'une grossesse constatée par avis médical et confirmé par contre-expertise. Cette disposition ne pose-t-elle pas une limite à la liberté de choix de la femme bénéficiaire ?

Pourtant la liberté de consentir à la contraception avait été déjà prévue par la lettre circulaire n°4 du 25 janvier 1991, qui même, précédant la loi de 2002 et ayant valeur inférieure à celle-ci dénotait déjà la volonté des autorités maliennes à encourager la pratique de la contraception[42].

[42] Les autorités maliennes de l'époque, bien qu'étant considérées par certains observateurs comme un régime « dictatorial » avaient déjà pris une longueur d'avance, instruisant aux autorités administratives et sanitaires de se passer de certaines autorisations notamment

Par ailleurs, pour ce qui est des soins de santé de la reproduction de la meilleure qualité possible, ils répondent à ce principe général de soins de qualité contenu dans l'article 5 de la loi hospitalière ou 9 de la charte du malade de 2008. A ce niveau, on peut affirmer qu'avec tous les services et actions déployés, la contraception doit se réaliser dans des conditions assez optimales en termes de coût et d'accessibilité. En résumé à la lecture de l'article 4, il existe non seulement une garantie à l'accès à la contraception mais cet accès doit être libre et exige des soins de qualité[43].

B- L'obligation d'information en matière de SR

L'article 3 de la loi sur la Santé de la Reproduction prévoit l'information nécessaire à l'endroit du couple par rapport à tous les aspects de la Santé de la reproduction. Aussi, l'article 5 de cette même loi évoque l'information qui pèse sur les professionnels de la santé, sans le dire expressément, au profit des couples pour la détermination du nombre d'enfants et de l'espacement de ceux-ci. Cette information rentre dans les prérogatives voire les obligations des services de santé de la reproduction qui doivent l'assumer pleinement. L'article 7 de la loi SR dans la détermination du contenu des soins et services de santé de la reproduction visent les activités telles que : l'orientation, l'information, l'éducation, la communication, la recherche, les moyens, les méthodes en matière de planification familiale et de santé de la reproduction ; ainsi que le counseling sur la sexualité, la parenté responsable et la santé de la reproduction.

L'obligation d'information pèse encore sur les professionnels de santé et cela conformément aux dispositions de l'article 8 qui imposent à toutes les personnes physiques ou morales intervenant dans le domaine de la santé de la reproduction « l'obligation de porter à la connaissance des individus et des couples les avantages, les risques et l'efficacité de toutes les méthodes de régulation de naissances qu'elles leur proposent ».

L'article 12 autorise également l'information et l'éducation concernant la contraception dans le respect de l'ordre public sanitaire et de la morale familiale. Aussi la circulaire de 1991, sus visée invitait déjà les responsables politiques administratives et les administrations sanitaires, à la plus large diffusion et au respect de ladite circulaire qui reconnaissant les bienfaits de la contraception à la

---

parentale ou maritale pour permettre aux femmes et jeunes femmes d'accéder aux méthodes de planification familiale.

[43] La question de qualité dans les soins de la SR est très importante et revêt une importance capitale. De nos jours, la vente illicite des produits de contraceptions par les « pharmacies de la rue » est aujourd'hui une véritable menace. Malgré la mise à disposition de produits de contraception dans le cadre des programmes SR de l'Etat et de ses partenaires dans les structures agrées à cet effet, les usagères continuent à acquérir les produits de contraception dans ce secteur informel. Aussi, la qualité concerne la réalisation d'une visite médicale avant de pouvoir mettre certains produits à disposition ; cependant, il faut noter que dans la plupart des pharmacies de la place, plusieurs produits sont vendus aux demandeuses et cela en dehors toute autre considération médicale.

faveur de la santé de la mère et de l'enfant, autorisait sa pratique même sans l'autorisation parentale ou maritale[44].
La santé de la reproduction, comme sus indiqué, constitue un pan important de la santé. Ainsi, les autres textes relatifs à l'information dans les relations de soins sont applicables à ce domaine. A ce titre, nous pouvons évoquer l'article 29 de la loi n°2002-050 du 22 juillet 2002 portant loi hospitalière qui fait peser l'obligation d'information sur tous les praticiens hospitaliers avec une invitation particulière aux sages-femmes dans leur domaine de compétence (santé de la reproduction) tout en tenant compte du niveau de compréhension de l'usager/patient. Aussi, la Charte du malade en son article 4 reconnait le droit à l'information comme droit fondamental du patient[45].
En sus, on peut évoquer les autorisations dans le domaine de la SR comme l'autorisation légale de la contraception à travers l'article 10 de la loi SR à travers les méthodes reconnues. L'autorisation légale concerne à la fois la fabrication, l'importation, la vente ainsi que la pratique de la contraception. Cette autorisation ne suppose pas non plus une application informelle et personnelle de certaines techniques de contraception qui exigeraient en amont un processus médical. Ainsi, les techniques par voie d'injection, de placement par exemple, nécessitent une consultation et une intervention du professionnel de la santé[46].
Enfin, le cadre juridique pose le principe des interdictions en matière de santé de la reproduction touchant à la publicité mensongère, la vente ou la distribution de procédés insuffisamment éprouvés ou non approuvés par l'autorité publique, l'avortement[47] comme méthode de contraception.
Malgré l'existence de ces textes, on se rend compte que des questionnements existent encore quant à l'effectivité du droit à la santé de la reproduction et cela à cause de certaines insuffisances qui peuvent être améliorées.

---

[44] Il faut reconnaitre que la question de la planification familiale est très délicate au Mali comme dans la plupart des pays à forte tradition. C'est ainsi que pour assurer la promotion de la planification que ladite circulaire a été adoptée afin de permettre à toutes les femmes d'y accéder dans aucune restriction due à l'autorité parentale ou maritale.

[45] L'Arrêté N°2008-2716/MS-SG du 6 octobre 2008, portant charte du malade dans les établissements hospitaliers a été adopté conformément à la loi hospitalière op.cit. Cette charte établit les droits essentiels reconnus aux patients hospitalisés dans les établissements publics hospitaliers et dans les établissements privés participant au service public hospitalier. Parmi ces droits, le droit à l'information occupe une place capitale car c'est de cette information que découle le consentement obligatoire à tous les actes de soins.

[46] Cette intervention du professionnel sus évoquée est aujourd'hui très limitée dans la plupart des cas. Les usagères se servent partout et chez n'importe quel vendeur, ceci pose aujourd'hui de sérieux problèmes de santé à celles-ci, qui dans certains cas enregistrent des désagréments liés à l'utilisation de certaines de ces techniques les obligeant à faire recours aux vrais professionnels de santé pour remédier à leur problème de santé créé par l'utilisation de ces produits.

[47] L'avortement dans but thérapeutique est puni par le Code pénal en son article 211 d'une peine de à cinq ans d'emprisonnement et facultativement de 20.000 à 1.000.000 de francs d'amende (….). La sanction pour l'avortement est plus grave lorsqu'il s'agit d'un professionnel de la santé comme disposent les articles 212 et 213 du Code sus évoqué.

II. UN CADRE PERFECTIBLE POUR UNE AMELIORATION DE LA SANTE DE LA REPRODUCTION AU MALI

Pour une amélioration des pratiques de la santé de la reproduction, force est de constater que le cadre légal de la SR au Mali doit s'adapter pour mieux prendre en charge ou préciser certains aspects de la SR à cause de l'évolution des besoins, des techniques et des faits sociaux (A) mais aussi pour renforcer les droits des utilisateurs des services de la SR (B).

A.La nécessité d'adaptation du cadre légal aux nouvelles réalités dans la SR

Un texte de loi élaboré prend en compte l'encadrement d'un phénomène présent mais aussi l'évolution prévisible dudit phénomène. Cependant les faits de société encadrés peuvent prendre des orientations contredisant souvent les tendances envisagées. Dans le secteur de la santé, ce revirement peut être dû en général à l'évolution des techniques médicales (équipements et pratiques) mais aussi à l'évolution des besoins de santé dans le domaine concerné. Dans le cas précis de la SR, l'encadrement juridique n'a pas pris en compte certains aspects non moins importants et les besoins en la matière ont vite évolué, vingt ans après l'adoption du texte[48].

L'amélioration du cadre législatif passe par une extension du champ de la définition en intégrant celle de la santé sexuelle, du couple, du personnel de la SR, de l'assistance médicale à la procréation etc…

Aussi, un effort de clarification de certains concepts s'avère opportun pour mieux prendre en compte les besoins de certains groupes spécifiques, il s'agit entre autre des expressions comme « membres du couple », « jeune adulte » afin d'éviter toute ambiguïté.

Si la notion de couple est définie par l'article 1er de la loi n°2016-066 du 30 décembre 2016 portant assistance médicale à la procréation, comme étant « l'homme et la femme mariés légalement » la transposition de cette définition dans le domaine de la SR peut être restrictive surtout dans une société fortement soumise aux règles coutumières et religieuses.

Aussi, l'amélioration du cadre législatif doit pouvoir apporter les réponses nécessaires à certaines préoccupations notamment les limites apportées au principe d'égalité et de liberté en matière de planification familiale au Mali (surtout chez la femme en couple). Une revisite de la Lettre Circulaire n°91-004 du 25 janvier 1991 relative à l'accès des femmes aux contraceptifs sera d'un apport. Les critères de recueil de consentement pour l'accès aux services de la SR notamment pour les jeunes doivent être mieux élucidés. Aussi, les obligations juridiques du praticien de la santé dans le cadre de la santé de la reproduction qui

---

[48] L'exemple de l'Assistance Médicale à la procréation est la parfaite illustration. Cette pratique à laquelle faisait recours plusieurs couples se réalisait dans les pays du Maghreb (Tunisie et Maroc) et en occident. La loi SR n'en fait pas mention. Cependant, l'évolution de la pratique a atteint nos pays où des centres hospitaliers public ou privé procèdent à assistance au couple pour satisfaire leur désir d'enfant.

se limitent actuellement à celles énumérées à l'article 8 de la loi SR doivent être étendues à intégrant les principes d'égal accès, de permanence et de continuité des prestations dans ce domaine.
Par ailleurs certains textes d'application énoncés dans la loi SR n'ont encore pas vu le jour, il s'agit notamment du décret fixant les conditions et modalités précises du bénéfice de l'assistance aux Personnes Vivant avec le VIH (PVVIH) en matière de santé de la reproduction, du décret déterminant les conditions et modalités de fabrication des produits contraceptifs au Mali[49].
Si l'arrêté n° 08-019 /MS-SG du 14 janvier 2008, fixant la liste des produits, des méthodes et des moyens de contraception légalement approuvés a été adopté, le respect de l'article 5 dudit arrêté en ce qui concerne la révision de la liste est une nécessité afin de mieux prendre en compte l'évolution des techniques et nouvelles pratiques médicales ainsi que la prise en compte de l'introduction des bonnes pratiques traditionnelles en la matière ne causant pas d'inconvénients aux utilisatrices.
Enfin l'adoption de l'arrêté conjoint du ministre chargé de la santé et du ministre chargé du commerce fixant les conditions d'importation des produits contraceptifs est une mesure de sécurité pour les utilisatrices des services de la PF.
L'évolution des nouveaux besoins en matière de SR, a été matérialisée par l'adoption de la loi N°2016-066 du 30 décembre 2016 portant assistance médicale à la procréation. Aux termes des articles 3 et 4 de cette loi, l'assistance médicale à la procréation s'entend des pratiques cliniques et biologiques, ou de toute technique d'effet équivalent permettant la procréation en dehors du processus naturel et a pour objet de remédier à l'infertilité dont le caractère pathologique a été médicalement diagnostiqué. Elle est destinée à répondre à la demande parentale d'un couple. Une harmonisation de ces deux dispositions est nécessaire.
Eu égard aux développements sus évoqués et à la sensibilité des activités de la SR, il est nécessaire de mettre en place un encadrement adéquat des manquements dans de domaine.

B.L'encadrement juridique des fautes médicales en santé de la reproduction, une garantie pour les usagères

Les fautes médicales dans le domaine de la santé au Mali ne bénéficient pas d'un traitement spécifique vu sous l'angle du droit de la santé ; les différends sont réglés selon les dispositions des textes de droit commun et la SR ne fait pas exception à ce principe.
Cette situation, loin d'une particularité de l'ordre juridique malien est une presque généralité dans certains pays de l'Afrique de l'Ouest et cela du fait de l'adoption de la loi type sur la santé de la reproduction en Afrique de l'Ouest[50]. Cependant,

---

[49] Ce décret peut permettre de valoriser les pratiques traditionnelles, les méthodes expérimentées dans le cadre de la santé de la reproduction en tenant compte de nos réalités socio-culturelles.
[50] Le Forum des Parlementaires Arabes et Africains pour la Population et le Développement (FPAAPD) a organisé à Abidjan en Côte d'ivoire, un forum régional sur l'harmonisation des

dans la loi sur la santé de la reproduction au Niger, le législateur nigérien a consacré un titre entier aux dispositions pénales en matière de santé de la reproduction et a prévu à l'article 19 de ladite qu'« une loi fixe les conditions d'incrimination et de répression des actes attentatoires aux droits en matière de santé sexuelle et de la reproduction ainsi que des violations des dispositions pertinentes de la présente loi...»[51]

Au Mali, malgré l'existence d'un titre similaire, comme au Niger, consacré aux dispositions pénales en matière de SR (titre 3 composé des art 15 et suivants), une analyse de ces dispositions prouve à suffisance qu'elles ne traitent pas entièrement des fautes médicales en SR. La faute selon les dispositions de la loi N°87-31/AN-RM du 29 août 1987 fixant le régime général des obligations étant « un manquement à une obligation préexistante de quelque nature qu'elle soit ».

Dans le cadre de la SR, un accent particulier doit être mis sur les fautes relatives au défaut d'information[52] dans tous les aspects de la SR, qu'il s'agisse de l'information relative aux méthodes, aux produits et bien évidemment des conséquences de ces actes. Le défaut d'information doit être suffisamment encadré car la perte de la chance dans ce domaine peut avoir des conséquences irréversibles.

Aussi, la notion de consentement doit être suffisamment encadré. Le consentement marque l'accord qu'un (e) bénéficiaire donne à un prestataire afin de bénéficier de ses prestations après avoir eu l'information nécessaire et appropriée. L'accent doit être mis surtout sur le caractère libre et éclairé du consentement et son défaut ainsi que les sanctions qui s'y attachent doivent être clairement définis par les textes.

L'encadrement adéquat du défaut de consentement en tenant en compte des spécificités des mineurs sera une garantie d'accès de cette catégorie aux services de la SR car leur privation des méthodes entraine en général des grossesses non désirées.

Car, si les tuteurs légaux sont responsables des actes posés par leurs préposés, force est de constater que dans le domaine de la santé de la reproduction, en l'état actuel de la législation malienne, l'accord des représentant légaux doit être requis pour que ceux-ci (mineurs) puissent avoir accès aux méthodes et produits de contraception. Il s'agira d'institutionnaliser la santé de la reproduction des adolescents et des jeunes (SRAJ). Bien que faisant partie des composantes de la santé de la reproduction, énumérées dans les Politiques et Normes des Services de santé de la reproduction, il est opportun de nos jours, tenant compte de

législations en matière de SR en Afrique de l'Ouest, tenu du 7 au 9 Juin 1999. Ce forum a proposé une loi type servant de base à l'élaboration des législations nationales en matière de SR.

[51] Loi n°2006-16 du 24 mai 2006 sur la santé de la reproduction au Niger

[52] L'information est un droit essentiel de l'usager/patient dans la relation soignant-soigné. Le déficit d'information peut d'une part être la cause du non recueil du consentement et d'autre un motif de la perte de chance, qui constitue une faute si cette perte a été la cause d'un préjudice ou d'un manque d'opportunité à faire accepter le traitement proposé.

l'environnement et de l'évolution sociétale, que ces dispositions aillent au-delà des référentiels en les inscrivant dans des textes juridiques.
Enfin, les mesures de protection du droit à la SR doivent être promues afin que les besoins exprimés dans ce domaine puissent avoir une réponse sans une entrave aucune de la part des tiers.
Le non-respect des mesures sus évoquées peut aboutir à des cas de fautes médicales donc de responsabilité médicale. En effet, la question de la responsabilité médicale dans le domaine de la santé de la reproduction se pose avec acuité et cela du fait de la croissance des cas de contentieux liés à l'obstétrique qui est une composante majeure de la santé de la reproduction. Au Mali, qu'il s'agisse de la responsabilité médicale de manière générale ou de celle liée à la SR en particulier, le contentieux porté devant les juridictions est assez rare. Cependant, ce domaine connait une judiciarisation croissante comme le témoigne l'article de Ikram Boubess et al. sur la responsabilité médicale obstétricale au Maroc[53]. Ainsi l'encadrement des comportements fautifs peut constituer une garantie pour le respect et la protection du droit à la santé de la reproduction.
Malgré la sensibilité du sujet, la pratique des activités de SR peut être des sources potentielles de responsabilité des établissements de santé ainsi que des professionnels de santé.
C'est ainsi l'encadrement juridique de la faute en SR bien qu'elle soit opportune ne suffira pas si des mesures d'accompagnement ne sont pas prises.
La réussite d'un tel exercice passe, dans notre contexte, par une large concertation sur ces sujets et une capacitation des acteurs de la société civile sur les méthodes de plaidoyer en SR mais aussi une appropriation des engagements de l'Etat pour le bien-être familial et une promotion des droits des patients comme indiqué dans Charte du malade de 2008[54].
Il n'est pas techniquement fondé que la multiplication des services de santé améliorera l'accès aux services de santé de reproduction, par contre une analyse profonde et une promotion de la question des droits fondamentaux de la femme, qui sont négligés dans de nombreuses sociétés, constituera une opportunité certaine pour l'amélioration de l'effectivité du droit à la santé de la reproduction notamment la possibilité de la femme à pouvoir disposer de son corps et de donner naissance à un rythme voulu prenant en compte sa santé et celle de l'enfant à concevoir.

---

[53] Ikram Boubess et al. « La responsabilité médicale en obstétrique au Maroc : analyse des dossiers des contentieux judiciaires entre 2015-2018 ». Pan African Medical Journal. 2022 ;
[54] Arrêté n° 08-2716 / Ms-Sg du 6 octobre 2008, Portant charte du malade dans les établissements hospitaliers

Bibliographie

- Alain Giami « Sexualité, santé et droits de l'Homme : l'invention des droits sexuels ». Editions des archives contemporaines, 2019
- Arlette Gautier « Les droits reproductifs, une nouvelle génération de droits ? » Autrepart (15), 2000, pages 167-180
- Arlette Gautier et Chrystelle Grenier-Torres « Controverses autour des droits reproductifs et sexuels », Autrepart 2014/2 (N° 70), (2014) pages 3 à 21
- Assemblée Nationale du Mali « Rapport d'atelier sur la législation en matière de santé de la reproduction en Afrique de l'Ouest », 2000, 37 pages
- Direction Générale de la Santé et de l'Hygiène Publique, « Politiques, Normes des services en santé de la reproduction », version 2019.
- Ikram Boubess et al. « La responsabilité médicale en obstétrique au Maroc : analyse des dossiers des contentieux judiciaires entre 2015-2018 ». 2022 Pan African Medical Journal. 2022.
- Constitution du 22 juillet 2023 du Mali
- Loi N°87-31/AN-RM du 29 août 1987 fixant le régime général des obligations
- Loi n ° 98 – 012 du 19 janvier 1998, régissant les relations entre l'Administration et les usagers des Services publics.
- Loi N°2016-066 du 30 décembre 2016 portant assistance médicale à la procréation
- Loi N°2002-050 du 22 juillet 2002 portant loi hospitalière
- Loi N°02-044 du 24 juin 2002 relative à la santé de la reproduction au Mali
- Loi n°2006-16 du 24 mai 2006 sur la santé de la reproduction au Niger
- Arrêté n°08-019 /MS-SG du 14 janvier 2008, fixant la liste des produits, des méthodes et des moyens de contraception légalement approuvés
- Arrêté n°08-2716 / Ms-Sg du 6 octobre 2008, portant charte du malade dans les établissements hospitaliers

Le revers de la médaille de la féminité : La violence faite à la femme par la femme

Thérèse SAMAKE
Enseignante-Chercheure en Philosophie/Maître-Assistant
Université Catholique de l'Afrique de l'Ouest-Unité Universitaire à Bamako
(UCAO-UUBa)

Résumé
La violence exercée par les femmes contre d'autres femmes est une réalité complexe et sous-estimée avec des répercussions profondes sur les victimes. Cette étude explore ses manifestations, causes et conséquences, en soulignant les dynamiques de pouvoir, les pressions sociales et les normes de genre. Nous avançons l'hypothèse que cette violence est influencée par des facteurs individuels, relationnels et sociétaux, et qu'elle a des impacts graves sur la santé mentale et physique des victimes. Pour vérifier cette hypothèse, une étude mixte combinant entretiens semi-structurés et questionnaires en ligne a été menée auprès de femmes diverses. Les résultats mettent en lumière les dynamiques complexes de cette violence et les défis de son identification et prévention. Nous proposons des recommandations basées sur le paradigme PCAAR (Pensée Critique, Attitude, Autonomisation, et Résilience) pour une intervention plus efficace.
Mots clés : Attitude, Autonomisation, Dynamiques de pouvoir, Féminité, Normes de genre, Pensée critique, Prévention, Résilience, Violence entre femmes.

Abstract (English)
Violence against women by women is a complex and overlooked reality with profound impacts on victims. This study explores its manifestations, causes, and consequences, highlighting power dynamics, social pressures, and gender norms. We hypothesize that this violence is influenced by individual, relational, and societal factors, and has severe effects on victims' mental and physical health. To test this hypothesis, a mixed-methods study combining semi-structured interviews and online questionnaires was conducted with diverse women. The results reveal the complex dynamics of this violence and the challenges of its identification and prevention. We propose recommendations based on the PCAAR paradigm (Critical Thinking, Attitude, Empowerment, and Resilience) for more effective intervention.
Keywords : *Attitude, Critical Thinking Empowerment, Femininity , Gender norms, Power dynamics, Prevention, Resilience, Violence among women.*

Introduction

Dans le cadre de la quête incessante pour la justice sociale et l'égalité des sexes, la lutte contre la violence faite aux femmes occupe une place centrale. Si les médias, les institutions et les mouvements activistes ont mis en lumière les atrocités perpétrées par les hommes contre les femmes, un aspect crucial reste souvent négligé : la violence exercée par les femmes contre d'autres femmes.

Bien que moins médiatisée, la violence entre femmes est une réalité omniprésente dans de nombreux contextes sociaux et culturels, à travers le monde. Cette forme de violence, allant de l'agression verbale et psychologique à la violence physique et sexuelle, est souvent minimisée ou ignorée en raison de préjugés et de stéréotypes sociaux.

Une des principales raisons de cette invisibilisation réside dans la perception sociale de la féminité. Les femmes sont souvent idéalisées comme étant douces, empathiques et pacifiques, ce qui peut conduire à nier la possibilité même de violence entre elles. Les pressions sociales et les normes de genre strictes assignent aux femmes un rôle de protectrices et de soutien mutuel, rendant difficile l'expression ou la reconnaissance de la violence qu'elles subissent ou s'infligent entre elles. Il est également important de noter que les politiques actuelles en faveur des droits des femmes tendent à les présenter uniquement comme des victimes de diverses formes de violence, sans souvent mettre en lumière le fait que certaines de ces violences sont perpétrées par des femmes elles-mêmes.

Face à ces constats, une question se pose : pourquoi la violence entre femmes est-elle si rarement abordée dans les débats sur l'égalité des sexes et les droits des femmes ? Cet article vise à répondre à cette question souvent éludée.

Notre objectif est triple : sensibiliser le public à l'existence et à la gravité de la violence faite à la femme par la femme ; comprendre les mécanismes sous-jacents à cette forme de violence en examinant les facteurs individuels, sociaux et culturels qui la favorisent ; et proposer des pistes de réflexion pour une action plus inclusive et efficace dans la protection de toutes les femmes contre la violence.

Pour atteindre ces objectifs, une plongée profonde dans la complexité de la violence entre femmes est nécessaire. Nous commencerons par analyser les différentes formes que peut revêtir cette violence, de l'agression verbale et psychologique à la violence physique et sexuelle. Ensuite, nous explorerons les mécanismes complexes qui la sous-tendent, en vue de remettre en question les stéréotypes qui la minimisent souvent, et de proposer des interventions plus holistiques et efficaces. Enfin, nous discuterons des stratégies nécessaires pour mieux protéger toutes les femmes contre la violence, en explorant les changements requis au niveau individuel, communautaire et politique pour créer un environnement plus sûr et plus inclusif pour toutes.

1. Cadre théorique, conceptualisation et méthodologie

1.1. Cadre théorique

Notre étude s'articule autour de deux concepts fondamentaux : le "revers de la médaille" et la "féminité". La métaphore du "revers de la médaille" sert à illustrer les dimensions cachées ou moins visibles d'une situation qui, souvent, contrastent avec une façade plus valorisée ou acceptable socialement. Comme pour une médaille, où chaque face a une histoire à raconter, notre étude cherche à dévoiler les aspects moins évidents de la féminité qui contribuent à des dynamiques sociales complexes.

S'agissant de la notion "féminité", dans notre contexte, elle désigne l'ensemble des attributs, des comportements et des rôles généralement associés aux femmes dans la société. Ces caractéristiques incluent souvent la douceur, la compassion et l'empathie, traits substantiellement loués. Cependant, ces mêmes qualités peuvent engendrer des attentes restrictives et des normes de comportement rigides qui conduisent parfois à des conflits, tant internes qu'externes entre femmes.

En analysant "le revers de la médaille de la féminité", nous explorerons les aspects moins reluisants ou les conséquences indésirables associées à ces normes de genre. Cela inclut les pressions sociales qui encouragent certaines formes d'exploitation ou l'utilisation de traits féminins pour justifier des discriminations ou des actes de violence initiés par les femmes elles-mêmes contre d'autres femmes. Cette analyse révèle une dimension sombre de la féminité, exposant la vulnérabilité aux stéréotypes, la pression pour se conformer à des idéaux de beauté irréalistes, la marginalisation sociale, et la violence perpétrée par les femmes contre d'autres femmes.

Ce cadre théorique nous permet de comprendre que la violence féminine contre d'autres femmes n'est pas un phénomène isolé, mais systématiquement liée à des pressions sociales plus larges qui dictent et façonnent les comportements féminins. Reconnaître et déconstruire ces subterfuges déraisonnables et irrationnels, est essentiel pour adresser efficacement la problématique de la violence entre femmes et pour promouvoir une société où la véritable égalité de genre peut être effective.

1.2. Conceptualisation de la violence entre femmes

L'analyse des enquêtes réalisées auprès de cent vingt femmes et jeunes filles au Mali révèle que les pressions socioculturelles ne se manifestent pas seulement de manière externe ; elles influencent également les interactions directes entre femmes. Nous nous intéressons à une dynamique particulièrement perturbante : la violence faite à la femme par d'autres femmes. Les manifestations de cette violence incluent le harcèlement, la diffamation, l'exclusion sociale, et parfois même des agressions physiques.

Dans le contexte africain, en général, et malien, en particulier, ces interactions révèlent les complexités des structures de pouvoir internes aux communautés féminines. Les femmes, tout en étant victimes de ces normes oppressives, peuvent aussi devenir des agents qui perpétuent la violence et l'oppression. Cette réalité souligne une dissonance cruelle entre les idéaux de respect et de protection associés à la féminité et la réalité brutale des comportements violents entre femmes.

En explorant le concept de "revers de la médaille de la féminité", nous avons mis en lumière les aspects sombres et souvent négligés de la féminité qui contribuent aux dynamiques de violence entre femmes. Ces aspects incluent non seulement les pressions et les attentes restrictives imposées par les normes de genre, mais également les manières subtiles et explicites par lesquelles ces normes façonnent les interactions entre femmes. Cette exploration démontre que la violence entre femmes est complexe et multidimensionnelle, enracinée dans des structures socioculturelles profondes qui méritent une analyse détaillée.

1.3. Méthodologie

Pour approfondir notre exploration des dynamiques de violence entre femmes et tester les hypothèses développées à travers notre cadre théorique, nous avons adopté une approche méthodologique mixte. Cette approche combine des entretiens semi-structurés, permettant une exploration qualitative profonde des expériences personnelles et des perceptions, et des questionnaires en ligne, qui offrent des données quantitatives sur un échantillon diversifié de femmes. Cette combinaison de méthodes qualitatives et quantitatives est idéale pour capturer la complexité et la variabilité des formes de violence entre femmes, tout en fournissant une base solide pour des analyses statistiques rigoureuses.

Les exemples spécifiques mentionnés dans cette étude, tels que ceux de Fatoumata, Aminata, Salif, et Aïcha, sont basés sur des témoignages réels recueillis lors d'entretiens semi-structurés menés dans les localités de Kolokani, Markala, Mopti, Koutiala et Bamako. L'anonymat des participants a été rigoureusement préservé pour protéger leur identité. Ces récits illustrent les expériences personnelles et les impacts profonds de la violence entre femmes dans ces différentes régions. D'autres exemples, tels que ceux de l'association de femmes à Bamako et des dynamiques de pouvoir en milieu professionnel, sont issus de rapports de terrain et d'études de cas documentées dans la littérature existante. Cette combinaison d'exemples issus de témoignages directs et de données de recherche contribue à une compréhension plus complète et nuancée des enjeux abordés.

La méthodologie mixte est choisie pour sa capacité à fournir une vue holistique et nuancée des phénomènes étudiés, permettant ainsi de dégager des insights plus précis et applicables pour les politiques de prévention et d'intervention. En adoptant cette approche, nous espérons non seulement comprendre les dimensions et les manifestations de la violence entre femmes mais également contribuer de manière significative à l'élaboration de solutions pratiques et efficaces pour lutter contre ce problème.

2. Analyse des résultats : Les mécanismes sous-jacents à la violence entre femmes

La violence entre femmes est un phénomène complexe qui ne peut être pleinement compris sans examiner les acteurs impliqués et les influences des normes culturelles, sociales et de pouvoir. Souvent perçue comme une conséquence directe de l'oppression masculine, force est de reconnaître que les femmes elles-mêmes perpétuent certaines formes de cette violence. Ce phénomène soulève des questions importantes, telles que les normes culturelles, les dynamiques sociales et les structures de pouvoir qui influencent ces comportements.

2.1. Normes culturelles et pressions sociales

Des enquêtes menées auprès de cent vingt femmes et jeunes filles révèlent que les violences faites aux femmes sont imprégnées de significations socio-culturelles. Ces violences trouvent souvent leurs racines dans les traditions familiales ou communautaires, c'est-à-dire dans les us et coutumes. La sociologue et féministe F. Sow (2023, p. 45) explique que « l'émancipation des femmes africaines passe aussi par la confrontation avec la violence que les femmes infligent à d'autres femmes, souvent sous couvert de tradition ou de protection ».

En Afrique, en général, et particulièrement, au Mali, les normes culturelles imposent fréquemment des rôles de genre subalternes aux femmes et encouragent des pratiques traditionnelles préjudiciables. L'excision, par exemple, largement pratiquée sur les jeunes filles par des femmes, est défendue comme un rite de passage indispensable à l'acceptabilité sociale et matrimoniale, symbolisant la pureté. C'est dans ce contexte que M. Bachelet (2020, p. 204) affirme que « cette coutume transcende la simple tradition : elle constitue une violation grave des droits des femmes, avec des conséquences dévastatrices sur leur santé physique et mentale».

> *Un exemple concret de cette violence culturelle est illustré par l'histoire de Mariam, une jeune fille de 14 ans dans un village du Mali, qui a été excisée par sa tante en dépit de l'opposition de ses parents. Mariam a souffert d'infections chroniques et de traumatismes psychologiques à la suite de cette pratique.*

Par ailleurs, le lévirat oblige les veuves à se remarier au sein de la famille de leur défunt mari. Présentée comme une garantie de sécurité économique, cette pratique limite sévèrement l'autonomie des femmes et les expose souvent à de nouvelles violences, notamment lorsqu'elles sont perçues comme des rivales ou des malheurs par d'autres femmes de la famille. En outre, une jeune veuve risque de se retrouver stigmatisée par sa belle-mère ou ses belles-sœurs qui l'accusent de sorcellerie ou de porter malheur, risquant ainsi de se voir séparée de ses enfants et privée des biens accumulés avec son défunt mari, ou de ceux qui lui seraient revenus en héritage pour subvenir aux besoins de ses enfants.

2.2. Dynamique de pouvoir traditionnel et de domination

Dans les relations interpersonnelles au Mali, il arrive que certaines femmes reproduisent des schémas patriarcaux, exerçant un pouvoir significatif sur d'autres femmes au sein de leur propre communauté. Un exemple frappant de cette dynamique se trouve dans les ménages polygames, où la relation entre coépouses peut dégénérer en conflits intenses. Ces interactions sont souvent marquées par des affrontements verbaux, émotionnels et parfois physiques, puisque chacune cherchant à établir sa suprématie dans la cellule familiale. Cette compétition, pour l'attention et le pouvoir, peut transformer l'espace domestique en un environnement dégradant, où la solidarité féminine est sacrifiée au profit des rivalités acharnées. Une telle position se trouve soutenue par P. L. Delville (1998, p. 130) lorsqu'il affirme que « les rivalités et les conflits entre femmes, souvent alimentés par des questions de jalousie et de statut social, constituent une forme de violence trop souvent ignorée dans les études sur la violence en Afrique ». Des actes extrêmes, tels que l'empoisonnement ou les agressions physiques peuvent survenir, exacerbant la violence au sein du foyer.

> *Un exemple poignant est celui de Fatoumata, une coépouse dans un mariage polygame au Mali, qui a été accusée, par sa coépouse d'avoir tenté d'empoisonner leur mari. Cette accusation a conduit à une violente altercation physique, laissant des séquelles émotionnelles profondes sur toute la famille.*

En outre, les relations entre les maîtresses de maison et les employées domestiques (souvent désignées comme "filles de service") illustrent une autre facette de ces dynamiques de pouvoir. Dans ces cas, il est fréquent que les employées subissent divers types de violences, allant de l'exploitation au harcèlement moral et physique, reflétant une reproduction des hiérarchies de pouvoir dans un contexte domestique. Ces abus peuvent être particulièrement graves, incluant des cas de travail forcé ou d'abus sans recours légal, vu la vulnérabilité socio-économique des employées.

> *Un exemple concret est celui de Awa, une employée domestique de 17 ans. Régulièrement battue et insultée par sa patronne pour des erreurs mineures, Awa n'avait aucune possibilité de recours légal ou social. La situation a empiré lorsque sa patronne a commencé à la soupçonner d'être intéressée par son mari. En représailles, sa patronne l'a privée de sa chambre et l'a obligée à dormir dans la cuisine, une action qui non seulement intensifiait les abus physiques et verbaux mais ajoutait également une humiliation et un isolement supplémentaires à la souffrance d'Awa.*

En dehors des foyers, la violence peut aussi se manifester entre épouses légitimes et maîtresses.

Par exemple, Salimata, une épouse légitime, a confronté et agressé physiquement la maîtresse de son mari après avoir découvert leur relation. Cette confrontation a conduit à une violente, dispute publique, exposant les deux femmes à la honte, aux vindictes populaires et au jugement de leur communauté.

Ces exemples soulignent la complexité des interactions de pouvoir au sein des structures familiales et sociales, où des normes et des rôles de genre enracinés contribuent à perpétuer des cycles de violence et de domination, même entre femmes.

2.3. Influence des médias et des réseaux sociaux

L'impact des médias traditionnels et des plateformes numériques au Mali est profondément ambivalent. D'une part, ces médias peuvent servir d'outils de sensibilisation et d'éducation, mais d'autre part, ils peuvent aussi renforcer des normes sociales problématiques. Les émissions de télévision, les magazines et les publicités, qui promeuvent des standards de beauté inaccessibles, sont omniprésents. Ces représentations instaurent non seulement des attentes irréalistes, voire surréalistes, chez les femmes, mais encouragent également la compétition pour atteindre ces idéaux, alimentant jalousie et méfiance.

Les réseaux sociaux jouent un rôle encore plus critique dans cette dynamique. Sur des plateformes comme Facebook, WhatsApp, et TikTok, qui sont populaires au Mali, les utilisateurs peuvent créer et partager du contenu qui influence directement la perception de soi et des autres. Les comparaisons deviennent inévitables, et l'envie peut se développer lorsque les utilisatrices mettent en avant des aspects idéalisés de leur vie, souvent édulcorés ou même falsifiés pour gagner des 'likes' et des approbations.

Le cyber-harcèlement est un autre problème exacerbé par ces plateformes. Il y a bien des fois où certaines femmes sont ciblées par des campagnes de diffamation, des commentaires malveillants ou même des menaces en ligne. Ces incriminations et attaques sont susceptibles de dégénérer en des conflits réels, sapant le soutien mutuel entre femmes et créant un climat de peur et d'insécurité.

Un exemple spécifique de l'influence négative des médias sociaux peut être vu dans les groupes de discussion en ligne, où des rumeurs ou des images manipulées sont parfois utilisées pour discréditer des femmes en position de pouvoir, ou pour stigmatiser celles qui ne se conforment pas aux attentes sociales ou culturelles.

Un cas exemplaire est celui de Nafissa, une entrepreneure malienne. Nafissa a vu sa réputation gravement endommagée lorsqu'une photo modifiée d'elle a commencé à circuler sur WhatsApp. La photo, altérée de manière malveillante pour la discréditer, a rapidement fait le tour des réseaux sociaux, accompagnée de commentaires diffamatoires. Cette campagne de dénigrement a été orchestrée par une ancienne amie et rivale commerciale, Aminata, qui cherchait à nuire à la réputation de Nafissa pour attirer ses clients. Cette attaque a non seulement causé un préjudice important à la réputation professionnelle et personnelle de Nafissa, mais a également entraîné une baisse de fréquentation de son entreprise et des ruptures de contrats commerciaux. De plus, elle a été confrontée à des critiques et à des jugements de la part de sa communauté, exacerbant son isolement social et affectant son bien-être mental. Nafissa a été profondément affectée par cette trahison, ce qui a ajouté une dimension émotionnelle douloureuse à la situation déjà difficile.

Ces phénomènes soulignent le besoin urgent d'une régulation et d'une éducation aux médias, afin de promouvoir des pratiques de consommation médiatique plus critiques et respectueuses, réduisant ainsi les impacts négatifs sur les relations intersubjectives et la cohésion sociale.

2.4. Aspects politiques, juridiques et scientifiques

En dépit de progrès notables dans la représentation politique des femmes au Mali, les structures politiques et juridiques peinent encore à aborder de manière adéquate la spécificité des violences commises par les femmes contre d'autres femmes. La prédominance des normes sociales favorisant les hommes pour les postes de leadership, même au sein des organisations féministes, illustre une culture de phallocratie[55] fréquemment soutenue, paradoxalement, par les femmes elles-mêmes. Cette réalité est reflétée par la sous-représentation des femmes dans des institutions importantes : elles ne constituent que 28,57 % des membres du Conseil National de Transition (CNT), 26,66 % de l'Autorité Indépendante de Gestion des Élections (AIGE) et 15,94 % de la Commission chargée de la finalisation de l'avant-projet de nouvelle Constitution.

Ce même phénomène se retrouve dans le domaine administratif, où des dynamiques internes révèlent des femmes se rapprochant des décideurs pour, par jalousie, marginaliser leurs collègues féminines ou limiter leurs droits. Cette compétitivité nocive mine la solidarité féminine et affecte la performance professionnelle et personnelle des femmes. S. Menthon (2011), dans une interview, partage son expérience personnelle :

> « J'en ai assez des quotas ou de la discrimination positive... L'entreprise ne peut pas être le modèle de la société. Dans ma carrière, j'ai souvent plus été aidée par les hommes que par les femmes. Car, selon moi, les pires ennemis des femmes sont les femmes. Elles ne se cooptent pas, elles sont très dures entre elles. De manière générale, le leadership des femmes en politique est plus en avance que dans les entreprises » (Menthon, 2011).

---

[55] La "culture de phallocratie" désigne un système social où les hommes dominent et détiennent le pouvoir, souvent au détriment des femmes. Dans ce contexte, les structures et normes sociétales renforcent l'idée de la supériorité masculine, marginalisant les femmes et limitant leur accès aux ressources et aux opportunités, tout en justifiant ou minimisant les inégalités de genre

Une étude de cas dans une grande entreprise à Johannesburg révèle que les femmes en positions de pouvoir peuvent parfois reproduire des cycles de harcèlement envers d'autres femmes subordonnées. Une jeune cadre rapporte : « En tant que jeune cadre, j'ai été régulièrement critiquée et marginalisée par ma supérieure, qui utilisait sa position pour me déstabiliser » (Rapport sur la violence de genre en milieu professionnel, Université de Johannesburg, 2020).

Sur le plan académique, une enquête menée dans deux universités privées révèle un déséquilibre similaire. Bien que les filles représentent 67 % des étudiants en licence, leur présence chute à 46,5 % en master et à seulement 7,69 % en doctorat. Ce déclin notable dans la représentation féminine aux niveaux d'éducation supérieurs est souvent attribué à la priorisation du mariage par rapport à la poursuite des études. Les femmes se contentent ainsi de l'éducation reçue jusqu'à la licence, tout en comptant sur le soutien économique de leur conjoint. Elles sont parfois poussées par leur propre mère ou leurs tantes à se marier, ces dernières estimant que la licence est suffisante pour une femme. Cette pression familiale et sociale brise souvent les rêves et les ambitions de nombreuses jeunes femmes, les privant d'opportunités d'avancement professionnel et personnel. Le cas de Fatoumata illustre bien cette réalité.

> *Étudiante brillante en biologie, elle a dû abandonner ses études de master sous la pression intense de sa famille, qui l'encourageait à se marier avec un homme riche et influent. Son rêve de devenir chercheuse a été sacrifié au profit des attentes traditionnelles de son entourage.*

Les réalités évoquées précédemment ne sont pas de simples symptômes isolés. Elles illustrent plutôt des mécanismes profondément ancrés dans la société malienne, perpétuant la violence et l'oppression à l'égard des femmes. Ces dynamiques vont au-delà de la simple oppression visible ; elles influencent également les interactions sociales, les possibilités économiques, et les parcours individuels. C'est dans ce contexte que M. Bachelet (2020, p. 204) a déclaré : « La violence de genre, même lorsqu'elle est perpétrée par des femmes contre d'autres femmes, doit être reconnue comme une profonde violation des droits humains ». Pour saisir pleinement l'impact de ces violences, il est crucial d'analyser leurs conséquences, non seulement pour les victimes immédiates, mais pour toute la communauté.

3. Les conséquences de la violence entre femmes

La violence entre femmes au Mali a des répercussions profondes qui dépassent largement les victimes immédiates, affectant les familles, les communautés, et la structure socio-économique du pays. Cette section explore en détail les impacts de ces dynamiques.

3.1. Impact physique et psychologique sur les victimes

La violence entre femmes peut entraîner des dommages physiques graves, y compris des blessures résultant de la violence physique et des séquelles de pratiques comme l'excision. Sur le plan psychologique, les victimes peuvent souffrir de dépression, d'anxiété, de troubles de stress post-traumatique, et d'une diminution de l'estime de soi. Ces impacts psychologiques sont souvent exacerbés par le stigma social et l'isolement, entravant la capacité des femmes à chercher et recevoir de l'aide. L'attention portée à ces effets souligne la nécessité de services de soutien psychologique et médical spécialisés pour les victimes.

Un cas poignant est celui d'Aminata, qui a été harcelée verbalement et psychologiquement par sa belle-sœur pendant plusieurs années pour n'avoir pas pu faire d'enfants. Sa belle-sœur la critiquait constamment, la rabaissait devant les autres membres de la famille, et la soumettait à un traitement humiliant au quotidien. Ce harcèlement incessant a conduit Aminata à développer une dépression sévère, se sentant isolée et sans valeur. Incapable de trouver du soutien dans son entourage, elle a fait plusieurs tentatives de suicide, désespérée par la situation. Cette histoire illustre tragiquement comment la violence psychologique entre femmes peut avoir des conséquences dévastatrices sur la santé mentale et le bien-être des victimes.

3.2. Effet sur les familles et relations interpersonnelles

La violence entre femmes peut rompre les liens familiaux et altérer les dynamiques relationnelles, souvent avec des effets intergénérationnels. Les enfants témoins de cette violence peuvent internaliser des comportements agressifs ou devenir eux-mêmes des victimes ou des auteurs de violence à l'avenir. De plus, la tension constante et la méfiance peuvent dégrader le tissu relationnel au sein de la communauté, entravant la collaboration et le soutien mutuel essentiels à la résilience communautaire.

Un exemple concret est celui de Salif, un garçon de 10 ans, qui a été témoin des fréquents conflits violents entre sa mère et sa grand-mère. Leurs disputes, souvent intenses et parfois physiques, ont plongé Salif dans un environnement de tension et de stress constant. Ce climat conflictuel a profondément affecté le jeune garçon, qui a commencé à manifester des comportements agressifs à l'école, exprimant sa colère et sa frustration envers ses camarades de classe et ses enseignants. En outre, Salif a eu des difficultés à se concentrer sur ses études, ce qui a entraîné une baisse significative de ses performances scolaires. Cet exemple illustre clairement comment les violences intrafamiliales entre femmes peuvent avoir des répercussions négatives majeures sur les enfants, compromettant leur développement émotionnel et comportemental.

En somme, la violence entre femmes ne se limite pas aux individus directement impliqués ; elle s'étend aux familles et aux communautés, créant un cercle vicieux de conflits et de méfiance. La fragmentation des relations interpersonnelles affaiblit la solidarité communautaire, rendant plus difficile la mise en place de réseaux de soutien efficaces et la promotion d'une culture de paix et de résilience.

3.3. Conséquences socio-économiques

La violence entre femmes peut entraîner des conséquences économiques significatives. Les victimes de violence peuvent se retrouver incapables de travailler, ce qui réduit leur capacité à contribuer économiquement à leur famille et à la société. Par ailleurs, les coûts associés aux soins médicaux et aux services de soutien psychologique, souvent insuffisants dans les régions touchées, peuvent devenir un fardeau pour les communautés. Ces facteurs exacerbent la précarité économique et limitent le potentiel de développement des régions concernées.

> *Un exemple illustratif est celui d'Aïcha, qui a dû quitter son emploi à cause du harcèlement incessant de sa collègue. Cette dernière, jalouse des compétences d'Aïcha et de la reconnaissance qu'elle recevait au travail, l'accusait à tort d'avoir une liaison avec le Directeur et répandait des rumeurs malveillantes à son sujet. Sous la pression constante des critiques et des insinuations, Aïcha a fini par démissionner, plongeant ainsi sa famille dans des difficultés financières. Son salaire était crucial pour subvenir aux besoins de sa famille, et sans emploi, ils ont eu du mal à régler les factures et à maintenir leur niveau de vie.*

Cette situation démontre comment la violence psychologique entre femmes sur le lieu de travail peut non seulement détruire la carrière et le bien-être de la victime, mais aussi avoir des répercussions économiques graves pour sa famille.

Les conséquences économiques de la violence entre femmes ne se limitent pas à l'individu ; elles s'étendent à toute la communauté. Lorsque les femmes sont contraintes de quitter leur emploi ou de limiter leur participation économique en raison de violences, cela affaiblit le tissu économique de la société. Il est donc essentiel de reconnaître et d'aborder ces dynamiques pour soutenir le développement économique durable des régions touchées et pour assurer l'égalité des chances pour toutes les femmes.

3.4. Impact sur la cohésion communautaire et la solidarité féminine

Les effets délétères de la violence entre femmes s'étendent à la cohésion de la communauté entière. La méfiance et la division que cette violence engendre peuvent affaiblir les réseaux de soutien entre femmes, essentiels pour combattre les inégalités et promouvoir des changements sociaux. La solidarité féminine, essentielle dans la lutte contre le patriarcat et pour l'émancipation des femmes, peut être sérieusement compromise, limitant l'efficacité des initiatives de défense des droits des femmes.

> *Un exemple notable est celui de l'association de femmes à Bamako, initialement fondée pour promouvoir les droits des femmes et l'entraide communautaire. Cette association, composée de membres dévouées, a malheureusement été confrontée à des conflits internes graves. Des*

accusations de trahison et de détournement de fonds ont émergé, créant une atmosphère de méfiance et de suspicion. Des disputes fréquentes et des divisions au sein du groupe ont sapé la confiance entre les membres. Finalement, incapables de surmonter ces tensions, l'association s'est dissoute, mettant fin à des projets prometteurs et privant la communauté d'un important soutien. Cet exemple démontre comment les conflits internes et la violence psychologique entre femmes peuvent détruire des initiatives collectives bénéfiques et nuire à la solidarité féminine.

Les conséquences de la violence entre femmes au Mali sont profondes et multidimensionnelles, affectant individus, familles, communautés et la société dans son ensemble. Pour aborder efficacement cette violence, il est crucial de comprendre ses impacts divers et d'élaborer des interventions holistiques qui renforcent les réseaux de soutien, promeuvent la guérison, et soutiennent l'empowerment des femmes à tous les niveaux de la société.

4. Stratégies d'intervention et de prévention de la violence entre femmes : approche basée sur le paradigme PCAAR

Pour faire face aux complexités de la violence entre femmes au Mali, il est impératif d'adopter une approche holistique et multidimensionnelle. Nous proposons une série de recommandations structurées autour du paradigme PCAAR : Pensée Critique, Attitude, Autonomisation, et Résilience. Ce cadre stratégique vise non seulement à atténuer les conditions immédiates favorisant cette violence, mais aussi à poser les bases d'un changement culturel et social profond et durable. Voici une exploration de chaque composante de ce paradigme.

4.1. Pensée critique

La pensée critique est essentielle pour remettre en question les normes sociales et les stéréotypes de genre qui sous-tendent la violence entre femmes. Elle joue un rôle crucial en encourageant une analyse profonde des dynamiques de pouvoir, des inégalités structurelles, et des pratiques culturelles qui maintiennent les femmes dans des rôles subordonnés. Pour cultiver une pensée critique :

Éducation et formation : Intégrer des modules de pensée critique dans l'éducation formelle et informelle pour permettre aux femmes de questionner les normes et les valeurs qui perpétuent la violence. F. Oke, journaliste nigériane et activiste sociale, soulignait cette nécessité lors d'une interview : « Pour combattre efficacement la violence entre femmes, nous devons nous attaquer aux racines de la misogynie intériorisée qui se manifeste dans nos communautés » (Oke, 2018).

Médias et campagne de sensibilisation : Utiliser les médias pour diffuser des messages qui défient les normes de genre toxiques et qui promeuvent des modèles de comportement égalitaires. Un exemple concret est l'initiative de l'organisation *Women for Change*, qui a lancé une campagne médiatique en 2022 visant à promouvoir des modèles de comportement égalitaires.

Déconstruction des discours dominants : Encourager les femmes à analyser et critiquer les représentations médiatiques et les discours politiques qui justifient ou minimisent la violence entre femmes. « Pour une solidarité féminine effective, il faut reconnaître et déconstruire les barrières imposées par nos propres communautés » (Dlamini-Zuma, 2019).

Ces efforts de pensée critique mènent naturellement au développement d'attitudes transformatrices, un autre pilier crucial dans la lutte contre la violence.

4.2. Attitude

Dans la lutte contre la violence faite à la femme par la femme au Mali, le développement de l'attitude des femmes joue un rôle crucial. Cette attitude englobe une série de comportements, de perceptions et de valeurs qui influencent la manière dont les femmes interagissent les unes avec les autres et abordent la question de la violence de genre :

Programme de sensibilisation : Mener des campagnes de sensibilisation pour éduquer les femmes sur les diverses formes de violence, en soulignant l'importance de soutenir les victimes plutôt que de perpétuer la stigmatisation. En comprenant les mécanismes et les conséquences de la violence entre femmes, les femmes peuvent développer une attitude de vigilance et de solidarité envers leurs pairs, ainsi qu'une volonté de s'engager dans la lutte contre cette violence. N. Dlamini-Zuma, femme politique sud-africaine, souligne : « La solidarité féminine commence par la reconnaissance et le soutien mutuel dans les moments de vulnérabilité » (Dlamini-Zuma, 2019).

Initiatives de soutien mutuel : Dans la lutte contre la violence faite à la femme, il est essentiel de créer des groupes de soutien locaux qui offrent des espaces sûrs pour les femmes pour partager leurs expériences et obtenir du soutien psychologique et émotionnel. Il s'agit d'encourager la solidarité pour créer un environnement où les femmes se sentent soutenues et protégées les unes par les autres. W.Maathai, militante écologique kényane, prix Nobel de la paix, renforce cette idée : « Le vrai changement doit commencer dans nos communautés et nos maisons, et il est crucial que les femmes soient les premières à se soutenir mutuellement dans la lutte contre la violence » (Maathai, 2006, p. 276).

Modèles de rôle positifs : Promouvoir des modèles de rôle positifs parmi les femmes qui démontrent des comportements non-violents et de soutien mutuel. Par exemple, l'histoire de Fatoumata, qui a surmonté la violence domestique et est devenue une militante pour les droits des femmes, inspire beaucoup de femmes à adopter des comportements solidaires.

L'adoption de ces nouvelles attitudes est renforcée par l'autonomisation, qui fournit les outils nécessaires pour que les femmes agissent efficacement.

4.3. Autonomisation de la femme

L'autonomisation est essentielle pour permettre aux femmes de se libérer des cycles de violence et de dépendance. Elle s'appuie sur l'éducation, l'accès aux ressources et le leadership pour renforcer leur indépendance et leur autorité :

Formation et éducation : Offrir des ateliers et des cours spécialisés qui ciblent les compétences professionnelles en demande, l'alphabétisation financière et les droits des femmes. Cela comprend des formations sur les droits légaux des femmes et des séminaires sur les moyens d'obtenir une aide juridique et sociale. Par exemple, le programme d'éducation pour les femmes de l'ONG Educate Girls Now, qui a aidé des milliers de femmes à acquérir des compétences professionnelles et à connaître leurs droits. Comme l'affirme Fatou Sow, « L'éducation est l'outil le plus puissant pour changer la condition des femmes et les rendre autonomes » (Sow, 2003, p. 72).
Accès aux ressources : Mettre en place des programmes qui fournissent un accès facilité à des crédits microfinanciers, des opportunités d'emploi et des services de santé reproductive. Ces services doivent être conçus pour être accessibles aux femmes marginalisées ou vivant dans des régions isolées. Un exemple est le programme de microcrédit de l'ONG Women's Empowerment Network, qui a permis à de nombreuses femmes de lancer leur propre entreprise.
Renforcement du leadership féminin : Encourager et soutenir les femmes à prendre des rôles de leadership au sein de leurs communautés et au niveau politique. Organiser des réseaux de mentorat où les femmes leaders peuvent guider et inspirer les nouvelles générations. Un exemple concret est le réseau de mentorat Women Leaders of Tomorrow, qui connecte des femmes leaders avec des jeunes femmes aspirant à des rôles de leadership.
Ces mesures d'autonomisation préparent le terrain pour le développement de la résilience, nécessaire pour faire face aux défis et se reconstruire après des incidents de violence.

4.4. Résilience

Selon Wikipédia, la notion de résilience fait référence à la capacité d'un individu ou d'une communauté vulnérable à aborder les chocs et à les transformer sans compromettre les perspectives d'avenir. La résilience dans le contexte de la violence entre femmes implique de renforcer la capacité des femmes à se remettre des épreuves, à se protéger et à créer un environnement sécuritaire et soutenant :
Supports psychologiques : Il s'agit de proposer des séances régulières de conseil individuel et de groupe pour les survivantes de violence, offrant des espaces pour discuter, guérir et récupérer. Des thérapies spécialisées, comme la thérapie cognitivo-comportementale, peuvent être utilisées pour aider les femmes à surmonter les séquelles psychologiques de la violence. Un exemple est le centre de soutien psychologique Safe Haven, qui offre des thérapies gratuites aux survivantes de violence. Selon Marie-Angélique Savané, « La résilience est une qualité essentielle qui permet aux femmes de surmonter les traumatismes et de reconstruire leur vie avec force et détermination » (Savané, 2000, p. 610).
Groupe de soutien par les pairs : L'objectif est de créer des groupes de soutien où les femmes peuvent partager des expériences similaires dans un cadre sécurisé et confidentiel. Ces groupes favorisent l'échange de conseils pratiques et

émotionnels et renforcent les réseaux sociaux des femmes. Un exemple concret est le groupe de soutien Women Supporting Women, qui offre des réunions hebdomadaires pour les survivantes de violence.
Formation à la gestion du stress et de la crise : L'essentiel ici est de développer des ateliers qui enseignent des compétences de gestion du stress, telles que la méditation, la pleine conscience, et la relaxation. Ces techniques aident les femmes à gérer l'anxiété et le stress quotidien, renforçant ainsi leur capacité à faire face à des situations de crise. Par exemple, le programme de gestion du stress de Mindful Women, qui enseigne des techniques de pleine conscience aux femmes victimes de violence.
Ces efforts de résilience ne sont pas seulement un bouclier contre la violence, mais aussi un moyen de transformer les expériences négatives en opportunités de croissance personnelle et communautaire.
En résumé, ces stratégies visent à outiller les femmes, non seulement, pour qu'elles puissent faire face à la violence lorsqu'elle survient, mais aussi pour qu'elles soient des actrices de changement dans leur propre vie et dans leur communauté, en transformant les dynamiques de pouvoir et en établissant des normes de respect mutuel et de soutien.

Conclusion générale

Cette étude a révélé une réalité souvent négligée : la violence exercée par les femmes contre d'autres femmes, un phénomène complexe ancré dans des dynamiques de pouvoir et des normes de genre profondément enracinées. Nos recherches soulignent l'urgence d'adopter des approches holistiques pour combattre et prévenir ces violences. Le paradigme PCAAR, qui signifie, Pensée Critique, Attitude, Autonomisation, et Résilience, propose un cadre stratégique essentiel pour initier des changements profonds dans la culture et la société, visant à diminuer et prévenir efficacement la violence entre femmes.
Cependant, malgré certains progrès, le Mali doit surmonter d'importants défis pour combattre efficacement toutes les formes de violence faite aux femmes. Les structures politiques et juridiques actuelles, souvent inadéquates pour reconnaître et traiter spécifiquement les violences au sein du groupe féminin, révèlent la nécessité de réformes législatives et d'une application plus stricte des lois. Cela garantirait la protection de toutes les victimes, indépendamment de leur sexe ou de celui de l'agresseur.
Les dynamiques de pouvoir toxiques observées dans les administrations et les cercles politiques montrent que certaines femmes reproduisent les comportements oppressifs et discriminatoires, perpétuant ainsi les systèmes patriarcaux. Une prise de conscience et un changement de comportement au sein de la communauté féminine sont cruciaux pour atteindre une véritable émancipation et égalité.
À travers l'éducation, la sensibilisation et la promotion d'une pensée critique, il est possible de déconstruire les stéréotypes nuisibles qui alimentent la violence. En développant des attitudes et des comportements solidaires, nous pouvons

renforcer le tissu social et encourager une véritable sororité. L'autonomisation, par l'accès à l'éducation et aux ressources, ainsi que par le renforcement de la position sociale et économique des femmes, est fondamentale pour les aider à se libérer des cycles de violence. La résilience, soutenue par un accompagnement psychologique et communautaire, permet aux femmes de surmonter les traumatismes et de se reconstruire.

Ces stratégies doivent s'inscrire dans une politique de prévention et d'intervention durable, soutenue par des engagements à la fois nationaux et internationaux. Pour un Mali où chaque femme peut vivre libre de violence, il est impératif que ces recommandations se traduisent en actions concrètes. Cela nécessite une transformation des mentalités et des pratiques, impliquant tous les membres de la société, pour édifier un environnement plus juste et égalitaire.

Références bibliographiques

BACHELET, Michelle. (2020). "Gender-Based Violence as a Human Rights Violation". Journal of Human Rights, 19(2), pp. 204-219.

COULIBALY, Moussa. (2017). "Les dynamiques de genre et le développement au Mali". African Journal of Social Sciences, 5(2), pp. 89-104.

DEQUIRE Anne-Françoise, (2019/1), « Les violences faites aux femmes dans le monde : Une pandémie ? » in Pensée Plurielle, éditions BOECK Supérieur,

DLAMINI-ZUMA, Nkosazana. (2019). Discours lors de la Conférence sur les femmes africaines, 15 juillet à Addis-Abeba.

Educate Girls Now. (2022). "Programme d'éducation pour les femmes". Rapport annuel.

KHAN, Farida C., (2005/2), « Violences faites aux femmes et discours sur le développement au Bangladesh » in *Revue Internationale des Sciences sociales*, N°184 in pp.235-248.

LAVIGNE DELVILLE, Philippe. (1998). "Dynamiques de genre et accès à la terre en Afrique de l'Ouest". Autrepart, (6), pp. 127-144.

MAMA, Amina. (2001). Beyond the Masks: Race, Gender and Subjectivity. London: Routledge.

MAATHAI, Wangari. (2006). Unbowed: A Memoir. London: Heinemann.

MALABOU Catherine, (2012/1), Le sens du féminin » in Revue du MAUSS N°39, Paris, éditions, La découverte, pp.236-244.

MENTHON, Sophie. (2011). « Les pires ennemis des femmes » in Interview vérité sur la discrimination positive et le leadership féminin avec la présidente nationale d'ETHIC, 16 Mai 2011.

MONZO, Lilia. (2018). "Feminist Perspectives on Social Work". Journal of Gender Studies, 29(3), pp. 325-337.

OKE, Femi. (2018). Interview sur les droits des femmes, Al Jazeera English, diffusée le 10 mars.

SAVANE, Marie-Angélique, (2000), « Les femmes africaines face aux défis du développement » in Revue internationale des sciences sociales, 52(164), pp. 595-610.

SIMON, Sophie, (2014), Violence faite aux femmes : définitions, principaux chiffres et politiques publiques de lutte » in Les tribunes de la santé, Paris, éditions Presses des sciences Po, pp. 93-98.
SOW, Fatou. (2003). Féminismes africains : Une histoire inachevée, Paris, Éditions La Dispute.

Documentaires

Mindful Women. (2023). "Programme de gestion du stress pour les femmes victimes de violence". Rapport d'activités.
Safe Haven. (2021). "Centre de soutien psychologique pour les survivantes de violence". Rapport d'activités.
Université de Johannesburg. (2020). "Rapport sur la violence de genre en milieu professionnel".
Women for Change. (2022). "Campagne médiatique pour l'égalité des genres". Rapport de campagne.
Women's Empowerment Network. (2021). "Programme de microcrédit pour les femmes entrepreneurs". Rapport annuel.

La procréation humaine non sexuée en droits Camerounais, Malien et Béninois

Sylvie NGAMALEU DJUIKO
Chargée de cours/Maître-assistant
Département de Droit Privé Fondamental
Membre du Laboratoire d'études et de recherches en droit des affaires
Université de Yaoundé II (Cameroun)

Résumé :
Il y eût un temps où la procréation humaine résultait uniquement d'un acte sexuel. Mais avec le développement de l'assistance médicale à la procréation (AMP), la situation a changé depuis un moment déjà puisque les nouvelles techniques de reproduction (NTR) qui en sont issues ont donné la possibilité de procréer en dehors d'un rapport charnel. Ce qui permet certainement de répondre à certains désirs ou besoins des êtres humains. Toutefois, cela étant aussi susceptible d'engendrer d'énormes problèmes, pour que ces évolutions consistent en de véritables progrès sociaux, il appartient au droit de tracer le cadre de leur réalisation. Si en général les pays africains ne s'étaient pas vite saisis de la question, cela n'est plus le cas depuis quelques années. En l'absence d'un dispositif régional, la présente contribution entend, en partant de l'analyse des dispositifs juridiques prévus au Cameroun, au Mali et au Bénin, voir les positions adoptées et, éventuellement, s'il se dégage une "approche africaine" en la matière. La question est d'autant plus importante que les intérêts en jeu mettent en cause le type même de société que l'on veut avoir. Veut-on une société qui fait de la promotion des libertés individuelles et du tout scientifique des valeurs absolues ou alors une société dans laquelle des limites peuvent être tracées ?
Compte tenu de l'attachement à la descendance que l'on souligne généralement en ce qui concerne l'Afrique, il n'y a pas de surprise de constater que les trois pays consacrent ce type de procréation. Mais au-delà, si l'examen des dispositifs juridiques des trois pays laisse apparaître une forte convergence en matière de procréation non charnelle endogène, on peut relever des divergences non négligeables en ce qui concerne la reproduction exogène.
Mots clés : Stérilité – Procréation - Assistance – Filiation

Introduction

Pendant longtemps, la procréation sexuée ou charnelle est demeurée pour les êtres humains le seul moyen de se reproduire, aussi bien pour les êtres humains que pour les animaux d'ailleurs. Malheureusement, les rapports sexuels ne garantissent pas toujours un résultat heureux en ce sens dans la mesure où à cause de l'infertilité, notamment, le désir de descendance peut ne pas être assuré. Pourtant, si l'on se fie à l'Histoire, ce désir de procréer serait toujours apparu comme un désir important, voire, irrésistible chez l'être humain[1]. Pour le satisfaire, la solution traditionnelle consistait à recourir physiquement à un tiers[2]. Face aux problèmes que cette solution engendre[3], la science a fait émerger de nouvelles techniques de reproduction (NTR) ne reposant plus sur un acte charnel ou sexuel : c'est la procréation non sexuée. D'où l'existence désormais de deux types de procréation : une sexuée et l'autre non sexuée. Cette dernière renvoie donc à la procréation qui ne repose pas sur un acte sexuel à la base et qui fait intervenir des praticiens professionnels[4]. Elle a donc lieu grâce à l'intervention de professionnels de différentes spécialités médicales ou paramédicales. Ce qui justifie que l'on parle de procréation médicalement assistée (PMA) ou d'assistance médicale à la procréation (AMP).

Étant donné que l'Afrique est souvent indiquée comme un continent où le désir de descendance est très poussé[5], la question la concerne nécessairement. Certaines raisons peuvent même la faire apparaître plus prégnante qu'ailleurs : malgré un fort taux de fécondité[6], elle aurait aussi un taux d'infertilité assez élevé[7]. En dépit de cela, les législations sur la PMA y sont relativement récentes. Pour ce qui est des 3

---

[1] De tout temps, les couples auraient eu des inquiétudes quant à leur fertilité et à la santé de l'enfant engendré (voir J. TESTART, *La procréation médicalisée*, France, Flammarion, Dominos, 1993).

[2] L'histoire de Sarah et Abraham dans l'Ancien Testament est assez illustrative.

[3] Sur le plan juridique, par exemple, cela pouvait constituer un acte d'adultère, avec toutes les conséquences que cela pouvait entraîner. L'histoire de Sarah et Abraham peut encore illustrer l'instabilité et la fragilité de la filiation de l'enfant porté par une autre femme puisque dans cette histoire, lorsque Sarah finit par enfanter, Ismaël, le fils que sa servante Agar avait eu avec son mari Abraham, à sa demande, fut renvoyé dans le désert avec sa mère biologique.

[4] Les biologistes, notamment. Il y a eu une petite guéguerre sur la question de savoir si ce nouveau mode de reproduction repose plus sur ces derniers que sur les gynécologues, par exemple. Ce qui est certain c'est qu'il fait intervenir un ensemble de spécialités. Cela ressort d'ailleurs des lois qui régissent la matière (voir à titre d'illustration, les articles 13 de la loi malienne, 17 de la loi camerounaise et 53 du code béninois de l'enfant).

[5] En plus des expressions souvent utilisées pour parler des femmes sans enfants (puisque ce sont elles qui, hélas, sont généralement indexées) qui peuvent l'illustrer à suffisance ("ventre vide", "femme incomplète", "bois qui refuse de brûler"...), voir également le discours du Docteur FIADJOE, président du GIERAF, lors du 2e congrès organisé à Douala en février 2010 sur l'AMP en Afrique et B. DJUIDJE CHATUE, « L'effectivité oxymorique du droit camerounais de l'adoption », in *L'effectivité du droit, Mélanges en l'honneur du Professeur François ANOUKAHA,* L'Harmattan, 2021, p. 447.

[6] En moyenne 4,4 enfants/femme en 2020 et sur les 20 pays où le taux est le plus élevé en 2018, quelle que soit la source de classement, 19/20 sont africains.

[7] En 2020, il serait de 16,4% contre environ 12% en Europe.

pays retenus ici[8], le code béninois de l'enfant date 2015, la loi malienne de 2016 et la loi camerounaise de 2022[9]. Pourtant les pratiques de PMA y sont déjà assez anciennes : au Mali, par exemple[10], certains écrits indiquent que la première naissance par IA y serait intervenue en 1984 et la première par FIV en 2008[11]. Comme ailleurs, la pratique a donc précédé la législation. Ce qui peut se comprendre, ne serait-ce que parce qu'elle n'est pas porteuse que de bienfaits, malgré les risques que cela présente[12]. En effet, si la PMA peut contribuer à permettre à l'Homme de prendre en main son destin procréatif[13], elle est aussi susceptible de soulever de nombreux problèmes de divers ordres[14].

---

[8] L'idéal aurait été de se baser sur un dispositif africain. Mais en l'absence d'un dispositif de l'Union Africaine y relatif, il a fallu faire des choix, avec certainement un peu d'arbitraire. Une des options aurait pu être de prendre un pays par grands blocs géographiques. Le choix du Cameroun et le Mali s'est presque imposé, le premier étant mon pays et le second celui des organisateurs du colloque. Pour ce qui est du Bénin, deux raisons peuvent expliquer son choix ; sa proximité géographique avec l'un des deux autres pays (Mali) et, surtout, l'existence d'une certaine différence par rapport aux deux autres (notamment au regard de la GPA).

[9] Pour ce dernier pays, un avant-projet de code des personnes et de la famille datant de près de 30 ans, et qui n'a toujours pas abouti jusqu'aujourd'hui, abordait la question. Sur les évolutions entre ce texte et la loi de 2022, voir notre article « Le législateur camerounais et la PMA : de l'avant-projet du code des personnes et de la famille à la loi du 14 juillet 2022 relative à la procréation médicalement assistée », *Rev. sénégalaise de droit,* n°37, août 2023, pp. 261-295).

[10] Au Cameroun, on situe la première naissance par FIV en 1998 (voir D. BONNET, « L'assistance à la procréation médicale en Afrique subsaharienne est-elle une innovation sociale ? », in *L'innovation en santé*, ss; la dir. Cl. HAXAIRE, B. MOUTAUD et C. FARNARIER), Presses Universitaires de Rennes, 2018, pp. 41-57).

[11] Voir https://benbere.org/ladamour/mali-pma-en-attendant-une-legislation/ (consulté le 28 janvier 2024).

[12] Dans une interview, un des membres de l'équipe ayant pratiqué la FIV sur une Camerounaise de 62 ans reconnaît implicitement le risque d'une telle FIV et explique que cela n'a été possible que grâce au vide juridique (voir http://www.cameroon-info.net/article/cameroun-pr-jean-marie-kasia-parle-de-la-sexagenaire-qui-a-donne-naissance-a-des-287739.html consulté le 06 mai 2017 à 13h30).

[13] Sigmund FREUD ne disait-il pas que *« Ce serait théoriquement l'un des plus grands triomphes de l'humanité, l'une des libérations les plus tangibles à l'égard de la contrainte naturelle à laquelle est soumise notre espèce, si l'on pouvait élever l'acte de la procréation au rang d'une action volontaire et intentionnelle »* (*« La sexualité dans l'étiologie des névroses »,* Sigmund FREUD, *« Résultats, idées, problèmes », in Naissance et liberté, Monique Canto-Sperber et René Frydman, 2009, Plon).*

[14] La dépersonnalisation de la sexualité qu'elle réalise est susceptible d'engendrer de nombreux dangers, sociaux et moraux notamment. Sur la question, voir, entre autres, B. STURLESE qui affirme qu'en dissociant les différents temps de procréation et en multipliant les acteurs, les techniques de PMA peuvent susciter des occasions de dérive vers l'eugénisme (*in* « Les droits de la personne devant la vie et la mort », coll. Problèmes politiques et sociaux, La doc. Française, Paris, 1993, p. 10) ; Marie-Thérèse CALAIS-AULOY (« La légitimité des techniques de procréation assistée », P.A., 7 octobre 1998, n° 120, p. 8 et s.) ; MANUEL et CZYBA qui évoquaient le risque de névroses ou d'états psychopathologiques patents (*Aspects psychologiques de l'insémination artificielle*, Villeuranne, Ed. Simep, 1983) ; Xavier DAVERAT, « Enfant né par insémination d'une mère engagée dans une relation homosexuelle et autorité parentale du donneur » et J. MASSIP, « Insémination artificielle et autorité parentale », sous Civ. 1ère, 9 mars 1994, respectivement *LPA* n° 116, 28 septembre 1994, p. 21

Il est d'ailleurs possible d'ajouter, en ce qui concerne l'Afrique, que légiférer en la matière peut être encore plus complexe dans la mesure où des solutions qui magnifient l'individualisme ou les libertés individuelles pourraient avoir du mal à y être consacrées. Ceci laisse penser que les particularités de la « société africaine » peuvent avoir entraîner des spécificités législatives en la matière. Mais est-ce vraiment le cas ?

C'est la question qui est au centre de cette réflexion. Elle est d'autant importante qu'au-delà des aspects économiques[15], elle semble interpeler le choix même du type de société que l'on souhaite avoir[16].

Pour essayer d'y répondre, le choix a été fait de sonder les législations des 3 pays retenus pour voir s'il peut y être décelé, ou non, des convergences. Ces nouvelles techniques de procréation peuvent être endogènes ou non, selon qu'elles donnent lieu au recours à un tiers ou non. Les législations retenues, comme beaucoup d'autres en la matière, contiennent des règles communes à toute PMA et d'autres qui sont particulières à la procréation exogène. C'est en suivant cette distinction que les 3 réglementations ont été analysées.

Comme indiqué ci-dessus, contrairement à l'ancienne solution consistant à recourir physiquement à un tiers pour avoir des relations sexuelles susceptibles d'aboutir à une grossesse, la procréation s'effectue ici grâce à l'assistance médicale à la procréation et sans qu'il y ait besoin de rapports sexuels. C'est pour cela qu'elle est dite non sexuée ou non charnelle. Pour ce type de procréation, les législations contiennent des règles qui sont communes à toute PMA et d'autres qui sont particulières à la procréation exogène. L'analyse des dispositifs des trois pays a laissé voir que si l'on peut noter une large convergence au niveau des règles communes (I), des différences non négligeables existent en ce qui concerne les règles particulières à la procréation exogène (II).

I- Des règles communes de la procréation non sexuée largement convergentes

Les règles communes de la PMA sont relatives à la nature et aux conditions du recours. Si les premières sont d'une convergence quasi-totale dans les 3 réglementations (A), les secondes ne sont que d'une grande convergence (B).

---

et s. et *LPA* n° 155, 28 déc. 1994, p. 24 et s. ; *Eugenic Artificial Insemination : a Cure for Mediocrity*, *Harv. Law J.*, 1981, 94, 1850…..

[15] Il y a 20 ans, le "baby business" générait déjà près de 3 milliards de dollars de chiffres d'affaires aux États-Unis (in "*The Baby Business : How money, science and politics drive the commerce of conception*", Debora Spar, Harvard Business School Press, 2004).

[16] Voir S. ROUQUIÉ, Les rapports actuels entre le droit et les sciences de la vie, *Petites affiches*, 13 mai 1998, n° 57, p. 13 (spéc. n° 5 et 8).

A.Une quasi-totale convergence quant à la nature du recours à la PMA

La question de la nature du recours à la PMA est relative à la marge de manœuvre de ceux qui y recourent. Elle peut se lire à travers deux éléments : premièrement, la visée ou le but du recours à la PMA et, deuxièmement, le caractère du recours. Il ressort des trois textes une convergence totale et explicite entre eux en ce qui concerne la visée du recours (1) et une convergence simplement grande et implicite pour ce qui est de son caractère (2).

1.Une convergence totale et explicite en ce qui concerne la visée du recours à la PMA

D'un point de vue théorique, deux approches du recours à la PMA sont concevables relativement à la visée :

- Dans une approche reposant sur la liberté individuelle, le recours à la PMA dépendrait uniquement de la volonté de ceux qui y recourent. Ceux-ci décideraient d'y recourir à leur guise. Dans cette approche, la PMA serait un mode alternatif auquel on peut recourir à sa convenance. Il s'agit d'une approche de plus en plus revendiquée dans certains pays en Occident ;
- Dans une autre approche, le recours à la PMA aurait uniquement une visée thérapeutique ou médicale. Il s'agirait de n'ouvrir la possibilité d'y recourir qu'à ceux qui font face à des problèmes d'infertilité[17].

Au-delà de quelques divergences de vocabulaire, sans grande importance[18], et de quelques maladresses de rédaction[19], c'est la seconde approche qui est retenue dans les trois textes analysés dans la mesure où ils conditionnent le recours à la présence d'une infertilité médicalement diagnostiquée[20]. Il y a clairement une exclusion du recours à la PMA par convenance dans les trois législations. De ce point de vue, elles sont donc totalement et explicitement convergentes. Ce qui ne semble pas être le cas pour le caractère du recours pour lequel la convergence, quoique grande, est plutôt implicite.

2.Une convergence grande et implicite en matière de caractère du recours à la PMA

Par rapport au caractère du recours à la PMA, deux approches sont également théoriquement possibles lorsque, comme les trois législations, on a consacré une PMA à visée thérapeutique :

---

[17] Cette approche limiterait la PMA à ce qui a présidé à son émergence.

[18] Il est tantôt question de maladie incurable dans les uns ou de maladie grave dans d'autres, voire des deux à la fois dans un même texte.

[19] Par exemple, l'article 52 du Bénin peut laisser croire que seul l'évitement de la transmission d'une maladie grave à l'enfant peut justifier le recours, alors qu'il peut aussi s'agir d'éviter de transmettre au conjoint.

[20] Cf. articles 4 Mali, 52 alinéa 1 Bénin et 2 alinéa 2 Cameroun.

- Une approche consistant à ouvrir le recours dès qu'il y a infertilité ou risque de contamination ;
- Et une autre consistant à n'ouvrir le recours qu'après échec ou inexistence de traitement contre l'infertilité ou le risque de transmission de la maladie.

À ce sujet, si les trois législations semblent opter pour la dernière approche qui fait du recours à la PMA un recours subsidiaire, la loi camerounaise est plus explicite sur la question : que ce soit pour le recours destiné à pallier la stérilité ou pour celui destiné à éviter la transmission d'une maladie congénitale grave, cela n'est possible, dans le premier cas, que si le centre de PMA a vérifié que les causes de la difficulté ou de l'incapacité à concevoir ont été déterminées et « traitées antérieurement sans succès, conformément aux données de la science et aux usages de la profession » et dans le second, que les maladies congénitales des demandeurs ont été antérieurement diagnostiquées et « traitées sans succès conformément aux données de la science et aux usages de la profession ».

Dans les autres législations, c'est de manière plutôt implicite qu'apparaît ce caractère : l'article 51 du Bénin, par exemple, limite le recours à la PMA au cas où la procréation ne peut se réaliser dans les conditions naturelles. Il est alors possible d'en déduire que tant qu'elle est possible naturellement, même grâce à un traitement, le recours à la PMA n'est pas ouvert.

B. Une grande convergence quant aux conditions de recours à la PMA

En ce qui concerne les conditions de recours à la PMA, elles sont relatives à la condition juridique des demandeurs et aux exigences techniques de réalisation. Si les dernières sont globalement identiques dans les trois législations (2), il existe de légères différences en ce qui concerne la première (1).

1.L'existence de légères différences au regard de la condition juridique des demandeurs de PMA

La condition juridique des demandeurs de la PMA renvoie à de nombreux éléments parmi lesquels :

- *Leur situation matrimoniale*. Au regard de cet élément, qui est probablement l'un des plus débattus en la matière, il apparaît des trois textes l'exigence que les demandeurs doivent être en couple. Aucun d'eux n'envisage d'ouvrir le recours à des personnes seules. Si le choix d'une PMA-liberté avait été retenu, cela aurait pu être envisagé[21]. Même si la stérilité ne frappe pas que les personnes en couple, il y a lieu de reconnaître que la définition qui en est donnée par les spécialistes, notamment l'OMS, et qui est reprise de manière précise par la loi malienne[22], semble présupposer l'existence d'un couple. En effet, c'est dans ce cadre, surtout en

[21] Il s'agit de l'une des revendications ayant cours en Occident.

[22] À savoir l'incapacité à concevoir par des rapports sexuels réguliers au bout d'un certain temps (variable en fonction des époques et des auteurs).

Afrique, que pourrait se concevoir la notion de "rapports sexuels réguliers sans contraception" contenue dans la définition de l'infertilité. Mais alors que le Mali exige clairement un couple légalement marié (article 4), au Cameroun il est possible d'être juste un couple stable ; Le texte indiquant comment la stabilité doit être appréciée, à savoir à partir d'une communauté de vie attestée par un rapport d'enquête sociale dont les modalités seront précisées par un règlement (article 11 alinéa 3). En attendant la sortie du texte annoncé, lorsque l'on connaît les tourments que cause la notion de communauté de vie aujourd'hui même dans le cadre des couples mariés, il y a lieu déjà de se demander quelle en sera la conception qu'il retiendra : la communauté de vie sera-t-elle assimilée à la communauté de toit ?[23] Au Bénin, en parlant d'époux (articles 58 et s.), de mari de la femme et d'épouse légitime de l'homme (article 54), le code semble aussi exigé un couple légalement marié. Sur ce point, le texte camerounais semble donc légèrement différent des deux autres[24].

- *Leur âge.* Le code béninois de l'enfant n'évoque pas la question de l'âge des demandeurs de la PMA. La question nous semble importante à plus d'un titre : à titre individuel, la question peut être considérée comme participant de la protection des demandeurs contre un projet chimérique qui, par ailleurs, est coûteux et dangereux[25]. Il serait donc bon pour les législateurs de fixer, comme les deux autres, un âge plancher et un âge plafond. Cela dit, au Mali, l'âge plancher n'est pas fixé explicitement pour l'homme ; il ne peut se déduire qu'à partir de l'article 4 alinéa 2 qui exige que le couple qui recourt à la PMA soit en âge de procréer[26]. Il est donc possible d'en déduire qu'au Mali, tout homme ayant l'âge de procréer peut recourir à la PMA, à la condition de satisfaire aux autres exigences sociales et médicales[27]. Pour le Cameroun, cet âge plancher pour l'homme est fixé à 21 ans (article 11 alinéa 1). Il est d'ailleurs le même pour la femme, bien que dans le droit positif camerounais, l'âge pour se marier demeure différent pour la femme et l'homme[28]. Au Mali, pour la femme, l'âge plancher est de 18 ans (article 5 alinéa 1). Cette

[23] Plusieurs conceptions de la notion sont possibles (notamment affective, morale, matérielle) parmi lesquelles la conception matérielle qui l'assimile à la vie sous le même toit.

[24] L'avant-projet camerounais de code des personnes et de la famille évoqué ci-dessus semblait aussi implicitement imposer l'exigence d'être un couple marié.

[25] Sur la question, voir A. KENMOGNE SIMO, « La protection des porteurs d'un projet de PMA au Cameroun depuis la loi du 14 juillet 2022 », *Actes du colloque sur les cinquante du code sénégalais de la famille*, à paraître ; S. GOUAMBE, « Heurs des couples en difficulté de procréation au Cameroun », *Rev. ivoirienne de droit*, n°58, 2022-2, pp. 196-236.

[26] On pourrait être tenté de dire que l'exigence va de soi dans la mesure où la question de l'infertilité ne se pose éventuellement qu'à partir du moment où on a atteint l'âge de procréation. On ne saurait, par exemple, parler d'infertilité pour un jeune de 5 ans. Le véritable intérêt ici serait plutôt de savoir quel est cet âge. Et de ce point de vue, le juriste dépendra du scientifique. Et à ce moment, faut-il permettre le recours simplement parce que l'âge de procréer est atteint ? La question est d'une grande importance surtout pour la femme puisque porter une grossesse trop tôt présenterait des risques.

[27] Notamment, être en couple depuis au moins un an sans avoir pu procréer naturellement.

[28] Peut-être faudrait-il considérer que le législateur camerounais est de plus en plus acquis à l'idée de l'égalité entre les sexes.

fixation explicite d'un âge est important, ne serait-ce que parce que comme indiqué dans la note qui précède, porter une grossesse trop tôt peut présenter des risques pour la jeune fille. En ce qui concerne l'âge plafond, il n'est fixé dans les deux pays que pour la femme et il est différent : au Mali, il est de 42 ans (article 5 alinéa 1) alors qu'au Cameroun, il est de 55ans (article 11 alinéa 1).

Il aurait été intéressant de savoir quels sont les critères pris en compte dans chacun des pays pour fixer ces âges. Si l'on veut que l'AMP se fasse comme si tout s'était passé naturellement, on pourrait, en ce qui concerne l'âge plafond pour la femme, calquer sur l'âge au-delà duquel il n'est pas possible de concevoir naturellement. Mais si l'on considère que la science doit pouvoir rendre possible tout ce que la nature ne permet pas, il devient possible d'admettre un âge supérieur. Mais, en tout état de cause, la fixation de ces âges devrait être fonction de l'âge auquel porter une grossesse ne présente pas un risque énorme.

- *Leur consentement.* Dans les trois textes, il y a une protection du consentement des demandeurs de la PMA. Celui-ci est protégé aussi bien en ce qui concerne son existence (à travers l'exigence de l'écrit) que son éclairage (avec des obligations d'information mises à la charge des centres et des praticiens).

- *Ils doivent être vivants.* Seuls deux des trois textes abordent la question et ils semblent interdire de manière indifférenciée toute PMA *post mortem* (articles 4 du Mali et 11 du Cameroun). Pourtant, en la matière, il est possible de faire un traitement différencié entre toutes les hypothèses de la procréation *post mortem* : l'insémination *post mortem*, le transfert *post mortem* et la gestation *post mortem*. Mais cette dernière hypothèse, quoiqu'il en soit, ne devrait pas être concernée par l'interdiction. Il n'y pas de raison que le développement d'un embryon déjà transféré dans l'utérus maternel avant le décès du mari soit interrompu de ce seul fait[29].

Telle est la situation entre les trois législations sur les principaux points relatifs à la condition juridique de ceux qui recourent à la PMA. Si de légères différences apparaissent entre elles, il n'en est pas de même en ce qui concerne la réalisation.

2.Une forte convergence au niveau des exigences relatives à la réalisation

Dans les trois législations, il ressort explicitement que le centre et le personnel doivent être agréés pour pouvoir pratiquer les activités de PMA[30] et les éléments pour être agréés renvoyant globalement aux mêmes exigences de compétence et d'éthique professionnelles pour les praticiens et d'équipements suffisants pour les centres.

---

[29] Sur la question, voir notre article « Les législateurs africains et la PMA : le cas de la procréation *post mortem* », *in* Le droit africain à la quête de son identité, Mélanges offerts au Professeur Isaac YANKHOBA NDIAYE, L'Harmattan, 2021, pp. 955-97 *in* Le droit africain -à la quête de son identité, Mélanges offerts au Professeur Isaac YANKHOBA NDIAYE, L'Harmattan, 2021, pp. 955-973 ; A-Bl. CAIRE, « L'inquiétante étrangeté de la procréation *post mortem* devant la Cour européenne des droits de l'homme », *Rec. Dalloz*, 2020, pp.324 et s.

[30] Cf. articles 53 du bénin, 13 du Mali et 13 du Cameroun.

Dans la loi camerounaise, il y a par ailleurs consécration d'une primauté à la PMA endogène. En effet, aux termes de l'article 26 alinéa 1, « la procréation médicalement assistée s'effectue avec du matériel reproductif prélevé sur le couple porteur du projet parental ». C'est après avoir disposé ainsi que l'article 26 alinéa 2 énonce les conditions dans lesquelles, par dérogation à l'alinéa 1, la PMA peut être mise en œuvre avec tiers donneur[31]. Cette primauté[32] nous semble bien indiquée dans la mesure où les différentes techniques de PMA ne présentent pas toutes les mêmes risques. À défaut d'interdire explicitement le recours à certaines d'entre elles (peut-on avoir recours à des techniques encore expérimentales ou à des techniques présentant des risques énormes pour l'enfant qui en serait issu ou pour la femme du couple ?)[33], la loi doit établir clairement une primauté ou une priorité en faveur de la PMA endogène.
Ce qui nous conduit à présent à examiner les règles consacrées à la PMA exogène

II- Des règles de la procréation non sexuée exogène assez divergentes

Il convient de rappeler que la procréation non sexuée dont il est question ici est celle dans laquelle il y a recours à un tiers. Le Mali interdit ce type de PMA puisque l'article 17 de sa loi prohibe, entre autres, le don d'ovocytes, d'embryon et de sperme. Il est possible de s'interroger sur les raisons d'un tel choix, surtout lorsque l'on a à l'esprit le fort attachement à la descendance en Afrique. Il s'agit probablement ici de privilégier et protéger plutôt une descendance biologique ou d'éviter la dissociation manifeste entre la paternité apparente, sociale ou juridique et la paternité biologique ou réelle. Sans aller jusqu'à interdire la procréation exogène, il nous semble néanmoins que la procréation endogène devrait être privilégiée chaque fois qu'elle est possible et sans risques plus élevés. Le potentiel de danger plus grand de la procréation exogène a justement fait en sorte que la tendance générale au départ ait été de recourir à la politique de « petits pas » consistant à acclimater d'abord les esprits à l'AMP[34] et à privilégier la PMA endogène[35]. Cette primauté implique que le praticien établisse l'impossibilité de recourir à une

---

[31] Il s'agit des cas dans lesquels il y a un risque de transmission d'une maladie d'une particulière gravité à l'enfant ou à un membre du couple ou lorsque le matériel reproductif prélevé sur le couple ne peut induire une grossesse.

[32] Que nous souhaitions déjà dans notre thèse (La protection de l'embryon humain, Université de Yaoundé II, juin 2014).

[33] Toutes les trois lois interdisent toute autre forme de PMA que celles qu'elles consacrent (articles 6 du Mali, 60 du Bénin et 50 du Cameroun).

[34] Dans certains pays, il est possible de noter que les positions de départ ont évolué alors même que, malgré les avancées, il n'a pas encore établi que les risques que l'on rattachait à la PMA exogène se sont avérés faux.

[35] C'est le cas des « lois bioéthiques » en France, des recommandations du 88ᵉ congrès des Médecins allemands en 1985 et de la Commission BENDA en Allemagne, des Directives de l'Académie Suisse des Sciences médicales, de l'avis du comité gouvernemental suédois, de la loi norvégienne et des recommandations du CAHBI (un Comité *ad hoc* d'experts sur les progrès des sciences biomédicales mis en place par le Comité des
Ministres du Conseil de l'Europe en 1985)

technique endogène avant de pratiquer une technique exogène. Mais, en même temps, il faudrait éviter que le praticien ne se livre à une sorte d'acharnement procréatif au sein du couple. Ce qui peut finalement retarder le recours à la PMA exogène, limiter les chances de succès et, surtout, entraîner le développement de techniques présentant des dangers plus graves[36]. En la matière, il serait bon que la profession, individuellement et collectivement, accorde de la considération à la question puisque la dangerosité doit être saisie aussi bien sous l'angle social que sous l'angle technique. Cela dit, les deux autres textes l'admettent et c'est à leur égard que la comparaison est faite ici. À ce sujet, il convient de distinguer selon qu'il y a PMA avec tiers donneur ou pratique de maternité de substitution. Si au regard de la première, on note déjà des différences sensibles entre les deux textes (A), par rapport à la maternité de substitution, plus que des différences, même importante, il convient de constater plutôt une sérieuse divergence dans la mesure où seul le Bénin l'admet (B).

A.Des différences sensibles en matière de PMA avec tiers donneur

Lorsque le recours est fait à la PMA avec donneur, il y a des exigences qui concernent le couple demandeur et les tiers. Au sujet du couple, les deux législations convergent grandement (1) alors qu'il y a quelques différences quant aux tiers (2).

1.Une grande convergence en ce qui concerne la protection du couple demandeur

Le couple demandeur de la PMA est protégé dans les deux lois d'abord par rapport à son consentement. Néanmoins, le texte camerounais semble globalement plus fourni. Ce qui peut se comprendre dans la mesure où il s'agit d'une loi dédiée à la matière. De manière générale, en plus de consentir à la PMA, le couple doit aussi consentir au recours à un tiers. Pour éviter les éventuelles difficultés sur l'existence

[36] C'est le cas de l'ICSI (*Intra Cytoplasmic Sperm Injection*) qui constitue certes un procédé endogène, mais qui présenterait un niveau de risque très élevé aussi bien pour le couple que pour les enfants qui en seraient issus. C'est une technique qui permet de traiter des formes de stérilité masculine sévères liées au nombre et à la mobilité des spermatozoïdes. Consistant en une injection intracytoplasmique par perforation de la membrane pellucide de l'ovocyte, elle permet au couple de procréer sans recourir au don de sperme avec des résultats comparables à la FIV « classique ». Il s'agit en quelque sorte de rendre fécondants des spermatozoïdes naturellement non fécondants. Bien que la technique aurait été lancée sans une expérimentation préalable conformément au Code de Nuremberg, elle aurait connu un succès rapide dans le monde. Cette efficacité ne doit néanmoins pas masquer les risques sanitaires que présente la technique : des études belges conduites par le Docteur Van Steirteghem auraient permis d'acquérir la quasi-certitude que la technique favorise la transmission à l'enfant et à sa descendance de l'anomalie génératrice de l'insuffisance spermatique et d'autres anomalies génétiques comme la mucoviscidose. On pourrait ajouter le cas de la G.I.F.T (*Gamete Intra Faloppian Transfert*) qui consiste à introduire les deux gamètes à l'intérieur de la trompe, permettant ainsi de réaliser une fécondation plutôt dans la trompe (et non *in vitro*), mais qui présente un risque plus élevé de grossesse extra-utérine.

de ce consentement, les deux lois exigent qu'il soit donné par écrit[37]. Il est néanmoins possible de se demander si un écrit plus sécurisant n'aurait pas été plus indiqué : écrit notarié ou par devant le juge, par exemple. À ce sujet, l'avant-projet du code camerounais des personnes et de la famille énonçait dans son article 504 que le consentement préalable du couple doit être donné au juge ou au notaire, dans des conditions garantissant le secret et qui doit les informer des conséquences de leur acte au regard de la filiation[38]. Pour une meilleure garantie de l'intégrité et de l'éclairage du consentement, peut-être que cette solution aurait été plus indiquée. Elle présente néanmoins quelques inconvénients ou risques : notamment l'alourdissement (et même le renchérissement[39]) du recours à la PMA, le dévoilement précoce à des personnes autres que les parties prenantes[40]. En tout état de cause, le consentement donné peut être privé d'effet si, avant la réalisation de l'opération, la communauté de vie cesse (décès, divorce, séparation de corps)[41] ou si l'auteur révoque son consentement[42].
Le couple demandeur est protégé ensuite contre la dépossession du fruit de son projet : dans les deux lois, il est interdit qu'une filiation soit établie entre le tiers donneur et l'enfant issu de la PMA exogène[43].
Ce qui amène à aborder les tiers à présent.

2.L'existence de quelques différences par rapport aux tiers

Dans la PMA avec tiers, en prenant cette notion par rapport au couple, il est possible de considérer qu'il y a deux types de tiers : le tiers donneur et l'enfant issu de l'opération.
En ce qui concerne le tiers donneur, les modalités dans les deux lois ne sont pas toujours précisées. En ce qui concerne la loi béninoise, par exemple, les hypothèses de recours au tiers donneur ne peuvent être déterminées que par déduction à partir de l'article 51. Et encore, ce texte ne vise que le risque de transmission de maladie à l'enfant. Qu'en est-il de l'hypothèse du risque de transmission à un membre du couple et de celle où le matériel du couple ne peut aboutir à la conception ?
De même, cette loi n'aborde pas les caractères du don. Pourtant, ceux-ci constituent l'un des aspects les plus problématiques de la PMA avec donneur. En effet, le donneur peut-il ou doit-il être connu ? La question intéresse un des droits de plus en plus considéré comme fondamental, à savoir celui à la connaissance de ses origines. Le donneur peut-il être rémunéré ? En réalité, cela tient au fait que les critères de

---

[37] Cf. articles 57 alinéa 2 du Bénin et 23 du Cameroun.
[38] On verra ci-dessous que pour la GPA, la loi béninoise exige que l'accord entre le couple et la mère porteuse soit conclu par devant le juge.
[39] L'intervention du notaire susciterait nécessairement des frais.
[40] Mais ce risque doit être relativisé par le fait que le juge et le notaire sont tenus par le secret professionnel.
[41] Cf. article 58 alinéa 2 du Bénin et 12 du Cameroun).
[42] Mais seul le texte camerounais évoque explicitement ce cas.
[43] Voir ci-dessous.

choix du donneur sont renvoyés à un arrêté du Ministre en charge de la santé qui n'aurait jamais été pris (cf. article 55). Par ailleurs, cet article ne parle que de « critères médicaux » alors que le choix du donneur pose des problèmes qui vont au-delà de cet aspect : par exemple, peut-il y avoir un lien de parenté entre le donneur et le couple receveur ? Par contre, certaines indications sont données : limitation du don d'un donneur à un seul au profit d'une même personne, éclairage du consentement du donneur (article 56)

En ce qui concerne le Cameroun, si du fait que sa loi est dédiée à la PMA, elle contient plus de précisions (hypothèses de recours, caractères du don, don intrafamilial, limitation du nombre de dons susceptibles d'être faits par un donneur…), il faudrait se garder de croire qu'elle est complète. Il existe également des points qui devront être précisés par les textes réglementaires d'application[44]. C'est le cas, par exemple, de la question de la pré-paternité ou maternité du donneur. Il s'agit d'une question d'une grande importance pour les donneuses du fait que le nombre d'ovocytes serait limité. C'est la raison pour laquelle la loi impose une information particulière de la donneuse. Aux termes de l'article 30, « la donneuse d'ovocytes doit être particulièrement informée des conditions de la stimulation ovarienne et du prélèvement ovocytaire, des risques et des contraintes liées à cette technique, lors des entretiens avec l'équipe médicale pluridisciplinaire ».

En ce qui concerne l'autre tiers, à savoir l'enfant issu de la PMA, il y a dans les deux lois la facilitation et la sécurisation de sa filiation. Aux termes de l'article 37 de la loi camerounaise, par exemple, « la filiation est établie d'office à l'égard de chaque membre du couple porteur du projet parental, que ceux-ci soient mariés ou pas ». En cas de recours à la PMA par un couple non marié, la situation de l'enfant apparaît comme étant plus solide que celle de l'enfant né naturellement d'un couple non marié puisqu'à l'égard du père de ce dernier, la filiation n'est pas établie d''office. Ce qui peut s'expliquer par le consentement donné par les membres du couple. Autant la conception peut être accidentelle dans la procréation naturelle, autant il y a indiscutablement un volontarisme dans la procréation artificielle. La filiation y est

[44] On peut d'ailleurs s'étonner pour certains de ce choix fait par le législateur de renvoyer à des textes réglementaires. Peut-on, à l'instar de certains auteurs, l'expliquer par le fait que le législateur était trop pressé (cf. S. NDEDOUM et W. Cl. PINLAP, « La loi no 2022/014 du 14 juillet 2022 : le cadre juridique de la procréation médicalement assistée au Cameroun ou l'œuvre inachevée d'un législateur trop pressé », *RRJP* no 1, Sept.-oct. 2022, p. 281) ? Cela est difficile à comprendre dans la mesure où il a fini par faire une loi qui aurait du mal à s'appliquer en l'état (voir J.M. TATSADONG TAFEMPA, « La loi n°2022/014 du 14 juillet 2022 relative à la procréation médicalement assistée au Cameroun : réflexion sur l'effectivité d'une loi pourtant très attendue », *RAMRe*S, SJP, n°3, vol. 1, janvier 2024, *spéc.* pp. 282, 303, 30 et 309) alors même que, sauf s'il y avait des pressions d'un partenaire international, il n'y avait pas urgence en la matière et, d'ailleurs, un avant-projet datant de plus de quinze ans abordait déjà la question. C'est dire que si la loi est plus étoffée que cet avant-projet, qui ne consacrait que 8 dispositions à la matière (pour une comparaison entre les deux textes, voir notre article précité, « Le législateur camerounais et la PMA : de l'avant-projet du code des personnes et de la famille à la loi du 14 juillet 2022 relative à la procréation médicalement assistée »), il y a eu suffisamment de temps pour préparer un ensemble complet si bien que la loi et ses textes d'application puissent être publiés sans un grand écart de temps.

élective[45]. L'enfant issu d'une PMA exogène aura bien pour père et mère les membres du couple, sauf si l'enfant n'est pas issu de la PMA ou si le consentement a été privé d'effet avant la réalisation de la PMA. La rédaction retenue par le législateur peut néanmoins prêter à interrogation, notamment par rapport à l'établissement d'office de la filiation à l'égard des membres du couple porteur du projet parental. À ce sujet, l'avant-projet de code des personnes de la famille était plus clair. Après avoir énoncé à l'article 504 alinéa 2 le principe que le consentement des époux interdit toute action aux fins d'établissement ou de contestation de la filiation, il ajoutait à l'alinéa 4 la possibilité d'établir la paternité judiciairement si celui qui a consenti à recourir au tiers refuse de reconnaître l'enfant et l'engagement de sa responsabilité envers la mère et l'enfant[46]. Lorsque le couple est marié, la présomption *pater is est*, qui est applicable à l'enfant conçu ou né pendant le mariage (Arrêt DEGAS), fait naturellement du mari de la mère le père légitime de l'enfant issu d'une insémination artificielle avec donneur (IAD) réalisée pendant le mariage. Mais, il ne s'agit que de son père juridique puisque, par définition, le recours à un tiers donneur établit l'absence de rattachement biologique de cet enfant à ce père. L'IAD réalise donc une dissociation entre la paternité apparente, sociale ou juridique et la paternité biologique ou réelle[47]. Cet enfant bénéficiant de la présomption de paternité, la question qui se pose n'est pas de savoir s'il est légitime, mais plutôt de savoir si cette légitimité peut être remise en cause[48]. Et à ce sujet, les deux lois ne se contentent pas de faciliter l'établissement de la filiation de l'enfant issu d'une PMA exogène, ils la sécurisent aussi. En effet, pour éviter que la situation de l'enfant ne dépende de l'humeur du couple porteur du projet, et spécialement du père juridique, ces lois prennent clairement position en faveur de la négation : aux termes de l'article 38 de la loi camerounaise, par exemple, « les porteurs du projet parental ne peuvent contester leur lien de filiation avec l'enfant issu de la procréation médicalement assistée ». L'article 58 alinéa 1 de la loi béninoise ne dit pas autre chose lorsqu'il dispose que « le consentement donné par le couple receveur empêche

---

[45] Sur les filiations électives, lire Cl. AGOSSOU, « Les fondements de la filiation élective en droit béninois », in *Le droit africain à la quête de son identité*, Mélanges offerts au Professeur Isaac YANKHOBA NDIAYE, L'Harmattan, 2021, pp. 91 et s. ; P. OUDOT « Les lois françaises de la filiation à travers le temps, approche comparative », *Mélanges offerts à Jacqueline POUSSON-PETIT*, pp. 365 et s. ; M. DOUCHY-OUDOT, « Les filiations électives vingt ans après », *Mélanges en l'honneur de Claire NEIRINCK*, Lexis-Nexis 2015 et « Les nouvelles configurations familiales ».

[46] Pour des développements y relatifs, en plus de notre article cité ci-dessus, voir aussi « Les choix faits par le législateur camerounais dans la loi du 14 juillet 2022 relative à la procréation médicalement assistée », *RRJ*, 2023-2, 955-984 et S. GOUAMBE, « Heurs des couples en difficulté de procréation au Cameroun », *op.cit.* (spéc. pp. 222 et s).

[47] Les enfants adultérins *ad matre* se trouvent dans la même situation lorsque leur situation est connue des tiers.

[48] Sur le conflit entre la vérité juridique et la vérité biologique dans le droit camerounais de la filiation, voir G. JIOGUE, « Vérité biologique et droit camerounais de la filiation : réflexions à la lumière de l'avant-projet du Code des personnes et de la famille », *Revue Générale de Droit*, Vol. 37, n° 1, 2007.

toute action en contestation de filiation ou en réclamation d'état ». Il reste à savoir ce qu'il en est des tiers.

Pour ce qui est du tiers donneur, l'article 39 de la loi camerounaise dispose que « Lorsqu'un enfant a été conçu au moyen d'un don de gamètes par un tiers donneur, celui-ci ne peut exercer aucune action en reconnaissance de paternité à l'égard de cet enfant ». La même interdiction est contenue dans les articles 56 et 57 alinéa 3 du Bénin. *Quid* de la contestation par un tiers autre que le tiers donneur, les héritiers du mari, par exemple[49], ou de la contestation par l'enfant lui-même ? Si par rapport aux héritiers du couple demandeur, une réponse également négative peut se justifier par l'idée que les actes de leur auteur pourraient s'imposer à eux[50], et donc que l'action pourrait ne leur être ouverte que dans les mêmes conditions que pour leur auteur, à savoir la démonstration que le consentement de leur auteur avait été privé d'effet ou que l'enfant n'est pas issu de la PMA prétendue, la question est plus délicate par rapport à l'enfant lui-même. En effet, dans son cas, il pourrait y avoir conflit entre son droit à la connaissance de ses origines et la protection des intérêts des porteurs et, éventuellement, des tiers donneurs[51].

S'il n'y a que quelques différences entre les deux lois en ce qui concerne la PMA avec tiers donneur, la différence est beaucoup plus sérieuse en ce qui concerne la GPA

B. Une divergence sérieuse en matière de GPA

La sérieuse divergence tient au fait que si la pratique est admise de manière encadrée dans la loi béninoise[52], elle est purement et simplement interdite au Cameroun[53], où elle est même érigée en infraction[54]. Il est possible de s'interroger sur le principe de son admission ou non. Mais avant d'aborder cette question, il convient au préalable de préciser en quoi la pratique consiste.

À ce sujet, il s'agit du fait pour une femme, désignée généralement sous le nom de "mère porteuse", de porter un enfant pour le compte d'un "couple de parents

---

[49] Dans le cas du Bénin qui admet la GPA, la question pourrait se poser aussi du côté des héritiers de la femme.

[50] Il ne s'agit pas de vrais tiers. À titre de droit comparé, il convient de signaler qu'en droit belge, ils ont la possibilité de contester la filiation de l'enfant mais dans des conditions assez rigoureuses (notamment la démonstration de l'absence d'un intérêt purement patrimonial dans leur chef) et leur action peut se heurter à la preuve de la possession d'état de l'enfant à l'égard du père.

[51] Pour une opinion résolument favorable à la connaissance des origines, voir E. MAZIGUI NGOUE-NZAMEYO, « Le contrat de gestation pour autrui dans l'avant-projet du code civil camerounais », *RRJ*, 2015-3, pp. 1314-1315.

[52] Cf. article 59.

[53] Cf. article 48.

[54] Cf. article 59. Il y a quand même lieu de se demander qui pourra être pris dans les liens de la prévention : les membres du couple et les praticiens qui ont prêté leurs concours, voire les éventuels intermédiaires ?

d'intention" à qui il sera remis après sa naissance[55]. C'est une forme d'assistance médicale à la procréation qui consiste en l'implantation dans l'utérus de la mère porteuse d'un embryon issu d'une fécondation *in vitro* (FIV) ou d'une insémination. Selon les cas, l'enfant peut être génétiquement celui des membres du couple[56]. Mais ceux-ci peuvent aussi n'avoir qu'un lien génétique partiel avec l'enfant[57] ou aucun lien du tout[58].

En ce qui concerne la question de son admission, si l'on prend en compte l'existence de pratiques en Afrique consistant à recourir physiquement à d'autres femmes en cas d'infertilité de l'épouse[59], on peut comprendre que le Bénin la consacre[60]. À l'inverse, une certaine conception des principes de l'indisponibilité du corps humain et de l'état des personnes ainsi que de l'intérêt supérieur de l'enfant milite plutôt en sa défaveur[61]. Globalement, parmi les pays qui ont légiféré sur la question, on rencontre trois situations : d'abord, un grand nombre de pays qui l'interdisent purement et simplement[62] ; ensuite des pays qui l'admettent pratiquement sans imposer de grandes exigences[63] et, enfin, d'autres qui ne l'admettent qu'à certaines

---

55 La pratique réalise donc une contractualisation de la filiation. Sur la question, lire notre article « Quelle attitude pour les législateurs africains face à la montée (irrésistible ?) de la PMA ? », *Journal of Comparative Law in Africa* (Johannesburg), volume 3, n°2, 2016, pp. 175 à 199.

56 C'est le cas s'il est le produit des gamètes provenant des membres du couple.

57 C'est le cas, par exemple, si les spermatozoïdes sont du mari, ou si les ovocytes proviennent de l'épouse.

58 C'est le cas si les spermatozoïdes et les ovocytes proviennent de personnes autres que les membres du couple.

59 Sur ces pratiques, lire J. BAROU, « Le ventre légal : Afrique, Faire un enfant pour autrui », *L'école des parents*, 583, 2010, pp. 34-35. Mais comme le montre l'histoire de Sarah dans l'Ancien Testament, elles ne sont pas particulières à l'Afrique (Lire R. FREIRE DE SOUSA, L'enfant face aux nouvelles techniques de procréation médicalement assistée : les conséquences sur la filiation, la santé et les droits, Mémoire de Master, Sion, 2012, 90p (spécialement les pages 9 et 10 consacrées à l'équivalence des techniques de PMA dans l'histoire et dans le monde).

60 Certains prônent son admission en la rapprochant de pratiques africaines qui consistaient pour une épouse stérile à autoriser son mari à être polygame en « acceptant », ou même en recherchant une autre épouse à son mari (E. MAZIGUI NGOUE-NZAMEYO, « Le contrat de gestation pour autrui dans l'avant-projet du code civil camerounais », *op. cit.*, pp. 1300). Néanmoins, même si l'on peut penser qu'une femme qui accepte que son mari ait une deuxième épouse accepterait plus facilement qu'il recourt à une mère porteuse, il ne faudrait pas assimiler les deux situations : une mère porteuse n'est pas une autre épouse. Déjà que l'on peut se demander s'il s'agissait vraiment d'acceptation à l'époque, même quand c'est la femme qui se chargeait de chercher la 2e épouse. Ne prenait-elle pas seulement les devants pour essayer d'avoir un minimum de contrôle sur une solution qui, de toutes les façons, allait lui être imposée ?

61 Si le mariage dans les deux pays n'était pas limité aux personnes de sexe opposé, d'autres considérations pourraient rentrer aussi en jeu.

62 Peuvent être rangés ici : le Cameroun, la France, l'Allemagne, l'Italie, l'Espagne, le Luxembourg….

63 On peut ranger dans cette catégorie le Danemark, les Pays-Bas, l'Albanie, la Géorgie, la Grèce, le Canada, certains États fédérés américains

conditions[64]. Le Bénin est à ranger dans cette dernière catégorie puisque pour que la GPA y soit pratiquée légalement, il doit y avoir utilisation des gamètes de l'un au moins des deux membres du couple[65] et la mère porteuse ne doit pas en faire une activité professionnelle. Même si le texte ne traite pas directement de la question de la rémunération de la mère porteuse, on peut considérer que cette dernière exigence vise à garder à la pratique un minimum d'éthique. Par ailleurs, le couple d'intention et la mère porteuse doivent conclure un contrat par devant le juge[66]. De plus, la mère porteuse doit avoir déjà eu au moins deux enfants[67] et l'épouse doit être médicalement déclarée inapte à porter une grossesse[68]. Pour limiter le tourisme procréatif, la loi ajoute que le couple doit être régulièrement constitué au sens de l'article 3 de la loi et, surtout, résider au Bénin depuis une période de trois ans au moins.

En l'état actuel, il n'y a donc pas uniformisation des approches en la matière. Et compte tenu des risques importants que cette divergence est susceptible de susciter, des voix s'élèvent de plus en plus pour appeler à l'élaboration d'une convention internationale devant régir la question. C'est le cas, par exemple, du comité consultatif national d'éthique (CCNE) qui souhaite l'élaboration d'une convention internationale mais pour interdire la pratique au nom du respect de la personne humaine, du refus de l'exploitation de la femme et de la réification de l'enfant, de l'indisponibilité du corps humain et de la personne humaine[69]. C'est le cas également d'une centaine d'experts (médecins, psychologues, juristes) provenant de soixante-quinze pays[70] qui, le 3 mars 2023 à Casablanca, ont signé à l'occasion d'un colloque une déclaration d'abolition de la GPA dans laquelle ils appellent les États à établir une convention internationale pour son abolition. Il convient de noter que, même s'il ne s'agissait pas de porteurs de la parole officielle de leurs différents pays[71], et

---

[64] Il s'agit généralement de n'admettre que la PMA dite éthique, c'est-à-dire celle qui n'expose pas au risque de marchandisation du corps humain.

[65] La troisième hypothèse évoquée ci-dessus n'y est donc pas possible.

[66] Cf. article 59 alinéa 2.

[67] Compte tenu du fait que les ovocytes de la femme seraient en nombre limité, l'exigence de la pré-maternité nous semble justifiée, ne serait-ce que pour éviter les regrets qui pourraient habiter la mère porteuse par la suite de ne pas avoir des enfants à elle alors qu'elle a aidé d'autres à en avoir. La question qui demeure est celle de savoir si les enfants eus par adoption sont pris en compte.

[68] Il n'y a pas non plus de GPA par convenance.

[69] Si globalement cette position est celle qui ressort des sondages réalisés au sein des populations en France, il convient néanmoins de signaler qu'il n'y a pas unanimité parmi les associations, les institutions et les courants de pensée. Si beaucoup réclament un débat serein sur le sujet, d'autres s'opposent à toute forme de GPA et demandent la création d'une infraction spéciale en cas de recours à cette pratique, même à l'étranger. À l'opposé, certains considèrent qu'il peut exister une GPA éthique. C'est le cas de certaines sociétés savantes (praticiens, juristes, chercheurs) qui regrettent l'interdiction totale de la GPA et souhaitent "*une réflexion collective sur certaines indications médicales comme l'infertilité utérine définitive, et une éventuelle organisation par la loi de la prise en compte responsable au cas par cas*".

[70] Sur les 75, environ 20 sont des pays africains.

[71] On y note, par exemple, la participant d'un Béninois alors même que son pays consacre la GPA.

même si leur effectif mérite d'être relativisé compte tenu du nombre d'experts qu'il y a dans le monde, leur position ne doit pas être négligée, d'autant plus qu'elle rejoint le point de vue d'une grande partie des pays ayant déjà légiféré en la matière.
En tout état de cause, en attendant une éventuelle convention internationale (peu probable à court terme), deux questions peuvent se poser. La première concerne aussi bien les pays qui l'interdisent (comme le Mali et le Cameroun) que ceux qui l'admettent de manière encadrée (comme le Bénin). Elle est de savoir ce qu'il en irait du statut de l'enfant issu d'une GPA pratiquée illégalement ou à l'étranger dans un pays qui admet la pratique. Bien que la pratique illégale soit érigée en infraction, cela pourrait ne pas suffire à neutraliser la tentation d'y recourir. Néanmoins, la question est plus délicate dans les pays qui l'interdisent ? Peut-on, pour donner force à l'interdiction refuser l'établissement de la filiation, au besoin en invoquant l'ordre public international si la pratique a eu lieu à l'étranger ? La question prend une allure particulière si le mari est bien le père biologique de l'enfant. C'est la raison pour laquelle, quelle que soit la position retenue, mais surtout si elle consiste en une interdiction, une meilleure réponse doit être apportée au problème de l'infertilité, aussi bien d'un point de vue technique que social[72].
La seconde, qui ne concerne que les pays, comme le Bénin, qui admettent la pratique, est de savoir ce qu'il adviendrait en cas de désistement de l'une des parties : si, par exemple, à l'issue de l'accouchement la mère porteuse venait à refuser de remettre l'enfant, doit-on procéder à une exécution forcée et, si oui, comment ? Peut-être que pour légitimer davantage l'obligation pour elle de donner l'enfant après l'accouchement, il serait bon en amont d'exiger que l'ovocyte ne provienne pas d'elle. Ce qui permettrait au moins qu'elle n'ait aucun lien biologique direct avec l'enfant[73]. Si, à l'inverse, c'est le couple qui, pour une raison ou pour une autre, venait à refuser de recevoir l'enfant, doit-on les y forcer et, si oui, comment ? On pourrait d'ailleurs ajouter à cette question de l'inexécution du contrat, celle relative au contenu du contrat : en dehors de la question générale de la rémunération, quelle est la marge de manœuvre des parties ? Sont-elles libres de mettre toute stipulation à leur guise, y compris des clauses susceptibles de restreindre grandement la liberté de la mère porteuse ?
Au total, les trois pays consacrent la PMA[74] de manière un peu étroite. Ce qui se traduit notamment par la condamnation de la PMA de convenance qui semble prendre de l'ampleur en Occident et de certaines méthodes de procréation non

[72] Voir notre article « Au-delà d'une condamnation compréhensible de la GPA… », *RJO*, 2015-1, pp. 51-71.
[73] C'est ce qui était exigé en Grèce et en Israël, par exemple et dans le dernier pays, la donneuse d'ovocyte et la gestatrice ne devaient par ailleurs pas être mariées afin d'éviter que l'enfant ne soit adultérin (avec l'alignement du sort de tous les enfants par la convention internationale, cette exigence ne garderait qu'une portée morale).
[74] À partir du moment où l'infertilité peut être regardée comme une maladie, peut-on considérer que ce faisant, ces pays exécutent leur engagement « à prendre les mesures nécessaires en vue de protéger la santé de leurs populations et de leur assurer l'assistance médicale en cas de maladie » ? (cf. article 16-2 de la Charte Africaine des Droits de l'Homme et des Peuples).

sexuée. Peut-on en déduire qu'il existe une approche africaine de la procréation non sexuée ? La réponse est délicate dans la mesure où cela aurait supposé de comparer leurs positions avec celles d'un ou plusieurs pays non africains et de constater que ces derniers ont une position commune différente de celle des pays retenus. Or, si l'on ne prend que le cas de l'Union Européenne, il existe des différences d'un pays à l'autre, notamment au regard de la GPA. Néanmoins, même si certains pays occidentaux aussi n'ouvrent pas (encore) totalement le recours à la PMA, il est difficile d'en trouver à l'heure actuelle qui le restreint autant que les trois pays africains retenus[75]. Par ailleurs, compte tenu de l'attachement poussé à la descendance en Afrique, ne peut-il pas paraître surprenant que le Mali interdise toute PMA exogène et qu'avec le Cameroun, il interdise aussi la GPA ? Au final, la loi béninoise ne pourrait-elle pas être regardée comme celle qui colle le mieux aux traditions de l'Afrique ancienne ? Et au demeurant, quelle place fait-elle aux idées dites "modernes" ? Cette dernière question mérite d'autant d'être posée que le Bénin semble apparaître depuis quelque temps comme étant l'un des pays de l'Afrique francophone à pousser assez loin dans le sens du respect de la dignité humaine et de l'égalité des sexes. Seuls des travaux plus poussés pourraient permettre d'être affirmatif sur la position qui concilierait le mieux les traditions africaines ancestrales avec la quête de modernité.

---

[75] Bien que l'activité jurisprudentielle des juridictions communautaires ait tendance à opérer un rapprochement entre les droits des pays membres, il n'en demeure pas moins qu'il n'y pas encore uniformisation. Jusqu'en 2005, il existait d'énormes différences entre les législations : en Italie, une loi de 2004 avait interdit toutes les techniques de PMA pendant qu'en Allemagne, seule l'IAD était admise ; alors que la France condamne la GPA, a maintenu le secret et la gratuité du don…, certains pays étaient en sens contraire (la Belgique, par exemple, a levé assez tôt le secret autour du donneur). Sur la question, voir, entre autres, A. GOUTTENOIRE et autres, chronique Droit de la famille, *La Semaine Juridique*, ed. G., n° 43-44, 31 octobre 2022, pp. 2007 et s. ; R. LEGENDRE, « Sur la loi n° 2022-219 du 21 février 2022 visant à réformer l'adoption : aspects de droit international privé », *Revue critique de droit international privé*, 2022, pp. 431 et s. Ch. BYK, « La loi relative à la bioéthique- Révision et changement de cap de la politique publique », *La Semaine du Droit*, éd. G., n°39, 27 septembre 2021, pp. 1742 et s.; H. FULCHIRON et Chr. BIDAUD, "Transcription dans l'affaire *Mennesson* aujourd'hui. Et demain ?", *Rec. Dalloz* 2019, p.2228 ; F. CHÉNEDÉ, "L'établissement de la filiation des enfants nés à l'étranger de GPA – Liberté et responsabilité de l'assemblée plénière de la Cour de cassation"; *Rec. Dalloz* 2015, p.1172; J.P MARGUÉNAUD, "L'exagération du droit au respect de la vie familiale des parents d'intention de l'enfant né à l'étranger d'une gestation pour autrui", *RTD civ* 2015, p.325; H. FULCHIRON et C. G. MARTIN-CALERO, "L'ordre public international à l'épreuve des droits de l'enfant : non à la GPA internationale, oui à l'intégration de l'enfant dans sa famille", *Rev.crit. de dr. int. privé* 2014, p.531).

Le consentement du potentiel père dans l'interruption volontaire de grossesse en droit positif béninois

Coretha H. Achécilè GOUMISSI
Docteure en droit privé de l'Université d'Abomey-calavi (UAC/Bénin)

Résumé

Près d'un demi-siècle après l'entrée en vigueur de la loi relative à l'interruption volontaire de grossesse, le droit à l'IVG reconnu à la femme continue d'être au centre de nombreuses préoccupations. Parmi celles-ci figure celle relative à la place de la volonté du potentiel dans le processus de l'IVG. Le législateur béninois à l'instar d'autres, ne semble pas se préoccuper du consentement de l'auteur de la grossesse fut-il mari ou père naturel de l'enfant à naitre. L'analyse des dispositions pertinentes en matière d'IVG permet de se rendre compte d'une ignorance totale du consentement de l'auteur de la grossesse.

Cette éviction crée un nouveau déséquilibre entre le droit reproductif de l'homme et celui de la femme qu'ils soient dans un lien légal ou en union libre. Il urge donc de corriger cette inégalité à travers l'autorité parentale de l'homme ainsi que son désir de procréer qui ne peut être concrétisé sans la femme.

Il est nécessaire de reconsidérer dans le processus de l'IVG la place du potentiel père. L'approche proposée dans le cadre de cette étude est celle conventionnelle compte tenu de la situation matrimoniale des futurs parents.

Summary

Nearly half a century after the entry into force of the law on the voluntary termination of pregnancy, the right to abortion recognized for women continues to be at the center of many concerns. Among these, it is noted that relating to the place of the will of potential in the abortion process. The Beninese legislator, like others, does not seem to be concerned about the consent of the author of the pregnancy, even if he is the husband or the natural father of the unborn child. An analysis of the relevant provisions on abortion shows that there is total ignorance of the consent of the perpetrator of the pregnancy.

This eviction creates a new imbalance between the reproductive rights of men and women, whether they are in a legal relationship or in a common-law union. It is therefore urgent to correct this inequality through the parental authority of the man as well as his desire to procreate, which cannot be realized without the woman.

It is necessary to reconsider the place of the potential father in the abortion process. The approach proposed in this study is the conventional one given the marital status of the future parents.

Introduction

L'un des droits graduellement reconnus à la femme est celui de décider de se reproduire ou de ne pas se reproduire[1]. Cette prérogative entre en lien direct avec la volonté de celle-ci de recourir à l'interruption volontaire de grossesse (IVG). Plusieurs instruments régionaux[2] et internationaux[3] reconnaissent à la femme, le plein exercice du contrôle de sa fécondité. Ainsi, au plan régional, le protocole à la Charte africaine des droits de l'homme et des peuples relatif aux droits des femmes (protocole de Maputo) adopté en juillet 2003 reconnait aux femmes le *« droit de décider de leur maternité, du nombre d'enfants et de l'espacement de leurs naissances »*[4]. Elles peuvent donc recourir à la méthode contraceptive de leur choix pour contrôler leurs naissances ou à l'interruption volontaire lorsqu'elle ne souhaite conduire à terme une grossesse et ce, dans les conditions fixées par les législations nationales.

L'interruption volontaire de grossesse (IVG) est une pratique qui permet de mettre un terme à une grossesse par opposition à une interruption naturelle[5]. Elle s'appréhende à la notion d'avortement qui peut être définie comme une *«expulsion prématurée, artificiellement provoquée, du produit de la conception indépendamment de toute circonstance d'âge, de viabilité et de formation régulière du fœtus »*[6]. L'IVG désigne donc, un avortement déclenché pour des raisons non médicales, à la suite d'une décision personnelle ou familiale dans un cadre légal précis.

---

[1] A. DERMIRDJAN, « L'avortement et les droits de la femme sous le droit international », Revue québécoise de droit international, 2001, p.84.

[2] Le protocole à la charte africaine des droits de l'homme et des peuples relatif aux droits des femmes (protocole de Maputo) adopté en juillet 2003.

[3] Le pacte international relatif aux droits économiques, sociaux et culturels adopté le 16 décembre 1966 et ratifié par le Bénin le 12 mars 1992 ; le pacte international relatif aux droits civiles et politiques adopté par l'organisation de l'unité africaine le 16 Décembre 1966 et ratifié par le Bénin le 12 mars 1992 ; la charte africaine des droits de l'homme et des peuples adopté par l'organisation de l'UA le 18 juin 1981 et ratifié au Bénin le 20 janvier 1986 ; la convention relative aux droits de l'enfant adopté le 20 novembre 1986 et ratifié par le Bénin le 03 Aout 1990 ; la Charte africaine des droits et du bien-être de l'enfant adopté en 1990 et ratifié par le Bénin en Mai 1992 ; la convention sur l'élimination de toutes les formes de discrimination à l'égard des femmes adopté le 18 décembre 1979 et ratifié le 12 mai 1992 par le Bénin ; la convention contre la torture et autres peines ou traitements cruels, inhumains ou dégradants adoptés le 10 décembre 1984 ratifié le 12 mars 1992 par le Bénin ; le protocole à la charte de droits de l'homme et des peuples relatif aux droits des femmes (protocole de Maputo) adopté en juillet 2003 et ratifié par le Bénin en juin 2007 ; la convention sur le consentement du mariage, l'âge minimal au mariage et l'enregistrement du mariage ; les objectifs du millénaire pour le développement (OMD) qui découle de la déclaration du millénaire adopté par l'Assemblée générale des nations unies en 2000 ;

[4] Article 14 (1) a- du protocole à la Charte africaine des droits de l'homme et des peuples relatif aux droits des femmes en Afrique du 11 juillet 2003, adopté lors de la deuxième session ordinaire de la Conférence de l'Union africaine à Maputo. Le protocole est entré en vigueur le 25 novembre 2005.

[5] G. CORNU, Vocabulaire juridique, 10 é éd., p. 573.

[6] Ibidem, p. 113.

L'interruption volontaire de grossesse s'oppose à l'interruption thérapeutique de grossesse (ITG) et à l'interruption médicale de grossesse (IMG) qui s'entendent comme l'avortement motivé par des raisons médicales, lorsque la poursuite de la grossesse présente un danger pour la santé de la mère ou lorsque le fœtus ou l'embryon est atteint de malformations ou d'une maladie grave et incurable au moment du diagnostic[7].

L'IVG est un droit acquis par les femmes, pour les femmes le 17 janvier 1975. En effet, la seconde partie du XXème siècle a été marquée par le combat pour l'égalité homme-femme et a permis l'acquisition du droit de vote accordé aux femmes et la publication par l'Organisation des Nations Unies (ONU) d'une charte d'égalité des droits homme-femme en 1945. L'adoption de la loi Neuwirth en 1967, est une étape majeure pour les droits des femmes, la contraception est autorisée en France[8]. A la suite de cela, l'Interruption Volontaire de Grossesse a été autorisée huit années plus tard en France grâce à la Loi Vieil par l'article L2212-1 : « *La femme enceinte qui ne veut pas poursuivre une grossesse peut demander à un médecin ou à une sage-femme l'interruption de sa grossesse. Cette interruption ne peut être pratiquée qu'avant la fin de la douzième semaine de grossesse. Toute personne a le droit d'être informée sur les méthodes abortives et d'en choisir une librement. Cette information incombe à tout professionnel de santé dans le cadre de ses compétences et dans le respect des règles professionnelles qui lui sont applicables.* »[9]. Il est noté que la volonté de la femme dans les délais fixés emporte décision d'interrompre volontairement la grossesse avec l'assistance du spécialiste saisi à cette fin.

La loi VIEIL pose deux formes d'interruption de grossesse ; une première qui autorise l'avortement avant la dixième semaine de grossesse (10 SA) et une seconde qui se présente sous la forme d'une thérapie. Cette loi a été confirmée par la loi du 31 décembre 1979 relative à l'IVG. Toutes les tentatives pour limiter l'impact de cette loi sur l'IVG ont échoué. La dernière a été soumise au Conseil d'Etat le 31 octobre 1980. Mme LAHACHE avait avorté sans en informer son mari, ce dernier, attaque devant le Conseil d'État l'administration hospitalière qui a pratiqué l'avortement, estimant que son avis était requis pour autoriser cet acte, d'autant que sa femme n'était pas, selon lui, dans une situation de détresse. Le Conseil d'État statue comme suit : « Les articles L162-1 à L162-11 du code de la santé publique permettent à toute femme enceinte qui s'estime placée par son état

---

[7] B. MOUFFE, Le droit à la mort, Bruxelles, Bruylant, 2019, p. 241. Peuvent être considérées comme des ITG, celles qui sont justifiées par une maladie de la femme enceinte et donc sont « destinées à améliorer, ou plutôt à éviter d'aggraver durablement la santé de la mère mise en péril par la grossesse ». Celles qui, par contre, sont motivées par une affection ou une malformation graves du fœtus sont considérées comme des IMG.

[8] Journée de la femme. La grande histoire de la lutte des femmes. [Site Web]. http://www.journee-de-la-femme.org/histoire-acces-pouvoir-politique-desfemmes-2.htm, consulté le 18 mars 2024.

[9] Legifrance. Code de la santé publique-Article L2212-1. [Site web] https://www.legifrance.gouv.fr/affichCodeArticle.do; consulté le 14 janvier 2024.

dans une situation de détresse et qui s'est soumise aux consultations prévues par certains de ces articles d'obtenir l'interruption de la grossesse avant la fin de la 10e semaine. » Cet arrêt consacre le principe de la liberté pour la femme de recourir à l'IVG sans le consentement de son époux.

La dernière victoire des défenseurs de l'IVG date du 08 mars 2024 où le législateur français a fait de l'IVG un droit constitutionnel[10].

Au Bénin, plusieurs textes juridiques concèdent à la femme le droit de recourir à l'IVG[11]. Le dernier en date [12]semble faire de l'avortement un droit exclusivement féminin. La loi n°2021-12 modifiant et complétant la loi n°2003-04 du 03 mars 2003 relative à la santé sexuelle et à la reproduction définit un régime qui assouplit considérablement les conditions relatives à l'interruption volontaire de grossesse. Une très large permission est accordée à la femme enceinte de décider de la poursuite ou non de sa grossesse. Ainsi, jusqu'à douze semaines d'aménorrhée (12SA), la jeune fille ou même la femme mariée peut interrompre volontairement sa grossesse[13] si celle-ci *« est susceptible d'aggraver ou d'occasionner une situation de détresse matérielle, éducationnelle, professionnelle ou morale »*[14]. L'adoption d'une telle loi fait du Bénin, l'un des rares pays d'Afrique à légaliser l'avortement[15]. Totalement interdit dans une minorité de pays à travers le monde, l'accès à l'avortement demeure très restrictif voire illégal sur le continent africain[16].

---

[10] La loi est promulguée le 8 mars 2024, journée internationale des droits des femmes fait de La France le deuxième pays au monde, après la Yougoslavie en 1974 (mais pas, après la dislocation de la Yougoslavie, les pays qui la composaient, à inscrire dans sa Constitution la liberté des femmes à recourir à l'interruption volontaire de grossesse.

[11] Dans un premier temps, la loi n°2003-04 du 03 mars 2003 relative à la santé sexuelle et à la reproduction en République du Bénin en son article 17 « le recours à l'IVG est autorisé lorsque celle-ci met la vie et la santé de la femme enceinte en danger, lorsque la grossesse est la conséquence d'un viol ou d'un inceste, ou encore dans le cas d'une grave anomalie fœtale » et dans un second temps la loi n°2021-12 modifiant et complétant celle suscitée en son article 17 alinéa 2.

[12] La loi n°2021-12 modifiant et complétant la loi n°2003-04 du 03 mars 2003 relative à la santé sexuelle et à la reproduction.

[13] La grossesse est l'état d'une femme enceinte depuis la conception de l'enfant jusqu'à l'accouchement.

[14] Article 17-2 de la loi n°2021-12 relative à la santé sexuelle et à la reproduction.

[15] De nombreuses voix se sont élevées, celle de simples citoyens, des responsables religieux et même des professionnels de santé. Benjamin HOUNKPATIN « Plusieurs familles continuent de pleurer la perte d'un enfant, d'une épouse, d'une mère partie tragiquement à la suite d'un avortement compliqué. Ces blessures sont irréparables ». Chaque année, selon les chiffres du gouvernement près de 200 femmes meurent au Bénin des suites de complications d'un avortement.

[16] Totalement interdit dans une minorité de pays à travers le monde, l'accès à l'avortement demeure très restrictif voire illégal sur le continent africain. Au Madagascar, la récente proposition d'une loi sur la légalisation de l'interruption thérapeutique de grossesse a fait immédiatement l'objet d'une levée de boucliers. En République du Congo, à Djibouti en Egypte en Guinée-Bissau au Sénégal et en République Démocratique du Congo l'avortement reste illégal. En 2020 en Pologne le tribunal constitutionnel soutenu par le gouvernement populiste de droite a proscrit l'ivg en cas de malformation grave de fœtus ajoutant une restriction

Cette loi initiée par le gouvernement béninois et adoptée par l'Assemblée nationale le 20 Octobre 2021 a fait l'objet de vives critiques et, est restée au cœur des débats éthiques de par les questions spécifiques qu'elle pose : droit à la vie et droit à la santé. Certes, le droit à la vie de l'enfant à naitre face au droit à la santé de la femme présente un intérêt certain mais la présente réflexion s'intéresse au droit à la reproduction du potentiel père de l'enfant à naitre précisément à la portée de son avis dans le cadre d'une interruption volontaire de grossesse.

La situation du conjoint dans ce processus parait ignorée et peu analysée. Suivant les textes juridiques, la femme est maîtresse de son corps, il lui est laissé pleinement le choix de porter ou non sa grossesse sans recourir à l'avis de qui que ce soit, même du géniteur. Le géniteur ou l'auteur de la grossesse a un lien juridique avec l'enfant conçu. Ce lien est juridiquement connu sous la dénomination de paternité. Ce mot peut qualifier aussi bien la qualité d'auteur, de créateur de quelque chose ainsi que l'état, la qualité et le sentiment d'être père[17]. Il est donc responsable de cette grossesse autant que la femme enceinte et peut déjà s'inscrire dès la connaissance de la grossesse dans un processus de paternalité. La paternalité est perçue comme l' « *ensemble des processus psychoaffectifs qui se développent et s'intègrent chez l'homme à l'occasion de la paternité, depuis la grossesse jusqu'à la première ou la deuxième année de vie de l'enfant* »[18]. Cependant, l'article 17.2 de la loi n°2021-12 modifiant et complétant la loi n°2003-04 du 03 mars 2003 relative à la santé sexuelle et à la reproduction fait de la femme l'unique décisionnaire et n'implique que les médecins qu'à des fins médicales. Aucune disposition ne se rapporte à la place du géniteur dans cette décision. Pourtant, même si certains hommes ne souhaitent pas prendre part ou ne se sentent pas concernés par cette situation, d'autres peuvent se sentir responsables et veulent accompagner ou opiner sur la décision de la femme. Il est donc pertinent d'opiner sur la position du législateur en la matière.

Un sujet digne d'intérêt dans la mesure où beaucoup d'auteurs ont semblé oublié de relever dans leurs critiques la valeur que le législateur accorde à la volonté de l'auteur de la grossesse dans le cadre d'une Interruption Volontaire Grossesse. Cette question, pertinente mérite donc d'être posée :

Quelle est la place du potentiel père de l'enfant dans le processus d'interruption volontaire de grossesse ?

Une interrogation qui mérite une profonde réflexion dans la mesure où l'avortement est un acte de grande portée et l'auteur d'une grossesse a un droit de

---

supplémentaire à l'accès d'ivg. Celui est seulement autorisé en cas de viol ou d'inceste ou lorsque la vie de la mère en danger.

[17] Larousse. Paternité. [Site Web]. http://www.larousse.fr/dictionnaires/francais/paternit%C3%A9/58630, consulté le 20 février 2024.

[18] Gressier, Florence, et Nine M.-C. Glangeaud-Freudenthal. « Avant-propos », Accueillir les pères en périnatalité. Cahier Marcé n° 7. ERES, 2017, pp. 9-12. Opt. cit. Aurélie AIRAUDO, « Place du partenaire dans la prise de décision d'une interruption volontaire de grossesse », 2019, p. 03. HAL Id: dumas-02374405 https://dumas.ccsd.cnrs.fr/dumas-0237440.

paternité sur l'enfant en gestation. En effet, l'argument principal évoqué par le contribuant béninois pour justifier sa décision d'autorisation de l'IVG est celui d'endiguer le nombre croissant d'avortements clandestins aux conséquences souvent dramatiques pour les femmes[19]. L'objectif est de protéger la santé de la femme en lui donnant la possibilité de recourir à l'IVG dans des conditions plus sécurisantes. Mais le législateur a semblé oublier la volonté du second acteur de l'acte de conception qui est un acte collectif : il s'agit du potentiel père de l'enfant à naitre. En se référant aux dispositions de la loi 2021-03, le recours à l'IVG ne requiert que la décision unilatérale de la femme enceinte, nulle part le législateur n'a prévu l'expression de la volonté du géniteur.

Si le droit à l'avortement est perçu comme le droit pour la femme de disposer de son corps[20], il faut reconnaitre que l'IVG touche également la vie privée et familiale du potentiel père. Il appert des dispositions légales en vigueur que l'accord du potentiel père de l'enfant n'est pas requis dans le processus de l'interruption de la grossesse. Dans ces conditions, il se pose sans nul doute le problème de confrontation entre le droit de reproduction du futur père et celui de la femme.

Le constat révèle que le législateur a fait du potentiel père de l'enfant le plus grand « oublié » de sa réforme. Ceci nous amène à affirmer que le consentement du potentiel père de l'enfant est méprisé (I) et d'en appeler à sa reconsidération (II).

I. Un consentement méprisé

En vertu de son droit de disposer librement de son corps[21], la femme enceinte peut recourir à l'interruption volontaire de grossesse si elle le souhaite et ce, dans le délai requis par le législateur. Suivant cette prérogative, les dispositions de l'article 17-2 de la loi n°2021 du 20 décembre 2021 relative à la santé sexuelle et à la reproduction, accordent une large permission à la femme enceinte de recourir à l'IVG lorsque les conditions légales sont remplies et ce, indépendamment du consentement de l'auteur de la grossesse.

Ce pouvoir discrétionnaire reconnu à la femme est constitutif d'un mépris de la volonté du père potentiel de l'enfant conçu. Tel mépris qui se dénote d'une part, dans l'autonomie décisionnelle exclusive de la femme de recourir à l'IVG (A) et d'autre part, dans l'ignorance des prérogatives du potentiel père (B).

---

[19] Selon les chiffres évoqués par le gouvernement béninois plus de 200 femmes meurent chaque année des suites des complications liées à l'avortement clandestin.

[20] La liberté de disposer de son corps est un droit essentiel, nécessaire à l'émancipation des femmes et des filles. La libre disposition désigne tout autre chose que l'acte par lequel une personne aliénerait son propre corps.

[21] C'est un droit fondamental reconnu à tout être humain dans la société. Les individus exercent cette prérogative suivant les conditions fixées par le législateur.

A.Le mépris tenant à l'autonomie décisionnelle exclusive de la femme

Le droit positif béninois reconnait à la femme enceinte le droit de recourir à l'interruption de sa grossesse non seulement pour des motifs médicaux[22] mais pour des raisons personnelles. En vertu de l'autonomie décisionnelle exclusive à lui reconnu, la femme demeure entièrement libre de ne rien révéler sur ses motifs réels d'interrompre sa grossesse aussi bien, au potentiel père qu'au médecin ou assistant social. Cette liberté se fonde sur les dispositions de l'article 17-4 de la loi n°2021 du 20 décembre 2021 qui stipule que « *la femme majeure qui souhaite mettre un terme à sa grossesse peut s'adresser directement à un médecin officiant dans une structure publique, ou dans une structure sanitaire privée compétente pour pratiquer l'interruption volontaire de grossesse ou à un assistant social qui la réfère à une structure sanitaire compétente.* ». Il appert qu'aucune autorisation externe n'est requise pour l'accomplissement de l'acte[23]. Le législateur n'exige donc pas de la femme enceinte d'apporter une quelconque preuve de l'accord du potentiel père sur l'initiative de l'interruption volontaire de grossesse.

La grossesse concerne prioritairement, sinon exclusivement, le corps et uniquement le corps de la femme. Dans cette optique, la logique admise est que toute décision de la femme enceinte de recourir à une interruption de grossesse prime sur la volonté opposée du potentiel père de l'enfant. Cette logique, la Commission européenne des droits de l'homme l'a clairement consacrée en estimant à juste titre que « *lorsqu'une femme est enceinte sa vie privée devient étroitement associée au fœtus qui se développe* »[24]. Sur la question, Yves SINTOMER soutient que : « *l'intégrité corporelle de la femme enceinte et son autonomie personnelle impliquent qu'elle puisse décider seule d'une question aussi intime que l'avortement* »[25]. Suivant cette logique, la femme n'est donc pas tenue d'informer l'auteur de la grossesse qu'il soit époux ou simple concubin de sa décision de mettre un terme à sa grossesse car seule son intégrité corporelle entre en jeu.

En outre, la jurisprudence n'est pas restée en marge de ce débat, le principe est posé explicitement dans l'arrêt emblématique Roe v. Wade de la Cour suprême des Etats-Unis d'Amérique en 1973[26]. Dans cette affaire, le juge a reconnu « la liberté inconditionnelle » de la femme mariée à recourir à l'avortement. Il est

---

[22] Voir supra p. 14.

[23] Lorsqu'en application de la même disposition, l'interruption volontaire de grossesse est envisagée sur une femme enceinte mineure ou sur une femme majeure sous curatelle, le représentant légal se réfère soit directement au médecin, soit à un assistant social qui, le cas échéant, les réfère à une structure sanitaire compétente. Le consentement de la mineure ou de la majeure sous curatelle est préalablement recueilli.

[24] Commission européenne des droits de l'homme, 12 juillet 1977, Bruggemann et Scheuten c. RFA, req. n°6959/75.

[25] Y. SINTOMER, « Droit à l'avortement, propriété de soi et droit à la vie privée », les temps modernes, 2001/4 n°615-616, p. 214.

[26] Arrêt Roe v. Wade de la Cour suprême des USA en 1973, 410 U.S.

admis à propos du mari, que ce dernier ne dispose pas d'un droit en vertu duquel il est tenu d'être informé sur les initiatives de sa femme sur l'Interruption Volontaire de Grossesse. En 1992, la Cour précise que les femmes peuvent décider d'interrompre leur grossesse tant que le fœtus n'est pas viable ce qui est généralement compris autour de la 24ème semaine. Mais au Bénin, il est observé une carence jurisprudentielle en la matière. Les décisions rendues par les juridictions béninoises ne fournissent pas des informations sur la liberté de la femme de faire recours à l'IVG sans le consentement de son époux, néanmoins le principe reste posé implicitement par les textes juridiques.
Cela étant, soustraire l'approbation de l'auteur de la grossesse de la décision de l'interrompre constitue une mésestime de sa volonté. Sur un autre aspect, ceci pourrait s'apparenter à un déni de l'autorité du potentiel père sur l'enfant conçu dans la mesure il est refusé à ce dernier toute implication active dans le processus d'IVG.
Cependant, les diverses législations nationales, régionales et internationales accordent la liberté aux époux de choisir de faire des enfants ou ne pas en faire. Ceci semble paradoxale dans la mesure la réglementation actuelle confirme l'affirmation selon laquelle *« La femme est désormais seule maitresse de la paternité »*[27]. Les droits procréatifs de l'homme s'effacent devant la décision de la femme enceinte d'interrompre, de façon discrétionnaire, sa grossesse. Cette prééminence du choix de la femme enceinte de ne pas volontairement conduire à terme sa grossesse porte atteinte aux prérogatives décisionnelles du potentiel père d'avoir un enfant.
En outre, les motifs de l'IVG sont laissés à l'appréciation souveraine de la femme. Il est observé une prévalence des intérêts de la femme par rapport aux autres intérêts en présence, notamment ceux du potentiel père quant aux conditions requises pour recourir à l'avortement. A ce propos l'article 17-2 fait intervenir l'idée de « situation de détresse » dont l'appréciation relève, de la souveraine décision de la femme. Cette prééminence des prérogatives de la femme, au demeurant, attentatoire aux droits des hommes, faisant donc de ce dernier « une victime » d'inégalité.
Il ressort de l'article 17-2 précité que la femme peut recourir à l'IVG lorsque la grossesse est susceptible de créer *une détresse matérielle, éducationnelle, professionnelle ou morale.* L'appréciation de la situation de détresse relève de la décision souveraine de la femme car nulle part le législateur n'y ait apporté des précisions[28]. La situation de détresse est perçue par la doctrine comme une notion purement « subjective » et ne peut être soumise à l'appréciation d'une tierce

[27] M.-Th. MEULDERS-KLEIN, La personne, la famille et le droit, 1968-1998, trois décennies de mutations en occident, p. 237.
[28] Une étudiante ayant une grossesse non désirée pourrait demander l'ivg si elle démontre que la grossesse pourrait être un frein à la poursuite de ses études. La légalisation de l'ivg est la culture de la mort dixit le porte-parole de la conférence épiscopale (propos rapportés par jeune Afrique.

personne[29]. Cette position a fait l'objet de vives critiques même si le Conseil d'Etat français l'a finalement consacrée dans la jurisprudence LAHACHE : *« La femme est seule juge de son état de détresse »*[30].

Il n'est sans nul doute que la femme, en vertu de sa liberté de décider de son corps choisir de porter ou non sa grossesse mais l'auteur de sa grossesse a un lien juridique avec le futur bébé. Les droits reproductifs du potentiel père de l'enfant sont ignorés à travers la liberté accordée à la femme de décider unilatéralement de l'interruption de sa grossesse. Ceci dénote d'une remise en cause des prérogatives de l'époux ou l'auteur de la grossesse.

B.Le mépris tenant à l'ignorance des prérogatives du père potentiel

L'article 7 al. 2 de la loi 2003-04 du 03 mars 2003 relative à la santé sexuelle et à la reproduction dispose que *« l'autorisation du partenaire ou des parents avant de recevoir des soins en matière de santé de la reproduction peut ne pas être requise, pourvu que ce procédé ne soit pas contraire à la loi »*. Aucune autorisation préalable, aussi bien du conjoint que des géniteurs, n'est requise avant de recourir à une Interruption volontaire de grossesse. Sur ce point, selon des propos rapportés par Geneviève POULLOT, en réponse à un père qui s'opposait à la décision de sa femme d'interrompre sa grossesse le médecin réplique en ces termes « *« Hélas! Monsieur, la loi est pour elle, vous n'avez rien à dire. Apparemment, nous sommes en période de parthénogénèse : l'homme n'a soi-disant aucun rôle dans la procréation. A vous de raisonner votre femme et de lutter contre cette loi qui supprime pendant les dix premières semaines de sa vie, tous vos droits sur l'enfant à naître »*[31]. Il est patent qu'aucun recours légal n'est possible à l'auteur d'une grossesse de s'opposer à la volonté de celle qui la porte de l'interrompre. Ce constat est synonyme d'une atteinte aux droits reproductifs du partenaire de la femme enceinte.

Le Conseil d'Etat français dans sa décision dans l'affaire de « LAHACHE » n'a pas cru devoir reconnaitre non plus un devoir de notification au géniteur par le médecin. La juridiction française estimait, en effet, à ce propos, que le fait que le mari d'une femme enceinte qui souhaite interrompre sa grossesse *« n'a pas été invité à participer à la consultation et ses suites ne fait pas légalement obstacle à la décision, prise à la demande de la femme enceinte de procéder à l'interruption volontaire de grossesse »*[32].

---

[29] V. TELLIER-CAYROL, « L'actualité récente de l'interruption volontaire de grossesse », Gazette du Palais, édition spéciale, n°221-223, août 2015, p. 7.

[30] Ibidem

[31] G. POULLOT, « j'ai la loi pour moi », Paris, éd. Saint-Paul, 1979, p. 60 cité par E. DELVOSAL, « La paternité imposée : une problématique soluble en droit belge et au regard des thèses féministes ? », e-legal, Revue de droit et de la criminologie de l'ULB, vol. n°1, janvier 2018, p. 3.

[32] CE, Ass, 31 octobre 1980, Lahache n° 13028, préc.

Faudrait-il rappeler que le fait de désirer un enfant, l'attendre et le mettre au monde génère de nombreux droits et obligations, non seulement pour la mère, mais aussi pour le futur père. Cependant, en ce qui concerne particulièrement l'interruption de la grossesse, on note un déséquilibre entre la consécration et le respect effectif des prérogatives décisives de chacun des membres du couple notamment au profit de la femme enceinte. Ce déséquilibre se manifeste par la difficile reconnaissance des prérogatives prénatales du potentiel père et l'impossible exercice par le conjoint d'une autorité parentale prénatale. Le législateur béninois n'accorde aucune place au partenaire dans la prise de décision de recourir à l'interruption volontaire de grossesse. L'autonomie décisionnelle de la femme prive le potentiel père de son désir d'avoir des enfants. La grossesse découlant d'un acte bilatéral, il est paradoxal de se rendre compte que la volonté de l'un des acteurs n'est pas prise en compte. Le père se présente dans ces conditions comme « une victime » du fait que son avis n'est pas considéré pour une décision qui pourrait lui être préjudiciable.
Initialement considérée comme une exception, la liberté de la femme de recourir à l'IVG connait, aujourd'hui, une extension de plus en plus grande à tel point qu'on peut affirmer qu'elle est devenue le principe. Mais il ne faut pas perdre de vue que la procréation ne relève pas de la capacité biologique et juridique d'une seule personne, en l'occurrence de la femme. Elle relève aussi et surtout de l'homme dont les intérêts et les droits essentiels entrent en jeu. Dans ces circonstances il importe de reconsidérer dans le processus de l'interruption volontaire de grossesse la place du potentiel père de l'enfant.

II. Un consentement à reconsidérer

La femme enceinte est certes libre d'interrompre sa grossesse dans les conditions définies par le législateur mais il est important que cette latitude accordée prenne en compte les prérogatives du potentiel père de l'enfant. La femme en tant qu'être humain est libre de disposer de son corps, certes il s'agit d'un droit fondamental mais l'exercice de cette liberté peut prendre en compte les intérêts des éventuelles « victimes». Le consentement du potentiel père mérite d'être reconnu. Cette reconnaissance est fondée sur les droits dont dispose ce dernier (A) et assurera sans nul doute l'équilibre au sein du couple (B).

A.Une reconnaissance fondée sur les droits du potentiel père

La consécration d'un « droit » pour la femme de recourir à une interruption de grossesse constitue de façon indéniable, une avancée. Cependant, elle est sujette à de nombreuses interrogations. Parmi celles-ci, figure d'une façon générale, la problématique de la place des pères dans le droit de la procréation et celui de la filiation, et de façon spécifique, celle de la place du consentement du potentiel père ou du mari dans l'interruption volontaire de grossesse. Suivant ce dernier aspect, il ressort de nos précédents développements que la décision unilatérale de la femme enceinte emporte décision d'interrompre la grossesse. La femme enceinte peut solliciter sans le consentement de l'auteur de la grossesse,

l'interruption volontaire de sa grossesse non seulement pour des motifs médicaux mais aussi pour des raisons personnelles.
La volonté du père n'étant pas prise en compte, fait de lui le grand « oublié » de la réforme. Ce constat conduit indéniablement à une reconsidération de la volonté de ce dernier. Il faut noter que le consentement de l'auteur de la grossesse est important dans le processus de l'IVG. Relativiser la liberté exclusive de la femme sur la maitrise de la procréation est une nécessité en ce qu'il permettra au potentiel père fut-il mari ou père naturel d'exprimer sa volonté car comme l'a souligné MEULDERS *« la procréation elle-même n'a jamais été et ne sera jamais le champ des seules libertés individuelles car elle n'implique jamais un seul individu et constitue au contraire la base même du tissu social »*. Le droit du potentiel père est aussi prioritaire dans l'IVG, notamment dans l'hypothèse où les conditions d'acceptation de l'IVG ne sont pas sanitaires ou thérapeutiques.
Le souhait unilatéral de la femme enceinte de mettre un terme à la grossesse qu'elle porte, prive le potentiel père de son désir d'avoir d'enfants et pose en soi la question de la finalité de vie en couple et l'autorité du potentiel père sur l'enfant à naitre. Le potentiel père devient une victime indirecte d'inégalité. Tout se passe comme s'il n'existe pas aux yeux de la loi. L'interruption de la grossesse étant prise comme exclusivement un « problème féminin »[33].
L'éviction de la volonté de l'homme dans le processus de l'IVG fonde la violation de nombreux droits et appelle à un rétablissement de l'égalité. Elle peut être la cause du divorce des époux. Comme le souligne Prosper NKOU MVONDO, dans le contexte du droit positif camerounais, on estime que *« le refus injustifié d'avoir un enfant malgré l'insistance du conjoint peut constituer une injure grave, cause de divorce »*[34] en dépit de la probabilité selon laquelle les actions en justice contre un partenaire qui refuse de faire des enfants n'auront aucune chance d'aboutir. Un défaut d'égale autorité sur l'enfant à naitre.
Aussi, le droit à la dignité doit primer sur la liberté de la femme. « La dignité ne signifie rien d'autre que le respect des personnes et leur autonomie ». Le principe de la dignité appréhendé dans sa dimension *« personnaliste et anti-subjectiviste »* vise à assurer *« la défense d'une certaine représentation de ce qui fait que l'homme est l'homme »*[35]. Cette défense se traduit surtout par *« la limitation des actes de dispositions du corps qui placeraient l'homme dans une situation jugée incompatible avec la définition de l'humain qui fonde le personnalisme »*. Suivant cette approche, le principe de dignité *« s'oppose directement au principe de liberté alors que selon une autre compréhension des choses il en constitue au contraire le fondement »*. Dans cette logique, en dépit de la gravité qui pourrait être relevée par certains, l'idée de restreindre certaines libertés individuelles par l'œuvre des juges ou par l'Etat, au nom de la dignité humaine reste largement

---

[33] S. K. HONVOU, Le principe d'égalité en droit béninois de la famille, p.334.
[34] P. NKOU MVONDO, « Liberté et égalité en droit camerounais de la famille », p. 297.
[35] F. ZENATI-CASTAING et Th. REVET, Manuel de droit des personnes, Paris, Puf, 2006, p. 278.

admise. La notion de dignité constitue donc un moyen pour limiter la liberté des personnes dans certaines circonstances où ces dernières décident librement de décider de leur corps.

Le rétablissement de la volonté du potentiel père doit se faire à travers la restriction de la liberté accordée à la femme de recourir à l'IVG. En dépit du fait que la paternité soit présumée, le législateur peut se fonder sur l'article 300 de la loi n°2002-07 du 24 Août 2024 portant Code des Personnes et de la Famille du Bénin qui désigne pour père de l'enfant né ou conçu pendant le mariage, le mari de sa mère pour reconnaitre le droit de paternité de l'époux sur l'enfant conçu[36]. Prérogative doit donc être donnée à l'homme légalement marié d'opiner sur la décision de son épouse de recourir à l'IVG. Ce faisant le législateur protège le droit de reproduction de l'homme et reconnait implicitement sa paternité sur l'enfant conçu.

La volonté du potentiel père de l'enfant conçu doit être prise en compte par le législateur béninois à l'instar de celle du professionnel de santé que la femme pourrait saisir dans le processus de l'interruption volontaire de grossesse[37].

En effet, un an et demi après l'adoption de loi autorisant l'interruption volontaire de grossesse, le gouvernement béninois a pris un décret d'application fixant les modalités d'application[38]. Le décret précise que l'Interruption Volontaire de Grossesse ne peut être pratiquée que dans des centres de santé agrées et prévoit une clause de conscience. La clause de conscience permet au professionnel de santé de refuser de pratiquer une IVG en dépit du consentement de la femme. Cette décision fait certainement suite aux nombreuses réactions qu'a suscité l'adoption de la loi autorisant l''IVG dans le rang des professionnels de santé. L'un des farouches opposants à la loi, le professeur Francis DOSSO, président du conseil national de l'ordre national des médecins du Bénin affirme sur BBC Afrique a affirmé : *« personnellement, ça me gêne parce que j'ai la conviction, étant chrétien, que la vie commence dès la conception et qu'il faut la protéger » « je ferai tous les efforts nécessaires pour convaincre la femme enceinte de garder sa grossesse mais c'est son corps et la loi l'en rend responsable »*[39]. Un avis partagé par nombre de ses confrères. Ces derniers, au nom de leur conviction religieuse refuse toute implication dans un processus conduisant à une interruption volontaire de grossesse.

---

[36] Article 300 du CPFB « L'enfant conçu pendant le mariage a pour père le mari. Néanmoins, celui-ci pourra désavouer l'enfant en justice s'il justifie de faits propres à démontrer qu'il ne peut en être le père »

[37] Le législateur prévoit que le professionnel de santé puisse refuser de pratiquer ou de concourir à un acte médical portant sur une Interruption Volontaire de Grossesse sans que sa responsabilité ne soit engagée.

[38] Le Conseil des ministres a adopté le 12 avril 2022 un décret qui fixe les conditions d'interruption volontaire de grossesse. Un texte qui près d'un an et demi après l'adoption du texte par l'Assemblée nationale.

[39] Les normes sociales fortement ancrées et les textes religieux ne facilitent pas l'acceptation de la loi sur l'avortement.

A l'instar des professionnels de santé, il est important de respecter aussi bien la conviction des géniteurs que leur droit reproductif en leur donnant la possibilité d'opiner sur la décision de leur conjointe d'interrompre volontairement leur grossesse. Ceci ne serait qu'une reconnaissance du droit de reproduction de l'homme et son droit de paternité sur l'enfant conçu.

B.Une reconnaissance assurant l'équilibre au sein du couple

L'interruption volontaire de grossesse est un sujet sensible qui est au cœur des débats depuis des décennies. Le choix unilatéral de la femme de recourir à l'IVG peut être la cause cachée de dislocation de plusieurs familles. La mesure serait mieux comprise si le conjoint ou l'époux participait à la prise de décision d'une IVG. Pire, les raisons évoquées par le législateur pour recourir à l'IVG sont laissées à la libre et exclusive appréciation de la femme.

Il est important de définir une place au consentement du partenaire afin d'assurer un équilibre au sein du couple ou entre les deux acteurs de l'acte. D. MOURILLON, dans sa thèse a démontré que la majorité des hommes considère l'Interruption Volontaire de Grossesse comme une affaire de couple. Ces derniers souhaitent être présents et impliqués dans le processus de l'IVG. Le fait d'exclure l'homme du processus de l'IVG pourrait être la source de tensions au sein du couple et conduit même à sa dislocation.

La liberté pour la femme de recourir à l'interruption volontaire de grossesse mérite d'être encadrée même si certains auteurs pensent qu'en dépit de son autonomie décisionnelle les hommes ne restent pas en marge de la prise de décision. Dans ce sens, Nathalie BAJOS, sociologue, après avoir interrogé certaines femmes, affirme que *« si la décision d'une femme de poursuivre ou non la grossesse ne se construit pas systématiquement en interaction avec le partenaire, elle est toujours ou quasiment prise en fonction de lui »*. Un avis qui ne saurait rassurer, car la femme n'est pas tenue de requérir l'avis de son conjoint, le faire n'est que synonyme de l'estime que cette dernière lui porte.

D'aucuns estiment par principe, que la nécessité d'exiger le consentement du potentiel père reviendrait à lui reconnaitre une forme de droit de véto en vertu duquel il pourrait contraindre la femme enceinte à continuer de supporter la grossesse qu'elle désire interrompre. La Cour d'arbitrage belge dans une jurisprudence relative à l'IVG a clairement confirmé cette thèse. Elle confirme en qu'effet qu' *« exiger l'assentiment du père reviendrait à lui conférer un droit de véto par l'exercice duquel il pourrait imposer à une femme la continuation d'une grossesse »*[40]. En conséquence, elle justifie le refus par les faiseurs de loi d'attribuer à l'homme une telle prérogative dans la mesure où il existe une

[40] Cour d'arbitrage belge, 19 décembre 1991 (Affaire de l'interruption volontaire de grossesse), Arrêt 39/91 obs. Francis DELPEREE et Françoise MOLINE citée par P. BON et D. MAUS (Dir.), Les grandes décisions des cours constitutionnelles européennes, Paris, Dalloz, 2008, p. 212.

« différence objective (...) entre eux du fait de l'implication de la personne même de celle-ci dans la grossesse et dans l'accouchement ».[41]
Plusieurs formules peuvent être utilisées (explorées). Dans un premier cas, obligation peut être faite à la femme légalement mariée de requérir l'avis de son conjoint avant toute interruption volontaire de grossesse. L'avis contraire de l'époux empêchera la femme de mettre un terme à sa grossesse. La détresse matérielle de la femme ne peut être imposée à l'homme s'il est prouvé que ce dernier est en mesure de prendre en charge la grossesse et aussi d'assurer l'épanouissement de l'enfant à sa naissance. L'intérêt d'une telle mesure est de protéger les droits reproductifs de l'époux mais aussi d'assurer l'égalité homme et femme au sein du foyer. Aussi, cela évitera toute éventuel conflit entre époux suite à une interruption volontaire de grossesse.
Dans un second cas, la possibilité peut être donnée à l'homme d'opiner sur ce choix de sa conjointe de recourir à l'IVG tout en faisant de la femme le décisionnaire final. Dans de pareille situation, l'avis de l'homme est consultatif mais ceci dénote de la considération liée à sa personne en sa qualité de l'auteur de grossesse. Il peut arriver que l'homme réussisse à convaincre sa conjointe de garder la grossesse ou à l'opposé comprenne les raisons qui soutendent le recours à l'IVG par sa conjointe.
La constitution du Bénin conformément à la Charte des nations Unies prône l'égalité entre l'homme et la femme. Au nom de cette égalité, la notion de chef de famille au profit de l'homme est supprimée laissant place à l'égalité des époux dans les régimes matrimoniaux et l'égalité des parents dans la gestion des biens et des enfants. Cette égalité mérite que l'époux ait son mot à dire dans toute décision mettre fin à la vie de sa progéniture en gestation.
Cette reconnaissance n'empêche pas la femme de jouir de son droit de disposer de son corps car toute liberté mérite d'être encadrée chaque fois qu'elle pourrait entraver l'exercice de la liberté des autres[42]. En outre, la femme reste libre d'utiliser les méthodes contraceptives de son choix afin d'éviter toute grossesse non désirée. Aussi, les raisons évoquées par le législateur, pouvant justifier le recours à l'IVG à l'article 7-2 laisse douter de la considération de droit à la vie de l'enfant conçu et du droit à la paternité de l'auteur de la grossesse.
Le déni d'une implication active de l'homme n'assure pas la cohésion entre les couples et donne libre cours à des déviances. Ces déviances confortent les opposants à la légalisation de l'avortement. Le droit à l'IVG continue d'être au centre des débats dans plusieurs pays au point d'être remis en cause dans d'autres. Récemment dans certains pays l'IVG est remise en cause comme en Espagne en 2013. Un projet de loi limitant le droit à l'avortement avait été approuvé par leur Conseil des ministres puis abandonné suite à de nombreuses manifestations. Le

---

41 Ibidem.
42 Comme le martèle John STUART MILL dans son célèbre opus sur la liberté : *« La liberté des uns s'arrête où commence celle des autres ».*

fait que la patiente connaisse l'avis de son partenaire laisse à penser que la communication dans le couple est au beau fixe.

Conclusion

L'interruption volontaire de grossesse reste incontestablement l'une des questions les plus épineuses qui se posent à la conscience humaine, en particulier quand se mêlent morale et éthique. Un conflit éthique est souvent un dilemme, une situation dans laquelle aucune solution apportée au problème n'est vraiment satisfaisante. C'est un choix entre deux mauvaises options. C'est aussi une opposition entre au moins deux des quatre valeurs de l'éthique médicale : la bienfaisance, la non-malfaisance, l'autonomie et la justice.

La grossesse et sa continuation relèvent exclusivement de la sphère privée de la femme enceinte. Dans ce sens, on conçoit aisément que l'interruption volontaire de grossesse procéderait d'un « choix individuel » de la femme enceinte. Il s'en suit que toute initiative décisionnelle allant dans ce sens lui appartient de façon exclusive. Mais cette exclusivité de choix crée une inégalité vis-à-vis de l'homme qui manifeste sa volonté de procréer. Le recours à l'Interruption Volontaire de Grossesse sans le consentement du potentiel père de la grossesse est un mépris de ses droits. Il urge de rétablir l'égalité entre l'homme et la femme en reconsidérant la volonté de l'homme dans le processus.

Indications bibliographiques

- BOURGAULT-COUDEVYLLE (Dorothée), « L'interruption volontaire de grossesse en 2011 : Réflexions sur un acte médical aux implications controversées », *Revue française des affaires sociales*, n°1, 2011, pp 22-41 ;
- GAUTHIER (Catherine), PLATON (Sébastian) et SZYMCZAK (David) (dir.), *Droits européens des droits de l'homme*, Paris, Dalloz, 2016, 450 pages ;
- MEDE (Nicaise), Les grandes décisions de la Cour constitutionnelle du Bénin, Dakar, l'Harmattan, 2020, 644 pages ;
- TERRE (François) et FENOUILLET (Dominique), Droit civil : la famille, 8ème édition, Paris, Dalloz, 2011, 1106 pages ;
- CARBONNIER (Jean), Droit civil : introduction, les personnes, la famille, l'enfant, le couple, Paris, PUF, 2003, 1496 pages ;
- GAMELIN-LAVOIRS (Sophie) et HERZOG-EVANS (Martine), Les droits des mères : la grossesse et l'accouchement, Paris, l'Harmattan, 2003, pages ;
- SOSSON (Jehanne), Devenir père ou mère : Le droit de la filiation, De Boeck, Octobre, 2010, 112 pages ;
- EDON-LAMBALLE (Carole), « Droits des parents-le père : victime aussi d'inégalité », Revue juridique de l'Ouest, 2001-3, pp. 397-414 ;
- FERRAND (Michèle), « Du droit des pères aux pouvoirs des mères » in LAUFER (Jacqueline) et al. (dir.), Masculin-Féminin : questions pour les sciences de l'homme, Paris, Puf, 2001, pp. 187-209 ;

- Protocole de la charte africaine des droits de l'homme et des peuples relatifs aux de la femme du 11 juillet 2003 ;
- Loi n° 2002-07 du 24 août 2004 portant code des personnes et de la famille du Bénin ;
- Loi n° 2021-13 du 20 décembre 2021. modifiant et complétant la loi n° 2002-07 du 24 août 2004 portant code des personnes et de la famille ;
- Loi n°2021-13 du 20 décembre 2021, modifiant et complétant la loi n°2002-07 du 24 août 2004 portant code des personnes et de la famille ;
- Loi n° 2021 - 12 du 20 décembre 2021 modifiée et complétée par la loi n° 2003-04 du 03 mars 2003 relative à la santé sexuelle et à la reproduction.

La Garantie par le Protocole de Maputo du Droit à la Santé Sexuelle et Reproductive des Femmes en Afrique : Étude comparée du Sénégal et du Mali

Seynabou BARRO,
Doctorante en Droit et Chargée d'enseignement, Université de Nantes

Seynabou BARRO est Doctorante en droit de la famille et chargée d'enseignement à l'Université de Nantes. Consultante juridique auprès d'associations de défense des droits des femmes au Sénégal, elle est titulaire d'un Master 2 en Droits humains.

Résumé :
Le droit à la santé sexuelle et reproductive des femmes est garanti en Afrique à travers le Protocole de Maputo. Le Mali et le Sénégal, deux pays ayant ratifié le Protocole, ont adopté des législations nationales définissant la santé reproductive. Cependant, dans la mise en œuvre de ce droit, ils font face à des défis significatifs tels que les croyances traditionnelles, les discriminations et l'insuffisance des services de santé. Ces défis questionnent l'effectivité de la garantie des droits à la santé reproductive des femmes dans deux pays aux pratiques distinctes. Pour renforcer la protection de ces droits, des solutions comme l'amélioration des infrastructures de santé, l'éducation et la sensibilisation sur les droits sexuels et reproductifs, et la lutte contre les discriminations peuvent être envisagées.

Women's right to sexual and reproductive health is guaranteed in Africa through the Maputo Protocol. Mali and Senegal, two countries that have ratified the Protocol, have adopted national legislation defining reproductive health. However, in implementing this right, they face significant challenges such as traditional beliefs, discrimination, and insufficient health services. These challenges question the effectiveness of guaranteeing women's reproductive health rights in two countries with distinct practices. To strengthen the protection of these rights, solutions such as improving health infrastructure, education and awareness on sexual and reproductive rights, and combating discrimination can be considered.

Introduction

Bien plus que les stéréotypes racistes[1] estimant le taux de natalité des 54 pays africains sans aucune rigueur scientifique, le droit à la santé sexuelle et reproductive représente un véritable enjeu en Afrique. D'abord en matière de

[1] Voir l'analyse du discours de Emmanuel Macron sur la natalité des femmes africaines « Macron, les femmes et l'Afrique : un discours de sélection sexuelle et de triage colonial »

santé publique puisque l'Afrique subsaharienne affiche l'un des taux de mortalité maternelle les plus élevés au monde[2]. Ensuite parce que la santé sexuelle et reproductive est un enjeu de développement durable selon la Banque mondiale et l'Organisation Mondiale de la Santé[3].

Eu égard à ses enjeux, le droit à la santé sexuelle et reproductive est garanti au niveau international notamment dans l'article 12 de la Convention sur l'élimination de toutes les formes de discrimination à l'égard des femmes (CEDEF). Au niveau régional, il est garanti par Protocole à la Charte africaine des droits de l'homme et des peuples[4] relatif aux droits des femmes en (Protocole de Maputo) adopté en 2003[5], plus précisément en son article 14.
Conformément à ce texte, le droit à la santé sexuelle et reproductive inclut, d'une part, des droits au bénéfice des femmes, tels que le droit à la maîtrise de la fertilité et le droit de choisir une méthode de contraception. D'autre part, il impose des obligations aux États signataires, parmi lesquelles la fourniture d'un service de santé adéquat et la protection des droits reproductifs de la femme, notamment à travers l'autorisation du droit à l'avortement médicalisé.

Le caractère novateur du Protocole de Maputo a été souligné par la Commission Africaine dans ses observations n°2[6] sur l'art 14 (2), en relevant que ce texte est le premier instrument international juridiquement contraignant à avoir consacré l'avortement médicalisé sous certaines conditions comme un droit humain des femmes. Cependant, en dépit de ces avancés majeurs en termes de reconnaissance des droits des femmes, force est de constater que les dispositions du Protocole de Maputo ne sont pas très explicites quant aux mesures à prendre par les Etats parties, pour garantir aux femmes la mise en application totale de l'ensemble de leurs droits à la santé sexuelle et reproductive[7].

---

[2] Selon l'Organisation Mondiale de la Santé, en 2020, 70% des décès maternels dans le monde sont survenus en Afrique subsaharienne Mortalité maternelle

[3] Ces rapports de l'OMS de 2001 et de la banque mondiale de 2017 démontrent les impacts de l'investissement dans le domaine de la santé notamment la santé sexuelle et reproductive dans le développement économique Macroeconomics and Health: Investing in Health for Economic Development et World Bank Document

[4] Ce texte a été adopté le 27 juin 1981 lors de la 18e conférence des Chefs d'États et de Gouvernement à Nairobi. Entré en vigueur le 21 octobre 1986. Ce texte a été ratifié par le Sénégal le 13 aout 1982 et le Mali le 21 décembre 1981

[5] Le protocole de Maputo a été adopté par la 2e session ordinaire de l'Assemblée de l'Union à Maputo le 11 juillet 2003 et entré en vigueur le 25 novembre 2005.

[6]Rapport consulté le 9 avril 2024 sur : https://www.maputoprotocol.up.ac.za/images/files/documents/general_comments2/achpr_instr_general_comment2_rights_of_women_in_africa_fra.pdf (§8 et §12)

[7] Observations Générales No.1 sur l'article 14 (1) (d) et (e) du Protocole à la Charte africaine des droits de l'homme et des peuples relatif aux droits de la | African Commission on Human and Peoples' Rights

Près de vingt ans après son adoption, le Protocole de Maputo a été ratifié par 44 États membres[8] de l'Union africaine, ce qui soulève des questions sur l'effectivité et la portée du droit à la santé sexuelle et reproductive énoncé à l'article 14, notamment au Sénégal[9] et au Mali[10].
L'analyse de l'effectivité de cet article, particulièrement en ce qui concerne le droit à l'avortement médicalisé (I), est d'autant plus pertinente compte tenu des liens historiques[11] et de la proximité[12] culturelle entre ces deux pays. Cette perspective comparative, permettra d'examiner le degré d'application du droit à la santé sexuelle et reproductive dans chacun de ces pays et d'évaluer la portée réelle de ce droit (II).

I.l'effectivité de la garantie du droit à la santé sexuelle et reproductive au Sénégal et au Mali

Le droit à la santé sexuelle et reproductive de manière générale est garanti au Sénégal et au Mali. Cependant, cette garantie est insuffisante au regard des enjeux du droit à la santé sexuelle et reproductive (A). Par ailleurs, le refus d'application du droit à l'accès à l'avortement médicalisé, partie intégrante du droit à la santé sexuelle et reproduite (B), questionne sur l'effectivité de ce droit.

A.La garantie du droit à la santé sexuelle et reproductive au Sénégal et au Mali : une insuffisance face aux enjeux actuels

- **La garantie du droit à la santé sexuelle et reproductive au Sénégal et au Mali**

L'article 14(1) du Protocole de Maputo ne définit pas explicitement le droit à la santé sexuelle et reproductive, mais il en détaille les composantes : le droit pour

[8] Bilan de l'application du Protocole de Maputo sur le continent africain.
[9] Le Sénégal a ratifié le Protocole de Maputo le 27 décembre 2004
[10] La Mali a ratifié le Protocole de Maputo le 13 janvier 2005.
[11] L'insurrection d'Alger en 1958 va pousser le régime colonial français à négocier le futur de ses relations avec ses colonies. Le Soudan français (actuel Mali), le Dahomey (actuel Bénin), la Haute Volta (actuel Burkina Fasso) et le Sénégal vont alors se lancer dans le projet de création d'une communauté qui deviendra la fédération du Mali. Cependant, sa constitution ne sera ratifiée que par le Sénégal et le Mali les 21 et 22 janvier 1959 pour ensuite proclamer son indépendance du colon le 20 juin 1960. La fédération était présidée par Modibo Keita, son vice-président était Mamadou Dia et Léopold Sédar Senghor était le président du parlement. Traversée par une crise interne, le Sénégal prendra son indépendance de la fédération le 20 août 1960 et le Mali deviendra un État souverain le 22 septembre 1960.
[12] Les territoires actuels du Sénégal et du Mali étaient unis à certaines périodes cruciales de l'histoire de l'Afrique de l'Ouest notamment à l'apogées des empires du Ghana (8e-12e siècle) et du Mali (du 13e au 17e siècle). Sur l'unité culturelle des peuples noires voir : KANDJI (S. S. M.) et CAMARA (F. K.), *L'union matrimoniale dans la tradition des peuples noirs*, Paris, L'Harmattan, 2000, 314 p et DIOP (C.A), *L'unité culturelle de l'Afrique noire*, Paris, Présence Africaine, 1982, 219 p.

les femmes de contrôler leur fécondité, de décider de leur maternité, du nombre d'enfants et de l'espacement des naissances, ainsi que le libre choix des méthodes de contraception, la protection contre les maladies sexuellement transmissibles, et le droit à l'éducation sur la planification familiale.
Malgré cette absence de précision dans le texte conventionnel, le Sénégal et le Mali ont défini ce droit dans leur législation nationale. Le Sénégal s'est doté de la loi n°2005-18 relative à la santé de la reproduction, adoptée le 5 août 2005. L'article premier de cette loi définit la santé de la reproduction comme « *le bien-être général, tant physique que mental et social de la personne humaine, pour tout ce qui concerne l'appareil génital, ses fonctions et son fonctionnement* ». La législation malienne quant à elle, a consacré presque dans les mêmes termes, une formulation de la santé de la reproduction à travers la loi n°02-044 du 24 juin 2002 : « *le bien-être général, tant physique que mental et social, de la personne humaine, pour tout ce qui concerne l'appareil génital, ses fonctions et son fonctionnement et non seulement l'absence de maladies ou d'infirmités* ».
En définissant la santé de la reproduction de manière exhaustive, tant le Sénégal que le Mali ont réussi à encadrer et à spécifier les composantes essentielles du droit à la santé sexuelle et reproductive, en soulignant l'importance d'un bien-être général englobant les aspects physiques, mentaux et sociaux.
La loi sénégalaise a reproduit les composantes du droit à la santé reproductive énoncées par l'art 14 (1) du Protocole de Maputo à travers sa loi sur la santé reproductive de 2005. Elle a en sus définit ce droit et en a déterminé le périmètre d'application. Ce faisant, la loi de 2005 offre plus de garantis que l'art 14 (1) du Protocole. A titre d'illustration, l'article 4 de la loi de 2005 précise que les soins et services de santé de la reproduction incluent les prestations de soins post-avortement, la lutte contre les mutilations génitales féminines, et la lutte contre les infections sexuellement transmissibles y compris le VIH/SIDA. L'article 12 du même texte consacre le droit pour toute personne à l'information et à l'éducation appropriées en matière de santé de la reproduction.
Concernant la loi malienne sur la santé de la reproduction de 2002, elle a été adoptée avant l'adoption du Protocole de Maputo, mais elle est en conformité avec son art 14 (1). En effet, le texte malien en plus de consacrer le droit à la contraception en son article 3, va plus loin que le protocole d'une part en définissant la contraception comme « *l'ensemble des méthodes ou moyens employés pour prévenir les grossesses non désirées et espacer les naissances* ». D'autre part en reconnaissant aux hommes et aux femmes, un droit égal à l'information et à l'utilisation de méthode de planification ou de régulation des naissances de leur choix, à condition qu'elles ne soient pas contraires à la loi. Ainsi que le droit d'accéder à des services de santé qui permettent aux femmes de mener à bien la grossesse et l'accouchement, afin de préserver l'état de santé de la mère et du nouveau-né (article 4).
Les législations sénégalaise et malienne sur la santé reproductive sont conformes au Protocole de Maputo s'agissant des principes énoncés dans son article 14(1) tout en intégrant des mesures spécifiques telles que les soins post-avortement

garantissant ainsi un cadre juridique robuste pour la protection de la santé sexuelle et reproductive.

- **Une garantie insuffisante au regard des enjeux du droit à la santé sexuelle et reproductive**

Il découle de la combinaison de l'art 14 (2) (b) et de l'art 1 al 2 de la loi malienne du 7 juin 2002 qu'au titre de la garantie du droit à la santé sexuelle et reproductive, il pèse sur l'État l'obligation de prendre des mesures préventives et curatives visant à améliorer la prise en charge des femmes pendant la grossesse, la naissance et la période d'allaitement afin de réduire la mortalité et la morbidité maternelle et infantile.
En vertu de son engagement conventionnel et de ses lois nationales, la baisse du taux de mortalité maternelle et infantile est une obligation pesant sur l'État malien. Le rapport de mortalité maternelle du Mali entre 2011 et 2018 était estimé à 325 décès pour 100.000 naissances[13] soit supérieure à la moyenne au niveau mondiale pour la même période qui était de 211 décès pour 100000 naissances[14]. Sur l'année 2017, le Mali était classé 13e pays au monde exposant les femmes à plus de risques lors d'un accouchement, faisant relever que « *la maternité a coûté la vie à plus de femmes maliennes que la crise sécuritaire* [entre 2012 et 2017]»[15]. En dépit de la gratuité de la césarienne annoncé en 2015, la prise en charge du traitement des pathologies non liées à la césarienne reste à la charge des patients dont les frais de pansement de 500FCFA[16] tous les trois jours. Ce qui constitue une somme importante dans un pays où le salaire minimum interprofessionnel a été fixé à 40 000 F au 1er janvier 2023.
Au Sénégal, le taux de mortalité maternelle était en 2017 moins élevé qu'au Mali mais supérieures à la moyenne mondiale soit 236 décès pour 100 000 naissances selon les données des enquêtes démographiques de santé continues de 2017.
Ce faisant, tout comme le Mali, le Sénégal ne respecte pas ses obligations au titre de l'art 14 (2) du Protocole de Maputo.
Le droit à la santé sexuelle et reproductive fait aussi peser sur les deux États l'obligation de lutter contre les infections sexuellement transmissibles (IST) ainsi que la lutte contre les grossesses précoces à travers l'information des populations et la mise à disposition de moyens de planification familiale (préservatifs, centre

---

[13] Données recueillies du rapport d'enquête démographique et de Santé du Mali de 2018, p340 consultable sur https://dhsprogram.com/pubs/pdf/FR358/FR358.pdf

[14] Données recueillies du rapport sur l'évolution de la mortalité maternelle entre 2010 et 2017 de l'OMS, p.2. Consultable sur https://iris.who.int/bitstream/handle/10665/332962/WHO-RHR-19.23-fre.pdf?ua=1

[15] Fatoumata MAIGA, Ornella MODERAN, « *la mortalité maternelle au Mali : un drame oublié* », ISS Today, 24 juin 2022 https://issafrica.org/fr/iss-today/la-mortalite-maternelle-au-mali-un-drame-oublie

[16] Berou DEMBELE « *La césarienne est-elle vraiment gratuite au Mali ?* », publié le 29/11/ 22 sur https://www.allodocteurs.africa/la-cesarienne-est-elle-vraiment-gratuite-au-mali-7913.html

de planification, de dépistages, programmes de sensibilisation, enseignement d'éducation sexuelle dans les écoles sur les voies de transmission des IST).
Le code de la famille sénégalais en son article 111 permet le mariage à 16 ans pour les femmes et à 18 ans pour les hommes avec une possibilité de se marier plus tôt avec dispense pour motif grave – la grossesse pouvant être interprétée comme un motif grave – accordée par le président du tribunal d'instance. Cette disposition législative de nature à favoriser le mariage des mineurs donc les grossesses précoces, s'inscrit en contradiction avec les articles 14 (2) et 6 (b) du Protocole de Maputo.
Le taux de prévalence nationale du VIH Sida est faible au Mali, de l'ordre de 1,1% soit 11 personnes sur 1.000. Cependant, une catégorie marginalisée de la population représente la majorité des personnes infectées notamment : les travailleuses du sexe et leurs clients, les hommes ayant des rapports sexuels avec des hommes et les consommateurs de drogues injectables[17]. La marginalité de ces types de population a pour conséquence la difficulté d'accès à des soins contre les ISF notamment le VIH et à des informations sur la prévention de ces ISF. Le Mali afin de protéger les populations marginalisées des ISF et garantir leur droit à être informé de leur état de santé conformément à l'art 14 (1) (d) et (e), devrait prendre au préalable des mesures visant à prévenir les violences et les discriminations à leurs encontre, par conséquent leur marginalisation.
L'art 14 (1) en se contentant de garantir des droits généraux dans le cadre de la lutte contre les ISF notamment le VIH SIDA, sans pour autant faire peser des obligations sur les États signataires dans son (2), prive de portée cette garantie.
A l'image d'autre textes internationaux[18], l'art 14 (1) pourrait être d'un alinéa faisant de la prévention contre les ISF une question de santé publique prévalant sur toute législation discriminatoire susceptible de restreindre ou de porter atteinte aux droits des personnes à être informées de leur état de santé et de celui de leur partenaire ainsi que du droit d'être protégé contre les ISF.
Les mutilations génitales féminines (MGF) sont considérées comme des pratiques néfastes au titre de l'art 5 du Protocole de Maputo incitant les États à l'interdire dans leur législation. Le Sénégal a interdit toute forme de MGF dans sa législation à travers l'art 299 bis du code pénal depuis 1999 renforcée par l'art 4 de la loi de 2005 sur la santé et la reproduction assimilant les MGF à des pratiques néfastes à la santé de la reproduction. Cependant, cette pratique demeure répandue.

---

[17] Voir en ce sens Barou DEMBELE, « *Le Mali adopte la prophylaxie préexposition pour prévenir le VIH* » disponible sur https://www.allodocteurs.africa/le-mali-adopte-la-prophylaxie-preexposition-prep-pour-prevenir-le-vih-7657.html

[18] A titre d'illustration : la déclaration de commitment sur le VIH/ Sida de 2019 dans laquelle les Etats membres de l'Assemblée générale des Nations Unies se sont engagés à promouvoir des politiques respectant les droits de l'homme des personnes vivant avec le VIH (art 2) ; La Recommandation du Comité des Ministres du Conseil de l'Europe sur la santé et les droits humains des personnes vivant avec le VIH de 2012 qui exige des Etats de garantir l'accès à des services de santé adaptés et non discriminatoires pour les personnes vivant avec le VIH (art 3).

L'Agence Nationale de Statistique et de Démographie a révelé qu'en 2017, 24% des femmes sénégalaise entre 15 et 49 ans avaient déclaré avoir été excisées[19]en soulignant que le phénomène avait plus d'ampleurs en milieu rural qu'urbain. Ce taux important, en dépit d'une législation répressive, peut s'expliquer par une défaillance de l'État dans la mise en œuvre inégale des politiques de sensibilisation dans les zones rurales et urbaines.

Afin d'inciter les États à intensifier leur lutte contre les MGF, le protocole de Maputo pourrait tirer les conséquences de leur qualification en pratiques néfastes (art 5) en indiquant clairement qu'elles portaient atteinte au droit à la santé sexuelle et reproductive en son art 14 (1). Cette position irait dans le sens de la doctrine et des rapports des Nations Unies[20] moins timorés sur cette question qui concluent que les MGF portaient atteinte au droit à la santé sexuelle et reproductive.

L'art 14 (1) bien que faisant l'objet de garantis insuffisantes aux regards de ses enjeux, ne fait pas face à un refus d'application comme l'art 14 (2).

B.Le refus d'application du droit à l'accès à l'avortement médicalisé garantie par le protocole.

L'article 14 (2) du Protocole de Maputo impose aux États l'obligation d'assurer le respect et la promotion des droits de la femme à la santé, y compris la santé sexuelle et reproductive. Les deux pays semblent, en droit, manifester leur volonté de se conformer à leurs obligations conventionnelles. En effet, l'article 3 de la loi sénégalaise de 2005 souligne que le droit à la santé de la reproduction est un droit fondamental et universel garanti à tout individu, sans distinction liée à l'âge, au sexe ou à la situation matrimoniale. Dans la même logique, l'article 4 de la loi malienne de 2002 précise que tout individu, tout couple, a le droit d'accéder librement à des services de santé de reproduction et de bénéficier des soins de la meilleure qualité possible.

L'article 14 (2) du Protocole de Maputo incite les États à prendre toutes les mesures appropriées pour protéger les droits reproductifs des femmes. Ce texte encourage les États à autoriser l'avortement médicalisé en cas d'agression sexuelle, de viol, d'inceste et lorsque la grossesse met en danger la santé mentale et physique de la mère ou la vie de la mère et du fœtus.

Au Sénégal, l'avortement thérapeutique est autorisé par le code de déontologie médicale de 1966, dont l'article 35 stipule que cette intervention est permise

[19] Voir en ce sens, le rapport sur les violences basées sur le genre en 2019 de l'Agence Nationale de Statistique et de la Démographie. Consultable sur https://www.ansd.sn/sites/default/files/2022-11/Rapport-VBG_ANSD-2019%281%29_0.pdf p.17

[20] Voir en ce sens Fatou SOW, « Mutilations sexuelles féminines et droits humains en Afrique », mis en ligne le 01 janvier 2005, consulté le 22 octobre 2024. URL : http://journals.openedition.org/clio/384 et WCARO, analyse des cadres juridiques relatifs aux Mutilations Génitales Féminines consultable sur FR-UNFPA-ANALYSIS-ON-FGM.pdf

uniquement pour sauvegarder la vie de la mère. L'avortement est plus restrictif au Sénégal que dans l'art 14 (2) du Protocole de Maputo, il n'est possible que lorsque la vie de la femme est en danger. De plus, le recours à l'avortement thérapeutique n'est pas automatique en cas d'urgence vitale, il faut obtenir un certificat médical pour un coût de 10 000 F et l'aval de trois médecins reconnus par le tribunal. La condition financière imposée pour l'obtention du certificat médical constitue une violation des obligations posées par l'article 14 (2) d'assurer aux femmes l'accès à un service de santé à coût abordable. Le salaire minimum interprofessionnel garantie en 2023 étant au Sénégal de 60.000f, 10.000f ne peut être considéré comme un coût abordable.

Le recours à l'avortement en dehors de la condition légale au Sénégal est constitutif d'un délit au titre de l'art 305[21] du code pénal de 1962 passible de 6 mois à 2 ans d'emprisonnement.

En comparaison, le Mali autorise l'avortement, encadré à l'article 13 de la loi de 2002 relative à la santé de la reproduction, qui stipule que l'interruption volontaire de la grossesse ne doit en aucun cas être considérée comme une méthode contraceptive. Il souligne ensuite l'interdiction de tout avortement consistant à employer des moyens ou des substances pour provoquer l'expulsion prématurée du fœtus, quel que soit le stade de la grossesse, sauf pour sauvegarder la vie de la femme enceinte ou lorsque la grossesse résulte d'un viol ou d'une relation incestueuse à la demande expresse de la femme enceinte. Il est intéressant de noter que le Mali a adopté cette loi avant de ratifier le Protocole de Maputo en 2005.

Toutefois, bien que la loi malienne semble présenter des similitudes avec les dispositions du Protocole, celles-ci sont plus larges, car la loi malienne n'inclut pas la santé mentale de la mère ni les situations où la grossesse met en danger la vie du fœtus. Dans la pratique, elle semble même présenter des contradictions avec les dispositions du Protocole, puisque le coût de l'avortement est chiffré à 15 000 F par voie médicamenteuse et à 50 000[22] F par voie chirurgicale. Dans un pays où le salaire minimum interprofessionnel a été fixé à 40 000 F au 1er janvier 2023, le coût de l'avortement ne peut être considéré comme raisonnable et constitue une violation de l'obligation posée par l'article 14(2) d'assurer aux femmes l'accès à un service de santé à coût abordable.

En outre, l'article 17 de la loi de 2002 sanctionne le recours à un avortement en dehors des prévisions légales, en renvoyant aux articles 170 à 172 du code pénal, prévoyant une peine de prison (six mois à trois ans) et d'amendes (20 000 à 200 000 francs).

Afin de conformer sa législation avec le protocole de Maputo, le Mali devrait étendre dans l'art 13 de la loi de 2002 le recours à l'avortement médicalisé aux

---

[21] Aux termes de l'art 305 de la **loi n° 65-60 du 21 juillet 1965 portant Code pénal :** quiconque par tout autre moyen, aura procuré ou tenté de procurer l'avortement d'une femme enceinte, qu'elle y ait consenti ou non, sera puni d'un emprisonnement d'un an à cinq ans.

[22] https://www.howtouseabortionpill.org/fr/abortion-laws-by-country/mali/

deux cas suivants : « *lorsque la grossesse met en danger la santé mentale de la mère ou la vie du fœtus* » conformément à l'art 14 (2) (c).
Les deux pays, appliquent de manière divergente l'article 14(2) du Protocole de Maputo sur les droits reproductifs des femmes. Au Sénégal, l'accès à l'avortement thérapeutique est limité et soumis à des conditions financières et médicales contraignantes, ce qui rend sa mise en œuvre moins conforme aux exigences du Protocole de Maputo par rapport au Mali. Bien que le Mali ait mis en place une législation plus permissive concernant l'avortement, en autorisant cette pratique dans des cas plus étendus tels que le viol ou l'inceste, les coûts élevés associés à ces interventions médicales peuvent également constituer un obstacle significatif, allant à l'encontre des principes d'accessibilité financière stipulés par le protocole. Ainsi, malgré une législation spécifique concernant le droit à la santé sexuelle et reproductive dans les deux pays, l'application effective de l'article 14.2 reste entravée par des restrictions financières et légales qui limitent l'accès des femmes aux services de santé reproductive à un coût abordable.
La source de la législation répressive en matière d'avortement dans les deux pays est d'origine coloniale. En effet l'ancien pays colonial avait par décret du 30 mai 1933[23] fait application dans ses colonies de la loi du 31 juillet 1920 réprimant la propagande anticonceptionnelle et la provocation à l'avortement. Il est intéressant de relever que les articles 1 et 2 du décret sont formulés[24] en des termes identiques que l'art 305 bis du code pénal sénégalais introduit par la loi n°1980/49 du 24 décembre 1980 abrogeant le décret du 30 mai 1933. Il est intéressant de relever que la Commission africaine sur ses observations sur l'art 14 (2) avait constaté que les discriminations, ainsi que les croyances traditionnelles, religieuses et culturelles, empêchaient les femmes africaines d'exercer et de jouir de leurs droits

---

[23]Décret publié au Journal official des établissements français de l'Océanie du 1 août 1933 pp.263-264 consultable sur https://www.service-public.pf/dsp/wp-content/uploads/sites/12/2017/09/Décret-du-30-05-1933.pdf

[24] Art 1 du décret « (…) *sera puni d'un emprisonnement de six mois à trois ans et d'une amende de 100fr à 5000fr quiconque : Soit par des discours proférés dans des lieux ou réunions publics ; Soit par la vente, la mise en vente ou l'offre même non publique, ou par l'exposition, l'affichage ou la distribution sur la voie publique ou dans les lieux publics, ou par la distribution à domicile, la remise sous bande ou sous enveloppe fermée ou non fermée à la poste ou à tout agent de distribution ou du transport, de livres, d'écrits, d'imprimés, d'annonces, d'affiches, dessins, images et emblèmes ; Soit par la publicité de cabinets médicaux ou soi-disant médicaux ; Aura provoqué au crime d'avortement, alors même que cette provocation n'a pas été suivie d'effet* ».
Art 305 bis du code pénal sénégalais « *sera puni d'un emprisonnement de six mois à trois ans et d'une amende de 50.000 francs à 1.000.000 de francs, ou de l 'une de ces deux peines seulement, quiconque : soit par des discours proférés dans des lieux ou réunions publics; soit par la vente, la mise en vente ou l'offre, même non publique, ou par l'exposition, l'affichage ou la distribution sur la vote publique ou dans les lieux publics, ou par la distribution ù domicile, la remise sous bande ou sous enveloppe fermée ou non fermée, à la poste ou à tout agent de distribution ou de transfert, de livres d'écrits, d'imprimés d'annonces, d'affiches, dessins, images et emblèmes.* »

sexuels et reproductifs[25]. Or, le texte pénal faisant obstacle à l'application du droit à l'avortement médicalisé est d'origine colonial alors que l'art 14 (2) est un texte africain. A moins que la colonisation ne soit devenue un héritage culturel, elle ne saurait justifier un tel refus d'application d'un des aspects du droit à la santé sexuelle et reproductive. La législation sénégalaise devrait se conformer au protocole de Maputo d'une part en abrogeant l'art 305 bis du code pénal qui est anticonventionnel. D'autre part en étendant le recours à l'avortement thérapeutique de l'art 35 du code de déontologie médical à tous les cas de recours à l'avortement listés par l'art 14 (2) (c) du Protocole de Maputo.
L'application de l'art 14 du protocole de Maputo au Sénégal et au Mali est relative notamment au regard du refus d'application de son (2). Cependant, en dépit de ces insuffisances, la portée des droits à la santé sexuelle et reproductive ne peut être niée.

II. La portée des droits à la santé sexuelle et reproductive dans le protocole de Maputo

Le protocole de Maputo constitue un levier juridique de garantit des droits des femmes (A) au Sénégal et au Mali. La portée de certains de ses droits doit être mesurée au regard du contexte des pays dans lesquels il s'applique pour jauger de son efficacité. A titre d'illustration, le Protocole consacre un droit à l'avortement conditionné, ce qui peut sembler être une limite à la portée du protocole de Maputo dans des pays autorisant l'avortement (B).

A.Le protocole de Maputo, un levier juridique de garantit des droits des femmes

Le Sénégal et le Mali ont tous les deux ratifiés le protocole de Maputo sans pour autant tirer toutes les conséquences de l'art 14.
En effet, bien qu'il ait ratifié le Protocole et l'ait intégré au préambule de la Constitution de 2001, le Sénégal interdit dans sa législation le recours à l'avortement via l'article 305 du Code Pénal. Cet article est dès lors non seulement anticonstitutionnel, mais également anticonventionnel, traduisant ainsi la violation par le Sénégal de ses engagements conventionnels. Conformément à l'art 98 de la Constitution sénégalaise qui consacre la valeur supérieure des traités sur les lois.
Le constat de cette non-conformité pourrait amener à faire évoluer le droit interne sénégalais pour le conformer au Protocole de Maputo. Telle a été l'ambition de l'association des juristes sénégalaises dans le cadre de son projet « *voix pour la santé* », en intentant des actions en justice stratégiques visant à engager la

[25]Rapport consulté le 9 avril 2024 sur : https://www.maputoprotocol.up.ac.za/images/files/documents/general_comments2/achpr_instr_general_comment2_rights_of_women_in_africa_fra.pdf (§8 et §12)

responsabilité de l'État sénégalais pour défaut d'harmonisation de sa législation avec l'art 14 du Protocole de Maputo.

Dans ce cadre, lors d'une affaire concernant une mineure de 10 ans tombée enceinte suite à un viol : G. Jabbie c/ État du Sénégal portée devant la juridiction administrative, la responsabilité du Sénégal a été engagée pour n'avoir « *pris les mesures appropriées pouvant permettre à la fillette d'accéder à l'avortement médicalisé alors que depuis l'entrée en vigueur du Protocole, l'État du Sénégal est incontestablement assujetti aux dispositions susvisées* ». Le 2 septembre 2015[26], le juge rejette la responsabilité de l'État du Sénégal pour défaut d'éléments de preuves car la partie civile n'avait pas prouvé le préjudice subi.

La position du juge administratif peut être remise en question, surtout à la lumière de la déclaration du Comité des Nations Unies contre la torture dans son rapport de 2011. Ce rapport souligne que les lois restrictives sur l'avortement entraînent des violations du droit des femmes à ne pas être soumises à un traitement inhumain et cruel.

Comme précédemment souligné, la lutte contre les mariages précoces participe à la lutte contre les grossesses précoces s'inscrivant ainsi dans une volonté de garantie des droits à la santé sexuelle et reproductive.

La Cour Africaine des Droits de l'Homme et des Peuples a rendu le 11 mai 2018[27], son premier arrêt relatif à la violation du protocole de Maputo à l'encontre du Mali. L'article 281 du Code des personnes et de la famille Malien du 30 décembre 2011 fixait l'âge minimal pour contracter mariage à 16 ans pour les femmes et permettait une dispense d'âge à partir de 15 ans si le consentement du père était donné. Ce texte était contraire à l'article 6 (b) du protocole de Maputo qui fixe l'âge minimal de mariage à 18 ans.

Par ailleurs, la question du consentement au mariage[28]. avait été soulevée dans l'examen par la Cour du fond de la requête. En effet, l'article 300 octroyant conjointement aux officiers d'état civil et aux ministres du culte, la compétence pour prononcer le mariage ne prévoyait pas d'obligation pour ces derniers de vérifier le consentement des époux

L'article 6(a) du protocole de Maputo relatif à l'égalité entre époux dans le mariage, impose le consentement libre comme condition de validité du mariage. Sur ce fondement, la Cour a considéré que l'absence d'obligation ou de sanction pour le ministre du culte ne vérifiant pas le caractère libre du consentement

---

[26] M. NDIAYE, « *la lutte pour la légalisation de l'avortement au Sénégal* », Etudes Africaines, n°242, 2021 pp307-329. Consulté le 14/04/24 https://doi.org/10.4000/etudesafricaines.34209

[27] Requête n°046/2016, Association pour le Progrès et la défense des droits des femmes maliennes (ADPF) et Institute For Human Rights and Development in Africa (IHRDA) c/ La République du Mali.

[28] Voir pour commentaire de cette décision, Omar KONE, « *le droit malin de la famille discrimine-t-il les femmes ?* » publié le 27/12/ 28 sur https://www.village-justice.com/articles/droit-malien-famille-discrimine-les-femmes,30306.html#:~:text=1%5D-,La%20Cour%20Africaine%20des%20Droits%20de%20l'Homme%20et%20des,à%20l'égard%20des%20femmes.

enfreint l'article 6(a) du Protocole. Cette violation est d'autant plus significative que la présence des époux n'était pas nécessaire au prononcé du mariage.

La Cour a jugé que le Code malien des personnes et de la famille était incompatible avec le Protocole de Maputo et les autres traités pertinents ratifiés par le Mali. Elle a ordonné au Mali de réviser son Code des personnes et de la famille pour se conformer à ses obligations internationales.

Suite à cette décision, le Conseil des Ministres dans un communiqué du 13 juin 2018 a annoncé l'instauration d'un imprimé-type que les ministres du culte devront remplir en vue d'harmoniser la pratique en matière de célébration du mariage et sur lequel devra figurer le consentement des époux.

En conclusion, les cas du Sénégal et du Mali démontrent que même dans les pays où l'application du Protocole de Maputo reste limitée, ce dernier peut être invoqué comme un outil crucial pour défendre les droits des femmes. Malgré les défis rencontrés dans son application effective, notamment en raison de dispositions législatives nationales restrictives, l'article 14 offre un cadre juridique solide pour revendiquer l'accès à des services de santé reproductive, y compris l'avortement médicalisé. Le recours au Protocole de Maputo peut servir de levier pour une évolution vers une législation plus respectueuse des normes internationales en matière de santé reproductive.

B. L'avortement conditionnée, une limite à la portée du protocole de Maputo

La question de l'avortement est plus que jamais au cœur du débat de l'actualité mondiale. Alors que la France a consacré dans sa constitution la liberté de recourir à une interruption volontaire de grossesse, introduite par la loi du 8 mars 2024 modifiant l'article 34 de la Constitution de 1958, les États-Unis ont inversé la tendance en juin 2022 dans une décision Dobbs v. Women's Health, revenant sur la jurisprudence Roe v. Wade de la Cour Suprême de 1973, consacrant le droit à l'avortement au niveau fédéral. Après cette décision, il revient à chaque État de définir sa législation sur l'avortement. Par conséquent, certains États, dont le Texas, la Louisiane et le Mississippi, ont interdit l'avortement sans aucune exception, même en cas de viol ou d'inceste.

La question de l'avortement est aussi abordée par la religion majoritaire au Sénégal et au Mali : l'islam. La position malékite considère qu'il y a vie dès la conception et interdit donc strictement l'avortement quel que soit le moment. Les écoles hanafite, hanbalite et une partie de l'école chaféite estiment que le fœtus devient une âme vivante au bout d'une certaine durée qui varie selon les écoles : 40, 90 ou 120 jours. L'avortement est possible avant mais pas après cette limite. L'élite religieuse sénégalaise semble s'inscrire dans la position malékite puisqu'en 2017, lors de la 37e ziarra omarienne, la ligue des oulémas du Sénégal a émis une fatwa rappelant l'interdiction de l'avortement dans l'islam malékite et exhortant les autorités politiques à ne pas le légaliser sous le prétexte d'un éventuel préjudice social.

Sur le continent africain, la question de l'avortement a connu une évolution dans sept pays avec l'influence du Protocole de Maputo : l'Eswatini, l'Ile Maurice, la Mozambique, la République Démocratique du Congo, Sao Tomé et Principe et le Tchad qui ont élargie les hypothèses de recours à l'avortement pour se conformer à l'art 14(2).

Cependant, ces évolutions législatives ne sauraient occulter l'aspect restrictif du droit à l'avortement tel que reconnu par le protocole de Maputo, puisqu'il n'est autorisé que dans des cas spécifiquement énumérés. Simone Veil soulignait lors de son intervention à l'Assemblée Nationale pour défendre le projet de loi sur l'avortement que « *l'appréciation de cas éventuels de viol ou d'inceste soulèverait des problèmes de preuve pratiquement insolubles dans un délai adapté à la situation* ». Ainsi on pourrait se demander, si un conditionnement du droit d'accès à l'avortement, ne poserait pas plus de problèmes qu'il n'apporterait de solutions pour les femmes parce que le choix définitif ne leur appartiendrait pas, mais incomberait à un magistrat ou à des médecins.

Près de 20 ans après son adoption, dans un contexte mondial en plein débat sur le droit à l'avortement, le contexte est idéal pour une évolution du Protocole de Maputo vers une plus grande ouverture en matière de santé reproductive des femmes. Cette évolution s'inscrirait dans l'évolution que l'on retrouve au niveau continental puisque l'on dénombre de plus en plus de pays autorisant l'interruption à caractère volontaire de la grossesse telles que la Tunisie, l'Afrique du Sud, la Mozambique et le Cap-Vert.

En effet, depuis une loi du 26 septembre 1973 modifiant l'art 214 du code pénal, la Tunisie a autorisé le droit à l'avortement fondée sur la volonté de la femme dans les 12 premières semaines de grossesses.

La Loi de 1996 Sud Africaine relative au choix en matière d'interruption de grossesse (CTOPA) entrée en vigueur le 1er février 1997 donne aux femmes le droit de se faire avorter sur demande jusqu'à la 12e semaine de grossesse et, sous certaines conditions, avant la 20e semaine. Au Cap-Vert, la loi n°9/III/86 du 5 février 1987 autorise l'avortement sur demande de la femme jusqu'à 12 semaines gestationnelle. La Mozambique autorise le recours à l'avortement sur demande jusqu'à 12 semaines gestationnelle. De plus, la loi et le code pénal précisent qu'en cas de viol ou d'inceste, les avortements seront légaux pendant les 16 premières semaines, et en cas d'anomalie fœtale, les 24 premières semaines.

En considérant la législation comparée africaine, l'art 14 (2) du Protocole de Maputo pourrait être s'inspirer de ces législations en autorisant jusqu'à 12 semaines de grossesses l'avortement sur demande de la femme. Une telle modification permettrait de prendre en compte de manière large le droit à l'avortement et posent une seule limite de temps. Ainsi ce texte pourrait être formulé en ces termes : « *les États prennent toutes les mesures appropriées pour protéger les droits reproductifs des femmes, particulièrement en autorisant l'interruption volontaire de groupe jusqu'à 12 semaines de gestation sur demande de la femme* ».

Conclusion :

En dépit de ses insuffisances, le Protocole de Maputo reste un fondement essentiel pour la garantie des droits à la santé sexuelle et reproductive au Mali et au Sénégal. Bien que ces deux pays appliquent différemment l'article 14, ce dernier permet d'établir un cadre juridique pour revendiquer ces droits. Toutefois, l'avortement reste conditionné, ce qui limite la portée du Protocole. Dans les pays où l'avortement est déjà autorisé, ces restrictions réduisent l'accès des femmes à des soins complets de santé reproductive. Une évolution du Protocole serait nécessaire pour offrir une garantie plus étendue des droits des femmes.
Mots clés : Protocole de Maputo- Droit à la santé sexuelle et reproductive- Le droit à la maitrise de la fertilité –avortement médicalisé sous conditions.

DEUXIEME SESSION

DROITS HUMAINS ET LES PERSONNES DÉPLACÉES, REFUGIÉES, MIGRANTS ET LES APATRIDES

Les droits des pénibles et la pénibilité du droit

Nouhoum TANDINA
Maitre de conférences agrégé des facultés de droit

Résumé
L'analyse de cet article met en lumière l'insuffisance des droits des migrants forcés en liant la technique et la pratique du droit international. Partant de là, la réflexion a deux dimensions, la première s'explique par l'analyse de la législation sur les migrants forcés tout en démontrant la négligence de la part du législateur international en ce qui concerne les PDI. La seconde nous enseigne dans cette gymnastique scientifique que la protection juridique des migrants forcés est insuffisante et contestée en faisant le lien entre refugier et PDI.

Mots clés : droits, pénibles, pénibilité.

The rights of penible and the penibility of the law

Presented by Pr Nouhoum TANDINA
Associate professor of law

Summary
The analysis in this article highlights the inadequacy of the rights of forced migrants by linking the technique and practice of international law. From there, the reflection has two dimensions: the first is explained by the analysis of the legislation on forced migrants, while demonstrating the negligence of the international legislator with regard to IDPs. The second, through scientific gymnastics, teaches us that the legal protection of forced migrants is insufficient and contested, by making the link between refugee and IDP.

Keywords: rights, penible, penibility

Introduction

La mise en application de la liberté d'aller et venir[1]est gouvernée par l'autonomie de la volonté[2] qui a pour corollaire le principe du consensualisme. Les restrictions à ce principe dans le déplacement individuel ou collectif nous conduit à une migration involontaire[3]. D'où la migration forcée. Ainsi la crène de notre analyse : les droits des pénibles et la pénibilité du droit.

Le mot pénible est utilisé dans le cadre de cette analyse pour déterminer les personnes qui quittent indépendamment de leur volonté leur lieu de résidence habituelle pour trouver refuge, d'une part, sur une partie du pays de résidence, et, d'autre part, dans un autre pays ou leur vie ne serait plus en danger. Dans l'un ou de l'autre, leur situation nouvelle les rendent pénibles du fait des raisons contraire à leur volonté[4]et les conditions dans lesquelles elles ont quitté leur zone d'habitation.

Selon cette définition, il existe deux catégories de migrants forcés : le premier est caractérisé par les migrants forcés à l'intérieur de leur propre pays, appelé personnes déplacées internes (PDI), le second se qualifie des migrants forcés à l'extérieur de leur pays d'origine, appelé refugié.

---

[1] Art 17 de la constitution du Mali du 22 juillet 2023 dit : « L'Etat reconnaît et garantit, dans les conditions fixées par la loi, la liberté d'aller et venir, le libre choix de la résidence, la liberté d'association, de réunion, de cortège et de manifestation ». Plus l'Etat malien dans le préambule de ladite constitution souscrit à la Déclaration universelle des Droits de l'Homme du 10 décembre 1948 et à la Charte africaine des Droits de l'Homme et des Peuples du 27 juin 1981 ; S'engage à garantir le respect des droits humains, en particulier ceux de la femme, de l'enfant et de la personne vivant avec un handicap, consacrés par les traités et accords sous-région aux, régionaux et internationaux signés et ratifiés par le Mali. Qui consacrent ce principe.

[2] J.-J. Rousseau exprime dans son œuvre, « Le contrat social » publié en 1762, que l'interaction entre les hommes repose sur leurs volontés, foncièrement bonnes. D'un autre côté, le courant de pensée économique met en avant la théorie selon laquelle « une main invisible » guiderai le marché pour la satisfaction de l'intérêt général. En conséquence, chaque individu est libre de contracter. Mais cette liberté n'est pas contraire au fait d'être redevable d'obligations. Ce sans quoi, les fondements de la société ne seraient pas stables. C'est en acceptant volontairement de se soumettre au « contrat social », que les hommes peuvent être effectivement libres.

[3] Par opposition à la migration volontaire, La personne décide que son mode de vie ou celui de sa famille est inadéquat, et que celui-ci ne pourra pas s'améliorer sans passer par la migration. Par exemple, la personne peut estimer :que ses moyens de subsistance et sa stabilité financière sont insuffisants ;que ses conditions de vie – logement, accès à la nourriture et/ou à la santé – sont insuffisantes ;qu'elle pourra être réunie avec des proches et des amis dans le pays de destination (si ceux-ci ont migré précédemment) ; qu'elle pourra offrir de meilleures possibilités d'éducation à ses enfants/adolescents ailleurs ; qu'elle pourra bénéficier d'une plus grande cohésion sociale ailleurs (par exemple pour les minorités dont les communautés sont géographiquement dispersées).

[4] Selon l'OIM, la migration forcée est « un mouvement migratoire non volontaire, contraint et subi, causé par divers facteurs, mais qui implique un recours à la force, à la contrainte ou à la coercition ». La définition inclut une note qui précise que « s'il ne s'agit pas d'un concept juridique international, ce terme a été utilisé pour décrire les mouvements de réfugiés, de personnes déplacées (notamment en raison de catastrophes ou de projets de développement) et, dans certains cas, de victimes de la traite.

Ces deux catégories de personnes identiques en raison des causes du déplacement, sont différentes par rapport aux législations spécifiques et à la nature de la protection de leurs droits.
Le droit dans cette démarche, fait allusion au droit international public, le professeur Seydou Nourou TALL estime dans cours de Droit International public de licence 2 [5]et dans son ouvrage organisations internationales africaines[6], que le droit international public désigne l'ensemble des règles de droit qui régissent les relations entre les sujets du droit international.
En ce qui concerne les droits, ils font références aux droits humains, qui sont les droits inaliénables de tous les êtres humains, sans distinction aucune, notamment de race, de sexe, de nationalité, d'origine ethnique, de langue, de religion ou de toute autre situation. Les droits humains incluent le droit à la vie et à la liberté. Ils impliquent que nul ne sera tenu en esclavage, que nul ne sera soumis à la torture. Chacun a le droit à la liberté d'opinion et d'expression, au travail, à l'éducation, etc. Nous avons tous le droit d'exercer nos droits humains sur un pied d'égalité et sans discrimination[7]. Les migrants forcés conservent l'ensemble de ces droits, mais aussi certains qui sont liés à leur situation particulière.
Au plan international[8], la migration forcée à l'intérieur du territoire de résidence[9] n'a pas fait l'objet de texte spécifique contraignant, seul le principe directeur[10]des Nations Unies (principe non contraignant) définit les personnes déplacées interne. Mais, au niveau régional, l'Afrique soucieux de ses réalités politiques, économiques, sociales et culturelles, a adopté une législation relative aux personnes déplacées internes, appelé convention de Kampala de 2012[11].

---

[5] Pr seydou Nourou TALL, cours de deuxième année de licence, droit international public, Université Cheick Anta Diop de Dakar,2010, p7.
[6] Pr Seydou Nourou Tall« Droit des organisations internationales africaine : Théorie générale. Droit communautaire comparé. Droit de l'Homme, paix et sécurité » le harmattan, 2015, pp12.
[7] Déclaration universelle des droits de l'homme (DUDH) adoptée par l'Assemblée générale des Nations Unies - résolution 217 A (III) , le 10 décembre 1948, à Paris. Ses 30 articles énumèrent les droits dont tous les êtres humains devraient jouir dans tous les pays. Traduite dans plus de 500 langues, elle reste, à ce jour, le document le plus traduit au monde et a inspiré les constitutions de jeunes démocraties et de nombreux États ayant nouvellement accédé à l'indépendance
[8] Il s'agit au niveau des Nations unies et régional au niveau de l'Afrique.
[9] Si le domicile est bien le siège légal d'une personne, son siège juridique, sa résidence est son siège réel, son siège de fait; elle se trouve à son lieu d'habitation ordinaire, habituel; soit son siège accidentel, l'habitation étant en tout lieu où elle se fixe, même pour un bref laps de temps.
[10] Le 17 avril 1998, la Commission des droits de l'homme a adopté les Principes directeurs relatifs au déplacement de personnes à l'intérieur de leur propre pays. Ils restent la norme la plus largement reconnue pour prévenir le déplacement interne, y répondre et y remédier. Le volume et la durée sans précédent des déplacements internes aujourd'hui nous rappellent qu'il reste encore beaucoup de travail.
[11] Convention de l'Union africaine sur la protection et l'assistance aux personnes déplacées en Afrique de 2012 (convention de kampala). Réaffirmant l'engagement historique des États membres de l'UA, d'assurer aux réfugiés et aux personnes déplacées la protection et l'assistance et, en particulier, de mettre en œuvre les Décisions Ex.CL/127(V) et Ex.CL/Dec.129 (V) adoptées par le Conseil exécutif, à Addis-Abeba en juillet 2004, en

Dans une lecture croisée, nous pouvons en déduire que les droits des personnes déplacées internes sont partiellement acceptés, par rapport aux migrants forcés qui trouvent refuge dans un autre pays outre que leur pays de résidence habituelle, leurs droits ont fait l'objet d'acceptation commune. Il s'agit de la convention de Genève de 1951[12] et la convention de l'OUA de 1969[13].
En outre, le droit international a pour vocation de protéger les sujets au niveau international, en ce qui concerne les migrants forcés dérivé des individus. Malgré l'existence de ces textes juridiques cités auparavant, la protection des droits des migrants forcés reste à désirer. C'est cette situation qui traduit dans cette réflexion la pénibilité du droit international. Cela se démontre par la forme biaisée de la protection juridique des migrants forcés.
La réflexion sur ce sujet a pour objet d'analyser les droits des migrants forcés en liant la technique et la pratique du droit international. De ce fait, il est important de savoir que cette étude permet, d'une part, de constater que la législation sur les migrants forcés ne manque pas, mémé s'il y a une négligence de la part du législateur international en ce qui concerne les PDI. D'autre part cette gymnastique scientifique nous démontre que la protection juridique des migrants forcés est contestée en faisant le lien entre refugier et PDI.
Ainsi, nous évoquerons dans une première partie, la législation mitigée des migrants forcés[14] (I) et dans une seconde partie, la protection juridique contestée des migrants forcés (II).

I.La législation mitigée des migrants forcés

Les migrants forcés ont fait l'objet de plusieurs instruments juridiques[15]. D'une part, lorsqu'il s'agit de déplacement forcé de personnes à l'intérieur de leur propre

répondant aux besoins spécifiques des personnes déplacées, tels que la protection et l'assistance à travers un instrument juridique distinct, et de collaborer avec les partenaires concernés et d'autres acteurs pour donner aux personnes déplacées un cadre juridique approprié qui leur garantisse une protection et une assistance adéquates, et qui permette la mise en œuvre de solutions durables

[12] La Convention de 1951 relative au statut des réfugiés, un document juridique clé. Ratifiée par 145 États parties, elle définit le terme «réfugié» et énonce les droits des personnes déracinées, ainsi que les obligations juridiques des États pour assurer leur protection. Le principe fondamental est le non-refoulement, selon lequel un réfugié ne devrait pas être renvoyé dans un pays où sa vie ou sa liberté sont gravement menacées. Ceci est désormais considéré comme une règle du droit international coutumier.

[13] Convention de l'OUA régissant les aspects propres aux problèmes des refugies en Afrique en 1969. les résolutions 26 et 104 des Conférences des Chefs d'Etat et de Gouvernement de l'OUA dans lesquelles il est demandé aux Etats membres de l'Organisation qui ne l'ont pas encore fait d'adhérer à la Convention de 1951 des Nations Unies relative au statut des réfugiés et au Protocole de 1967 et, en attendant d'en appliquer les dispositions aux réfugiés en Afrique.

[14] Hamidou Bâ, Abdoulaye FALL « Législations relatives aux travailleurs migrants en Afrique de l'Ouest » Cahiers des migrations internationales, Genève Bureau international de travail, 2006, pp 11, 12,13.

[15] Les traités internationaux relatifs aux droits de l'homme et leurs protocoles additionnels connexes qui accordent des droits aux migrants en vertu de leur humanité et les traités clés du droit international public qui établissent les droits des migrants et les devoirs des Etats.

pays, il y a rejet partiel des droits des DPI. D'autre part, au contraire, il y a une acceptation commune lorsqu'il s'agit des droits des réfugiés.

A.Les personnes déplacées interne, un rejet partiel

Nous allons essayer ici d'évoquer les textes applicables et cela nous permet d'identifier là où il y a effectivement rejet, nous ne serions terminées sans donner la signification des personnes déplacées.

Il n'existe aucune convention internationale relative au déplacement interne, mais le droit international des droits de l'homme et le droit international humanitaire encadrent l'approche à retenir à l'égard du déplacement interne et devrait orienter tout effort visant l'élaboration d'un instrument national, cette situation n'est pas favorable à la reconnaissance des droits personnes déplacées internes, une convention internationale dans ce sens aurait été mieux. Il faut plutôt voir ailleurs, au niveau de l'Afrique pour retrouver un dispositif juridique spécifique en matière des PDI.

Cette analyse croisée entre les N.U et au niveau de l'Afrique relative à l'existence de la législation spécifique sur les PDI, détermine le manque de volonté du législateur international de prendre des mesures spécifiques pour la protection juridique des PDI. Le fait de privilégier que des instruments des droits de l'Homme et du droit humanitaire ne suffisent pas pour une protection efficace. L'Afrique est une bonne école en la matière. Certains estiment cette réalité comme un rejet partiel des droits des PDI.

En effet, les personnes déplacées à l'intérieur de leur propre pays sont définies comme *« des personnes ou des groupes de personnes qui ont été forcés ou contraints à fuir ou à quitter leur foyer ou leur lieu de résidence habituel, notamment en raison d'un conflit armé, de situations de violence généralisée, de violations des droits de l'homme ou de catastrophes naturelles ou provoquées par l'homme ou pour en éviter les effets, et qui n'ont pas franchi les frontières internationalement reconnues d'un État »*. Les Principes Directeurs présentent une liste non exhaustive de causes potentielles de déplacement comprenant les conflits armés, la violence généralisée, les violations des droits de l'homme est les catastrophes. Le protocole des Grands Lacs sur les PDI et la Convention de Kampala étendent la liste en ajoutant les projets de développement[16]. La législation kenyane inclut les violences politiques.

La définition choisies par d'autres pays, comme celle contenue dans la loi sur les PDI en Azerbaïdjan est plus restreinte et de ce fait problématique, dans la mesure

[16] Le Pacte sur la sécurité, la stabilité et le développement dans la région des Grands Lacs (RGL ; largement connu sous le nom de Pacte des Grands Lacs), qui a été adopté par les Chefs d'État et de gouvernement de la
Conférence internationale des États membres de la RGL (CIRGL) en 2006 et entré en vigueur en 2008, comprend 10 Protocoles juridiquement contraignants pour tous les États membres de la CIRGL. Deux d'entre eux sont : le Protocole sur la protection et l'assistance aux personnes déplacées à l'intérieur de leur propres pays ; le Protocole sur les droits à la propriété des personnes rapatriées. Particulièrement pertinents à l'égard des situations de déplacement interne

où elle peut créer des discriminations. Dans ce pays, le terme de Personne Déplacée Interne s'applique à toute personne qui a été forcée de quitter sa résidence permanente à l'intérieur du territoire de la République d'Azerbaïdjan en lien avec une agression militaire ou une catastrophe naturelle ou technologique[17].

Pour terminer, les crises de déplacement interne ont souvent lieu dans des contextes où les droits des PDI sont couramment négligés, méconnus ou violés. Le droit international des droits de l'homme constitue un cadre essentiel et insuffisant pour une réponse à ce problème, notamment à travers l'élaboration d'instruments internationaux et nationaux fondés sur les droits des PDI. Des instruments de ce type, associés à l'incorporation des besoins et des préoccupations des PDI aux programmes nationaux d'action en matière de droits de l'homme peuvent contribuer à améliorer les réponses apportées au déplacement interne.

Bien que la Convention de Kampala ne fasse pas explicitement référence au rôle des INDH, les INDH africaines ont identifié la promotion de sa ratification et son intégration dans le droit national comme des objectifs clés de plaidoyer. Par exemple, au Niger, la Commission nationale des droits de l'Homme et des libertés fondamentales (CNDHLF) a joué un rôle important dans la promotion de la ratification et le soutien à l'élaboration d'une loi sur le déplacement interne qui soit conforme à la Convention, loi qui a été adoptée en 2018[18]. Cependant, la mise en œuvre de la Convention reste insuffisante, même dans les États qui l'ont ratifiée, et d'importantes initiatives de plaidoyer sont entreprises par certaines INDH pour changer la donne. Les INDH africaines, notamment par le biais de leurs réseaux régionaux, ont travaillé aux niveaux (sous-)régional et national pour plaider en faveur d'une Conférence des États parties à la Convention largement mandatée et efficace en tant que mécanisme régional important de suivi et de conformité, idéalement avec une fonction de signalement à laquelle ils peuvent communiquer des informations à l'échelle nationale.

B.Les réfugiés, une acceptation commune

La Convention relative au statut des réfugiés est le fondement du droit international des réfugiés. Elle définit le terme réfugié comme une personne qui :

- ✓ craint avec raison d'être persécutée du fait de
    - sa race,
    - sa religion,
    - sa nationalité,
    - son appartenance à un certain groupe social, ou
    - ses opinions politiques ;
- ✓ se trouve hors du pays dont elle a la nationalité; et

---

[17] Loi sur le Statut des Réfugiés et Personnes Déplacées Internes en Azerbaïdjan, 1999.

[18] Loi N°2018-74 de la république du Niger du 10 décembre 2018 relative à la protection et l'assistance des personnes déplacées internes.

- ✓ ne peut ou ne veut se réclamer de la protection de ce pays ou y retourner parce qu'elle craint d'être persécutée[19].

La Convention de l'Organisation de l'Unité africaine (OUA) régissant les aspects propres aux problèmes des réfugiés en Afrique, un traité régional adopté en 1969, élargit la définition de la Convention de 1951, pour y inclure une considération plus objective, à savoir : Toute personne qui, « *du fait d'une agression, d'une occupation extérieure, d'une domination étrangère ou d'événements troublant gravement l'ordre public dans une partie ou la totalité de son pays d'origine ou du pays dont elle a la nationalité* »[20] , est obligée de quitter sa résidence habituelle. En 1984, un colloque de représentants des gouvernements d'Amérique latine et d'éminents juristes a adopté la Déclaration de Carthagène[21]. Comme la Convention de l'OUA, la Déclaration élargit le champ de la définition contenue dans la Convention de 1951 aux : personnes qui fuient leur pays « *parce que leur vie, leur sécurité ou leur liberté étaient menacées par une violence généralisée, une agression étrangère, des conflits internes, une violation massive des droits de l'homme ou d'autres circonstances ayant perturbé gravement l'ordre public.* »

Il faut noter, qu'il existe une organisation internationale agissant dans le domaine de la protection des réfugiés appelé Haut-Commissariat des Nations Unies pour les réfugiés (HCR)[22]. Le HCR a pour mandat de protéger les réfugiés et de trouver des solutions durables. Ses activités se fondent sur un ensemble de normes et d'instruments internationaux, dont la Déclaration universelle des droits de l'homme de 1948 et les quatre Conventions de Genève (1949) sur le droit international humanitaire, ainsi que sur une multitude de traités et de déclarations internationaux et régionaux, à la fois contraignants et non contraignants, qui traitent spécifiquement des besoins des réfugiés.

L'attribution essentielle dévolue au Haut-Commissariat par son Statut est la protection juridique internationale des réfugiés, dont le but principal est la 'sauvegarde de leurs droits et intérêts légitimes, en particulier à l'égard du Lorsque le Haut-Commissariat des Nations Unies pour les réfugiés a été créé en 1950, une

[19] Article premier A1 et 2, Convention de Genève du 28 juillet 1951, relative au statut des réfugiés entrée en vigueur le 22 avril 1954.

[20] Article premier, paragraphe 2 de la convention de l'OUA régissant les aspects propres aux problèmes des refugies en Afrique.

[21] Déclaration de Carthagène sur les réfugiés, adoptée lors du Colloque sur la protection internationale des réfugiés en Amérique centrale, au Mexique et au Panama, Carthagène des Indes, Colombie, 22 novembre 1984.

[22] Le HCR a un rôle de «gardien» de la Convention de 1951 et de son Protocole de 1967. Conformément à la législation, les États doivent coopérer avec nous pour veiller à ce que les droits des réfugiés soient respectés et protégés. Le HCR, l'agence des Nations Unies pour les réfugiés, veille à ce que chacun ait le droit de demander l'asile et de trouver un refuge sûr, après avoir fui la violence, la persécution ou la guerre dans son pays. Depuis 1950, le HCR fait face à de multiples crises sur plusieurs continents, et nous avons fourni une protection et une assistance vitales aux réfugiés, aux demandeurs d'asile, aux personnes déplacées à l'intérieur de leur pays et aux apatrides, dont beaucoup n'ont plus personne vers qui se tourner. Il œuvre à sauver des vies et à bâtir un avenir meilleur pour des millions de personnes contraintes de fuir leur pays

importance primordiale a été attribuée à la fonction essentielle celle de la protection juridique internationale. Toutefois, le mandat initial prévoyait déjà certaines activités dans le domaine social. C'est ainsi qu'outre cette tâche de protection internationale le Haut-Commissaire a été chargé de rechercher des solutions permanentes au problème des réfugiés en aidant les gouvernements et, sous réserve de l'approbation des gouvernements intéressés, les intéressés, privées à faciliter le rapatriement librement consenti des réfugiés où leur assimilation dans de nouvelles communautés nationales. On notera plus tard que le champ d'action du Haut-Commissaire dans le domaine social a été élargi par la suite en vertu de plusieurs résolutions de l'Assemblée générale. Ces résolutions ont accordé au Haut-Commissaire l'autorisation générale de faire des appels de fonds destinés en premier lieu à des secours d'urgence, puis à des programmes d'assistance matérielle tendant à apporter des solutions permanentes au problème des réfugiés qui relèvent de son mandat

Si la législation des migrants forcés est mitigée, qu'en est-il de la protection des droits des migrants ?

II.La protection juridique contestée des migrants forcés

La contestation de la protection juridique des migrants forcés s'explique, d'une part, par l'absence d'une organisation internationale spéciale pour la protection des PDI. Et d'autre part, l'insuffisance de la protection des demandeurs d'asile.

A.L'absence d'une organisation internationale spéciale pour la protection PDI

La Commission du droit international (CDI) définit l'organisation internationale comme « *toute organisation instituée par un traité ou un autre instrument régi par le droit international et doté d'une personnalité juridique internationale propre. Une organisation internationale peut comprendre parmi ses membres des entités autres que des États* »[23].

À lumière de cette définition, une organisation internationale ne peut être créée que par un traité. Celui-ci se définit, au sens large comme un accord conclu entre sujets de droit international destiné à produire des effets de droit et soumis aux règles du droit international. Cela veut dire un accord entre un Etat et un individu ou entre un Etat et une ONG[24] n'est pas un accord international.

---

[23] Pr Seydou Nourou Tall « Droit des organisations internationales africaine : Théorie générale. Droit communautaire comparé. Droit de l'Homme, paix et sécurité » le harmattan, 2015, pp9.

[24] Une organisation non gouvernementale (ONG) est une association à but non lucratif, d'intérêt public, qui ne relève ni de l'État, ni d'institutions internationales[1]. Les ONG n'ont pas le statut de sujet de droit international. Une ONG est une personne morale[2] qui, bien que n'étant pas un gouvernement, intervient dans le champ national ou international. Les relations juridiques internationales sont traditionnellement des relations uniquement entre États (ou entre Gouvernements). On considère parfois le Comité international de la Croix-Rouge (CICR) comme l'ancêtre des ONG, bien qu'ayant un statut hybride spécifique vis-à-vis des États.

Au sens étroit, le traité c'est la procédure suivi pour sa conclusion. Selon l'article 2 paragraphe 1 de la convention de vienne sur le droit des traités du 23 mai 1969 : « *l'expression traité s'entend d'un accord international conclu par écrit entre les Etats et régi par le droit international, qu'il soit consigné dans un instrument unique ou dans deux ou plusieurs instruments connexes, et quelle que soit sa dénomination particulière* ».

En effet, au niveau des Nations Unies et en Afrique, les Etats peuvent mettre en place une organisation internationale dans le domaine de la protection des PDI au même titre que le HCR, l'UNICEF. Cette responsabilité des Etats pour la protection des PDI parait inefficace. C'est d'ailleurs cette réalité qui ouvre le chemin au HCR à intervenir en matière de protection de personnes déplacées internes à travers le principe sectoriel des Nations Unies. L'approche du principe de responsabilité sectorielle est un ensemble de structures, de processus, de principes et d'engagements visant à coordonner l'action humanitaire lorsqu'un gouvernement national sollicite l'aide internationale. Son objectif est d'améliorer l'organisation du secteur humanitaire et de le rendre plus redevable envers les personnes affectées par les crises.

Un groupe sectoriel est un groupe d'organisations humanitaires bénévoles travaillant dans des secteurs techniques spécifiques de l'action humanitaire. Les membres de groupes sectoriels peuvent être des ONG, des organismes des Nations Unies, le Mouvement international de la Croix- Rouge et du Croissant-Rouge et des organes gouvernementaux engagés dans l'action humanitaire. Ils coordonnent leurs actions pour garantir de meilleurs résultats en faveur des personnes affectées par les crises. Les groupes sectoriels privilégient une stratégie commune et des bonnes pratiques, évitent les doublons, comblent les lacunes et échangent des informations. Ils renforcent la capacité nationale à se préparer aux situations d'urgence et plaident en faveur d'une action humanitaire plus efficace et plus responsable. Tous les groupes sectoriels doivent veiller au respect des principes de protection et de la lutte contre l'exploitation, l'abus et le harcèlement sexuels.

Il existe 11 groupes sectoriels dans le monde. Les mêmes groupes sectoriels peuvent être activés au niveau national, et parfois infranational, en réponse à une situation d'urgence particulière. Chaque groupe sectoriel est dirigé par un ou deux organismes des Nations Unies ou par un organisme des Nations Unies et une ONG internationale[25]. Au niveau national, les groupes sectoriels sont, en général,

---

[25] Dans chaque intervention humanitaire, les groupes sectoriels collaborent au sein d'un groupe de coordination intersectorielle présidé par l'OCHA. Les responsables de l'OCHA et d'autres organismes opérationnels des Nations Unies, les personnes représentant les ONG locales, nationales et internationales, le Mouvement de la Croix- Rouge et du Croissant-Rouge se réunissent également au sein de l'équipe de pays pour l'action humanitaire pour discuter de la stratégie d'intervention humanitaire. Un coordinateur des opérations humanitaires est à la tête de l'équipe de pays pour l'action humanitaire. Les organismes chefs de file des groupes sectoriels sont chargés d'identifier les préoccupations et les problèmes spécifiques au groupe sectoriel en collaboration avec l'équipe de pays pour l'action humanitaire. Les représentants du

codirigés par un organisme des Nations Unies et une ONG. Les chefs de file sectoriels doivent être prêts à fournir des services aux personnes affectées lorsque d'autres organisations ne peuvent pas le faire[26].
La présence d'une organisation spéciale, dont l'objet est spécial en comparaison avec une organisation générale dont l'objet est général, exemple : l'Union Africaine, La CEDEAO[27], renforce mieux la protection des droits des PDI.

B.L'insuffisance de la protection des demandeurs d'asile

Le mot protection révèle plusieurs ambigüités, qu'il convient de mettre au clair. Dans son sens commun, c'est l'action ou le fait de soustraire quelqu'un ou quelque chose à un danger, à un risque qui pourrait lui nuire ; c'est le fait de se protéger ou d'être protégé. D'après le Dictionnaire de la langue française le Robert, c'est aider une personne de manière à la mettre à l'abri d'une attaque, des mauvais traitements, du danger physique ou moral. Protéger c'est aussi défendre, secourir, défendre contre toute atteinte, garantir, sauvegarder (protéger les libertés individuelles)[28]. La protection des individus se situe au point de rencontre entre les droits individuels et les contraintes d'ordre et de sécurité publique. Plus loin encore, « *la protection s'entend donc de toutes mesures concrètes qui permettent de faire bénéficier les personnes en danger des droits et des secours prévus pour elles par les conventions internationales* » de ce qui précède, il convient de reconnaitre encore que la protection est un statut juridique particulier reconnu à une catégorie de personnes à l'instar des personnes vulnérables auxquelles appartiennent les demandeurs d'asile.
La protection peut s'envisager soit au sens doctrinal lorsqu'elle est diplomatique ou fonctionnelle ou alors au sens institutionnel lorsqu'elle est toute activité visant

---

gouvernement national et les donateurs siègent également dans certaines équipes de pays pour l'action humanitaire
Les équipes de pays pour l'action humanitaire et leurs membres peuvent porter au niveau mondial les questions soulevées par les groupes sectoriels nationaux afin qu'elles soient abordées lors des rencontres du Comité permanent inter organisations. Ce comité est présidé par le coordinateur des secours d'urgence et rassemble les responsables des organismes opérationnels des Nations Unies, de l'IFRC, du CICR et les représentants du consortium mondial des ONG.
Outre les groupes sectoriels, il existe aussi des initiatives pour coordonner les interventions et les services humanitaires intersectoriels. Par exemple, les membres d'un groupe de travail sur la communication et l'engagement communautaire peuvent collaborer pour renforcer la recevabilité envers les personnes affectées et accroître la participation de celles-ci

[26] Comité permanent inter organisations, Module de référence pour la coordination des groupes sectoriels au niveau national (2015). Ce document donne une explication approfondie de l'approche sectorielle, et cette dernière constitue une référence pour les travailleurs humanitaires.

[27] Pr Seydou Nourou TALL « droit du contentieux international africain : jurisprudences et théorie générale des différends africains», l'harmatan, 2018, pp 214.

[28] Varraud (P.) (dir.), Le Robert pour tous, Paris, Edition du club France Loisirs, ISBN, 29883, 1994, p.910.

à assurer le plein respect des droits de la personne[29]. Dans son sens étroit, la protection se définie par rapport au domaine auquel on veut l'appliquer.
Il peut s'agir alors ainsi de la protection des droits de l'homme ou encore de la protection civile en rapport avec le Droit international humanitaire.
Au demeurant, le sens qu'il faut entendre donner à la protection ici est celui conceptualisé par la Doctrine au sens large à savoir celle qui s'applique aux personnes et qui vise non seulement la sauvegarde des droits de l'homme en générale eu égard du statut juridique de la personne à protéger, mais aussi, est inclusive aux demandeurs d'asile en droit international. Dit de cette façon, la protection concerne alors les étrangers.
Enfin un demandeur d'asile est une personne qui sollicite une protection internationale hors des frontières de son pays, mais qui n'a pas encore été reconnue comme réfugié. Demander l'asile est un droit humain, ce qui signifie que tout le monde devrait être autorisé à entrer dans un autre pays pour y demander l'asile. La procédure d'asile devrait être équitables et efficace, et les demandeurs devraient être en mesure d'entrer en contact avec le Haut-Commissariat des Nations unies pour les réfugiés (HCR) s'ils en ont besoin ou le souhaitent[30].
Toute personne en passe d'être envoyée vers un autre pays devrait être traitée équitablement et avec dignité. Le principe juridique de « non-refoulement » signifie que personne ne devrait être contraint de retourner dans un pays où sa vie ou son bien-être est susceptible d'être menacé.
Les demandeurs d'asile disposent de droits protégés par le droit international, quels que soient la manière dont ils arrivent dans un pays et le but de leur déplacement : Ils bénéficient des mêmes droits que n'importe quel autre être humain, ainsi que de certaines protections spécifiques, notamment : • la Déclaration universelle des droits de l'homme, qui dispose à son article 14 : « *Devant la persécution, toute personne a le droit de chercher asile et de bénéficier de l'asile en d'autres pays* » ;
• la Convention des Nations unies relative au statut des réfugiés (1951), qui interdit d'envoyer des réfugiés dans des pays où ils risquent d'être persécutés ;
• la Convention internationale sur la protection des droits de tous les travailleurs migrants et des membres de leur famille de 1990, qui protège les migrants et leurs familles.
Il faut- préciser, que les demandeurs d'asile ne sont pas des réfugiés et ils ne doivent pas être confondus. Dans la pratique, entre l'intervalle de demander l'asile et de l'obtenir ou de ne pas l'obtenir, le demandeur est laissé pour son propre

---

[29] Salmon (J.), (dir.), Dictionnaire de droit international public, Bruxelles, Bruylant AUF, 1949, pp. 899-905.
[30] Loi N 2024-42 du 26 janvier 2024 en France pour contrôler l'immigration, améliorer l'intégration, La loi a été promulguée le 26 janvier 2024. Elle a été publiée au Journal officiel du 27 janvier 2024.

compte[31] ou dans une moindre mesure, ils sont assistés par certaines associations telle que le Caritas[32]. Alors que ceux qui viennent en groupe dans les camps de refugies sont automatiquement mis à la disposition du droit international, ils sont considérés de suite comme refugiés. Le refus peut être opposé parce qu'il n'appartient à aucune des catégories susceptibles d'en bénéficier. Ce refus procède de l'idée que le demandeur du statut de refugie, eu égard notamment à son récit et à ses déclarations, ne satisfait pas aux critères d'inclusion. Cette protection des demandeurs d'asile que le droit international accorde est discriminatoire et insuffisante. C'est dans cette optique, Eileen Imbosa et Andrew Maina ont coécrit un article intitulé « *Limitations de l'accès à la représentation juridique dans les processus de DSR au Kenya* »[33], les auteurs ont démontré *l'accès restreint des demandeurs d'asile à la représentation juridique limite les possibilités de faire appel des décisions de détermination du statut de réfugié*[34]. Ils estiment que, l'influence judiciaire, c'est-à-dire l'implication des tribunaux sur les processus de DSR au Kenya est limitée et la raison principale en est l'application par le Kenya d'un statut *prima facie* à certains groupes de

---

[31] En France par exemple : parce qu'il demande l'asile et qu'il n'est pas certain qu'une protection internationale lui sera octroyée, le demandeur d'asile ne bénéficie pas des mêmes droits garantis à un étranger séjournant régulièrement en France ou à un étranger ayant obtenu le bénéfice d'une protection internationale (statut de réfugié ou protection subsidiaire). De même, les droits garantis pendant l'examen de sa demande prendront fin si le demandeur d'asile est débouté de sa demande. Lorsqu'une décision positive a été rendue, il faut distinguer selon qu'elle reconnait au demandeur le statut de réfugié ou le bénéfice de la protection subsidiaire car les droits accordés seront différents.

[32] C'est à Fribourg-en-Brisgau en Allemagne que voit le jour la première association Caritas, une organisation caritative catholique fondée par l'évêque allemand Lorenz Werthman. Son nom latin signifie « affection, charité ». S'inspirant du modèle du CICR, l'Eglise catholique met en place dès lors des structures nationales dans plusieurs pays. En 1954, Caritas Internationalis, superstructure transnationale est officiellement créée. La branche française, appelée secours catholique, est fondée en 1946. Aujourd'hui, Caritas est présente dans 165 pays formant l'un des plus grands réseaux d'aide humanitaire à travers le monde. Ce vaste système d'ONG possède des bureaux aux Nations Unies à New York et à Genève et son siège dans la cité du Vatican. Elle est accréditée au Conseil économique et social des Nations Unies (ECOSOC) depuis 1999

[33] Eileen Imbosa et Andrew Maina, article en ligne « Limitations de l'accès à la représentation juridique dans les processus de DSR au Kenya », novembre 2020, consulté le 02-04-2024 à 11h09mn. https://www.fmreview.org/fr/reconnaitre-refugies/imbosa-maina.

[34] En vertu de la loi kenyane sur les réfugiés de 2006, les demandeurs d'asile au Kenya doivent s'adresser au Commissaire aux affaires des réfugiés (ci-après le Commissaire) pour que leur demande d'asile soit examinée en première instance. S'ils ne sont pas satisfaits de la décision du Commissaire, ils peuvent faire appel auprès de la Commission de recours des réfugiés (ci-après la Commission) qui est une commission statutaire établie en vertu de la loi sur les réfugiés pour examiner les décisions du Commissaire. S'ils ne sont pas satisfaits de la décision de la Commission, ils ont alors accès à la Haute Cour du Kenya. En théorie la progression naturelle d'une instance à l'autre devrait se faire sans heurts pour culminer par la Haute Cour. Cependant, aucun cas de reconnaissance de réfugiés n'est parvenu jusqu'à la Haute Cour depuis que le HCR, en juillet 2014, a confié le processus de DSR (détermination du statut de réfugié) au Secrétariat aux affaires des réfugiés (ci-après le Secrétariat) - dirigé par le Commissaire

demandeurs d'asile. Les Soudanais du Sud et les Somaliens représentent jusqu'à 78 % des demandeurs d'asile au Kenya et cette reconnaissance fondée sur le groupe est appliquée depuis plusieurs années à ces deux groupes (bien que révoquée pour les Somaliens en 2016). En conséquence, une proportion importante de demandeurs d'asile se sont vus accorder la reconnaissance sur cette base et n'ont donc pas besoin d'accéder à la procédure d'appel.
Toutefois, il faut reconnaitre que les auteurs admettent que le système judiciaire kenyan est contradictoire, ce qui signifie que les tribunaux n'interviennent que lorsqu'un demandeur d'asile ou le Commissaire fait appel d'une décision prise par la Commission. Les tribunaux kenyans autorisent très rarement l'autoreprésentation qui n'est d'ailleurs pas autorisé en cas de recours contre les décisions d'organes statutaires tels que la Commission. Les demandeurs d'asile qui ne sont pas satisfaits de la décision de la Commission doivent donc faire appel aux services d'un avocat agréé pour les représenter devant le tribunal. Au Kenya, les services juridiques sont toutefois coûteux et hors de portée de la plupart des demandeurs d'asile.
En définitive, les droits des migrants forcés restent un problème crucial pour les défenseurs des droits de l'homme, l'absence d'un instrument juridique international contraignant et une organisation internationale spéciale handicapent inéluctablement la protection des PDI. Les traitements accordés aux demandeurs d'asile sont insuffisants. L'effectivité des droits des migrants forcés sont très loin des attentes de la communauté africaine.

Bibliographie :

1. Convention de l'OUA régissant les aspects propres aux problèmes des refugies en Afrique en 1969. les résolutions 26 et 104 des Conférences des Chefs d'Etat et de Gouvernement de l'OUA dans lesquelles il est demandé aux Etats membres de l'Organisation qui ne l'ont pas encore fait d'adhérer à la Convention de 1951 des Nations Unies relative au statut des réfugiés et au Protocole de 1967 et, en attendant d'en appliquer les dispositions aux réfugiés en Afrique.

2. Convention de l'Union africaine sur la protection et l'assistance aux personnes déplacées en Afrique de 2012 (convention de kampala). Réaffirmant l'engagement historique des États membres de l'UA, d'assurer aux réfugiés et aux personnes déplacées la protection et l'assistance et, en particulier, de mettre en œuvre les Décisions Ex.CL/127(V) et Ex.CL/Dec.129 (V) adoptées par le Conseil exécutif, à Addis-Abeba en juillet 2004, en répondant aux besoins spécifiques des personnes déplacées, tels que la protection et l'assistance à travers un instrument juridique distinct, et de collaborer avec les partenaires concernés et d'autres acteurs pour donner aux personnes déplacées un cadre juridique approprié qui leur garantisse une protection et une

assistance adéquates, et qui permette la mise en œuvre de solutions durables.

Déclaration de Carthagène sur les réfugiés, adoptée lors du Colloque sur la protection internationale des réfugiés en Amérique centrale, au Mexique et au Panama, Carthagène des Indes, Colombie, 22 novembre 1984.

3. Déclaration universelle des droits de l'homme (DUDH) adoptée par l'Assemblée générale des Nations Unies - résolution 217 A (III) , le 10 décembre 1948, à Paris.

4. Eileen Imbosa et Andrew Maina, article en ligne « Limitations de l'accès à la représentation juridique dans les processus de DSR au Kenya », novembre 2020, consulté le 02-04-2024 à 11h09mn.
5. Hamidou Bâ, Abdoulaye FALL « Législations relatives aux travailleurs migrants en Afrique de l'Ouest » Cahiers des migrations internationales, Genève Bureau international de travail, 2006.

6. IASC. (2010). Cadre conceptuel sur les solutions durables pour les personnes déplacées à l'intérieur de leur propre pays.

7. IDMC. (2017). On the grid: Internal displacement in 2016. Geneva. Accedé le 30.11.2017,http://www.internal-displacement.org/global-report/grid2017/pdfs/2017-GRID-part-1.pdf.

8. J.-J. Rousseau « Le contrat social » publié en 1762.

9. Jacobs, C., & Kyamusugulwa, P. M. (2017). Everyday Justice for the Internally Displaced in a Context of Fragility: The Case of the Democratic Republic of Congo (DRC). Journal of Refugee Studies. http://doi.org/10.1093/jrs/fex025.

10. La Charte africaine des Droits de l'Homme et des Peuples du 27 juin 1981.

11. La constitution du Mali du 22 juillet 2023.

12. La Convention de 1951 relative au statut des réfugiés, un document juridique clé. Ratifiée par 145 États parties, elle définit le terme «réfugié» et énonce les droits des personnes déracinées, ainsi que les obligations juridiques des États pour assurer leur protection. Le principe fondamental est le non-refoulement, selon lequel un réfugié ne devrait pas être renvoyé dans un pays où sa vie ou sa liberté sont gravement menacées. Ceci est désormais considéré comme une règle du droit international coutumier.

Le HCR a un rôle de «gardien» de la Convention de 1951 et de son Protocole de 1967. Conformément à la législation, les États doivent coopérer avec nous pour veiller à ce que les droits des réfugiés soient respectés et protégés. Le HCR, l'agence des Nations Unies pour les réfugiés, veille à ce que chacun ait le droit de demander l'asile et de trouver un refuge sûr, après avoir fui la violence, la persécution ou la guerre dans son pays. Depuis 1950, le HCR fait face à de multiples crises sur plusieurs continents, et nous avons fourni une protection et une assistance vitales aux réfugiés, aux demandeurs d'asile, aux personnes déplacées à l'intérieur de leur pays et aux apatrides, dont beaucoup n'ont plus personne vers qui se tourner.

13. Les Principes directeurs relatifs au déplacement de personnes à l'intérieur de leur propre pays, adopté le 17 avril 1998, par la Commission des droits de l'homme a adopté.

14. Pr Seydou Nourou Tall « Droit des organisations internationales africaine : Théorie générale. Droit communautaire comparé. Droit de l'Homme, paix et sécurité » le harmattan, 2015.

15. Pr Seydou Nourou Tall « Droit des organisations internationales africaine : Théorie générale. Droit communautaire comparé. Droit de l'Homme, paix et sécurité » le harmattan, 2015.

16. Pr Seydou Nourou TALL « droit du contentieux international africain : jurisprudences et théorie générale des différends africains», l'harmatan, 2018, pp 214.

17. Pr Seydou Nourou TALL, cours de deuxième année de licence, droit international public, Université Cheick Anta Diop de Dakar, 2010.

18. Salmon (J.), (dir.), Dictionnaire de droit international public, Bruxelles, Bruylant AUF, 1949, pp. 899-905.

19. UNOCHA. (2004). Principes directeurs relatifs au déplacement de personnes à l'intérieur de leur propre pays.

20. UNOCHA. (2017). République Démocratique du Congo: Personnes déplacées internes et retournées.

21. Varraud (P.) (dir.), Le Robert pour tous, Paris, Edition du club France Loisirs, ISBN, 29883, 1994, p.910.

Droits et immigration africaine en France: Quels sont les nouveaux courants de pensée ?

Idah RAZAFINDRAKOTO
Chercheure en Science Politique, Gouvernance et Relations Internationales
Global Development Network Europe, France
Arterium, Madagascar

Résumé
Au lendemain de la crise pandémique, le paysage français se caractérise par de nouvelles donnes comme celles de la transition numérique, l'évolution du concept de liberté ou encore l'avènement de l'intelligence artificielle. Divers changements ont fait surface. Cela étant, en s'intéressant aux droits des immigrés africains en France, cette étude livre une analyse sur les changements contextuels survenus en France et leurs répercussions sur le vécu et le ressenti des immigrés. Cela étant, cette étude se focalise sur les discours des immigrés et en garde un œil sur les dispositifs normatifs en vigueur. Ainsi, à l'ère contemporaine, comment les immigrés africains vivent-ils et perçoivent-ils leurs droits en France ? Au regard des droits en vigueur, quelles en sont leurs courants de pensée ?

Mots clés: droits, immigration, discours, Afrique, France, changement.

Introduction

Durant les trois années marquées par la crise pandémique (de 2019 à 2022), la France métropolitaine a restreint drastiquement les mobilités de personnes au niveau de ses frontières. Pour des raisons de sureté internationale et d'état d'urgence, l'octroi des visas d'entrée sur son territoire a donc été contraint à une limitation, voire à une suspension (Vie publique, 2020). Néanmoins, au lendemain de cette crise pandémique, (dès 2023) nous assistons au retour des flux migratoires africains vers la France (Loi n° 2022-1089, 2022). Toutefois, cette dynamique migratoire ne connait plus les mêmes paradigmes classiques répandus et diffus tels que les narratives sur le clandestinisme. Bien que ces paradigmes persistent encore, de nouvelles donnes sont observables puisque le gap temporel marqué par la crise pandémique a fait naitre de nouvelles réalités dans le paysage français. Au regard de la reprise des flux migratoires post-pandémie, il sied donc d'analyser le développement des nouvelles donnes et réalités. Cela étant, focalisons nous sur les vécus et les ressentis des concernés, à savoir des immigrés africains en France métropolitaine. Il serait donc question d'observer et de comprendre les écarts entre « le cadre et les normes en vigueur qui régulent les droits desdits immigrés[1] » et « leurs vécus et ressentis » suite à la crise pandémique. En somme, notre étude s'intéresse donc à ce qui se passe entre « ce qui est mis en place par les décideurs » et « ce qui est vécu et ressenti par les décidés ».

Et en effet, les immigrés sont cadrés par les lois locales telles que celles du code du travail, les normes sur l'immigration, la parentalité, etc. Néanmoins, entre l'essence d'une loi et la perception de cette loi… il peut inévitablement y avoir un écart de compréhension surtout de la part des immigrés. Cela peut être du à la non familiarité, la négligence, voire la méconnaissance des écrits juridiques. De plus, la loi en France avait aussi eu coutume d'user un langage soutenu, qui n'est toujours pas intelligible ni suffisamment synthétisé pour les étrangers. Certes, son application se devait d'être fidèle à sa définition, mais sa compréhension dépendait de son interprétation par les individus (Van Hoecke, 1988). Dorénavant, nous constatons que la loi fait recours de plus en plus au langage ordinaire et simplifié (AJ Dommage Corporel, 2024) pour permettre une meilleure compréhension et réduire les écarts éventuels entre la définition de la loi et son interprétation. En s'intéressant à cet écart dans la thématique de l'immigration des africains en France, nous pourrions en effet mieux discerner les paradoxes et aussi décrypter les nouvelles tendances contemporaines. Cela étant, à l'ère contemporaine, comment les immigrés africains vivent-ils et perçoivent-ils leurs droits en France ? Au regard des droits en vigueur, quelles en sont leurs courants de pensée ?

Cette étude est donc inscrite dans l'intersection du droit, de la science politique et de la sociologie. Les théories que nous engageons sont, d'une part le constructivisme qui nous éclaire sur la construction des discours, des croyances principielles et des comportements sociaux, et d'autre part le déterminisme qui guide notre réflexion sur les effets de la causalité. Concernant notre méthodologie de collecte de données, nous optons pour une méthode qualitative. Nous mobilisons d'une part, la revue documentaire. La documentation des arsenaux juridiques (les lois et les normes) nous sert de base pour comprendre le contexte de la France. D'autre part, nous privilégions l'analyse des discours à travers des séances d'observation participante et des dialogues non-structurées et à questions ouvertes, en ligne et en présentiel. L'intervalle temporelle de l'étude s'inscrit de 2019 à 2024 sur l'étendue de la France. Une trentaine d'immigrants expatriés ont été observées et approchées, toutefois, pour des raisons de respect des données personnelles, le présent article ne divulge aucune identité ni precise les emplacements géographiques des informateurs. Par conséquent, le présent article propose des noms fictifs pour préserver leur anonymat.

---

[1] Par « immigrés », nous ferons, dans le cadre de notre étude, référence à la population constituée des personnes nées étrangères à l'étranger (d'origine africaine) et résidant en France. Toutefois, notre analyse n'inclura pas les immigrés qui, depuis leur arrivée, ont acquis la nationalité française.

I.De nouvelles tendances de pensée à l'ère numérique

L'un des phénomènes les plus caractéristiques de la période pandémique et qui a bouleversé les habitudes humaines dans son grand ensemble en France, c'est la « transition numérique ». Les services et les archives documentaires rencontrent des basculements « accélérés » (voire « brutaux » pour les moins familiers) vers la digitalisation, *c'est le cas du commerce en ligne, du refus progressif des billets d'argent (cash), de l'adoption des monnaies numériques, du self-service ou encore de la dématérialisation des services de proximité.* Dans ce contexte, l'ère numérique a démontré ses bienfaits tels que le gain de temps, la lutte contre la pollution, la sobriété énergétique ou encore l'épargne des ressources. Elle a également développé de nouvelles habitudes modernes, nous citons notamment : *Faire ses achats en ligne, se servir soi-même et payer les courses directement sur une machine automatisée au supermarché, payer un service de livraison en ligne, prendre des rendez-vous en ligne, se déplacer en commandant une course (transport-taxi) en ligne via une application à temps-réel, être servi par une assistance à distance, réserver et payer son billet d'avion en ligne vu que les agences et locaux commerciaux physiques sont en voie de disparition, l'exposition à des e-publicités incessantes, etc.*

Face à ces nouvelles pratiques en France, les étrangers africains nouvellement arrivés, notamment ceux qui viennent pour s'installer[2] expérimentent un choc interculturel, étant donné les gaps des codes impulsés par les nouvelles technologies. Une adaptation est donc un impératif. Mais ce qui serait intéressant d'observer, ce sont les faits autour de ladite adaptation et comment influencent-ils ou impactent-ils les droits des immigrés. L'on se réfère ici *aux changements de rapport au temps, la santé mentale face à la méfiance envers les transactions en ligne, la disparition progressif des contacts en présentiel traditionnels, l'air impatient d'autrui, l'autodidactie en ligne, la discrimination basée sur l'analphabétisme technologique, les incompréhensions et le manque d'assistance, la vulnérabilité face à la cybercriminalité, les addictions aux réseaux sociaux, etc.*

Face à ce constat, il sied de diagnostiquer : Pour les immigrés d'origine africaine en France, qu'est ce qui a changé à l'ère numérique? Pour répondre à cette question, voici les points de repère que nous avions relevé :

D'une part, des droits humains des immigrés sont renforcés en faveur de la résilience et de l'inclusion communautaire. En se reposant sur l'expérience de la France, la politique française de l'immigration des étrangers a mis en vigueur une démarche administrative d'intégration, qui permettait aux étrangers d'être sensibilisés aux réalités françaises (Loi n° 2018-778, 2018; Arrêté du 30 décembre 2021)[3]. A l'occasion des renouvellements des titres de séjours, les étrangers bénéficient donc de formations civiques dont le contenu est informatif

[2] et non ceux de passage ou ceux qui séjournent dans le cadre d'un court séjour.
[3] D'où l'instauration du Contrat d'Intégration Républicaine (CIR).

et sensibilisateur. A travers cette régulation (contraignante et bénéfique à la fois), tous les immigrants sont mieux prêts pour s'adapter aux nouvelles technologies et bureaucraties de leurs pays d'accueil, ce qui réduit directement leurs expositions ou vulnérabilités à des risques qui pourraient atteindre à leurs dignités (*ex : arnaque, abus, clandestinisme, asymétrie informationnelle).* Plusieurs témoignages et ressentis ont évoqué un sentiment de sécurité et d'une meilleure tranquillité d'esprit, mais à condition de bien s'adapter. Les personnes interrogées et approchées ont donc bien appuyé que l'adaptation n'est pas forcément automatique et rapide, mais elle peut être facile selon l'acceptation des réalités et des régulations (normes) en rigueur sur place.

D'autre part, des droits sont perçus comme « menacés, voire rendus vulnérables ou obsolètes » au regard des exclusions nouvelles. Cela étant, l'on parle donc des nouvelles donnes (changements et mutations survenues à l'ère numérique). Nous pourrions illustrer les chocs interculturels autour de la liberté d'expression. Plusieurs expatriés africains faisaient référence aux pratiques de socialisation et de drague qui sont rendus difficiles et peu communs. Un témoignage raconte : *« Je comprends que le harcèlement est mauvais et interdit ici. C'est une bonne chose d'instaurer des lois contre ces abus et harcèlements. Mais quand même, il faut faire attention ici, car on pourrait être maladroit, par exemple : si l'on pose un simple regard innocent, ça peut être traduit comme un regard insistant et l'on pourrait risquer une amende [...] Pour trouver son âme-sœur, donc il est mieux d'aller sur les applications de rencontre et les réseaux sociaux ».* Face à des obstacles normatifs sur la communication et la socialisation, les expatriés sont donc contraints de s'investir vers la digitalisation.

II. Des chocs de compréhension autour du concept de liberté d'expression ?

Comme évoqué dans le précédent paragraphe, le concept de liberté d'expression rencontre de plus en plus de controverses. En France, si un avis « polémique » est exprimé sur la place publique par mégarde, courage, insouciance ou maladresse, cet avis peut rapidement se retrouver décortiqué par des analystes, et l'auteur pourrait être poursuivi en justice. La liberté d'expression est donc sujette à des paramètres d'expression de soi, de respect de l'autre et de tolérance.

A titre de comparaison, en Afrique, une « police de Facebook » qui pourrait contrôler les commentaires des individus est inconcevable. En revanche, en France, les commentaires sur les réseaux sociaux sont de plus en plus passibles de poursuites et peuvent générer des condamnations (c'est le cas des insultes, des atteintes à la pudeur, des diffamations, des outrages et des incivilités). Des polémiques et lynchages médiatiques peuvent survenir suite à des propos sur la grossophobie, l'homophobie, la misogynie, les attaques personnelles sur le physique d'un individu, etc.). Le témoignage ci-après expose : « *Il faut bien faire attention a ce que l'on dit, même sur les réseaux sociaux. On a pas besoin d'être une star, un artiste connu, un homme politique ou un influenceur pour se retrouver demain sur TPMP. Même un simple individu qui tient des propos ou*

des gestes déplacés et inadéquats pourraient se retrouver filmés malgré lui et faire un bad buzz sur les réseaux sociaux dès le lendemain avec des millions de vues… ». Ce sentiment de retrouver sa liberté d'expression règlementée et cette crainte (ou menace) de se retrouver filmé à n'importe quel moment si un incident surgit est en effet partagé chez les immigrants. Ce phénomène leur contraint de s'autodiscipliner immédiatement. En somme, nous pourrions interpréter que ce n'est pas uniquement la loi et les cadres normatifs qui disciplinent les comportements des étrangers sur le territoire français, c'est aussi en partie la coercition de l'ère numérique et des codes sociaux de leurs entourages qui les forcent à entrer dans les rangs et à se responsabiliser face à leurs propos.
En résultat, la question de la liberté d'expression des immigrés en France est un indicateur qui mérite d'être observée et lue via diverses approches car elle peut renseigner une multitude d'indices et de paradoxes. Le tableau ci-dessous en illustre certains paradoxes :

Tableau 1 : Quelques paradoxes autour de la liberté d'expression : le choc des compréhensions

Ce qui est prescrit par les dispositifs normatifs juridiques et les normes sociales français	VERSUS	Ce qui est compris et véhiculés par les immigrés en France
Liberté d'expression est un principe fondamental en France[4]		La liberté d'expression n'est pas totale, elle est partielle. On ne peut plus rien dire en France
L'insulte n'est pas à exprimer en public car il est une atteinte à la dignité[5]		L'insulte et le dégout sont des opinions qui peuvent ne pas être contrôlées. Ils pourraient survenir naturellement dans des certaines situations
Restez courtois sinon nous ne traiterons pas votre demande et vous serez rayé de la clientèle		Il est difficile d'exprimer mon mécontentement en restant courtois

[4] L'article 1.1 stipule : « *Toute personne a droit à la liberté d'expression. Ce droit comprend la liberté d'opinion et la liberté de recevoir ou de communiquer des informations ou des idées sans qu'il puisse y avoir ingérence d'autorités publiques et sans considération de frontière* » repéré dans la Charte des droits fondamentaux de l'Union européenne, 2000.

[5] L'insulte publique est passible de repression judiciaire. Par ailleurs, les insultes et incitations à la haine dans des cadres non publics et privés peuvent également faire l'objet de poursuite. En guise d'illustration, la Proposition de loi visant à renforcer la réponse pénale contre les infractions à caractère raciste ou antisémite, n° 1727 , déposé(e) le jeudi 12 octobre 2023 et renvoyé(e) à la Commission des lois constitutionnelles, de la législation et de l'administration générale de la République stipule: "*Article 2: Renforcement de la répression des provocations, diffamations et injures* ***non publiques*** *présentant un caractère raciste ou discriminatoire*". Les contenus dans les messageries privées pourraient donc y êtres concernés (Assemblée Nationale, 2023; Vie Publique, 2023).

Le LGBTQ+ a le droit de s'exprimer et a son symbole qui est le drapeau arc-en-ciel		Je vais devoir éviter d'acheter des tissus ou des choses avec des couleurs arc en ciel Ils veulent trop s'imposer et déconstruire notre culture
L'IVG est maintenant acceptée dans la constitution		C'est compliqué d'accepter, mais on fait avec
La France est ouverte à toutes les cultures		C'est de l'appropriation culturelle
Laicité		C'est la France qui a amené le christianisme en Afrique
Les expressions artistiques comme la fiction est une liberté d'expression culturelle/ artistique		Le dark romance est une forme de liberté d'expression mais même si les histoires sont fictives, il traite de sujets illégaux et immoraux, devrait-on le censurer ?
Etre à l'écoute des étrangers et propos diplomatiques sans tentative de familiarité ou de création d'affinités (pour préserver l'équilibre/ la séparation entre vie professionnel et vie privée)		Il y a des différences de traitement entre les «blancs » et les « noirs ». Il y a de l'hypocrisie
Vouvoiement		Passer au tutoiement naturel est difficile

Source : Auteure, 2024

Des questionnements sont donc sujets continuellement à des paradoxes : *La liberté d'expression est-elle finalement une liberté ? Il y a des choses qui sont permises d'être exprimées, et d'autres non ! C'est plutôt une liberté d'exprimer ce qu'on pense réellement ou de ce que la loi nous oblige à penser ? Sur la place publique, nos paroles sont-elles authentiques par rapport à nos pensées ? Devrait-on déconstruire et recadrer notre pensée pour bénéficier de la liberté d'expression ou devrait-on nous auto-censurer ? Qu'en est -il des sensibilités africaines ?* En effet, l'on retient que la liberté d'expression intègre les politiques de tolérance et de reconnaissance (des minorités, de la diversité, etc.) et en instaurant une égalité pour tous, les questions de sensibilités alourdissent donc ce qui est permis et ce qui ne l'est pas. Nous comprenons donc que les débats sur ce sujets seraient interminables.

Par ailleurs, le tableau précédent démontre également les chocs de compréhension qui existe dans tous types de situation, que cela soit porté sur les thématiques nouvelles, les ressentiments historiques, les rapports de domination, etc. La rencontre des cultures, des discours et des normes (juridiques et sociales) ne peut donc éviter ces chocs. Les réactions qui s'en découleront sont donc : soit l'acceptation, l'adaptation ou la résistance.

III.Quid de l'intelligence artificielle ?

En 2024, l'intelligence artificielle devient une thématique en vogue qui intrigue, impressionne, attire et effraye en même temps. Bien que les moyens de l'intelligence artificielle sont de plus en plus démocratisés, ils influencent également le marché du travail et, de fil en aiguille, le reconfigurent. Néanmoins, une crise de l'emploi se renforce progressivement, et la disparition de certaines catégories d'emploi devient de plus en plus inévitables. En France, c'est le cas des métiers de la traduction, de la sécurité, des services, des arts, etc…Plusieurs métiers sont appelés à se rénover ou à muter pour être résilients face à une menace d'extinction progressive. Bien que les promoteurs de l'intelligence artificielle véhiculent des messages de non friction avec les intérêts des utilisateurs et des non utilisateurs, l'inquiétude sociale reste quand même prépondérante. Cela est dû aux incertitudes du futur, l'addiction actuelle ou forcée à la nouvelle technologie et les effets de la perception « erronée » de sa gratuité. Des campagnes informatives de mise en garde et d'incitation à des renforcements de capacités pour se préparer et s'adapter à cette nouvelle ère (irréversible) surgissent également. L'on cite *« L'intelligence artificielle n'appartient pas à tout le monde, mais à seulement ceux qui peuvent la maitriser et l'exploiter(…)* », d'où la naissance de nouvelle anxiété pour les immigrés qui y sont moins familiarisés.
Ladite anxiété peut également trouver sa source dans la trajectoire académique comme explicité dans le témoignage ci-après : « *Le digital, c'est le futur, c'est dans ce secteur de la technologie qu'il y a du travail et des opportunités maintenant (…) le problème c'est que quand les africains, ils viennent étudier en France, c'est souvent pour des écoles de sciences sociales et humaines, des lettres, de sociologie, … On ne pense que très peu à s'inscrire dans les écoles d'ingénieurs et d'informatique. Peut être qu'il n'y a pas beaucoup de bourses non plus là bas*[6] *… je ne sais pas* ». Il s'en résulte donc une inadaptation entre les cursus académiques suivis (et préférés) et les opportunités d'emploi contemporaines en France.
Par ailleurs, cette anxiété peut aussi puiser sa source dans d'autres éléments. L'on peut faire référence à la résistance ou l'adoption tardive de l'innovation dû aux témoignages de piraterie informatique et de vol de données personnelles. Un récit

---

[6] Pourtant, les statistiques démontrent que les bourses du gouvernement français et de l'AEFE (*un établissement public national placé sous la tutelle du ministère de l'Europe et des Affaires étrangères)* qui sont attribuées dans le domaine de Ingénierie & informatique sont nettement plus nombreuses que les bourses à destination des Sciences humaines et sociales. Par ailleurs, en 2023, les étudiants originaires de l'Afrique subsaharienne en France compte 23 % des étrangers inscrits. Dans les universités, les lettres, les langues et les sciences humaines et sociales sont le plus fréquemment étudiées par les étudiants étrangers, approximativement 32 % (Campus France, 2023).

nous raconte : « *Je ne me sens pas forcément en sécurité avec toutes mes données que je dois entrer en ligne ou partager. Même avec mon téléphone portable, je reçois des appels d'alerte de robot qui me font paniquer, des messages de livraison que je n'ai jamais commandé (...), un jour on a même tenté de pirater mon compte bancaire, quelqu'un a tenté de faire un paiement en ligne avec ma carte...et ma banque m'a juste demandé de faire attention. Mon moral a vraiment pris un coup (...) ce qui me fait le plus mal, c'est qu'un jour, dans le train, le sac à dos de mon mari a été volé. Le fait de savoir que sa carte bancaire est entre les mains d'inconnus ...en étant étranger africain ici en France ... c'est la pire sensation au monde* ». D'autres récits d'intrusions digitales dans la vie privée des individus se démocratisent également, l'on se réfère aux doxas sur la cybercriminalité malveillante (Dufour Arnaud, 2012) et l'espionnage informatique. Etant donné que de plus en plus d'africains mettent en ligne et exposent des éléments de leurs vies privées (*photos des enfants et de voyages, activités économiques qui esquivent les procédures fiscales, opinion politique, etc.),* un sentiment de vulnérabilité s'en suit directement.

La surexposition en ligne et le sentiment de vulnérabilité qui en résulte devient de plus en plus probant. Et la méfiance surgit même dans les procédures administratives normales tel que le renseignement d'un adresse mail obligatoire pour prendre le train (SNCF), le renseignement des données quotidiennes privées pour le recensement (INSEE), le renseignement des données professionnelles pour prendre des rendez-vous, etc. Dans un monde hyperconnecté et très rapide, l'immigré nécessite donc de décupler au maximum sa capacité d'adaptation, d'autonomie et de discernement.

En parallèle à l'anxiété, les nouvelles paresses fusent et génèrent une envie d'être casanier et isolé, c'est le cas des plateformes de streaming vidéo, des réseaux sociaux, des livraisons, des jeux en ligne et du télétravail. Les algorithmes et les méthodes de l'économie de l'attention configurés dans les réseaux sociaux créent également plus d'intérêts chez les internautes et, de fil en aiguille, des addictions, les plus vulnérables étant les jeunes (Godefroy et Lethiais, 2016).

IV.Et qu'en est-il de l'insertion professionnelle ?

L'un des facteurs d'attraction qui motive le plus l'immigration africaine vers la France est en effet la raison économique[7], et donc liée à l'emploi. L'expression très répandu dans les récits publics le démontre, d'où l'expression très courante : « *Aller en France pour se construire un avenir meilleur* » ou encore « *Offrir une vie meilleure à ma famille* ».

En 2022, les étrangers ayant obtenu un visa long séjour à caractère économique (dont les salariés, les scientifiques, les actifs non-salariés, les artistes et les saisonniers) sont de 55.413 (représentant 20% des autres motifs de demande de

[7] En plus des raisons familiales, humanitaires et autres.

visa long séjour) (République Française, 2023)[8]. Toutefois, le taux de chômage, souvent décrit « surchômage » est important. En 2021, Il s'élève à 13 % pour l'ensemble des immigrés et est nettement supérieurs à celui des personnes sans ascendance migratoire directe (7 %) (INSEE, 2023). Le nombre de demandeurs d'emploi est donc considérable. A l'occasion d'une formation civique organisée par l'Etat Français à destination de ressortissants africains, l'on a remarqué que dans un groupe, seul 30% parmi eux avaient déjà un CDI et une situation professionnelle stable. Le reste (70%) était soit en situation de vulnérabilité économique et de recherche d'emploi. Plusieurs cas peuvent faire l'objet d'observation, nous rapportons ici les expériences et propos de 5 personnes :
Coulibaly, malien (5 ans de résidence en France, juriste de formation reconverti dans le métier de plombier): « *C'est vraiment difficile en France, il y a trop de discriminations et on a peu de chance de trouver un bon travail qui correspond avec notre diplôme. Moi je suis plombier, si je fais mal mon travail par exemple aujourd'hui, le client pourrait me harceler même un ou deux ans plus tard. Il me poursuivra en justice. La loi ici, ça ne blague pas* ». Ce discours mentionne ainsi l'obligation du travailleur étranger à se conformer à la rigueur des législations locales. Le sentiment de discrimination (Harzoune, 2022)[9] qu'il éprouve ici dévoile en effet la brutalité de la compétitivité dans le monde du travail. Cela comprend divers niveaux d'interprétations possibles: Première interprétation : sa compétitivité est-elle défiée par la non reconnaissance de la qualification de son diplôme obtenu dans son pays d'origine ? ce qui nécessiterait une procédure d'équivalence de son diplôme. Deuxièmement, sa compétitivité est-elle mise à mal à cause de sa non familiarité aux réalités locales et informations pratiques, ce qui l'empêche de faire carrière dans le Droit en France ? Troisièmement : sa compétitivité est-elle contrainte due à la saturation du marché du travail ? Quatrièmement : sa compétitivité est-elle discriminée et malmenée dû à son origine ?[10]
Ahmat, algérien (8 ans de résidence en France, frigoriste) : « *Moi je suis un honnête expatrié. Je travaille, je ne vole pas et je ne profite pas du système français. Je suis venu pour travailler et je le fais sérieusement. Mais je ne suis pas à l'abri des regards rabaissants et discriminateurs. Une fois, je garais sur le parking, et un vieux monsieur blanc m'a agressé verbalement en m'insultant que j'étais un voleur et un profiteur de leur pays. Cela est très blessant. Le stéréotype de l'arabe immigré qui profite des RSA et allocations est toujours très présent,*

[8] Par ailleurs, en 2022, les ressortissants africains les plus nombreux sont les marocains, les algériens, les tunisiens, les égyptiens et les ivoiriens.
[9] Les discriminations peuvent être liées à l'origine ou le quartier, la prise en compte des niveaux d'instruction et de formation, les défauts d'intégration, les emplois fermés aux étrangers, les discriminations linguistiques.
[10] Les statistiques démontrent quand même qu'un tiers de ceux qui sont en emploi considèrent qu'ils sont surqualifiés. À caractéristiques égales, le sentiment de surqualification dans le premier emploi occupé en France est plus fort parmi les immigrés qui ne parlaient pas le français (INSEE, 2018).

même si maintenant les gens n'osent plus le dire verbalement sur la voie publique (...) Pour les RSA, quand j'observe mes compatriotes, ils sont nonchalants et ne ressentent pas toujours de la honte ni de la gène à dire que c'est mieux de tomber enceinte ou d'enceinter et de survivre à travers les allocations. Je leur fais souvent la morale, mais sa ne marche pas non plus ». Ce discours évoque à la fois le sentiment de manque de reconnaissance malgré la bonne volonté de s'intégrer dans le pays d'accueil d'une part, et d'autre part, l'impuissance face à la pauvreté ou vulnérabilité vécues par des compatriotes. En appartenant à une communauté, un travailleur étranger en règle demeurera donc identifié par les caractéristiques stéréotypées de sa communauté. Les stéréotypes et idées reçues sont en effet des imaginaires construits socialement et perdurent au fil des temps malgré la diversité des contextes et des profils.

Anna, Mauricienne (5 ans de résidence en France, cuisinière) : *« Les mauriciens ont moins de restrictions pour voyager en France, mais pour s'y installer, c'est un projet difficile. Ce que j'ai toujours confronté et ce qui m'a fait souffrir, c'est la lourdeur administrative... pour rester en règle avec les papiers (...) Et dans la vie en général, je sens aussi qu'il y a du racisme. C'est pas toujours facile de se trouver des amis* ».

Fatim, tunisienne (1 an de résidence en France, comptable de formation et sans emploi) : « *Je recherche actuellement un emploi par tous les moyens, même en tant que stagiaire, ou tout ce qui peut être possible* ».

L'expérience de Ady, une malienne nouvellement arrivée (moins de 1 an de résidence) est interpellante. Ayant le projet de renouveler son titre de séjour, Ady partage que son projet professionnel en France est de se trouver une formation en « couture » et puis d'en faire son métier en France. Or, l'on remarque en effet un gap dans ce projet : Si au Mali (comme dans tous les pays de l'Afrique Centrale et de l'Ouest), les couturiers de boutique et les tailleurs ambulants sont des artisans très prépondérants et appréciés des populations, en France, cet emploi n'est pas commun étant donné les grandes industries textiles (et qui d'ailleurs ont déjà externalisé leurs chaines de production). Nous observons donc le « gap » ou plutôt le « déphasage » existant entre les projets des immigrés et les réalités dans le pays d'accueil. De plus, bien que la France promeut l'autoentrepreneuriat en France, l'on ne peut malheureusement pas garantir que la loi conforte tous les métiers propres à des cultures étrangères sur son territoire. Lesdits métiers ne peuvent donc pas se développer sans épouser les normes françaises (*ex : code du travail, hygiène au travail, santé au travail, règlements intérieurs, normes architecturales, assurances et obligations fiscales, droits des salariés, etc.),* ce qui peut devenir fastidieux pour les étrangers.

En somme, face aux constats sur les discours et doxas émanés, l'on retient que deux points : D'une part, les normes régulatrices en France ont le mérite et la caractéristique d'être très rigoureuses, ce qui peut rendre en effet l'adaptation des immigrés fastidieuse, et donc, de fil en aiguille être perçues par ces derniers comme étant « discriminatoires ou exagérées » s'ils n'en ont pas été habitués antérieurement. A travers ce parcours de conformité ressenti comme « difficile » et perçu à tort comme un « mal inutile », des sentiments de repli sur soi[11] et d'individualisme se renforcent. D'autre part, l'on comprend que le sentiment de désenchantement de l' «eldorado français » face à la compétitivité du marché local n'est pas forcément évitable même si l'immigré s'est suffisamment documenter, renseigner et briefer avant son arrivée et immersion dans son pays d'accueil. Le dénominateur de son adaptation et le sentiment de plaisance sera surtout déterminé par sa situation économique, sa volonté, ses efforts et son intégration sociale.

Cependant, nous pouvions aussi conclure à tort que la « situation économique ou le pouvoir d'achat » de l'immigré était déterminant. Par exemple, un employé qui dispose d'un salaire très bas serait plus frustré. Pourtant, l'on a rencontré un expatrié de l'Afrique de l'Ouest, titulaire d'un Doctorat en Sciences Sociales (délivré par une université française) et occupant un métier de cadre et d'enseignant qui véhicule tout de même des propos blâmant son métier et des mécontentements qui véhiculent des stéréotypes pessimistes[12]. L'on comprend donc que ce n'est ni les diplômes ni la situation économique ni la qualification qui fait changer les discours…les ressentiments persistent et sont quasi-prépondérants. L'observation générale est donc que les communautés de la diaspora se regroupent en petit ou grand nombre et y véhiculent (à des degrés différents, et selon les humeurs et le contexte) des messages de frustrations et sentiments d'injustice. Ces doxas intersubjectifs deviennent donc des croyances principielles et peuvent influencer négativement les nouveaux arrivants dans la diaspora. Néanmoins, en parallèle à ces discours, nous reconnaissons quand même des satisfactions et des épanouissements florissantes :

Mialy, malgache (6 ans de résidence en France, assistance de recherche) : « J'ai bénéficié d'une bourse d'études en Master en France, puis j'ai décroché un travail à la fin de mes études. Je me sens bien oui, j'évolue dans mon travail ».

Ibrahim, comorien (6 ans de résidence en France, assistant logistique) : « *Je réussi à bien m'adapter pour le travail, maintenant mon employeur prend en charge une formation pour renforcer mes connaissances (...). Il y a aussi de bonnes opportunités pour les étrangers, moi j'ai un Master que j'ai obtenu ici, bientôt je pourrait postuler pour un passeport talent* ».

V.Quant aux discours, quelles en sont les tendances ?

En comprenant qu'il y a un emploi très abusif du mot « discrimination » dans les discours. L'on pourrait observer que tous les sentiments de négativité et de

[11] C'est le phénomène de « l'individualisme de l'africain européanisé qui ne socialise plus automatiquement» ou encore le phénomène du « *quit silencing* » (ou renoncement silencieux) qui consiste à faire le strict minimum dû au sentiment d'être moins valorisé au travail.

[12] Dr. Amine, burkinabé (8 ans de résidence en France) partage son ressenti : « *Quand tu es noir, il faut déjà se mettre dans la tête que tu n'es pas prioritaire pour trouver du logement. Déposer une demande de location d'un logement, c'est comme postuler* ».

mécontentement ou même toutes formes d'incompréhension sont connotés à la discrimination et renvoient très souvent vers ce mot. Serait ce un raccourci dû à un manque de discernement ? ou est ce réellement justifié et vérifiable ? Il est donc intéressant de comprendre les sentiments et ressentiments. Ainsi, pour cela, focalisons-nous sur les différents types de discours. L'analyse des discours peuvent être également répertorié selon leurs vécus personnels, les humeurs et les contextes. Ci-joint une tentative de catégorisation de l'approche discursif des immigrés africains en France. Ce tableau est toutefois non exhaustif :

Tableau 2 : Typologie des discours dans la diaspora versus les lois existantes

TYPOLOGIE DES DISCOURS	CARACTERISTIQUES ET EXEMPLES	VERSUS	EXEMPLES DE LOIS ET NORMES EXISTANTES
LE DISCOURS BLAMEUR	Propos blâmant le pays d'accueil ou le pays d'origine ou les compatriotes dans le pays d'accueil ou les réalités locales ou les interlocuteurs locaux (par exemple : le patron français, l'administration locale, etc.) Expression d'un sentiment d'injustice et de désillusion (par exemple : le racisme, la discrimination, etc.) Expression émotive de frustrations, de mécontentements, d'insatisfaction et d'inssassiabilité		La loi condamne tout acte raciste, antisémite ou xénophobe[13]
LE DISCOURS ENCOURAGEUR (*motivational speech*)	Propos à caractère encourageant et d'entraide et qui partage les opportunités et possibilités offertes par le pays d'accueil Discours de fierté sur les origines et sur la culture maternelle		Le principe de l'égalité des chances Le principe de l'égalité de traitement (par exemple : la condamnation de tous types d'abus tel que les abus de confiance, les

[13] C'est le cas de la Loi n° 90-615, 1990. Les vides juridiques sont continuellement traités en France. Pour illustrer, une proposition de loi est traitée visant à renforcer la réponse pénale (mandat d'arret, répression, etc.) contre les infractions à caractère raciste, antisémite ou discriminatoire dans le secteur de la presse. L'injure publique et le délit de presse à caractère racistes sont des infractions condamnables (Emprisonnement délictuel, **Jours-amende, Amende contraventionnelle, Amende délictuelle et Autres mesure)** (INFOSTAT Justice, 2023)

			trafics d'influence, la coercition illégale et abus de pouvoir, les atteintes à la dignité, des tentatives de corruptions administratives, etc.)
LE DISCOURS INFORMATIF	Renseignements à titre informatif qui vise à lutter contre les ignorances, les asymétries informationnelles et les expositions au danger. Ils partagent des éléments pratiques pour une intégration plus réussie (par exemple, le partage des bons plans, des recommandations, des conseils, des modes de socialisation, des moyens de découvertes, etc.)		L'établissement du contrat d'intégration républicain pour renseigner sur les droits et devoirs des immigrés prescrits par la loi, tels que des formations civiques et liguistiques[14] L'acceuil et le séjour des étrangers sont cadrés par la loi[15]
LE DISCOURS MORALISATEUR	Sermons visant à mettre en garde Discours de prévention et de sensibilisation visant à dicter des conduites et instaurer des codes. Discours visant à créer des pouvoirs de coercition entre les membres de la diaspora. Il peut instaurer la méfiance, la vigilance et la prudence		Liberté d'expression
LE DISCOURS SARCASTIQUE	Commérage et moquerie dénommés « Kongossa » sur les réalités locales		Liberté d'expression et d'association communautaire Liberté de penser
LE DISCOURS ANALYTIQUE	Discours objectif marqué par un discernement		Promotion de l'esprit critique et de l'éducation citoyenne
LE DISCOURS DE DETRESSE	Partage des inquiétudes et des souffrances personnelles subies (par exemple, une recherche d'emploi, un blocage administratif pour le		Liberté des associations qui viennent en aide aux migrants et personnes vulnérables

[14] Arrêté du 30 décembre 2021

[15] Loi n° 2016-274, 2016

	renouvellement du titre de séjour, une inquiétude liée à l'inaccès à un médecin traitant pour saturation des demandes de rendez-vous, etc.)		Rigueur des administrations françaises dans la constitutions des paperasses
LE DISCOURS SOPHISTE	Discours basé sur une désinformation ou une malinformation qui enduit en erreur. Il crée des imaginaires non fondées, véhicule des stéréotypes haineux ou naïfs qui peuvent bloquer les envies d'intégration. Discours d'incitation immoraux (par exemple : l'encouragement des femmes de la diaspora à se trouver un mari par intérêt et par survie).		Campagne de sensibilisation sur la désinformation[16]

Source : Auteure, 2024

Conclusion

Après avoir livré ces analyses, nous soulevons donc que les courants de pensées sont multiformes et complexes. Nous retiendrons que la construction des discours sont configurées par les normes. Ces normes sont influencées par l'évolution constante du contexte (ici, l'intelligence artificielle, la transition numérique, l'évolution des débats sur la liberté d'expression). Nous retiendrons également que les pensées et les discours rentrent souvent en conflit (ou sont paradoxaux) avec les normes et lois en vigueur.

En somme, nous comprenons donc que les normes qui régissent les immigrés en France sont soumises à des cadres précis et contraignants. Nous comprenons également que lesdites normes sont sujettes à des mutations diverses en fonction des évolutions dans le pays d'accueil. Il est donc évident que tous les étrangers arrivant en France rencontrent un gap normatif et doivent faire un effort supplémentaire pour s'y aligner, d'où les sentiments (temporaires) de chocs interculturels et d'injustice. Cela étant, il sied de toujours chercher à mieux comprendre les réalités des normes locales pour mieux fluidifier l'intégration de la diaspora. Il était donc question ici de mieux s'informer (ou de se sensibiliser à s'informer) sur les droits humains, normes et codes du pays d'accueil, pour mieux accepter les changements et ensuite pour mieux vivre avec les changements.

[16] La psychologue Sabater cite : *« Lorsqu'une personne ne fait pas l'effort de réfléchir et d'appliquer un sens critique, il lui est plus facile de croire à certaines fausses informations. Une position qui la rendra plus vulnérable aux manipulations des médias grand public »* (Sabater, 2021).

Ainsi, dans un monde hyper connecté comme la France, s'informer et discerner les discours de désinformation peut être la solution la plus efficace pour structurer des pensées plus positives et mieux vivre l'intégration. Une autre piste de solution est aussi de se former continuellement, tel sur la parentalité, les nouveaux métiers, les formations disponibles pour renforcer les résiliences, la vie associative, les services publics, la santé mentale, etc. Il ne s'agit donc pas ici d'abandonner (ni de minimiser ni de renier) ses racines et ses cultures mais plutôt d'apprendre à accepter les écarts dans les codes et le renouvellement des codes, d'où l'intégration dans un pays d'accueil pour mieux s'épanouir et de jouir pleinement des droits locaux.

Références bibliographiques :

- AJ Dommage Corporel, *Les enjeux du droit : comment une bonne compréhension de la loi peut faire la différence dans nos vies*, 2024 repéré sur https://www.ajdommagecorporel.fr/droit-news/les-enjeux-du-droit-comment-une-bonne-comprehension-de-la-loi-peut-faire-la-difference-dans-nos-vies/
- *Arrêté du 30 décembre 2021 relatif au modèle type de contrat d'intégration républicaine créé par la loi n° 2016-274 du 7 mars 2016 relative au droit des étrangers en France*
- *Arrêté du 30 décembre 2021 relatif aux formations civique et linguistique prescrites aux étrangers signataires du contrat d'intégration républicaine créé par la loi n° 2016-274 du 7 mars 2016 relative au droit des étrangers en France*
- Assemblée Nationale, *Renforcer la réponse pénale contre les infractions à caractère raciste ou antisemite,* 2023 repéré sur https://www.assemblee-nationale.fr/dyn/16/dossiers/renforcer_reponse_penale_infractions
- *Charte des droits fondamentaux de l'Union européenne,* 2000.
- Dufour Arnaud. « *Cybercriminalité et cybersécurité* », Arnaud Dufour éd., *Internet.* Presses Universitaires de France, 2012, pp. 94-108.
- Godefroy Dang Nguyen & Virginie Lethiais. « Impact des réseaux sociaux sur la sociabilité. Le cas de Facebook », *Réseaux*, vol. 195, no. 1, 2016, pp. 165-195.
- INFOSTAT Justice, *Les infractions à caractère raciste, prédominance de l'injure publique*, INFOSTAT Justice, 2023, repéré sur https://www.justice.gouv.fr/documentation/etudes-et-statistiques/infractions-caractere-raciste-predominance-linjure-publique
- INSEE Première, *L'insertion des immigrés, de l'arrivée en France au premier emploi*, no. 1717, 2018.
- INSEE, *Insee Références – Édition 2023 – Fiche 4.5 – Chômage*, 2023, repéré sur https://www.insee.fr/fr/statistiques/6793274?sommaire=6793391#consulter

- *Loi n° 2016-274 du 7 mars 2016 relative au droit des étrangers en France*
- *Loi n° 2018-778 du 10 septembre 2018 pour une immigration maîtrisée, un droit d'asile effectif et une intégration réussie*
- *Loi n° 2022-1089 du 30 juillet 2022 mettant fin aux régimes d'exception créés pour lutter contre l'épidémie liée à la covid-19*
- *Loi n° 90-615 du 13 juillet 1990 tendant à réprimer tout acte raciste, antisémite ou xénophobe*
- Mustapha Harzoune, *Comment expliquer le surchômage des étrangers ?* Economie et Immigration, Palais de la Porte Dorée, 2022, repéré sur https://www.histoire-immigration.fr/economie-et-immigration/comment-expliquer-le-surchomage-des-etrangers
- *Proposition de loi visant à renforcer la réponse pénale contre les infractions à caractère raciste ou antisémite*, n° 1727 , déposé(e) le jeudi 12 octobre 2023 et renvoyé(e) à la Commission des lois constitutionnelles, de la législation et de l'administration générale de la République
- République Française & Campus France*, La mobilité étudiante dans le monde Chiffres clés,* Campus France, 2023.
- République Française, *L'essentiel de l'immigration, chiffres clefs, La délivrance de visas aux étrangers*, 2023.
- Sabater Valeria, « *Paresse cognitive et réseaux sociaux : comment sont-ils liés ? »,* Nos pensées, 2021 repéré sur https://nospensees.fr/paresse-cognitive-et-reseaux-sociaux-comment-sont-ils-lies/
- Van Hoecke Mark, *Définitions légales et interprétation de la loi,* Le discours juridique. Langage, signification et valeurs, Droit et Société, no.8, 1988, pp. 93-101
- Vie publique*, Coronavirus : fermeture des frontières extérieures de l'UE et soutien économique de la BCE*, Vie publique, 2020, repéré sur https://www.vie-publique.fr/en-bref/273953-coronavirus-fermeture-des-frontieres-de-lue-et-soutien-economique
- Vie Publique, *Proposition de loi visant à renforcer la réponse pénale contre les infractions à caractère raciste, antisémite ou discriminatoire,* Vie publique, 2023, repéré sur https://www.vie-publique.fr/loi/293249-raciste-antisemitisme-proposition-de-loi-renforcer-la-reponse-penale

L'identité de l'enfant dans la Charte Africaine des Droits et du bien-être de l'enfant

Mona NAJAHI
Professeure principale hors grade d'Enfance, Chercheuse en Droit International et Africain à la Faculté des Sciences Juridiques, Politiques et sociales à l'Université de Carthage (Tunisie)

Résumé
L'objectif de cet article est de cerner la reconnaissance et l'innovation accordée à l'identité de l'enfant dans la Charte des Droits et du Bien-être de l'Enfant, ainsi que les vides juridiques, les effets, et les recommandations afin de garantir des normes africaines adéquates à un enfant africain, par conséquent l'intérêt de l'article réside dans la démonstration de l'étendue de « l'identité », qui dépasse le simple statut social. La motivation de cet article est de promouvoir le rôle du Comité dans la garantie du droit à l'identité, en particulier en temps de crise, et de mettre en évidence l'apport de la société civile à côté de l'État, dans le respect des engagements étatiques et dans l'élaboration des politiques claires d'exécutions.
Mots clés : Charte Africaine des Droits et du Bien-être de l'enfant / Identité / Particularité / Convention Internationale des Droits de l'enfant / Apatridie / Protection.
Abstract : the purpose of this article is to ifentify the recognition and the innovation granted to the child's identity in the African Charter on the Rights and Welfare of the Child, as well as the legal gaps, its effects, and the recommendations, to guarantee adequate africain standards for an africain child, therefore the interest of the article lies in the demonnstrating of the extent of the « identity», which goes beyond simple social status. The motivation of this article is to promote the role of the Committee in guaranteeing the right to identity epecially in times of crisis, and highligt the contribution of civil society alongside the State, in fulfilling commitment and in the development of clear enforcement policies.
Key words : Africain Charter on the rights and welfare of the child / Identity / Particularity / International Convention on the rights of the Child / Statelessness / protection.

Introduction

Le 29 novembre 1999 marque une étape décisive dans l'histoire des droits de l'homme, avec l'entrée en vigueur de la première et unique Charte régionale qui concerne les droits de l'enfant, la Charte africaine des Droits et du bien-être de l'enfant (CADBE, ci-après la Charte)[1],

---

[1] La Charte, fut adoptée lors de la 26e conférence des chefs d'État et de gouvernement de l'Organisation de l'unité africaine, entrée en vigueur conformément à son article 47, après « *la*

Par cette adoption, les rédacteurs africains, ont œuvré à une consolidation des droits de l'enfant, que la Charte africaine des droits de l'homme et des peuples a proclamé,[2] Reconnaissant ainsi le besoin de l'enfant à une protection spéciale et légale.

En effet l'intention africaine de protéger l'enfant dépasse la consolidation de ses droits[3] et cible son « bien-être » ; une notion ajoutée à l'intitulé de la Charte, pour affirmer l'importance de la protection d'une vie équilibrée, au profil du développement physique, mental et social de l'enfant, pour son « *épanouissement intégral et harmonieux*», et ce « *dans des conditions de liberté, de dignité et de sécurité* »[4] .

Dans le même sens, l'article premier de la déclaration universelle des droits de l'Homme, dispose que « *tous les êtres Humains naissent libres et égaux en dignité et en droits* ».

Par conséquent, un des corolaires, intrinsèques, du respect de la dignité inhérente à la personne humaine demeure la reconnaissance et l'identification de sa personnalité juridique dès sa naissance, autrement dit du droit à l'identité et au statut social.

L'identité en droit civil se définit comme « *l'ensemble des composantes grâce auxquelles il est établi qu'une personne est bien celle qui se dit ou que l'on présume telle (nom, prénom, nationalité, filiation)* »[5]. L'intérêt de l'acquisition d'une identité réside en la prévention et la lutte contre l'apatridie, surtouts que les enfants apatrides sont facilement susceptibles à fréquenter des situations de risque; ils sont victimes de discrimination, d'abus, d'autant plus, cette vulnérabilité est intensifiée dans les Etats les moins développés ou moins sécurisés,

Conscients de cela, les rédacteurs de la Charte ont consolidé ce droit à l'article 6, qui annonce que « *tout enfant a droit à un nom dès sa naissance* » il doit être « *enregistré immédiatement après sa naissance* », et il « *a le droit d'acquérir une nationalité* ».[6]

Par ailleurs la Charte considère l'enfant comme « *tout être humain âgé de moins de 18 ans* »[7]. L'enfant soit une personne, un individu et un sujet de droit, ainsi on

---

ratification ou d'adhésion de 15 Etats membres de l'Organisation de l'unité africaine ». Aujourd'hui la Charte est ratifiée et signée par presque la quasi-totalité des Etats Africains.

[2] La Charte a remplacé la Déclaration sur les droits et le Bien-être de l'Enfant africain adoptée par l'Assemblée des chefs d'Etat et de gouvernement de l'Organisation de l'unité africaine, réunie en sa seizième session ordinaire à Monrovia (Libéria) du 17 au 29 juillet 1979.

[3] Conformément aux principes institués par la Convention Internationale des droits de l'homme, et qui concernent l'intérêt supérieur de l'enfant, le droit de l'enfant à la protection contre la discrimination, le droit à la survie, le droit eu développement et à la protection, et le droit à la participation.

[4] Au terme du préambule de la Charte.

[5] GUINCHARD (S.) et DEBARD (T.), *Lexique des Termes Juridiques*, Italie, Dalloz, 31ème édition, 2023, p.551.

[6] Article 6 de la Charte Africaine des Droits et du Bien-être de l'Enfant.

[7] Article 2 de la Charte Africaine des Droits et du Bien-être de l'Enfant.

ne parle plus d'intérêt, mais plutôt d'un intérêt supérieur de l'enfant, dont tout se tourne autour, et ce dans une société qui considère « *les vertus de leur héritage culturel, leur passé historique et les valeurs de la civilisation africaine* ».[8]

En outre, au cœur des besoins, consubstantiels à l'émergence en droit international d'acteurs et de sujets nouveaux, réside l'urgence de protection des droits et libertés fondamentales, à travers la mise en place d'un véritable mécanisme institutionnel de protection des droits de l'homme.

Par ailleurs, afin de relever ces défis la Charte a institué dans sa deuxième partie un Comité africain d'experts sur les droits et le bien-être de l'enfant (CAEDBE, ci-après le Comité).

A l'instar du comité des droits de l'enfant des Nations Unies, le CAEDBE a pour monda de « *promouvoir et protéger les droits consacrés* » par la Charte [9], ce rôle crucial prouve qu'il existe a priori une volonté de transformer les droits abstraits identifiés à la Charte, en pratiques effectives et bien contrôlées, tant sur le plan interne que sur le plan régional.

Le Comité a été créé pour compléter et renforcer le système africain de protection des droits de l'homme, à côté de la Cour africaine des droits de l'homme et de peuples (CADHP) et la commission africaine des droits de l'homme et des peuples, (Commission africaine).

Dans ce système, le Comité fondé principalement sur la CADBE, est compétent au terme de son article 46, pour connaître de l'interprétation et de l'application, tout instrument International ou régional, pertinent relatif aux droits de l'homme, et tous instruments « *adoptés par les pays africains dans le domaine des droits de l'homme ainsi que des valeurs du patrimoine traditionnel et culturel africain* ».

Devant cette originalité, et dans cet ordre d'idées, il serait intéressant de formuler la question suivante : Quelle est la portée de l'identité de l'enfant dans la Charte africaine des Droits et du Bien-être de l'enfant ? Il s'agit d'apprécier les éléments normatifs mitigés qui identifient et reconnaissent le droit à l'identité à la Charte (I), avant d'entamer l'effectivité de la protection relevant de questions plus pratiques (II).

I. L'identification mitigée de l'identité de l'enfant à la charte

A l'évidence de l'article 6 de la Charte annonçant le droit à l'identité, et à l'épreuve du dynamisme normatif de ce dernier, nous constatons une reconnaissance « particulière » de l'identité de l'enfant, par conséquent, nous développons la particularité de ce droit (A), en dépit des lacunes qui, des fois, rend la reconnaissance insuffisante, et l'identification incertaine (B).

---

[8] Au terme du préambule de la Charte.

[9] Article 46 de la Charte Africaine des Droits et du Bien-être de l'Enfant.

A. Une identité particulière

La particularité de l'identité de l'enfant, se manifeste en premier temps dans la consécration du «Jus soli»[10], de surcroit de son ampleur déduit du « dynamisme » de la Charte.
Par conséquent, nous verrons la portée de l'acquisition de la nationalité (1), ensuite, nous constaterons la spécificité de la garantie des relations familiales (2).

1. La portée de l'acquisition de la nationalité

l'article 6 de ladite charte, dispose le droit à l'acquisition de la nationalité pour l'enfant, « *immédiatement après sa naissance* »; par analogie avec le nom; et il ajoute dans l'alinéa 4 dudit article que « *Les Etats parties à la présente Charte s'engagent à veiller à ce que leurs législations reconnaissent le principe selon lequel un enfant a droit d'acquérir la nationalité de l'Etat sur le territoire duquel il/elle est né(e) si, au moment de sa naissance, il/elle ne peut prétendre à la nationalité d'aucun autre Etat conformément à ses lois.*»
On déduit de cet article deux garanties, l'acquisition de la nationalité « dès la naissance », et l'obligation de prévenir l'apatridie.
La Charte engage l'obligation des Etats Africains dans l'attribution de leur nationalité aux enfants qui, à la naissance, n'acquièrent pas la nationalité d'un autre État.
Cette garantie s'inscrit dans les efforts mondiaux établis dans de multiples instruments pour la protection contre l'apatridie.
La CADBE s'inspire d'ailleurs de l'article 15 de la Déclaration universelle des droits de l'homme (DUDH[11]) qui stipule que « *tout individu a le droit à une nationalité* ».
Ainsi cet alinéa harmonise la Charte avec la Convention de 1961 sur la réduction des cas d'apatridie[12]; qui dispose dans son article premier que « *Tout Etat contractant accorde sa nationalité à l'individu né sur son territoire et qui, autrement serait apatride* ».
Dans un autre lieu, la lecture de l'alinéa 4 de l'article 6, s'éclaircit à l'esprit de l'article 2 et 3 de la CADBE qui posent le principe « sacro-saint » des droits de l'homme; « la non-discrimination » ; par conséquent, une lecture transversale permettra d'éliminer la distinction entre les enfants légitimes et les enfants naturels, nonobstant cela, la prohibition découle déjà du motif de la « naissance » illustré a l'article 6.

[10] Le Jus soli figurant à l'alinéa 4 de l'article 6, signifie la « détermination de la nationalité d'après le lieu de naissance de l'individu », voir GUINCHARD (S.) et DEBARD (T.), *Lexique des Termes Juridiques*, *op. cit.*, p. 624.
[11] La déclaration universelle des droits de l'homme est adoptée par l'Assemblée générale des Nations Unie le 10 décembre 1948.
[12] La Convention des Nations Unies sur la réduction des cas d'apatridie adoptée le 30 aout 1961.

On déduit de ce qui précède que la CADBE se suffit de lui-même et que la volonté de l'auteur est suffisamment significative, à cet égard les efforts du Comité « CAEDBE » demeurent facultatifs, pour interpréter l'efficacité de la norme.[13]
A la lumière des conclusions précédentes, il faut souligner la portée de la consolidation de l'acquisition de la nationalité.
En effet, La Charte n'a pas considéré l'enfant comme seulement objet de droit[14], néanmoins il est aussi sujet de droit, en accentuant la portée de sa nationalité sur son droit à la participation, et vis versa.
En outre, la participation de l'enfant en lien avec l'identité se manifeste en une double mesure.
D'une part, l'enfant est susceptible de communiquer et d'être entendu lors des procédures judiciaires et administratives, relatives à son identité, de surcroit, il bénéficie de la participation qui découle de sa responsabilité figurant à l'article 31, de la Charte.
Précisément, cette responsabilité est une particularité purement Africaine, qui fait de l'enfant un responsable non seulement de la famille, mais aussi de la Société nationale et Internationale[15].

2. La garantie des relations familiales

Les relations familiales, la filiation[16] et les origines[17] sont une partie intégrante de l'identité de l'enfant conformément à l'article 8 de la CIDE.[18]
Bien que la charte n'a pas inclus ces droits dans l'article 6, elle les a considérés implicitement dans l'identité de l'enfant, en soulignant l'importance du développement de l'enfant sur les valeurs de la dignité et du respect au sein de sa famille[19].

---

[13] Ainsi le comité a souligné à titre d'exemple que l'enfant ne perd en aucun cas sa nationalité, de la sorte que même le changement du statut juridique d'un parent n'affecte en rien ce droit.
[14] Un objet de droit, acquiert uniquement de la protection.
[15] L'enfant Africain est responsable de « *protéger sa communauté ou son pays de la désintégration et de l'instabilité* » à travers une attitude positive en donnant à titre d'exemple son avis sur les décisions du gouvernemental et à fortiori, l'enfant doit éviter les actes perturbant la paix publique, etc.
[16] La filiation en droit civil est le *« lien de parenté qui unit une personne à son père ou à sa mère »*, dans PUIGELIER (C.), *Dictionnaire juridique*, Bruxelles, Bruylant, 4ème édition, 2023, p. 506.
[17] L'origine personnelle en droit civil est *« la possibilité donnée à une personne qui ne connait pas l'identité de ses parents de naissance _telle une personne adoptée ou une pupille de l'Etat d'accéder à cette information »* dans, GUINCHARD (S.), et DEBARD (T.), *Lexique des termes juridiques*, *Op. cit.*, p. 757.
[18] Convention Internationale des droits de l'enfant du 20 novembre 1989.
[19] Article 20 de la Charte Africaine des Droits et du Bien-être de l'Enfant.

Le principe du respect est primordial dans la construction de l'identité de l'enfant, il influence ses choix et son intégrité,[20] en conséquence les parents ont le droit et le devoir de guider l'enfant dans son développement.

A pari, la Charte souligne la réciprocité de ce « respect »; l'enfant a aussi devoir de respecter ses parents ; [21] ainsi, indistinctement l'Etat doit protéger ce lien familial.[22]

On conclut enfin, deux particularités à souligner en rapport avec le droit à « une relation familiale » ;

La première idée consiste en cette coexistence entre « les droits et devoirs », de l'Etat, de l'enfant et de la famille, qui font de l'identité de l'enfant Africain, un privilège original dans un instrument particulier de protection (la Charte).

La deuxième conclusion porte sur la tendance de la Charte qui se dirige ainsi vers un droit fondamental de l'enfant à connaitre et à établir un lien juridique avec ses parents.

En dépit de cette particularité, l'identité de l'enfant Africain à la l'aune de la CADBE, s'avère incomplète.

B. Une identité insuffisante

L'identité de l'enfant dans la Charte apparaît incomplète et insuffisante, compte tenu de l'ambiguïté de l'intention de l'auteur (1), et vue la méconnaissance de la particularité régionale des droits de l'enfant en Afrique (2).

1.L'ambiguïté de l'intention de l'auteur de la Charte

La Charte consacre le droit à un nom ainsi que le droit à être enregistré, et joignait cette obligation par un délai « *immédiatement après sa naissance* ».

Ce délai est le même prévu dans le pacte relatif aux droits civils et politiques[23], et plus certain qu'« *aussitôt sa naissance* » figurant à l'article 7 de la CIDE[24] ;

Il est efficace a contrario des instruments européens sur les droits fondamentaux, qui ne disposent aucun droit à l'enregistrement immédiatement après la naissance.[25]

En revanche, cette distinction, ne nie pas qu'un délai « certain », soit presque passé « sous silence ».

---

[20] Voir. JANUSZ KorczaK, « *Le droit de l'enfant au respect* », les éditions du Conseil de l'Europe, La France, 2009, pp. 20-22, Disponible sur https://rm.coe.int/janusz-korczak-le-droit-de-l-enfant-au-respect/16807ba988 (consulté le 27/12/2023).

[21] Article 31 de la Charte Africaine des Droits et du Bien-être de l'Enfant.

[22] Article 18 de la Charte Africaine des Droits et du Bien-être de l'Enfant.

[23] En vertu de l'article 24.2 du Pacte International relatif aux droits civils et politiques.

[24] La convention Internationale des Droits de l'enfant, fut adoptée par l'Assemblée générale des Nations Unies le 20 novembre 1989.

[25] Les Éditions du Conseil de l'Europe, par l'Agence des droits fondamentaux de l'Union européenne (FRA), le Conseil de l'Europe et le Greffe de la Cour européenne des droits de l'homme, *Manuel de droit européen en matière de droits de l'enfant, nº 4 de la série de manuels de droit européen élaborés conjointement par les organisations,* juin 2015, p. 65. Disponible sur https://fra.europa.eu/sites/default/files/fra_uploads/fra-ecthr-2015-handbook-european-law-rights-of-the-child_fr.pdf (consulté le 27/12/2023).

En rapport avec l'identité de l'enfant, le délai a un intérêt fondamental, puisque le moment de l'enregistrement de l'acte constitue une mesure efficace de la protection de l'enfant par l'identification de son âge, qui lui garantira la preuve de se bénéficier d'un processus de justice équitable.[26]

Devant cette ambivalence, une interprétation du Comité demeure indispensable afin d'apporter des clarifications sémantiques à la notion[27]. En effet le comité a envisagé un délai synonyme de « *dans les quelques jours ou quelques semaines* » [28] après la naissance.

On déduit de ce qui précède, la contribution proportionnée de la CADBEE dans la consolidation de la protection de l'identité de l'enfant dans la mesure où il reprend à l'aveuglette, en une grande partie les dispositions des autres instruments des droit Humains.

De surcroit, bien que la question de la modification du nom garantit le respect de l'identité personnelle et familiale de l'enfant, la Charte n'a pas visé un droit à la conservation ou au changement du nom.

En effet l'établissement dudit droit renforce la protection de l'intérêt supérieur de l'enfant, et plusieurs cas y font preuve, ainsi qu'une meilleure intégration dans la société,[29] et surtout avec les exigences de la société africaine.

2. La méconnaissance de la particularité des droits de l'enfant Africain

La deuxième idée de cette sous-partie porte sur la méconnaissance de la Charte de la particularité des droits de l'enfant Africain.

En effet, une spécificité de l'identité de l'enfant en Afrique réside dans le régime juridique du « Kafala »[30], qui ne trouve aucune référence à la charte, à cet égard

---

[26] par exemple dans le cas des enfants impliqués dans des infractions pénales.

[27] Afin de mieux appréhender sur les techniques de l'interprétation, voir HERVIEU Merryl, « Introduction au droit, L'interprétation de la règle de droit ; les techniques d'interprétation (épisode 3) », Dalloz Actu étudiant (en ligne), 2021, Disponible sur :https://actu.dalloz-etudiant.fr/a-la-une/article/linterpretation-de-la-regle-de-droit-les-techniques-dinterpretation-episode-3/h/d6c517abbae750e16ab85ade1a15959f.html (consulté le 27/12/2023).

[28] Union Africaine, Comité Africain d'Experts sur les Droits et le Bien-être de l'Enfant, *Observation générale sur l'article 6 de la Charte Africaine des Droits et du Bien-être de l'Enfant*, Addis-Abeba, Ethiopie, 2014, p 46-47. Disponible sur https://www.refworld.org/cgi-bin/texis/vtx/rwmain/opendocpdf.pdf?reldoc=y&docid=54db21af4 (consulté le 27/12/2023)

[29]La conservation ou la modification du nom garantie une meilleure intégration dans la société, pour harmoniser par exemple les noms des membres de la famille lorsque ces noms ont été déterminés sur la base des lois différentes.

[30] La kafala ou la tutelle officieuse, est « *une institution qui permet notamment à un particulier de prendre un mineur totalement en charge sans pour autant l'établir au rang de fils. L'enfant conserve tous les droits qui découlent de sa filiation, notamment son nom et ses droits successoraux* », pour plus, voir MECHRI (F.),*Le sentiment d'affection et le droit de famille*, Tunis, Latrach, 1ère éd, 2015, pp. 326-327.

le statut juridique de cet enfant soit ambigu, à l'instar de l'attribution du nom au Kefil.[31]

Pareillement, la Charte ne dit rien sur l'identité sexuelle de l'enfant ;

En effet, le défaut de la volonté de révéler le sexe dans la portée de l'identité de l'enfant s'explique par le respect de la vie privée, puisque la révélation du sexe constitue une mesure de facilitation des tiers à une information que la personne préfère garder pour lui.

En revanche le silence basé sur« la convention relative à la délivrance d'extraits plurilingues d'actes de l'état civil »[32], reflète une deuxième hypothèse, qui porte sur une discrimination implicite des droits des enfants nés intersexués[33]. L'oubli d'une reconnaissance légale de leur particularité, renforce leur vulnérabilité dans une société d'attitude conservatrice vis-à-vis des questions de sexualité. Devant cette identification mitigée, l'enjeu de l'effectivité, demeure préoccupant.

II. L'effectivité de la protection du droit à l'identité

Le Comité Africain d'experts sur les droits et le bien-être de l'enfant est institué en vertu de l'article 32 de la Charte, son objectif initial porte sur la promotion et la protection des droits consacrés à la Charte à travers un pouvoir de contrôle d'efficacité et d'effectivité des normes.[34]

C'est la deuxième technique qui concerne typiquement cette partie de la recherche. Afin de mesurer l'effectivité de la protection de ce droit, il faut aborder le rôle du Comité[35] (A) avant d'entamer le respect de l'engagement par les Etats ; la République Démocratique du Congo (RDC), dans notre cas (B).

---

[31] Le comité envisage deux possibilités dans l'observation générale de l'article 6 de la charte ; soit la conservation du nom donné par les parents, établissant ainsi un lien de filiation avec le parent biologique, s'ils sont déjà connus, soit avoir le nom du « Kafil » dans le cas d'absence de ces derniers.

[32] La Convention des Nations Unies, relative à la délivrance d'extraits plurilingues d'actes de l'état civil (avec annexes), du 8 septembre 1976 stipule dans son article 5 que dans l'indication du sexe dans l'extrait de naissance *« sont exclusivement utilisés les symboles suivants : M = masculin, F = féminin.* »

[33] L'enfant né intersexué a un sexe biologique ne correspondant pas aux stéréotypes du masculin et du féminin; parfois l'ambiguïté des caractéristiques génitales est constatée à la naissance, elle se manifeste aussi à la puberté, et certains ne s'en rend compte qu'une fois adultes. Voir. BENJAMIN Moron-Puech, « Le droit des personnes intersexuées », La nouvelle revue des sciences sociales, 2017, pp. 215-237 Disponible sur :https://journals.openedition.org/socio/2983 , (consulté le 28-12-2023).

[34]Pour mieux assimiler la synergie entre « efficacité-effectivité », voir ZANI Mahmoud, « L'application de la convention des Nations Unies aux droits de l'enfant : Avancées et limites », *Revue Juridique de l'OUEST*, 2009,pp, 38-43, Disponible sur : https://www.persee.fr/doc/juro_0990-1027_2009_num_22_1_4099 (consulté le 28/12/2023).

[35]Le Comité Africain d'experts sur les droits et le bien être de l'enfant (CAEDBE).

A. Le rôle du Comité

En effet, le Comité dote de multiples mécanismes pour exercer sa mission, parmi lesquelles les communications et les rapports [36] (1), qui influencent la portée de ses décisions (2).

1.Les mécanismes du Comité

Le Comité est le seul organe conventionnel en Afrique qui bénéficie dans sa mission, d'une définition de « la communication », en vertu de l'article 44 de la Charte, en effet, c'est

« *Toute question traitée par la présente Charte, de tout individu, groupe ou organisation non gouvernementale reconnue par l'Organisation de l'unité africaine, par un Etat membre, ou par l'Organisation des Nations unies* ».[37]

Cette disposition distingue d'ailleurs la Charte, de la Convention des Nations Unies relatives aux droits de l'enfant (CIDE) qui n'envisage que des rapports[38].

Hormis les communications, le CAEDBE reçoit des rapports de la part des Etats[39], en vertu de l'article 43 de la Charte, qui leur permet de formuler ses recommandations.

Mis à part son rôle de contrôle, et pour une meilleure promotion des droits de l'enfant, le Comité inspiré de différents documents et instruments juridiques a élaboré et développé l'agenda 2040 (l'Agenda de l'Afrique pour les enfants).[40]

Dans ce programme qui tient compte de la vision de l'Agenda 2063[41], le Comité a rappelé que d'ici 2040, l'enregistrement de la naissance doit être établi conformément à un système efficace et accessible.

2. La portée des décisions du Comité

On se réfère à la toute première décision à atteindre le fond, du Comité.

Une communication a été déposé auprès du Comité de la part de, « l'Institute for Human Right and Développement in Africa » (l'IHRDA) et « Open Society Justice Initiative » (OSJI), au nom des enfants d'origine Nubienne au Kenya mais à qui la nationalité kényane a été refusé à la naissance.[42]

Le Comité a dénoncé la pratique de l'Etat qui prive ces enfants de la nationalité, et il a argumenté sa décision par la méconnaissance du Kenya de leurs droits à la

---

[36]Ainsi on considère une technique particulière est une autre technique classique.

[37]En vertu de cet article, le Comité est habilité à recevoir et à examiner de façon confidentielle des communications, des individus ou d'une organisation pourvu que, dans ce cas, celle-ci doit être reconnue par un État membre, I'OUA ou I'ONU.

[38]Voir, GHERARI Habib, « La Charte africaine des droits et du bien-être de l'enfant », *Études internationales, Institut québécois des hautes études internationales,* N°22(4), 1991, p. 749.

[39] Les rapports permettent au Comité d'évaluer la situation des droits de l'enfant ainsi que le respect des normes de la Charte.

[40]L'Agenda 2040 est disponible sur 10/Agenda_2040_for_Children_Rights_in_Africa_FRENCH_1.pdf (consulté le 28/12/2023)

[41]L'Agenda 2063 considère que «*les enfants africains devront se réaliser à travers la mise en œuvre totale de la Charte sur les droits et le bien-être de l'enfant*».

[42]CAEDBE, décision n 002/COM/002/09 du 22 Mars 2011, Aff. IHRDA et OSJI c/ Kenya.

propriété et l'accès aux services publics, ainsi, elle a conclu que la violation de l'article 6 de la Charte traduit une violation de multiples dispositions de la Charte. Sur ce le Comité a affirmé l'indivisibilité des droits de l'enfant, et a rappelé la responsabilité de la protection qui incombe aux États.
Enfin, il a décidé que le Kenya avait violé les droits des enfants Nubiens à la non-discrimination, et il a recommandé l'État de prendre toutes les mesures législatives et administratives afin d'éviter l'apatridie et sa pratique.
Mis à part la démarche méthodique suivie par le Comité et le contenu jurisprudentiel référentiel, cette décision demeure historique, dans la mesure ou jamais un Comité d'un organisme international ou régional n'a déclaré un Etat coupable de violation d'un traité portant sur les droits de l'enfant,[43] statuant ainsi discrétionnairement à l'instar d'une juridiction compétente.

A la base des différents rapports et communications, le Comité a déclaré la situation alarmante qui menace la protection de l'identité de l'enfant en Afrique, et à l'issue de cette situation, l'observation générale sur l'article 6, a été adopté pour formuler des principes et des règles à suivre. [44]
En effet dans cette observation, le Comité a rappelé que la mise en œuvre des droits prévue à l'article 6, dépend de la prise en compte de l'intérêt supérieur de l'enfant[45], reprenant ainsi l'esprit des efforts du Comité des droits de l'enfant des Nations Unies.
En dépit de ces efforts le Comité fait face à de vraies contraintes parmi lesquelles, le retard de la soumission des rapports de la part des Etats ; une des problématiques de la deuxième sous-partie.

B. Le respect des obligations par les Etats, le cas de la RDC

Afin de traiter le respect de l'obligation par l'Etat de la RDC, nous aborderons la question de la soumission de ses rapports officiels au Comité (1), avant de vérifier l'harmonisation de sa législation avec la Charte (2).

1. La soumission des rapports officiels au Comité

La RDC faisait partie des États ayant voté en faveur de l'adoption de la Charte, pourtant il a fallu attendre 20 ans pour la signer (le 02 février 2010), et 7 ans pour la ratifier (le 31 janvier 2017), cette ratification n'était pas accompagnée de réserves ou de déclarations.
Pourtant jusqu'au aujourd'hui la RDC n'a pas soumis son rapport initial, conformément à l'article 43 de la Charte. De même, La RDC a ratifié et signé la

---

[43] Pour plus voir Institute for HumanRights and Development in Africa (IHRDA), Disponible sur https://www.ihrda.org/wp-content/uploads/2012/04/ACERWC-nubian-decision-pamphlet-Fr-2012-website-download.pdf (consulté le 28/12/2023).
[44]Le Comité a organisé une journée thématique sur l'enregistrement des naissances et les droits de l'enfant, au cours de sa 20ème session tenue en novembre 2012, en fonction de laquelle, il a adopté l'observation générale de l'article 6.
[45]Ainsi que d'autres principes fondamentaux comme le principe de non-discrimination.

CIDE en 1990, et pourtant, ledit Etat n'a soumis son rapport initial qu'en 2000, après une demande du Comité des droits de l'enfant de l'ONU[46].
L'article 43, envisage un rapport initial[47] à émettre dans les deux ans qui suit l'entrée en vigueur de la Charte, suivi d'un rapport périodique sur les progrès réalisés tous les 3ans.
Le retard dans la soumission de ces rapports, entrave l'exercice de l'obligation de l'Etat, ainsi que le processus du contrôle du Comité. Ce retard revient certainement à la volonté de l'Etat, pareillement l'absence d'accompagnement, de la part du Comité lors de l'élaboration du document, contraint aussi l'efficacité de ce processus. Entre temps, le Comité dispose conformément à son règlement intérieur d'une disposition qui tend à limiter les lenteurs administratives inhérentes à cette obligation conventionnelle.
Il peut autrement, s'inspirer de l'expérience du Comité des droits de l'enfant des Nations Unies, «*les observations finales et les recommandations du Comité seront prises en compte par le Comité Africain au moment de la préparation de la liste des questions à soumettre au gouvernement concerné et lors de l'adoption de ses propres observations finales et recommandations* »[48]. Ainsi les rapports présentés aux deux Comités se coexistent.

2. L'adaptation de la législation aux dispositions de la Charte

Cette obligation découle déjà de l'article 1 qui rappelle les Etats à *« prendre toutes les mesures nécessaires conformément à leurs procédures constitutionnelles pour adopter toutes mesures législatives, ou autres nécessaires pour donner effet aux dispositions de la Charte* ».
A fortiori, l'absence de la proclamation ou de l'intégration de ces dispositions dans le droit interne, fait du droit de l'enfant Congolais déclaré à la Charte, des lettres mortes ou au mieux un condensé de bonnes intentions. En effet, les dispositions normatives de la protection de ce droit, trouvent son fondement surtout dans la loi du 10 janvier 2009 portant protection de l'enfant. [49]

---

[46] L'Organisations des Nations Unies.
[47]Le rapport initial illustre les mesures adoptées pour mettre en œuvre la Charte.
[48]Le CAEDBE s'inspire de l'expérience du Comité des droits de l'enfant de l'ONU conformément à son règlement intérieur.
[49]La loi n° 09/001 portante protection de l'enfant (LPPE) dispose dans son article 16 que « *L'enfant a droit, dès sa naissance, à une identité. Cette identité est constituée d'un nom et d'un prénom n'ayant aucune connotation péjorative, d'une date de naissance et d'une nationalité* » ainsi qu'en vertu de l'article 17 « *L'enfant a droit à un nom et à un prénom dès sa naissance conformément aux dispositions du code de* la famille », dans un autre lieu l'enfant né au Congo acquiert la nationalité congolaise, conformément aux dispositions prévues par le code de la nationalité congolaise et il peut la répudier par les conditions prévues par le code précité.

Cette loi est quand même problématique lors de la fixation de l'âge de l'enfant dans le processus judiciaire ; par ailleurs dans plusieurs cas le juge se trouve dans l'impossibilité[50] d'établir l'âge à travers l'état civil.[51]
Le juge tente alors d'élaborer son argument à l'aune d'autres éléments à savoir, les bulletins scolaires ou des témoignages de proches. Mais dans tous les cas l'âge réel, est protégé selon le code de la famille par une présomption de minorité.[52]
De ce qui précède, il est indispensable d'aborder les facteurs cruciaux de la vulnérabilité de l'enfant Congolais. En effet cette situation est alourdie par l'état sécuritaire du pays[53] qui intensifie une crise permanente de déplacement[54]. Par conséquent, mis à part le dilemme du non-enregistrement, l'enfant Congolais est exposé à la destruction de son identité.
En effet, les enfants non déclarés en RDC sont privés de toutes protections; ainsi ils sont facilement enrôlés dans les groupes armés ou envoyés dans les mines pour travailler, dans des conditions misérables, d'autant plus que la fixation de l'âge de l'enfant Congolais est déjà incertaine, puisqu'elle se diffère en fonction des aspects civil et pénal[55].
En dépit de cette situation, et après la ratification de la Charte et d'autres instruments[56], des progrès notables en vue d'augmenter le taux d'enregistrement des enfants à l'état civil, par la RDC sont à souligner,

---

[50] L'impossibilité réside surtout dans l'absence de l'acte de naissance.

[51] Selon l'association mondiale des Amis de l'enfance, un enfant congolais sur quatre est enregistré à l'état civil, voir https://www.amade.org/fr/missions/protection/un-etat-civil-pour-tous/un-etat-civil-pour-les-enfants-du-nord-kivu-en-rdc.html(consulter le 28/12/2023) ; cette situation s'intensifie par les disparités entre les enfants bantous et les enfants autochtones. En effet, seulement 32% des enfants autochtones ont un certificat de naissance contre 96% au niveau national ; conformément à l'Agence d'Information d'Afrique Centrale, pour plus voir https://data.unhcr.org/en/news/21098https://data.unhcr.org/en/news/21098 (consulté le 28/12/2023).

[52]La protection par la présomption de minorité signifie que dans toute sorte l'individu est considéré comme un enfant. Pour mieux appréhender sur la situation des droits de l'enfant en RDC, voir le document portant sur l' *«état des lieux du système de protection de l'enfant et de la formation des policiers, du personnel judiciaire et des travailleurs sociaux en République démocratique du* Congo » elaboré par le Bureau International des Droits des enfants, disponible sur https://www.ibcr.org/wp-content/uploads/2016/12/Etat-des-lieux-CONGO-int_Web.pdf (consulté le 28/12/2023).

[53]La RDC connaît des conflits armés et fonciers particulièrement à l'Est.

[54]Selon l'Unicef *« Depuis le début de l'année 2023, plus d'un million de personnes ont été nouvellement déplacées en République démocratique du Congo, ce qui porte le nombre total de personnes déplacées à plus de 6,1 millions »*, pour plus voir BBC News ARIQUE, surhttps://www.bbc.com/afrique/articles/cg3e87nlm2go(consulté le 28/12/2023).

[55]En RDC et *« en matière civile, l'enfant est la personne humaine de moins de 18 ans tandis qu'en matière pénale, c'est celui qui a moins de 16 ans. En effet, beaucoup d'enfants ne connaissent pas leur âge... le législateur dans certaines dispositions légales, utilise les expressions telles que « âgés de [...] ou apparemment âgé de »*, pour plus voir BOUKONGOU Jean-Didier, « Le système africain de protection des droits de l'enfant », *Cahiers de la recherche sur les droits fondamentaux*, Vol. 5, 2006, p. 54.

[56]La RDC a ratifié récemment de multiples instruments ainsi les conventions de 1954 et de 1961 des Nations unies relatives à la lutte contre l'apatridie.

Ainsi la Réforme du Système d'enregistrement des faits de l'état civil, ainsi que le plan d'action national pour éradiquer l'apatridie entre 2019-2024 ;
A cet égard il faut rappeler le rôle crucial de la Société Civile « le héros du Congo », dans ce processus, dans l'accomplissement des politiques et des stratégies en la matière, rappelant ainsi les recommandations du Comité concernant l'intérêt de « *la solidarité Nationale* »[57].

CONCLUSION

Entre l'émergence des nouveaux concepts et l'africanisation des normes, l'identité de l'enfant s'avère hypothétique. Elle s'identifie « particulière » par la portée du statut juridique consacré à l'enfant, par la consolidation du « Jus Soli », et par l'ampleur de la protection d'un lien familial. La Charte semble ainsi progressiste. En revanche, le droit à l'identité reste incomplet suite à l'incertitude de l'intention de l'auteur, ainsi que sa méconnaissance de la particularité de l'enfant Africain dans certains cas. Sur Ce le rôle du Comité demeure crucial pour relever les défis, il n'est pas surprenant d'ailleurs que la première décision à atteindre le fond devant cet organe audacieux portait sur l'identité de l'enfant.
Dans un autre côté, le Comité fait face à des contraintes, parmi lesquelles le retard de la soumission des rapports par les États. Le cas de la RDC illustre ce dilemme au-delà de ses simples contours, puisque l'identité de l'enfant Congolais fait face à la fois, à une législation qui connaît une insécurité juridique, en supplément de l'état sécuritaire du pays. En dépit de cette situation, l'image de la solidarité nationale dans le pays, illustre un modèle notable, à l'aune de la sensibilisation jouée par la société civile qui accompagnait le gouvernement dans sa lutte contre l'apatridie.

---

[57]Conformément à la décision du comité relative à la question, voir CAEDBE, décision n 002/COM/002/09 du 22 Mars 2011, Aff. IHRDA et OSJI c/ Kenya.

La protection des enfants migrants au Maroc

Safae BENGADA

Juriste et consultante en Droits Humains, spécialisée dans les droits de l'enfant et l'égalité de genre.

Actuellement doctorante chercheuse en droits humains des femmes et des enfants au Maroc, à la faculté des Sciences Juridiques, Économiques et Sociales de Tanger. Ayant une expérience solide avec le Bureau du Conseil de l'Europe au Maroc sur des projets relatifs à la lutte contre la violence envers les femmes et les enfants, et en tant que consultante juridique sur des initiatives d'autonomisation économique des femmes .Mon engagement se traduit par une approche axée sur la réforme juridique et l'amélioration des politiques publiques pour promouvoir l'égalité de genre et les Droits des Enfants.

Mots clés : enfants migrants, réfugiés, conventions internationales, protection , politique migratoire.

Keywords: migrant children, refugees, international conventions, protection, migration policy.

Résumé

Cet article examine la situation des enfants migrants au Maroc, un pays qui occupe une position stratégique en tant que lieu de destination pour les migrants en raison de sa proximité géographique, économique et culturelle avec l'Europe. Le Maroc a ratifié plusieurs conventions internationales pour garantir les droits des migrants, notamment les enfants et a mis en place des lois et politiques pour leur protection.

Cet article se propose d'analyser l'application du principe de l'intérêt supérieur de l'enfant dans le cadre législatif Marocain, soulignant les progrès réalisés ainsi que les défis persistants. Malgré des avancées légales, les enfants migrants, surtout non accompagnés, continuent de faire face à des risques d'exploitation, de violence et de discrimination, avec un accès limité à l'éducation, à la santé et à d'autres services essentiels.

L'article met en lumière les lacunes des politiques migratoires Marocaines et propose des recommandations pour améliorer la protection des enfants migrants, soulignant la nécessité d'une approche plus respectueuse des droits de l'Homme et appelle à une prise de conscience collective pour garantir la dignité et les droits de tous les enfants, indépendamment de leur statut migratoire.

Abstract

This article examines the situation of migrant children in Morocco, a country strategically positioned as a destination for migrants due to its geographic, economic, and cultural proximity to Europe. Morocco has ratified several international conventions to ensure the rights of migrants, especially children, and has implemented laws and policies for their protection.

The article aims to analyze the application of the principle of the best interests of the child within the Moroccan legislative framework, highlighting both progress made and persistent challenges. Despite legal advancements, migrant children, especially unaccompanied ones, continue to face risks of exploitation, violence, and discrimination, with limited access to education, healthcare, and other essential services.
The article highlights gaps in Moroccan migration policies and proposes recommendations to enhance the protection of migrant children, emphasizing the need for a more human rights-respecting approach. It calls for collective awareness to ensure the dignity and rights of all children, regardless of their migration status.

Introduction

Le Royaume du Maroc bénéficie d'une proximité particulière avec l'Europe via le détroit de Gibraltar[1]. En effet, sa situation géographique, économique, linguistico-culturelle[2] a fait de lui non seulement un pays de passage mais plutôt d'accueil ou encore de destination. Cette migration et particulièrement celle du sud-nord s'est produite depuis l'ère des Almoravides et des Saadiens[3].
Par ailleurs, au cours de ces dernières décennies et notamment depuis les années 2000, le Maroc accueille de plus en plus de migrants provenant de différents pays. Il s'agit d'homme, femmes et enfants, ces derniers sont souvent accompagnés de leurs familles, ou non accompagné.
Dans ce contexte, le Maroc s'est trouvé préoccupé d'une part par la gestion des flux migratoires et d'autre part par la garantie des droits de l'Homme. C'est la raison pour laquelle, il s'est engagé à garantir les droits des personnes migrantes y compris les enfants et ce à travers la ratification de trois conventions internationales à savoir : la convention de Genève de 1951, la convention internationale des droits de l'enfant et la convention internationale sur la protection des droits de tous les travailleurs migrants et des membres de leur famille. Cet engagement s'est concrétisé par, l'instauration des lois et politiques protégeant les migrants et les enfants qu'ils soient accompagnés ou non et pour renforcer les mécanismes de protection de ces enfants et garantir leur accès aux services de base au même titre que les enfants nationaux et pour donner effet aux principes cités dans le préambule de la constitution Marocaine.

---

[1]7 Doha Bouissa, « La nouvelle politique migratoire marocaine : instrument diplomatique d'intégration régionale », mémoire de recherche de Master (Grenoble : Université Grenoble Alpes, 2018),
p.18, disponible sur : file:///C:/Users/HP/Downloads/these%20pfe%206.pdf
[2] Khrouz Nadia, Lanza Nazarena, *Migrants au Maroc : Cosmopolitisme , présence d'étrangers et transformations sociales* , Konrad-Adenauer-Stiftung E.V,ED, 2015, p.175 .
[3] Lahcen Haddad ,Le Maroc et la migration : entre leadership et défis , disponible sur : https://www.lodj.ma/Le-Maroc-et-la-migration-Entre-leadership-et-defis_a43600.html

L'intérêt de cette étude repose sur l'ampleur du rattachement du Maroc aux droits de l'Homme tels que prévu par la constitution Marocaine, et ce en analysant ses actions concrètes qui protègent les enfants migrants en vue de garantir leurs droits au même titre que les nationaux car peu importe leur situation et leur statut de migrant, ils sont avant tout des enfants.

L'analyse des expériences migratoires des enfants est au carrefour de nombreuses disciplines instituées (histoire, anthropologie, psychologie, sciences juridique, sociologie, études migratoires, etc.).La revue de littérature sur la protection des enfants migrants au Maroc met en évidence plusieurs problématiques et préoccupations liées à cette population spécifique. Les études menées dans ce domaine mettent en lumière les défis particuliers auxquels font face les enfants migrants au Maroc, en soulignant les lacunes des politiques et des pratiques existantes.

Les recherches ont montré que les enfants migrants au Maroc sont confrontés à des risques élevés d'exploitation, de violence et de discrimination en raison de leur statut migratoire précaire. De nombreux enfants migrants vivent dans des conditions de grande précarité, souvent sans accès à l'éducation, aux soins de santé et à d'autres services de base.

Les études ont également mis en évidence les difficultés rencontrées par les enfants migrants non accompagnés, qui sont souvent laissés à eux-mêmes sans protection adéquate. Ces enfants sont exposés à des risques graves, tels que la traite d'êtres humains, le travail des enfants et d'autres formes d'exploitation.

A la lumière de ce qui vient d'être dit, il parait donc évident l'intérêt que représente le sujet de la protection des droits de l'enfant migrants qui résulte également du fait qu'il est d'actualité aussi bien au Maroc que de par le monde .

Il est intéressant de s'interroger sur la garantie des droits des enfants migrants dans le cadre des lois et politique migratoire Marocaine.

Pour répondre à la problématique mentionnée ci-dessus et cerner la globalité du sujet, il est indiscutable de s'interroger sur plusieurs sous questions qui constituent donc la trame de ce mémoire :

- Dans quelle mesure le Maroc intègre-t-il le principe de l'intérêt supérieur de l'enfant dans les lois et la politique migratoire ?
- Quelles sont les limites et les obstacles qui empêchent l'intégration et la protection des droits des enfants migrants au Maroc ?

La méthodologie qui sera suivie pour répondre à ces interrogations de la présente étude, est une méthode analytique et déductive. Il s'agira en premier lieu d'analyser l'effectivité du principe de l'intérêt supérieur de l'enfant au Maroc à travers la saisie du contenu des lois et politique migratoire ce qui permettra à mieux percevoir les aboutissements et les lacunes de ces dispositifs.

Dans ce sens les méthodologies employées amènerons à de conduire une analyse sur la place de ce principe dans le cadre juridique et politique marocain relatif à la protection des enfants migrants. En deuxième lieu, on aura l'occasion d'analyser les défis du système de protection des enfants migrants au Maroc.

I.L'intérêt supérieur de l'enfant en tant que considération primordiale

De prime à bord, les droits fondamentaux doivent être assurés aux enfants migrants comme aux nationaux sans aucun trait de discrimination, autrement dit que le statut migratoire d'un enfant, ne peut en aucun cas servir de base à un traitement différencié.
De ce fait, les droits garantis par la CIDE donnent à tous les enfants l'accès à un ensemble de services. Ces derniers ne peuvent acquérir leur pleine application et efficacité que lorsqu'ils se donnent comme base fondamentale le respect de l'intérêt supérieur de l'enfant.

A.La garantie de l'intérêt supérieur aux enfants migrants

La notion de l'intérêt supérieur de l'enfant n'est pas considérée comme nouvelle, car elle a toujours existé dans l'arsenal juridique, cependant elle n'a pas été clairement définie dans les textes internationaux ; et ce n'est qu'en 1992 que le doyen CARBONIER[4] a considéré que l'intérêt supérieur de l'enfant est une « notion magique » et que si cette règle est présente, on ne fera pas recours aux règles du droit privé ou autre. Dans le cadre de la CIDE, ce principe se trouve en amont parmi les dispositions générales qui doivent gouverner la mise en œuvre de l'ensemble des droits contenues dans la convention et ses protocoles, d'autres articles font également référence à ce principe[5] . Il vise à renforcer le statut de chaque enfant comme étant sujet de droit c'est-à-dire que lors d'une prise de décision menées par les tribunaux , les organes législatifs ou des autorités administratives , l'intérêt supérieur de chaque enfant devra être une considération primordiale , cette dernière doit être concrète et effective dans la mesure ou toutes les actions, politiques, pratiques et lois qui ont un effet direct sur les enfants devraient être évaluées . Selon le comité des droits de l'enfant, ce principe est considéré comme un concept à 3 volets :

- Un droit de fond : dans le sens où il sera évalué au cas par cas afin d'aboutir à la meilleure décision sur la question en cause ;
- Un principe juridique interprétatif fondamental : Dans le cas où une mesure juridique se prête à plusieurs interprétations, il faut d'abord se garder sur une interprétation culturelle et restrictive à fin d'opter pour celles qui est dans l'intérêt de l'enfant ;

---

[4] Jean Carbonnier, né le 20 avril 1908 à Libourne et mort le 28 octobre 2003 à Paris 6e , est un juriste français, professeur de droit privé et spécialiste de droit civil. Le milieu juridique français le surnomme souvent le doyen Carbonnier, en référence à la fonction qu'il a exercée à l'université de Poitiers.

[5]L'article 9 – séparation d'avec les parents; l'article 10 – réunification familiale; l'article 18 – responsabilités parentales; l'article 20 – privation de milieu familial et protection de remplacement; l'article 21 – adoption; l'article 37 c) – détention des enfants séparément des adultes dans les lieux de détention; et le paragraphe 2 b) iii de l'article 40 – garanties de procédure, notamment présence des parents aux audiences dans les affaires pénales concernant des enfants en conflit avec la loi .

- Une règle de procédure : En vue d'éviter les incidences (négatives ou positives) qui peuvent se produire lors d'une prise de décision, il faut d'abord procéder à leurs évaluations et d'expliquer en quoi cette décision est conforme à l'intérêt de l'enfant en question[6] .

D'un point de vue pratique , quel que soit le statut migratoire de chaque enfant, l'autorité chargée de la gestion de l'accueil, doit faire en sorte que ses actions soient menées par le respect de l'intérêt supérieur de l'enfant ,c'est-à-dire, que ce dernier doit recevoir des informations adaptées à ses besoins pour qu'il puisse donner sa parole en toute connaissance de cause sur son parcours migratoire et les procédures qui seront entreprises pour répondre à ses besoins en vue de garantir son droit à la participation et d'arriver à une solution durable.
En outre l'ensemble des enfants migrants qu'ils soient réfugiés, migrants, demandeur d'asile ou enfant migrants non accompagnées ont le droit à l'évaluation et la détermination[7] de leur intérêt supérieur soit dans le cadre des décisions relatives à la migration ou autre. Comme le mentionne le comité des droits de l'enfant dans son observation No 14[8] , l'intérêt supérieur de l'enfant devrait être évalué et déterminé lorsqu'une décision devrait être prise. Ce processus devrait être réalisé au cas par cas c'est-à-dire selon les circonstances de chaque enfant, dont l'âge, le sexe, le degré de maturité, l'appartenance à un groupe minoritaire et le contexte social et culturel dans lequel se trouve l'enfant.
Autrement dit, la demande d'entrée des enfants se trouvant en zone de frontière d'un pays d'accueil ne doit pas faire l'objet de rejet sans qu'une évaluation de leur requête ait été faite au cas par cas en vue de prendre une décision dans son intérêt supérieur.
Généralement il est conseillé que cette opération soit de mieux collégiales c'est-à-dire plusieurs spécialistes doivent participer à trouver et considérer ce principe, et même dans les situations de justice les magistrats doivent s'entourer des avis des spécialistes parce que le magistrat à lui-même ne sera pas en mesure de déterminer ce que c'est l'intérêt supérieur de l'enfant.
Il est temps de conduire une analyse sur la place de ce principe dans le cadre juridique et politique marocain relatif à la protection des enfants migrants.

---

[6] Le comité des droits de l'enfant, Observation générale no 14 (2013) sur le droit de l'enfant à ce que son intérêt supérieur soit une considération primordiale (art. 3, par. 1) ,p.4, le 29 Mai 2013.

[7] Selon le comité pour la protection des droits de tous les travailleurs migrants et des membres de leur famille et Comité des Droits de l'Enfant « l'évaluation de l'intérêt supérieur » consiste à examiner et mettre en balance l'ensemble des éléments à prendre en considération pour arrêter une décision concernant un enfant ou un groupe d'enfants dans une situation particulière. La « détermination de l'intérêt supérieur » est un processus formel, assorti de garanties procédurales rigoureuses, qui a pour objet de déterminer l'intérêt supérieur de l'enfant sur la base de l'évaluation de l'intérêt supérieur.

[8] Observation générale N 14 sur le droit de l'enfant à ce que son intérêt supérieur soit une considération primordiale (article 3 par 1).

B.Le principe de l'intérêt supérieur de l'enfant au Maroc : Avancés et limites

Au Maroc, les droits de l'enfant ont connu des progrès qui s'inscrivent dans un nouvel esprit avec une vision cohérente et globale fondée d'une part, sur une approche parles droits de l'Homme qui garantit l'universalité des droits, la non-discrimination, l'indivisibilité et l'indépendance et d'autre part sur les droits de l'enfant basée sur les principes cardinaux dont le principe de l'intérêt supérieur fait partie.

A cet égard, le Maroc n'a pas cessé d'harmoniser le droit interne avec les différentes conventions internationales dont il fait partie, tout en mettant en relief le principe de l'intérêt supérieur de l'enfant dans les différents textes de lois et en le garantissant aux enfants migrants au même titre que les enfants nationaux.

En effet, le code de procédure pénale[9] consacre de l'article 458 à 517 des dispositions qui protègent les enfants migrants en mettant en exergue des mesures de protection et de rééducation. Par ailleurs, le comité des droits de l'enfant et le comité des travailleurs migrants affirment que la détention pour des raisons migratoires (liés au statut migration) constitue une violation de ses droits et ne sert jamais son intérêt supérieur[10] ; mais malgré cela la détention des enfants faisant objet de migration irrégulière est toujours autorisée mais elle est néanmoins soumise à des conditions strictes conformément aux dispositions de l'article 473 du code de procédure pénal.

D'un autre côté, la loi 02-03 préserve le principe de l'intérêt supérieur dans le sens ou les enfants migrants sont écartés des procédures d'expulsion et de la reconduite à la frontière.

Cependant la garantie de ce droit à l'enfant migrant non accompagné est ambigüe vu qu'elle sanctionne l'émigration irrégulière sans prendre en considération l'âge de l'auteur et ne prévoit pas la réintégration des enfants migrants non accompagnés malgré le fait qu'il est reconnu comme un sujet de droit protégé par la Convention internationale des droits de l'enfant qui lui reconnait le principe de l'intérêt supérieur et donc la seule reconnaissance dont peut jouir , est l'acquisition d'un certificat de demandeur d'asile ou de réfugié[11] . C'est dans ce cadre ou le comité a noté qu'aucune garantie de procédure n'a été définie pour déterminer

---

[9]Code de procédure pénal (loi n 22-01) promulgué par le Dahir 1-02-255 (Rejab 1423- 3 octobre 2002)

[10] Conseil des Droits de l'Homme, Droits de l'Enfant et regroupement familial, Rapport de la Haute-
Commissaire des Nations Unies aux Droits de l'Homme, par 30, 2 mars 2022 disponible sur : file:///C:/Users/HP/Downloads/A_HRC_49_31-FR%20(2).pdf

[11] GHATOUS Fatima Zahrae, « Détermination de la catégorisation juridique des mineurs non accompagnés
subsahariens au Maroc et rôle des ONGs », *Revue Africaines des Sciences Humaine et Sociales*, n°2, 2022, p.52.

l'intérêt supérieur de ces enfants dans la mesure où ils ne bénéficient d'aucune assistance et protection contre la violence, l'exploitation ou la traite[12].

Il va sans dire également que la Stratégie Nationale d'Immigration et d'Asile a instauré le principe de l'intérêt supérieur de l'enfant migrant dans ses objectifs afin d'assurer une intégration fondée sur l'égalité de traitement dans les différents services de base. En outre grâce à cette politique, le gouvernement a lancé en 2014 une procédure de régularisation[13] , dont 27332 demandes ont été déposées et17916 ont été acceptée ; et une seconde phase en 2016 a été entreprises en vue d'assurer une intégration socio- économique des migrants en général [14] .

En somme, la mise en œuvre effective du principe de l'intérêt supérieur à l'enfant qu'il soit national ou migrant pose toujours de grands défis dans le sens ou son évaluation est soumises à plusieurs difficultés vu qu'il n'existe pas des critères de détermination et d'évaluation au cas par cas, à cet effet les comités incitent les Etats partis y compris le Maroc de procéder systématiquement à son évaluation dans le cadre des décisions prises en matière de migration[15], autrement dit la garantie de ce principe doit être assurée au-delà des considérations du contrôle ou du statut migratoire .

II.Défis du système de protection des enfants migrants

Le système Marocain de protection des enfants migrants présente certaines difficultés qui empêchent d'assurer une protection réelle et effective. Ces défis nécessitent d'être analysées d'une part sur le plan juridique et d'autre part sur le plan financier c'est-à-dire dire les ressources financières accordés à l'intégration de ces enfants.

A cet égard, la question que l'on doit se poser est de savoir si le dispositif légal est suffisamment protecteur des droits des enfants migrants ?

A.Limites des textes juridiques appropriés aux enfants migrants au Maroc

Il va sans dire, qu'il existe des dispositifs juridiques qui garantissent les droits des enfants migrants au même titre que les enfants nationaux et qui sont d'application territorial, à l'instar du code de procédure pénale, code de nationalité, le code

---

[12] Observations finales concernant les troisièmes Et les quatrièmes rapports périodiques du Maroc soumis-en
un seul document, par 62 , page 17, 2014.

[13] Les bénéficiaires de cette opération ont été soumis à un certain nombre de conditions tel que l'obligation
d'avoir résidé 5 ans au Maroc.

[14] Plan Stratégique National Santé et Immigration 2021-2025, p.21, disponible en ligne sur : https://www.sante.gov.ma/Publications/Guides-Manuels/Documents/2021/PSNSI%202021-2025%20(DELM) .pdf .

[15] BRONWEN Manby, « La prévention de l'apatridie chez les migrants et les réfugiés : L'enregistrement des
naissances et l'assistance consulaire en Égypte et au Maroc » ,*Middle East Center ,le centre d'études de la migration et des réfugiés et l'Association Marocaine d'Etudes et de Recherche sur les Migrations* ,2019, p.17, disponible en ligne sur : http://eprints.lse.ac.uk/101091/28/Manby_preventing_statelessness_among_migrants_and_refugees_published_French.pdf

pénal, le code de travail s'appliquant sur toutes les personnes se trouvant dans le territoire Marocain y compris les enfants quel que soit leur nationalité. A cet égard, l'article 10 du code pénal précise que les étrangers ou apatrides, se trouvent sur le territoire du Royaume sont soumis à la loi pénale Marocaine[16].

Ainsi que le titre du 3ème livre du code de procédure pénale consacre la protection des enfants en situation difficile dont les enfants non accompagnés[17]font partie (512 à 517). Contrairement à ces dispositifs, le code de la famille étend son domaine d'application seulement aux réfugiés et aux apatrides[18] et par conséquent tous les autres étrangers se voient appliquer leur loi nationale relative au statut personnel.

Cependant cette consécration n'est pas suffisante dans le sens ou la loi 02-03 qui devrait assurer une réelle protection des migrants en général et les enfants en particulier fait objet de différentes insuffisances et carences.

En effet, malgré son importance en matière d'organisation de l'entrée et le séjour des étrangers au Maroc, dont la libre et régulière circulation des ressortissants étrangers suppose le respect de ses dispositions. Elle demeure toutefois limitée et lacunaires ; Dans le sens où le volet sécuritaire est largement établi puisqu'elle criminalise la migration irrégulière. A cet effet les dispositions de l'article 50[19] montrent que l'expression « toute personne » inclut l'enfant et le traite de la même façon que les adultes sans prendre en considération ni son âge ni son intérêt supérieur.

Dans la même perspective, elle a consacré dans les articles 26 et 29 la protection des femmes enceintes et les enfants contre les expulsions qu'en cas où ils ne présentent pas une menace à l'ordre public ; pratiquement cette mesure est loin d'être respectée puisqu'elle devrait être élargie aux parents ou tuteurs de l'enfant en vue de respecter son intérêt supérieur car plusieurs d'entre eux en situation irrégulière font l'objet d'une séparation de leurs enfants à titre d'exemple : En

---

[16] Article 10 du **Dahir n° 1-59-413 du 26 novembre 1962** promulguant le code pénal « Sont soumis à la loi pénale marocaine, tous ceux qui, nationaux, étrangers ou apatrides, se trouvent sur le territoire du Royaume, sauf les exceptions établies par le droit public interne ou le droit international ».

[17] Article 513 de la loi 22-01 relative au code de procédure pénale : « le mineur n'ayant pas atteint l'âge de 16 ans peut être considéré en situation difficile ... lorsqu'il quitte son domicile ou lorsqu'il ne dispose pas d'un lieu adéquat où s'installer ».

[18] Article 2 de la loi 70-03 relative au Code de a Famille « Les dispositions du présent Code s'appliquent: 1) à tous les Marocains, même ceux portant une autre nationalité; 2) aux réfugiés, y compris les apatrides conformément à la convention de Genève du 28 juillet 1951 relative au statut des réfugiés... ».

[19] Article 50 du **Dahir n° 1-59-413 du 26 novembre 1962** promulguant le code pénal : « Est punie d'une amende de 3000 à 10.000 dirhams et d'un emprisonnement de un mois à six mois, ou de l'une de ces deux peines seulement, sans préjudice des dispositions du code pénal applicables en la matière, toute personne qui quitte le territoire marocain d'une façon clandestine ».

juillet 2013, une femme a été forcée d' abandonner son enfant de 8 mois lors d'une arrestation de l'ordre dans la foret près de Nador puis elle a été refoulée à Oujda[20]. En outre le titre de séjour ne peut être délivré qu'aux enfants étrangers dont l'un des parents est titulaire de ce document[21] alors que l'enfant non accompagné est écarté de cette mesure, ce qui empêche son accès aux services de base.
Par conséquent ces constats mettent en évidence l'absence de concordance entre loi 02-03et la Convention Internationale des Droits de l'Enfant dont il n'existe pas une prise en considération de ses 4 principes et il n'existe aucune disposition relative aux droits fondamentaux des migrants tel que le droit à la santé, l'éducation , le regroupement familial , dont ce dernier consiste à rejoindre un membre de la famille installé légalement dans un pays d'accueil , il était régi par l'article 11 du Dahir du 15 novembre , selon cet article , les membres d'une famille visés sont le conjoint , les enfants âgés de moins de 18 ans et les ascendants à la charge du travailleur.
Le témoignage[22] suivant met en relief ce qui vient d'être dit. Il s'agit de fait rapporté par un jeune Camerounais se trouvant à Tanger lors d'un contrôle policier.
Il dit « **Quand ils faisaient des descentes et entraient la nuit dans les maisons, car je dormais avec ma mère. Ils nous ont descendus dans la rue pour le contrôle des documents. je leur disait que j'ai 14 ans, mais ils m'ont dit que cela revient au même puisque vous n'avez pas les documents pour être au Maroc, ils m'ont mis dans leur fourgon menotté et ils nous ont laissé à la banlieue de Fès, j'ai marché jusqu'à Fès avec deux amis de ma mère camerounais et j'ai mendié pour obtenir l'argent afin de revenir à Tanger** »[23].
Ceci permet de constater que les autorités locales n'ont pas fait preuve d'indulgence puisque l'enfant a été séparé de sa maman, menotté et laissé en dehors de la ville. De telles actions s'apparentent au traitement qu'on réserve

---

[20] Plateforme Protection Migrants, politique publique intégrée protection de l'enfance, p.3 disponible en ligne sur : http://amanemena.org/wp-content/uploads/2018/06/Note_Politique-protection-de-lenfance_Enfants-
migrants_version-du-07102013.pdf.

[21] Article 6 de la loi 02-03 relative à l'entrée et au séjour des étrangers au Royaume du Maroc, à l'émigration et l'immigration irrégulières « .... Sous réserve des conventions internationales, les mineurs âgés de moins de dix-
huit ans dont l'un des parents est titulaire d'un titre de séjour, ceux parmi ces mineurs qui remplissent les conditions prévues à l'article 17 ci-dessous, ainsi que les mineurs ».

[22] Estudio exploratorio NIÑEZ MIGRANTE Marruecos p.24, 2015 disponible en ligne sur : https://www.infomie.net/IMG/pdf/informe-nin_ez-migrante-201507013-v1.pdf

[23] Version original du témoignage en langue espagnole : « Cuando hacían redadas y entraban de noche en las casas, pues estaba durmiendo con mi madre. Nos bajaron a la calle para control de documentación. Les dije que tenía catorce años, pero me dijeron que eso era igual que no tenía documentos para estar en Marruecos.
Me pusieron en el autobús, esposado, como al resto, y nos dejaron a las afueras de Fes. Anduve hasta Fes con dos amigos de mi madre cameruneses, mendigué para conseguir el dinero del autobús y volver hasta Tánger », adolescente camerunés.

d'habitude à un délinquant ordinaire et montrent que les autorités chargées du contrôle n'ont pas une large connaissance sur les conventions internationales qui protègent les droits des migrants en général.
Pour toutes ces raisons, un projet de loi 72-17 relatif à l'entrée et au séjour des étrangers au Royaume du Maroc a été élaborée dans le cadre de la Stratégie nationale d'Immigration et d'Asile, afin de combler les lacunes de la loi 02-03 et de mettre à niveau le droit national de la migration avec les instruments internationaux.

B.Limites des moyens financiers pour une meilleure protection

✓ Coopération entre le Maroc et l'Union Européenne

Pour pouvoir mieux gérer les flux migratoires, le Maroc se trouve depuis les années 80impliqué dans un partenariat actif avec l'Union Européenne. Ainsi l'aide financière octroyé à cet effet au Maroc enregistre un accroissement notable s'approchant de 50% par rapport à la période écoulée[24]. Ceci présente, tout l'enjeu que constitue la question de la migration pour les voisins du Nord. Donc le Maroc est un pays de choix dans ce partenariat qui dans ce domaine de la migration prend d'effort d'aide au contrôle des frontières et de lutte contre les trafiquants et les passeurs. Cependant les flux migratoires s'accroissent, mais le rôle du Maroc à les freiner n'est évidemment pas sans limite.
Pour se borner strictement à l'objet de l'étude, il y a lieu de dire que le Maroc est dans la contrainte de satisfaire dans la mesure du possible à ces engagements vis-à vis de l'Union Européenne comme sur le plan des droits de l'Homme et des conditions de vie digne des migrants, notamment, les enfants et les adolescents.
Les attentes des migrants à cet égard ne se limitent pas à leurs besoins vitaux de vie, mais englobe d'autres aspects comme le logement, l'emploi, la scolarisation, ce qui risque fort de rendre cette émigration permanente au lieu d'être de passage ou transitoire. A cet effet l'accord du Maroc avec l'OIM en ce qui concerne l'aide au retour volontaire des migrants à leurs pays d'origine[25] constitue un important volet de la politique migratoire du Maroc. A cet égard, entre Avril et septembre 2021, 1281 de migrant-e-s ont bénéficié de l'assistance au retour volontaire vers leurs pays d'origine dont 856 hommes, 254 femmes, 87 garçons et 84filles[26].

---

[24] Durant l'année de 2019, l'appui budgétaire était de 389 millions d'euros afin de soutenir les réformes, le développement inclusif et la gestion des frontières et d'œuvrer au développement d'un « Partenariat euro- marocain pour une prospérité partagée»

[25] L'objectif de l'OIM est d'apporter un soutien renforcé pour faciliter le retour volontaire assisté et la réintégration des migrants dans leur pays d'origine. L'aide au retour volontaire et à la réintégration est l'un des services clés de gestion des migrations fournis par l'OIM aux migrants et aux gouvernements. Elle consiste notamment à apporter un appui administratif, logistique et financier aux migrants qui ne peuvent ou ne veulent pas rester dans le pays d'accueil et qui se sont portés volontaires pour regagner leur pays d'origine ;

[26] Organisation internationale de migration, rapport semestriel avril - septembre 2021, p.1 .disponible sur : https://morocco.iom.int/sites/g/files/tmzbdl936/files/rapport-avrr-2eme-trimestre-2021-fr.pdf

Dans l'ensemble l'Union Européenne accorde des appuis budgétaire notable au Maroc pour promouvoir l'approche globale , la protections des demandeurs d'asiles , la lutte contre la traite des êtres humains et le trafic illicite de migrants .A ce propos, un appui budgétaire d'un montant de plus 500 millions d'euros sera alloué par l'UE au Maroc pour la gestion des frontières, le renforcement des enquêtes conjointes sur les migrations irrégulières, et d'assurer des compagnes de sensibilisation des migrations clandestine ainsi de faire face aux réseaux des trafiquants des êtres humains . Ce montant couvre la période de 2021-2027[27].

✓ **L'aide accordée par les ONG internationale :**

S'agissant de l'aide apportée au Maroc par les ONG internationales en matière de migration, il y a lieu de noter que ces appuis couvrent d'important budget déployé dans l'exécution des programmes qui vont des financements de multiples projets y compris l'aide au retour volontaire.

Organisations	Projets	Année	Budget
UNHCR	Assistance sociale et renforcement des services communautaires pour les réfugiés et les demandeurs d'asile au Maroc	Du 01.01.2020 au 31/12/2020	4.774.983,00 MAD
UNICEF	Prise en charge, référencement et accompagnement des enfants migrants pour une meilleure protection et un accès à l'éducation dans la région de Tanger et Oujda	Du 05/2019 au 03/2021	1.079.509,00 MAD
OIM	Retour volontaire et réintégration de migrants en détresse au Maroc Aide et protection offertes aux enfants migrants au Maroc	2022	443 300 971 300[28]

❖ Les données mentionnées ci-dessus présentent qu'un petit aperçu des programmes et les budgets alloués par les organisations internationales

[27] GADEM, Migration irrégulière le Maroc recevra 500 millions Euro de l'Union Européenne, 16/08/2020
disponible en ligne sur : https://www.gadem-asso.org/migration-irreguliere-le-maroc-recevra-500-millions-deuros-de-la-part-de-lunion-europeenne/

[28] Fondation Orient Occident, Rapport annuel, BUDGETS DES PROJETS OPÉRANT À LA FOO AU TITRE DE
L'ANNÉE 2020.

en faveur des migrants et les enfants afin d'assurer une intégration effective dans le respect des droits de l'Homme.

En dépit de cet apport financier, l'action des ONG menée à cet effet se heurte encore à des obstacles comme :

L'insuffisance communicationnelle à l'endroit des migrants pour ce qui est des prestations financières accordées aux individus.

La lenteur des processus administrative dans l'exécution des projets.

La carence du personnel qualifiée pour superviser et mener à bien dans le temps et l'espace l'exécution des projets et le bon ciblage de la population éligible des prestations offerte.

A titre de conclusion provisoire, il transparait des documents consultés[29] qu'il est encore difficile de dire qu'il y a une adéquation satisfaisante entre les moyens engagés et les objectifs fixés à travers les programmes de la Stratégie Nationale d'Immigration et d'Asile. Ceci peut être attribué à de nombreux facteurs dont les limites de la planification budgétaire et les difficultés de coordination entre les pouvoirs publics et organisation nationale et internationale.

✓ **Pour une meilleure protection des enfants migrants**

L'analyse menée jusqu'à présent, a permis de constater que le Maroc s'est engagé depuis l'adoption de la Stratégie Nationale d'Immigration et d'Asile sur la voie de la promotion des droits de l'Homme et l'égalité et ce transparait à travers les efforts entrepris pour intégrer les migrants en général et les enfants en particulier dans la société et par de nombreuses réformes juridiques et institutionnelles élaborées pour se conformer aux engagements internationaux.

Cependant malgré ces avancés, force est de constater que les écarts persistent quant à la garantie des droits de migrants au même titre que les nationaux, dont le principe de l'intérêt supérieur de l'enfant n'est pas pleinement effectif puisqu'il n'est pas primordial par rapport au statut migratoire de l'enfant.

A cet effet le cadre législatif ne peut à lui seul garantir les droits des migrants, il faut qu'il y ait une volonté d'intégration sociale et économique des migrants de la part de tous les acteurs tout en prenant en considération les circonstances qui l'ont permis de quitter leurs pays d'origine.

Au terme de cette recherche, il est judicieux de présenter des recommandations aux défis complexes posés par la protection des enfants migrants au Maroc.

A cet égard, il convient de souligner que l'objectif ici n'est pas d'exposer des solutions aux défis mais plutôt de tenter de présenter un certain nombre de suggestions visant à proposer des approches fondées sur les droits de l'Homme.

Ces recommandations s'appuient sur les orientations et les travaux de recherches et qui peuvent être considérés comme un nouveau point de départ pour échanger des idées et de nouvelles pratiques à ce sujet.

---

[29] La coopération Belge de Développement, dossier technique et financier, programme d'appui à la gestion de
la thématique migratoire, disponible en ligne sur :
http://www.diplomatie.be/oda/60831_PROGDESCR_34807_2653_TFF.pdf

Conclusion

Arrivé au terme de cette recherche, il est opportun de dire qu'en matière de migration et droits d'enfants migrants, le Maroc a certes entrepris en peu de temps des efforts jugés positifs. Ainsi il s 'est donné en la matière une législation assez satisfaisante sur le plan d'accomplissement de ses engagements, comme il a eu à cet effet l'estime de différents partenaires notamment européens.

Aussi, est-il indéniable que le Maroc a pu réaliser des avancés certaines dans le domaine des droits de l'enfant en général et ceux de la migration en particulier, en leur garantissant les droits humains essentiels dans le souci de préserver leur dignité humaine.

Cela étant, il n'en reste pas moins de souligner que ces efforts auraient pu aller plus loin si les moyens financiers et humains étaient dument assurés. Cet aspect mérite d'être bien pris en considération comme ça été indiqué précédemment et particulièrement au niveau de ces deux leviers : la formation et la communication se rapportant au rôle des institutions concernés comme celle des organisations de la société civile.

Toutefois, la prise en charge des problèmes liés à la protection de l'enfant migrant s'impose comme urgence qui doit s'inscrire dans la durée et non principalement dominé par des considérations plutôt sécuritaires ; Car l'enfant reste un être humain qui doit être considéré comme telle avec sa dignité et ses droits sans qu'il soit soumis à des contraintes que pose le phénomène migratoire en général .Il est de ce fait un être innocent et non du tout responsable de la situation dans laquelle il se trouve.

En somme, la question de la protection d'enfant migrant n'est d'ailleurs pas séparée de la vision que doit avoir non seulement les intervenants en la matière mais aussi la société dans sa globalité d'où la nécessité d'une réelle prise de conscience de ce phénomène qui soit concrétisée à travers des attitudes et des manières d'agir plus respectueuses de la dignité humaine.

Quoi qu'on dise de la protection de l'enfant migrant, il demeure toutefois qu'il s'agit d'une question qui avec le temps changera et qu'elle pose constamment des interrogations à nous aussi. Car, en considérant cette question du point de vue principe de dignité et de droit on donne aussi la preuve de notre civilité de nous-même loin de toute considération discriminatoire ou sécuritaire. D'où, le fait que cette question reste par sa nature ouverte à admettre d'autre interrogations et d'autres réponses. Car avec les guerres et les changements climatiques auxquels on assiste aujourd'hui, les facteurs de changement et de déplacement des êtres humains ne cessent de se multiplier.

Bibliographie

Ouvrages

- ALAMI M'CHICHI Houria, HAMDOUCH Bachir, LAHLOU Mehdi, *Le Maroc et la migration*, Maroc, Edition Fondation Friedrich Ebert , 2005,p.91.

- POBJOY Jason, *The child in International Refugee Law*, l'Angleterre, Edition Cambridge University Press, 2017, pages.317.
- KHROUZ Nadia, NAZARENA Lanza, *Migrants au Maroc : Cosmopolitisme, présence d'étrangers et transformations sociales*, Maroc , Edition centre Jacques-Berque, Fondation KonardStifung ,2015, pages.184.
- BELLO Sakinatou, *la traite des enfants en Afrique, l'application des conventions international aux droits de l'enfant en République du Benin*, Bénin , Edition l'Harmattan Sénégal ,2015, pages .468.
- MOODY Zoe, *Les droits de l'enfant, Genèse, Institutionnalisation et Diffusion (1924- 1989)*, Neuch , Editions Alphil-Presses Universitaires suisses, 2016 , p. 424.

Articles

- BRONWEN Manby, « La prévention de l'apatridie chez les migrants et les réfugiés: L'enregistrement des naissances et l'assistance consulaire en Égypte et au Maroc », *Middle East Center ,le centre d'etudes de la migration et des réfugiés et l'Association Marocaine d'Etudes et de Recherche sur les Migrations* ,2019, pages 36.
- GHATOUS Fatima Zahrae, « Détermination de la catégorisation juridique des mineurs non accompagnés subsahariens au Maroc et rôle des ONGs», *Revue Africaines des Sciences Humaine et Sociales, 2022* .
- Morgane Devries, « Enfants migrants : réalités migratoires et enjeux de l'accueil », Analyses de l'IRFAM, n° 15, 2019, p.8.

Rapports et Etudes

- ELMADMAD Khadija, le Maroc et la Convention sur la protection de tous les travailleurs migrants et les membres de leur familles : Note d'analyse et de synthèse-module juridique ,CARIM AS '' Robert Schuman Centre for Advanced Studies, San Domenico di Fiesole (FI): Institut universitaire européen 2009, p. 24.
- ELMADMAD Khadija, Rapport sur le cadre juridique et institutionnel de la migration au Maroc, série : CARIM Notes d'analyse et de synthèse 2011/31, Migration méditerranéennes et subsahariennes : évolution récentes ; Module juridique ,Robert Schuman Centre for Advanced studies ,San Domenico di Fiesone, Institut universitaire européen 2009-2010, p.21.
- Caritas du Maroc et Médecins du Monde Belgique, « Mineur-e-s non accompagné-e-s, en recherche d'avenir, 2016,p.142.

Articles de Presse

- HADDAD Lahcen, Le Maroc et la migration : Entre leadership et défis ,2022, disponible en ligne sur : https://www.lodj.ma/Le-Maroc-et-la-migration-Entre-leadership-et-defis_a43600.html
- HALLOUY Rachid, « Maroc/migrations : Le Royaume du Maroc se dote d'un cadre juridique » publié le 16 novembre, 2009, disponible en

ligne sur : https://www.yabiladi.com/articles/details/1228/maroc-migrations-royaume-dote-d-un.html

Conventions internationales et jurisprudence des organes des traités

- La convention internationale des droits de l'enfant de 1989.
- La convention de Genève relative au statut de réfugié de 1951.
- La convention internationale de protection de tous les travailleurs migrants et leurs

membres de famille de 1990.

- Préambule de la charte des l'Organisation des Nations Unies adoptée le 26juin 1945.
- Observation générale n°6, Traitement des enfants non-accompagnés et des enfants

séparés en dehors de leur pays d'origine, Comité des droits de l'enfant, 2005.

- Observation générale conjointe n° 3 (2017) et no 22 (2017) , sur les principes généraux relatifs aux droits de l'homme des enfants dans le contexte des migrations.
- internationales, Comité pour la protection des droits de tous les travailleurs migrants et des membres de leur famille et le Comité des droits de l'enfant, 2017.
- Observation générale n°12 sur « le droit de l'enfant d'être entendu », Comité des droits de l'enfant ,2009 .
- Observation générale n°14 sur le droit de l'enfant à ce que son intérêt supérieur soit une considération primordiale (art. 3, par. 1), Comité des droits de l'enfant, 2013.
- Observations finales concernant les troisièmes Et les quatrièmes rapports périodiques duMaroc soumis en un seul document, Comité des droits de l'enfant, 2014.

TEXTES DE LOIS

- Constitution Marocaine, promulguée par le Dahir n°1-11-91, 2011.
- Dahir n° 1-03-196 portant promulgation de la loi 02-03 relative à l'entrée et au séjour des étrangers au Royaume du Maroc, à l'émigration et à l'immigration irrégulière.
- Décret n° 2-09-607 du 1er avril 2010 pris pour l'application de la loi n° 02-03 relative à l'entrée et au séjour des étrangers au Royaume du Maroc, à l'émigration et l'immigration irrégulières
- Dahir n° 1-02-255 portant promulgation de la loi n 22-01 (Code de procédure pénal)
- Dahir n° 1-02-239 portant promulgation de la loi 37-99 relatif à l'état civil .ff
- Dahir n° 1-21-81 en date du 14 juillet 2021 portant promulgation de la loi 36-21 relative à l'état civil.

- Dahir n° 1-11-83 du 2 juillet 2011 portant promulgation de la loi cadre n° 34-09 relative au système de santé et à l'offre de soins (BO N 5962 du 21-07-2011).
- Dahir n° 1-02-296 du 25 Rajeb 1423 (3 octobre 2002) portant promulgation de la loi n° 65-00 portant code de la couverture médicale de base.

L'apatridie en Afrique : Source d'insécurité régionale

Amadou SOW,
Docteur en droit privé, Université des sciences juridiques et politiques de Bamako (USJPB).

Résumé :
L'objectif de l'article est de démontrer que l'apatridie est une source d'insécurité régionale et qu'il faut y prévenir l'apatridie pour ne pas perdurer dans les conflits sécuritaires.
Plusieurs conflits contemporains du continent africain sont directement liés à la question du droit à la nationalité. La question de la nationalité ivoirienne était au cœur d'un conflit qui a fait fuir des centaines de milliers de personnes de chez elles. Pendant cette guerre civile, trois millions de personnes ont eu besoin d'assistance humanitaire. De même, les crises postélectorales de 2010-2011 ont été causées, en partie, par la remise en cause des droits liés à la citoyenneté. Il en est ainsi également de la guerre de 1994 en République démocratique du Congo et de l'instabilité chronique que connut le pays du fait de la remise en cause de la nationalité des Banyarwandais.
La littérature quasi inexistante sur une question aussi fondamentale ne manque de susciter des interrogations légitimes. Que des êtres humains puissent être dépourvus de capacité et de personnalité juridique est déjà un scandale en soi. En connaitre les conséquences, c'est-à-dire, les effets, la portée, l'impact que l'apatridie peut avoir sur la vie de ces personnes et surtout sur la sécurité régionale.

Mots clés : apatridie, Afrique, insécurité, régionale

Introduction

L'apatridie est un problème considérable en Afrique de l'Ouest dont l'ampleur n'est pas encore connue. Il est impossible de dire combien d'apatrides se trouvent dans la sous-région, mais il est clair que des centaines de milliers de personnes sont à risque d'apatridie[1].
Le 8 décembre 2011, lors des célébrations du 50e anniversaire de la Convention de 1961 sur la réduction des cas d'apatridie, António Guterres, Haut-commissaire des Nations Unies pour les réfugiés, déclare dans son discours de clôture que « l'apatridie est une des zones de l'agenda mondial des droits de l'homme les plus négligés.[2] » (Guterres, 2011, p. 2, trad. libre) Un constat amer, mais révélateur d'une indifférence généralisée face au drame que vivent les apatrides de par le monde.

---

[1] SOW Amadou, « L'apatridie : un phénomène récurrent en Afrique de l'Ouest », *Revue penant*, n°903, 2018, p. 221.
[2] GUTERRES Antonio, haut-commissaire des nations unis pour les refugiés, déclaration de son discours de clôture du 50e anniversaire de la convention de 1961, 2011, P.2, trad. Libre.

Il y a plus de 70 ans, la Déclaration universelle des droits de l'homme a confirmé le droit de tout individu à une nationalité. Depuis cette date, deux instruments internationaux supplémentaires ont été promulgués pour renforcer la protection et réduire les cas d'apatridie : la *Convention de 1954 relative au statut des apatrides* et la *Convention de 1961 sur la réduction des cas d'apatridie*. Leur ratification, encore trop limitée, est une source de préoccupation, due en partie à un manque de compréhension de l'étendue du problème et de la gravité des conséquences. En outre, même lorsqu'il y a une sensibilisation à ces questions, des problèmes de souveraineté subsistent[3].

Le terme d'« apatride » est apparu pour la première fois sous la plume du juriste Charles Claro[4], en 1918, dans le journal *La Loi.* (OFPRA, 2013) Paradoxalement, bien que ce concept renferme une réalité très complexe, sa définition est d'une relative simplicité : celle adoptée par l'Assemblée générale des Nations Unies et inscrite dans l'article premier de la Convention du 28 septembre 1954 relative au statut des apatrides stipule que « le terme "apatride" désigne une personne qu'aucun État ne considère comme son ressortissant par application de sa législation.[5] ». Philip Leclerc, ancien responsable de l'unité « apatridie » du Haut-Commissariat des Nations Unies pour les Réfugiés (HCR) ajoute à cette définition « ou de sa constitution[6] » comme pour marquer le fait que le droit de la nationalité puise, dans certains cas, directement de la constitution elle-même et non de la loi stricto sensu. A la suite de la définition conventionnelle précitée, le HCR précisera plus tard qu'est également apatride, « L'individu dont la nationalité n'est pas déterminée »[7] .

Le mot « nationalité », au sens juridique, la nationalité est « un lien juridique et politique, défini par la loi d'un Etat, unissant un individu au dit Etat[8]». Autrement, la nationalité est la qualité d'une personne à raison des liens politiques et juridiques qui l'unissent à l'Etat dont elle est un des éléments constitutifs. Elle comprend donc trois éléments : l'Etat donneur de nationalité, l'individu qui reçoit la nationalité, le lien entre l'individu et l'Etat.

Dans son célèbre arrêt Nottebohm[9] du 6 avril 1955, la Cour Internationale de Justice (CIJ) a défini la nationalité comme le "lien juridique ayant à sa base un fait social de rattachement, une solidarité effective d'existence, d'intérêts, de sentiments jointe à une réciprocité de droits et de devoirs.

---

[3] UNHCR, l'apatridie : cadre d'analyse pour la prévention, la réduction et la protection, publication sous la direction d'Emilie Irwin, Mark Manly, 2008, page iii.

[4] CLARO Charles, juriste classique qui a prononcé pour la première fois le mot apatridie.

[5] Article 1 de la convention de 1954 relatif au statut des apatrides.

[6] Lire interview accordée à Haude Morel et Leo Dobbs le 18 mai 2007 sur www.unhcr.org consulté le 15 Mai 2023.

[7] Voir le glossaire extrait de « L'appel global », HCR, Genève, 2009 www.unhcr.org/fr/4ad2f61ae.pdf consulté le 20 Mai 2023.

[8] CORNU Gérard, Vocabulaire juridique, 10ème édition éd., PUF, Paris, 2011, p.672.

[9] C.I.J, Affaire Nottebohm (Liechtenstein c. Guatemala), 6 avril 1955, 2e phase ; Confère, DISTEFANO Giovanni, BUZZINI, Gionata P., Bréviaire de jurisprudence internationale, Belgique, Bruxelles, Bruylant 2005, p.307.

Le lien de rattachement permettant l'exercice de certaines prérogatives étatiques, comme la protection diplomatique, la nationalité confère aussi un statut juridique nécessaire à l'exercice de nombreux droits civils et politiques. La nationalité s'acquiert souvent selon des modalités variées et diverses, soit par naissance, soit par naturalisation ou par alliance. Le Mali a adopté les deux, le ''Jus soli[10]''et le ''jus sanguinis[11]''.
Ensuite, le terme « citoyenneté » est habituellement utilisé dans les sciences sociales pour indiquer différents types d'appartenance à une communauté politique et les droits y afférents. En droit, le citoyen désigne une « Personne qui, dans un Etat démocratique, participe à l'exercice de la souveraineté, soit dans la démocratie indirecte par l'élection de représentants, soit dans la démocratie directe par l'assistance à l'assemblée du peuple[12] ». Ainsi, la frontière entre la nationalité et la citoyenneté est inexistante. En droit international, la nationalité et la citoyenneté sont utilisées comme synonymes, pour décrire la relation juridique entre l'État et l'individu[13]. L'inexistence, l'absence ou la déchéance de la nationalité entraine souvent l'apatridie.
Insécurité, selon le dictionnaire Larousse, l'insécurité est un sentiment de vivre dans un environnement physique ou social favorisant les atteintes aux personnes et aux biens.
Certains travaux permettent d'aborder l'insécurité ou le sentiment d'insécurité au travers d'une analyse plus générale de la peur. Ils montrent les rapports que la peur entretient avec son objet, et mettent l'accent sur son fonctionnement interne[14], sur les processus de refoulement ou d'évitement et leur rôle dans la constitution de l'identité de l'individu. La peur est une émotion individuelle, mais dont les mécanismes sont liés aux structures sociales. Sous les peurs individuelles et leurs conséquences se dissimulent en réalité des craintes propres au « corps social ». Le sentiment d'insécurité peut se comprendre dans ce cadre comme une forme d'« angoisse du chaos», c'est-à-dire une interrogation identitaire individuelle et collective sur ce qu'on «ne peut penser», sur les situations d'ordre ou de désordre absolus[15]. Et en effet, dans l'insécurité coexistent à la fois les craintes d'une désorganisation sociale, les discours sécuritaires énonçant ainsi la peur de ce qui n'est pas directement exprimable, et celles des conséquences du contrôle de la société par les dispositifs sécuritaires.

[10] Acquisition de la nationalité par la naissance sur le sol malien.
[11] Acquisition de la nationalité par la filiation sur le sol malien.
[12] CORNUGérard, *Vocabulaire juridique*, 10eme édition mis à jour p.176
[13] MANBY Bronwen, La nationalité, la migration et l'apatridie en Afrique de l'Ouest, Une étude pour le compte du HCR et de l'OIM, juin 2015, p. IV.
[14] Dans "La peur de la peur", Actions et Recherches sociales, n° 4, décembre 1985, Julien Freund parle du mécanisme de la "peur de la peur", où la peur finit par devenir son propre objet.
[15] Yves Barel, "Quand le social se fait peur à lui-même", Actions et Recherches sociales, n° 4, décembre 1985.

Une autre approche place plus directement l'analyse de l'insécurité dans **le** questionnement des formes de cohésion sociale. L'insécurité y est parfois analysée comme un « **malaise** » lié à la « **crise** » dans ses différentes variables, crise économique, crise identitaire entraînant le besoin d'ordre, **voire** crise urbaine. D'autres auteurs s'attachent à montrer que les discours sécuritaires fonctionnent surtout sur le plan de « l'imaginaire[16]», et qu'ils sont liés à des représentations et des attentes précises de la population face au sentiment de désengagement de l'État dans la protection de la propriété privée »[17].
Plusieurs conflits contemporains sur le continent africain sont directement liés à la question du droit à la **citoyenneté.** La citoyenneté ivoirienne était au cœur d'un conflit qui a fait déplacer des centaines de milliers de personnes [18]. Pendant cette guerre civile, trois millions de personnes ont eu besoin d'assistance humanitaire. De même, les crises postélectorales de 2010-2011 ont été causées, en partie, par la remise en cause des droits liés à la citoyenneté[19]. Il en est ainsi également de la guerre de 1994 en République démocratique du Congo et de l'instabilité chronique que connut le pays du fait de la remise en cause de la nationalité des Banyarwandais[20].
Une documentation quasi inexistante sur une question aussi fondamentale ne manque **pas** de **soulever** des questions légitimes [21]. Que des êtres humains puissent être dépourvus de capacité et de personnalité juridique est déjà un scandale en soi. En connaitre les conséquences, c'est-à-dire, les effets, la portée, l'impact que l'apatridie peut avoir sur la vie de ces personnes et surtout sur la sécurité nationale, est une nécessité et un préalable pour une éradication définitive.
Cette contribution sur l'apatridie comme source d'insécurité permettra d'un point de vue théorique d'identifier les racines auxquelles il faut s'attaquer pour protéger adéquatement la dignité humaine, mise à mal par ce fléau.
Sur le plan pratique, la situation semble encore plus préoccupante, surtout depuis l'occupation du Nord du Mali depuis janvier 2012 par les djihadistes et les mouvements armés. Les trois pays (Mali, Niger et Burkina Faso) souffrent aujourd'hui sous le poids du terrorisme, du banditisme qui oblige les populations à se déplacer, laissant tous leurs biens matériels y compris leurs documents civils.

---

16 Werner ACKERMANN, Renaud DULONG, Henri-Pierre Jeud Y, Imaginaires de l'insécurité, Paris, Librairie des Méridiens/Klincksieck, 1983.
17 Renaud DuLONG, L'Autodéfense, enquête sur quelques faits indécidables, Paris, Librairie des Méridiens / Klincksieck, 1983.
18 UNHCR, L'apatridie en Afrique de l'Ouest, disponible sur www.unhcr.org, p. 3.
19 UNHCR, L'apatridie en Afrique de l'Ouest, Note d'information, Avril 2014, p. 23.
20 Voir SOMA/KABORE Valérie « Les causes et conséquences de l'apatridie », Revue CAMES/SJP, n°001/2016, p. 180.
21 Victor Tchen dans la préface de LIKIBI Romuald, *Le droit de l'apatridie. Pratiques et controverses*, Paris, Ed. Publibooks, 2013, p. 17.

L'Objectif de l'article est de démontrer que l'apatridie est une source d'insécurité nationale et qu'il faut y prévenir l'apatridie pour ne pas perdurer dans les conflits sécuritaires.
La question principale est de savoir si l'apatridie est une source d'insécurité régionale ?
L'étude fait recours à plusieurs disciplines des sciences juridiques, notamment, le droit de la nationalité, le droit international privé, le droit international public, les droits de l'homme. Elle a été menée à l'aune de la documentation juridique et sociologique ainsi que des données statistiques. L'analyse des deux conventions sur l'apatridie, de la Charte africaine ses droits de l'homme et des peuples, de la doctrine ainsi que de la jurisprudence de la Commission et de la Cour africaines des droits de l'homme et des peuples forme la trame de l'étude. Elle a abouti à la conclusion selon laquelle, l'arsenal juridique en matière de nationalité est à renforcer malgré l'excellente contribution de la Cour et de la Commission africaines des droits de l'homme et des peuples. Pour parvenir à ces résultats, il s'est agi d'abord de constater que l'apatridie comme corollaire de l'insécurité régionale (I) et qu'il faut prévenir, sinon protéger les apatrides pour éviter les crises sécuritaires (II).

I.L'apatridie, corollaire de l'insécurité régionale

La population apatride s'étend **sur** toute la région, mais la grande majorité se trouve en Côte d'Ivoire [22]. Certains apatrides sont des migrants échoués ou d'anciens réfugiés dont la nationalité n'a pas été confirmée par leur pays d'origine. D'autres sont des personnes ayant été déchues de leur nationalité pour des raisons liées à la discrimination.
S'il est impossible d'établir un lien juridique avec l'État, l'existence légale est remise en question. Les apatrides n'existent pas juridiquement. Il n'y a aucune preuve légale de leur existence. Ils n'ont pas de personnalité juridique, ne peuvent poser aucun acte légal. Ils sont juridiquement invisibles alors qu'ils font partie de l'ensemble que constitue l'humanité. Dans ce contexte, les personnes apatrides deviennent de plus en plus conscientes du handicap de leur statut et doivent faire face aux effets aussi bien sécuritaires (A) qu'humanitaires (B) de leur situation.

A. Les effets sécuritaires de l'apatridie

L'apatridie peut être source de problèmes sécuritaires pour les Etats non seulement sur le plan interne, mais également international.

---

[22]Notez que la Côte d'Ivoire est le seul pays d'Afrique de l'Ouest qui a fourni des statistiques sur la population.
apatride sur son territoire. En l'absence d'études et de cartographie dans les autres pays, le HCR n'est pas encore
en mesure de fournir des statistiques complètes sur les populations apatrides en Afrique de l'Ouest.

.- Sur le plan interne

« Les apatrides sont victimes de tout type de persécutions, car ils ne jouissent d'aucune protection de la part des autorités étatiques. Ce sentiment d'impuissance et de frustration peut conduire à la radicalisation, à la révolte, source de tensions internes et devenir un élément déclencheur d'instabilité politique pour l'État »[23]. Certains des conflits contemporains du continent africain sont directement liés à la question du droit à la nationalité. En Côte d'Ivoire, par exemple, les élections présidentielles de 1995 seront boycottées par l'opposition significative, non seulement en raison d'un déficit démocratique par rapport à l'organisation du scrutin, mais aussi, et surtout compte tenu de la loi électorale de 1994 qui a institué une clause d'éligibilité à la Présidence de la République et aux législatives, fondée sur l'obligation pour le futur candidat à ces élections, d'être « né de père et de mère eux-mêmes ivoiriens de naissance ». Cette loi constitue en réalité le début du concept d'« ivoirité ». OUATTARA et ses partisans dont feu DJENI Kobena auront maillé à partir avec l'ex-régime de Konan BEDIE. Au premier cité, il est reproché d'être d'origine burkinabé et au second, d'être d'origine ghanéenne.

La question de l'identité nationale a été un élément central du conflit armé qui a divisé le pays en 2002. De même, les crises postélectorales de 2010-2011 ont été causées, en partie, par la remise en cause des droits liés à la citoyenneté[24]. Il en est ainsi également de la guerre de 1994 en République démocratique du Congo et de l'instabilité chronique que connut le pays du fait de la remise en cause de la nationalité des Banyarwandais[25].

En 1979, la Mauritanie renonce au Sahara occidental. Le 17 décembre 1984, le colonel Maaouiya Ould Sidi Ahmad TAYA renverse suite à un putsch son prédécesseur et instaure un règne fort pendant deux décennies. Il doit cependant faire face aux violents conflits raciaux et ségrégationnistes entre les mauritaniens d'origine « maure » et les mauritaniens « noirs » qui, après une longue période de tensions, éclatent en 1989[26] à la faveur du conflit avec le Sénégal[27]. La "guerre" entre le Sénégal et la Mauritanie se greffe sur un vieux différend frontalier et traduit surtout les convoitises autour de la mise en valeur de la région frontalière du fleuve, qui a bénéficié, après les sécheresses des années 1970, de vastes

---

[23] SOMA/KABORE Valérie « Les causes et conséquences de l'apatridie », Revue CAMES/SJP, n°001/2016, p. 188.

[24] Voir UNHCR, *L'apatridie en Afrique de l'Ouest, op.cit.*, p. 23.

[25] Voir POUILLY Cécile, « Le problème caché de l'Afrique », *p. 27-28.*

[26] Ces affrontements de 1989 ont engendré un exode massif de mauritaniens « noirs » (plus de 100 000 personnes) vers d'autres pays limitrophes, notamment le Sénégal et le Mali. Ils fuyaient les exactions à leur encontre par les mauritaniens d'origine « maure ». Il y a eu de nombreuses victimes dans les deux camps. Des rapports établis par l'ONG Human Right watch et la Fédération internationale des ligues de droits de l'homme en 1990 font état de près de 500 morts dénombrés à la faveur de ces violents incidents.

[27] Ce conflit avec le Sénégal a été suscité par un banal incident entre agriculteurs et éleveurs dans la région du fleuve Sénégal. Il a dégénéré avec les représailles exercées au Sénégal contre la communauté maure, très présente dans le petit commerce. La Mauritanie réplique par des exactions de grande ampleur contre la communauté négro-africaine.

aménagements hydroagricoles tels que la construction de grands barrages. Des centaines de nègres mauritaniens seront spoliés de leur nationalité et de leurs biens. L'on note ici une politique discriminatoire et contraire à l'exigence d'État de droit et qui va constituer une réelle base de déstabilisation de l'unité du peuple mauritanien.

Par ailleurs, certains politiques peuvent être tentés de manipuler ces personnes marginalisées et d'utiliser la question de la nationalité pour déstabiliser politiquement l'État surtout pendant les périodes électorales.

Au Mali, depuis 2012, la situation que connaît malheureusement le pays depuis plusieurs années a **eu** un impact négatif sur l'enregistrement des faits d'état civil. En effet, l'insécurité qui prévaut dans ces zones du nord du Mali ne permet pas aux usagers de participer aux services de l'état civil. Et il faut rappeler qu'en général, dans **les** pays ravagés par un conflit interne, il est **rare** de trouver des systèmes d'état civil fonctionnels pour des raisons **évidentes,** et la situation peut durer de nombreuses années.

Ces problèmes sécuritaires dont l'apatridie peut être une source au plan international.

-Sur le plan international

L'apatridie peut constituer une menace pour la paix et la sécurité internationales à deux niveaux. D'une part, les apatrides ne peuvent jouir d'aucun droit et ne bénéficient d'aucune protection, et peuvent présenter une certaine vulnérabilité à l'exploitation par des groupes et organisations criminelles[28]. « La population apatride est un terreau fertile de recrutement pour le terrorisme international »[29] qui déstabilise la communauté internationale. Le sentiment d'injustice que peut ressentir l'apatride du fait des conséquences humanitaires de sa situation et le désir de faire payer l'État, premier responsable, peut-être une motivation supplémentaire pour prendre part à des activités de déstabilisation de la communauté internationale.

La capacité de punir est un attribut souverain d'un État sur ses ressortissants, et l'absence de lien entre la nationalité et l'État peut conduire à un faux sentiment d'impunité pour les apatrides engagés dans des activités criminelles. Cependant, cette impunité est une coquille vide, car l'absence de lien de nationalité empêche les États d'exercer leur compétence personnelle sur les apatrides et le droit international a mis en place des mécanismes pour prévenir l'impunité des crimes internationaux[30]. C'est ainsi que la compétence universelle qui permet à un État de poursuivre et juger une infraction qui n'a pas de lien de rattachement avec lui

---

[28] SOMA/KABORE Valérie « Les causes et conséquences de l'apatridie », Revue CAMES/SJP, n°001/2016, p. 188.

[29] Le terrorisme international est un fait illicite de violence grave commis par un individu ou un groupe d'individus, agissant individuellement ou avec l'approbation, l'encouragement, la tolérance ou le soutien d'un État contre des biens ou des personnes pour des raisons idéologiques et susceptibles de mettre en danger la paix et la sécurité internationale. Voir SALMON Jean, *Dictionnaire de droit international,*. p. 1081.

[30] SOMA/KABORE Valérie « Les causes et conséquences de l'apatridie », *op.cit.* p. 188.

[31] devient un rempart contre l'impunité. De même, les juridictions pénales internationales, notamment la Cour pénale internationale, est compétente pour connaitre des quatre crimes les plus graves susceptibles de menacer la paix et la sécurité internationale, à savoir le crime de génocide, le crime contre l'humanité, le crime de guerre et le crime d'agression[32], commis même par un apatride sur le territoire d'États partis, ou n'importe où sur saisine du Conseil de sécurité de l'Organisation des Nations Unies[33].

D'autre part, l'absence de règles internationales communes en matière d'attribution de la nationalité et de procédures claires de prévention de l'apatridie peut faire naître des conflits interétatiques dans la détermination de la nationalité de certains groupes de personnes[34], ce qui est potentiellement une menace à la paix et la sécurité internationales.

La communauté internationale doit travailler ensemble pour trouver des mesures visant à protéger les apatrides et à éliminer les causes de l'apatridie. Ceci est important non seulement pour les personnes concernées, mais pour la communauté mondiale dans son ensemble[35].

A cet effet, HCR fait de l'éradication de l'apatridie son cheval de bataille en proposant une stratégie quadridimensionnelle : l'identification, la prévention, la réduction, et la protection impliquant toutes les couches sociales et notamment les universitaires[36].

L'apatridie constitue comme démontré dans cette contribution, une grave violation des droits humains. Les causes étant connues, des solutions existent donc pour mettre fin à cette intolérable situation. Pour ce faire, une approche globale et universelle est nécessaire.

La communauté internationale dans son ensemble doit s'impliquer dans la lutte contre ce phénomène. À cet égard un plan d'action global (2014-2024) visant à mettre fin à l'apatridie a été adopté par le HCR et est articulé autour d'actions consistant à éliminer les principales causes d'apatridie[37].

---

[31] Voir REBUS Didier, *Droit pénal international*, Paris, LGDJ, 2014, 2e éd., p. 97.

[32] Voir l'article 5 du statut du Rome du 17 juillet 1998.

[33] Voir article 13b) du Statut de Rome du 17 juillet 1998.

[34]Voir UNHCR, *L'apatridie en Afrique de l'Ouest, op.cit.*, p. 23.

[35] SOMA/KABORE Valérie « Les causes et conséquences de l'apatridie », *op.cit.* p. 189.

[36] À cet égard, à l'issue d'une formation organisée du 27 au 31 octobre 2014 à Somone (Sénégal) sur l'Apatridie, le Réseau des universitaires francophones d'Afrique de l'Ouest sur l'apatridie s'est engagé à mener un certain nombre d'activités de recherches autour de l'apatridie afin d'informer et sensibiliser le plus largement possible sur ce phénomène et sur la nécessiter de son éradication.

[37]Par exemple Action 2 : faire en sorte qu'aucun enfant ne naisse apatride ; action 3 : supprimer la discrimination basée sur le genre de la législation sur la nationalité ; Action 5 : prévenir l'apatridie dans les cas de successions d'"Etats…

B. Les effets sur les droits humains

L'apatridie est une question fondamentale des droits de l'homme qui est souvent bafouée. Parce que les apatrides n'ont pas de statut juridique, ils n'ont aucun droit et ne peuvent bénéficier d'aucune protection internationale.

-Les violations des droits fondamentaux

Les droits humains sont en principe universels et inhérents à la nature humaine. Tous les êtres humains ont le droit de jouir de tous les droits et libertés civils garantis par la Déclaration universelle des droits de l'homme sans aucune discrimination fondée sur la race, le sexe ou l'ethnie…[38], ainsi que les autres instruments juridiques de protection de l'homme ratifiée par l'État sur le territoire duquel il se trouve.

Cependant, dans la pratique, la jouissance de ces droits est subordonnée à la preuve d'une existence légale. Dans ces conditions, comment jouir des droits et libertés fondamentales si l'on n'existe pas juridiquement ?

Comment exercer vos droits si vous n'êtes pas en mesure d'établir votre identité, les apatrides qui ne sont pas en mesure de fournir cette identification sont victimes de violations de leurs droits civils et politiques fondamentaux, ainsi que des droits économiques, sociaux et culturels. À titre illustratif, en ce qui concerne la violation des droits civils et politiques, l'apatride est dans l'impossibilité de s'inscrire sur les listes électorales et ne peut de ce fait jouir de son droit de vote ni droit d'éligibilité, sa liberté de déplacement est restreinte, ce qui l'empêche de jouir de la libre circulation des personnes garantie entre autres par les textes communautaires.[39]Cependant, en Afrique de l'Ouest, aucune loi nationale sur l'immigration ne prévoit encore de statut légal pour l'apatride qui est victime de divers abus[40].

Cette condition avilissante est inacceptable, car elle en plus de l'inaptitude juridique, elle implique une exclusion sociale certaine. Faute de mécanismes pour leur identification et leur protection, la plupart des apatrides vivent dans l'ombre, en marge de la société, sans aucune possibilité de réaliser leurs ambitions.

Victimes de tous types d'abus et sans accès à la justice de l'État sur le territoire de l'État sur lequel, il se trouve, l'apatride migrant ne peut non plus compter sur une protection internationale.

- L'absence de protection internationale

La protection internationale est l'ensemble des moyens permettant à un individu d'être protégé dans l'ordre juridique international en cas de violation de ses droits fondamentaux. Cette protection peut être médiate, c'est-à-dire, assurée par un tiers qui principalement l'État. Elle peut également être immédiate et permettre à

---

[38]Voir par exemple en Afrique de l'Ouest, les traités UEMOA et CEDEAO qui garantissent la libre circulation des personnes dans l'espace communautaire, sous réserve d'avoir un document d'identité à jour, lequel document peut difficilement être présenté par les apatrides.

[39] Pas de droit d'entrée, pas de droit de retour. L'apatride devient une sorte de Ping pong humain entre les États

[40] Voir UNHCR, *L'apatridie en Afrique de l'Ouest, op.cit.*, p. 27.

l'individu lui-même d'actionner lui-même les mécanismes de sa propre protection devant les instances internationales[41].

En ce qui concerne la protection médiate, il peut s'agir de la protection diplomatique, ou de celle assurée par la puissance protectrice. En ce qui concerne la protection diplomatique, elle permet à un État de protéger ses ressortissants sur la scène internationale[42]. Selon les termes du juge international, « c'est un principe élémentaire de droit international que celui qui autorise l'Etat à protéger ses nationaux lésés par des actes contraires au droit international commit par un autre État qu'ils n'ont pu obtenir satisfaction par les voies ordinaires »[43]. L'État prend fait et cause pour son national victime de violation du droit international par un autre État. De cette définition, il ressort que la première condition de l'exercice de la protection diplomatique est le lien de nationalité entre l'État et la victime de la violation. Dans le cas de l'apatride, cette première exigence est insurmontable puisqu'aucun État ne le reconnait comme son ressortissant par application de sa législation. L'apatride comme on le sait ne possède la nationalité d'aucun État. Victime de violation et dans l'incapacité d'obtenir réparation devant les tribunaux de l'Etat sur le territoire duquel il réside, l'apatride ne peut bénéficier de la protection diplomatique d'aucun État. Même s'il se sent lié par un État, en l'occurrence celui du territoire sur lequel il est né et a longtemps vécu, l'absence de preuve légale de ce lien le prive de toute possibilité d'être protégé par lui.

Quant au mécanisme de la puissance protectrice, il permet à une entité neutre étatique ou non de protéger les nationaux d'un État dans le cadre d'un conflit armé. Là également, la nationalité semble être la condition première du déclenchement de cette protection, ce qui exclut *a priori*, l'apatride. Si l'absence de nationalité l'empêche de bénéficier de cette protection médiate, peut-il alors lui-même actionner les mécanismes de sa propre protection au niveau international ?

En droit international contemporain, l'individu a acquis une certaine capacité juridique qui lui permet d'agir sur la scène internationale dans certains domaines fondamentaux du droit international sans l'intermédiaire de son État[44], notamment en droit international des droits de l'homme et en droit international pénal. Ainsi en droit international des droits de l'homme, l'individu possède une capacité processuelle lui permettant d'agir contre l'État auteur d'une violation d'un de ses droits fondamentaux devant les organes juridictionnels ou quasi juridictionnels de l'ordre international[45]. En ce qui concerne l'apatride, la mise en œuvre de ce mécanisme immédiat de protection peut être problématique pour deux raisons principales.

---

[41] SOMA/KABORE Valérie « Les causes et conséquences de l'apatridie », *op.cit.* p. 186.

[42]Voir SOMA/KABORE Valérie Edwige, « L'évolution du statut de l'individu en droit international », in *Revue CAMES/SJP*, n° 001, 2015, pp. 15-36.

[43]Voir CPJI, *Affaires des concessions Mavrommatis en Palestine*, arrêt du 30 Août 1924.

[44]Exceptions préliminaires, Recueil 1924, Série A, n° 2, p. 12.

[45] Voir SOMA/KABORE Valérie Edwige, « L'évolution du statut de l'individu en droit international », *op.cit.*,p.15-36.

La première est que l'accès à la justice internationale est subordonné à l'épuisement des voies de recours internes. Il a été précisé plus haut que la jouissance des droits civils et politiques, notamment l'accès à la justice est très difficile pour les apatrides, surtout lorsqu'ils ne bénéficient d'aucun statut légal. Cette condition peut alors être difficile, voire impossible à remplir pour l'apatride.
La deuxième raison est qu'au niveau international, l'identité est également nécessaire pour la saisine des instances internationale. Cette preuve légale de son existence faisant défaut à l'apatride, l'accès à la protection immédiate peut lui être fermée[46].
Livré à lui-même, sans lueur d'espoir, l'apatride peut se retrouver impliqué volontairement ou non dans des situations menaçant la sécurité des États.
Pour la stabilité de nos Etats africains, il est indispensable de prévenir l'apatridie pour ne pas en subir les conséquences.

II.La prévention de l'apatridie, un moyen de lutte contre l'insécurité

Pour éviter les crises sécuritaires et surtout la violation des droits humains, il faut une protection des apatrides en harmonisant les instruments juridiques nationaux et régionaux relatifs aux droits de l'homme (A) et la protection des apatrides à partir des instruments juridiques internationaux relatifs aux droits de l'homme (B).

A-La protection des apatrides par l'harmonisation des instruments juridiques nationaux et régionaux

Au niveau national par exemple, le Mali doit inclure à l'article 224 du code des personnes et de la famille (CPF), (nationalité d'origine) l'enfant né apatride au Mali afin de le rendre conforme à l'article. 1 de la Convention sur la réduction des cas d'apatridie[47] . Selon la Convention relative aux droits de l'enfant, l'enfant a le droit d'acquérir une nationalité dès sa naissance[48]. Également, la Charte africaine des droits et du bien-être de l'enfant énonce que « Tout enfant a le droit d'acquérir une nationalité »[49]– enfant, donc, bien avant d'être adulte. Le Comité africain d'experts sur les droits et le bienêtre de l'enfant détaille cette question dans son Observation générale sur l'article 6 de la Charte africaine des droits et du bien-être de l'enfant[50]. Le Mali est parti à ces deux instruments. Il est à souligner que l'article 219 du CPF établit que : « Les dispositions relatives à la nationalité

[46]Cependant, il est possible qu'il puisse se faire représenter par des associations de défense des droits humains devant les instances qui admettent l'*actiopopularis* à l'exemple de la Cour et de la Commission ADHP.
[47] Convention de 1961.
[48] Art.7 de la convention relative aux droits de l'enfant
[49] Art.6, alinéa 3 la Charte africaine des droits et du bien-être de l'enfant.
[50] Adoptée par le Comité pendant sa vingt-troisième Session Ordinaire (07 - 16 Avril, 2014) - http://www.refworld.org/cgi-bin/texis/vtx/rwmain/opendocpdf.pdf?reldoc=y&docid=54db21af4

contenues dans les traités et accords internationaux dûment ratifiés par le Mali et publiés s'appliquent ».

Revoir les articles 225 et 226 (enfant né au Mali de parents inconnus) du CPF de façon à les mettre en harmonie avec l'article 2 de la Convention de 1961 qui dispose que « L'enfant trouvé sur le territoire d'un État contractant est, jusqu'à preuve du contraire, réputé né sur ce territoire de parents possédant la nationalité de cet État ».

En Côte d'Ivoire, deux lois de 2018 visent à améliorer l'enregistrement des naissances :

la loi n° 2018-862 du 19 novembre 2018 relative à l'état civil[51] et la Loi n° 2018-863 du 19 novembre 2018 instituant une procédure spéciale de déclaration de naissance, de rétablissement d'identité et de transcription d'acte de naissance[52].

La Loi n° 2018-862 intègre de nouveaux acteurs dans l'organisation des services d'état civil en vue de les rapprocher davantage des populations et de faciliter et d'étendre l'enregistrement des naissances. L'informatisation progressive de ces services permettra d'améliorer considérablement les délais d'établissement des extraits d'actes de naissance. La procédure spéciale de déclaration de naissance, de rétablissement d'identité et de transcription d'acte de naissance institué par la loi n° 2018-863 est accompagnée de mesures d'amnistie destinées à encourager les détenteurs de faux à demander leur annulation afin de pouvoir établir des actes réguliers, y compris le redressement d'actes d'autrui afin de se faire établir son propre acte de naissance. L'application effective de ces deux lois a été retardée par le manque de décrets d'application (situation début 2020). À notre connaissance il n'y a pas eu jusqu'à présent un décret d'application.

Les États africains agissant dans le cadre de l'Union africaine doivent prendre des mesures en vue de l'élaboration et de l'adoption d'un Protocole sur la nationalité à la Charte africaine des droits de l'homme et des peuples, basés sur les principes de la Charte africaine, l'Acte constitutif de l'Union africaine, autres normes du droit international relatif aux droits de l'homme.

Les États africains qui ne l'ont pas encore fait doivent engager dans les meilleurs délais la ratification des traités pertinents, y compris la Charte africaine des droits et du bien-être de l'enfant, la Convention de l'ONU relative aux droits de l'enfant, la Convention de l'ONU relative au statut des apatrides, la Convention de l'ONU sur la réduction des cas d'apatridie.

Les États africains doivent retirer toutes les réserves émises sur l'article de la Convention de l'ONU sur l'élimination de toutes les formes de discrimination à l'égard des femmes, l'article 7 la Convention de l'ONU relative aux droits de l'enfant, ainsi que les conventions sur l'apatridie.

---

[51] https://www.refworld.org/docid/5ce3ed834.html

[52] http://loidici.org/loi/2019/02/05/la-procedure-speciale-de-declaration-de-naissancede-retablissement-didentite-et-de-transcription/lois-article-par-article/plus-de-textes-de-lois/actes-de-naissance/

Les États africains doivent interpréter l'article 6 du Protocole à la Charte africaine des droits de l'homme et des peuples relatifs aux droits de la femme en Afrique à la lumière des exigences générales de non-discrimination fixées par l'article 2 de la Charte.
Les États africains doivent mettre leurs législations sur la nationalité en conformité avec les normes figurant dans ces traités (et les recommandations ci-dessous).
Les Communautés économiques régionales qui sont les piliers de l'Union africaine devront diriger ces efforts.
Les États africains doivent coopérer en vue d'harmoniser leurs droits de la nationalité et de déterminer la nationalité des personnes qui ont des difficultés à établir leur nationalité.
Les institutions intergouvernementales africaines, y compris la Commission africaine des droits de l'homme et des peuples, doivent assurer le suivi et publier des rapports sur la façon dont les États africains respectent, aussi bien dans leurs législations que leurs pratiques en matière de nationalité, les normes établies par les traités africains et internationaux en matière de droits de l'homme.

Libertés individuelles et expulsion

Selon le droit international, une personne ne peut pas être expulsée d'un pays dont elle détient la nationalité, quelle que soit la destination vers laquelle se fait cette expulsion.[53] Un État ne peut expulser de son territoire, ou refouler vers leur État d'origine, des individus à qui il dénie la nationalité que s'il respecte les règles minimales de sauvegarde des libertés individuelles, en particulier le droit d'attaquer individuellement en justice tant les causes de l'expulsion ou du refoulement que l'allégation que cette personne est en fait un étranger.
Ce principe a été réaffirmé en mai 2007 par la Cour internationale de justice, dans une affaire introduite par la Guinée : le gouvernement de ce qui était alors appelé le Zaïre n'a pas fourni de façon effective et accessible les moyens permettant à un individu d'attaquer une expulsion, car la décision (techniquement le « refus d'entrée ») ne pouvait pas faire l'objet d'un appel.[54]
La Charte africaine des droits de l'homme et des peuples est en accord avec ces règles et ajoute spécifiquement une interdiction générale pour les expulsions collectives d'individus sur la seule base de l'appartenance à un groupe national, racial, ethnique ou religieux particulier[55].

[53] Cette interdiction ne comprend pas l'extradition d'une personne (quelle que soit sa nationalité) en vue d'être jugée dans un autre pays ou pour l'exécution d'une condamnation, en conformité avec le respect des libertés individuelles et sur la base d'accords juridiques entre États.
[54] L'Ordonnance-loi No. 83–033 du 12 septembre 1983, relative à la police des étrangers, exclut expressément le droit d'appel en cas de refus de l'entrée. Voir l'affaire Ahmadou Sadio Diallo (*République de Guinée c. République Démocratique du Congo*), Exceptions Préliminaires, Cour internationale de justice, 24 mai 2007, paragraphe 46.
[55] Article 12 de la charte africaine.

Le droit international et beaucoup de constitutions africaines interdisent également le *refoulement* des réfugiés, c'est à dire, l'expulsion forcée d'un individu vers un endroit où il courrait le risque de subir des persécutions telles que définies dans les Conventions onusienne et africaine sur les réfugiés. Toute personne refoulée ou expulsée doit avoir le droit individuel d'attaquer en justice cette action sur la base du fait qu'elle constituerait un refoulement.

La jurisprudence de la Commission africaine des droits de l'homme et des peuples

De nombreux articles de la Charte africaine des droits de l'homme et des peuples sont applicables aux affaires touchant à la nationalité, y compris le droit à la non-discrimination[56]; au traitement égal devant la loi[57]; à la dignité[58]; et à un procès juste et équitable[59].

L'article 12 de la Charte accorde aussi des protections spécifiques touchant à la nationalité, à l'immigration, et à la protection des réfugiés :

1. Toute personne a le droit de circuler librement et de choisir sa résidence à l'intérieur d'un État, sous réserve de se conformer aux règles édictées par la loi.
2. Toute personne a le droit de quitter un pays, y compris le sien, et de revenir dans son pays. Ce droit ne peut faire l'objet de restrictions que si celles-ci sont prévues par la loi, et nécessaires pour protéger la sécurité nationale, l'ordre public, la santé ou la moralité publique.
3. Toute personne a le droit, en cas de persécution, de rechercher et de trouver asile en territoire étranger, conformément à la loi de chaque pays et aux conventions internationales.
4. L'étranger légalement admis sur le territoire d'un État parti à la présente Charte ne pourra en être expulsé qu'en vertu d'une décision conforme à la loi.
5. L'expulsion collective d'étrangers est interdite. L'expulsion collective est celle qui vise globalement des groupes nationaux, raciaux, ethniques ou religieux.

Plusieurs actions ont été intentées devant la Commission africaine des droits de l'homme et des peuples au nom d'individus politiquement actifs que des gouvernements aient tenté de faire taire (souvent avec succès) en les privant de leur nationalité, en les refoulant ou en violant d'une autre manière leurs droits sur la base d'une nationalité ou d'un statut d'immigré allégué.

Chose plus importante peut-être, la Commission africaine s'est rendu compte que la disposition de l'article 5 selon laquelle « tout individu a droit au respect de la dignité inhérente à la personne humaine et à la reconnaissance de sa personnalité juridique » s'applique spécifiquement aux tentatives de priver des individus de leur nationalité et de les rendre apatrides. Ainsi, dans l' affaire au long cours John Modise, qui a été durant des années confinées soit dans le « bantoustan » sud-africain du Bophuthatswana ou dans le *no man'sland*entre l'Afrique du Sud et le

---

[56] Article 2 de la charte africaine.
[57] Article 3 de la charte africaine.
[58] Article 5 de la charte africaine.
[59] Article 7 de la charte africaine.

Botswana à cause du refus du gouvernement botswanais de reconnaître sa nationalité, la Commission a pris une décision à l'encontre du gouvernement du Botswana et a jugé, entre autres conclusions, que « la souffrance et l'indignité» dans lesquelles était placé Modise constituaient une violation de l'article 5.[60] De même, dans *Amnesty Internationalc. Zambie*, la Commission a constaté le refoulement de William Banda et John Chinula de la Zambie vers le Malawi et conclu « qu'en forçant les plaignants à vivre comme des apatrides dans des conditions dégradantes, le gouvernement zambien ... les a privés d'affection de leurs familles et privés ces familles du soutien apporté par ces hommes, et que ceci constitue une violation de la dignité de la personne humaine, violant ainsi l'article 5 ».[61]

En outre, la Commission a soutenu que l'article 7(1) (a), en référence au « droit de saisir les juridictions nationales compétentes », inclut aussi bien le droit initial de saisir une cour que le droit d'interjeter appel d'une décision de première instance devant des instances supérieures. Dans plusieurs cas touchant à des refoulements ou au déni de nationalité, la Commission a soutenu que le fait que quelqu'un ne soit pas citoyen « ne justifie pas en soi sa déportation » ; il doit y avoir le droit d'attaquer en justice une expulsion sur une base individuelle.[62] Dans l'affaire Banda et Chinula, la Zambie a également violé leur droit à la liberté d'expression.

La Commission a condamné le célèbre amendement constitutionnel du gouvernement zambien qui exigeait de quiconque voulant se présenter à la présidence qu'il apporte la preuve que ses deux parents soient zambiens de naissance ou d'ascendance (amendement clairement destiné à empêcher l'ancien président Kenneth Kaunda de se présenter à nouveau aux élections), et a conclu que la disposition violait les articles 2, 3 et 13.[63] La Commission a noté que, du fait de la liberté de mouvement entre les composantes de l'ancienne Fédération d'Afrique centrale (maintenant les États du Malawi, de la Zambie et du Zimbabwe), dire que seul pouvait être un zambien autochtone un individu né dans ce qui est plus tard devenu l'État souverain de Zambie et dont les parents étaient nés dans cet État serait arbitraire. L'application rétroactive d'une telle loi ne saurait se justifier selon la Charte.

---

[60] Communication 97/93, *Modise c. Botswana*, Quatorzième rapport annuel d'activités de la CADHP, 2000–2001, paragraphe 91

[61] Communication No. 212/98, *Amnesty International c. Zambie*, Douzième rapport annuel d'activités de la CADHP, 1998–1999, paragraphe 50.

[62]*Amnesty International c. Zambie,* paragraphe 33. Voir aussi Communication No.159/96, *Union Interafricaine des Droits de l'Homme et autres c. Angola*, Onzième rapport annuel d'activités de la CADHP, 1997–1998; *Modise c. Botswana*; Communications No. 27/89, 49/91 et 99/93, *Organisation Mondiale Contre la Torture et autres c. Rwanda*, Dixième rapport annuel d'activités de la CADHP, 1996–1997; Communication No. 71/92, *Rencontre Africain pour la Défense des Droits de l'Homme c. Zambie* Dixième rapport annuel d'activités de la CADHP,1996-1997.

[63] Communication 211/98, *Lega lResources Foundation c. Zambie*, Quatorzième rapport annuel d'activités de la CADHP, 2000–2001.

Fondant ses décisions sur les articles 2 et 7 ainsi que sur l'article 12, la Commission a condamné l'Angola et la Zambie dans des affaires de refoulements individuels ou d'expulsions collectives sur la base de l'ethnie, considérant que les expulsions collectives constituent « une violation particulière des droits de l'homme ».[64] La Zambie a procédé à l'expulsion indiscriminée d'Africains de l'Ouest, sans qu'ils aient eu la possibilité de faire appel contre leur refoulement, et les a retenus dans un camp spécial pour une durée allant jusqu'à deux mois.[65]
De même, la Commission a adopté une décision concluant à la violation par le gouvernement guinéen de l'article 2 et de l'article 12 (entre autres), pour « violations massives des droits des réfugiés » à la suite d'un discours du président guinéen, Lansana Conté, incitant les soldats et les civils à attaquer les réfugiées Sierra léonais.[66] La Commission a encore conclu que l'exception de l'article 12 (2) de la Charte relative à la protection « de la sécurité nationale, la loi et l'ordre, la santé ou la moralité publics » n'annule pas le droit d'intenter un procès, et qu'il revient à l'État de prouver la menace à la sécurité nationale, à la loi et l'ordre, la santé ou la moralité publiques.[67]
Le Protocole à la Charte africaine des droits de l'homme et des peuples relatifs aux droits de la femme en Afrique est extrêmement exigeant avec les États en matière de non-discrimination en général, mais s'avère très faible pour ce qui est des droits relatifs à la citoyenneté, largement grâce aux efforts des États nord-africains.[68] Il dit seulement à l'article 6 que :
g) une femme a le droit de conserver sa nationalité ou d'acquérir la nationalité de son mari ;
h) la femme et l'homme ont les mêmes droits en ce qui concerne la nationalité de leurs enfants sauf s'il existe des dispositions contraires dans la législation nationale ou si cela est contraire aux exigences de la sécurité nationale.

B.La protection des apatrides par les instruments juridiques internationaux relatifs aux droits de l'homme

La reconnaissance légale de la nationalité ou de la citoyenneté constitue l'un des liens les plus essentiels entre un individu et l'État dont il revendique la nationalité. Cependant, le droit international **relatif** à la nationalité est relativement sous-

---

[64]*Union Interafricaine des Droits de l'Homme et autres c. Angola,* paragraphe 16. Voir aussi la communication 292/2004 *Institut des Droits de l'Homme et du Développement en Afrique c. Angola*, Vingt-quatrième rapport annuel d'activités de la CADHP, 2008.
[65]*Rencontre Africaine pour la Défense des Droits de l'Homme c. Zambie.*
[66]. Communication No. 249/02, *Institut des Droits de l'Homme et du Développement en Afrique (au nom des réfugiés sierra-léonais en Guinée) c. République de Guinée* Dix-huitième rapport annuel d'activités de la CADHP, 2004–2005.
[67]*Amnesty International c. Zambie,* paragraphe 42.
[68] f discussion de la rédaction du projet dansFareda Banda « Protocol to the African Charter on the Rights of Women in Africa » dans Malcolm Evans et Rachel Murray (eds), *The African Charter on Human and Peoples'Rights : The System in Practice 1986-2006*, Cambridge University Press, 2008.

développé par rapport aux traités régissant les questions commerciales, la **réglementation** diplomatique ou encore les droits de l'homme. Cependant, certains principes de base ont été posés.

L'octroi de la **citoyenneté** a jusqu'à présent été et est toujours, sauf dans de rares cas, considérés comme relevant du pouvoir discrétionnaire de l'État concerné, bien qu'il soit généralement admis que la naissance sur le territoire d'un État confère la nationalité de cet État. En même temps, au cours de l'époque du droit de vote limité dans les États européens et du régime colonial en Afrique, la nationalité en elle-même ne donnait pas forcément aux individus tous les droits de citoyen dans cet État, car seul un nombre limité de personnes pouvaient participer pleinement au gouvernement de la cité.

La distinction entre nationalité et citoyenneté (l'exercice des droits **civiques)** signifiait que les femmes en particulier étaient, jusqu'au début du XXe siècle, partout **exclues** de la pleine citoyenneté par les États dont elles **ont** la nationalité ; et dans les pays coloniaux, tous les non-Européens sont également désavantagés. Avec l'avènement de l'ère démocratique fondée sur le suffrage universel, mais aussi avec la décolonisation et l'autodétermination, c'est-à-dire l'idée que tous les ressortissants d'un État ont le droit de participer **au** gouvernement, la distinction entre nationalité et citoyenneté n'est plus admise. De plus, l'ère de la mondialisation s'est accompagnée **d'une** augmentation spectaculaire de la migration dans le monde. Ainsi, la question de savoir qui conservera la nationalité (avec tous les droits qu'elle comporte) devient plus importante et plus complexe. .[69]

Pendant longtemps, le droit international a considéré l'octroi de la nationalité comme étant le « domaine réservé » des États, une position affirmée par la Cour permanente de justice internationale en 1923.[70] Depuis cette date, la montée en puissance des droits de la personne a posé des limites au pouvoir étatique, dans ce domaine comme dans d'autres.

En 1930, la Convention de La Haye concernant certaines questions relatives aux conflits de lois sur la nationalité a affirmé dans son préambule qu'il est de l'intérêt de la communauté internationale de s'assurer que tous les pays reconnaissent que « tout individu doit avoir une nationalité ». Tout en reconnaissant que chaque État peut décider de sa propre législation en matière de nationalité, l'article 1 de la Convention note que les autres États ne reconnaîtront ces lois que dans la mesure

[69] Manby Bronwy, Les lois sur la nationalité en Afrique : une étude comparée, op.cit. p. 20.

[70] Avis consultatif de la CPJI du 7 février 1923 (*Décrets de nationalité promulgués à Tunis et au Maroc*), CPJI Ser.B., No. 4 (1923). Voir aussi, Weiss P., *Nationality and Statelessness in International Law* (2eme Ed.), 1979, p. 126: « en principe et avec l'exception possible d'une privation clairement discriminatoire, le droit pour un État de fixer les règles régissant la perte de sa nationalité n'est pas limité par le droit international, sauf si un État a, par traité, des obligations précises qui imposent ces limites ».

où elles sont en conformité avec les conventions internationales, les coutumes et les « principes de droit généralement reconnu en matière de nationalité ».[71]
La Convention de la Haye constituait une tentative de garantir une nationalité à tous les individus, tout en minimisant la double nationalité, par l'harmonisation des pratiques des États en la matière. Lorsque la Déclaration universelle des droits de l'homme a été adoptée en 1948, la nationalité était l'un des droits garantis. L'article 15 stipule que « tout individu a droit à une nationalité » et que « nul ne peut être arbitrairement privé de sa nationalité ». Les spécialistes sont divisés sur la question de savoir si la Déclaration universelle constitue elle-même le droit coutumier international ou si elle ne fait que refléter ce droit,[72] mais dans les deux cas, l'inclusion de la nationalité dans la Déclaration implique que même les États qui n'ont ratifié aucun des traités relatifs à la nationalité sont forcés de respecter la nationalité en tant que droit de l'homme.
La Convention sur la réduction des cas d'apatridie de 1961, qui est entrée en vigueur en 1975, considère comme un devoir des États de prévenir l'apatridie dans les législations et les pratiques en matière de nationalité.
L'article 1stipule : « Tout État contractant accorde sa nationalité à l'individu né sur son territoire et qui, autrement, serait apatride ». L'article 8(1) ajoute que « les États contractants ne priveront de leur nationalité aucun individu si cette privation doit le rendre apatride ». Bien que l'article 8 donne des causes légitimes de privation de nationalité (telles que lorsque la nationalité a été frauduleusement obtenue, ou lorsqu'un citoyen prête un serment d'allégeance à un autre État), une telle privation ne peut avoir lieu que par une procédure qui respecte les libertés individuelles. Pour ce qui concerne les personnes qui ne deviendraient pas apatrides, la Convention interdit aussi la privation de nationalité « pour des raisons d'ordre racial, ethnique, religieux ou politique ».
Beaucoup de traités sur les droits de l'homme font brièvement mention de la nationalité en rapport avec leur sujet central. La Convention internationale sur l'élimination de toutes les formes de la discrimination raciale exige que le droit à une nationalité ne soit pas refusé sur des bases discriminatoires.
La Convention sur l'élimination de toutes les formes de discrimination à l'égard des femmes impose l'égalité entre hommes et femmes en matière de nationalité.
Le Pacte international relatif aux droits civils et politiques ne parle pas de la nationalité des adultes, mais reconnait que « tout enfant a le droit d'acquérir une

---

[71] « Il appartient à chaque État de déterminer par sa législation quels sont ses nationaux. Cette législation doit être admise par les autres États, pourvu qu'elle soit en accord avec les conventions internationales, la coutume internationale et les principes de droit généralement reconnus en matière de nationalité » : Convention de La Haye concernant certaines questions relatives aux conflits de lois sur la nationalité, 1930 (entrée en vigueur 1937), article 1.
[72]Voir par exemple, Hurst Hannum, « *The Status and Future of the Customary International Law of Human Rights: The Status of the Universal Declaration of Human Rights in National and International Law* », *Georgia Journal of International and Comparative Law*, 287; Henry J. Steiner, Philip Alston et Ryan Goodman, *International Human Rights in Context: Law, Politics, Morals — Texts and Materials*, Oxford: Oxford University Press (3èmeédition), 2007.

nationalité ».[73] La Convention relative aux droits de l'enfant garantit aussi le droit de chaque enfant à acquérir une nationalité, mettant les États partis en demeure de respecter ce droit.[74]

Dans son commentaire sur le droit de chaque enfant à acquérir une nationalité, le Comité des Droits de l'Homme de l'ONU a fait la remarque suivante :

Les États sont tenus d'adopter toutes les mesures appropriées, sur le plan interne et en coopération avec les autres États, pour que tout enfant ait une nationalité dès sa naissance. Leur législation interne en matière d'acquisition de la nationalité ne doit autoriser aucune discrimination entre enfants légitimes et enfants nés hors mariage ou de parents apatrides, ou qui soient motivés par la nationalité des parents ou de l'un d'entre eux.[75]

Cependant, la Charte africaine des droits et du bien-être de l'enfant reprend les dispositions de la Convention de l'ONU relative aux droits de l'enfant en ce qui concerne le droit pour l'enfant d'acquérir une nationalité. Elle exige aussi des États partis à la Charte qu'ils « s'engagent à veiller à ce que leurs législations reconnaissent le principe selon lequel un enfant a droit d'acquérir la nationalité de l'État sur le territoire duquel il/elle est né(e) si, au moment de sa naissance, il/elle ne peut prétendre à la nationalité d'aucun autre État conformément à ses lois»[76].

La Declaration universel des droits de l'homme continue d'être encensée et magnifiée pour son rôle dans la protection du droit à la nationalité. Pour certains, c'est le texte le plus clair ; il présente le droit à une nationalité comme un droit inconditionnel. Mais un procès a été intenté avec la DUDH en raison de son caractère non contraignant. Pour certain, elle fait partie de la ''soft law'', c'est-à-dire du droit mou, sa portée serait plus politique que juridique[77] .REZEK, J.F pense à juste titre que « l'article 15 est "une règle qui fait l'objet d'une sympathie unanime, mais qui manque d'effectivité, faute d'un destinataire précis »[78] . Cette remise en cause de la DUDH, a perdu de sa pertinence. La cour Internationale de la Justice a réhabilité la Déclaration Universelle des Droits de l'Homme au travers d'une jurisprudence constante. Ainsi la Cour, a déclaré que la DUDH fait partie

---

[73] Pacte international relatif aux droits civils et politiques, article 24(3).

[74] Convention relative aux droits de l'enfant, articles 7(1) et 8(1).

[75]Comité des droits de l'Homme, Observation générale No. 17 : Droits de l'enfant (article 24), 7 avril 1989, Paragraphe 8.

[76]Charte africaine des droits et du bien-être de l'enfant, article 6. La différence entre le droit à une nationalité et le droit d'*acquérir* une nationalité est subtile, mais l'addition du mot « acquérir » a semble-t-il été voulue par certains États pour enlever toute idée qu'un État partie acceptait l'obligation absolue d'accorder sa nationalité à tout enfant né sur son territoire indépendamment des circonstances. Il n'est pas certain qu'il aura cet effet. Voir Jaap E. Doek, 'The CRC and the right to acquire and to preserve a nationality', *Refugee Survey Quarterly*, Vol. 25, Issue 3, 2006.

[77] Centre de conseils et d'appui pour les jeunes en matière des droits de l'homme (CODAP), Les notions de base en matière de droits fondamentaux, manuel, Genève 2010 p.25.

[78] REZEK, J.F., « Le droit international de la nationalité », R.C.A.D.I., 1988, III, vol. 198, p. 354.

du droit international coutumier[79]susceptible d'être violé[80]. Le recours a été fait, aux deux pactes pour combler cette supposée lacune de la DUDH. Ces deux instruments viennent entériner le droit à la nationalité jadis consacré par la DUDH.

CONCLUSION

Bref, il existe plusieurs instruments juridiques, régionaux et internationaux qui protègent les apatrides, donc il faut leurs ratifications et leurs applications dans l'ensemble des pays de l'Afrique et du monde entier pour l'éradication de ce fléau.
Selon une conclusion de l'Unchr : « Les problèmes résultant de l'apatridie ne découlent pas de l'absence d'un cadre juridique international, dans la mesure où la Convention de 1951 relative au statut des réfugiés s'applique aux (réfugiés) apatrides et la Convention de 1954, très similaire, relative au statut des apatrides ainsi que la convention de 1961 sur la réduction des cas d'apatride répondent au problème des apatrides non réfugiés. Si les problèmes surgissent, c'est parce que ces instruments ne font pas l'objet d'une adhésion suffisamment large ou d'une application stricte. En outre, il y a un vide institutionnel au niveau international concernant le contrôle de leur application effective ».
Selon une observation de Romuald LIKIBI, « la gestion de l'apatridie est terriblement atavique, pour ne pas dire anémiée et erratique. La détermination et la volonté politique font cruellement défaut à tous les échelons »[81]. Ce constat est valable plusieurs pays de l'Afrique.
Il faut reconnaitre que les pays membres de la CEDEAO se sont engagés à éliminer l'apatridie le 25 février 2015 à Abidjan lors de la conférence ministérielle régionale sur l'apatridie en Afrique de l'ouest, une campagne pour mettre fin à l'apatridie dans 10 ans. Depuis le 25 février 2015, « tous les chefs d'État de la CEDEAO ont déclaré que l'apatridie est un fléau qui affecte l'Afrique de l'Ouest, que c'était une priorité et qu'il fallait y mettre fin ».[82]
Pour la stabilité de nos États africains, il faut repenser la question de citoyenneté africaine. Mieux encore, il est temps de travailler à l'émergence d'une citoyenneté africaine à l'instar de la citoyenneté européenne.

---

[79] CIJ, arrêt du 5 février 1970, Barcelona Traction, Light and Power Co. Ltd. (Belgique c. Espagne), la cour reconnait l'existence du d'un droit International coutumier en matière de droit de l'homme.

[80] CIJ, arrêt du 24 mai 1980, Affaire relative au personnel diplomatique et consulaire des Etats-Unis à Téhéran
(Etats Unis d'Amérique c. Iran), la Cour mentionne expressément la violation de la Déclaration Universelle des
Droits de l'Homme de 1948.

[81] LIKIBI Romuald , *Le droit de l'apatridie. Pratiques et controverses, op.cit.*, p. 19.

[82] Déclaration d'Emmanuelle Mitte , Administratrice principale régionale en charge de l'apatridie au HCR.

TROISIEME SESSION

DROITS HUMAINS ET GENRE, PAIX, SÉCURITÉ, JUSTICE TRANSITIONNELLE

L'atteinte au corps de la femme comme champ de bataille en temps de guerre

Jermie COULIBALY,
Enseignant-Chercheur à l'Université des Sciences Juridiques et Politiques de Bamako
Conseiller Technique au Ministère de la Promotion de la Femme, de l'Enfant et de la Famille.

Résumé :
L'une des caractéristiques des conflits qui ont actuellement cours dans le monde est l'apparition d'un phénomène étrange, à savoir la transformation du corps de la femme en champ de bataille. Malgré la protection juridique des personnes et de leurs biens en temps de guerre, ce phénomène prend de plus en plus de l'ampleur dans beaucoup de pays en guerre, dont le Mali. Le corps de la femme est devenu un enjeu de guerre et sa transformation en champ de bataille, une arme de guerre. En conséquence, *la qualification de l'acte transformant le corps de la femme en champ de bataille durant les conflits symétriques ou asymétriques, comme un crime de génocide au sens du droit pénal international, est-elle un gage d'une meilleure protection de l'intégrité physique des femmes dans les zones de conflit ?*
Dans une approche juridique, dans les champs du droit international humanitaire et du droit pénal international, cette réflexion s'attelle d'abord à analyser le phénomène de la transformation du corps de la femme en champ de bataille.
Mots clés : L'atteinte au corps de la femme, violences sexuelles, champ de bataille, crime de génocide.

Abstract :
One of the characteristics of the conflicts currently taking place in the world is the appearance of a strange phenomenon, namely the transformation of the woman's body into a battlefield. Despite the legal protection of people and their property in times of war, this phenomenon is growing more and more in many countries at war, including Mali. The woman's body has become an issue of war and its transformation into a battlefield, a weapon of war. Consequently, the qualification of the act transforming the woman's body into a battlefield during symmetrical or asymmetrical conflicts, as a crime of genocide within the meaning of international criminal law, is it a guarantee of better protection of the physical integrity of women in conflict zones?
In a legal approach, in the field of international humanitarian law, this reflection first attempts to analyze the phenomenon of the transformation of the woman's body on the battlefield. It then examines the reduction of the female body to the state of an object tested by standards for combating violence against women.

Keywords: *Attacks on women's bodies, sexual violence, battlefield, crime of genocide.*

Introduction

La guerre est l'ennemi de l'humain et de tout ce que ce dernier a pu produire de meilleur[1]. La guerre est, depuis longtemps, associée aux pillages et au droit aux butins de guerre. Ces butins pouvaient consister en des prisonniers de guerre qui devenaient par la suite des esclaves ; elle permet de prendre, chez autrui, par la force, des armes et munitions, des territoires, mais aussi des œuvres d'art, des sculptures, des œuvres du génie humain. Mais, dans les conflits actuels, symétriques ou asymétriques, le monde assiste à un phénomène étrange, loin de la recherche de butins de guerre, à savoir la transformation du corps de la femme en champ de bataille, en temps de guerre.

Il convient de souligner que l'une des caractéristiques de la période contemporaine, est l'apparition d'un type nouveau de conflits armés, différents des guerres classiques entre les nations, qui se caractérisent par la privatisation de la violence et le recours aux armées privées, groupes d'autodéfense, formations paramilitaires et même aux milices tribales. En conséquence, les lois de la guerre ne sont point respectées car méconnues de ces combattants. Irrespectueux des accords et protocoles internationaux, les combattants agressent et prennent délibérément les populations civiles en otage. Ces violences, que subit l'ensemble des populations, s'accompagnent très souvent de viols et violences sexuelles sur les femmes mais aussi, de plus en plus, sur les hommes. L'une des dérives majeures de cet état de fait est l'atteinte au corps de la femme, utilisé de façon incongrue, comme un théâtre militaire[2].

Malgré la protection juridique des personnes et de leurs biens en temps de guerre, ce phénomène prend de l'ampleur dans beaucoup de pays en guerre, dont le Mali. En effet, la crise complexe et multidimensionnelle qui sévit au Mali, depuis plus d'une décennie, a engendré une situation d'instabilité et d'insécurité graduelle pour la population en général et particulièrement pour les femmes. En temps de guerre, les femmes sont souvent abandonnées à leur propre sort et demeurent exposées à plusieurs types de violences dont des violences physiques, sexuelles et psychologiques. Au nombre des exactions commises par les groupes armés terroristes contre les femmes au Mali, il y a notamment le phénomène de la transformation de leur corps en champ de bataille. Cette pratique devrait être distinguée non seulement, du viol ayant cours en temps de paix, comme en temps de guerre, mais n'ayant aucun lien avec ladite guerre. Le corps de la femme est devenu, du fait de certains belligérants, un enjeu de guerre et sa transformation en champ de bataille, une arme de guerre au mépris du droit international humanitaire (DIH).

---

[1] TOMAN J., *La protection des biens culturels en cas de conflit armé : commentaire de la convention de la Haye de 1954,* Collection Patrimoine mondial, Editions UNESCO, 1994, p.4.

[2] Réseau des Femmes pour un Développement Associatif (RFDA), *Le Corps des Femmes comme champ de bataille durant la guerre en République Démocratique du Congo : Violences sexuelles contre les femmes et les filles au Sud-Kivu (1996-2003),* Rapport RFDP-RFDA, 2004, p. 11.

Sur le plan juridique, il convient de souligner que les conventions portant sur les lois et coutumes de la guerre sur terre encadrent la conduite des hostilités. Ces conventions, d'une manière précise, stipulent que les belligérants ne disposent pas d'un droit illimité, quant au choix des moyens de nuire à l'ennemi[3]. Les moyens de nuire à l'ennemi doivent respecter un minimum de règles de déontologie prévues dans des conventions du droit international humanitaire. De son côté, le Statut de Rome sur la Cour Pénale Internationale (CPI), depuis 1998, considère le viol, l'esclavage sexuel, la prostitution forcée, la grossesse forcée, la stérilisation forcée ou toute autre forme de violence sexuelle, comme un crime de guerre et un crime contre l'humanité, lorsqu'ils sont pratiqués dans le cadre d'une attaque généralisée ou systématique[4]. Mais ce Statut ne qualifie pas comme un crime de génocide ces actes d'une atrocité sans commune mesure, surtout quand ils sont posés à l'égard des femmes, prises en tant que groupe spécifique.

Les Nations Unies, dans le cadre de leur lutte contre les violences faites aux femmes, à travers le Conseil de sécurité, ont adopté la Résolution1325 et ses Résolutions connexes. Ces Résolutions sont non seulement, des outils de politiques internationaux sur les femmes, la paix et la sécurité, mais aussi, un cadre d'intégration de la dimension de genre dans l'analyse des conflits armés et du processus de paix. Elles se penchent sur les défis spécifiques auxquels les femmes et les filles sont confrontées en situation de conflit et de construction de la paix. Elles exigent la protection de la femme et de la fille, durant les périodes de conflit et post-conflit ; leur participation aux processus de maintien de paix, de consolidation de la paix, de résolution des conflits, de reconstruction post-conflit, ainsi que, dans les processus décisionnels.

Nonobstant ces dispositions juridiques susmentionnées, de nombreuses lacunes demeurent et les corps des femmes continuent de servir de champs de batailles, sur beaucoup de théâtres de guerre à travers le monde, y compris, sur les territoires de certains pays membres des Nations Unies. Dès lors, la question de l'efficacité des normes juridiques édictées pour protéger les personnes et leurs biens en temps de guerre et de celles orientées vers la lutte contre les violences faites aux femmes, demeure posée. En conséquence, *la qualification de l'acte transformant le corps de la femme en champ de bataille durant les conflits symétriques ou asymétriques, comme un crime de génocide au sens du droit pénal international, est-elle un gage d'une meilleure protection de l'intégrité physique des femmes dans les zones de conflit ?*

Certes, la réduction du corps de la femme à l'état d'objet en l'occurrence, en champ de bataille, est une pratique de plus en plus courante en période de guerre, mais sa qualification comme un crime de génocide, peut être de nature à renforcer la protection des femmes et des filles dans les zones de conflit. En effet, le crime

---

[3] Règlement concernant les lois et coutumes de la guerre sur terre annexé aux conventions de La Haye de 1899 et 1907, l'art. 22 ; Conventions II de 1899 et IV de 1907 sur lois et coutumes de la guerre sur terre, art. 25.

[4] Statut de Rome de la Cour pénale internationale, 1998, art. 7 et 8.

de génocide au sens du Statut de Rome sur la Cour Pénal International, s'entend comme un acte commis dans l'intention de détruire, en tout ou en partie, un groupe national, ethnique, racial ou religieux. Ces actes peuvent être, le meurtre des membres d'un groupe, une atteinte grave à l'intégrité physique ou mentale des membres d'un groupe, la soumission intentionnelle d'un groupe à des conditions d'existence devant entraîner sa destruction physique totale ou partielle, les mesures visant à entraver les naissances au sein d'un groupe et le transfert forcé d'enfants d'un groupe à un autre groupe[5].

Assurément, la transformation du corps de la femme en champ de bataille ne rentre pas dans le cadre de cette définition du génocide, *stricto sensu*, mais son dénominateur commun souligne que tous les éléments constitutifs d'un génocide se rapportent surtout à un groupe spécifique. Dans cette optique, en temps de guerre, les violences faites aux femmes prises comme un groupe spécifique, en tant de graves atteintes à l'intégrité physique et mentale des femmes, peuvent rentrer dans une définition *lato sensu* du crime de génocide. En définitive, le viol et autres violences connexes, utilisés comme une arme de guerre, commis sur des femmes, impose au DIH et au droit international pénal d'évoluer, en vue de qualifier ces pratiques de crime de génocide, d'appréhender les coupables et de les soumettre à la justice pénale internationale.

Dans une approche juridique, cette réflexion, menée fondamentalement dans le champ du droit international humanitaire, s'attelle à analyser la transformation du corps de la femme en champ de bataille, durant les conflits. De façon subsidiaire, elle fera recours à certaines notions du droit pénal international. Des sources conventionnelles et doctrinales alimenteront cette étude. Elle examine le phénomène de la transformation du corps de la femme en champ de bataille (I) avant d'analyser la réduction du corps féminin à l'état d'objet à l'épreuve des normes de lutte contre les violences faites aux femmes (II).

I. Le phénomène de l'atteinte au corps de la femme comme champ de bataille

Le recours systématique, de façon collective et massive au viol en temps de guerre, peut lui valoir sa qualification comme une arme ou une stratégie de guerre (A). Les viols collectifs en tant que stratégie de guerre, chosifient et déshumanisent le corps de l'être humain qui en est la victime. En conséquence, la transformation du corps de la femme en champs de bataille, au-delà de la simple crise humanitaire, peuvent être qualifiés de « crise de l'humanité » (B).

A.Le viol collectif en temps de guerre est une arme ou une stratégie de guerre

Le viol collectif fait partie des violences basées sur le genre. Quand les victimes sont uniquement des femmes, elle fait partie des violences faites aux

[5] Statut de Rome de la Cour pénale internationale, 1998, art. 6.

femmes et aux filles, prises comme un groupe spécifique. La violence basée sur le genre, parfois aussi appelée violence sexiste, se réfère à l'ensemble des actes nuisibles, dirigés contre un individu ou un groupe d'individus en raison de leur identité de genre. Elle prend racine dans l'inégalité entre les sexes, l'abus de pouvoir et les normes néfastes. Cependant, en temps de guerre, le viol collectif prend des proportions sans commune mesure avec des conséquences dramatiques. En effet, utilisé comme une arme de guerre, le viol est un crime absolu contre l'être humain (1). Il est une arme aussi efficace que les armes classiques de guerre tout en étant, de loin, moins coûteuse (2).

1.Le viol comme arme de guerre est un crime absolu contre l'être humain

Le viol comme arme de guerre est différent et pire qu'un acte sexuel violent non consenti. Ce type de viol est une négation de l'humanité dans un rapport de force ou l'autre, la victime est chosifiée, dégradée et déshumanisée. Le viol, instrument, aussi bien stratégique que tactique, est, de plus en plus, délibérément utilisé comme une véritable arme de guerre dans toutes sortes de conflits. Le viol sert en temps de guerre ou de troubles intérieurs à conquérir, à chasser ou à dominer les femmes et les groupes humains auxquels elles appartiennent. Le viol est également un acte de torture lié au genre. Il peut être employé pour extorquer des informations, punir, terroriser ou humilier. C'est une arme universelle, qui permet à ceux qui l'emploient de dépouiller leurs victimes de leur dignité et de détruire en elles tout sentiment d'amour-propre. C'est une arme qui sert aussi à semer la terreur et la destruction au sein de populations entières[6].

Cet acte abject dénie la qualité d'être humain à la victime et vise non seulement la destruction de la femme, de la famille et mais aussi de toute une communauté. Les femmes ayant, la lourde tâche de la reproduction et de pérennisation de l'espèce humaine. Comme méthode de guerre, il se révèle être très atroce par son caractère collectif, massif et sa violence sans commune mesure. Ces viols sont souvent pratiqués en public, où la communauté est invitée à assister à cette barbarie. Des centaines de femmes, jeunes filles et souvent des bébés sont violées dans le cadre des viols collectifs organisés par les assaillants[7].

Ses conséquences pour la victime, sont désastreuses dont notamment, des grossesses non désirées, des enfants sans père, l'esclavage sexuel, les infections sexuellement transmissibles, la destruction de l'appareil génital, l'arrêt du cycle de reproduction, etc. Au-delà des victimes directes, les victimes indirectes que sont les proches, parents, maris, enfants en souffrent énormément. Ces derniers sont très souvent obligés d'assister à la souffrance de leurs femmes, mères et sœurs qui subissent cet acte. Ils sont tout autant traumatisés que les victimes

---

[6] Amnesty International, « Les crimes commis contre les femmes lors des conflits armés », ÉFAI, document public, Index AI : ACT 77/075/2004, p. 24.

[7] Denis MUKWEGE, *La force des femmes : puiser dans la résilience pour réparer le monde,* Editions Gallimard, Paris, 2021, pp.10-12.

directes. Certains fuient le domicile conjugal après le viol sous le poids de la culpabilité de ne pas avoir été capable de protéger leurs femmes et filles[8].

Ces viols sont méthodiques et chaque groupe a son mode opératoire. Ces viols s'accompagnent de torture. Beaucoup de victimes deviennent les esclaves sexuels de leurs bourreaux. A ce titre, elles peuvent être séquestrées, violées, battues, tuées ou vendues. Les groupes laissent leurs signatures sur les corps des victimes. Souvent, après le viol, les groupes de violeurs, au lieu tuer la victime, préfèrent plutôt détruire leurs appareils génitaux. Certains groupes tirent des coups de feu dans l'appareil génital des victimes, ou y introduisent des objets tranchants ou les brûlent. D'autres préfèrent humilier les hommes, en les violant devant leur famille. Ces viols ne tiennent pas souvent compte, ni du sexe, ni de l'âge de la victime. Même si les femmes constituent l'écrasante majorité des victimes directes, les hommes font aussi l'objet de violences sexuelles. Elles concernent non seulement les personnes âgées mais aussi les bébés. Ce sont des viols qui sont planifiés comme arme et stratégie de guerre. Plus ça sort de l'ordinaire, plus il y a du retentissement et la terreur qui en découle, n'est que décuplée.

2.Le viol massif, une stratégie de guerre moins coûteuse mais efficace

L'impact des viols comme arme de guerre est aussi efficace que le recours aux armes et munitions, tout en étant moins cher. Il suffit pour les groupes armés d'éduquer les jeunes drogués à détruire les femmes. Cette arme produit les mêmes impacts que les armes classiques notamment le déplacement massif des populations, la réduction démographique, la déchirure du tissu social et la destruction des capacités économiques des communautés affectées. Le déplacement massif de la population est causé par la terreur qu'inspirent ces viols. Leur caractère répétitif et intergénérationnel, grand-mère, mère et fille, ne fait que renforcer davantage son atrocité. Les victimes sont fréquemment rejetées par leurs familles et leurs communautés. Elles sont souvent contaminées par le VIH Sida ou d'autres infections sexuellement transmissibles telles que la Tylamidia et la gonorrhée. Ces maladies peuvent rendre la vie de couple difficile bien après la guerre. Beaucoup de femmes, victimes de viol en temps de guerre, sont délaissées après par leurs conjoints.

L'exode massif des populations commence généralement par la figue des hommes qui n'ont pas pu sécuriser leur famille. Fuyant la honte et le déshonneur, ils se rendent dans de grands centres urbains à la recherche de l'anonymat. Et les femmes, abandonnées à leurs sorts, n'ont généralement pas d'autres choix que d'emboiter les pas à leurs maris. Des villages se vident par le fait de viols, laissant le champ libre aux assaillants. Les actes d'humiliation et de déshumanisation, déchirent le tissu social. Il y a une perte d'identité personnelle et d'identité collective. Souvent c'est le chef de village, sa femme et les dirigeants religieux,

---

[8] Amnesty International « Soudan (Darfour), le viol : une arme de guerre, la violence sexuelle et ses conséquences », ÉFAI, Document public, Index AI : AFR 54/076/2004, pp. 21-28.

leurs femmes et leurs enfants qui sont violés publiquement. Cette stratégie a pour objectif de détruire toute leur autorité sur leur communauté. En conséquence, les gens ne les reconnaissent plus dans leur rôle, cela entraine la destruction de la cohésion sociale.

Les enfants, nés de ces viols collectifs dont la filiation est difficilement établie, subissent le rejet de la communauté. Ils sont différents de simples enfants nés hors mariage ou non désirés, ils sont souvent traités d'enfants sorciers. De la sorte, ce stéréotype les poursuit toute la vie. En conséquence, beaucoup d'entre eux, élevés en marge de la société, deviennent des enfants « ratés ». Ces enfants constituent les nouvelles générations d'apatrides avec une potentialité très élevée de commettre eux-mêmes des violences. Le viol comme stratégie de guerre a des conséquences redoutables dans le court, moyen et long terme. En clair, la transformation du corps de femme en champ de bataille, est en réalité la manifestation d'une crise profonde de l'humanité.

B.La transformation du corps de la femme en champs de bataille est « une crise profonde de l'humanité »

L'utilisation du viol comme arme de guerre peut juridiquement être qualifiée de crime imprescriptible contre l'humain (1). En effet, la transformation du corps de la femme en champ de bataille déshumanise l'humain (2).

1.Le recours au viol comme arme de guerre est un crime imprescriptible contre l'humain

Selon les droits de l'Homme, tout être humain possède des droits universels, inaliénables, quel que soit le droit positif en vigueur ou les autres facteurs locaux tels que l'ethnie ou la nationalité. Ainsi, le concept de droits de l'Homme est-il, par définition universaliste et égalitaire. Les droits intangibles sont considérés comme le noyau dur des droits fondamentaux, si importants que les États ne peuvent y déroger quelles que soient les circonstances, même en cas de conflits armés. Ce noyau dur est très réduit dans les conventions internationales ou l'on ne trouve que quatre droits intangibles il s'agit du droit à la vie, du droit à ne pas être torturé, du droit à ne pas être tenu en esclavage et du droit de la non rétroactivité de la loi pénale. C'est le standard minimum des droits fondamentaux qui s'applique à tous. Ces droits sont reconnus à la fois par le pacte international sur les droits civils et politiques, la convention américaine des droits de l'homme et la convention européenne des droits de l'homme.

En République du Mali, la personne humaine est constitutionnellement sacrée et inviolable au Mali[9]. Il ne peut être porté atteinte au corps humain que dans des conditions fixées par la loi et les normes en vigueur. En clair, nul ne peut porter atteinte à l'intégrité de la personne humaine qu'en cas de nécessité médicale pour la personne[10]. En effet, le corps humain étant inviolable, chaque personne a droit

---

[9] Constitution du Mali, 22 juillet 2023, art.2.
[10] Loi n°2011 – 087, du 30 décembre 2011, portant Code des personnes et de la famille, art. 5.

au respect de son corps. Dans la même veine, le corps humain, ses éléments et ses produits ne peuvent faire l'objet d'un droit patrimonial[11]. En conséquence, l'Etat malien assure la protection de l'enfant contre le trafic de personnes et les infractions assimilées et contre l'enrôlement dans les groupes extrémistes violents. La Constitution malienne interdit également, la soumission à la torture, à l'esclavage, aux traitements inhumains, cruels et dégradants[12]. Le viol comme arme de guerre s'inscrit en porte-à-faux avec toutes les dispositions susmentionnées et déshumanise la femme par la transformation du corps de cette dernière en théâtre militaire.

2.La déshumanisation du corps de la femme par sa transformation en champ de bataille

Le recours au viol comme une arme de guerre en déshumanisant, chosifiant l'être humain, ne peut être qualifié comme une simple crise humanitaire. Au contraire, c'est une véritable crise de l'humanité. Souvent les femmes sont violées, emballées et enterrées vivantes, dans des charniers. Le viol comme stratégie militaire, est un phénomène dont on parle peu, mais qui fait beaucoup de dégâts pendant et après la guerre. Le corps de la femme est très souvent considéré par l'ennemi comme un territoire à conquérir, en dehors de toute disposition légale. Le viol constitue le coup de grâce asséné à l'adversaire, c'est le geste primitif et symbolique du mâle qui cherche à proclamer le triomphe de sa descendance sur celle de l'autre[13]. En temps de guerre, le viol est un moyen par lequel les combattants, « les maitres des lieux », maintiennent les femmes dans un état de peur, de hantise et de d'asservissement totale[14].

Malgré l'atrocité de ce crime contre le corps humain, le droit de la guerre ne le qualifie pas expressément comme un des crimes, les plus graves contre l'humanité, d'où le plaidoyer pour une telle qualification. Pourtant la gravité de cet acte, peut amplement lui valoir, sa qualification comme un génocide au sens du droit pénal international. En effet, le viol peut être utilisé de manière systématique et délibérée pour chasser un groupe humain entier et vider un territoire de sa population. Dans ce cas, l'agression peut alors être éminemment sexuée, les attaquants tuant les hommes et violant les femmes. Les femmes peuvent être spécifiquement prises pour cibles parce que leurs agresseurs ont la volonté de porter atteinte à leur intégrité mentale et physique. Elles peuvent être agressées publiquement pour montrer que leurs hommes sont incapables de les

---

[11] Ibid., art. 4.

[12] Constitution du Mali, 22 juillet 2023, art.3-4.

[13] Godin, D. (1999). Mémorandum : La Femme comme champ de bataille. Jeu, (91), pp. 167–170.

[14] Jeanne WETZELS, *Le viol comme arme de guerre en Syrie : analyse d'une médiatisation dans la presse écrite nationale entre 2011 et 2018*, Mémoire de Master 2 Médias et Mondialisation, Sous la direction de M. Arnaud Mercier, Université Panthéon-Assas, Institut Français de Presse, 2018, p.7.

défendre. Elles le sont aussi parce qu'elles portent en elles l'avenir humain de leur propre groupe. Cet acte anéantit la faculté de procréer des femmes par des mutilations, ou la détourne, parce qu'elles sont contraintes de porter les enfants de l'ennemi.

Le viol utilisé au cours d'une agression généralisée contre toute une population peut constituer un élément de génocide. Lorsque des meurtres, des viols et d'autres crimes sont perpétrés dans l'intention de détruire, partiellement ou dans sa totalité, une nation, une ethnie ou un groupe religieux, que ce soit en temps de paix ou en temps de guerre, ces actes constituent un génocide[15]. Dans le cas de l'ancienne Yougoslavie, il a été constaté, en ce qui concerne spécialement les attaques serbes contre les localités et villages musulmans, que les viols avaient revêtu un caractère systématique, qu'ils avaient été commis sur ordre des autorités supérieures et sous leur supervision, qu'ils avaient ainsi été utilisés comme une arme de guerre visant à contraindre les habitants à quitter leurs foyers, s'inscrivant clairement dans le cadre d'une stratégie expansionniste. Le viol collectif aura ainsi été partie intégrante de la politique de purification ethnique conduite par les forces serbes en Bosnie-Herzégovine, revêt un caractère génocidaire[16].

En somme, certes, le droit international humanitaire ne qualifie pas de façon spécifique la transformation du corps de la femme en champ de bataille comme un génocide, mais à l'épreuve des normes sur les violences basées sur le genre, une évolution majeure peut avoir lieu sur la question.

II.La réduction du corps féminin à l'état d'objet à l'épreuve des normes de lutte contre les violences sexistes

Le corps de la femme fait l'objet de beaucoup d'atteintes en temps de paix comme en temps de guerre. Nous en voulons pour preuve, les mutilations génitales féminines, les mariages forcés, la traite des femmes, etc. Cependant ces atteintes aux corps des femmes, véritable élément des violences basées sur le genre, sont considérablement décuplées en temps de guerre, avec notamment, le phénomène de la transformation du corps de la femme en champ de bataille, en dépit de la protection des droits humains en temps de guerre (A). De plus en plus de victimes des violences sexuelles comme arme de guerre brisent le silence et dénoncent ces pratiques avilissantes, censées choquer la conscience de l'humanité. Elles exigent un plaidoyer pour un régime juridique spécial de protection des femmes en temps de guerre. L'implication des femmes dans les processus de paix, de sécurité et de réconciliation est, selon toute vraisemblance, un gage du respect de leur intégrité physique (B).

[15] Amnesty International, « Les crimes commis contre les femmes lors des conflits armés », ÉFAI, document public, Index AI : ACT 77/075/2004, p.25.
[16] Unesco « Le viol comme arme de guerre », L'Harmattan, « Confluences Méditerranée », 2008/1 N°64, pages 99-104.

A.La protection juridique des personnes non militaires en temps de guerre

Nul ne peut raisonnablement mettre en doute l'existence d'une quantité énorme de textes juridiques dédiés à la protection des droits humains en temps de guerre, mais cette protection n'a pas pu empêcher la barbarie, que constitue la transformation du corps de la femme en champs de bataille (1). Il importe en conséquence de faire un plaidoyer pour une réponse judiciaire efficace permettant réduire le fossé entre les normes juridiques et la pratique. L'atteinte aux corps des femmes comme champs de bataille, devrait être reconnu comme un crime de génocide à l'égard des femmes (2).

1.Les droits humains et spécifiquement des femmes en temps de guerre

La guerre, en géopolitique, est considérée comme une simple continuation de la politique par d'autres moyens. Les questions géopolitiques et géostratégiques font que des guerres ont toujours eu cours dans différentes parties du monde, depuis l'antiquité. Cependant, vers la fin du 19e siècle, un droit moderne de la guerre à commencer à s'émerger, matérialisé dans des conventions issues des conférences internationales de la paix, telles que celles de La Haye, de 1899 et de 1907. Plusieurs conventions internationales sur les lois et les coutumes de la guerre en l'occurrence, celles de Genève, encadrent la conduite des hostilités, dans le respect des droits humains. En effet, les personnes qui ne participent pas directement aux hostilités doivent être traitées avec humanité et protégés contre les atteintes à la vie, à la dignité, à l'intégrité corporelle, notamment, les meurtres, les mutilations sous toutes ces formes, les traitements cruels, humiliants et dégradants, les tortures, les supplices et les prises d'otages[17].

En dépit de l'existence des normes des conventions de La Haye et de Genève, la violence sexuelle, surtout à l'égard des femmes, en période de conflits a longtemps été considérée comme inévitable et même incontournable par certaines instances internationales. Ce n'est qu'en 1992, suite aux viols systématiques des femmes dans l'ex-Yougoslavie, que le Conseil de sécurité des Nations Unies s'est posé la question de la violence de ces actes, commis en période de conflits armés. En 1992, le Conseil de sécurité des Nations Unies a déclaré que la détention et le viol massif, organisé et systématique de femmes, en particulier de femmes musulmanes en Bosnie-Herzégovine constituaient un crime international majeur.

En effet, les guerres en ex-Yougoslavie, au Rwanda, en Sierra Leone, au Libéria, au Népal ou en Afghanistan, ainsi que dans d'autres zones de conflit, ont été marquées par des actes de violence à l'encontre des femmes et des filles. On estime que 70 % des victimes parmi les non-combattants lors de ces conflits étaient principalement des femmes et des enfants. Jusqu'à 500 000 femmes ont été violées au Rwanda durant le génocide de 1994. Quelque 60 000 femmes ont été violées durant la guerre en Croatie et en Bosnie-Herzégovine et, entre 1991 et 2001, on estime que 64 000 femmes ont été victimes de violences sexuelles liées

[17] Convention de Genève relative à l a protection des personnes civiles en temps de guerre du 12 août 1949, art. 3.

à la guerre en Sierra Leone. Tout porte à croire que les femmes et les filles sont victimes de violences systématiques, brutales et fréquentes dans des conflits armés[18].

Certes, le Statut de Rome reconnait l'atrocité de l'acte de la transformation du corps de la femme en champ de bataille, en qualifiant de crime de guerre et de crime contre l'humanité des actes pouvant constituer ce crime. Néanmoins, si le Statut de la CPI considère que le viol, l'esclavage sexuel, la prostitution forcée, la grossesse forcée, la stérilisation forcée ou toute autre forme de violence sexuelle ; lorsqu'ils sont pratiqués dans le cadre d'une attaque généralisée ou systématique, peut contribuer à la transformation du corps féminin en champ de bataille, il ne le qualifie point de génocide[19]. En conséquence, aucune de ces normes internationales n'a pu empêcher le phénomène de la transformation du corps de la femme en champs de batailles pendant les guerres qui ont actuellement cours. Les corps des femmes et des filles sont devenus des champs de batailles sur lesquels ne sont pas nécessairement déversés des bombes et des obus. Sur les corps des femmes et des filles œuvrent plutôt les mains impitoyables et des esprits insensibles des milices armées ainsi que, de ceux à qui profitent du chaos de la guerre pour infliger des violences aux membres les plus vulnérables de leur communauté, toute chose qui rend nécessaire un plaidoyer poignant, pour la reconnaissance de la transformation du corps de la femme en champ de bataille comme un crime de génocide à l'égard des femmes prises comme un groupe spécifique.

2.La qualification de génocide, l'atteinte au corps de la femme comme champ de bataille

Le Conseil de sécurité reconnait que les violences sexuelles sont utilisées comme une arme de guerre qui menace la sécurité de la population civile dans son ensemble, avec des conséquences désastreuses en particulier pour les femmes et les filles. Si le statut de Rome de la Cour pénale internationale reconnait les violences sexuelles à l'égard des femmes, en temps de guerre comme des crimes de guerre et des crimes contre l'humanité, il ne va point jusqu'à les considérer comme un crime de génocide. Pourtant, les femmes sont visées de façon spécifique, en tant que groupe, compte tenu du fait qu'elles sont des femmes. Elles sont notamment devenues sujettes à l'exploitation et à la maltraitance sexuelles ainsi qu'à d'autres formes de violences, de plus en plus graves à leur encontre, telles que le viol, la traite des êtres humains, les mariages d'enfants et les mariages forcés. Cet acte déshonorant peut naturellement tomber sous le coup de la qualification de génocide à l'égard des femmes.

Le Tribunal pénal international pour le Rwanda (TPIR) a visé, de façon spécifique, les violences sexuelles. Ce tribunal a franchi le pas en qualifiant ces

[18] Elisabeth Jean Wood, *Violences sexuelles liées aux conflits et implications politiques des recherches récentes,* Revue internationale de la Croix-Rouge, Vol. 96 Sélection française 2014 / 2, pp.52-53.

[19] Statut de Rome de la Cour pénale internationale, 1998, art. 7 et 8.

violences comme des crimes de génocide. Il a tout d'abord défini, les violences sexuelles comme tout acte sexuel commis sur la personne d'autrui sous l'empire de la coercition. Mais, selon lui, l'expression « acte de violence sexuelle » a une portée très large et pourrait comprendre aussi bien la pénétration physique, que des commentaires à connotation sexuelle. De même, la « coercition » doit s'entendre au sens large afin de ne pas se limiter à une démonstration de force physique, mais inclure aussi, les menaces, l'intimidation, le chantage et d'autres formes de violence qui exploitent la peur ou le désarroi. En définitive, le Tribunal a déclaré en 1994 que le viol constituait un crime de guerre et un crime contre l'humanité. Cette qualification est antérieure à la signature du Statut de Rome sur la CPI. C'était donc, une révolution à l'époque. En 1998, la même année de la signature du Statut de Rome sur la CPI, le TPIR a considéré que le viol et l'agression sexuelle constituaient des actes de génocide dans la mesure où ils avaient été commis avec l'intention de détruire, en tout ou en partie, le groupe ethnique des Tutsis[20]. En cela, le TPIR apparait encore plus ambitieux que la CPI, dont le statut se limite à leur qualification comme crimes de guerre et crimes contre l'humanité.

La qualification des violences sexuelles à l'égard des femmes deviendra un régime spécial de protection l'intégrité physique et psychologique des femmes contre toute atteinte, en temps de guerre. Ce régime juridique spécial à l'égard des femmes viendra renforcer les efforts déployés par la communauté internationale dans le cadre de la résolution 1325 des Nations Unies, dont l'adoption a fondamentalement changé l'image des femmes dans les situations de conflit, de celle de victimes à celle de participantes œuvrant activement au maintien et à la consolidation de la paix ainsi qu'aux négociations. La résolution 1325 et ses résolutions connexes, ambitionnent d'apporter une garantie de la protection de l'intégrité du corps de la femme, en temps de guerre.

B.La garantie de la protection de l'intégrité du corps de la femme en situation de guerre

Le Conseil de Sécurité de l'ONU a reconnu l'impact disproportionné que les conflits exercent sur les femmes et les jeunes filles ainsi que les diverses expériences dont ces dernières ont fait preuve dans le domaine de l'édification de la paix. Il a donc adopté à l'unanimité la Résolution 1325, le 31 octobre 2000 et bien d'autres conventions par la suite (1). Ces résolutions, malgré leur importance, force est de reconnaitre, que leur mise en œuvre souffre de beaucoup de lacunes (2).

---

[20] Gloria GAGGLIOLI, *Les violences sexuelles dans les conflits armés : une violation du droit international humanitaire et du droit international des droits de l'homme*, Revue internationale de la Croix-Rouge, vol. 96 Sélection française 2014 / 2, pp. 87-88.

1.Les résolutions du Conseil de Sécurité traitant de l'impact des violences armées sur les femmes

La résolution 1325 du Conseil de sécurité de l'ONU sur les femmes, la paix et la sécurité se penche sur les défis spécifiques auxquels les femmes sont confrontées, en situation de conflit. Pour la première fois, une résolution du Conseil de sécurité s'est concentrée sur une question fondamentale, autre que l'arrêt des hostilités pour traiter l'impact de la violence armée sur les femmes et les filles. Ces résolutions exigent la protection de la femme et de la fille de façon spécifique, durant les périodes de conflit et post-conflit et leur participation aux processus de maintien de paix, de consolidation de la paix, de résolution des conflits, de reconstruction post-conflit, ainsi que dans les processus décisionnels. Elles prescrivent également l'apport de services de secours et de réparation à l'intention des femmes et des filles. Ces domaines sont connus comme étant les quatre piliers de la résolution 1325, également appelés les « quatre P », à savoir, la prévention, la participation, la protection, les services de secours et de réparation. La mise en œuvre de ces différentes normes juridiques sera de nature à assurer la garantie de l'intégrité physique des femmes en temps de guerre[21].

La première résolution prise par le Conseil de Sécurité pour lutter contre l'atteinte au corps de la femme comme champs de bataille est la 1325. Cette résolution est entièrement dédiée au lien qui existe entre les conflits armés, l'édification de la paix et la dimension du genre. Elle est bâtie sur la Convention sur l'élimination de toutes les formes de discrimination à l'égard des femmes, la Plateforme pour l'Action de Pékin, la Déclaration de Windhoek et le Plan d'Action de Namibie sur l'intégration de la perspective du genre dans les Opérations Multinationales de soutien à la paix, adoptées à Windhoek en 2000. Elle fournit le premier cadre international, légal et politique qui reconnaît l'impact disproportionné des conflits armés sur les femmes ainsi que le rôle central des femmes dans la construction de la paix. Elle reconnaît l'impact de la participation des femmes et de l'inclusion des perspectives du genre dans les négociations de paix, dans les planifications humanitaires, dans les opérations de maintien de la paix, dans la construction de la paix et dans la gouvernance après les conflits[22].

La Résolution 1325 en appelle à la protection des femmes et des jeunes filles contre les actes de violence fondée sur le genre, y compris en temps de guerre et dans les situations post-conflit ; dans les situations d'urgence et dans les situations humanitaires, telles que dans les camps de réfugiés. Elle prône la tolérance zéro à l'impunité pour les crimes de guerre contre les femmes, y compris les actes de violence fondés sur le genre, ainsi que la prévention de la violence

---

[21] ONU Femmes, « Résolutions du Conseil de sécurité : les femmes, la paix et la sécurité », WSP Résolutions, 2022, pp.1-2.

[22] West Africa Network for Peacebuilding (WANEP), *Élaboration et Mise en Œuvre de Plans d'Action Nationaux sur la Résolution 1325 du Conseil de Sécurité de l'ONU et ses Résolutions Connexes : Vers la Conception et l'Application des Plans d'Action Nationaux*, Guide WANEP, 2012, pp.4-8.

contre les femmes à travers la promotion des droits des femmes, la reddition des comptes et la mise en vigueur des lois, y compris la poursuite de ceux qui sont coupables d'actes de violence basés sur le sexe[23].

Quatre autres résolutions complémentaires ont été adoptées. Il s'agit des Résolutions 1820, 1888, 1889 et 1960 pour redresser les lacunes qui ont été identifiées dans la Résolution 1325. La résolution 1820 du Conseil de Sécurité a été votée en 2008 pour combler les lacunes qui n'avaient pas été identifiées dans la Résolution 1325. Au nombre de celles-ci se trouve la protection des femmes contre les actes de violence sexuelle pendant les conflits à savoir la résolution 1820. En dépit des condamnations répétées, les actes de violence et d'abus sexuel exercés sur des femmes et des enfants pris au piège dans des situations de conflits armés non seulement continuaient de se produire, mais, dans certains cas, s'étaient répandus pour devenir systématiques au point d'atteindre des proportions effroyables.

La Résolution 1820 exige de tous les partis impliqués dans des conflits armés de cesser immédiatement tous les actes de violence sexuelle exercés contre des civiles et de prendre des mesures appropriées pour protéger les femmes et les jeunes filles contre de tels actes dans le contexte des conflits armés. Elle renforce de plusieurs manières la Résolution 1325 dont l'exclusion des crimes de violence sexuelle des provisions des amnisties. Elle exige également de donner une formation spécifique aux forces armées sur l'interdiction stricte d'exercer la violence sexuelle[24].

La Résolution 1888 du Conseil de Sécurité votée en septembre 2009, réclame la nomination d'un Représentant Spécial du Secrétaire Général chargé de mettre fin aux actes de violence sexuelle pendant les conflits, pour renforcer davantage la capacité de l'ONU à s'attaquer au problème de la violence sexuelle, en particulier à son usage comme arme de guerre. La Résolution 1888 s'appuie sur la Résolution 1820 et réclame la nomination du Représentant Spécial pour la violence sexuelle durant les conflits, la création d'un corps de Conseillers affectés à la protection des femmes dans les missions de maintien de la paix et la création d'une Équipe d'experts que l'on peut déployer rapidement devant les situations de violence sexuelle[25]. La Résolution 1889 du Conseil de Sécurité votée en octobre 2009, réclame des mesures immédiates pour s'assurer que les femmes jouissent d'une sécurité physique pour leur permettre de prendre part, d'une manière significative, à toutes les phases du processus de paix. Elle se concentre sur la construction de la paix après les conflits et demande, en particulier,

---

[23] Conseil de sécurité, « Résolution 1325 (2000) », S/RES/1325 (2000), adoptée par le Conseil de sécurité à sa 4213e séance, le 31 octobre 2000.

[24] Conseil de Sécurité, « Résolution 1820 (2008) », S/RES/1820 (2008), adoptée par le Conseil de sécurité à sa 5916e séance, le 19 juin 2008.

[25] Conseil de sécurité, « Résolution 1888 (2009) », S/RES/1888 (2009), adoptée par le Conseil de sécurité à sa 6195e séance, le 30 septembre 2009.

l'élaboration d'indicateurs pour mesurer la mise en œuvre par les États-membres, de la Résolution 1325 dans le Système de l'ONU[26].

La Résolution 1960 du Conseil de Sécurité a été votée en 2010 suivant le fait que les actes de violence sexuelle durant des conflits sont devenus systématiques, endémiques et généralisés. Cette Résolution a créé des instruments institutionnels et renforcé la loi pour combattre l'impunité. Elle recommande des démarches spécifiques aussi bien pour la prévention que pour la protection contre les actes de violence sexuelle durant les conflits. Les principaux mandats de ces résolutions sont résumés dans les « quatre P [27]».

Nonobstant ce qui précède, la mise en œuvre des différentes résolutions du Conseil de Sécurité des Nations Unies, s'est révélée difficile.

2.Les carences des résolutions sur les femmes en lien avec la paix et la sécurité, face à la pratique

Malgré de nombreux efforts, la mise en œuvre de la résolution 1325 et ses Résolutions connexes, n'a pas répondu aux attentes. Les femmes et les filles continuent d'être victimes d'actes de violence sexistes pendant et après les conflits armés. Elles sont violées, torturées, enlevées, humiliées et bon nombre d'entre elles sont marginalisées après les conflits parce qu'elles ont subi des sévices sexuels ou sont tombées enceintes suite à des cas de viol. À cet égard, la mise en œuvre de la résolution 1325 ne saurait être considérée, séparément des résolutions 1888 et 1820 du Conseil de sécurité, car la résolution 1325 est centrée sur le respect de la résolution 1820. Par ces résolutions, le Conseil de sécurité a envoyé un message clair indiquant que les violences sexuelles après les conflits, ne seraient être tolérées.

Le Secrétaire Général des Nations Unies, dans son rapport sur la question en 2020, disait : « Il est indispensable de renforcer les capacités des institutions nationales de l'état de droit pour mettre en place des dispositifs crédibles et inclusifs permettant de poursuivre les crimes passés et pour empêcher, grâce à des efforts de prévention et de dissuasion, que de tels crimes ne soient perpétrés à l'avenir[28]. »

L'arrêt des hostilités ne garantit pas nécessairement la fin des actes de violence à l'égard des femmes et des filles. Au contraire, on constate que même lorsqu'un conflit a pris fin, les violences sexuelles et sexistes tendent à persister, créant des menaces à long terme pour la sécurité et la santé des femmes, leurs moyens de subsistance et leur capacité à participer à la reconstruction et à la consolidation de la paix. Il importe de renforcer le dispositif et son mécanisme de mise en œuvre.

---

[26] Conseil de sécurité, « Résolution 1889 (2009) », S/RES/1889 (2009), adoptée par le Conseil de sécurité à sa 6196e séance, le 5 octobre 2009.

[27] Nations Unies, « Des faits et des chiffres : Les femmes, la paix et la sécurité », Département de l'information de l'ONU, DPI/2409, février 2005, pp. 1-5.

[28] Conseil de sécurité, *Violences sexuelles liées aux conflits*, Rapport du Secrétaire général, S/2020/487, p.2, para. 7.

La mise en œuvre des dispositions des résolutions du Conseil de Sécurité interdisant le recours aux violences sexuelles comme arme de guerre et la transformation du corps de la femme en champ de bataille, est plus que nécessaire. La justice fait partie du processus de guérison des victimes de cette barbarie. Si au niveau international quelques normes juridiques existent en la matière, au niveau des législations nationales, le problème reste entier. Et même si certaines lois existent sur le plan national, sur le terrain, leur mise en pratique est peu respectée.

Il faut aussi accompagner les victimes non seulement médicalement mais aussi psychologiquement et aider à leur réinsertion socio-économique. La prise en charge holistique devrait être reconnue comme un droit humain pour les victimes d'actes sexuels. L'un des outils les plus importants contre les violences sexuelles, est l'éducation. Eduquer les hommes à une masculinité positive dans l'égalité des sexes, peut être un moyen à long terme de mettre fin à la barbarie constitue la transformation du corps de la femme en champ de bataille.

CONCLUSION

En somme, au sens du droit international humanitaire, pour la défense des droits des femmes en temps de guerre, surtout, leur protection contre la transformation de leur corps en champ de bataille, il est plus que nécessaire, de renforcer la mise en œuvre de la résolution 1325 et de ses résolutions connexes. Mais pour cela, il faudrait que la communauté internationale reconnaisse sans détours que la violation flagrante des droits des femmes et des filles et les atteintes à leur corps pendant les conflits armés ne peuvent continuer, dans une quasi impunité. En effet, la violence sexuelle, peut s'abattre sur n'importe qui dans n'importe quel pays. En temps de guerre, le viol est sans nul doute, une arme de guerre dévastatrice, que l'on retrouve dans la plupart des conflits récents ou en cours à travers le monde. Mais si les femmes sont les victimes privilégiées de cette barbarie, qui détruit, sans systématiquement tuer, il va sans dire que les femmes demeurent, celles par qui renaît la vie et l'espoir[29].

La violence sexuelle à l'égard des femmes en temps de guerre, est à la fois un moyen et un acte de domination de l'homme sur la femme. Or, on ne peut dominer quelqu'un que lorsqu'on détient plus de droits, plus de pouvoir et plus de statut. Il sied dès lors, de redéfinir le statut de la femme, en lui accordant la pleine citoyenneté et de s'assurer que l'égalité de droits homme-femme, ne soit réduite à une réalité virtuelle, sans grande incidence sur le vécu des femmes. Le Conseil de sécurité et les États membres doivent renouveler leur engagement à mettre pleinement en œuvre les résolutions y relatives et élaborer une loi appropriée pour assurer que ceux qui commettent des violations répondent de leurs actes.

Il faudrait également veiller à ce que l'autonomisation des femmes comme artisanes, bâtisseuses et agents de la paix, encouragée dans la résolution 1325,

---

[29] Matei VISNIEC « La femme comme champ de bataille », Le Hublot, 2017, p.3.

devienne une réalité. Davantage de preuves semblent en effet indiquer que la participation des femmes aux négociations de paix améliore la qualité des accords conclus et accroît les chances d'une mise en œuvre fructueuse. Elle enrichit le processus, car celles-ci, sont plus à même d'inscrire les questions relatives à la problématique hommes-femmes à l'ordre du jour, de déterminer des priorités différentes et, éventuellement, de briser plus efficacement les clivages politiques. Pour y parvenir, il faut leur garantir l'accès à éducation et à la formation et leur offrir les possibilités d'être réellement des partenaires actives.

En définitive, l'acte de la transformation du corps de la femme en champ de bataille, devrait être qualifié, au sens du droit international pénal, de crime de génocide ! La jurisprudence du Tribunal pénal international pour le Rwanda, est un important précèdent pour une telle qualification.

REFERENCES BIBLIOGRAPHIQUES

- Amnesty International, « Les crimes commis contre les femmes lors des conflits armés », ÉFAI, document public, Index AI : ACT 77/075/2004, 82 p.
- Amnesty International « Soudan (Darfour), le viol : une arme de guerre, la violence sexuelle et ses conséquences », ÉFAI, Document public, Index AI : AFR 54/076/2004, 46 p.
- Conseil de sécurité, « Résolution 1325 (2000) », S/RES/1325 (2000), adoptée par le Conseil de sécurité à sa 4213e séance, le 31 octobre 2000.
- Conseil de Sécurité, « Résolution 1820 (2008) », S/RES/1820 (2008), adoptée par le Conseil de sécurité à sa 5916e séance, le 19 juin 2008.
- Conseil de sécurité, « Résolution 1888 (2009) », S/RES/1888 (2009), adoptée par le Conseil de sécurité à sa 6195e séance, le 30 septembre 2009.
- Conseil de sécurité, « Résolution 1889 (2009) », S/RES/1889 (2009), adoptée par le Conseil de sécurité à sa 6196e séance, le 5 octobre 2009.
- Conseil de sécurité, *Violences sexuelles liées aux conflits*, Rapport du Secrétaire général, S/2020/487, 33 p.
- Constitution du Mali, 22 juillet 2023.
- Convention de Genève relative à l a protection des personnes civiles en temps de guerre du 12 août 1949.
- GAGGIOLI G., *Les violences sexuelles dans les conflits armés : une violation du droit international humanitaire et du droit international des droits de l'homme*, Revue internationale de la Croix-Rouge, Volume 96 Sélection française 2014 / 2, pp. 85-124.
- GODIN, D. (1999). Mémorandum : La Femme comme champ de bataille. Jeu, (91), pp. 167–170.
- Loi n°2011 – 087, du 30 décembre 2011, portant Code des personnes et de la famille.

- MUKWEGE D., *La force des femmes : puiser dans la résilience pour réparer le monde,* Editions Gallimard, Paris, 2021, 412 p.
- Nations Unies, « Des faits et des chiffres : Les femmes, la paix et la sécurité », Département de l'information de l'ONU, DPI/2409, février 2005, 8 p.
- ONU Femmes, « Résolutions du Conseil de sécurité : Les femmes, la paix et la sécurité », WSP Résolutions, 2022, 8 p.
- Règlement concernant les lois et coutumes de la guerre sur terre annexé aux conventions de La Haye de 1899 et 1907, l'art. 22 ; Conventions II de 1899 et IV de 1907 sur lois et coutumes de la guerre sur terre.
- Réseau des Femmes pour un Développement Associatif (RFDA), *Le Corps des Femmes comme champ de bataille durant la guerre en République Démocratique du Congo : Violences sexuelles contre les femmes et les filles au Sud-Kivu (1996-2003),* Rapport RFDP-RFDA, 2004, 76 p.
- Statut de Rome de la Cour pénale internationale, 1998.
- TOMAN J., *La protection des biens culturels en cas de conflit armé : commentaire de la convention de la Haye de 1954,* Collection Patrimoine mondial, Editions UNESCO, 1994, 490 p.
- UNESCO « Le viol comme arme de guerre », L'Harmattan, « Confluences Méditerranée », 2008/1 N°64, pp.99-104.
- VISNIEC M. « La femme comme champ de bataille », Le Hublot, 2017, 14 p.
- West Africa Network for Peacebuilding (WANEP), *Élaboration et Mise en Œuvre de Plans d'Action Nationaux sur la Résolution 1325 du Conseil de Sécurité de l'ONU et ses Résolutions Connexes : Vers la Conception et l'Application des Plans d'Action Nationaux*, Guide WANEP, 2012, 60 p.
- WETZELS J., *Le viol comme arme de guerre en Syrie : analyse d'une médiatisation dans la presse écrite nationale entre 2011 et 2018*, Mémoire de Master 2 Médias et Mondialisation, Sous la direction de M. Arnaud Mercier, Université Panthéon-Assas, Institut Français de Presse, 2018, 134 p.
- WOOD E.J., *Violences sexuelles liées aux conflits et implications politiques des recherches récentes,* Revue internationale de la Croix-Rouge, Vol. 96 Sélection française 2014 / 2, pp.35-59.

L'effectivité du respect des droits de la femme au Mali

Dr Mohamed Albachar HAROUNA,
Enseignant-chercheur à la FSAP/USJPB

Dr Omorou Zackaria TOURE,

LLM Pittsburgh 2003
Enseignant-Chercheur à l'USJPB/FDPri

Résumé
Le respect des droits de la femme est effectif au Mali si l'on se réfère au cadre normatif de protection adopté. Elle jouit, désormais, des mêmes droits et obligations que l'homme. Cela prouve l'importance de son rôle aussi bien dans l'ossature familiale que dans le fonctionnement de la société. Cette effectivité est rendue possible grâce aux garanties juridictionnelles et non juridictionnelles.
Toutefois, l'effectivité reste perfectible avec la persistance de certains obstacles limitant considérablement la pleine jouissance par la femme malienne de ses droits. En cause la faiblesse des moyens de l'Etat, une législation incohérente et insuffisante, et les pesanteurs sociales dont les principales sont la coutume et la religion qui influencent l'adoption des textes et le comportement des autorités œuvrant pour le respect des droits de la femme.
La présente étude est une contribution à une meilleure compréhension de la problématique de l'effectivité des droits des femmes afin de recommander aux décideurs d'engager les réformes indispensables à la protection et à l'épanouissement de la femme malienne.
Mots-clés : Droits des femmes-Effectivité-Existence-Mise en œuvre-Contraintes

Abstract: The effectiveness of women's rights in Mali
Respect for women's rights is effective in Mali, if we refer to the normative protection framework adopted. Women now enjoy the same rights and obligations as men. This proves the importance of her role both in the family and in the functioning of society. This effectiveness is made possible by jurisdictional and non-jurisdictional guarantees.
However, there is still room for improvement, with the persistence of certain constraints considerably limiting Malian women's full enjoyment of their rights. This is due to a lack of resources on the part of the State, an incoherent and inadequate legislation, and social constraints, the main ones being custom and religion, which influence the adoption of texts and the behavior of authorities working to ensure respect for women's rights.
The present study is a contribution to a better understanding of the issue of the effectiveness of women's rights, with a view to recommending that decision-makers undertake the reforms essential to the protection and development of Malian women.

Keywords: Women's Rights-Effectiveness-Existence-Implementation-Constraints

Introduction

« *La promotion des droits des femmes et l'égalité entre les femmes et les hommes sont une affaire de Droits Humains et une condition pour parvenir à la justice sociale et ne doivent pas être perçues isolement comme un problème des femmes* »[1].

Introduction

L'histoire nous apprend que les droits de l'homme ou droits humains sont intimement liés à toute société, qu'elle soit classique ou moderne[2]. En l'absence de définition satisfaisante, convenons avec le juge Keba MBAYE que « *les droits de l'homme se présentent [...] comme un ensemble cohérent de principes juridiques fondamentaux qui s'appliquent partout dans le monde tant aux individus qu'aux peuples et qui ont pour but de protéger les prérogatives inhérentes à tout homme et à tous les hommes pris collectivement en raison de l'existence d'une dignité attachée à leur personne et justifiée par leur condition humaine* »[3]. Le droit est cette discipline normative qui a pour objet l'édiction de règles de conduite sociale dont la violation est sanctionnée par une autorité supérieure. En cela, le droit promeut l'égalité de tous sans discrimination devant la loi par l'attribution de « *prérogatives reconnues, [à] un individu ou plusieurs individus pris collectivement* »[4] appelées communément droits subjectifs et dont les droits de l'homme constituent une composante essentielle.

Toutefois, cette égalité est à nuancer concernant la femme. Celle-ci s'est vue accorder
pendant longtemps un statut inférieur dans la plupart des systèmes juridiques classiques et/ou modernes, romains, anglo-américains et islamiques[5]. Les femmes et les enfants étaient placés sous le contrôle et le pouvoir protecteur d'un homme en sa qualité de père ou de mari. De ce fait, ils ont été considérés comme des biens appartenant à l'homme, le père et, par la suite pour les femmes, à l'époux. Cette infériorité transparaît dans le Code civil du 21 mars 1804 de Napoléon : « *la femme est donnée à l'homme pour qu'elle fasse des enfants. Elle est donc sa*

---

[1] Déclaration de Beijing et plateforme d'action de septembre 1995 lors de la conférence mondiale des Nations Unies sur les femmes.

[2] NERI (Kiari), SAENZ (Liliana Haquin), *Histoire des droits de l'Homme de l'Antiquité à l'époque moderne*, éd. Bruylant 2015, p. 16.

[3] MBAYE (Keba), *Les droits de l'homme en Afrique*, Paris, Pedone, 1992, p.25.

[4] *Ibid*, pp.25 et s.

[5] Le Mali jouit d'une appartenance aux cultures romano-germaniques et islamiques sans occulter sa tradition africaine qui permet de nuancer ces propos. Comme l'a affirmé le juge Keba Mbaye, « *[...] en Afrique la tradition préfère à l'égalité, un idéal de relation essentiellement basée sur la protection attentive et la subordination respectueuse. [...] L'individu est absorbé par l'archétype du totem ou de l'ancêtre commun* », *ibid*, pp.52 et s.

propriété comme l'arbre fruitier est celle du jardinier »[6]. L'on retrouve des traces, non anciennes, dans les systèmes de Common Law où prédomine l'ancienne doctrine de la couverture, selon laquelle l'existence légale de la femme est incorporée et intégrée à celle de son mari. Considérée comme une possession de l'Homme, elle était permanemment exposée à toutes sortes de discriminations de la part de ce dernier en toute impunité.

Dans l'optique de proscrire ces pratiques, d'établir l'égalité homme-femme et la justice sociale, ont été proclamés les droits de l'homme. A travers les âges, des références se rapportent à la Grande Charte ou la Magna Carta de 1215 de l'Angleterre, à cette sagesse populaire Kamit incitant à la non-violence citée par Joseph Ki-Zerbo[7], au récit de Djibril Tamsir Niane concernant la Charte du Mandé ou Charte de Kouroukan Fouga édictée en 1236 par l'empereur Soundjata Keïta. Considérée comme une contribution remarquable de l'Afrique à l'émergence des droits fondamentaux de l'homme[8], la Charte est composée de 44 articles. Mais, c'est l'article 5 qui est un véritable précurseur de respect des droits de l'homme : *« chacun a le droit à la vie et à la préservation de son intégrité physique »*. Suivent les énoncés relatifs aux droits des femmes : « *quand votre femme ou enfant fuit, ne le poursuivez pas chez le voisin* » (article 11), « *n'offensez jamais les femmes, nos mères* » (article 14), « *ne portez jamais la main sur une femme mariée avant d'avoir fait intervenir son mari sans succès* » (article 15), « *les femmes, en plus de leurs occupations quotidiennes, doivent être associées à tous nos gouvernements* » (article16).

Par la suite les droits de la femme ont été affirmés et précisés par plusieurs instruments juridiques internationaux de protection des droits de l'homme. Ces droits ont connu un essor considérable à compter de l'adoption par les Nations Unies de la Convention sur l'élimination de toutes les formes de discrimination à l'égard des femmes (CEDAW/ CEDEF). Celle-ci constitue la Charte des droits

---

[6] AGUIAR RIBEIRO DO NASCIMENTO (Germana), MERZELKAD (Kahina), « Les droits des femmes en France: Une longue route vers l'égalité », *Boletín Mexicano de Derecho Comparado*, núm. 156, pp. 1301-1324, p.1303.

[7] *Ibid*, p.13.

[8] NIANE (Djibril Tamsir), « Les sources africaines des droits fondamentaux : Redécouvrir la Charte du Mandé. Nourir le monde, la parole aux citoyens » in *Conférence : Les sources africaines des droits fondamentaux : Redécouvrir la Charte du Mandé (XIIIè siècle)*, novembre 2012, Nantes, France, « hal-01081635 ». KOUYATE (Siriman), « La Charte de Kurukan Fuga », in *Atelier régional de concertation entre traditionnalistes mandingues et communicateurs de radios rurales*, Kankan du 02 au 12 mars 1998. Centre d'Etudes Linguistiques et Historiques par la Tradition Orale (CELTHO), *La Charte de Kurukan Fuga : Aux sources d'une pensée politique en Afrique*, Editions l'Harmattan, Paris 2009. NDIOGOU (Thierno Amadou), « Regards croisés sur la charte de Kurukan Fuga et la Déclaration universelle des droits de l'homme », en ligne https://publication.codesria.org ›, consulté le 14 juin 2024.

Réseau des Défenseurs des Droits Humains en Afrique Centrale, *Les Lois de la Liberté. Un Guide pour la sauvegarde des libertés fondamentales*, Douala, 2017, pp. 15 et s.

de la femme[9]. C'est un instrument innovateur car pour la première fois l'Organisation des Nations Unies centre son approche des droits des femmes sur le principe de non-discrimination. En plus de condamner la discrimination sous toutes ses formes, la CEDEF identifie les domaines (sphères privée et publique) où les femmes subissent souvent le plus de discrimination aussi bien à travers les lois que dans la pratique[10].

Qui plus est, la CEDEF est devenue le texte de référence pour les instances sous régionales comme l'Union Africaine en prônant la prise par les Etats-parties de mesures appropriées pour la protection et la promotion des droits de la femme[11]. Aussi, la plupart des Etats ont transposé les règles universelles et régionales relatives au respect et à la protection des femmes au sein de leurs législations respectives. La Constitution malienne du 22 juillet 2023, dans son préambule, fait référence au respect des droits humains, en particulier ceux de la femme, consacrés par les traités et accords sous-régionaux, régionaux et internationaux signés et ratifiés par le Mali, à la Déclaration universelle des droits de l'Homme du 10 décembre 1948, à la Charte Africaine des Droits de l'Homme et des Peuples du 27 juin 1981 dont les dispositions pertinentes transparaissent dans le Titre I consacré aux droits et devoirs[12]. Ce dispositif est complété par d'autres instruments internationaux (Conventions, Pactes, Chartes, Protocoles) établissant ou développant les droits de la femme adoptés/ratifiés par le Mali. Finalement, diverses institutions et structures étatiques et non étatiques ont été mises en place pour promouvoir et protéger ces droits.

Le respect des droits de la femme est l'un des sujets d'actualité qui a fait couler beaucoup d'encre. En plus des textes juridiques nationaux et internationaux, beaucoup de rapports d'expertise d'ONG internationales ou

---

[9] Cette convention a été adoptée par l'Assemblée Générale des Nations Unies le 18 décembre 1979. Elle est entrée en vigueur le 3 septembre 1981. A l'époque, 187 pays étaient partie à ladite convention.

[10] Art. 2 de la convention sur l'élimination de toutes les formes de discriminations envers les femmes.

[11] Art. 2 a) de la CEDEF.

[12] Pour une analyse historique, voir DIARRA (Abdoulaye), « La protection constitutionnelle des droits et libertés en Afrique noire francophone depuis 1990 », *Afrilex*, numéro 2 : septembre 2001, en ligne https://afrilex.u-bordeaux.fr › 2doc8diarra, consulté le 14 juin 2024.

nationales[13], de documents officiels[14] ou de politique nationale[15] y sont consacrés. Le monde académique s'y est intéressé dans le cadre de réflexion générale sur les droits de l'homme[16], de réflexion spécifique sur les droits des femmes[17]. Tous s'accordent sur la perfectibilité du système actuel de protection des droits des femmes, ce à quoi la présente veut contribuer.

Cette analyse suggère que les droits de la femme sont inaliénables, sont des parties intégrantes et indivisibles des droits humains[18]. La femme est un sujet de droit, donc titulaire de droits et d'obligations tout comme le serait un homme. C'est progressivement et compte tenu des différents enjeux nationaux que la condition féminine a été mise en exergue avec l'attribution de droits subséquents. Ainsi compris, il convient de considérer les droits de l'homme ou droits de la

---

[13] KOUMARE (Madani), *Analyse critique de la situation des droits de l'homme au Mali. Quels enjeux et perspectives? En ligne* Friedrich-Ebert-Stiftung; https://library.fes.de › pdf-files › bueros › mali,
consulté le 14 juin 2024. Cinquième Rapport National du Mali de Suivi de la mise en œuvre de la Déclaration et du Programme d'Action de Beijing de 1995. RAPPORT BEIJING+25, mai 2019. KAMGA (Hilaire), *Les libertés publiques au Cameroun. Des acquis hypothéqués !* Rapport d'étude nationale sur les Libertés fondamentales au Cameroun, Nouveaux Droits de l'Homme, février 2019.

[14] Haut-Commissariat aux droits de l'homme des Nations Unies, *Les droits de la femme sont des droits de l'homme*, New York et Genève 2014. GLOBAL PROTECTION CLUSTER, *Examen du cadre normatif et institutionnel malien relatif à la protection des personnes déplacées à l'intérieur du Mali*, MARS 2017. Voir en ligne: https://www.globalprotectioncluster.org › sites › files.

[15] Politique Nationale Genre du Mali 2011. Politique Nationale des Droits de l'Homme 2015-2018 et son plan d'actions 2017-2021.

[16] BESSON (Samantha), « L'effectivité des droits de l'homme : du devoir être, du pouvoir être et de l'être en matière de droits de l'homme » in Zufferey, Jean-Baptiste and Dubey, Jacques and Previtali, Adriano (dir.), *L'Homme et son droit*, Mélanges en l'honneur de Marco Borghi à l'occasion de son 65e anniversaire, 308, Schulthess, pp.53–84, 2011, AISUF, 978-3-7255-6451-4. « hal-02516364 », p.69. MBAYE (Keba), *op.cit.*,p.25. DIARRA (Abdoulaye), *op.cit.* MANANGOU (Vivien Romain), « Droits et libertés fondamentaux en République du Congo : analyse d'une consécration constitutionnelle sans effectivité pratique », en ligne : revuedlf.com/droit-constitutionnel/droits-et-libertes-fondamentaux-en-republique-du-congo-analyse-dune-consecration-constitutionnelle-sans-effectivite-pratique/ RDLF 2015, chron.n°17.

[17] GASPARD (Françoise), « Les « droits de la femme » : construction d'un enjeu en relations internationales », *La Revue Internationale et stratégique,* 2002/3 (n° 47), pages 46 à 52, p.46. En ligne : https://www.cairn.info/revue-internationale-et-strategique-2002-3-page-46.htm. NGUEBOU TOUKAM (Josette), « Les droits des femmes dans les pays de tradition juridique française », in *L'Année sociologique* 2003/1, vol. 53, pages 89 à 108, Ed. PUF. RAMARDE (Nedoumbaiel), « L'effectivité des droits de la femme au Tchad », *Revue Internationale du Chercheur*, volume 5, numéro 1, 2024, pp. 371-397. En ligne : www.revuechercheur.com. NDAYIZIGAMIYE (Richard), « Le respect des droits fondamentaux des femmes en cas d'arrestation et de détention en droit burundais au regard du droit international », *Les Cahiers d'Afrique de l'Est / The East African Review*, 56 | 2021, mis en ligne le 06 décembre 2021, consulté le 09 décembre 2021. URL : http://journals.openedition.org/eastafrica/1425 ; DOI : https://doi.org/10.4000/eastafrica.1425.

[18] GASPARD (Françoise), *op.cit.,* p.46. NGUEBOU TOUKAM (Josette), *op.cit.* Haut-Commissariat aux droits de l'homme des Nations Unies, *op.cit.*

femme « *comme un moyen pour rendre effective la dignité de chaque individu* »[19]. L'expression « effectivité » « *désigne la qualité de ce qui est effectif, c'est-à-dire entièrement réalisé ou mis en œuvre* »[20] ou le « *Caractère d'une règle de droit qui produit l'effet voulu, qui est appliquée réellement* »[21]. On peut en déduire que l'effectivité est à la fois une condition d'existence et une conséquence de la mise en œuvre des droits de la femme[22]. En tant que condition d'existence, l'effectivité fait référence à la reconnaissance ou la consécration juridique des droits des femmes dans les ordres juridiques nationaux. Ces droits donnent naissance à une obligation positive morale et légale de mise en œuvre. Envisagée comme conséquence, l'effectivité permet de mesurer le degré de réalisation des droits de la femme. Cela implique d'étudier la correspondance entre le modèle normatif et le comportement réel des destinataires.

Se pose en toute logique la question suivante : la politique nationale des droits de l'homme (PNDH) dont le Mali s'est doté, est-elle suffisamment efficace pour garantir le respect des droits de la femme dans un contexte de plus en plus internationalisé ? L'adoption d'instruments juridiques au niveau national, l'adhésion aux instruments juridiques régionaux et internationaux ainsi que la création d'institutions étatiques et non étatiques prouvent une réelle effectivité du droit positif actuel. Cela est affirmé dans les quatre (04) stratégies principales définies par la PNDH, à savoir la promotion des droits de l'Homme, la protection des droits de l'Homme, l'assistance aux acteurs et la coopération internationale en matière des droits de l'Homme[23].

Toutefois, la crise multidimensionnelle que traverse le Mali depuis 2012 et les graves violations des droits de l'homme dont les femmes et les enfants sont les victimes principales sont susceptibles de remettre en cause cette effectivité[24]. S'y ajoutent des insuffisances et contraintes d'ordre juridique, sociologique et économique, l'inégalité entre homme et femme et l'accès limité à la justice à cause de la complexité des procédures, de leur coût élevé, de l'insuffisance

---

[19] PECES-BARBA MARTINEZ (G.), *Théorie générale des droits fondamentaux*, Paris, LGDJ, 2004, p.37, cité par MANANGOU (Vivien Romain), *op.cit.*, p.1.

[20] BESSON (Samantha), *op.cit.*, p.69. Pour l'auteure, c'est une notion surprenante, d'usage fluctuant et non expliquée nulle part. L'une des difficultés pour cerner les contours de cette notion s'explique par sa proximité conceptuelle avec d'autres notions telles qu'efficacité, efficience. Cette confusion conceptuelle est rendue d'autant plus grande que différentes langues recèlent encore d'autres concepts connexes. En anglais, on distingue, par exemple, entre « effectiveness », « effectivity », « efficiency » et « efficacy ». Voir aussi CHAMPEIL-DESPLATS (Véronique), « Effectivité et droits de l'homme : approche théorique » in CHAMPEIL-DESPLATS (Véronique) and LOCHAK (Danièle) (ed.), *À la recherche de l'effectivité des droits de l'homme*, Presses universitaires de Paris Nanterre, 2008, 266p., Published on OpenEdition Books: December 20, 2012, pp. 11-26, n°s 3-9.

[21] CORNU (G.), *Vocabulaire juridique*, PUF, éd.2018, p.842.

[22] BESSON (Samantha), *op. cit.*, pp. 68 et s.

[23] Voir Politique Nationale des Droits de l'Homme 2015-2018 et son plan d'actions 2017-2021, p.2.

[24] KOUMARE (Madani), *op. cit.*

numérique et de l'éloignement des juridictions, l'accès limité au droit, l'ineffectivité de l'assistance judiciaire et juridique[25].

A la lumière de ce qui précède, l'objectif général est d'analyser l'effectivité du respect des droits de la femme au Mali dans tous ses aspects afin de mesurer l'ensemble des enjeux à la fois juridiques, politiques, économiques et sociaux[26]. Cette perspective conduit à combiner des méthodes théorique et empirique indispensables à une meilleure compréhension des droits de la femme, ainsi que de leur respect afin d'aboutir à l'épanouissement de la femme, *conditio sine qua non* du développement de la société toute entière[27].

Là réside tout l'intérêt de l'étude, à savoir contribuer à la réflexion sur la nécessité de renforcer l'application des droits de la femme pour la promotion d'une société égalitaire. Le Mali a ratifié les conventions sans émettre de réserves mais les applique partiellement. Or, en tant que garant du respect de la protection des droits des femmes reconnus par ces conventions, il doit tout mettre en œuvre pour abroger les lois internes non conformes et non d'en créer.

L'ensemble de ces considérations méritent d'être prises en compte dans le cadre d'une réflexion mettant en exergue l'effectivité comme condition des droits de la femme (I) et l'effectivité comme conséquence des droits de la femme (II).

I.L'effectivité comme condition des droits de la femme

L'effectivité comme condition d'existence des droits de la femme se justifie par la consécration d'une solide protection normative (A) et institutionnelle (B) accordée par l'Etat soutenu ses partenaires.

A.Le cadre normatif du respect des droits de la femme

La mise en place d'un cadre normatif suppose « *l'inscription des droits de l'homme dans les textes, leur consécration par des normes juridiques* »[28]. Il en ressort que la construction d'une communauté nationale sur les valeurs des droits de l'homme ouvre la voie à l'adoption d'un cadre normatif international (1) et national (2) en faveur du respect des droits des femmes indispensable à la réalisation du développement durable[29].

---

[25] *Ibid*, p.9.

[26] Pour une approche similaire, voir RAMARDE (Nedoumbaiel), *op.cit.*

[27] Voir en général, JEUGUE DOUNGUE (Martial), « Discriminations à l'égard des femmes et développement durable à la lumière du Protocole de Maputo relatif aux droits de la femme en Afrique », *African Year of Human Rights with a focus on the Rights of Women*, 2016, 78p. En ligne https://au.int › 31192-wd-au_echo_magazine_-_web

[28] « Assurer l'effectivité des droits par la norme juridique", Detailed outline, in CHAMPEIL-DESPLATS (Véronique) and LOCHAK (Danièle) (ed.), *op.cit.*, pp. 73-76, n°1.

[29] JEUGUE DOUNGUE (Martial), *op.cit.*, pp.66 et s.

1.Le cadre normatif international

Suite à l'adoption de la DUDH[30], la Commission des droits de l'Homme de l'ONU a entrepris de rédiger deux traités de protection des droits de l'Homme, le Pacte international relatif aux droits civils et politiques (PIDCP)[31] et le Pacte international relatif aux droits économiques, socio-culturels et environnementaux (PIDESC)[32], lesquels constituent avec la Déclaration Universelle, la Charte internationale des droits de l'Homme.

Les dispositions des deux Pactes ainsi que celles des autres traités de protection des droits de l'Homme sont juridiquement contraignantes pour tous les États qui les ont ratifiés ou qui y ont adhéré. Les deux Pactes utilisent la même formulation pour interdire la discrimination fondée, notamment, sur des considérations de sexe ainsi que pour l'engagement à assurer le droit égal qu'ont l'homme et la femme au bénéfice de tous les droits qui y sont énumérés[33].

En 1967, les États membres de l'Organisation des Nations Unies ont adopté la Déclaration sur l'élimination de la violence à l'égard des femmes[34] qui affirme que la violence à l'égard des femmes constitue une violation des droits de la personne humaine et qui appelle les États à « *abolir les lois, coutumes, règlements et pratiques qui constituent une discrimination à l'égard des femmes et à assurer la protection juridique adéquate de l'égalité des hommes et des femmes* »[35]. C'est dans cette optique qu'en 1979, l'Assemblée Générale des Nations Unies adoptait la Convention sur l'élimination de toutes les formes de discrimination à l'égard des femmes[36].

Dans son préambule, il est affirmé qu'en dépit de l'existence de divers instruments, les femmes continuent de ne pas jouir de l'égalité des droits avec les hommes. La convention expose clairement la nature et la signification de la discrimination fondée sur le sexe et établit les obligations des États en matière d'élimination de la discrimination et de mise en place d'une égalité réelle.

Comme dans tous les autres traités relatifs aux droits de l'Homme, les États ont des obligations à partir du moment de la ratification. Cependant, la convention dispose que les États sont tenus non seulement de modifier ou d'abroger toute loi constitutive d'une discrimination, mais aussi de s'opposer aux pratiques et coutumes discriminatoires et à la discrimination des femmes par des

---

30 Déclaration Universelle des Droits de l'Homme du 10 décembre 1948.

31 Pacte international relatif aux droits civils et politiques du 19 décembre 1966.

32 Pacte international relatif aux droits économiques, sociaux et culturels du 16 décembre 1966.

33 (DUPLESSIS) Isabelle, « Les droits des femmes et les Nations Unies: d'hier à aujourd'hui », *Revue québécoise de droit international*, Numéro hors-série, décembre 2021, pp.183–198, pp.184-185. En ligne: https://apropos.erudit.org/fr/usagers/politique-dutilisation/.

34 Cette déclaration a été adoptée par l'Assemblée Générale le 7 novembre 1967 (à travers la Résolution 2263).

35 V. paragraphe 1 du Préambule de ladite Déclaration.

36 Convention des Nations Unies du 18 décembre 1979 sur l'élimination de toutes discriminations à l'égard des femmes.

particuliers[37]. Elle couvre à la fois les droits civils et politiques[38] et les droits économiques, sociaux et culturels[39].

La convention accorde aussi une attention spécifique à des phénomènes tels que la traite de personnes, à certains groupes de femmes (par exemple les femmes rurales) et à des réalités particulières qui risquent d'empêcher les femmes de jouir pleinement de leurs droits fondamentaux, par exemple dans le mariage ou au sein de la famille. En son article premier, la convention définit la discrimination comme « *[...] toute distinction, exclusion ou restriction fondée sur le sexe qui a pour effet ou pour but de compromettre ou de détruire la reconnaissance, la jouissance ou l'exercice par les femmes, quel que soit leur état matrimonial, sur la base de l'égalité de l'homme et de la femme, des droits de l'homme et des libertés fondamentales dans les domaines politique, économique, social, culturel et civil ou dans tout autre domaine* »[40]. Une telle discrimination concerne toute différence de traitement fondée sur le sexe et qui désavantage intentionnellement ou non les femmes, d'une part, ou empêche la société dans son ensemble de reconnaître les droits des femmes dans les domaines privé et public ou encore qui empêche les femmes d'exercer les libertés et droits fondamentaux qui sont les leurs, d'autre part. Si elle n'est pas éradiquée, la discrimination devient une négation à la consolidation du développement durable en Afrique[41].

La convention spécifie aussi de quelles façons les États parties sont censés éliminer la discrimination en adoptant de législations appropriées qui interdisent la discrimination, en plaçant les droits des femmes sous la protection de la loi, en s'abstenant de mesures discriminatoires, en protégeant les femmes de toute discrimination imposée par une personne, une organisation ou une entreprise et en modifiant ou abolissant toute législation, réglementation ou disposition pénale de nature discriminatoire[42]. La convention renchérit que, pour parvenir à l'égalité, il faudra peut-être que l'État prenne des mesures positives visant à améliorer la condition de la femme, toute chose constituant une obligation à l'égard de tous les pays, parties prenantes à ladite convention.

En ce qui concerne la convention relative aux droits des personnes handicapées, elle reconnaît que les femmes handicapées sont exposées à de multiples discriminations. C'est pourquoi, elle fait obligation aux États parties de prendre « *toutes mesures appropriées pour assurer le plein épanouissement, la promotion et l'autonomisation des femmes* » dans l'exercice de leurs droits[43].

---

[37](DUPLESSIS) Isabelle, *op.cit.*, p.188.

[38] Il s'agit, entre autres, du droit de vote, du droit de prendre part à la vie politique, d'acquérir une nationalité, d'en changer ou de la conserver, du droit à l'égalité devant la loi et à la liberté de déplacement.

[39] Ce sont les droits à l'éducation, au travail, à la santé, aux crédits financiers.

[40] Article 1er de la CEDEF.

[41] JEUGUE DOUNGUE (Martial), *op. cit.*, pp. 71 et s.

[42] Article 2 de la CEDEF.

[43] Article 6 de la Convention des Nations Unies relative aux droits des personnes handicapées du 13 décembre 2006.

A titre de comparaison, la convention va plus loin qu'aucun autre instrument de protection des droits de l'Homme en ce qu'elle détaille les obligations faites aux États et les mesures qu'ils doivent prendre pour aboutir dans la pratique à l'égalité des genres. Non seulement elle requiert l'égalité entre les hommes et les femmes, mais elle interdit toutes pratiques tendant à perpétuer l'inégalité entre ces derniers. L'égalité concrète et l'égalité formelle ainsi que la discrimination de fait et la discrimination de droit sont des concepts centraux des grands axes de la convention[44]. La discrimination et l'inégalité se manifestent de diverses façons. Il peut y avoir discrimination du fait de dispositions discriminatoires directes ou de droit, comme par exemple, des volontés législatives ou politiques.

A côté de ces traités internationaux, nous avons également les résolutions 1325[45] et 2106[46] du Conseil de sécurité des Nations Unies qui prônent la protection des droits de la femme en tout temps (période de conflit & paix). Ces deux instruments engagent la femme à prendre part à tout processus pouvant conduire à la paix. Elles font de la femme, une partie intégrante dans les mécanismes de résolution des conflits, d'où leur rôle incontournable dans la société.

Les instruments africains de protection des droits de l'Homme contiennent également des dispositions essentielles visant à promouvoir et protéger les droits des femmes en tout lieu et en toute circonstance. On peut citer la Charte africaine des droits de l'Homme et des peuples[47] adoptée en 1981 par l'Organisation de l'Unité Africaine et ses protocoles. Celle-ci interdit la discrimination pour quelque motif que ce soit, y compris la discrimination sexiste, dans la jouissance des droits qu'elle garantit[48]. Ce texte oblige les États africains à « *veiller à l'élimination de toute discrimination contre la femme et d'assurer la protection des droits des femmes et de l'enfant tels qu'énoncés dans les déclarations et conventions internationales* »[49].

Il faut également noter le Protocole à la Charte africaine des droits de l'Homme et des peuples, relatif aux droits de la femme en Afrique (Protocole de

---

[44] V. articles 3 & 4 de la CEDEF.

[45] La Résolution 1325 (2000) du Conseil de sécurité de l'ONU sur les femmes, la paix et la sécurité. Cette Résolution demande la protection des femmes et des filles et le respect de leurs droits, leur participation aux processus de paix et gestion des conflits.

[46] Résolution 2106 (2013) adoptée par le Conseil de sécurité à sa 6984e séance, le 24 juin 2013. Cette Résolution souligne dans en son point 21 que les organisations et réseaux de la société civile, notamment les organisations de femmes, peuvent jouer un rôle important dans l'amélioration de la protection à l'échelle locale contre les violences sexuelles en période de conflit armé ou d'après conflit et en aidant les personnes qui ont subi de telles violences à accéder à la justice et à obtenir réparation.

[47] Cette Charte est également connue sous l'appellation « Charte de Banjul ».

[48] Article 2 de la Charte africaine des droits de l'homme et des peuples (CADHP).

[49] Article 3 CADHP.

Maputo) qui a été adopté en 2003[50]. Ce protocole fait une mention spéciale en ce qui concerne la discrimination à l'égard de la femme en énonçant que « *les États combattent la discrimination à l'égard des femmes, sous toutes ses formes, en adoptant les mesures appropriées aux plans législatif, institutionnel et autre…* »[51]. Par cette disposition, elle impose à tout Etat partie d'adopter des textes qui facilitent l'éradication de toutes les formes de discrimination à l'égard des femmes, d'où le recours au droit positif en ce qui concerne l'observation des droits de la femme.

2.Le cadre normatif national

Au plan national, le cadre normatif du respect des droits de la femme comprend la Constitution et les textes législatifs et règlementaires. Le Mali a transposé ou ratifié la plupart des textes internationaux relatifs aux droits humains, en général, et aux droits des femmes et enfants, en particulier, pour les rendre compatibles avec la loi Constitutionnelle[52]. Il confirme ainsi que « *la capacité des normes juridiques à rendre les droits effectifs dépend aussi de leur place dans la hiérarchie des normes. Le fait est qu'aujourd'hui, par un double processus de constitutionnalisation et d'internationalisation, les droits de l'homme se sont trouvés promus au sommet de la hiérarchie des normes* »[53]. Force est de reconnaître que la plupart de ces droits n'ont jamais eu d'application rigoureuse, quand bien même le Mali fait partie des bons élèves en la matière. Cette inertie dans la pratique dite de « *fatigue normative* » de la part des États se constate dans la ratification des instruments juridiques, dans l'abstention d'envoi et d'envoi tardif de rapports périodiques aux Comités établis pour veiller à l'application des conventions par les États parties[54].

Citons en premier lieu la Loi N°02-044/du24 juin 2002 relative à la santé de la reproduction. Il est à déplorer que de l'adoption de cette loi en 2002, à ce jour, aucun décret d'application n'a été pris pour sa mise en œuvre effective. En effet, le décret d'application est un texte qui dit comment appliquer les lois déjà votées. Son rôle est de définir les détails qui vont permettre d'appliquer concrètement la loi. C'est un pouvoir dévolu au gouvernement. Si les lois sont

---

[50] Sur les violations du Protocole par les discriminations à l'égard des femmes, voir JEUGUE DOUNGUE (Martial), *op. cit.*

[51] Article 6 du Protocole à la Charte africaine des droits de l'homme et des peuples, relatif aux droits de la femme en Afrique.

[52] V. notamment les articles 116 de l'ancienne Constitution de 1992 et 183 de la Constitution du 22 juillet 2023 qui disposent que : « *les traités ou accords régulièrement ratifiés ou approuvés ont, dès leur publication, une autorité supérieure à celle des lois, sous réserve, pour chaque traité ou accord, de son application par l'autre partie* ». Voir aussi RAMARDE (Nedoumbaiel), « L'effectivité des droits de la femme au Tchad », *op. cit.*, pp.377 et s. MANANGOU (Vivien Romain), « Droits et libertés fondamentaux en République du Congo : analyse d'une consécration constitutionnelle sans effectivité pratique », *op.cit.*, p.10.

[53] « Assurer l'effectivité des droits par la norme juridique », Detailed outline, in CHAMPEIL-DESPLATS (Véronique) and LOCHAK (Danièle) (ed.), *op.cit.*, pp.73-76, n°3.

[54] (DUPLESSIS) Isabelle, *op. cit.*, p.190.

votées par le pouvoir législatif, les décrets d'application relèvent du pouvoir exécutif. C'est ce décret qui attribue une force obligatoire en ce qui concerne l'application de cette catégorie de loi. La fixation du texte des décrets donne lieu à des discussions, souvent très longues et très mouvementées, avec les représentants des personnes concernées par le sujet du décret. Il peut arriver que des lois votées ne soient jamais appliquées en réalité car les décrets n'ont jamais été rédigés. Nous espérons vivement la signature dudit décret pour son effectivité.

Ensuite, il faut noter la Loi N°11-080 AN-RM du 30 décembre 2011 portant Code des personnes et de la famille au Mali. Elle était considérée comme une volonté politique de mettre fin aux inégalités entre les hommes et les femmes au sein de la sphère familiale. L'avènement de ce code ayant conduit à la relecture du code du mariage et de la tutelle de 1962 a heurté les sensibilités du Haut Conseil Islamique, faitière des organisations et associations musulmanes, qui a organisé de vagues de contestations avant le vote de la loi le 3 août 2009.

Bien que l'adoption du Code des personnes et de la famille soit intervenue après la ratification par le Mali de ces textes prônant l'égalité entre l'homme et la femme, il est à déplorer que ce Code qui, au départ devait être un texte innovateur en matière de promotion et de protection des droits de la femme, est en réalité devenu le cadre légal de violation flagrante des droits de celle-ci et à plusieurs égards.

Au titre des devoirs et des droits respectifs des époux, le CPF dispose que « *Dans la limite des droits et devoirs respectifs des époux consacrés par le présent Code, la femme doit obéissance à son mari, et le mari, protection à sa femme. Les époux se doivent mutuellement fidélité, protection, secours et assistance. Ils s'obligent à la communauté de vie sur la base de l'affection et du respect* »[55].

La question de l'obéissance de la femme dans nos sociétés africaines est un sujet d'une extrême sensibilité, évitée par les politiques, qui sous influence des leaders religieux, considèrent que les inégalités entre l'homme et la femme dans le cadre du mariage édictée par le code doivent rester telles. Autrement dit, le Code ayant suscité tant d'espoirs, a finalement acté voire validé les inégalités entre les deux sexes dans les rapports familiaux.

Si ce nouveau texte a permis de reconnaitre légalement le mariage célébré devant le ministère du culte pour le bien des femmes, il reste toujours un texte discriminatoire relativement aux droits et devoirs de celles-ci car il renforce les pouvoirs du mari sur la femme.

Enfin, il y a la Loi N°2015-052/ du 18 décembre 2015 instituant des mesures pour promouvoir le genre dans l'accès aux fonctions nominatives et électives. Elle est la seule loi en lien direct avec le genre, qui fixe le quota de 30% de femmes ou d'hommes sur les listes électorales ou aux postes nominatifs. Cette loi est respectée dans le cadre des fonctions électives, mais ce n'est pas le cas pour les fonctions nominatives, surtout décrétées par le gouvernement.

---

[55] Article 316 du CPF.

B.Le cadre institutionnel du respect des droits de la femme

L'effectivité des droits de la femme n'est possible qu'en présence de garanties juridictionnelles et non juridictionnelles. A cet effet, les institutions nationales de droits de l'homme et les organisations de la société civile engagées, en l'occurrence les Organisations de Défense des Droits de l'Homme (ODDH), ont le devoir de veiller à la mise en œuvre idoine des instruments ratifiés par l'Etat et de susciter l'adhésion de celui-ci à tous nouveaux instruments pouvant garantir le progrès humain, ainsi que d'exercer un contrôle citoyen sur l'action publique.

Il est à présent nécessaire de s'appesantir sur les organes ou institutions chargés de faire observer les droits de la femme à travers le pays. On distingue les institutions étatiques (1) des institutions non étatiques (2).

1.Les institutions étatiques

Ce sont généralement l'Etat et ses démembrements ou ses représentants. En réponse aux recommandations de la Conférence de Beijing, plusieurs gouvernements ont mis en place des ministères en charge de la femme, de l'enfant et de la famille et des plans nationaux de développement afin de mettre en œuvre la plateforme d'action de Beijing[56]. En matière de mise en œuvre des droits subjectifs, l'acteur le plus important et visible est la justice à travers la fonction du juge constitutionnel : "*La cour constitutionnelle est juge de la constitutionnalité des lois et elle garantit les droits fondamentaux de la personne humaine. Elle est compétente en matière de régulation des activités des pouvoirs publics*"[57]. Cette dernière, une fois saisie, doit tout mettre en œuvre pour soulager la victime des atteintes évoquées et prouvées. De la sorte, « *l'effectivité des droits conventionnels assure a priori une meilleure protection des individus et participe donc en ce sens à l'efficacité de la Convention, puisqu'elle contribue à réaliser l'objet et le but de cet instrument* »[58].

A côté de la justice, il faut saluer la création de la Direction nationale des droits de l'Homme[59] qui, à notre avis, serait un organe véritable de relai entre les organisations de défense des droits de l'Homme et l'Etat. Cette direction a pour

---

[56] (DUPLESSIS) Isabelle, *op. cit.,* p.191. AGUIAR RIBEIRO DO NASCIMENTO (Germana), MERZELKAD (Kahina), *op. cit*., p.1322.

[57] DIARRA (Abdoulaye), *op.cit.,* p.21. MARINESE (Vito), « Légistique et effectivité » in CHAMPEIL-DESPLATS (Véronique) and LOCHAK (Danièle) (ed.), *op.cit.,* pp. 89-117, n°s 14 et s. NKONGOLO KALALA (Elie), « Effectivité du constitutionalisme comme impératif fondement de la protection des droits humains en Afrique Subsaharienne. « Quel bilan pour la République Démocratique du Congo ?» », *Mouvements et Enjeux Sociaux - Revue Internationale des Dynamiques Sociales*, numéro 112, Janvier-Mars 2020. Mise en ligne le 11 janvier 2022.

[58] DELZANGLES (Béatrice), « Effectivité, efficacité et efficience dans la jurisprudence de la Cour européenne des droits de l'homme » in CHAMPEIL-DESPLATS (Véronique) and LOCHAK (Danièle) (ed.), *op.cit.,* pp. 41-57, n°3.

[59] Elle a le statut d'un service central, v. article 1er de l'Ordonnance n°2023-005/PT-RM du 10 février 2023 portant création de la Direction nationale des droits de l'Homme.

mission d'élaborer les éléments de la politique nationale dans le domaine des Droits de l'Homme et d'en assurer le suivi et la mise en œuvre.

A cet effet, elle est chargée d'élaborer, de coordonner et de mettre en œuvre les programmes et les plans d'actions en matière de Droits de l'Homme ; de contribuer à l'élaboration des instruments juridiques nationaux en matière de Droits de l'Homme et à leur vulgarisation. Elle veille à la mise en place des mesures de prévention des violations et abus des Droits de l'Homme et à la mise en œuvre de toutes les actions et mesures tendant à la promotion et à la protection des Droits de l'Homme. Elle assure la coordination et le suivi de la mise en œuvre des engagements régionaux et internationaux en matière de Droits de l'Homme. Elle s'occupe également du suivi et de l'évaluation des programmes et projets en matière de promotion et de protection des Droits de l'Homme en relation avec les organisations nationales, régionales et internationales. Elle contrôle la rédaction du rapport national relatif à l'examen périodique universel et veille à la mise en œuvre des recommandations issues de l'Examen Périodique Universel auquel notre pays est soumis tous les quatre ans et demi[60].

La jouissance des droits implique, en effet, l'accomplissement des devoirs de chacun. L'Etat, en tant que partie signataire des instruments en question, a plus que le devoir, l'obligation de respecter, de promouvoir, de protéger, de réaliser et de rendre compte de la situation des droits dans le pays.

Le contexte d'insécurité globale consécutif à la crise multidimensionnelle de 2012, le poids des religieux et les pesanteurs sociales ont conduit à l'incapacité de l'État à assumer son rôle régalien surtout de promotion, de protection et de réalisation des droits pour les citoyens. Dès lors, l'État a presque cessé de prendre les mesures nécessaires pour garantir que chaque personne sous sa juridiction puisse obtenir la satisfaction des droits qui lui sont reconnus.

C'est dans cette optique que tous les textes ci-dessus mentionnés doivent faire l'objet d'une application objective par les juridictions étatiques ou nationales[61]. Dans la pratique, les décisions des cours et tribunaux internes ne sont quasiment jamais motivées au soutien des textes internationaux relatifs aux droits de l'homme, en général, et ceux des droits de la femme, en particulier ; cela est parfois dû à la méconnaissance de ces textes par les praticiens du droit[62]. Une manière d'y remédier est qu'après la ratification et la publication de ces textes internationaux, ils doivent être disséminés auprès des juridictions, des acteurs de la justice en vue de leur appropriation.

Hormis cela, bon nombre de praticiens de droit pensent que l'application de ces textes nécessite un décret d'application. La Constitution en vigueur en

[60] Article 2 de la Loi n°2023-011 du 11 mai 2023 portant modification et ratification de l'Ordonnance n°2023-005/PT-RM du 10 février 2023 portant création de la Direction nationale des droits de l'Homme.

[61] « Garantir l'effectivité par le recours à un tiers impartial ? », Detailed outline, in CHAMPEIL-DESPLATS (Véronique) and LOCHAK (Danièle) (ed.), *op.cit.*, pp. 135-137, n°s 1-3.

[62] NKONGOLO KALALA (Elie), *op.cit.*, p.52

république du Mali reconnait d'office de tels textes et affirme leur supériorité sur les textes nationaux. Il est donc nécessaire de former les acteurs de la justice et autres praticiens du droit en matière d'application des textes internationaux relatifs aux droits de l'homme.

2.Les institutions non étatiques

En tête de celles–ci, on place la société civile qui « *englobe les activités de tous les acteurs de la vie d'une société hors de la sphère politique au sens partisan, elle est supposée ne pas être le pouvoir gouvernemental et ne pas représenter les intérêts de celui-ci. Elle joue un rôle fondamental dans la création et la consolidation des coutumes et usages républicains dans la vie d'un Etat dit démocratique* »[63]. La société civile a vocation à jouer un rôle de « catalyseur » pour le développement humain à partir de politiques publiques dont elle doit veiller à la cohérence et à la mise en œuvre efficace. Cependant, pour rejoindre l'opinion majoritaire, il a existé la société civile citoyenne du Mali à laquelle on doit reconnaître une certaine capacité de structuration et d'organisation rapide comparativement à celle d'autres pays en Afrique[64].

Par la force de leur imbrication avec les ONG internationales, on pourrait dire que les ODDH sont une composante des organisations de la société civile directement ou indirectement active au plan international, exerçant un rôle de contre-pouvoir à l'égard de tous les autres acteurs sous des formes juridiques et sociologiques très variées, et qu'elles se définissent vis-à-vis d'eux par une différence essentielle, qui est l'éthique[65].

Au Mali, la société civile est composée des populations à la base, d'organisations non
gouvernementales, d'associations et de coopératives ainsi que de syndicats, d'organisations religieuses. Porteuse de grands espoirs pour la population, la société civile malienne est l'une des mieux organisées et des plus engagées en Afrique de l'Ouest.

On y rencontre en même temps des organisations formelles reconnues et des organisations informelles non reconnues. Il n'existe pas de statistiques fiables pour connaitre de leur nombre, leur évolution dans le temps et leur répartition géographique.

Quant aux profils, on rencontre surtout les Organisations Non Gouvernementales, les organisations professionnelles, les syndicats, les organisations communautaires, les organisations de ressortissants de contrées

---

[63] Réseau des Défenseurs des Droits Humains en Afrique Centrale, *op. cit.*, p.66.

[64] Cela a été démontré ces deux dernières décennies de mobilisation de la société civile contre certaines lois ou décisions politiques. Par exemple, la mobilisation contre la réforme du code du mariage et de la tutelle, celle contre l'éducation sexuelle au niveau de l'enseignement fondamental.

[65] (ALSTON) Philip, « *The Populist Challenge to Human Rights* », *Journal of Human Rights Practice*, Volume 9, Issue 1, 1 February 2017, pages 1–15, pp.5-6.doi/10.1093/jhuman/hux007.

spécifiques[66], les groupes d'opinion et de plaidoyer informels, les organisations confessionnelles ou cultuelles et les leaders d'opinion qui se regroupent, souvent, en réseau ou fédération pour mieux se faire entendre ou mutualiser leurs moyens pour avoir plus d'impacts dans leurs domaines d'intervention.

Plus que les autres modes d'insertion dans la société, le militantisme dans les ONG permet de combiner raison et passion. Or, on restreint considérablement le champ de l'analyse en réduisant les choix des acteurs, nouveaux et anciens, à une logique de type utilitaire, car on se prive ainsi de la capacité de comprendre les passions déterminant les mouvements sociaux, contestataires ou pacifiques, qui se manifestent dans la sphère des relations publiques. Cette société civile hétéroclite est très active sur le terrain, dans tous les domaines et sur tous les sujets de société.

Les ODDH ont montré à maintes occasions leurs capacités d'interpellation en dénonçant les violations des droits et les décisions répréhensibles des pouvoirs publics. Les organisations féminines, les associations de défenses des droits spécifiques de la personne et les associations des professions juridiques et judiciaires ont joué un rôle déterminant dans le processus de réforme du Code de la Famille et des Personnes adopté en deuxième lecture en 2011.

Compte tenu de leur degré d'engagement pour la cause sociale, les populations maliennes ont plus confiance à ces organisations qu'elle considère comme leur sauveur face à la pauvreté et aux violations de leurs droits.

Cette vision sociale de convivialité, de rapports harmonieux, de l'importance des personnes dans les objectifs qu'elles cherchent à atteindre, du rôle de l'individu dans l'action, de la non-violence active comme moyen de changer les sociétés est la première véritable force des Organisations de la Société civile (OSC) de droits de l'homme.

L'état actuel du monde et plus particulièrement l'aspect des droits universels de l'homme interpelle chaque être humain sur cette terre des hommes, à quelque niveau qu'il soit (citoyens, activistes de la société civile, décideurs publics et privés, etc.), épris de justice et de paix quelque part.

En définitive, la protection des droits de l'homme suppose d'abord que les individus connaissent leurs droits et sachent à quels mécanismes ils peuvent recourir pour les faire respecter. Elle suppose également qu'ils connaissent et acceptent les obligations correspondantes qui leur incombent. La promotion des droits de l'homme contribue à la prévention de leur violation, décourage l'impunité, favorise une culture des droits de l'homme et, à terme, donne aux individus et aux groupes des moyens d'agir[67].

---

[66] Les cas de Ginna dogon, Tapital pulaku et Ir ganda sont illustratifs.

[67] Selon Martin Luther King « *les lois ne changent pas les cœurs, mais elles les rendent moins* », voir Repères – Manuel pour la pratique de l'éducation aux droits humains avec les jeunes – Les éditions du Conseil de l'Europe, Strasbourg 2ème édition mise à jour 2023, p.408.

Les ODDH et la Commission Nationale des Droits de l'Homme (CNDH), doivent s'allier pour assurer ce suivi. Grâce à une synergie d'actions entre les ONG internationales et locales ainsi que des acteurs comme les sociétés multinationales[68], elles peuvent mener tout un plaidoyer visant à engager les pouvoirs publics à reconnaître leurs obligations de promotion et de protection des droits de la femme. Souvent, nombre de personnalités publiques, y compris des ministres et autres dirigeants politiques, ne sont pas au fait des enjeux des droits et ne sont donc pas dans les dispositions idoines pour s'y attaquer comme il se doit. Ces dernières peuvent recourir utilement aux multiples rapports d'ONG, d'organisations internationales et de gouvernements qui constituent de véritables outils d'investigation sur les violations des droits de l'homme et d'outils de mesure du degré de respect de ces droits[69]. S'y ajoutent les études d'impact qui s'incorporent dans les processus de décision ou qui permettent de déterminer et d'évaluer tous les types d'impact d'un projet, d'un plan, d'un programme ou d'une politique sur les droits de l'homme[70].

La CNDH et les OSC de défense des droits de l'homme ont compétence pour conseiller l'État dans le domaine des droits de l'homme et aider les administrations publiques à promouvoir et à protéger les droits de l'homme par voie législative ou réglementaire, à travers des politiques, des programmes ou encore des pratiques administratives.

La Commission nationale des droits de l'homme a compétence d'attirer l'attention des pouvoirs publics sur des violations des droits de l'homme et de formuler des propositions concrètes tendant à y mettre fin. Elle peut être aussi en mesure de donner son avis directement au législateur dans le cadre des textes de loi proposés ou en vigueur, de prendre l'initiative d'élaborer de nouveaux textes de loi ou d'aider à les élaborer, et d'intervenir dans des procédures judiciaires mettant en jeu les droits de l'homme.

Une protection complémentaire à celles du juge et des ODDH est offerte par l'*ombudsman* ou Médiateur de la République[71], une autorité indépendante créée au Mali en 1997 par la Loi 97-022 du 14 mars 1997, modifiée par la Loi N°2012-010 du 8 février 2012. Elle a pour missions d'aider les citoyens de toute nationalité à résoudre les problèmes qu'ils rencontrent avec une administration malienne, de faire des recommandations pour résoudre les problèmes dont il est saisi et des propositions de réforme visant à améliorer le fonctionnement de l'administration ou suggérer des modifications à apporter à des dispositions législatives et réglementaires.

Depuis 2012, le Médiateur de la République, aux termes du Décret N°2012-117/P-RM du 24 février 2012, s'est vu confier l'organisation de l'Espace

[68] (ALSTON) Philip, *op. cit.*, pp.8, 10-11.

[69] MICHAUD (Edwige), « Les études d'impact des politiques économiques internationales sur les droits de l'homme » in CHAMPEIL-DESPLATS (Véronique) and LOCHAK (Danièle) (ed.), *op.cit.*, pp. 229-243, n°s 8 et s.,

[70] *Ibid*, n°4.

[71] https://www.mediateurdumali.com/roles-et-missions.html.

d'Interpellation Démocratique (EID), un forum qui se tient le 10 décembre de chaque année, pour commémorer la Déclaration Universelle des Droits de l'Homme. Toute personne physique ou morale victime de graves violations de droits humains et libertés reconnus par la Constitution peut demander à interpeller le Gouvernement dans le cadre de l'EID.

Toutes les situations de violation des droits de l'homme ne se ramènent pas à des carences de la loi, à des injustices administratives ou à des manquements flagrants de l'État à ses obligations. Les atteintes aux droits peuvent aussi être le fait d'organismes privés ou d'individus et se produisent sur les lieux de travail, au sein de la communauté locale ou dans la famille, souvent à l'abri des regards. C'est pourquoi, il faut appeler l'attention de tous les membres de la société sur leurs droits et devoirs personnels en vertu du droit international et du droit interne, et leur signaler qu'ils recèlent en eux tout à la fois des risques de violation et des moyens de protection et de promotion des droits de l'homme et qu'ils ont un certain nombre de devoirs à l'égard d'autrui.

Les ODDH et la CNDH ont un rôle important à jouer pour ce qui est de repérer et de mettre en lumière les problèmes qui se posent en matière de droits de l'homme. Elles peuvent ainsi attirer l'attention sur la nécessité d'éduquer le public, s'y employer elles-mêmes ou œuvrer de toute autre manière à l'avènement d'une culture des droits de l'homme qui bannira à jamais les violations, ou du moins ne les passera plus sous silence, et qui fera une place prépondérante à la dignité et à la valeur de chaque personne. En cela, elles contribuent à l'effectivité des droits de l'homme comme conséquence des droits de la femme.

II.L'effectivité comme conséquence des droits de la femme

L'autre approche de l'effectivité est de la considérer comme une conséquence de la mise en œuvre des droits de la femme. Comme toute règle de droit, ces droits s'imposent à tous sous peine de sanction[72]. L'analyse implique de s'interroger sur les moyens dont dispose l'Etat pour y parvenir, c'est la fameuse question du coût de la mise en œuvre de ces droits[73]. A cet égard, l'insuffisance des ressources étatiques ainsi que d'autres contraintes limite considérablement cette effectivité. L'on s'intéressera spécifiquement à l'absence de règlement spécifique cohérente (A) et aux pesanteurs sociales (B) qui influencent l'adoption des textes et le comportement des autorités œuvrant pour le respect des droits de la femme.

---

[72] CLARA-MAUD (Philippe), « Entre effectivité et validité du droit : l'exemple du droit du public à l'information », in CHAMPEIL-DESPLATS (Véronique) and LOCHAK (Danièle) (ed.), *op.cit.*, pp. 59-71, n°s 16 et s.
[73] BESSON (Samantha), *op. cit.*, p. 77. Voir aussi (ALSTON) Philip, *op. cit.*, p.9.

A.L'absence de législation spécifique satisfaisante relative au respect des droits de la femme

Au Mali, la règlementation portant sur le respect des droits de la femme est non seulement incohérente (1) mais également insuffisante (2).

1.L'incohérence de la législation existante

La législation malienne est incohérente en ce qui concerne le respect des droits de la femme puisqu'elle n'a pas permis d'éliminer la discrimination à l'égard de cette dernière. La discrimination est la situation dans laquelle, sur le fondement de son origine, de son sexe, de sa situation de famille, de sa grossesse, de son apparence physique, de la particulière vulnérabilité résultant de sa situation économique, apparente ou connue de son auteur, de son patronyme, de son lieu de résidence, de son état de santé, de sa perte d'autonomie, de son handicap, de ses caractéristiques génétiques, de ses mœurs, de son orientation sexuelle, de son *identité de genre*, de son âge, de ses opinions politiques, de ses activités syndicales, de sa capacité à s'exprimer dans une langue autre que le français, de son appartenance ou de sa non appartenance, vraie ou supposée, à une ethnie, une nation, une prétendue race ou une religion déterminée, une personne est traitée de manière moins favorable qu'une autre ne l'est, ne l'a été ou ne l'aura été dans une situation comparable[74].

On note également l'inégalité des sexes considérée comme l'une des causes des violences basées sur le genre. Il faut reconnaitre que le Mali dispose de peu d'instruments juridiques nationaux œuvrant pour l'égalité des genres. La Constitution garantit les mêmes droits aux citoyens des deux sexes sans discrimination et stipule que chaque époux conserve l'administration, la jouissance et la libre disposition de ses biens, en l'absence de stipulation expresse contraire[75].

Le Code des personnes et de la famille est plus mitigé. Si, par exemple, la répudiation est interdite, la polygamie y est autorisée, mais le mari a une obligation d'équité entre les épouses et les conjoints peuvent se représenter mutuellement pour les besoins du ménage. L'âge du mariage est fixé à 18 ans pour les garçons et 16 ans pour les filles[76]. On y retrouve aussi l'obéissance de la femme à son mari et la consécration du mari en tant que chef de famille[77] et détenteur de l'autorité parentale. Le Code prévoit la succession sans distinction de sexe, mais fixe que l'héritage est dévolu selon les règles du droit religieux[78],

---

[74] Lexique des termes juridiques, *op. cit.*, p. 761.

[75] Il faut néanmoins observer que le régime de la séparation des biens est le régime marital légal par défaut.

[76] L'âge peut être ramené à 15 ans avec autorisation du juge et consentement des parents.

[77] Il détient de ce fait la direction du ménage car il choisit le lieu de résidence et la femme est tenue d'habiter avec lui, v. article 319 alinéa 2 du CPF.

[78] Selon ce droit religieux également appelé la charia et certaines coutumes, la fille hérite de la moitié de la part du fils.

coutumier ou à défaut du Code lui-même. Il est à déplorer que cette inégalité de la coutume soit entérinée par le législateur.

Ces propos sont d'ailleurs corroborés par la Cour Africaine des Droits de l'Homme et des Peuples qui a rendu un arrêt le 11 mai 2018 contre la République du Mali pour discrimination et violation de droits à l'égard des femmes[79]. C'était suite à une Requête n°046/2016, de l'Association pour le Progrès et la défense des droits des femmes maliennes (ADPF) et *l'Institute For Human Rights and Development in Africa* (IHRDA) le 26 juillet 2016. La Cour a estimé que certaines dispositions de ce Code portent atteinte aux droits fondamentaux des femmes dont notamment, l'âge minimal de mariage des filles qui doit être de 18 ans révolus et non 16 ans ; la suppression de la dispense d'âge; la modification des articles 283 à 287 dudit Code pour exiger les mêmes conditions de consentement pour le mariage contracté devant un ministre de culte; la suppression de la règle de dévolution successorale basée sur la religion qui est inégalitaire entre les héritiers hommes et femmes. La décision est salutaire en ce qu'elle « *permettrait au Mali de procéder à des modifications pour concorder l'esprit des textes à leurs lettres, [...] [mais l'on] regrette l'absence de pédagogie pour interpréter souverainement en tenant compte de l'histoire et de la sociologie de la société malienne ainsi que de l'évolution de son droit* »[80].

On note néanmoins avec satisfaction que la Loi d'orientation agricole prévoit un accès équitable aux ressources foncières agricoles et la possibilité de prendre des mesures discriminatoires positives pour les groupes vulnérables. Depuis 2015, une loi prévoit des quotas de 30 % minimum de l'un ou de l'autre sexe dans les institutions et sur les listes électorales. Une politique nationale genre existe depuis 2011. Enfin, différents documents stratégiques intègrent le genre dans leurs actions et objectifs[81].

Même s'il a ratifié d'importants instruments internationaux, le Mali n'a pas encore mis son dispositif national en cohérence. Des dispositions juridiques existent en faveur de l'égalité des sexes, mais la promotion de l'autonomisation de la femme n'a pas été prise en charge de façon apparente alors qu'elle favorise l'épanouissement de la société surtout dans le domaine de la reproduction.

A cet effet, il faut observer que la fécondité des femmes maliennes demeure encore élevée puisque chaque femme donne naissance, en moyenne, à

---

[79] NGOMBO (Yannick Miteo) & MANZANZA (Grâce Muzinga), « L'arrêt Association pour le Progrès et la Défense des Droits des Femmes Maliennes et Institute for Human Rights and Development in Africa c. Mali en procès », *Annuaire africain des droits de l'homme,* 4, 2020, pp.457-475. http://doi.org/10.29053/2523-1367/2020/v4a22.

[80] KONE (Oumar), « Le droit malien de la famille, discrimine-t-il-il les femmes ? », Note sous l'Arrêt de la Cour Africaine des Droits de l'Homme et des Peuples du 11 mai 2018, 27 décembre 2018, consultée le 5 juin 2024, en ligne: https://www.village-justice.com/articles/droit-malien-famille-discrimine-les-femmes,30306.html.

[81] Au nombre de ces objectifs, on peut noter : le plan décennal de développement sanitaire et social, le cadre stratégique pour la croissance et la réduction de la pauvreté, la stratégie nationale de planification et budgétisation sensible au genre, le programme national de lutte contre l'excision.

6,1 enfants[82]. Les mariages précoces[83] engendrent des grossesses précoces et toutes les complications de santé qui vont avec (fistule, anémie, mortalité materno-infantile)[84].

Au niveau de la violence domestique, trois (03) femmes sur quatre estiment encore à l'heure actuelle qu'il est justifié que son mari la batte pour l'une des cinq raisons suivantes : brûler la nourriture, argumenter avec lui, sortir sans le lui dire, négliger les enfants et refuser d'avoir des rapports sexuels avec lui (raison la plus fréquemment citée). Étonnamment, les hommes sont moins nombreux que les femmes (54 %) à estimer la violence justifiée pour l'une des cinq raisons énumérées[85] (même si le taux de 54 % reste inacceptable). En 2014, la proportion de femmes et de filles âgées de 15 ans ou plus victimes de violences conjugales a dépassé les 40 %.

L'insécurité alimentaire est également présente[86]. En 2017, on a dénombré 115 000 femmes enceintes ou allaitantes nécessitant une assistance nutritionnelle et 620 000 enfants en situation de malnutrition aiguë. Cette problématique impacte spécifiquement les femmes dès lors qu'elles ont tendance, en cas de manque de nourriture suffisante, à se priver de leur ration au profit de leurs enfants.

Les inégalités de genre constituent un obstacle majeur au développement économique du Mali. Ces inégalités, au regard des développements précédents, sont évidentes dans l'accès à l'éducation[87], la division du travail, la répartition des revenus et des richesses, l'accès à la terre, la représentation politique, etc. Les efforts faits au cours de la dernière décennie pour améliorer la place des femmes dans la société n'ont eu qu'un impact limité sur les inégalités de genre[88].

---

[82] Rapport Banque mondiale 2016 couvrant la période allant du 1er juillet 2015 au 30 juin *2016* disponible sur www.google.fr.

[83] Une femme sur cinq est en union à l'âge de 15 ans, et 50 % des femmes le sont avant leurs 18 ans (enquête démographique et de santé 2012-2013).

[84] Mortalité maternelle : 368 décès pour 100 000 naissances vivantes - infantile : 73 % (Banque mondiale 2013)

[85] Enquête démographique et de santé 2012-2013.

[86] En 2016, 3,8 millions de personnes ont souffert d'insécurité alimentaire, soit plus du quart de la population.

[87] BAYOKO (Rebeka), MAIGA (Zibrila), DIAKITE (Baye), « Accessibilité et carrière des femmes dans l'enseignement supérieur et la recherche scientifique au Mali » in *Actes du 2ième Edition Symposium International : Egalité professionnelle Femme/Homme en Afrique : Défis et Perspectives*, Abidjan, du 7 au 10 mai, 2022, pp.17-35.

[88] Sur la lutte contre la précarité en France, voir FONDIMARE (Elsa), « La volonté d'une égalité des droits effective et concrète entre les femmes et les hommes », *La Revue des droits de l'homme* [En ligne], Actualités Droits-Libertés, p.11, mis en ligne le 28 juillet 2014, consulté le 14 juin 2024. URL : http://journals.openedition.org/revdh/855 ; DOI : 10.4000/revdh.855.

2-L'absence de loi spécifique sur les Violences Basées sur le Genre

On déplore également l'absence de loi spécifique sur les violences envers les femmes, la violence domestique ou le harcèlement sexuel[89], mais le viol en tant que tel est sanctionné en droit pénal[90]. La loi nationale sur les violences basées sur le genre (BVG) permettrait d'atténuer les violences et discriminations envers les femmes.

La violence basée sur le genre est celle qui est dirigée contre une personne sur la base de son genre ou de son sexe[91]. Elle porte, de ce fait, atteinte à certaines prérogatives ou droits reconnus à la personne contre laquelle elle est dirigée.

Selon la nouvelle classification internationale des VBG mise en place pour une meilleure collecte et une bonne gestion de la base des données VBG, il existe six (06) principaux types de VBG, à savoir le viol[92], les agressions sexuelles[93], les agressions physiques[94], le mariage précoce ou forcé[95], le déni de ressources, d'opportunités ou de services[96], la maltraitance[97].

Plusieurs raisons militent en faveur de la commission de ces violences lesquelles portent forcement atteinte à la personne de la femme et pouvant compromettre son évolution dans toutes les sphères de la vie.

---

[89] KEITA (Mariam), « Le harcèlement sexuel comme moyen de pression ou d'échange dans le milieu professionnel au Mali », in *Actes du 2ième Edition Symposium International : Egalité professionnelle Femme/Homme en Afrique : Défis et Perspectives*, Abidjan, du 7 au 10 mai, 2022, pp.37-53.

[90] Selon l'article 226 du Code pénal malien, « *tout acte de pénétration sexuelle de quelque nature qu'il soit, commis sur la personne d'autrui par violence, contrainte, menace ou surprise est un viol* ».

[91] Pour une expérience française, voir FONDIMARE (Elsa), *op. cit.*, p.12.

[92] Selon les organisations de défense et de protection des droits de la femme, le viol est « *tout acte de pénétration vaginale, anale ou buccale sans consentement (même superficielle), à l'aide du pénis ou d'une autre partie du corps. Cela s'applique également à l'insertion d'un objet dans le vagin ou l'anus* ».

[93] Il s'agit de « *toute atteinte sexuelle commise avec violence, contrainte, menace ou surprise : viol, autres agressions sexuelles, exhibition sexuelle et harcèlement sexuel* », v. Lexique des termes juridiques, *op. cit.*, p. 133.

[94] Ce sont des violences physiques qui ne sont pas de nature sexuelle. A titre d'illustration, nous avons, entre autres, les coups, les gifles, la strangulation et les blessures sur le conjoint (coups de pieds, coups de poings). On peut retenir une autre agression fondée sur le sexe, la violence domestique est la violence entre les partenaires intimes (conjoints, ami et petite amie) et peut se produire au foyer ou dans la communauté.

[95] Le mariage précoce est considéré comme toute union consommée et conclue lorsque l'un de époux ou conjoint a moins de 18 ans.

[96] C'est le déni de l'accès légitime à des ressources/actifs économiques ou à des opportunités de subsistance et à des services éducatifs, sanitaires ou autres services sociaux (confiscation des revenus, refus de succéder, etc.).

[97] Ce sont des inflictions de douleurs ou de blessures mentales ou émotionnelles ; par exemple : menaces de violence physique ou sexuelle, intimidation, humiliation, isolement forcé, poursuite, harcèlement verbal, attention non souhaitée, remarques, gestes ou écrits de nature sexuelle et/ou menaçants, destruction de biens précieux, etc.

Les Violences Basées sur le Genre se fondent essentiellement sur plusieurs causes à savoir l'abus de pouvoir de la part des hommes principalement, le non-respect des droits de l'Homme par les acteurs qui conduit forcément à l'inégalité des sexes.

L'abus peut être entendu comme l'usage excessif d'un droit, d'un pouvoir et d'une fonction. En d'autres termes, l'abus est une théorie d'origine jurisprudentielle selon laquelle est constitutif d'une faute pouvant donner lieu à réparation civile dans les conditions du *droit commun*, le fait, pour le titulaire d'un droit, de le mettre en œuvre soit de manière anormale, en dehors de sa finalité, soit dans le seul but de nuire à autrui[98]. Ce type d'abus est généralement commis par l'homme qui détient un pouvoir sur la femme, voire sur la famille[99]. Dans le cadre de l'exercice de son pouvoir ou puissance maritale, il est susceptible de dépasser la limite des prérogatives qui lui sont offertes.

L'abus de pouvoir est un comportement reprouvé pouvant conduire à une sanction à l'encontre de son auteur. Elle peut être, de ce fait, source de responsabilité civile et/ou pénale à l'égard de ce dernier car portant attente à la victime.

En ce qui concerne la deuxième cause des violences basées sur le genre, nous avons le non-respect des droits de l'Homme. Inhérents à l'espèce humaine, ces droits de l'homme sont sacrés et inviolables. Pour ce faire, toute méconnaissance ou atteinte à ces droits fondamentaux est répréhensible. Le respect des droits humains est une obligation non seulement pour les autorités mais également pour tout individu. Les femmes étant l'une des couches vulnérables et soumises doivent être respectées et protégées par tous ceux qui détiennent un pouvoir quelconque sur elles. Elles ont les mêmes droits que les hommes et doivent être traitées avec toute la décence qu'il faut. Tout manquement au respect des droits de la femme doit faire l'objet d'une sanction appropriée. Leur effectivité s'apprécie sous l'angle de leur utilisation par les organes juridictionnels destinataires indirects ou de la sanction prononcée en cas de la violation par ses destinataires directs[100].

En définitive, les violences basées sur le genre ont des conséquences fâcheuses sur l'existence même de la femme, à savoir la honte, la stigmatisation, le rejet de la famille ou de la communauté, la perte d'estime de soi, les problèmes de santé de la reproduction, l'alcoolisme et la consommation de drogue, la dépression, l'homicide ou le suicide, …

L'incohérence de la législation malienne en matière de respect des droits de la femme est renchérie par les attitudes ou habitudes sociales dénommées pesanteurs sociales.

---

[98] Lexique des termes juridiques, *op. cit.*, p. 33.

[99] V. article 319 du code des personnes et de la famille du Mali du 30 décembre 2011 qui le déclare chef de famille.

[100] CLARA-MAUD (Philippe), « Entre effectivité et validité du droit : l'exemple du droit du public à l'information », *op.cit.*

B.Les pesanteurs socioculturelles

Dans la pratique, les coutumes (1) et la religion (2) entravent l'application de la plupart des textes relatifs au respect des droits de la femme. Qui plus est, les lacunes juridiques dans certains domaines, notamment sur la violence domestique, légitiment les pratiques coutumières.

1.Le poids de la coutume sur le respect des droits de la femme

Considérée comme un ensemble de comportements répétés reconnus par la majeure partie des individus, la coutume joue un rôle incommensurable dans l'avènement d'un nouveau texte et, d'ailleurs, tous les textes non conformes à celle-ci sont violés de jour au jour sans inquiétude. C'est le cas du mariage précoce ou forcé, de l'excision, de la discrimination envers les femmes[101].

Les trois quarts de la population vivent en zone rurale. La société malienne se compose de 13 groupes ethniques principaux et plusieurs groupes aborigènes et allogènes, répartis sur l'ensemble du territoire national. Ils sont nomades ou sédentaires et, de ce fait, évoluent dans trois systèmes de production dominants, à savoir l'agriculture, la pêche et l'élevage, sur lesquels viennent se greffer l'artisanat et le commerce.

Ces groupes ethniques se caractérisent traditionnellement par une forte hiérarchie sociale et la spécificité de la différenciation des rôles masculin et féminin (les hommes dans un rôle productif, les femmes dans un rôle reproductif). Les pratiques coutumières et religieuses demeurent encore les références pour la gestion des rapports entre les femmes et les hommes dans la famille.

Elles sont malheureusement utilisées pour justifier des comportements et pratiques néfastes comme le lévirat/ sororat[102], l'excision, les bastonnades, les mariages précoces et forcés[103]. La femme a le droit de demander le divorce, mais en pratique- surtout en zone rurale -elle ne le fait pas de peur de perdre le droit de garde de ses enfants, et également à cause de la pression sociale.

Au niveau de la représentation et de la participation à la prise de décision dans la gouvernance du pays, malgré la loi, les taux sont très faibles[104] (le faible niveau d'éducation et les pesanteurs socio-culturelles étant deux facteurs bloquants importants expliquant le faible taux de participation des femmes).

---

[101] "*C'est dans le domaine du droit des personnes et de la famille des pays en développement qu'on constate le plus de discriminations institutionnalisées à l'égard de la femme, qu'elle soit enfant ou épouse*", voir NGUEBOU TOUKAM (Josette), *op. cit.*, pp.91 et s.

[102] Le lévirat est une pratique qui impose à la veuve d'épouser un frère de son défunt époux /le sororat est l'obligation pour la jeune sœur d'épouser le mari de sa défunte sœur.

[103] La Politique nationale Genre du Mali, 2011, interdit de telles attitudes mais elles persistent surtout en zone rurale.

[104] En 2014, elles représentaient 1,13 % des maires, 8,60 % des conseillers communaux, 9,52 % des députés, 2 % des chefs de partis et moins de 10 % des ministres. (cf.. Rapport du Mali sur la mise en œuvre du programme d'action de Beijing).

La Constitution du Mali reconnait le droit à l'intégrité physique[105] et interdit la torture, les traitements inhumains, cruels et dégradants[106]. Pourtant, les mutilations génitales féminines concernent encore neuf femmes sur dix 10, et cette pratique est tellement ancrée dans les normes sociales que trois femmes sur quatre estiment qu'elle doit perdurer (cette pratique est souvent perçue comme un rite de passage à l'âge adulte et un facteur déterminant de leur « mariabilité »)[107]. Les inégalités entre l'homme et la femme les plus flagrantes et les plus controversées, sont édictées dans le Code des personnes et de la famille. Malgré les engagements pris sans réserve, l'Etat viole les dispositions de ces textes auxquels il a librement et pleinement consenti. Cela dénote qu'il reste encore un long chemin à faire pour que l'Etat garantisse pleinement le respect des droits et libertés fondamentaux inhérents à chaque individu.

2.L'ampleur de l'influence de la religion sur le respect des droits de la femme

La population du Mali à majorité musulmane est une véritable actrice de toutes les décisions nationales. L'exemple type est l'avènement du CPF ayant connu de multiples contestations ayant conduit les autorités à revoir leur copie malgré que la première mouture soit favorable aux couches vulnérables que sont les femmes et les enfants. Ces protestations ont rendu impossible la promulgation de cette version du Code. Renvoyé en relecture, le Code en est ressorti diminuer des dispositions les plus significatives pour les droits égalitaires entre l'homme et la femme.

S'il est vrai que le Mali fournit des efforts pour la règlementation du cadre légal de respect des droits de l'homme en général, on ne saurait négliger le poids des religions et des traditions sur les décisions prises au plus haut niveau des différents pouvoirs[108]. La légalisation du mariage religieux par le CPF est passée par là. Il en est de même pour la dévolution successorale.

Un Etat malien faible et discrédité ne dispose pas de la légitimité nécessaire pour intervenir de manière constructive dans la sphère religieuse. Il n'en a pas non plus les moyens. Une telle régulation risquerait d'aboutir aux conséquences que l'on cherche précisément à éviter : le discrédit d'une religion officielle associée à un Etat perçu comme étant à la solde de l'Occident, donc antireligieux, et l'émergence d'un espace religieux informel qui prendrait le contrepied du discours officiel et évoluerait hors de tout regard[109].

Si l'Etat souhaite néanmoins réglementer la sphère religieuse, conformément à la volonté affichée par le Ministère des Affaires religieuses et du Culte ainsi que par de nombreux autres acteurs de la vie politique et sociale, cette

---

[105] Article 2 de la Constitution malienne du 22 juin 2023.
[106] Article 4 de la Constitution malienne du 22 juin 2023.
[107] Les inégalités de genre dans les institutions sociales en Afrique de l'ouest, OCDE, 2018.
[108] NGOMBO (Yannick Miteo) & MANZANZA (Grâce Muzinga), *op. cit.*, pp.469 et s.
[109] Rapport Afrique n°249 d'*International crisis group* du 18 juillet 2017, p. 4.

régulation devrait se faire *a minima* et placer les responsables religieux au cœur de la démarche. En d'autres termes, le partenariat entre l'Etat et les responsables religieux devrait être privilégié. La limitation des discours haineux ou intolérants et l'amélioration de la formation des imams sont deux aspects qui font consensus. Le fait religieux est une réalité incontournable au Mali. L'objectif désormais est d'en faire une force stabilisatrice. Face à l'extrémisme violent, les religieux peuvent aider à apporter la contradiction comme ils l'ont fait en 2012 lorsqu'ils ont réitéré que le terrorisme est contraire aux valeurs fondamentales de l'Islam. Plus encore que l'Etat ou les forces de sécurité, ils peuvent être au cœur des stratégies de lutte contre la violence se réclamant de l'Islam. Le défi est de définir ainsi que de délimiter la place du religieux afin de lui permettre de jouer un rôle positif, notamment en matière de régulation sociale et de résolution des conflits.

Les régimes qui se succèdent depuis l'indépendance du Mali en 1960 entretiennent des rapports différents avec les milieux religieux. Sous le régime socialiste de Modibo Keïta (1962-1968), la religion n'occupait pas une grande place dans la sphère publique[110]. Pendant le régime de Moussa Traoré (1968-1991), l'Islam gagne au contraire de l'importance. Pour canaliser les différents courants, le régime crée l'Association malienne pour l'unité et le progrès de l'Islam (AMUPI) en 1981, qui reste jusqu'au début des années 1990 officiellement la seule association musulmane.

La révolution de mars 1991, qui renverse le président Moussa Traoré et ouvre une ère de démocratisation, marque un tournant dans la relation entre l'Islam et l'Etat. De jeunes révolutionnaires manifestent contre la mainmise de l'AMUPI et demandent plus de liberté dans les prêches[111]. Puisque la Constitution de 1992 maintient l'interdiction de partis politiques confessionnels, les religieux investissent la sphère associative. Les associations et médias confessionnels se multiplient sous le régime libéral du président Alpha Oumar Konaré (1992-2002).

Au regard de toutes ces insuffisances, il est important de signaler des progrès en matière d'égalité des sexes liés à des avancées sur les points suivants : le Mali poursuit ses efforts pour harmoniser son cadre juridique national avec ses engagements internationaux, et, partant, fait appliquer ses lois.

De nos jours, le Mali est en train de réussir progressivement le défi de concilier le respect de ses coutumes et traditions avec un droit positif respectueux des droits humains. Encore, les femmes sont informées de leurs droits et ont la possibilité de les faire valoir à tous les niveaux. On note aussi que les femmes ont le contrôle de leur santé sexuelle et reproductive et une grande partie des pratiques portant atteintes à leur intégrité physique sont en phase d'être abolies.

---

[110] Les années 1950 et 1960 sont toutefois marquées par de vives tensions entre différents courants de l'Islam, voir AMSELLE (Jean-Loup), « Le wahhabisme à Bamako (1945-1985) », *Revue canadienne des études africaines*, vol. 19, no. 2 (1985), pp. 345-357.

[111] Entretien de Crisis Group, membre de la Haute Autorité de la communication (HAC), Bamako, mars 2017.

Conclusion

Au terme de cette analyse, nous observons que le respect des droits de femme est une réalité et est indiqué par des textes internationaux et nationaux. Malgré l'existence de ce dispositif, dans la pratique, l'effectivité de leur respect est heurtée à certaines incohérences de la législation nationale et des attitudes sociales. En nous référant aux différents blocages, nous nous rendons compte que le défi reste immense. A cela, il faudra impérativement des solutions à court, moyen et long termes en vue d'arriver à des résultats très significatifs. Ainsi, compte tenu des types et de la nature des difficultés, il urge de mettre en œuvre des mesures appropriées pour trouver des solutions efficaces et durables pour faire avancer les droits des femmes dans une sous-région très menacée, dont la majorité de la population est constituée de femmes.

Ces quelques mesures proposées méritent d'être envisagées pour une mise en œuvre effective des droits de la femme au Mali. Au nombre des dispositions, nous préconisons une communication permanente sur les prérogatives des femmes en vue de la vulgarisation des textes y afférents. Les autorités compétentes doivent non seulement élaborer des stratégies appropriées pour une meilleure connaissance des textes de loi relatifs aux droits des femmes par les populations mais également adopter de nouveaux textes plus protecteurs desdits droits tels qu'une loi sur les violences basées sur le genre. De plus, tous les textes en la matière doivent faire l'objet de traduction dans les langues nationales et diffusés à travers les médias les plus écoutés.

Enfin, il est nécessaire d'introduire le respect des droits de la femme dans les curricula accompagnés d'une mise en place de campagnes de sensibilisation auprès des chefs traditionnels et leaders religieux en vue de leur participation effective aux actions de vulgarisation des textes de loi sur les droits de la femme.

BIBLIOGRAPHIE SELECTIVE

Ouvrages

- Kiari NERI, liliana haquin SAENZ, *Histoire des droits de l'Homme de l'antiquité à l'époque moderne*, éd. bruylant 2015.
- Lexique des termes juridiques, 25ème éd. Dalloz 2018.
- MBAYE (Keba), *Les droits de l'homme en Afrique*, Paris, Pedone, 1992.
- Politique Nationale Genre du Mali de 2011.
- Vocabulaire juridique, PUF, éd.2018.

Textes juridiques

-Charte africaine des droits de l'homme et des peuples.
-Code des personnes et de la famille du Mali.
-Constitution Malienne du 22 juillet 2023.
-Convention des Nations unies du 18 décembre 1979 sur l'élimination de toutes les formes de discriminations envers les femmes.
-Déclaration universelle des droits de l'Homme du 10 décembre 1948.
-Loi N°02-044/du24 juin 2002 relative à la santé de la reproduction.

-Loi N°2015-052/ du 18 décembre 2015 instituant des mesures pour promouvoir le genre dans l'accès aux fonctions nominatives et électives.
-Loi n°2023-011 du 11 mai 2023 portant modification et ratification de l'ordonnance n°2023-005/PT-RM du 10 février 2023 portant création de la direction nationale des droits de l'Homme.
-Ordonnance n°2023-005/PT-RM du 10 février 2023 portant création de la direction nationale des droits de l'Homme.
-Pacte international relatif aux droits civils et politiques du 19 décembre 1966.
-Pacte international relatif aux droits économiques, sociaux et culturels du 16 décembre 1966.
-Protocole à la charte africaine des droits de l'Homme et des peuples, relatif aux droits de la femme en Afrique.
-Régime Général des Obligations du Mali.
Article
- BESSON (Samantha), « L'effectivité des droits de l'homme : du devoir être, du pouvoir être et de l'être en matière de droits de l'homme » in Zufferey, Jean-Baptiste and Dubey, Jacques and Previtali, Adriano.
- Jean-Loup Amselle, « Le wahhabisme à Bamako (1945-1985) », *Revue canadienne des études africaines*, vol. 19, no. 2 (1985), p. 345-357.
Rapports
-Etude sur les VBG, les pratiques néfastes et sante de la reproduction dans les zones d'intervention du projet spotlight au Mali, 2020.
-Les inégalités de genre dans les institutions sociales en Afrique de l'ouest, OCDE, 2018.
-Rapport 2021 sur la liberté de religion dans le monde-Mali. United States Department of State, Office of International Religious Freedom.
-Rapport Afrique n°249 d'*International crisis group* du 18 juillet 2017.
-Rapport sur la laïcité à l'épreuve de la réforme du code des personnes et de la famille de gouvernance en Afrique 2021.

La prise en compte des droits des femmes et des enfants naturels dans la procédure judiciaire au Mali : cas des successions.

Kadidiatou BOUARÉ,
Enseignante-chercheuse, Université des Sciences Juridiques et Politiques de Bamako (USJPB).

Résumé
La diversité ethnique et religieuse agit sur les actes et les faits sociaux au Mali. Le mariage se dissout « soit par le divorce, soit par le décès » conformément aux coutumes et au droit. Les rituels du Mali défavorisent les femmes considérées comme la propriété de l'homme à cause de l'hégémonie de la dot, et les enfants naturels en raison de leur conception et naissance hors du lien de mariage. Ce statut rend complexe leur procédure d'héritage. Malgré la laïcité de l'Etat, le pluralisme juridique prévaut. L'article 751 du Code des personnes et de la Famille dispose « L'héritage est dévolu selon les règles du droit religieux, coutumier ou selon les dispositions du présent livre ».
Nous constatons que deux groupes de personnes peuvent être exclus des successions, dus aux us et coutumes défavorisant **il s'agit de la femme mère, épouse ou fille qui est un objet aux mains de l'homme, et l'enfant naturel, considéré comme le fruit de la honte vu sa conception du lien extra conjugal** cela fait qu'ils gagnent rarement les procédures judiciaires ? Quelles sont les principales pratiques et perceptions qui violent leur droit successoral ? L'analyse révèle que le Décret n°99-254 du 15 septembre 1999, modifié, portant Code de procédure civile, commerciale et sociale, est bien appliqué et les violations des droits humains au procès sont dénoncées et sanctionnées. Les femmes et les enfants naturels sont des ayants-droits prises en compte dans les coutumes, les religions et en droit et gagnent tous les procès liés à l'héritage.
Mots clés : femmes ; enfant naturel ; prise en compte ; procédure judiciaire au Mali ; violation des successions.

Introduction

Selon l'article 385 de la loi n°2011-087/du 30 décembre 2011 portant code des personnes et de la famille du Mali : *« les régimes matrimoniaux règles les effets patrimoniaux du mariage dans les rapports des époux entre eux et à l'égard des tiers ».*

L'étude des régimes matrimoniaux a mis en lumière l'affectation des biens à l'entretien de la famille, en ce sens il est possible, bien que la famille n'ait pas la personnalité morale, de parler d'un patrimoine familial. L'affectation des biens des membres de la famille se traduit d'une autre manière. Il est nécessaire que les biens soient affectés non seulement à l'entretien, mais à la survie de la famille. Les enfants créent de nouvelles familles ; pour qu'elles puissent poursuivre l'œuvre commencée par les générations précédentes, il faut qu'elles reçoivent les biens familiaux. Le patrimoine familial assurera ainsi l'unité entre les familles qui se succèdent[1]. On parle alors de successions.

Les successions sont un domaine où chacun de nous à un certain moment de la vie est confronté directement ou indirectement au problème de l'héritage, car personne n'ira toujours à la succession des autres, c'est ainsi qu'elle ne laisse personne indifférente.

Chaque jour des personnes naissent et à côté de cette naissance se perpétue un autre phénomène inéluctable qui est la mort (l'arrêt définitif du cœur).

La mort entraine la disparition de la personnalité accordée à une personne du seul fait de sa naissance. L'être n'existe donc plus et ne peut prétendre à un quelconque droit. Son patrimoine quant à lui indépendamment du dé-cujus ne disparaît pas. Bien au contraire, il est transmis aux héritiers s'il en existe. Le patrimoine se compose des droits et des obligations du défunt. Chaque humain dispose d'un patrimoine riche ou non, conséquent ou pas. Il prend la forme de dettes, d'obligations ou de richesses, trésor, ou immeuble. Ils peuvent notamment être transmis aux successeurs du défunt[2].

Le droit des successions amène une idée de continuité les ayants droits du dé-cujus : Les survivants récupèrent alors le patrimoine du *dé-cujus*.

Dès lors que la mort d'une personne est constatée, il se pose habituellement deux grands types de problèmes, celui relatif aux funérailles d'une part et celui lié à la destination de l'héritage du défunt d'autre part.

Les droits des femmes et des enfants naturels sont-ils pris en compte dans la procédure judiciaire des successions au Mali ?

Les femmes et les enfants naturels ne gagnent-ils pas de procédures judiciaires ? Quelles sont les principales pratiques et perceptions qui violent leur droit successoral ? L'analyse révèle que le Décret n°99-254 du 15 septembre 1999, modifié, portant Code de procédure civile, commerciale et sociale, est bien appliqué et les violations des droits humains au procès sont dénoncées et sanctionnées. Les femmes et les enfants naturels sont des ayants-droits prises en compte dans les coutumes, les religions et en droit et gagnent tous les procès d'héritage.

Résultats

La conception de la grande famille à la tête de laquelle se trouvait un père de famille omnipotent a disparu faisant place à une famille plus réservée autour d'un noyau formateur, le ménage, vivant dans un monde différent et ayant une vue différente de la notion de patrimoine laquelle constitue désormais une donnée non plus stable et permanente mais fluctuante, beaucoup plus soumise aux

---

[1]Henri et Léon Mazeaud, *leçons de droit civil* Tome IV, 2è vol, successions –libéralités, 5ème édition, Montchrestien, page 3.

[2] En matière de succession, comme nous l'avons cité ci-haut, le nom donné au défunt est le dé-cujus (is de cujus successione agitur : celui dont la succession est en discussion).

vicissitudes[3] du temps. Ce qui peut paraître source de problèmes c'est à dire de conflits, de contestations entre les héritiers.

Le problème de la dévolution successorale au Mali depuis l'indépendance à nos jours fut une importance capitale, n'ayant pas de texte spécifique en la matière, elle était réglée par l'article 231 de l'ancien code de procédure civile, commerciale et sociale du Mali. Conformément à cet article, les règles relatives aux successions sont régies par les dispositions du code civil applicable au Soudan Français jusqu'au 22 Septembre 1960[4]. En consultant lesdites dispositions nous constatons qu'elles renvoient à leur tour la matière des successions à l'application de la coutume des parties. C'est en ce sens que la Cour Suprême du Mali a toujours évolué[5].

Aujourd'hui, il existe alors depuis 2011 une loi (portant code des personnes et de la famille) au Mali pour remédier à cette exigence de la coutume des parties en offrant plusieurs modes de dévolution successorale en son article 751 ci-dessous spécifié.

Pour que le nouveau droit puisse remplir les objectifs qui lui sont assignés, il devait intégrer donc en son sein les droits traditionnels. Cette intégration peut se faire dans une première étape par une option en faveur du droit musulman à cause de sa large implantation, du fait que la plupart des coutumes sont soit teintées d'islam, soit entièrement islamisées, ainsi que son invocation par la majorité des maliens pour le règlement des successions[6].C'est à ce titre que le professeur Dembélé décrit le pluralisme comme étant «le pluralisme juridique est une méthode qui consiste à mettre en parallèle deux ou plusieurs régimes juridiques différents pour résoudre un même problème, ici celui de la dévolution successorale [7]».

Le droit des successions donne en effet une partie fondamentale de son sens au droit de la propriété qui se définie selon l'article 544 du code civil en ces termes : « *La propriété est le droit de jouir et disposer des choses de la manière la plus absolue, pourvu qu'on n'en fasse pas un usage prohibé par les lois ou par les règlements* ».

La justification économique et morale du droit des successions repose donc sur la pertinence de la reconnaissance du droit de propriété par le code civil en son article 711 *« la propriété des biens s'acquiert et se transmet par succession, par donation entre vifs ou testamentaire, et par l'effet des obligations ».*

---

[3]Succession d'événement bon ou mauvais, et, en particulier, ensemble des événements malheureux qui affectent l'existence humaine.

[4] Date d'accession du Mali à l'indépendance.

[5] N'DIAYE A. Amadou, *Droit civil : droit patrimonial de la famille au Mali*, tome II, successions, édition DJAMANA, p.15.

[6]*Réflexion sur une réforme du droit malien des successions,* deT.Diallo-Auteur.1992-Auteur ; Direction : Mari-Laure Niboyet ; Type ; Thèse de doctorat ; Discipline(s) : Droit privé.

[7] Mamadou B. DEMBELE, Réflexion sur le droit malien des successions, Publié dans la Revue juridique et politique des Etats francophones N°3, 2016, p.2.

Dans notre société parmi tant d'autres que les droits des enfants et du conjoint survivant sont violés par les membres de la famille du dé-cujus, bien qu'ils soient (enfants et conjoint survivant) selon la loi ceux qui doivent automatiquement entrer en possession des biens du défunt. Ils sont en revanche les personnes toujours les plus lésées de la succession en l'absence de dispositions testamentaires.

La notion de testament perdait ainsi tout intérêt. La dévolution des biens de la communauté dépendait de la volonté toute puissante du chef de famille ; elle se faisait oralement[8].

La femme à cause de l'hégémonie de la dot est un élément du patrimoine soumis au lévirat et au sororat.

Le droit coutumier, pour préserver l'unité du patrimoine des familles nobles, admettait la succession de biens nobles le droit d'aînesse et le privilège de masculinité.

Exclure un héritier c'est disposer au profit d'un autre[9]. L'exclusion atteint un grand nombre plus ou moins grands d'héritiers : l'exhérédation de la « famille » et du conjoint comporte certainement dévolution au profit de l'Etat, successeur irrégulier.

En fonction des coutumes la place et le rôle de fa femme n'est jamais l'égal de l'homme. Il en est de de même pour l'enfant naturel qui est une source de malédiction car il est né hors lien de mariage. Il en est ainsi pour les religions animistes et musulmane. L'on a pu à diverses reprises, constater que la procédure judiciaire des successions avec l'assistance des assesseurs donne fréquemment lieu à interprétation et que les juges du fond n'ont pas souvent l'occasion d'exercer en la matière leurs pouvoirs souverains, à condition qu'il y'ait des clauses claires et précises édictées par le dé-cujus.

La femme est aussi un être humain avec tous les droits légaux de même que l'enfant naturel qui ne choisit pas sa façon de venir au monde.

Il serait alors important de revisiter l'article 751 du CPF, en adéquation avec la procédure judiciaire en préservant les droits fondamentaux des justiciables idem en matière de succession.

I.Les droits successoraux de la femme au Mali

Le conjoint survivant n'est pas synonyme de « veuve », c'est l'époux, le mari ou la femme qui survit à l'autre[10]. C'est celui des deux époux qui survit à l'autre[11],donc il doit exister un lien de mariage qui est défini par l'article 280 du

[8]N'DIAYE A. Amadou, *Droit civil : droit patrimonial de la famille au Mali*, tome II, successions, édition DJAMANA, P. 91

[9] Disposition valable même si elle est faite ab irato, c'est-à-dire acte accompli dans un mouvement de colère. Cet acte n'est pas nul du seul fait de la colère qui l'inspire.

[10] Guide NERET des successions : Comment transmettre ses biens, comment recueillir une succession, comment la déclarer (collection des guides Néret), page 24.

[11] Lexique des termes juridiques, 18ème édition, Dalloz, 2011, page 191.

Code des Personnes et de la Famille du Mali (CPF) comme « un acte public, par lequel un homme et une femme, consentent d'établir entre eux une union légale dont les conditions de formation, les effets et la dissolution sont régis par les dispositions du présent code. Il est célébré par l'officier de l'Etat civil ou par le ministre du culte[12] ».

Il existe d'autres formes de conjugalité comme le pacte civil de solidarité (PACS) et le concubinage.

Le pacte civil de solidarité, crée par la loi du 15 novembre 1999 en France, est défini comme

« le contrat conclu par deux personnes, appelées partenaires, pour organiser leur vie commune »[13].

Aucun problème n'a suscité autant de discussions que la détermination de la qualité de successible du conjoint survivant dans l'héritage. Il est utile d'observer que la détermination des droits successoraux de la veuve au décès de son mari est un problème beaucoup plus complexe que celui de la succession du mari au décès de l'épouse[14].

Selon **Keba M'BAYE** le droit, en Afrique, revêt une importance presque plus grande qu'ailleurs, du fait que la plupart des coutumes africaines, qui sont juridiques en même temps que sociales et religieuses, englobent tous les aspects de la vie des hommes et des communautés[15].

Le problème de la dévolution successorale est encore plus dynamique dans notre société car l'homme peut aussi prétendre aux droits dans la dévolution successorale de son épouse. Au lieu de trouver une solution au sort unique de la veuve, le législateur malien s'est intéressé au sort du conjoint survivant en général : veuf et veuve. Il l'admet comme héritier à condition de n'être ni divorcé, ni séparé de corps en autorité de force de chose jugée[16].

Aucune communauté ne peut se développer et s'épanouir là où le droit est forcé de se taire, là où règnent l'arbitraire et l'injustice[17]. Cela nous conduit à parler de la détermination de la qualité de successible du conjoint survivant en droit malien en (A) et la part du conjoint survivant en (B).

A.La détermination de la qualité de successible du conjoint survivant en droit malien

Les exigences juridiques de la dévolution successorale du conjoint survivant au Mali.

---

[12] Article 280 et suivant de la loi n°2011-087/du 30 Décembre 2011 portant code des Personnes et de la Famille du Mali.

[13] Article 515-1 du code civil Français.

[14] Konaté R.S., les droits du conjoint survivant au Mali, mémoire de fin de cycle pour l'obtention du diplôme de master, Université Catholique de l'Afrique de l'Ouest–Unité universitaire de Bamako (UCAO-Uuba), Bamako, 2015.

[15] M'BAYE Keba, les droits de la famille en Afrique noire et à Madagascar, op. cit, note14, page14.

[16] Article 770 du code des personnes et de le famille, op cit.

[17] Adama Yoro SIDIBE, Droit et pratique du Droit au Mali, édition Jamana, page 13.

Les nouvelles dispositions du CPF semblent faire un meilleur statut au conjoint survivant qui, en plus de son droit d'usufruit recueille tout ou partie de la succession et bénéficie d'un droit d'occupation de l'immeuble occupé au moment de l'ouverture de la succession.
En définition de la qualité légale de successible du conjoint survivant, on retient que les héritiers et les légataires sont tous des « successeurs ». La personne qui est susceptible de recevoir une succession future est appelée « héritier présomptif » ou encore « successible ».
La détermination légale de la qualité de conjoint survivant en droit malien ne suffit pas, il faut leur applicabilité. Il faut pour cela aussi la diffusion et la sensibilisation autour des différents moyens surtout des moyens juridiques par l'application des textes par les tribunaux et possibilité de ne pas avoir peur de porter plainte. Il faut mettre en œuvre le principe de la justiciabilité des droits (les droits justiciables signifient que lorsque des violations ont lieu, il existe un droit à un recours efficace - dans ce cas un recours judiciaire ou quasi-judiciaire).
Le droit positif malien des successions le CPF en son article 751 dispose que : « L'héritage est dévolu selon les règles du droit religieux, coutumier ou selon les dispositions du présent livre ». Comme analyse, à défaut d'appliquer le droit religieux et le droit coutumier, les dispositions du présent livre s'appliquent à toute personne :
-Dont la religion ou la coutume n'est pas établie par écrit, par témoignage, par le vécu ou la commune renommée ;
-Qui, de son vivant, n'a pas manifesté par écrit ou par devant témoins sa volonté de voir son héritage dévolu autrement ;
-Qui, de son vivant n'a pas disposé par testament de tout ou partie de ses biens, sauf la mesure compatible avec la réserve héréditaire et les droits du conjoint survivant. L'Héritier doit prouver sa qualité pour appréhender les biens de la succession. Nul ne peut déroger aux règles du mode de dévolution successorale retenu.
On voit par ces définitions que ces différentes formes de conjugalité ne présentent pas la même nature, le mariage étant à la fois une institution et un contrat, le pacte de solidarité se limitant à l'aspect contractuel tandis que le concubinage relève uniquement de l'état de fait.

Le droit coutumier malien se définit comme un ensemble de pratiques constamment observées. Aussi, il se définit dans une acception large comme une règle de droit qui se dégage des faits et des pratiques d'un milieu social. C'est une règle qui n'est pas édictée en forme de commandement par le pouvoir public mais qui est issue d'un usage général et prolongé et de la croyance en l'existence d'une sanction.
Dans les coutumes d'inspiration animiste, la conjointe survivante de par sa nature particulière est réduite à l'état d'objet du fait qu'elle se trouve au bas de l'échelle des valeurs sociales. La perte de son mari constitue pour elle un drame. Soumise à la pratique du lévirat, la femme est donnée en usufruit ; aussi après la mort de son mari, de droit aux héritiers du dé –cujus contrairement, tant aux dispositions

constitutionnelles du Mali qu'aux grands principes universels des droits de l'homme[18]. Plus dramatique est par exemple le cas de cette conjointe survivante sans enfant qui après des années de vie commune avec son défunt mari, se voit brusquement expulsée au non des dispositions coutumières, de la concession conjugale par les frères et cousins[19].
L'avènement de l'islam et l'enseignement du Christianisme en Afrique noire va mettre fin à certaines pratiques anachroniques. L'islam reconnait la femme comme héritière. Cependant, malgré tout, dans les coutumes à essence musulmane, la conjointe survivante, conformément aux dispositions coraniques, semble être reléguée à l'arrière-plan ; elle est victime du principe équivoque de l'inégalité des droits successoraux[20].
Juridiquement la personne humaine ne doit pas être traitée comme un objet[21] mais une entité intrinsèque. Elle mérite un respect inconditionnel, indépendamment de son âge, de son sexe, de sa condition sociale, de sa religion ou même de son origine ethnique.
L'adoption du Code des Personnes et de la Famille de 2011 en son livre VII consacré aux successions, propose un véritable droit commun des successions, prenant en compte les normes constitutionnelles ainsi que celles des conventions régionales, sous-régionales et internationales ratifiées par le Mali. Les nouvelles dispositions donnent un meilleur statut au conjoint survivant qui, en plus de son droit d'usufruit recueille tout ou partie de la succession et bénéficie d'un droit d'occupation de l'immeuble occupé au moment de l'ouverture de la succession.
La détermination légale de la qualité d'héritier du conjoint survivant conduit à revoir la place du conjoint par rapport à la famille par le sang, donc celle du mariage par rapport au lignage.
Aucune communauté ne peut se développer et s'épanouir là où le droit est forcé de se taire, là où règnent l'arbitraire et l'injustice[22].
Pour mieux appréhender cette sous partie nous traitons les conditions d'accès légal du conjoint survivant à la succession en (1), l'étendu des droits du conjoint survivant en (2).

1.Les conditions d'accès légal à la succession en droit malien

La succession s'ouvre au dernier domicile du défunt par le décès ou par la déclaration judiciaire du décès.[23]

---

[18] N'DIAYE. A Amadou *: Droit Civil : Droit Patrimonial de la famille au Mali, Régimes Matrimoniaux et Successions*, Tome2 Successions, page74.
[19] V° Arrêt n°48 du 2 février 1983 de la cour d'Appel de Bamako.
[20] Amadou Aliou N'DIAYE, Droit Civil : Droit Patrimonial de la famille au Mali, Régimes Matrimoniaux et Successions, Tome2 Successions, page75, op cit.
[21] Qui est le cas dans certaines coutumes.
[22] Adama Yoro SIDIBE, Droit et pratique du Droit au Mali, édition Jamana, page 13.
[23] Article 752 de la loi N°2011-087 /du 30Decembre 2011 portant code des personnes et de la famille du Mali, op cit.

Les parents du défunt au même degré ont les mêmes droits. Ils succèdent par égale portion et par tête[24].

Lorsque plusieurs personnes appelées à la succession, l'une de l'autre, périssent dans un même événement ou dans des évènements concomitants sans que l'ordre des décès soit connu, le plus jeune est censé avoir survécu au plus âgé[25].

Le tribunal compétent en matière successorale est celui du lieu d'ouverture de la succession[26].

L'article 759 du code des personnes et de la famille du Mali dispose que : « Pour succéder au défunt, il faut exister à l'instant de l'ouverture de la succession, ou, ayant déjà été conçu, naître viable et viable.

Peut succéder celui dont l'absence est présumée au contraire de celui dont l'absence est déclarée[27].

L'absent qui reparaît recouvre sa qualité de successible pour agir en pétition d'hérédité tant que le délai légal de prescription extinctive ne sera pas écoulé ; sauf qu'il n'est pas admis à réclamer les fruits[28].

Quant à la qualité d'héritier, elle s'établit par toutes les preuve[29].

2- L'étendu du droit successoral de l'enfant naturel et du conjoint survivant

Pour succéder, il faut que des conditions soient remplies chez le défunt, notamment sa mort, et que certaines qualités soient réunies chez l'héritier, notamment sa capacité et l'absence d'indignité. En outre, le conjoint survivant doit être dans le mariage au moment de l'ouverture de succession.

-L 'absence d'indignité successorale

L'indignité successorale peut être définie comme : pouvant exclure de la succession celui qui est coupable d'une faute grave envers le dé-cujus. L'indignité a été analysée par la jurisprudence comme une peine civile, de nature personnelle et d'interprétation stricte ne pouvant nuire aux autres héritiers de la lignée à laquelle l'indigne appartient. Il existe des cas dans lesquels l'indignité est de plein droit et d'autres dans lesquels elle est facultative. L'indignité peut être de plein droit ou facultative.

---

[24] Article 753 de la loi N°2011-087 /du 30Decembre 2011 portant code des personnes et de la famille du Mali, op cit.

[25] Article 754 de la loi N°2011-087 /du 30Decembre 2011 portant code des personnes et de la famille du Mali, op cit.

[26] Article757 de la loi N°2011-087 /du 30Decembre 2011 portant code des personnes et de la famille du Mali, op cit.

[27] Aticle 760 de la loi N°2011-087 /du 30Decembre 2011 portant code des personnes et de la famille du Mali, op cit.

[28] Article 761 de la loi N°2011-087 /du 30Decembre 2011 portant code des personnes et de la famille du Mali, op cit.

[29] Article 762 de la loi N°2011-087 /du 30Decembre 2011 portant code des personnes et de la famille du Mali ,op cit.

-L'indignité de plein droit

Un indigne de plein droit est celui qui est condamné en tant qu'auteur, coauteur ou complice pour avoir volontairement donné la mort ou tenté de donner la mort ou porter des coups mortels au défunt.

En droit français, comme le prévoit l'art. 727 du C.civ, le conjoint survivant, devra être digne de succéder. L'indignité est une peine civile en droit malien et français. Elle a pour effet, d'empêcher un successible de recueillir les biens de la succession légale du défunt[30].

Les causes d'indignité sont de deux ordres en droit malien.

Les infractions ayant gravement porté atteinte à la personne du défunt et ayant volontairement entrainé sa mort[31].

Les infractions ayant gravement porté atteinte à la personne du défunt mais n'ayant pas causé sa mort[32].

L'héritier ou le conjoint survivant qui a volontairement voulu nuire au défunt peut être écarté de la succession en étant considéré comme indigne de succéder.

Est indigne de succéder celui qui était condamné pour avoir donné ou tenter de donné la mort au défunt. Et également indigne celui qui avait porté contre le défunt une accusation capitale jugée calomnieuse.

L'indignité de plein droit ou encore appelée indignité automatique est règlementée à l'article 763 du CPF du Mali :

1°Celui qui est condamné, comme auteur ou complice, à une peine criminelle pour avoir volontairement donné ou tenté de donner la mort au défunt ;

2°Celui qui est condamné, comme auteur ou complice, à une peine criminelle pour avoir volontairement porté des coups ou commis des violences ou voies de fait ayant entrainé la mort du défunt sans intention de la donner ;

3°Celui qui a eu, ou tenté d'avoir une relation sexuelle avec une épouse de son père.[33]

A- La part du conjoint survivant dans la procédure judiciaire

Le droit des successions est l'ensemble des règles juridiques et fiscales qui régissent la transmission du patrimoine d'une personne lors de son décès. Ce patrimoine étant une universalité de droits, nous pouvons affirmer que la succession constitue une forme d'appropriation des biens par conséquent une méthode d'acquisition de la propriété. La femme et au-delà le conjoint survivant est-il concerné par une telle acquisition de la propriété ?

B- Pour éviter des confusions lexiques commises souvent, le terme conjoint survivant et enfant naturel méritent d'être expliqué légalement.

L'héritier (l'enfant naturel) ou le conjoint survivant indigne ne peut pas recueillir la succession de celui envers qui il a fait de très graves torts (avoir volontairement donné ou tenté de donner la mort au défunt ou porté des coups ou commis des

---

30 Art. 727 du C.civ. Français.

31 Art. 763 du CPF et 727-1 et 2 du C. civ. français.

32 Art. 763 du CPF et 727-3 du C. civ. français.

33 Art.763 du CPF du Mali.

violences ou voies de fait ayant entrainé la mort du défunt sans intention de la donner).
En principe, l'indigne est considéré comme n'ayant jamais été héritier. Cependant, l'indignité n'enlève pas le bénéfice des libéralités reçues du défunt, mais les autres héritiers peuvent demander la révocation de la libéralité pour ingratitude.

-L'indignité facultative

Dans les cas visés, l'indignité successorale est facultative, En effet, article 727 du C.civ français permet au défunt de lever l'indignité s'il pardonne l'auteur, coauteur, complice de l'infraction[34]. Pour pouvoir succéder, il ne faut pas avoir déchu de ses droits successoraux. Une cause de déchéance peut concerner le conjoint survivant. Celui-ci pourrait être déchu totalement ou partiellement de ses droits successoraux en cas de déchéance de tout ou partie de l'autorité parentale envers les enfants qui serait issus de son mariage avec le *de cujus*[35].
Le droit malien prévoit implicitement la déchéance mais la loi française du 8 avril 1965 dans son article 32 relative à la protection de la jeunesse nous énumère les faits pouvant donner lieu à déchéance[36]. Il peut s'agir, par exemple, pour le défunt d'avoir commis sur la personne de son enfant des faits passibles d'une condamnation à une peine criminelle ou correctionnelle ou encore de s'être rendu coupable de mauvais traitements, abus d'autorité, inconduite notoire ou négligence grave ayant mis en péril la sécurité ou la moralité de son enfant[37].
Selon le droit positif malien consacré à l'article 764 du CPF du Mali, Peuvent également déclarer indignes de succéder :
1° Celui qui est condamné, comme auteur ou complice, à une peine correctionnelle pour avoir volontairement donné ou tenté de donner la mort au défunt ;
2° Celui qui est condamné, comme auteur ou complice, à une peine correctionnelle pour avoir volontairement commis des violences ayant entrainé la mort sans intention de la donner ;
3° Celui qui est condamné pour témoignage mensonger porté contre le défunt dans une procédure criminelle ;
4°Celui qui est condamné pour s'être volontairement abstenu d'empêcher soit un crime soit un délit contre l'intégrité corporelle du défunt d'où il est résulté la mort, alors qu'il pouvait le faire sans risque pour lui ou pour les tiers ;

---

[35] G. HERPOL, « D. Règles régissant la vie successorale », In droits des successions des familles recomposées, Liège, Ed. Pro, 2009, P. 56. C. civ., 745 *septies.*
[36] Cette situation n'est pas une réalité malienne, elle concerne les pays occidentaux accueillant les individus de nationalités différentes ou les cultures ne sont pas forcément identiques.
[37] Loi du 8 avril 1965 relative à la protection de la jeunesse, à la prise en charge des mineurs ayant commis un fait qualifié infraction du dommage causé par ce fait, M.B.15 avril 1965, P. 4014.

5°Celui qui est condamné pour dénonciation calomnieuse contre le défunt lorsque, pour les faits dénoncés, une peine criminelle était encourue ».[38]
Selon l'article 764 alinéa 6 du code des personnes et de la famille du Mali « celui qui a commis les actes sus- mentionnés à l'article précédent 1° et 2° et à l'égard duquel, en raison de son décès, l'action publique n'a pu être exercée ou s'est éteinte ». Les quatre premiers cas sont des innovations de la loi du 3 décembre 2001.

- L'absence de jugement passé en autorité de force de chose jugée

En effet, un jugement est passé en force de chose jugée lorsque les voies de recours sont épuisées. Dans ce paragraphe, le conjoint ne devrait pas être divorcé et qu'aucune possibilité du divorce, ou une séparation de corps ne devrait pas être à l'ordre du jour. Le conjoint survivant doit remplir les conditions de non divorcé et d'absence de jugement de séparation de corps.

-Le conjoint survivant non divorcé

Si l'un des conjoints décède au cours de la séparation de corps, le conjoint survivant garde ses droits d'héritier au même titre que le conjoint non séparé. Parce que l'époux (se) n'a pas fait l'objet de divorce.

Par conséquent, un conjoint survivant divorcé ne peut prétendre à une part de l'héritage de son ex-époux (se) à moins que le testament du défunt précise le contraire.

-L 'absence de jugement de séparation de corps

Il existe le jugement de rejet et le jugement de divorce. Le dernier met fin définitivement au mariage. Une fois que le juge prononce le divorce, l'un des conjoints ne pourra plus succéder à l'autre. La séparation de corps laisse planer des doutes, incertitudes non pas seulement l'existence d'une séparation de corps du conjoint mais aussi son existence est une condition.

La séparation de corps est une situation juridique résultant d'un jugement qui met fin à l'obligation de vie commune. La séparation de corps revêt deux formes à savoir la séparation de corps et la séparation de fait.

Que l'on considère donc les mariages célébrés conformément au droit civil comme ceux célébrés conformément aux coutumes et reconnus par les divers codes des personnes et de la famille, le régime juridique applicable à la séparation de corps pose problème quant à sa mise en œuvre conformément au cadre légal.

Alors qu'elle met en principe fin à la communauté de vie des époux, sans pour autant entrainer la dissolution du lien conjugal, la séparation de corps nécessite pour être légitimée et produire ses effets juridiques, qu'elle soit prononcée par un juge suite à une demande adressée par l'un ou l'autre des époux. Lesdits époux pouvant d'ailleurs opter pour une demande en divorce, auquel cas, le juge à défaut de prononcer ledit divorce peut rendre un jugement de séparation en cas d'impossibilité de prononcer le divorce.

---

[38] Art 764 du CPF du Mali et 727 du code civil désormais en application de la loi du 3 déc. 2001.

II-Les cas d'ouverture du droit successoral de la femme (conjoint survivant) et de l'enfant naturel

Il y a lieu de noter le lien la dévolution successorale et le lien matrimonial. Les régimes matrimoniaux règlent les effets patrimoniaux du mariage dans les rapports des époux entre eux et à l'égard des tiers. Le présent code organise différents régimes :

-la séparation des biens ;

-la communauté universelle ;

-la communauté réduite aux acquêts ;

-les autres communautés convenues entre les époux[39].Les époux ne peuvent faire aucune convention ou renonciation dont l'objet serait de changer l'ordre légal des successions, sans préjudice des libéralités qui pourront avoir lieu selon les formes et dans les cas déterminés par le présent code[40].

Les conventions matrimoniales sont obligatoirement rédigées par acte notarié.

Le Notaire au moment de la signature de la convention, délivre aux parties un certificat sur papier libre et sans frais énonçant ses noms, prénom et lieu de résidence, et les noms, prénoms, qualités et demeures des futurs époux ainsi que la date de la convention. Ce certificat indiquera qu'elle doit être remise à l'officier de l'état civil avant le mariage.

Si l'acte de mariage mentionne qu'il n'a pas été fait de convention, les époux seront, à l'égard des tiers, réputés mariés sous le régime de droit commun (régime de la séparation des biens au Mali), à moins que dans les actes passés avec les tiers, ils n'aient déclaré avoir fait une convention matrimoniale[41].

Les conventions matrimoniales doivent être rédigées avant la célébration du mariage et ne peuvent prendre effet qu'au jour de cette célébration [42].

La communauté se dissout par :

Le décès ;

L'absence déclarée de l'un des époux ;

Le divorce ;

La séparation de corps ;

La séparation de biens ;

L'annulation du mariage ;

Le changement de régime matrimonial[43].

Le régime de la séparation des biens est le régime légal dans les mariages contractés sous l'option de la polygamie ou de la monogamie.

Les époux qui optent pour la monogamie ont la faculté de choisir un des régimes de communauté des biens prévus au Titre III du Livre II du présent Code[44].

---

[39] Article 385 du code des personnes et de la famille du Mali, op cit.

[40] Article 387 du code des personnes et de la famille du Mali, op cit.

[41] Article 389 du code des personnes et de la famille du Mali, op cit.

[42] Article 390 du code des personnes et de la famille du Mali, op cit.

[43] Article 424du code des personnes et de la famille du Mali, op cit.

[44]Article 388 du code des personnes et de la famille du Mali, op cit.

Un régime séparatiste peut néanmoins être préférable lorsque l'époux exerce une activité professionnelle à risques telle une activité commerciale qui pourrait engloutir le patrimoine familial : le cloisonnement des patrimoines s'impose alors pour protéger au mieux le conjoint survivant et éviter les risques d'une liquidation. Cela nous amène à examiner en A le mécanisme des libéralités et en la procédure judicaire des successions de la femme et de l'enfant naturel en (B).

A.Le mécanisme des libéralités

Le mécanisme des libérales est certainement le plus utilisé, qu'il s'agisse de libéralités entre vifs telles les donations ou de libéralités à cause de mort comme les testaments. Le droit malien en connait et utilise ces deux types de libéralités. Les donations tout d'abord permettent d'améliorer la situation du conjoint survivant. Elles sont susceptibles de se présenter de façon extrêmement variée. Les testaments peuvent aussi contribuer à améliorer la situation du conjoint survivant, cela tant en droit français qu'en droit malien. Le testament est un acte juridique unilatéral défini par l'article 895 du Code civil français comme « l'acte par lequel le testateur dispose, pour le temps où il n'existera plus de tout ou partie de ses biens et qu'il peut révoquer ».

On ne pourra disposer de ses biens, à titre gratuit, que par donation entre vifs ou par testament, dans les formes ci-après établies[45].

La donation entre vifs est un acte par lequel le donateur se dépouille actuellement et irrévocablement de la chose donnée, en faveur du donataire qui l'accepte[46].

Le testament est un acte par lequel le testateur dispose, pour le temps où il n'existera plus, de tout ou partie de ses biens et qu'il peut révoquer[47].

Pour faire une donation entre vifs ou un testament, il faut être sain d'esprit[48].

Les dispositions, soit entre vifs, soit à cause de mort, qui excèdent la quotité disponible, sont réductibles à cette quotité lors de l'ouverture de la succession[49].

Tout acte portant donation entre vifs est passé devant notaire, dans la forme ordinaire des contrats ; et il en reste minute, sous peine de nullité[50].

Toute donation entre vifs de biens présents, quoique faite par convention matrimoniale aux époux, ou à l'un d'eux, est soumise aux règles générales prescrites pour les donations faites à ce titre.

---

[45] Article 945 de la loi N°2011-087 /du 30Decembre 2011 portant code des personnes et de la famille du Mali, op cit.

[46] Article 946 de la loi N°2011-087 /du 30Decembre 2011 portant code des personnes et de la famille du Mali, op cit.

[47] Article 947 de la loi N°2011-087 /du 30Decembre 2011 portant code des personnes et de la famille du Mali, op cit.

[48] Article 961 de la loi N°2011-087 /du 30Decembre 2011 portant code des personnes et de la famille du Mali, op cit.

[49] Article 979 de la loi N°2011-087 /du 30Decembre 2011 portant code des personnes et de la famille du Mali, op cit.

[50] Article990 de la loi N°2011-087 /du 30Decembre 2011 portant code des personnes et de la famille du Mali, op cit.

Elle ne peut avoir lieu au profit des enfants à naître, si ce n'est dans les cas énoncés au titre VI du présent livre[51].
L'époux, soit par convention matrimoniale, soit pendant le mariage, peut, pour le cas où il ne laisserait point d'enfant ni de descendant légitime ou naturel, disposer en faveur de l'autre époux en propriété, de tout ce dont il pourrait disposer en faveur d'un étranger, et, en outre, de la nue-propriété de la portion réservée aux ascendants par l'article 973 du présent code[52].

Pour le cas où l'époux laisserait **des enfants ou descendants**, soit légitimes, issus ou non du mariage, **soit naturels**, il peut disposer en faveur de l'autre époux, soit de la propriété de ce dont il pourrait disposer en faveur d'un étranger, soit d'un quart de ses biens en propriété et des trois autres quarts en usufruit, soit encore de la totalité de ses biens en usufruit seulement[53].

Les enfants ou descendants peuvent, nonobstant toute stipulation contraire du disposant, exiger, quant aux biens soumis à l'usufruit, qu'il soit dressé inventaire des meubles ainsi qu'état des immeubles[54].

Le mineur ne peut, par convention matrimoniale, donner à l'autre époux, soit par donation simple, soit par donation réciproque, qu'avec le consentement et l'assistance de ceux dont le consentement est requis pour la validité de son mariage ; et avec ce consentement, il peut donner tout ce que la loi permet à l'époux majeur de donner à l'autre conjoint[55].

Toute donation faite entre époux pendant le mariage, quoique qualifiée entre vifs, est toujours révocable[56].

En régime de monogamie, si un époux remarié a fait à son second conjoint, dans les limites de l'article 1139 ci-dessus, une libéralité en propriété, chacun des enfants du premier lit aura, en ce qui le concerne, sauf volonté contraire et non équivoque du disposant, la faculté de substituer à l'exécution de cette libéralité l'abandon de l'usufruit de la part de succession qu'il eût recueillie en l'absence de conjoint survivant.
Ceux qui ont exercé cette faculté peuvent exiger que soient appliquées les dispositions de l'article 1140 ci-dessus[57].

---

[51] Article 1125 de la loi N°2011-087 /du 30Decembre 2011 portant code des personnes et de la famille du Mali, op cit.

[52] Article1138 de la loi N°2011-087 /du 30Decembre 2011 portant code des personnes et de la famille du Mali, op cit.

[53] Article1139 de la loi N°2011-087 /du 30Decembre 2011 portant code des personnes et de la famille du Mali, op cit.

[54] Article 1140 de la loi N°2011-087 /du 30Decembre 2011 portant code des personnes et de la famille du Mali, op cit.

[55] Article1141 de la loi N°2011-087 /du 30Decembre 2011 portant code des personnes et de la famille du Mali, op cit.

[56] Article1142 de la loi N°2011-087 /du 30Decembre 2011 portant code des personnes et de la famille du Mali, op cit.

[57] Article1143 de la loi N°2011-087 /du 30Decembre 2011 portant code des personnes et de la famille du Mali, op cit.

Les époux ne peuvent se donner indirectement au-delà de ce qui leur est permis par les dispositions ci-dessus.
Toute donation, ou déguisée, ou faite à personnes interposées, est nulle[58].
Quand un époux acquiert un bien avec des deniers qui lui ont été donnés par l'autre à cette fin, la donation n'est que des deniers et non du bien auquel ils sont employés.
En ce cas, les droits du donateur ou de ses héritiers n'ont pour objet qu'une somme d'argent suivant la valeur actuelle du bien. Si le bien a été aliéné, on considère la valeur qu'il avait au jour de l'aliénation, et si un nouveau bien a été subrogé au bien aliéné, la valeur de ce nouveau bien[59].
Le droit pénal protège la famille, car c'est une cellule de base de la vie en société et sa cohésion sociale garantit un minimum de paix sociale. Cette protection passe tantôt par l'immixtion dans la sphère familiale afin de rappeler les valeurs essentielles qui ont été bafouées, tantôt par un refus d'immixtion lorsque la paix sociale des familles prime la défense des intérêts lésés, comme en matière d'atteintes aux biens ou à la nation. En tout état de cause, le droit pénal reflète autant que le droit civil les évolutions qui ont marquées la famille. Ces évolutions familiales ont parfois été analysées sous le signe d'une crise, l'institution familiale ne parvenant plus à assurer ses fonctions de socialisation et d'éducation des enfants Le conjoint survivant a, jusqu'au partage de la succession, un droit d'occupation sur l'immeuble qui lui servait d'habitation.
Ce droit d'occupation est strictement personnel et cesse le cas échéant, par le décès ou le remariage.
Il ne préjudicie en rien aux droits résultant de l'attribution préférentielle reconnue au conjoint survivant aux articles 882, 883, 884 et 885 du présent code[60].
Tout usufruit appartenant au conjoint sur les biens du prédécédé, qu'il résulte de la loi, d'un testament ou d'une donation de biens à venir, donne ouverture à une faculté de conversion en rente viagère, à la demande de l'un des héritiers nu-propriétaire ou du conjoint successible lui-même[61].
Le ou les conjoints survivants, à défaut de descendants, de père et mère, en présence des frères et sœurs du défunt, recueillent les deux tiers de la succession.
Ce point aussi important sera concentré autour des différentes vocations successorales (1) et la considération du droit d'héritier légataire du conjoint survivant (2).

---

[58] Article1144 de la loi N°2011-087 /du 30Decembre 2011 portant code des personnes et de la famille du Mali, op cit.
[59] Article1145 de la loi N°2011-087 /du 30Decembre 2011 portant code des personnes et de la famille du Mali, op cit.
[60] Article 801 de la loi N°2011-087 /du 30Decembre 2011 portant code des personnes et de la famille du Mali, op cit.
[61] Article 802 de la loi n°2011-087 /du 30Decembre 2011 portant code des personnes et de la famille du Mali, op cit

1- des différentes vocations successorales

Le conjoint survivant se trouve souvent concurrencer avec d'autres héritiers, il partage alors le patrimoine de l'époux défunt avec les descendants et les ascendants, en présence d'un conjoint survivant.

-En présence de descendants du couple

La loi a créé pour le conjoint survivant une option entre l'usufruit de la totalité de la succession et le quart en propriété[62]. L'usufruit est la solution la plus adaptée au maintien du conjoint survivant dans ces conditions de vie antérieure, mais il peut donner lieu à des difficultés de gestion avec les enfants, nu-propriétaire, ou porter sur la masse bien supérieure aux besoins de l'intéressé, ce qui rend la part en pleine propriété plus attractive.

Le conjoint survivant en concours avec les enfants ou descendants d'eux, recueille généralement le quart de la succession en pleine propriété. Ainsi au Bénin, lorsque le défunt laisse des enfants, le conjoint survivant a droit au quart de la succession ;[63] au Burkina , lorsque le défunt laisse des enfants ou descendants d'eux, le conjoint survivant a droit au quart de la succession ; [64] au Mali, le conjoint survivant, en présence de descendants du défunt, recueille le quart de la succession , il recueille en outre l'usufruit du quart des biens de la succession ; [65] au Sénégal, lorsque le défunt laisse des enfants légitimes ou descendants d'eux, le conjoint survivant ou éventuellement chacun des conjoints survivants a droit à une part d'enfant légitime le moins prenant, sans qu'elle puisse être supérieure au quart de la succession ;[66] au Togo , lorsque le défunt laisse des enfants ou descendants d'eux, le conjoint survivant a droit à un quart de la succession.[67]

Tout héritier même naturel à la possibilité d'inviter le conjoint à exercer son option. En l'absence d'option, l'usufruit est présumé avoir été choisi.[68]Le conjoint, un héritier ou le nu-propriétaire peut demander la conversion de l'usufruit en rente viagère. La conversion en capital n'est possible qu'avec l'accord du conjoint lui-même. La même règle s'applique d'ailleurs à l'usufruit portant sur le logement occupé par le conjoint à titre de résidence principale et sur les meubles le garnissant.[69]

En présence d'enfants qui ne sont pas issus des deux époux. Le conjoint ne peut recevoir que le quart en pleine propriété.[70]

Ce choix du législateur s'explique par la volonté d'éviter les conflits entre le conjoint et les enfants d'une autre union.

---

[62] Art.757 du code civil français.

[63] Art. 632 CPF du Bénin.

[64] Art.742 du CPF du Burkina.

[65] Art.797 du CPF du Mali précité.

[66] Art.530 du CF du Sénégal.

[67] Art.428 du CPF du Togo.

[68] Art.758-3 et 758-4 du code civil français.

[69] Art. 759 à 762 du code civil français.

[70] Art.757 du code civil français.

- En présence des père et mère du défunt(ascendants)

Lorsque le de cujus ne laisse pas d'enfant ou de descendant mais que ses père et mère sont tous deux vivants, le conjoint survivant recueille la **moitié** des biens composant la succession, l'autre moitié se partageant également entre le père et la mère qui recueillent par conséquent un quart chacun.[71]

Le conjoint survivant reçoit les trois quarts des biens composant la succession[72] ; de même lorsque le père ou la mère renonce ou se trouve indigne de succéder à son enfant.

En concours avec les père et mère ainsi que les frères et sœurs du défunt ,force est de constater que la plupart des législations francophones d'Afrique Noire ,ont prévu accorder le quart , la moitié ou plus de la moitié des biens de la succession au conjoint survivant .Ainsi ,au Bénin , lorsqu'à défaut de descendants ,le défunt laisse des ascendants et ou des collatéraux ,son conjoint survivant recueille la moitié de la succession [73],au Burkina, il recueille le quart de la succession,[74]au Mali la succession est dévolue, à défaut de descendants, aux conjoints survivants et aux père et mère par tête et par égale portion ,en cas de prédécès du père ou de la mère la part qui serait revenue au prédécès ,échoit au conjoint survivant, le ou les conjoints survivants recueille en outre l'usufruit de la moitié des biens de la succession[75].

Le conjoint survivant n'est héritier comme les autres, et certains des droits qu'il est proposé de lui accorder s'analysent comme des effets directs du mariage et non comme des droits successoraux. Le conjoint survivant se verrait tout de même reconnaitre un droit systématiquement au logement temporairement après le décès. Mais au Mali, le couple se trouvant dans la grande famille ou encore la famille globale, généralement, le problème ne se pose pas car généralement le sororat ou le lévirat pallient ce problème.

Les époux peuvent avoir passé plusieurs années de mariage et les prétentions du conjoint survivant sur les biens des époux sont d'abord fonction de ce dernier, l'hypothèse pour lui la plus favorable étant celle de la communauté universelle, celle qui l'est le moins la séparation de biens, la communauté réduite aux acquêts, qui se situe entre les deux, étant la plus fréquente en France.

-Le conjoint survivant en l'absence d'autres héritiers

A l'absence d'héritiers, le conjoint survivant ne se trouve pas forcement dans la même posture. Le conjoint survivant recueille la moitié ou la totalité selon en l'absence des parents ou des descendants.

En ce point, nous étudierons le cas d'absence de parents, et l'absence de descendants.

---

[71] Art. 757-1, al.1er du code civil français.

[72] Art. 757-1, al.2 du code civil français.

[73] Art. 633 du CPF du Bénin.

[74] Art. 743 du CPF du Burkina.

[75] Art 798 du CPF du Mali précité.

– En l'absence de descendants

Le conjoint survivant en l'absence de descendants recueille la totalité du patrimoine du défunt. Lorsque le conjoint survivant malien ,à défaut de descendants ,de père et de mère ,se retrouve en concours avec des frères et sœurs du défunt ,il recueille les deux tiers (2/3)de la succession, il a en outre l'usufruit sur la totalité des biens de la succession[76] ; au Sénégal ,tout comme au bénin, lorsqu'à défaut de descendants légitimes ,le défunt laisse un ou plusieurs parents légitimes successibles des catégories visées aux articles 523 à 528, son conjoint survivant a droit à la moitié de la succession[77],au Togo lorsqu'à défaut de descendants, le défunt laisse un ou plusieurs parents ascendants ,son conjoint survivant a droit à la moitié de la succession [78].

En droit malien et selon la coutume, le conjoint jouit d'une créance alimentaire à charge de la succession de son époux décédé moyennant le respect de deux conditions :

- Il faut tout d'abord que le conjoint se trouve dans une situation de besoin, et cela, au moment du décès *du cujus.*

-Il faut que les aliments aient été demandés par le conjoint survivant dans l'année du décès du *de cujus.* Cette position a été largement discutée par les doctrinaires maliens puisqu'en principe, les biens du conjoint décédé doivent être remis purement et simplement au conjoint survivant. La tradition malienne est difficilement, les affaires ne sont portées devant le juge et les autorités traditionnelles sont souvent à la manœuvre.

Le maintien dans l'indivision ne peut être prescrit pour une durée supérieure à cinq ans. Il peut être renouvelé, dans le cas prévu à l'alinéa 3, jusqu'à la majorité du plus jeune des descendants et, dans le cas prévu à l'alinéa 4, jusqu'au décès du conjoint survivant[79] .

2- La considération du droit d'héritier légataire du conjoint survivant

Afin de comprendre les droits légaux du conjoint survivant en droit malien la prise en compte de présence de descendants du couple et d'enfants qui ne sont pas tous commun au couple en et en présence des père et mère du défunt et en l'absence de descendants ou de parents.

1-En présence de descendants du couple :

La loi a créé pour le conjoint survivant une option entre l'usufruit de la totalité de la succession et le quart en propriété.[80] L'usufruit est la solution la plus adaptée au maintien du conjoint dans ses conditions de vie antérieure, mais il peut donner lieu à des difficultés de gestion avec les enfants, nus- propriétaires, ou porter sur

---

[76] Art.799 du CPF du Mali.

[77] Art. 531 du CF du Sénégal.

[78] Art. 429 du CPF du Togo.

[79] Article 850 de la loi n°2011-087 /du 30 décembre 2011 portant code des personnes et de la famille du Mali, op cit.

[80] Article 757 du code civil français.

une masse bien supérieure aux besoins de l'intéressé, ce qui rend la part en pleine propriété plus attractive.
Tout héritier a la possibilité d'inviter le conjoint à exercer son option dans les trois mois. En l'absence d'option, l'usufruit est présumé avoir été choisi[81]. Le conjoint, un héritier ou le nu- propriétaire peut demander la conversion de l'usufruit en rente viagère. La conversion en capital n'est possible qu'avec l'accord du conjoint lui-même. La même règle s'applique d'ailleurs à l'usufruit portant sur le logement occupé par le conjoint à titre de résidence principale et sur les meubles le garnissant[82].
- En présence d'enfants qui ne sont pas tous communs au couple :
Le conjoint ne peut recevoir que le quart en propriété[83].
Ce choix du législateur s'explique par la volonté d'éviter les conflits entre le conjoint et les enfants d'une autre union. En outre l'usufruit est apparu susceptible de préjudicier aux droits des enfants d'une autre union si le dernier conjoint du défunt était de la même génération que ces derniers : privés de la jouissance du bien dont ils n'auraient eu que la nue-propriété, les enfants n'en auraient connu que la charge, sans pouvoir raisonnablement prévoir que le conjoint décède avant eux pour leur permettre de récupérer la pleine propriété du bien.
-En présence des père et mère du défunt :
Le conjoint recueille la moitié de la succession au titre de la vocation successorale légale, s'ils sont tous les deux en vie, et les trois quarts si un seul des parents demeure[84].
- En l'absence de descendants ou de parents :
Le conjoint recueille la totalité de la succession,[85] sous réserve d'un droit de retour légal de moitié, au bénéfice des frères et sœurs du défunt, sur les biens reçus des parents qui se retrouveraient en nature dans la succession.[86]Ce droit de retour légal vise à conserver partiellement les biens de la famille dans la lignée : il permet aux frères et sœurs de revendiquer la moitié de ces biens en propriété, l'autre moitié des biens revenant au conjoint .A défaut d'une répartition équilibrée des biens, une indivision est créée entre le conjoint survivant et les frères et sœurs du défunt sur les biens à partager.
Au regard de l'art. 800 du CPF, le droit malien rejoint le droit français, en accordant la totalité de la succession à l'absence de descendants, de père et mère, de frères et sœurs du défunt. Là on découvre la modernité du droit malien puisque dans certains milieux, très profonds du Mali, la femme n'a pas droit à la succession. Seul le conjoint survivant masculin avait la faculté d'hériter. La veuve était traitée de sorcière.

---

[81] Art. 758-3 et 758-4 du code civil français
[82] Art. 759 à 762 du code civil français.
[83] Art. 757du code civil français.
[84] Art. 757-1du code civil français.
[85] Art.757 du code civil français.
[86] Art.757-1 du code civil français.

Le conjoint recueille la totalité de la succession[87] , sous réserve d'un droit de retour légal de moitié, au bénéfice des frères et sœurs du défunt, sur les biens reçus des parents qui se retrouveraient en nature dans la succession[88] . Ce droit de retour légal vise à conserver partiellement les biens de famille dans la lignée : il permet aux frères et sœurs de revendiquer la moitié de ces biens en propriété, l'autre moitié des biens revenant au conjoint. À défaut d'une répartition équilibrée des biens, une indivision est créée entre le conjoint survivant et les frères et sœurs du défunt sur les biens restant à partager.

B .La procédure judiciaire des successions des femmes et des enfants naturels

Le conjoint fait effectivement, partie des héritiers expressément désigné par la loi (articles 724 et 731 du Code civil) de sorte qu'il est de plein droit saisi des biens, droits et actions du défunt. Il a d'ailleurs été jugé qu'en sa qualité d'héritier légal, le conjoint survivant institué légataire universel du défunt est **dispensé de la nécessité de demander la délivrance de son legs,** et ce, quelle que soit l'étendue de la vocation conférée par ce legs[89].

Les assesseurs à cause du serment ne peuvent dire que la vérité et rien que la vérité. Cela en défaveur des droits humains. Dans les coutumes d'inspiration animiste, la conjointe survivante de par sa nature particulière est réduite à l'état d'objet du fait qu'elle se trouve au bas de l'échelle des valeurs sociales. La perte de son mari constitue pour elle un drame. Soumise à la pratique du lévirat, la femme est donnée en usufruit ; aussi après la mort de son mari, de droit aux héritiers du dé –cujus contrairement, tant aux dispositions constitutionnelles du Mali qu'aux grands principes universels des droits de l'homme[90]. Plus dramatique est par exemple le cas de cette conjointe survivante sans enfant qui après des années de vie commune avec son défunt mari, se voit brusquement expulsée au non des dispositions coutumières, de la concession conjugale par les frères et cousins[91].

Bibliographie :

Ouvrages :

- AUBERT, (J.L), SAVAUX, (E), Introduction au droit, et thèmes fondamentaux du droit civil, Sirey, 14e édition, 2012, p. 223.
- M'BAYE(KEBA) droit de la famille en Afrique noire et à Madagascar, Page 28.

---

[87] Art. 757-2 du code civil français.

[88] Art. 757-3du code civil français

[89] Civ. 1ère 20 mars 1984, Bull. civ I n°108 ; Civ. 1ère 20 novembre 2001, Bull Civ I n°288 ; Civ 1ère 3 février 2004, Bull. civ I n°40 et Civ. 1ère 6 décembre 2005, Bull. civ I n°483.

[90]BOUARE (K), « La violation des droits de la femme dans le mariage au Mali », *Raspos,* n°28, septembre 2020, p. 534.

[91] Idem 90.

- N'DIAYE (A), *Droit civil, droit patrimonial de la famille au Mali, Régimes matrimoniaux et successions, Tome I Régimes matrimoniaux*, Éditions Jamana, 2008.

Thèses, Articles, doctrines :

- DIALLO (Toumany N'djime) Thèse de doctorat en Droit privé, *Réflexion sur une réforme du droit malien des successions*, Sous la direction de Marie-Laure Niboyet. Soutenue en 1992 à Orléans.
- BOUARE (K), « La violation des droits de la femme dans le mariage au Mali », *Raspos*, n°28, septembre 2020, p. 534.
- DEMBELE, (M B) « Réflexion sur le droit malien des successions », *Publié dans la Revue juridique et politique des Etats francophones n°3*, 2016.
- DEMBELE, (M.B), « Le pluralisme Juridique dans le domaine successoral au Mali », Revue Africaine des Sciences politiques et sociales, n°32 Juin 2021.
- **Jurisprudence** :

Arrêt civil N°/0674/RG N°/445/R.C N°/075/JGT CH COU de la Cour d'Appel de Bamako.

Arrêt civil N°/1068/RG N°/983/R.C N°/382/JGT de la Cour d'Appel de Bamako.

Jugement N°164 rendu le 24 juin 2019, N°1211/RG/19 N° 1158/RC/19, Tribunal de grande instance de la commune IV du district de Bamako.

Mémoires:

KONATE (R.S), *La Protection du Conjoint survivant au Mali*, Mémoire de master recherche en droit privé général, UCAO, 2014-2015.

SIDIBE (F.Y), *Le sort du Conjoint survivant au Mali*, Mémoire de master recherche en droit privé général, UCAO, 2020-2021.

SIDIBE Sow (A), *Le pluralisme juridique en Afrique (l'exemple du droit Sénégalais des successions Ab Intestat.*), Tome I, LGDJ ,1991.

Textes législatifs et règlementaires :

Loi n° 2011- 087 du 30 décembre 2011 portant Code des Personnes et de la Famille du Mali.

Loi n° 62-17/AN-RM du 3 février 1962 portant Code du mariage et de la tutelle.

Loi n° 72-61 du 12 juin 1972 portant Code de famille au Sénégal.

Loi n°87-31 AN- RM du 29 Août 1987, modifiée, fixant le Régime Général des Obligations (RGO).

Nec plus ultra[1] de la *paix* désincarnée et tuante

Ibrahim TOURE
Maitre de Conférences, Université Kurukanfuga de Bamako (Mali)

Résumé : **Le Sud global** est fatigué, d'avoir longtemps attendu d'innombrables foras avec une foultitude d'(dés) accords presque cent ans, sans réels effets réels sur son sort. Nul besoin de rappeler que l'Afrique continue de payer le plus lourd tribut des pires agressions, aux crimes les plus abjects de l'Histoire. En l'espèce, la traite négrière, les colonisations, les guerres mondiales dont les conséquences sont incommensurables. Leur quasi réitération au travers le néocolonialisme, l'impérialisme, le capitalisme (pillages, exploitations) , les fausses-vraies politiques d'assaut et de phagocytose jurent avec l'ordre mondial paisible. Alors que celui-ci est sans doute, le fondement et le droit d'existence du système des Nations Unies. Instance internationale suprême, qui par inadvertance, faiblesse, contrainte ou à dessein a vu et/ou laissé notre planète, devenir un terrain de compétition à outrance, voire le théâtre de tragédies humanicides. Ainsi, aux yeux de l'écrasante majorité de ses Etats et surtout de leurs peuples, il n'a jamais assumé à hauteur de souhait ses hautes et fortes missions de sentinelle de la paix et de la sécurité. Dans un contexte de plus en plus suspect et de déception généralisée, il est vu non plus comme un arbitre mais plutôt comme un joueur maladroit et nauséabond avec, son droit veto. Les crises multidimensionnelles, la guerre sur toutes les lèvres et dans tous les domaines (diplomatie, économie, communication, sanitaire…), la course effrénée au réarmement, à l'essai nucléaire, aux influences, l'ONU est ballotée et peine à pacifier le moindre lieu. En lieu et place de cette fameuse paix, qui, plus on la cherche, plus elle nous fuit, au nom et pour la cause commune, les Pays du sud, voire les « bons » humains de partout versent humblement la Cordiale Entente Pacifique (C.E.P) dans le débat. Celle-ci, loin d'être un néologisme creux, traduit la volonté de redéfinir/**sincériser** la notion de paix dans des conjonctures et conjectures. Dans la conception gréco-latine, la paix a toujours été et continue d'être définie par rapport à son contraire qu'est la guerre à tel enseigne que l'on comprend cette boutade qui dit que :" qui veut la paix prépare la guerre". Ce qui justifie l'existence d'une certaine dialectique entre celles-ci. C'est également en temps de paix qu'on prépare la guerre. Alors peut-on avoir l'une en évitant l'autre ? Voilà toute la problématique qui se pose à l'homme aujourd'hui. Quand E. Kant, dans son « Projet de paix perpétuelle » disait :" Les hommes aspirent à la concorde mais la nature, sachant bien ce qui est bon pour eux, sème la discorde. Cela renvoie à la vision innéiste du conflit, qui serait inhérent en l'homme et constituerait l'essence même de son existence. Dans

[1] Sieyès (utilisa dans le même sens le nec plus ultra de la métaphysique), « Charge impitoyable », publiée en 1816, puis traduit/republiée en 1838, comme nous le retenons dans « le Procès des Droits de l'Homme », 85 à90 pp.de Justine Lacroix, Jean-Yves Pranchère, Généalogie du scepticisme démocratique, éd. du Seuil, mars 2016, 359 pages.

ce cas, la paix n'apparaît qu'en tant qu'un simple idéal recherché. De ce fait, l'homme se perd dans l'illusion d'une paix conquise au bout du fusil. Ceci rend toute paix éphémère car le vaincu ne sentirait jamais définitivement vaincu et le vainqueur ne sentirait pas non plus toujours aussi puissant pour continuer à s'imposer. Donc, une possible reprise des hostilités n'est pas exclue. J.J. Rousseau concluait « ***Si c'est la force qui fait la loi, l'effet change avec la cause*** ».

Mots-clés : cohésion prospère anti vétocratie

Introduction

Dans ce contexte, les questionnements seraient de savoir est ce qu'il est possible de parvenir à une paix durable et pérenne ? Si oui, comment ? Et autour de quoi doit-elle être construite ?

Nous pensons que oui, c'est bel et bien possible de parvenir à une paix durable et pérenne mais pour ce faire, il faut un changement radical de paradigme de recherche de cette paix. Il serait donc nécessaire de revoir le contenu qui jusque-là qui a fondé la paix. D'où le recours à un concept nouveau à savoir " la cordiale entente pacifique" (CEP, notre cadre de référence). L'objectif ce n'est pas de donner un substitut au concept de paix mais d'avoir un concept nouveau qui prendrait en compte une vision africaine du concept dans le cadre du multilatéralisme, à même de la rendre possible. Nonobstant le fait que sa voix et son poids comptent très peu sur le plan diplomatique *stricto sensu* et géopolitique *court-termiste*, au regard des enjeux géostratégiques et géoéconomiques, notre Continent se dessine comme l'avenir du Monde. Ainsi, il peut et doit refuser d'etre le lieu du bombement de leur torse, le dindon de la farce et le ring de leur combat insensé et cruel. Il doit en effet, avoir son libre arbitre, le choix de ses visions, orientations à défaut d'etre souverain et totalement indépendant. Ces hauts attributs de dignité légale et de fierté légitime s'acquièrent par le biais de la stabilité, la force de persuasion et de réalisation. Malheureusement, tout mal qui touche un coin de la planète se ressent partout.

Nul point du globe ne peut s'en soustraire. C'est cela aussi la multipolarité dont les avantages comme les méfaits sont multilatéraux dans une indissociabilité de nos vies et de nos morts.

Alors qu'entendons- nous par cordiale entente pacifique (CEP) ?

Le concept est une combinaison de trois mots : cordiale - entente - pacifique.

Est cordial ce qui parle et agit avec le cœur, autrement dit ce qui est sincère, honnête

L'entente, c'est un pacte ou un accord plusieurs parties ou bonne intelligence entre les parties et quant au mot pacifique, il signifie ce qui aime la paix, ce qui aspire à la paix ou favorable à la paix. Alors si la paix est idéale, un vœu profond de tout homme, de tout peuple, il apparaît évident que cet idéal de paix ne saurait être une réalité quand condition qu'elle découle d'une volonté sincère et honnête d'aller vers un pacte ou un accord entre les parties en conflit.

La cordiale entente pacifique va au-delà d'une conception idéaliste ou idéalisée de la paix et une conception métaphysique de la paix pour poser une conception pragmatique de la paix basée sur une volonté réelle et engagement sincère de toutes les parties concernées. C'est pour dire que la paix ne saurait être une imposition du dehors ni quelque chose résultant d'un être immanent mais plutôt des individus bien réel et animés d'une volonté réelle de sa réalisation. Si chacun s'ouvre le cœur pour l'autre, avec honnête et sincérité, quelqu'un soit les difficultés, chacun trouverait en son sein propre des ressources nécessaires ou des raisons personnelles pour pardonner à autrui et l'accepter avec ses qualités et ses défauts. La cordiale entente pacifique se fonde sur un engagement et une volonté sincère de parvenir à la construction de cette paix. Cela pour rejoindre feu. Houphéit BOIGNY, qui soutenait que « La paix n'est pas un mais un mot, c'est un comportement ». L'Africain dans sa majorité est profondément pacifique, autrement dit, il est naturellement favorable à la paix. Cela occupe une place de choix dans ses traditions, culture et valeurs sociétales. L'Afrique est un continent qui a une longue tradition de culture de la paix. Agir dans la paix, pour la paix et vivre en paix, ce sont des attitudes inculquées à l'enfant depuis son bas âge. De ce fait le recours à la force pour asseoir la paix n'est pas la voie idoine dans le contexte africain. Au contraire, il ne fait qu'instaurer un climat de méfiance constant et un incessant sentiment de vengeance entre les parties. La cordiale entente pacifique implique un dialogue franc et sincère, instauré sur la base d'un esprit de pardon mutuel et une réelle volonté de se surpasser face à l'adversité. Quels que soient les différends qui les opposeraient et peu importe leur gravité. Le ciel africain totalement dégagé, où sa réalité équatoriale jouant sa centralité dans la blancheur absolue des esprits et des cœurs, aux mains nues et grandes ouvertes ; que l'Humanité retrouverait sa parfaite symbiose. Tels sont les résultats scrutés.

Par la force des choses, la plus grande partie du monde subit l'abus de puissance dominatrice et même destructrice (I) de l'Occident. A) Culture paradigmatique d'une Humanité une et indivisible B) Les dénaturation et décontamination du global capitalistique

(II) Il s'impose et urge afin de lever leurs pieds sur nos cous et de mieux achalander cette crypto-paix. A) Flagrance des actes insidieux et faits malveillants B) Approches novatrices de désescalade, d'équilibres et d'appropriation du concept C.E.P.

I.Abus de Puissance Dominatrice

Sciemment, nous avons choisi cet intitulé pour faire allusion à cette prétendue Aide Publique au Développement (APD), qui n'est qu'un autre bon prétexte de leur joug d'hier et l'occasion acrimonienne d'un confort d'Abus de Position Dominante d'aujourd'hui. Pourquoi pas demain, si nous ne bousculons pas nos vieilles habitudes/monotonies, nous nous réveillons pas de nos futiles/inutiles longs sommeils et sortions de nos accommodations/ inconsciences/lâchetés[2] ?

A.Culture paradigmatique d'une Humanité une et indivisible

Face à la guerre en Ukraine, le monde se dirige vers un conflit « plus large », craint le S.G de l'ONU, Antonio GUETERES. « Les perspectives de paix ne cessent de se réduire » il déploré[3]. « Les risques d'une escalade et d'un carnage supplémentaire ne cessent d'augmenter (...). Je crains que le monde ne sort en train d'avancer **en dormant comme un somnambule vers une guerre plus large**, mais je crains qu'il le fasse en fait les yeux grands ouverts ». Au RD Congo, « Cela fait 30 ans que la communauté internationale échoue » à mettre un terme à la guerre dans l'Est du pays explique Christophe Rigaud[4]. Selon lui, les N.U « ont baissé les bras ». Cette guerre est une sorte de guerre sans fin. Ce sont les « Africains qui reprennent la main ».

Le monde est continuellement au bord de la guerre alors que celle-ci est toujours ***la sanction d'un échec***.[5] Nous[6] avons plus de 30.000 hommes et plus de 100 avions (rôdant) autour des frontières de la Russie dans une opération de réassurance de l'OTAN. ***La paix est un objectif, une construction politique et non pas donnée par un Etat de nature***. Cette paix en danger en Europe, elle doit refuser d'intermédier, d'être le wagon des U.S.A et d'avancer (transformer un projet en un confort réel) sans perdre la face. Nous traversons un nouveau « moment machiavélien » c'est-à-dire « un grand déchantement » et une « indétermination des temps » qui brouillent les consciences, le dérèglement de nos logiciels d'interprétation et la détérioration de notre environnement stratégique. Une quiétude accentuation des risques et des tensions, le retour de grandes peurs, la panique et le chaos, me semble-t-il[7] de perte de contrôle, d'emballement, du basculement, voire d'affolement. Ces constats clairs et craintes limpides du grand géopoli-stratégien se sont confirmés dans les tumultes d'une guerre quasi-mondiale, avec l'invasion de l'Ukraine (sous-couvert de l'Occident) par la Russie. La grogne, voire la latence d'une seconde Américano-

---

[2] Lâchetés, que notre bien-aimé Collègue, grand concitoyen tombouctien Sane Alpha Saloum Cissé appelle bien volontiers *hamadaalfiintatude*. Comme nous y vivons dans certains de nos propres pays, sous la domination effarante de la minorité de la minorité, avec naturellement, la complicité du colon (cas de la Mauritanie) et de son continuateur (le Nord du Mali sous la furie des irrédendististes/insurrectionnels/criminels de Kidal...).

[3] FranceInfo, lundi 06 février 2023, in l'Indépendant du mardi 07/2/ 2023.

[4] Journaliste-animateur du site afrikarabia, in France info du mardi 07/2/2023

[5] Dominique DE VILLEPIN, Premier ministre de la France d'alors, qui refusait d'embarquer la France, dans l'envahissement de l'Irak en 2003 par les U.S.A, en réaction aux attaques du 11 sept 2001 à New-York...

[6] Alerte du président de la France Non Soumise, ex. Député J.L. MELENCHON sur ARTVE.TV le 17 mai 2018...

[7] Thomas GOMART (Historien, Directeur de l'IFRI), « L'affolement du monde, 10 enjeux géopolitiques », Ed. Tallandier, 2019 (Prix du Livre géopolitique), Paris, 317p.

Chinoise avec Taiwan, en toile de fond (depuis la visite de Nancy PELOSI[8], début aout 2022), n'est sans doute pas des moindres. Et nous pâtissons le plus.

Nous avons alerté et alarmé au travers de notre Pétition (publiée et transmise mondialement) et nos Réquisitoires, continuons malgré notre grande déception d'abord dans le monde de nos pairs[9], puis du reste des hommes (préoccupés par des futilités, broutilles de l'accessoire) !

Pétition contre la guerre russo-ukrainienne, via celle soudano-soudanienne…

Dieu, notre Créateur Maître Suprême des Mondes, Architecte Intrépide de l'Univers,

Nous Vous remercions pour le Souffle de vie, du superbe privilège exceptionnel des plus fondamentaux, qui est la jouissance de la nature oh ! combien humaine parmi tant d'espèces de millions d'espèces vivantes, d'innombrables gratifications et d'incomptables bienfaits !

Nous Vous remercions de cette inspiration, toute désintéressée au service de l'Humanité et que nous souhaitons d'appropriation universelle, d'élan industrieux et d'allant fructueux !

Plaise à Vous, nous assister et chasser les satans, les démons, les adversités et les inimités !

Albert Einstein, en dépit d'avoir été l'inventeur de la bombe atomique n'avouait-il pas a posteriori par le prisme de sa théorie de la relativité mais aussi sur la base de la résignation qu'une « science sans conscience n'est que ruine de l'âme » et surtout de la finitude de tout homme (fût-il de l'acabit de Pharaon, d'Hitler, de Mussolini, de Staline et de leur pire espèce) ?

Même les plus ésotériques des meilleurs républicains, ne devraient-ils pas retenir sa sage confession : « La science sans religion est boiteuse, la religion sans science est aveugle » ?

Qu'il nous soit aussi permis de féliciter la Communauté Internationale (au destin commun et partagé) dans son ensemble pour ses prédispositions naturelles à vivre/cheminer dans une unique et seule planète. Un hommage vibrant est formulé à l'ONU qui incarne cette fraternité et solidarité agissantes, dont la coexistence pacifique et la sécurité internationale sont les objectifs.

Dans la manifestation de ceux-ci, la coopération, l'amitié, l'entraide, les échanges échafaudent nos pays, irriguent les relations entre les Etats et font vivre nos Peuples interdépendants.

---

[8] Elle est la présidente du Congrès américain…

[9] Nous avons été plus que surpris et même déçus d'entendre nos Collègues (dont des plus estimables et proches comme le Vice-Doyen de la FSAP Pr Abdoul SOGODOGO nous rétorquer in fine « Que cette guerre doit continuer et de prier pour la victoire des Russes et alliés afin que l'ordre mondial change… » Hélas, changement du maitres du monde, sur et sous l'autel des cendres de millions d'humains (de part et d'autre) et milliards de biens et d'infrastructures décimés… » L'écrasante majorité de nos pairs nous ont répondus par le dédain, mépris et de l'insulte « de s'occuper de nos propres problèmes, ceux du Sahel et du Mali en particulier … » DOMMAGE !

A ce titre, **nous saluons et remercions les pays nantis** qui n'ont jamais cessé de collaborer, d'appuyer, d'aider, d'assister les plus pauvres en période normale comme en crises.
L'une des preuves frappantes de ceux-ci est le fait que la majorité de nos cadres ont été formés à l'extérieur de notre continent et les actuels hauts dirigeants de notre pays (le Mali) de l'ex-URSS.
Russie, d'ailleurs, qui vient d'offrir au Mali, des céréales, du carburant, de l'engrais, dont nous remercions son président et son peuple, pour son soutien sécuritaire, humanitaire, économique !
Au surplus, le sacrifice suprême auquel les soldats de la paix de l'ONU et des autres forces internationales, qui s'y livrent au quotidien dont le Mali est l'un des plus redevables.
Nous saluons ici leur mémoire, présentons nos condoléances profondes et sincères à leurs pays.
Nonobstant ces sollicitudes, investissements, acquis de taille, progrès et victoires, Géants Dirigeants de la Planète, qu'il vous plaise, de bien vouloir vous dire la **Vérité la plus crue**.
Un grand Ami de l'ex. URSS, président feu Général Moussa TRAORE témoignait que « Lorsque ton ami ne peut pas te dire la vérité, il vaut mieux payer son ennemi pour te le faire. »
Ici, nous rendons vif hommage à nos collègues résistants/combattants du Sénégal, de la Tunisie, de partout, qui ne courbent jamais l'échine et donnent de la voix chaque fois que de besoin.
L'ONU vient de chiffrer à 110 millions de personnes ayant fuies leurs terroirs (pays et sites d'habitation) à cause de guerres/crise, sans ignorer les PDI, les exilés, réfugiés, apatrides.
Combien de personnes décédées a- t-elle dénombrée dans les rafales russo-ukrainiennes ?
Quel coût-prix-tribut (écolo-économico-financier, infrastructurel et structurel) a – t-elle quantifiée depuis que cette guerre foudroyante a commencé ? Quid de comment et quand en finir !
Devrions-nous restés aveugles, sourds, muets, insensibles, indifférents et même moqueurs ?
Non, non « L'Afrique ne peut pas rester silencieux », Président-Papa Dénis Sassou Nguesso !
Non, Nous (universitaires, intellectuels, citoyens Africains et du Monde épris de justice et de paix) **refusons d'être le ventre mou de cette lâcheté terrestre et complicité funeste** !
Bien, au contraire, nous voudrions dès cet instant solennel, incarner nos dignes et vaillants ancêtres devanciers qui ont affronté, avec des moyens rudimentaires, voire aux mains nues, jusqu'au dernier souffle, colons envahisseurs, pilleurs et agresseurs de tout ordre…
Debout, à l'image des Lions footballeurs Camerounais, Marocains, Sénégalais, qui ont corroboré à l'image de la douzaine de Noirs recordmans dans moults

domaines que **nous sommes l'Histoire elle-même**, nous y sommes avant bien bien d'autres, nous y demeurons avec exploit.

Face donc, à cette apocalypse, Nous (universitaires, intellectuels et dignes Humains et bonnes volontés de toute la Terre), dans le rôle de tête de proue comme la nature des choses nous l'impose professionnellement, sincèrement démocrates, profondément libéraux, socialement interpellés et engagés **s'auto-indignons, s'autosaisissons et saisissons** qui de droit ici et partout.

Pétitionnons pour sublissime cause de la sacralité de la moindre **vie** et de toute vie, du respect des droits fondamentaux et humains de chacun et de tous, dans le sens de l'égalité, la liberté, la fraternité, la justice, l'objectivité (sans parti, sans alignement encore moins uniformisme.)

Invoquons nos droits constitutionnels d'action, de réaction, de condamnation, de résistance, de désobéissance contre vos abstentions, inactions, erreurs, fautes, trahisons, délits et crimes…

Tous (gouvernants et gouvernés) savons que nos organisations régionales dont la maman vont mal, avec nos dirigeants aux reflexes bancals mais refusons de voir l'ONU comme une bancasse.

Au nom de nos responsabilités individuelles et partagées, **nous nous insurgeons contre cette guerre insensée**, que le Pape François qualifiait de bêtise humaine, politique (comme l'a craché, non moins être à genou… le maire de Dakar, Barthélémy DIAZ), de folie, de ou des monstres... « Les communications établissent l'uniformité parmi les hommes en les isolant. »

Theodor ADORNO (1903-1969) et Max HORKHEIMER (1895-1973)

« La prison est comme une maladie incurable. » Theodor ADORNO

« L'occultisme est la métaphysique des imbéciles » Theodor ADORNO, *(in* Brigitte EVANO, « La philosophe en 1000 Citations », Groupe Ed. Eyrolles, 2011, 73 pp.)

Si des Hitler, Mussolini, Staline, Bokassa, Amin Dada… ont pu exister, inspirer et actuels infernalisent au vu de tous, c'est parce que le quadrilatère redoutable (« *autoritia, argentia », * intelligentsia, c'est-à-dire le pouvoir, l'avoir, le savoir et le cultuel) » a flanché/flaché, failli.

C'est à ce juste titre que nos cinquante Collègues Sénégalais ont immortalisé notre célébrissime Collègue C. Anta DIOP dans sa témérité patriotique, humaniste, mondialiste, hyper diffusionniste, qui nous y obligeaient et assumaient en 1979.

Les Présidents Vladimir POUTINE (amis, sympathisants et soutiens) Vlodmir ZELENSKI sous les ailes de l'OTAN, metteurs de l'huile dans le feu, qui rouillent notre Monde, bousillent le sens de la sacralité et le fondement de la dignité humanité ; déjà foncièrement endommagées. Hélas !

D'attaques, contre-attaques, d'offensives en contre-offensives, de trou individuel à mouroir à ciel ouvert, ils s'essoufflent, chiffonnent leurs Etats et leurs contribuables déjà paupérisés, prostrés…

Si E. MACRON accueillant le président Joe BIDEN le lundi 12 juin signalait que « l'intensification de leur appui à l'Ukraine en armes, munitions reste de plus belle. Ici, mieux que nulle part ailleurs, ils ont fait ce qu'ils avaient dit ». La même réitération de cette aide se fredonne par leurs homologues du Canada, de l'Allemagne et tous les autres de l'OTAN…

V.POUTINE, quand à lui, assurait qu'« en dépit des contre-offensives de l'Ukraine, elle a perdu un quart de ses engins blindés en plus d'innombrables pertes en vie humaine et la destruction ouvrages principaux et vitaux. Non moins avoué, qu'il lui manque de munitions de haute précision. » Pendant que son homonyme et homologue V. ZELENSKI jubile et tremble à la fois.

Nous saisissons ces affirmations de guerriers insatiables malgré l'hécatombe, non moins être des 1ers responsables de leurs Nations et comptables devant celles-ci et jugeables devant l'Histoire.

Prenons ainsi à témoin leurs compatriotes et tous les congénères, voire la postérité.

Écourtons leur cataclysme, qui déciment, endeuillent gratuitement et éperdument.

Constituons un ring, un banc médical neutre, altruiste pour dé-piéger ces boxeurs KO debout.

Agissons vite d'afin épargner ultimement d'autres vies, dont la propre vie de ses dirigeants va-t'en guerre et **cessons** la destruction incommensurable d'ouvrages indispensables au quotidien.

L'ONU se banqueroutise, notre Monde se bunkerise et nos esprits-cœurs se ferraillent.

Arrêtons l'orchestration hégémoniste de bailleurs-défenseurs-buteurs-tueurs !

Stoppons le massacre d'innocentes âmes, l'**Armageddon** de Commandants, d'impitoyables Chefs, inconséquents hémorragiques, dont on se doute pour qui gouvernent-ils et à quelles fins !

Persistons et **signons** notre opposition ferme à cette course effrénée funéraire.

<u>Ont signé</u> : …

L'Afrique est un Continent immense d'une superficie de 30. 310.000 Km2 qui peut donc contenir en son sein à la fois, non seulement la France et l'Allemagne, mais aussi l'Europe, la Chine et les Etats-Unis. C'est un univers d'hospitalité et d'amour où il fait bon vivre[10].

L'Afrique est un Continent beau dans sa diversité, riche de ses ressources minières, de ses potentialités humaines, de l'expression de la solidarité et des valeurs universelles qui la caractérisent et l'animent, de l'éclat de son soleil bienfaiteur et de celui de sa jeunesse, des grands fleuves qui le sillonnent et les mystères qui l'environnent. Depuis la nuit des temps, ce Continent brilla de mille feux et son histoire s'illustra d'abord par la civilisation néolithique de l'Egypte du VIIe au V è millénaire av. J. C., puis par celle des pharaons, celle hellénique, grecque, byzantine, musulmane moderne (1805-1949) et enfin celle républicaine depuis juin 1953. Les Nubiens fondèrent le royaume de Méroé qui disparut sous

---

[10] N'DIAYE Amadou Aliou, « Regard politico-historique : les blessures profondes causées à l'Afrique (l'esclavage, la colonisation, le néo-colonialisme) », Journal Les Echos N°5673 du 16juin 2022, p, 6-7.

la poussée du royaume d'Aksoum du 1è au 10è de notre ère, berceau de la civilisation et de l'Eglise éthiopienne.
L'Histoire a également enregistré du Vè au XIX è siècle de notre ère l'avènement de Grands Empires et Royaumes tels que, par exemple, respectivement les Empires du Ghana du Ghana, du Mandingue, du Songhaï, de l'Ethiopie, le Royaume Zoulou…Ces Empires et Royaumes évoluaient normalement et rayonnaient de bonheur et de prospérité ; l'esclavage y était une réalité, mais il y avait un visage humain. Les différentes sociétés du Continent, particulièrement celles de l'Empire du Mandingue étaient fondées sur une civilisation de valeur humaine ayant pour base la Charte du Manden ou « Charte de Kurukanfuga ». Ce document à contenu constitutionnel est relatif aux Droits de l'Homme et à l'organisation des rapports entre les hommes. C'est une forme particulière des Droits de l'Homme rédigée depuis l'An 1236 de notre ère, lors de l'intronisation de l'Empereur Soundiata Keita (né en 1190 à Niani, royaume du Manden, actuelle Guinée). Dans la brillance de cette civilisation , les sociétés précoloniales pratiquaient des échanges commerciaux dynamiques…battaient monnaie et étaient dotées de Centres de rayonnement culturel comme celui de Tombouctou[11]. L'Afrique était rayonnante de bonheur et d'amour, opulente, fière de ses greniers pleins, resplendissant de richesses. Gisements d'or et de nombreux autres métaux précieux si convoités, qui faisaient rêver tant de Seigneur de l'Orient et de l'Occident. Pour preuve, le fabuleux pèlerinage à la Mecque en 1234 (pèlerinage qui a ouvert les yeux du monde[12]) du grand richissime malien Kankou Moussa. Enfin l'Afrique évoluait normalement au rythme de la marche du monde et n'avait nullement besoin de l'Europe.
Cette avancée du Continent vers la civilisation de l'Universel fut malheureusement interrompue par la nuée d'envahisseurs venus d'Orient et principalement de l'Occident sur l'Afrique poussés :
-d'une part par la découverte du Nouveau Monde américain de Christophe Colomb ;
-par le souffle de l'industrialisation européenne ;
-par l'élan européen vers un capitalisme sauvage ;
-par ricochet la recherche d'une main d'œuvre abondante et gratuite.
Des exégèses tendancieuses de l'évêque Bartolomé de las Casas (XVI è siècle), une interprétation erronée, fallacieuse de la Bible et l'action extrêmement négative du Code noir français de 1685 furent :
-des catalyseurs incontournables ;
- le fondement de la Traite Triangulaire Transatlantique d'esclaves noirs ;
-et aussi de la terrible colonisation qui a ravagé le Continent.

---

[11] TOURE I, « La judicature sacerdotale d'une Ville-monde : TOUMBOUTOU de 1895 à aujourd'hui », Mélanges offerts à B. DURAND P.U. Toulouse 1 Capitole et l'Harmattan (Itinéraire de l'Histoire du Droit) 2020…
[12] N'DIAYE A.A, idem.

Ces grandes et honteuses tragédies esclavagistes axées uniquement sur la race noire firent trembler l'Afrique et l'Humanité… Berceau de l'humanité, l'Afrique ne compte à ce jour qu'une population d'environ un milliard d'individus (…dépeuplée de plus de 200.000.000 de bras valides, dépouillée) !
La naissance d'un capitalisme sauvage, l'industrialisation, la folle avidité économique de l'Occident européen, caractérisés par une inhumanité sans pareille, se focalisèrent ainsi sur l'Homme noir (dans toutes ses dimensions, tant physiques qu'émotionnelles), qui en cette période de la vie, était tout seulement « nature », c'est-à-dire innocent, faible et sans défense.
Si l'esclavage fut aboli respectivement par l'Angleterre (1833), très péniblement par la France (1848), les Etats-Unis (1865), le Brésil (1888)…Cependant si à la fin du XIX è siècle ce fléau a presque disparu dans le Monde, un succédané véreux et cruel de l'esclavage vit le jour sous une forme particulière appelée Colonisation.
C'est dans cet état d'âme et d'esprit que se trouvait l'Afrique sous colonisation à la vieille de son indépendance acquise de…1957, 1958, 1960.
En effet, suite à un mouvement d'émançipation que l'Afrique poursuivi son action révolutionnaire jusqu'en 1990.De ce fait, les Etats d'Afrique devaient exister ; en eux-mêmes ; par eux-mêmes ; constituer désormais et respectivement une réalité nationale.
Parler d'indépendance (s'organiser et fonctionner dans le concert actuel international des Nations), et de souveraineté (prendre ses responsabilités, s'exprimer librement et dignement, sous aucune tutelle et ingérence, maîtriser sa diplomatie, politique, économie, défense et sécurité) dans le contexte politique et socioéconomique actuel des Etats d'Afrique est une gageure, bien sûr un leurre.
Une nouvelle forme éhontée d'exploitation de l'homme par l'homme appelée néocolonialisme s'y installe. C'est une politique, utilisée par les Puissances impérialistes esclavagistes étrangères, qui vise à maintenir sous des formes nouvelles, subtiles et éhontées leur domination sur leurs anciennes colonies devenues indépendantes.
Les principaux domaines de son ancrage sont les suivants :
-le domaine de l'économie et son corollaire de monnaie : Le grand banquier avait déclaré Rothschild « Permettez-moi d'émettre et de contrôler les ressources monétaires d'un pays et je me moque de celui qui écrit les lois) ;
-le domaine des Forces Armées (la balkanisation du Continent et des Etats…la politique de division pour régner, la déstabilisation et instabilité politique sur la base des conflits ethniques, raciaux ; religieux …) attisant par ces faits les terroristes de toute nature et permettant ainsi une large ouverture aux désordres, aux vols, au pillage à grande échelle des ressources dont l'Afrique regorge.
-le contrôle rigoureux de la planification des naissances, en ayant toutefois à l'œil le fait que la puissance économique et militaire d'une Nation se mesure à l'aune de sa démographie.

« Le temps met tout le monde à sa place, chaque roi sur son trône et chaque clown dans son cirque. » A lire Yaya TOGORA[13] **cette paix vendue urbi et orbi n'a rien d'Universel**.

En 1789, la Déclaration des Droits de l'Homme ne concernait pas les Noirs considérés comme « marchandises » et non des « hommes », le « Code Noir » de 1685, qui légalisait la torture et l'assassinat des esclaves Noirs n'a pas été abrogé : « L'esclave fugitif (…) aura les oreilles coupées et sera marqué d'une fleur de lys sur une épaule » ; en cas de récidive, « Il aura le jarret coupé et sera marqué d'une fleur de lys sur l'autre épaule », à la troisième tentative de fuite pour retrouver la liberté : « Il sera puni de mort » (article 38).

En 1815, en France, on a dépecé, désossé (comme un animal) une femme Hottentot Sud-Africaine (la « Vénus Hottentote ») et exposé ses squelettes reconstitués au Musée de l'Homme, à Paris, jusqu'en 1974 (Nelson Mandela a réclamé et obtenu les restes). Jusqu'aux années 1950, les Européens exposaient des populations colonisées comme des bêtes sauvages dans des « zoo-humains ». Selon l'historien Pascal Blanchard, cette « exhibition (des zoos fréquentés par des millions de visiteurs va permettre le passage progressif d'un **« racisme scientifique** » à un « **racisme populaire** », inscrit dans l'ADN des Européens[14].

Les Français ont massacré des centaines de Tirailleurs Sénégalais, ramenés de force à Thiaroye, au Sénégal, en 1944, parce qu'ils réclamaient leurs soldes, qu'on ne leur avait pas payées en France. Ces tueries ont continué après les indépendances : « Guerre, pillages, racisme, coups d'Etat, corruption, assassinats… », indique le bandeau publicitaire du livre « L'Empire qui ne veut pas mourir, une histoire de la Françafrique »[15].

Aujourd'hui, les Noirs, nommés, à des postes de responsabilité en France sont tous victimes de cette « négrophobie » structurelle impunie (Kofi Gnamgnane, 1991, Ramatoulaye Yade en 2007, Christiane Taubira, 2012, Pape Ndiaye, 2022) ….

De toute évidence, et très tôt, les envahisseurs ont compris le danger que représentait pour eux la religion musulmane[16]. De leurs contacts initiaux avec l'Algérie, la Tunisie et le Maroc, ils ont retenu que l'islam était un bouclier pour les autochtones qui, vaincus par la puissance des armes, restaient libres fondamentalement dans la pensée. Du reste, plusieurs luttes de résistance du Maghreb et du Soudan ont été placées sous le sceau de la guerre sainte contre les infidèles. Henri Busson (Professeur Agrégé d'Histoire et de Géographie) a cerné les contours de cette alliance[17]sur la base de la synthèse des travaux d'Alfred Le

---

[13] TOGORA YAYA., « Nouveau mandat de la Minusma : le scénario libyen ? Fourberies et mauvaise foi, L'Indépendant n°5514 mardi 26/7/2022, p.6.

[14] Monde Diplomatique, aout 2000.

[15] Seuil, Paris, 2021.

[16] Dr MAIGA Ibrahim, « Pratiques coloniales : La colonisation Française au contact de l'Islam en Afrique », L'Essor, n°19497,p. culture.

[17] L'Islam dans l'Afrique Occidentale », Annales de Géographie, n°45, 1900, pp.269.

Chatelier [18] . Pour ce dernier, l'étude des sociétés, la compréhension de la religion devaient faire corps avec la politique globale d'occupation en donnant des directives précises. Il écrira plusieurs ouvrages.[19] Chatelier a retenu des « vérités » dont la principale était que « 'histoire de l'Islam africain se trouve intimement lié à l'histoire des races africaines, à la marche de leurs migrations et de leurs conquêtes ». Il élabore des catégories géographiques sur l'Afrique avec « une région saharienne », « une région soudanienne », « une région méridionale ». Il est aussi ethnographe. Au Sahara, écrit-il, « c'est le mélange des sangs berbères et arabe qui se trouve à l'origine des populations actuelles ».

« Les Arabes ne pénètrent d'abord au désert que par infiltration lente ; jusqu'à notre XI è siècle, ils restèrent les missionnaires pacifiques de l'Islam ». Il constatera qu'« à partir du XVII è siècle, le fait capital des annales soudaniennes est l'invasion des Peuls . Lesquels étaient devenus au XVIIIe siècle conquérants et apôtres de ces croyances mystiques ou hagiologiques venues de l'Egypte et de l'Orient, qui ont provoqué dans le monde musulman une véritable renaissance religieuse…

Depuis lors, les progrès et les reculs de l'Islam coïncident avec la naissance et la mort des grands empires soudanais ; c'est d'abord, pendant 150 ans, l'hégémonie du Mandé de Mali, qui succombent au XV ème siècle sous les coups des Sonrhaï de Gogo, puis les Marocains refoulent ceux-ci et s'établissent à la fin du XV è siècle sur les rives du Niger saharien.

La résistance à l'occupation coloniale au Soudan[20] : La crainte des Français sera justifiée car l'islam va se monter comme la seule force politiquement organisée à même de se soulever contre l'hégémonie rampante du colonialisme. Hamadou Boly[21] revient sur ses soulèvements, comme le Pr. Joseph Ki Zerbo[22], qui rapporte

---

[18] « Les confréries musulmanes du Hedjaz », Paris, Ernest Leroux, Editeur 28, Rue Bonaparte, 1887.

Chatelet A. Officier des Aff. indigènes St Cyrien en 1874, devenu plutard le 14 avril conseiller du ministre Paul Revoil… Il a été régulièrement cité comme l'une des éminences grises de la Troisième République qui élaborait, à l'intention de la France, la Sociographie de l'Islam. Puis devint ethnographe (…précis dans ses vues dignes d'un entomologiste), qui va s'intéresser très tôt à l'Afrique sub-Saharienne et surtout le Soudan).il capitalise sur les travaux de l'explorateur Barth, pour ne retenir que 2 grandes races notamment les Mandés et les Peuls (comme s'étant substituées aux aborigènes soudaniens, aux Sonrhaï notamment).

[19] « Les confréries musulmanes du Hedjaz… » Collection Bibliothèque orientale elzévirienne, 1887.

« L'Islam au XIX è siècle », Paris, E. Leroux, Collection Bibliothèque orientale elzévirienne, 1888.

« La conquête du monde musulman : les missions évangéliques anglo-saxonnes et germaniques », Revue du monde musulman, Ernest Leroux, 1912.

[20] MAIGA I., idem.

[21] Boly H., « Le soufisme au Mali du XIX ème à nos jours : religion, politique et société », Thèse de Doctorat, Université de Strasbourg, 2013.

[22] ZERBO J.K, « Mamadou Lamine DRAME »,in Histoire de l'Afrique noire : « d'hier à demain », Hatier, Paris, 1972, p.1972, p.418.

que la 1ère grande organisation va être celle de Mamadou Lamine DRAME (revenu de son « jihad » en 1886 et sera décapité le 11 décembre 1887).
La 2ème grande manifestation anticoloniale va être celle d'El Hadj Omar Tall et de son fils Amadou de 1857, année du siège de Médine, bataille qui sera gagnée in extrémis par Faidherbe.
La 3ème passe sera alimentée par Samori Touré, au-delà du conquérant politique, était avant tout un adepte de la Kadriya. « Les chercheurs qui se consacrèrent à ce personnage religieux ont rarement souligné son caractère soufi » rapporte H. Boly. En 1884, Samori fit de l'Islam, une religion d'Etat et lui-même prit le titre d'Imam. Il a constitué un obstacle de taille contre l'impérialisme.
Après Samori, l'étendard de l'Islam sera brandi au nord par Zayn al-Abidîn Ibn Sîdî Muhammad al-Kunti, d'obédience Kadriya. Boly H., écrit que contrairement au reste de sa famille qui collabora avec les Français, Zayn prit les armes[23].En 1894, Zyan affronte les Français qui ont pris la ville de Tombouctou.
En 1897, il met en route en déroute les lieutenants Chevigné et Latour dans les confins de la ville sainte, mais il finit par se soumettre en 1911.
Le *hamallisme*, sur la voie de la « tidjaniya », sera la plus grande opposition pacifique contre l'arbitraire coloniale. Dans nos précédentes publications[24], nous avons évoqué comment Chérif Hamahoulah[25]a été pris dans l'étau de la réalité interne de son Nioro natal et la suspicion morbide du colon.
Aujourd'hui, encore, bien longtemps après les Indépendances, la France est toujours présente dans le Sahel au nom d'un combat contre le terrorisme. Ce terrorisme est de nature islamiste.
Au nord, il y a Iyad Ag Ghali qui parle au nom du djihad contre l'Etat du Mali. Au « centre », il y a le fondateur de la Katiba du Macina, Amadou Kouffa, lui aussi engagé contre l'Etat du Mali, aussi contre les civils.
C'est le visage de l'irrédentisme. Sous-jacente à la question de développement du Tiers-monde est celle de l'acceptation par les sociétés différentes des technologies et du modèle culturel d'action historique qui les encadre. En partant de l'idée que chaque communauté humaine élabore des autoreprésentations (dans le même temps qu'elle est objet d'hétéro représentations) pour gérer ses rapports sociaux internes et ses relations avec l'environnement extérieur (environnement naturel, étrangers proches et lointains, divinités, etc.) et que, par conséquent, le rapport de soi à soi et celui de soi à autrui sont intimement liés dans chaque culture particulière. Nous[26]avons cherché , à travers une enquête effectuée au Mali à aborder autrement la question de l'acceptabilité réciproque.

---

[23] ATTILIO Gaudio, « Les populations du Sahara occidental : histoire, vie et culture, Paris, éd. Karthala, 1993, p.130.
[24] MAIGA I., ibidem.
[25] Chérif Hamahoulah qui s'était vu déporté au Gabon, mourut dans la prison française de Montluçon le 16/1/1946.
[26] SOW Moussa « L'Autre au risque du Local, le même au risque du Global : Images de l'Européen au Mali », Alliage, n°55-56-Mars, 2004, mis en ligne le 06 aout 2012. (in Les Echos, N°5599 du 20 septembre et N°5601 du 28/9/ 2021)

En interrogeant les savoirs locaux (d'inspiration traditionnelle ou moderne) relatifs à l'altérité et en les focalisant sur la figure de l'Européen, on obtient un jeu de miroirs où se trouvent redéfinis les différents protagonistes du théâtre des représentations…Les représentations sociales au sein d'un espace déterminé ne sont pas figées. Elles font l'objet de diverses procédures de stylisation et d'ancrage, fonctions des rapports de force politiques et/ou démographiques. Elles visent à terme à scénariser l'interaction des différents groupes en vue de les sécuriser[27]…

La Sanankuya (parenté à plaisanterie) est à ce niveau le cadre qui règle les blasonnements et les lazzis. Et quand les représentations mobilisées envers le voisin débordent ce cadre, elles peuvent être rapportées au cadre de la *Fadenta*, c'est-à dire encore être assimilées à une procédure de marquage social « intra familiale ». L'enjeu des représentations mobilisées à ce premier niveau est en définitive la cohabitation, Siginyongonya en langue bamanan, avec toutes ses ambiguïtés et suscite du même coup des rivalités. Dans ce registre, il circonscrit les frontières du même et de l'autre étant dans bine de ces cas labiles, à cause de l'orientation anthropomorphique des cultures, du caractère panique des représentations religieuses traditionnelles et de la subtilité des codes sociaux de civilité, code de l'hospitalité notamment. Le djinn, le sorcier, l'étranger, la femme les 4 figures principales qui émergent des matériaux collectés ont été passées en revue…

Au sein de cette topographie physique, se déploie un jeu de transferts sémantiques.

L'Européen comme figure de l'autre : discours embarrassé et traversé par des assertions à valeur évaluative des rapports entre Blanc et Noir. Alors que d'un côté, nous avions affaire à des configurations cognitives et taxonomiques, immédiatement apparentes et susceptibles de s'organiser en « structure anthropologique de l'imaginaire », dont on pressent assez vite la cohérence de l'autre, le discours des enquêtés s'apparente à une quête de cohérence, de sens. Premièrement, il est défini selon une sélection de type paradigmatique, de certains traits de la topographie endogène de l'altérité. A un 2ème niveau et sur la toile de fond des rapports engendrés près de la situation coloniale, puis la coopération, « l'eux » européen est évalué à la lumière du « nous » malien (plus précisément : ce que nous sommes devenus à leur contact).

De cette confrontation eux-nous émerge la figure du Blanc comme risque, comme propagateur de la contagion de la souillure, mais aussi comme image inversée de la modernité malienne.

A un 3ème niveau, l'Islam apparait comme le référent de certains discours dont la cohérence est rompue par la polyphonie de ses propres références conceptuelles.

A l'épreuve des altérités endogènes, l'Européen est assimilé au Djinn au regard de certaines caractéristiques physiques : couleur, cheveux, régularité des traits du visage, certaine pâleur.

[27] GOFFMAN Irving ,1983.

Mais en profondeur, la ressemblance entre Djinn et Blanc tient à une certaine évanescence de leur personnalité. Ils sont une surnature, que les enquêtés ont du mal à qualifier et trouvent en lui, un partenaire non sociable, pouvoirs et caprices incommensurables dont il faut se protéger contre sa colère ou conjurer sa versalité. L'insociabilité du Blanc n'est d'ailleurs pas seulement liée au fait colonial.
Elle est consubstantielle à l'européanité. Aux yeux des enquêtés, celle-ci est frappée d'une certaine incapacité du point de vue de la sociabilité : « Le Blanc ne se préoccupe pas du Noir, même s'ils sont voisins, il ne mange ni ne boit chez lui. Il a besoin de lui que pour effectuer de petits travaux.
Physiquement, il peut avoir besoin de toi, mais moralement et humainement, il n'a besoin de personne. Il fait ce qui lui plait et se moque du jugement des autres... Enfin ses enfants, sa femme, sa voiture, sa maison, son chien sont à lui et à lui seul. »
S'il est vrai que pour une société qui, d'un point de vue axiologique est calquée sur le modèle de la société segmentaire, l'homme est défini par son épaisseur humaine, soit la capacité à entretenir des relations sociales avec le plus grand nombre possible d'hommes et l'endurance, à en gérer tous les inconvénients (certains anthropologues ont parlé d'enfer segmentaire…), le Blanc colonisateur et le Blanc coopérant sont, sauf exception, des hommes inaccomplis. En effet, comme les Djinn, « ils n'aiment pas les humains », ils les « fuient ». Comme eux, ils sont étranges précisément parce que qu'ils sont incapables de se couler dans la règle sociale.
C'est pourquoi, qu'ignorant les codes sociaux ou les méprisant, ils deviennent antisociaux, « hommes vides », mogolankolon, en langue bamanan. Ils appartiennent au monde de l'insolite (2ème trait d'évanescence). Aussi sont-ils vite soupçonnés d'être gouvernés par une autre raison, une autre logique, sécrète, mystérieuse et dangereuse.
En effet, en tant que qu'ils sont surnatures, Djinn et Blanc ont des pouvoirs à eux conférés par Dieu : « A la création du monde, le Blanc s'est traîtreusement mis à épier Dieu. C'est ainsi qu'il acquit certains secrets qui expliquent sa puissance actuelle. » Ces propos sont ceux d'un musulman non lettré. Ils résument bien tout un ensemble de discours qui se réfère à une vulgate, à un savoir islamique populaire. Selon cette vulgate la puissance actuelle du Blanc lui viendrait d'un méché originel qui le voue à l'enfer, mais lui garantit la prospérité ici-bas.
Cette faute originelle condamne également le Blanc à une sorte d'homme maudit (3ème trait d'évanescence)., voué à faire des inventions de plus en plus élaborées dans le temps même qu'il souffre en permanence d'une perte de substance, d'un déficit chronique en humanité…
Dans un autre registre, mais toujours sur fond de savoirs étiologiques populaires, la puissance du Blanc est perçue comme résultant d'un déforcement par traîtrise du Noir par lui : « La puissance du Blanc vient du Noir. Nos 1èrs Mansa (rois) avaient des objets de culte appelés komokun, que les Blancs sont venus et continuent de venir chercher. Une fois emportés, ils les ont fait parler grâce à leurs machines. Voyez comme les Blancs viennent encore révéler des échantillons de

notre flore qu'ils vont transformer ensuite en comprimés qu'ils nous revendent... Chaque moteur possédait un gri-gri enfoui dans une cachette dont la clé était détenue par les Blancs seulement...

Dans le même registre, le gouverneur Faidherbe a suscité une véritable épopée qui le fait apparaitre comme un émule des saints musulmans initiés à la Mecque, tantôt comme un guérisseur intrépide, tantôt comme un sorcier paré de secrets éminemment africains.

Le Blanc comme avatar du Djinn, n'est pas un partenaire social ordinaire mais discriminateur, qui doit être approché vigilamment avec des précautions redoublées, à la mesure de l'ambivalence d son être. Il a la fébrilité du ninjugu, de l'étranger trop curieux, voleur de secrets (aime noter ce qu'il a observé, photographié, enregistré...). « Qui suit l'épervier, mange de la viande crue » !

En définitive, c'est l'orientation impériale du « model culturel d'action historique » de l'Occident moderne lui-même qui est en cause. C'est cette orientation basique qui exclut d'emblée que la relation hôte- étranger puisse être correctement gérée (peut-être de guerre lasse) selon le code d'hospitalité. »

B.Les dénaturation et décontamination du global capitalistique :

« On peut dire que, d'une part, nous avons bénéficié du temps du Blanc, mais que d'autre part, nous avons subi une perte décisive : nous avons acquis le caractère du Blanc. Avant, nos familles étaient unies autour de règles d'entraide sacrée. Avec l'école et leur instruction, s'est installée la désunion.

Maintenant, il n'y a que l'argent, qui compte. Il n'y a plus de nobles. C'est l'argent qui fait le noble. Sinon, chez nous, les Noirs, le fils faisait ce que son père lui commandait de faire, le cadet obéissait à l'aîné, la femme à son mari. La dérive est grande : la paresse des individus et la désobéissance civile, la perte en dignité. Il est même des enquêtés qui, conscients que l'harmonie des temps anciens est révolue, ont volontiers emprunté un ton prophétique pour annoncer les désastres à venir : « Depuis l'arrivée des Blancs, notre monde tend vers sa fin. Les solides assises sur lesquelles, il reposait sont ébranlées. Nous avons abandonné nos valeurs pour les suivre.

Le dernier texte est une expression extrême de l'idée que la société court le risque, dans son rapport à l'européanité, de se voir se dissoudre dans le corps noir par un processus de féminisation induit du modernisme. Il s'ensuivrait une transmutation complète du sens de l'etre, qui serait affecté jusqu'à y compris dans ses souillures originaires. Mary Douglas a en effet montré qu'il y avait une certaine cohérence dans le code symbolique des interdits d'une société. Ici, le tubabuya (comportement du Blanc° apparait non seulement comme la matrice de déviations dirimantes par rapport à l'ordre culturel mais aussi comme un viol des interdits protégeant l'armature d'une société... ». « ... La coopération avec eux vise à nous ligoter, briser notre résistance à adopter leur mode de vie, nous rendre esclaves à terme dans un monde conçu par eux et pour eux...Ce sont des fils de Satan, dont seul Dieu peut nous préserver. Qu'il est un initiateur calculateur, ne livrant de ses secrets que les fragments destinés à perpétuer sa domination mandarinale et accroître du même coup la dépendance de ses ouailles africaines.

L'Européen contribue à faire des hommes africains des avortons en puissance ou d'irrémédiables schizophrènes, c'est à dire des êtres qui, selon une enquêtée de culture peule, sont « entre lait frais et lait caillé », « qui ne sont plus lait frais mais par encore lait caillé ».
Les attitudes mobilisées vis-à-vis de l'Européen sont d'autant plus passionnées et contradictoires qu'elles sont pour la plupart le fait d'hommes et de sociétés qui, à l'instar des acteurs sociaux décrits dans l'Afrique ambiguë de Georges Balandier, ou du personnage central de l'Aventure ambiguë de Cheick Hamidou Kane, n'observent pas à froid, l'homme européen et les sociétés européennes : c'est de leur propre « division », de leurs frontières internes, qu'ils parlent...
Les forces et les faiblesses du « nous » et celles de 'l'eux » sont appréciés, comme si emportés dans une tourmente...dans un ailleurs...
Face à ceux[28]qui nous regardent de la Tour de Jupiter, nous méprisant en plus de nous opposer les uns-aux-autres, la conjugaison de nos pensées et la mutualisation de nos agirs sont de rigueur.

II. Nécessité de se déterrer, de s'assumer et d'ensemencer cette crypto-paix

A. Flagrance des actes insidieux et faits malveillants

Désordre, violences, chaos...ainsi est-on tenté de qualifier ce qui se joue aujourd'hui sur la scène mondiale. Ce chaos international[29]laisse l'observateur souvent démuni sinon désemparé, devant ce qui semble se dérober à l'entendement. Les institutions internationales contribuent-elles à la construction de la paix ? On pourrait en douter, tant les critiques abondent : dysfonctionnements, défaillances, soumission aux intérêts des Etats les plus puissants.
Diplomates, praticiens de ces institutions et fins connaisseurs de leur fonctionnement, les auteurs démontrent que s'il demeure possible de faire la guerre contre l'avis des institutions internationales, il devient désormais difficile de se passer d'elles pour faire la paix.[30]
La légitimité des institutions, leur autonomie, leur capacité d'action ou l'effectivité de leurs décisions sont autant de questions extrêmement délicates à trancher parce qu'elles sont difficiles à évaluer, à mesurer et à interpréter. Avec des arrangements complexes, des acteurs de plus en plus nombreux et des

[28] Les grandes Puissances (de G7, elle se sont retrouvées extensibles à G20) qui sont appelées gendarmes du Monde.
[29] Ce vrai, réel et grave constat justifie foncièrement la dénomination de la collection Chaos international (ss.la dir. du Pr Josepha Laroche Univ.de Sorbonne (Sce Po), offrant à ses lecteurs des grilles de lecture qui dépassent une simple approche évènementielle et descriptive des R.I. Ses ouvrages analysent les nouveaux enjeux transnationaux et restituent le processus de mondialisation dans sa complexité.
[30] Chaos international, Faire la paix (ss.la dir.de Guillaume Devin I.E. P Paris), éd. Pepper 2005, Paris, 214 pp.

logiques d'action à niveaux multiples, les institutions internationales constituent un sérieux défi à l'investigation empirique.[31]

L'influence des conceptions réalistes du monde international (de certaines approches holistes qui vont de pair) décourage probablement ceux qui s'aventurent au-delà du « triangle hobbesien » (Etat, puissance, intérêt national). Elle conforte le scepticisme à l'égard de machineries fragiles, parfois utiles, jamais indispensables. Les vents de la critique paraissent inépuisables : représentativité tronquée, légitimité contestée, multilatéralisme biaisé, rien n'est jamais satisfaisant tout semble à revoir.

Des dysfonctionnements, provoquent une « crise de confiance », incapacité, défaillances ou soumission aux intérêts des plus puissants, les charges ne font pas toujours dans la nuance.

Quant aux défenseurs, ils sentent le terrain miné et conservent une prudente réserve de peur d'être assimilés à des adeptes d'un « genre eschatologique » ...Tous sont conscients que la solidarité n'est pas un mot magique, que le « dilemme de sécurité », dans lequel sont pris les Etats, continue de dicter bien des conduites et que la coopération reste aussi (et peut-être surtout) un moyen de se contrôler réciproquement pour s'assurer que chacun joue le jeu.

Mais, précisément, dans cette attente de conduites prévisibles, les institutions internationales occupent un rôle central : à la fois lieux de rencontres et d'élaboration de règles communes, elles freinent les antagonismes et contribuent à transformer les perceptions internationales ainsi que les réalités qui y sont associées. Au regard d'objectifs idéaux, l'insatisfaction demeure compréhensible, mais ne peut pas tenir lieu d'ultime argumentaire. Avec un pionnier de l'analyse sociopolitique des i.i., les auteurs de ce volume partagent la conviction selon laquelle « la faillibilité n'est pas la futilité[32] ».Un débat épistémologique ?

Etant intergouvernementales par leur constitution, les i.i ne sont pas pensables sans les Etats qui cherchent à en tirer le plus grand avantage…par hypothèse, il semble plus facile de constater les échecs que de compter les succès, l'analyse de l'impact apparaît plus ou moins approximative selon le degré de l'objectif officiellement poursuivi…

Les coordonnées institutionnelles de la paix

Que les fonctions n'expliquent pas exclusivement ou nécessairement l'existence d'un phénomène social est une leçon professée, il ya longtemps, par Emile Durkheim[33]…distinction entre fonctions et usages…

Il existe plusieurs ordres de recherche ; expliquer c'est aussi chercher les fonctions d'un fait social, sinon pour connaitre les raisons de son existence, du moins celles de son maintien[34].

---

[31] Fluctuat Nec Mergitur ! Ces institutions qui font la paix qui fait les institutions…Guillaume Devin, p.11 à 21.

[32] Claude Inis L., Swords into Plowshares, 4 èd., New York, Random House, 1971, p.446.

[33] Durkheim E, Les Règles de la méthode sociologique (1895), Paris, PUF (Quadrige) ? 21 éd.1983, p.89.

[34]Ibid., pp.95.96.

S'agissant des i.i. , la paix représente assurément leur fonction centrale[35] :une fonction aussi récente que l'histoire des i.i. et qui a fait de la paix, à partir du XIX ème siècle (et avec l'aide d'initiatives citoyennes) au objectif légitime et en cour d'institutionnalisation…du tps de la SDN puis des N.U, comme un facteur de rapprochement entre les Etats, comme l'ébauche d'un système travaillant pour paix. Bien que fragmentée, la coopération dite fonctionnelle a donc toujours été pensée comme inséparable d'un objectif de paix. Cette continuité masque toute fois des différences dans les conceptions de la paix qui ont été officiellement défendues depuis près de deux siècles.

Au temps du Congrès de Vienne, la paix est essentiellement la défense du statu quo politico-territorial entre les vainqueurs de Napoléon. Cette idée sera rapidement ébranlée par l'éveil des revendications nationalistes dont Napoléon III fera u principe actif de sa politique étrangère. Néanmoins, « la question des nationalités » restera pendant longtemps un facteur jugé perturbateur pour le maintien de la paix, c'est-à-dire pour la défense d'un ordre conservateur dont le fonctionnement épisodique du Concert européen aura la charge.

La SDN marque un tournant. Non seulement elle s'attache à la défense de la paix comme état de non-guerre, après les carnages de la 1ère guerre mondiale, mais elle établit des dispositifs propres à la poursuite de cette mission : renforcement de la coopération « fonctionnelle » à travers des organisations subsidiaires et, surtout, mécanismes politiques tendant à prévenir et régler les conflits.

B. Approches novatrices de désescalade, d'équilibres et d'appropriation du concept C.E.P

La sécurité collective représente ainsi le modus operandi d'une paix de coexistence entre les Etats. C'est la même vision de la paix qui préside à la création de l'ONU, mais avec un mécanisme coercitif renforcé le Conseil de sécurité et les dispositions du chapitre VII de la Charte, notamment le recours possible à une action militaire commune). Ce qui apparait plus novateur, bien que cette novation n'ait pas été immédiatement perçue, c'est la référence à la défense des droits de l'Homme comme fondement nécessaire à l'organisation de la paix.[36]..la fabrique de nouveaux idéaux (des individus , des ONG)… L'histoire des i.i. n'est pas celle d'une longue série de faillites, mais celle de changements incrémentaux qui définissent les représentations légitimes de la paix.

De la paix négative (état de non-guerre) à la paix positive (état de protection et de bien-être des individus)[37], les i.i. ont progressivement tissé un tout

[35] La « fonction nodale à laquelle les Nations Unies doivent leur existence » selon le pont de vue, nettement fonctionnaliste, de Jürgen Hadermas, « La Statue et les révolutionnaires », Le Monde, 3 avril 2003.

[36] Dans le Préambule, les articles 1.3 et 55 c.de la Charte des N.U, la D.U.D.H (1948) suivi par plusieurs dispositions.

[37] Les notions de paix négative et de paix positive sont issues des travaux de Galtung et notamment de sa distinction entre violence directe (personnelle) et violence indirecte

indivisible : une conception globale de la paix adossée à une vision élargie de la sécurité quand la paix co-existentielle était simplement appuyée sur la sécurité interétatique.

Il n'est pas anodin que ce soit un organe des N.U (le PNUD), qui ait avancé, le concept de « sécurité humaine », pas d'opposition avec la notion de sécurité collective. Cette percée conceptuelle, sur laquelle il sera difficile de revenir, constitue une illustration, parmi d'autres, du caractère « corrosif » de la défense des droits de l'Homme, dans les domaines de la « haute politique » encourageant les politiques durables et en renforçant le « niveau global d'interconnexion » entre les Etats.

La responsabilité commune :

Les i.i. transforment le monde des Etats et des rien fournissant des réponses au désordre externe et en renforçant le sens d'une responsabilité commune (...fabrique de la paix, de la stabilité démocratique entre ses membres, les règles négociées librement) ...dans un réalisme constructif.

La construction multilatérale de l'universalisme requiert une architecture institutionnelle adaptée et adaptable. Les i.i. ne sont pas gravées dans le marbre. Elles doivent être ouvertes à la réforme pour tenir compte des nouveaux entrants qui veulent s'y associer. C'est à cette condition, celle d'une gouvernance équilibrée et performante, que les i.i. pourront consolider leur apport essentiel au processus de civilisation des r.i.

Individus, peuples, Etats, le 1er réflexe est d'assurer sa survie, sa sécurité par ses propres moyens, d'acquérir des armes...d'en user en cas d'agression...Ainsi, l'Humanité a-t-elle vécu pendant des siècles autour d'un principe immuable, « légitime » dira le Français, qui fleurit, toujours actuel, dans l'article 51 de la Charte des N.U : « le droit naturel de légitime, individuelle ou collective ». Les hommes étant portés à en découdre, les alliances peuvent se faire menaçantes (les humeurs guerrières) et tourner à l'agression[38]...Sous le vernis du spirituel , paix perpétuelle, mise hors-la-loi de la guerre, autant de projet depuis longtemps en circulation des « mesures collectives efficaces »...

Le champ du Droit se déplace du *jus ad bellum* vers le *jus in bello*, vieille pratique dont on notera qu'elle revient sous de nouvelles formes, une fois admis que la Charte est dépassée.

Le diplomate du désarmement, sorte de médecin des urgences de la société internationale, serait tenté de raisonner ab absurdo à l'inverse du pur moraliste. Certes, il est persuadé au fond de lui-même, avec le philosophe, que « la paix, en vérité, est plus que l'absence de guerre, c'est une vertu qui vient de la vigueur de

---

(structurelle), cf., Gaitung Johan, « Violence, Peace and Peace Research », Journal of Peace Research, (3), 1969, pp.167-191.

[38] Alain Dejammet, « Que reste –t-il de la Sécurité Collective ? » p.29 à 44.

Notes :

Kagan Robert, La Puissance et la faiblesse : les Etats-Unis et l'Europe dans le nouvel ordre mondial, Paris, Hachette, 2004.

Badie Bertrand, L'Impuissance de la puissance, Paris, Fayard, 2004.

l'âme, la paix n'est pas l'absence de guerre, mais une vertu qui naît de la fermeté de l'âme[39] ». Mais il doit également tenir compte de cette lapalissade et de cette invitation à l'action, à son action, que la paix peut être sauvée tant que le 1er coup de canon n'aura pas été tiré[40].
...Boutros Boutros-Ghali, Agenda pour la paix, chap. VII, art.62, 1992...
Fonctionnalisme...conceptualisé par David Mitrany, à l'instar de Marcel Merle, nous pouvons envisager les O.I.G comme des « réducteurs de tension » entre leurs Etats membres...l'inflation des acteurs non-étatiques impliqués dans la résolution alternative des conflits et participerait ainsi à une libéralisation de la scène internationale. Ces nouvelles formes de gouvernance, à mi-chemin entre « souverainisme » et « mondialisme[41] », permettraient, dans le cadre des OIG, de préserver le rôle de l'acteur étatique... à la gestion de conflits globalisés .
La paix libérale, la paix démocratique mais inégale...pour remplir le vase dégoutant l'édito (sur la mort actée de l'A.P.R issu du processus d'Alger entre l'Etat et les rebelles pro-indépendantistes) du Col Mariam SAGARA[42]est plus suffisant pour ne rien dire « ...**l'Accord de Paix sans paix....la puanteur de sa caducité**) ! Le martyr que souffre nos frères Palestiniens depuis un centenaire n'est-il pas le trop plein de **cette vétocratie génocidaire et de cette otanisation égocentrique et dévastatrice de la terre** ?
Yé ko yé fo ban autrement la flagrance des faits commis et les pratiques observées justifient qu'on se revient et change de fusil d'épaule/donne de la voix et mette un contenu autre.

Quand le multilatéralisme s'impose[43] : ..Les i.i. ne reflètent plus un jeu diplomatique désincarné : ouvertes aux ONG, soumises aux opinions publiques, traversées de mouvements sociaux transnationaux, elles assument un début de vie sociale qui les distingue de l'interétatisme et les rend plus proches de nouveaux enjeux de la paix, comme des nouvelles zones de violence.
Ce multilatéralisme ouvert constitue non seulement une revanche des institutions sur les Etats mais favorise aussi une approche plus humaine de la paix....
L'ONU a su saisir au bond cette préoccupation, en s'ouvrant aux acteurs non-étatiques, en proclament ses nouvelles missions sociales, en développant dans la déclaration du Millénaire, une rhétorique humanisme et solidariste, elle se place au centre du nouveau discours de la paix. Elle confère, ainsi, une légitimité réaffirmée aux Conventions internationales...A marche forcée ou de manière utilitaire, le multilatéralisme tend à progresser, à se transformer. Il se dessine à

---

[39] Spinoza Baruch, Traité politique, (1670), Paris, Librairie Philosophique J.Vrin, 1968, p.85.
[40] Henri Léval, « La lutte contre l'arme chimique et biologique : place et bilan des institutions compétentes », p.47 à 68.
[41] Badie Bertrand, « De la souveraineté à la capacité de l'Etat », in : Smouts Marie-Claude (Ed), Les Nouvelles relations internationales, Paris, Presses de Sces Po ? 1998, p.52.
[42] Emission de galvanisation des F.S.D sur l'ORTM du dimanche 28 janvier 2024 à 23 h033.
[43] Bertrand Badie, p.211 à 214.

devenir la base d'une conception nouvelle et exigeante d'une sécurité globale et humaine ?

Elle ouvre aussi la voie à une microsociologie qui fait de chaque individu devient un acteur et un objet de la paix.

Si en surface, pour relever le défi N'DIAYE[44] croit à la bonne gouvernance, élections de grands patriotes (anti ingérence et emprise des griffes des néocolonialistes) dans la force, marchez la main dans la main !. De s'engager résolument en faveur d'un dialogue national et inter-Etats démocratiques, de respecter sans hypocrisie les Droits de l'Homme et les engagements et de gérer de manière rigoureuse, en un mot de mettre en éxécution les conseils prodigués par le pape Jean Paul II en Février 1996. Il s'agira de dénoncer l'idéologie ethnique, de mieux réfléchir afin de mieux se comprendre, de s'aimer davantage afin de mieux entretenir la locomotive autour d'un idéal commun, celui de la supériorité de l'intérêt général de l'Afrique en de l'émergence économique de l'Union. L'Afrique alors se réveillera, ne parlera plus que d'une voix, et d'une seule voix, face aux turbulences des convoitises de ce bas Monde ; et la force que dégagera cette voix sera entendue, s'imposera et fera trembler le Monde.

Nan dalaa Ansaraa (coucher, nous sommes morts) prévenait le grand historien in Joseph KY ZERBO et Thomas Isidore Sankara en veut à tout esclave, qui se contente de sa situation sans broncher. Changer le cours de l'Histoire est donc une question de vie ou de mort, devant l'atrocité de la charte de l'impérialisme (rêve psychotique et pensées exorbitantes) que résume notre infatigable A.A N'DIAYE[45] :

Article 1 « La devise est gouverner le monde et contrôler les richesses de la planète, diviser pour mieux régner, dominer, exploiter et piller pour remplir nos banques et faire d'elles les plus puissantes ».

Résumé des Article 2 à 28 « Aucun pays du Tiers Monde ne constitue un Etat souverain et indépendant. Tous les pays du Tiers Monde sont divisibles et leurs frontières déplaçables selon notre volonté.

Tout pouvoir et gouvernement établis par nous est légal, légitime et démocratique et pas le contraire. Tout accord conclu avec un autre Pays ou une négociation sans notre aval est nulle et de nul effet…

Là où il y a nos intérêts, les Pays du Tiers Monde n'ont pas de droit, nos intérêts passent avant la loi et le droit international. Ils n'ont ni culture ni civilisation sans se référer à la civilisation occidentale. Dans ces pays nul n'a le droit de mettre dans leurs banques un montant d'argent au-dessus du plafond que nous avons fixé. Lorsque la fortune dépasse ledit plafond, on la dépose chez nous pour que les bénéfices retournent sous forme de prêt ou d'aide économique au développement. Notre aide doit être accompagnée de recommandations fortes de nature à empêcher toute action de développement des Pays du Tiers Monde. Nos

---

44 Ibidem.

45 A.A. N'DIAYE, « Regard politico-historique (3ème partie) : Les blessures profondes causées à l'Afrique…, Les Echos N°5686 du mercredi 10 aout2022, p.6 et 7.

armées doivent être toujours plus fortes et plus puissantes. La limitation et l'interdiction d'armes de destruction massive ne nous concerne pas mais s'impose aux autres. Nos armées doivent s'entraider et s'unir dans la guerre contre l'armée d'un Pays faible pour afficher notre suprématie et faire craindre par les Pays du Tiers Monde. L'ONU est notre instrument. Nous devons l'utiliser contre nos ennemis et les Pays du Tiers Monde pour nous protéger, de déstabiliser et de détruire les régimes qui nous sommes hostiles et installer nos valets et marionnettes. Notre devoir est de **maintenir l'Afrique et d'autres Pays du Monde dans le sous-développement, la misère, la division, les guerres, le chaos** pour mieux les dominer, les piller à travers les missions des Nations Unies. Les lois, les résolutions, les Cours et Tribunaux des Nations Unies sont nos instruments de pression. Les dirigeants des puissances occidentales y sont exemptés même s'ils commettent des crimes de guerre, des génocides… » S'insurger contre la violence (paix post-bellicosité) enfouie dans leur ADN footballistique dont la règle universalisée est « d'attaquer pour se défendre » et d'offrir au monde désemparé nos recettes[46].

Le pape François (à l'image du Saint Christ…) grand imam d'al-Azhar, Ahmed el-Tayeb, au palais Al-Sakhir, vendredi 4 novembre à Bahreîn. Le souverain pontife appelle l'islam à un examen de conscience (aux musulmans plus d'actes que de paroles[47]) : « ***La paix que vous annoncez avec vos bouches, ayez-la plus abondamment encore dans vos cœurs*** ». Dans son message central consacré au dialogue (le tout avec une franchise et une netteté de ton) avec l'islam, le chef de l'Eglise catholique (bientôt 86 ans) souhaite plutôt que des discours, attend une cohérence et des actions concrètes. Son but : que « l'Orient et l'Occident » ne ressemblent pas « à deux mers opposées » pour que « nous naviguions ensemble sur la même mer» et sur le cap de « **la rencontre plutôt que de l'affrontement** ».

« Il ne suffit pas de dire qu'une religion est pacifique, il faut condamner et désigner les violents qui en abusent du nom. Il ne suffit non plus de prendre ses distances avec l'intolérance et l'extrémisme, il faut agir dans le sens contraire », a-t-il ainsi prévenu en concluant le Forum de Bahreïn pour le dialogue Est et Ouest et pour la coexistence humaine, objet central de ce voyage.

Mais en disciple du poverello d'Assise, le pape a aussi tendu sa main à l'islam : « Nouons entre nous des liens plus forts (…) sans duplicité et sans peur, au nom du Créateur qui nous a placés ensemble dans le monde comme gardiens ». Il en a souligné l'enjeu : « Comment les fidèles de différentes religions et cultures pourront-ils coexister, s'accueillir et s'estimer mutuellement si nous restons étrangers les uns aux autres ? ». « On a l'impression d'assister à un scénario dramatiquement enfantin. Dans le jardin de l'humanité, au lieu de soigner l'ensemble, on joue avec le feu avec des missiles et des bombes, avec des armes

[46] Elles constituent le cadre empirique (enquête du 27/11/2020 à aujourd'hui) et de cette étude.

[47] Le Figaro N°24325 du samedi 5 et dimanche 6 novembre 2022, 38pp. ; p.12.

qui provoquent des pleurs et des morts, recouvrant la maison commune de cendres et de haine » et qui « risquent d'emporter tout le monde ». Pour faire prospérer ce « jardin de l'humanité », François demande à Bahreïn et au monde musulman d'émonder leurs propres « jardins », au sens figuré sur plusieurs points précis. Il est même allé jusqu'à proposer une feuille de route à l'islam parce que « les responsables religieux ne peuvent pas ne s'engager et donner le bon exemple ».
« Trois urgences éducatives ». Ces religieux ne peuvent faire l'impasse sur « une indispensable prémisse, la liberté religieuse » car « toute contrainte est indigne du Tout-Puissant ». Comme à son arrivée, le pape martèle : « Il ne suffit pas d'accorder des permissions et de reconnaitre la liberté de culte, il faut atteindre la vraie liberté de religion. » Il faut aussi « se demander si elle oblige de l'extérieur ou bien libère de l'intérieur » et « si elle aide l'homme à repousser les rigidités, la fureur et la violence ».
Le pape égrène ensuite « trois urgences éducatives ». Elles ne vont pas de soi dans la majorité des pays musulmans. La question de la femme tout d'abord. François attend « la reconnaissance de la femme dans le domaine public, dans l'instruction, dans le travail, dans l'exercice de ses droits sociaux et politiques ». La question des « droits fondamentaux des enfants » ensuite qui doivent « instruits, assistés, accompagnés, non pas destinés à vivre dans les morsures de la faim et dans les remords de la violence. » Le dossier de « la citoyenneté » enfin.
C'est « le » sujet qui fâche. Quasiment aucun pays musulman ne reconnait aux chrétiens, la pleine citoyenneté civile et politique. Depuis des décennies, la requête est constante de la part de la diplomatie vaticane mais sans réponse…Il a rappelé « l'importance même du concept de citoyenneté basée « sur l'égalité des droits et des devoirs ». Et la nécessité de « s'engager » pour que l'on puisse « établir, dans nos sociétés, le concept de pleine citoyenneté et renoncer à l'usage discriminatoire du terme « minorités » qui porte avec lui, les germes du sentiment d'isolement et d'infériorité. L'appel du jour, lancé par l'ami du pape, el-Tayeb, grand imam d'al-Azhar, homme clé de ces initiatives avec François, « j'appelle les théologiens musulmans du monde entier (…) à tenir rapidement un dialogue intra-islamique sérieux, afin d'établir l'unité, le rapprochement et la connaissance mutuelle…
à nos frères musulmans chiites et sunnites (…) pour s'asseoir ensemble à la même table. ».
La 5ème éd. du Forum de Paris sur la paix[48] veut aider à « surmonter la multicrise » se réunit vendredi et samedi au Palais Brongniart : la guerre en Ukraine, la cyber sécurité, le climat, l'environnement ou encore la crise des réfugiés…Eviter de laisser la guerre gagner du terrain et donc limiter ses conséquences (à défaut de pouvoir faire la paix dans l'immédiat ; réduire les fractures du monde ; offrir un espace de dialogue pour prévenir les conflits ; Réformer ou consolider les institutions internationales, les rendre plus inclusives (..l'ONU est indispensable mais trop souvent paralysé par la compétition entres grandes puissances qui

[48] Bulletin Quotidien (BQ)N°12465 du mercredi 9 novembre 2022, 44pp. ; p.20.

l'empêchent d'agir. **Les pays du Sud contestent un ordre notamment financier qui n'est pas adapté aux défis d'aujourd'hui… « Le choc des narratifs Nord-Sud.** »

Conclusion :

La guerre d'Ukraine a transformé le monde a réveillé et réaligné les démocraties. Elle a mis fin à l'après-guerre froide et ouvert une ère où la paix est impossible et la guerre omniprésente…

Les blocs sont de retour et avec eux la priorité à la résilience des chaines de valeur, la maitrise des ressources et des technologies stratégiques, le protectionnisme et le contrôle des capitaux, l'inflation et la hausse des taux, le tout à l'ombre portée de la guerre[49]. Nations, individus mais aussi entreprises, chacun va devoir choisir son camp.

Nous autres, estimions qu'il faut, en plus de s'y rebeller, aller plus loin. Puiser de plus profond de nous-mêmes et de nos Afriques des profondeurs [50] afin que nous nous sauvions, par conséquent, guérir et donner à revendre au Monde. Ce qui menace nos pays, c'est la faiblesse de l'Etat notait M. MARA. La persistance d'une situation de « **ni guerre ni paix** » favorise l'ancrage des terroristes (aux projets mortifères) et le maintien d'espaces de non-droit qui peuvent gangréner et se développer, menaçant de l'intérieur les équilibres sociaux-culturels[51]. Nous devons ainsi œuvrer à nous renforcer de l'intérieur et faire face au projet de délitement des tissus sociaux. Il nous faut impérativement établir un consensus national sur le cap à donner à l'action étatique et aux activités de la nation pour son unité. Ce cap doit être la restauration de la paix et de la sécurité à travers le contrôle effectif du territoire par l'Etat. Nous devons travailler sur nous-mêmes, nous améliorer, garder la tête froide, regarder en face ce qui nous arrive, prendre ses propres responsabilités et essayer d'y remédier. Impulser la confiance entre citoyens et élites, fournir l'effort indispensable sur soi-même, c'est seulement, à partir de là, que nous pourrons faire face aux questions de fond et aux questions géostratégiques avec de sérieuses chances de réussite.

Si au nom du Développement Humain Durable, le maître mot fût et demeure toujours Penser au local, Agir au global, à cause et pour le multilatéralisme opérant et le planétarisme des plus bénéfiques pour tous, Réfléchir par Continent et Interagir/Co-Bâtir par le Monde entier reste la recette d'orée. Si pour l'Occident (dans les faits et gestes) ou tout au moins, ses référents idéologiques, « *si vis pensam para bellum* (qui veut la paix, prépare la guerre), notre nouveau Monde doit retenir de l'Afrique que la paix est la condition sine qua non de tout Vivre-Ensemble. La prédisposition en cela (avant, pendant et après) doit guider toutes nos actions domestiques et celles d'avec l'extérieur, dont on se retrouve par le

---

[49] Chronique de Nicols Baverez, « Un monde de guerres froides », Le Figaro N°24422 lundi 27 février 2023, p.19

[50] Nos traditions multiséculaires et plurielles d'humanisme universaliste de fraternité vraie…

[51] Moussa MARA, « Le terrorisme sera vaincu ! Essayons toutefois de ne pas sombrer avant ! » L'Indépendant n°4853 du mardi 26 novembre 2019 ? P.7.

poids des évènements inséparables. Cela est d'évidence, nonobstant le soleil des slogans comme « *Notre Mali d'abord, First to America…* ». N'en déplaise aux Trumpistes[52]recyclés de partout ! Sans clore le débat, qui ne vient que d'être amorcé, le 3ème si nous renvoie à l'attrape-nigaud de feu notre grand-père[53], qui dans des sessions répétitives, nous pose la question ci-après : « *Quand le cœur se salit, que nous faut-il pour le lave*r ? Quand c'est l'eau, même qui est happée par le feu, comment l'éteindre ? ».

Qu'il nous soit permis, de les poser à tous nos contemporains interloqués et abasourdis par cette paix, juste sur les bouts des lèvres et paradoxalement meurtrière ; pour une grande partie de l'opinion publique mondiale. Dans **notre optimisme scientifique altruiste** et de **notre iconoclasme** de (re) chercheur[54], de prêcheur dans désert et véritable fou, nous osons croire très bientôt que le terme paix (devenue pâle, creuse et presque vide) sera remplacé par **notre concept salvateur**, au double trait d'union Cordiale-Entente-Pacifique, à l'acronyme (CEP) retentissant. Cela, à contrario de cette incomplétude insincère, de ce chaînon manquant hypothétique que les dioulas nomment à juste propos « *Toka djé* , *kala tourou gné na , byin dogolin sin koro*[55]auto suicidaire. Ainsi le Monde sortirait de ses torpeur/horreur car **la paix déconstruite dans son dogmatisme méchant, la vilénie des dénis, débarrassée de sa laideur, le droit dit sans toute sa rigueur l'équité servit dans la vérité vraie** !

---

[52] Ceux hier, avant Donald TRUMP d'aujourd'hui et de toujours (les Pm Hongrois Victor ORBAN, certains Grèçois, des énergumènes zemmouriens, natio-frontistes…)

[53]Feu Ousmane Baber Maiga (père de notre Maman) que nous considérons comme mon premier instituteur à la maison et mon plus éducateur (socialisateur) de toujours dans ses joutes évaluatives des membres de sa famille dont la culture, tout azimut et la formation dans tous les domaines de la vie furent la « ***tasse de drogue non enivrante*** ».

[54] Nous avons estimé dans notre Réquisitoire n°5 (suite donnée à l'Appel de nos Autorités de Transition au Mali) d'adjoindre à notre sacerdoce d'Enseignant-Chercheur, un nouvel engagement, voire dédicace plus hargneux…

[55] Autant de faux-fuyants et de subterfuges pour nous opposer les uns contre les autres et mieux nous exploiter.

Droits humains et les mécanismes nationaux de protection du handicap au Mali

Abdoul Karim TRAORE
Doctorant en droit

Résumé : L'Etat du Mali ayant ratifié les instruments internationaux de protection des droits de l'homme de la personne en situation de handicap se retrouve dans une obligation de mettre en place une législation nationale en la matière. Des efforts importants ont été faits, il reste à créer les conditions de mise en œuvre de cette nouvelle législation. Toutefois des défis subsistent tels que manque de ressources pour une meilleure application, la nécessité d'une sensibilisation accrue pour assurer une inclusion totale et le renforcement de la coopération internationale pour une effectivité des mécanismes de protection existants.
Mots clés : Handicap ; protection juridique ; protection sociale ;

Introduction

Au Mali, la pauvreté est plus exacerbée en milieu rural (75,9%) qu'en milieu urbain (30,1%)[1]. Elle touche plus les femmes que les hommes. En ce qui concerne les personnes en situation de handicap, elle est encore plus accentuée du fait de la position de vie quasiment en marge de la société. La faible jouissance des droits fondamentaux reconnus avec la pauvreté et la marginalisation restent les traits caractéristiques de la personne vivant avec un handicap. Toutes choses contraires à l'esprit de la constitution et des conventions internationales ratifiées.

De nos jours, à peu près 15 % de la population mondiale sont concernés par les différentes formes du handicap. Les Nations Unies, estiment qu'il y a 600 millions de personnes handicapées dans le monde et que l'immense majorité d'entre elles, plus de 75% vit dans les pays en développement[2].

En 2023, les résultats du Recensement Général de la Population et de l'Habitat (RGPH 5) donnent une population estimée à 22.395.489 avec 49,7% de femmes soit 11.138.934 et 11.256.555 hommes avec un total de 162.689 personnes vivant avec un handicap majeur qui correspond à 0, 8% de la population totale. Les hommes sont plus touchés avec 55,9% (90. 910) que les femmes (71.779) soit 44,1%[3]. En ce qui concerne la répartition des personnes vivant avec un handicap

[1] *Enquête malienne d'évaluation de la pauvreté 2001 annexe1 P.43 ;*

[2] *Handicap International (HI) Mali, Rapport de l'étude synthétique et comparative des cadres législatifs nationaux et Internationaux sur les droits des Personnes Handicapées au Mali, P.4 ;*

[3] *Recensement général de la population et de l'habitat (5eme RGPH), Institut National de la Statistique(INSTAT), Bureau Central du Recensement (BCR) résultat globaux, Novembre 2023, tableau 13 consacré aux personnes vivant avec un handicap majeur, dans ce tableau, la région de Douentza a le plus faible taux de femmes vivant avec un handicap majeur soit 40, 2 % et Mopti avec 47, 6% concentre le taux le plus élevé de femme en situation de handicap majeur P.39;*

majeur sur le territoire national, Bamako abrite le taux le plus élevé soit 17,2 % contre 10 % à Ségou et le plus faible taux est enregistré à Taoudéni avec 0,3%[4]. Au vue des ses statistiques, les personnes vivant un handicap constituent une partie non négligeable de la population globale. Pour un développement harmonieux de l'ensemble et pour le respect des droits fondamentaux de chacun, les politiques publiques de développement socio-économique doivent être inclusives et intégratrices de la notion de handicap.

Nous nous accordons avec le juge Keba MBAYE, pour dire que le respect des droits de l'homme passe nécessairement par l'existence à l'intérieur des Etats des mécanismes de sensibilisation et de connaissance pour une meilleure appropriation des droits. Comme souligné par le Docteur Mutoy MUBIALA, « *l'exercice d'un droit suppose au préalable sa connaissance* ». Dès lors, le respect des droits de l'homme implique une large vulgarisation des Conventions internationales relatives aux droits de l'homme. En outre, la Charte africaine des droits de l'homme et des peuples fait de la promotion des droits de l'homme une obligation des États qui consiste à assurer le respect de la Charte par des activités d'enseignement, d'éducation et de diffusion[5]

La personne vivant avec un handicap a droit à une assistance adaptée et à des mesures particulières de protection sociale. En se conformant aux dispositions de la loi relative aux droits des personnes vivant avec un handicap 2018-027. L'article 25 de la déclaration universelle des droits de l'homme de 1948 a prévu une protection sociale pour tous. Faut-il souligner que le Mali a souscrit à la politique de protection sociale de l'Union africaine adoptée par les ministres africains à Windhock (Namibie) en 2008.

Où trouver les handicapés ?

« *Ils ne sont pas assez éloignés pour ne pas les voir, ni assez étrangers pour les oublier. Pas assez proches pour les reconnaitre, ni assez familiers pour écrire avec eux une histoire commune. Si on les croise ici et là, on tourne parfois la tête, on regarde ailleurs ou on les observe de loin, tels des passants spéciaux ..., marginalisés, relégués...* »[6] Une description exacte du handicap, force est de constater qu'elle reste d'actualité au XXIème siècle. Selon la Convention relative aux droits des personnes handicapées (CDPH), la personne vivant avec un handicap ne doit pas être perçues comme une personne de seconde zone. Au contraire pour la CDPH, elle jouit de tous les droits humains consacrés au même titre que son semblable bien portant.

L'article L 114 du code de l'action sociale et des familles en France définit en ce sens : *« Constitue un handicap, au sens de la présente loi, toute limitation d'activité ou restriction de participation à la vie en société subie dans son*

---

[4] *Ibid ;*

[5] Habib Hermann MOUKOKO, *L'ONU et la promotion des droits de l'homme en Afrique. Le cas de l'Afrique subsaharienne francophone, Thèse, mai 2016, Université de Caen-Normandie, P.28 ;*

[6] Idrissa DIOP, *Communication sur Handicap et Représentations Sociales en Afrique Occidentale, Centre Talibou Dabo, Dakar P.2 ;*

environnement par une personne en raison d'une altération substantielle, durable ou définitive d'une ou plusieurs fonctions physiques, sensorielles, mentales, cognitives ou psychiques, d'un polyhandicap ou d'un trouble de santé invalidant. »

La loi relative aux droits des personnes vivant avec handicap (LDPH) reprenant la définition de la CDPH a comme objectif, la pleine participation de tous à la société sans discrimination et sur la base de l'égalité : « *Est personne vivant avec un Handicap, toute personne qui présente une incapacité physique, mentale, intellectuelle, sensorielle durable, dont l'interaction avec diverses barrières peut faire obstacle à sa pleine et effective participation à la société sur la base de l'égalité avec les autres* ». (art 4 de la loi n° 2018 -027 du 12 juin 2018).

Cette loi fait de la personne handicapée, une personne diminuée dans ses facultés mentales, corporelles ou sensorielles. Infirme, invalide, incapable, aliéné. Tirant sa légitimité de la constitution promulguée du 22 juillet 2023, elle s'engage dans son préambule à garantir le respect des droits humains pour la personne vivant avec un handicap consacrés par les traités et accords sous- régionaux et internationaux signés et ratifiés par le Mali; (alinéa 18). Dans cette démonstration, nous nous intéresserons surtout aux formes de handicap reconnues par la fédération malienne des personnes handicapées (FEMAPH)[7] et non faire une référence sur « *le handicap qui soit une question de circonstance* »[8] comme c'est le cas en France depuis la loi de protection de 2005 et ailleurs en Europe.

Pour ce qui concerne les perceptions sur le handicap, nous avons voulu mettre en avant celles de l'Organisation Mondiale de la Santé, de la CDPH, la vision anthropologique sur la question également la conception des droits de l'homme dans la doctrine onusienne.

L'Organisation Mondiale de la Santé (OMS) met l'accent sur l'incapacité qui découle des déficiences en ces termes : Le handicap est « *le résultat d'une interaction entre les déficiences physiques, sensorielles, mentales ou psychiques entraînant des incapacités plus ou moins importantes, qui sont renforcées en raison d'un environnement inadapté ou inaccessible* »[9]

Le courant anthropologique, quant à lui considère le handicap comme « la résultante de la confrontation d'un être humain avec ses capacités et de son

---

[7] *La FEMAPH, Il existe 467 organisations de personnes handicapées sous la dénomination (OPH), dont 19 affiliées à la FEMAPH avec deux(2) membres associés. La structure faitière est déconcentrée du niveau national, régional et local où elles partagent leurs expériences et leur savoir-faire. Cinq catégories de handicap : moteur, auditive et muet, visuel, polyhandicap et maladies handicapantes (Rapport Initial et Périodique du Mali sur la mise en œuvre de la Convention des Nations Unies relative aux Droits des Personnes Handicapées, 2008-2018. P.9).*

[8] *NDeye Astou N'DIAYE, Les instruments juridiques et les constructions sociales dans la protection des minorités au Sénégal. Actes du colloque international organisé à Dakar les 8 et 9 Juillet, 2021, sous la direction de Abdou AZIZ Daba KEBE, Sidy Alpha NDIAYE et Boubacar BA, Sénégal L'Harmattan, P.364,*

[9] *François CHAPIREAU, La Classification Internationale du Fonctionnement, du Handicap et de la Santé, Fondation Nationale de Gérontologie P.3 ;*

environnement avec ses exigences ». Au plan doctrinal, certains puristes de la langue française reprochent au mot handicap son origine anglaise.
Qu'en est-il du concept droit de l'homme?
Selon les propos de Jean Marc MAILLOT « *l'expression droits fondamentaux, souvent assimilée à celle des droits de l'homme, désigne donc, au sens le plus strict, un noyau de droits essentiels et inaliénables de la personne humaine, valables en toute circonstance, sans possibilité de dérogation* »[10].
A y voir de prêt on constate que les droits de l'homme recouvrent deux significations. Il désigne d'abord un possessif : les droits que l'homme possède du fait de sa seule existence, qui lui sont « *inhérents* », « *naturels* » et recouvrent les deux composantes de la personne, le corps et la pensée. Il désigne ensuite un relatif : les droits qui se rapportent à l'homme, extérieurs à la personne mais concernant les conditions estimées bienfaisantes à son existence même s'ils ne sont pas impérativement vitaux[11]. Faut-il souligner que la reconnaissance des droits humains n'est l'apanage d'aucune race, d'aucune civilisation et n'est liée à aucun sexe encore moins à un statut.
Nous pensons dans l'ensemble que les instruments et accords internationaux consacrent et restituent la dignité, les droits et libertés fondamentaux reconnus à tous y compris les personnes en situations de handicap physique, sensoriel et mental. Cela n'a pas toujours été ainsi.
Dans cette étude, nous voudrons nous intéresser aux aspects juridiques et sociaux des mécanismes de protection du handicap.
Les mécanismes contenus dans les instruments de traduction ont-ils été mis en place, sont- il fonctionnels ?
En termes de méthodologie, nous avons adopté une approche basée sur l'exploitation des ouvrages généraux de droit, des rapports d'études, des revues et articles scientifiques ayant trait à la protection sociale et au handicap en intégrant l'exploitation des politiques publiques du domaine.
Sans occulter l'entretien avec les acteurs du secteur public et privé dont les membres des organisations et association de défense (OPH) des droits de l'homme de la personne vivant avec un handicap.
Pour avoir une vue d'ensemble sur les droits humains et les mécanismes de protection du handicap au Mali, nous allons traiter dans une première partie, la présentation des mécanismes de protection du handicap pour enfin aboutir à une évaluation des mécanismes de protection du handicap dans une seconde partie.

I.Présentation et connaissance des mécanismes classiques de protection du handicap

Les droits humains sont un ensemble de garanties juridiques, indivisibles, interdépendantes et universelles, qui protègent les personnes contre les actions et

---

[10] *Abraham BENGALY, La protection Juridictionnelle des droits de l'homme, éd. l'Harmattan -Mali, 2015 P.20 ;*

[11] JACQUES MOURGEON *QUE SAIS-JE ? Les droits de l'Homme Professeur Université de Toulouse I P.4;*

les omissions contraires aux libertés fondamentales, aux droits et à la dignité humaine. Plusieurs normes s'attachent à protéger les droits des personnes susceptibles de présenter un besoin de protection particulier ou une vulnérabilité particulière. Il en est ainsi de la Convention relative aux droits des personnes handicapées(CDPH), les conventions du BIT, les conventions de Genève, la charte africaine des droits de l'homme et des peuples, la loi 2018-027 du 12 juin 2018 au Mali visant à accorder une protection particulière aux personnes vivant avec un handicap.

Pour la CDPH, il s'agira de faire en sorte que les Etats parties respectent les droits humains consacrés pour tous dont celui à la vie, à la santé, à l'éducation, à l'emploi, au travail, à l'accessibilité et les libertés publiques.

Nous traiterons de **la connaissance des mécanismes classiques** d'une part et **le mécanisme de protection des droits humains dédiés aux femmes rurales en position de handicap** d'autre part.

A.Connaissance des mécanismes classiques

Le terme « handicap » provient du vocable anglais « hand in cap », qui signifie littéralement « main dans le chapeau ». Avec le temps le mot a commencé à décrire une situation d'inégalité, négative et défavorisée. Le terme Handicap, dans son sens figuré, était déjà usuel en Grande-Bretagne dans les années 1930 puisqu'il figure dans le titre d'un ouvrage sur les Sourds en 1938. Pierre OLÉRON consacra un ouvrage au «*sourd-muet*» et publié en 1950 à PARIS, dans lequel il utilise, à plusieurs reprises, le terme «handicap" et "handicapés" "handicapés physiques " "handicapés mentaux" : C'est ainsi qu'on retrouve le mot en 1963 dans l'ouvrage d'Erwing GOFFMAN "Stigmates" écrit aux Etats-Unis.

Il faut signaler que dans nos sociétés traditionnelles, il n'existait aucune structure formelle pour la prise en charge, l'intégration et la protection de la personne handicapée. Malgré l'absence de structures formelle, les rédacteurs de la charte de « Kurukan Fuga », en 1236, avait déjà le souci de la protection des droits de l'homme, l'Enoncé n°5 de la charte disait ceci « *Chacun a droit à la vie et à la préservation de son intégrité physique* ».

Les Handicapés « loudjouratwos» c'est l'appellation consacrée, étaient soient gardés dans les concessions (pour les infirmes) à défaut ils étaient acceptés autour des lieux de cultes (mosquées, églises) pour les non-voyants, les handicaps physique et ceux blanchis de lèpres. Pourtant le préambule de la constitution de l'Organisation Mondiale de la Santé signé en 1946 avait déjà proclamé que la possession du meilleur état de santé est un des droits fondamentaux de tout être humain… OU en sommes-nous? En février 1968, le décret N° 44/PG du 22 fév. 1968 portant règlementation des Secours introduit la notion d'assistance aux plus démunis.

Dans l'antiquité, les personnes handicapées, et particulièrement les enfants, étaient totalement exclus de la société. Considérés comme impurs ou victimes d'une malédiction divine, certains étaient tués dès la naissance, ou utilisés par des mendiants qui accentuaient le handicap pour mieux attirer la compassion. « *Une catégorie de personne le plus souvent ignorées, ou suscitant la fascination d'autrui de part sa relation soi-disant privilégiée avec le divin.* » Au XVIIIème siècle, des auteurs se sont fait entendre sur le respect des droits pour les personnes vivant avec un handicap. Parmi eux l'on peut citer :

« Diderot (1713-1784), un des plus grands philosophes de ce siècle qui publia des essais cherchant à démontrer l'égalité des esprits pourvu qu'on leur consacre suffisamment d'instruction et d'éducation,

L'Abbé de l'Épée (1712-1789), fonda une école pour les sourds-muets et inventa des signes méthodiques pour leur permettre de communiquer.

Valentin Haüy (1745-1822), fonda de son côté l'instruction des jeunes aveugles et inventa des caractères en relief pour leurs ouvrir l'accès à la lecture.

- Au Mali, la prise en charge des personnes avec un handicap,

La 1ère épidémie de poliomyélite à Bamako a été constatée au cours de l'année 1959. Ont été mis en place le 1er centre privé de rééducation fonctionnelle pour enfants victimes de la polio en 1963 et le 1er centre public de traitement à Bamako (Soundiata). C'est le point de départ de la création de plusieurs Organisations des Personnes Handicapées regroupées à la Fédération Malienne des Associations de Personnes Handicapées(FEMAPH), créée elle-même en 1982. Pour le respect des droits de la personne vivant avec un handicap, la FEMAPH coordonne les actions et joue le rôle d'interface entre l'Etat et ses partenaires et les associations et organisations des personnes vivant avec un handicap (OPH). Dans la seconde partie, il es opportun d'étudier également les mécanismes dédiés aux femmes doublement vulnérables (handicapées et vivant en campagne)

B.Le mécanisme de protection des droits humains dédiés aux femmes rurales en position de handicap

Au Mali, la protection des personnes vivant avec un handicap constitue une préoccupation nationale comme en attestent les recommandations et conclusion des assises et foras nationaux organisés depuis près d'une décennie. Les conclusions de ces foras n'ont pas manqué de souligner les droits et les mesures particulières de protection de ce groupe fragile que constitue les personnes en particulier des femmes et des enfants vivant avec un handicap. De la Conférence d'entente nationale (CEN) au dialogue inter malien (DIM) en passant par le dialogue national inclusif (DNI) et les Assises nationales de la refondation (ANR), les recommandations pertinentes ne manquent pas[12].

---

[12] *En effet la thématique N° 3 du DNI, qui porte sur la gouvernance, à court terme, au point 6 met l'accent sur l'application des conventions et traités internationaux ratifiés et les lois nationales relatives à l'égalité homme - femme, et celles des personnes vivant avec un handicap ; le point 7 recommande d'adopter les textes pour mieux protéger les femmes, les enfants, les personnes vivant avec un handicap et les personnes âgées en période de conflit; Quant aux recommandations 12 portant le développement rural des Assises nationales de la refondation, propose d'appliquer les dispositions de la loi sur le foncier agricole attribuant*

En droit, le principe de la non-discrimination et son corollaire le principe d'égalité, sont consacrés par le préambule, le paragraphe 3 de l'Article premier et l'Article 55 de la Charte des Nations Unies (1945), et le paragraphe 1 de l'article 2 de la Déclaration universelle des droits de l'homme (1948) qui interdisent toute discrimination. Les autres instruments tels que la Déclaration universelle des droits de l'homme, en son article 7 et l'article 23 paragraphe 2, le Pacte sur les droits économiques, sociaux et culturels (1966), en son article 2 paragraphe 2 et le Pacte international relatif aux droits civils et politiques (1966), qui consacre dans son article 26 le droit à une égale protection de la loi et prévoit à cet égard que la loi doit garantir à tous une protection égale et efficace contre toute discrimination[13].

Le taux de pauvreté reste élevé et semble même avoir une tendance à l'augmentation, 43.6% en 2010 et 46.9% en 2014. Il persiste des disparités notables entre milieux, entre régions et entre communes en matière de pauvreté. En 2014, l'incidence de la pauvreté était de 52.8% en milieu rural, 11.1% à Bamako et 46.6% dans les autres communes urbaines. De même, la pauvreté sévit plus dans certaines régions administratives que d'autres.[14]

Pour la situation des femmes, nous allons nous intéresser à certaines régions du Mali dont Koulikoro, Sikasso et Ségou.

Pour Koulikoro et le cercle de Kati, où la majorité des femmes sont ménagères et non pas de travail rémunéré. Sur 200 personnes enquêtées représentantes des associations de développement communautaire et d'élus locaux, il n'y a que 9 neuf associations qui ont parmi leurs membres des personnes vivant avec un handicap[15].

Pour la région de Sikasso, 80% des centres de santé ont déclaré disposer de personnels formés pour répondre aux besoins des personnes vivant avec un handicap contre 29% et 17% respectivement pour le district de Bamako et la région de Ségou[16].

---

aux moins 15% des terres agricoles aux groupes vulnérables dont les femmes, les jeunes et personnes vivant avec un handicap ;

En outre, la recommandation N°39 du dialogue inter malien (DIM), tenu en Mai2024, demande au niveau des questions politiques et institutionnelles, d'accroitre la représentativité des femmes, des jeunes et des personnes vivant avec handicap dans les prises de décisions ; les recommandations N°52 prévoit de promouvoir l'entreprenariat des femmes, des jeunes et des personnes vivant avec un handicap afin de freiner l'exode rural et de contribuer à l'émergence de nouveaux pôle de développement économique.

[13] *Etude sur la double discrimination des femmes au Mali-cas du Cercle de Kati - région de Koulikoro, P.28 et 29 ;*

[14] *Etude sur la double discrimination des femmes au Mali-cas du Cercle de Kati - région de Koulikoro, P.28 ;*

[15] *Ibid ;*

[16] *Besoins et accès des Personnes vivant avec handicap aux services de santé de la reproduction/Planification familiale et de prévention/Protection contre les violences basées sur le genre au Mali (Rapport Provisoire) Juin 2022 ; Observatoire Nationale du Dividende Démographique (ONDD)- Fonds des Nations Unies pour la Population (UNFPA) P.36;*

Il ressort également des résultats d'analyse de données d'enquête menée dans les deux régions et le district de Bamako sur la santé de la reproduction qu'un (1) centre de santé et de prise en charge des violences basées sur le genre sur 2 (54%) dispose d'infrastructures adaptées au statut des personnes vivant avec handicap (rampes d'accès, fauteuils, dispositifs visuels…) dans la région de Ségou contre seulement 2 sur 5 (44%) dans le district de Bamako et seulement 1 sur 5 (22%) dans la région de Sikasso[17].

Les filles et femmes dont 53% des zones d'enquête de l'étude ci-dessus mentionnée notamment Bamako, Ségou et Sikasso interrogées déclarent n'avoir reçu aucune instruction. Les femmes en situation de handicap surtout celles rurales sont doublement handicapées car tout d'abord vivant dans des environnements physique hostiles, conditions de vie précaire et bénéficiant difficilement des opportunités offertes en grande ville en termes de soins, d'éducation, formation professionnelle, de financement et même de moyens d'accessibilité physique et environnementale (cercles, communes rurales) dont les habitants sont peu imprégnés du respect des droit fondamentaux reconnus à l'ensemble des êtres humains y compris aux femmes. Egalement vivant avec des déficiences physiques mentales, intellectuelles et sensorielles, les femmes handicapées, sont victimes de nos jours de préjugés défavorables. Le droits fondamentaux y compris à la non-discrimination, encore à l'emploi ou aux loisirs sont peu ou pas du tout respectés. Le respect de la santé de la reproduction pour les femmes en position de handicap peu connu car les conditions minimales restent à réunir notamment dans les centres de santé, insuffisance de la prise en compte de la dimension handicap dans les salles d'accouchement (spécialiste en communication en langue de signe, table expressément aménagée pour femme vivant avec un handicap et de petite taille) or la loi 2018-027 stipule en son article 24 que « *les services et équipement sociaux de base mis à la disposition du public doivent être adaptés aux besoins des personnes vivant avec un handicap* ». D'autre part la politique nationale genre de 2015[18] et la loi d'Orientation Agricole[19] restent des instruments juridiques de premier plan mettant la protection

---

[17] *Besoins et accès des Personnes vivant avec handicap aux services de santé de la reproduction/Planification familiale et de prévention/Protection contre les violences basées sur le genre au Mali (Rapport Provisoire) Juin 2022 ; Observatoire Nationale du Dividende Démographique (ONDD)- Fonds des Nations Unies pour la Population (UNFPA) résumé exécutif IX;*

[18] *Loi 052 du 18 décembre 2015 instituant des mesures pour la promouvoir du genre ;*

[19] *Loi n°06 -045 du 5 septembre 2006 portant loi d'orientation agricole. Notamment au niveau de son art 2 qui dispose que le secteur de l'Agriculture concerne l'ensemble des activités économiques du secteur agriculture, et péri agricole dont l'agriculture, l'élevage, la pêche et la pisciculture, l'aquaculture, la chasse, la foresterie, la cueillette, la transformation, le transport, le commerce et distribution et autres. L'article 8 précise que la politique du développement agricole vise à assurer la promotion des femmes du secteur Agricole. Et l'art 10 fixe les objectifs généraux dont la promotion économique et sociale des femmes des jeunes et des hommes en milieu rural et péri-urbain. Art 24 L'Etat privilégie l'installation des jeunes, des femmes et des groupes vulnérables. Art 119 : l'Etat met en place un fonds national de*

de la femme rurale dans sa globalité incluant celles vivant avec un handicap au cœur du dispositif et l'objectif à atteindre pour un développement harmonieux du territoire. A cette fin, les conditions d'autonomisation de la femme en général et de la femme rurale sont mises en avant notamment par le financement en leur endroit des activités génératrices de revenus (AGR) par les services de l'Etat en accord avec les partenaires techniques et financiers(PTF). Le fonctionnement des mécanismes de protection juridique fera l'objet de la deuxième partie de cette étude.

II.Le fonctionnement des mécanismes nationaux de protection juridique :

En effet au nom de l'esthétisme, on croyait que laisser vivre trop d'enfants « différents » pouvait menacer l'espèce humaine. Platon, Aristote et Cicéron préconisaient l'infanticide ou l'eugénisme pour les enfants « déformés »[20]. Pour Cicéron, la préservation de la « race » impliquait de ne pas laisser la vie aux enfants nés « contrefaits ». On ne pouvait accorder la citoyenneté romaine à ces personnes[21].

Qu'est-ce qu'un mécanisme de protection ? Quelle est la portée ? Quel est l'objectif visé par un mécanisme de protection ? Les réponses à ces questions nous aideront à mieux appréhender ce concept.

L'ensemble des institutions, des organes, des politiques publiques et des textes juridiques qui contribuent à organiser, à donner un statut à un phénomène peuvent être considères comme un mécanisme juridique. Il apparait en conséquence opportun d'opérer une évaluation concernant ces outils, voir **leurs forces** et **les insuffisances** en ce qu'ils sont.

La protection juridique : Des textes de lois ont été produits au plan international (mondial et régional) également au plan national, votés en vue de la promotion des droits des personnes en situation de Handicap. La convention relative aux droits des personnes Handicapées (CDPH) votée en Mars 2008 à la suite de la ratification d'une vingtaine de pays est le document de référence mondiale pour une meilleure et souhaitable protection à l'endroit des personnes en situation de handicap. La protection sociale : Elle est définie comme l'ensemble des mesures par lesquelles la société (Etat) entend protéger tous les citoyens y compris les personnes en situation de Handicap contre les risques sociaux. Elle englobe la sécurité sociale, l'aide sociale, l'action sociale et la mutualité sociale. La protection pour cette communication aura deux composantes celle juridique et l'autre sociale.

---

développement agricole destiné à la facilitation de l'accès aux crédits Agricoles et péri Agricoles

[20] *Philippe TREMBLAY, Inclusion scolaire, dispositifs et pratiques pédagogiques, de Boeck éducation s.a, 2012, P.14;*

[21] *Ibid., P.14;*

A.Points forts des mécanismes de protection du handicap

Des initiatives pas les moindres ont sans nul doute boosté la dynamique de protection du handicap à travers le monde en particulier au Mali. La mise en place des associations de défense des droits de l'homme en général AMDH, CNDH, des cliniques juridiques pour faciliter l'accès des plus démunis aux cours et tribunaux, des organisations et associations des personnes handicapées (OPH). Particulièrement les événements historiques du 26 Mars 1991 vont constituer un nouveau pas dans l'affirmation de l'action sociale avec la création d'un Secrétariat d'État à l'action Sociale et à la promotion de la Femme. L'élaboration en 1993 de la politique nationale de solidarité.

La ratification des conventions et accords internationaux sur la protection et la promotion des droits au profil des couches vulnérables; l'appropriation et la célébration de la journée internationale des droits des personnes vivant avec un handicap, le 3 Décembre de chaque année. Une création malienne, le mois de la solidarité et de la lutte contre l'exclusion dont une semaine consacrée à la protection et à la promotion des droits pour les personnes vivant avec un handicap aussi tout récemment l'inscription de la protection du handicap dans la nouvelle constitution;

La domestication en d'autres termes la traduction dans la législation nationale des instruments internationaux notamment la CDPH et la convention 159 OIT adopté le 20 juin 1983. Egalement la volonté affichée de recrutement à titre exceptionnel dans la FP avec l'octroi d'un quota de 15% aux OPH inscrit dans la loi 2018-027 ; L'existence de cadres institutionnel, législatif, règlementaire et de mécanismes de protection; La nomination des représentants des OPH dans les organes de la transition politique (CNT); loi d'Orientation de la sante avec notamment une politique de prévention, de dépistage et de traitement des maladies handicapantes prévues sont quelques avancées remarquable en matière de protection du handicap;

Institutionnalisation du mois de la solidarité et de la lutte contre l'exclusion chaque année, bon an mal an avec au programme une semaine dédiée aux personnes vivant avec un handicap pendant laquelle des activités de promotion et de protection du handicap avec à l'appui dans chaque région et le district des dons de matériels et fournitures pour l'auto emploi; dont de motos et tricycles en vue de faciliter l'accessibilité ; financement d'AGR surtout au bénéfice des femmes et des jeunes filles[22]. Existence de mécanisme de justice transitionnelle pour les

[22] De 2008 à nos jours 2023, 290 personnes handicapées ont été recrutées à titre exceptionnel par la Fonction publique et l'INPS[22]. (*Ainsi, de 2008 à 2018, 290 personnes handicapées ont été recrutées à titre exceptionnel par la Fonction publique et l'INPS, Rapport Initial et Périodique du Mali sur la mise en Œuvre de la Convention des Nations Unies relative aux Droits des Personnes Handicapées, 2008-2018. Le présent rapport a été élaboré par le Comité Interministériel d'Appui à l'Elaboration des Rapports Initiaux et Périodiques de mise en œuvre des Conventions ratifiées par le Mali (CIMERAP), créé par Décret n°09-049/PM-RM du 12 février 2009, P.18).* Dans le cadre des activités de promotion rentrant dans le cadre du mois de

victimes mutilés des crises sécuritaires qui ont sévi en 2012 et bien avant, notamment la Commission Vérité, Justice et Réconciliation (CVJR);
Rôle de coordination et de protection par la faitière des associations et la mise en place des OPH spécialisées avec parfois des instituts de formation en leur sein;
Existence d'Organisations et de structures de droit de l'homme et de veille;

- La charte des Nations Unies de juin 1945 avec le texte de San Francisco instituant les Nations Unies;
- La déclaration Universelle des droits de l'homme 10 décembre 1948;
- L'adoption des objectifs du développement durable (ODD) pour 2030;
- L'adoption au niveau international par l'assemblée générale des NU le 13 décembre 2006 et la ratification par le Mali de la CDPH;
- La ratification de la convention dont celle 159 0IT sur la réadaptation professionnelle et l'emploi des personnes en situation de handicap;
- La ratification de la charte Africaine des droits de l'Homme et des peuples de juin 1981;

Au plan institutionnel et législatif, des avancées sont à noter dont la mise en place de :

- Le plan d'action de la décennie africaine des personnes en situation de handicap 1999-2009; 2010-2019;
- L'existence d'une direction nationale sur l'éducation spéciale dédiée à l'encadrement de des enfants à besoins spécifiques ;
- L'adoption de la politique nationale de la solidarité;
- L'application de la politique nationale de la protection sociale;
- La reconnaissance de la ratification de la convention de Genève sur la protection des populations civiles dans les situations d'urgence humanitaire;
- L'opérationnalisation de la Commission Nationale des Droits de l'Homme(CNDH) qui veille particulièrement au respect des droits catégoriels dont celui des PSH avec des rapports périodiques sur l'évolution de leurs respects;
- La mise en place de la loi relative aux Droits des Personnes Handicapées (LDPH) de juin 2018 et son décret d'application publié en Juillet 2021.

Toutes choses qui auraient dû être des avancées incontestables pour une protection juridique et sociale à hauteur d'attente pour la personne vivant avec un handicap sauf que des réglages restent en attente. Comme l'a si bien indiqué dans sa thèse en 1992, Claude HAMONET, dans le cadre de la redynamisation des actions en faveur des personnes handicapées, en rejoignant H. J. STIKER, que le mot handicap est véritablement porteur d'une nouvelle démarche que nous avons appelée "positive"; il est porteur d'espoirs pour les personnes handicapées car plus propice à leur intégration.

---

la solidarité et de la lutte contre l'exclusion 2023, 69 projets sont en train d'être réalisés pour les personnes vivant avec un handicap pour 130 emplois directs crées.

B.Points à améliorer des mécanismes nationaux de protection du handicap

La Convention n'a pas comme objectif de créer des droits spécifiques pour une certaine catégorie de personnes mais bien d'assurer aux personnes handicapées la jouissance effective des droits fondamentaux garantis à tous par d'autres instruments internationaux.

En termes d'insuffisances : « *En dépit de la ratification de certains instruments internationaux et régionaux sur les droits des personnes handicapées, le Mali a mis du temps avant l'adoption d'un texte spécifique sur les droits des personnes handicapées et les textes nationaux existants ne sont pas adaptés à ces instruments internationaux de défense et de promotion des droits des personnes handicapées. Or, il faut une adaptation de nos textes nationaux en vue d'une effectivité de ces instruments internationaux et régionaux ratifiés…* »

Aussi il existe très peu de données officielles sur les personnes handicapées. Les personnes handicapées motrices (36,55%) et visuelles (31,31%) sont plus nombreuses de la population vivant avec un handicap. Les autres types de handicap ont des proportions variant de 11,1% chez les personnes handicapées auditives, mentales (6,92%), polyhandicap (5,43%), bègue (4,73%), albinos (2,28%), personnes de petite taille (1,69%)[23].

L'une des grandes dynamiques porteuse d'espoirs pour les personnes vivant avec un handicap demeure notamment le début d'application de la loi de protection avec son décret d'application de 2021. En effet ces instruments ont prévu des cadres, des organes, des outils qui s'ils avaient vu le jour, aurait sans nul doute une efficacité avérée dans la protection. Parmi ses mécanismes on peut affirmer sans se tromper que la production et la mise en circulation de la carte d'invalidité aurait pu être un apport de taille dans la jouissance des droits affirmés. Le processus de reconnaissance des droits ayant commencé, l'adoption et la mise en circulation de la carte d'invalidité aurait pu être un signal important pour la reconnaissance et le respect des droits qu'elle garantit et promeut. Un symbole pour les personnes vivant avec un handicap qui corroborerait et traduirait dans la pratique la reconnaissance des dits droits. Il aurait fallu aux services de l'Etat et

---

[23] *Le Système d'information sociale(SISo) est fourni par les services techniques en charge du développement social, traité dans le rapport de l'étude de base sur la situation des personnes vivant avec un handicap au Mali, une étude menée en 2021 par l'ODHD/LCP. Le SISo est l'une des principales sources de données sur la situation sociale de la population ; ces données sont collectées au niveau des différentes régions du pays ainsi que du District de Bamako. Cet annuaire, qui est publié chaque année, comporte les données collectées auprès de la Direction Nationale du Développement (DNDS), de la Direction Nationale de la Protection Sociale et de l'Economie Sociale (DNPSES), de la Direction Nationale de l'Hydraulique (DNH) et de la Direction Générale de la Santé et de l'Hygiène Publique (DGSHP) et de leurs services déconcentrés. Etude de base sur les personnes vivant avec un handicap au Mali, avec un focus sur les enfants de 0-17 ans, Observatoire du Développement Humain Durable et de la Lutte contre la Pauvreté(ODHD/LCP) 2021, P.53 ; http://www.odhd-mali.org/uploads/RT_2021_Etude_de_base_sur_les_personnes_vivant_avec_un_handicap_au_Mali.pdf téléchargé le 5/2/23;*
P.58.

les structures non étatiques de s'inscrire dans la dynamique de reconnaissance. L'autre point important dont nous avons voulu traiter est la non opérationnalisation du comité de suivi des droits des personnes vivant avec un handicap qui est un cadre de suivi du respect des droits. S'il avait vu le jour, il serait également d'un grand apport pour voir l'intégration de la dimension handicap dans les politiques publiques de développement. Aussi il aurait permis d'évaluer avec des indicateurs précis le respect des droits, constater les avancées et les insuffisances dans cette dynamique de la mise en œuvre effective des mécanismes de protection d'une manière générale y afférentes et la loi de protection.

Autres choses à signaler en termes de points à améliorer, il s'agit de mener des études pour connaitre le niveau de performance ou d'insuffisances des personnes handicapées diplômés recrutées par la fonction publique. Pour celles là depuis les premières années de recrutement à titre exceptionnel, constater le niveau de performance des personnes vivant avec handicap dans leurs postes, connaitre les besoins de renforcement de capacités si possible, suivre et évaluer la carrière professionnelle. IL faut signaler à ce niveau l'absence de mécanismes normatif et institutionnel de suivi évaluation et de la progression de la carrière professionnelle des personnes citées. Un quota de 15% des diplômés ayant fait le concours et obtenu une moyenne de 10 est réservé aux associations de personnes vivant avec un handicap qui est prévu dans la loi 2018-027 et son décret d'application, il faut le signaler sans un acte réglementaire d'application. Le quota en permettant de corriger une injustice envers les OPH, crée de la frustration car ne permettant pas à tous les diplômes en situation de handicap de postuler. En effet les diplômés en situation de handicap dont les corps de recrutement ne sont pas prévus dans l'avis du concours ne peuvent postuler quand bien même ils répondent aux critères ; le simple fait que leur profil de formation n'est pas pris en compte dans les domaines pourvus par le concours de la fonction publique les prive d'emblée d'être recrutés. Exemple : un concours qui ne prévoit pas dans son avis de lancement le profil de science de l'éducation, des sociologues dans le corps de recrutement, exclu d'emblée les détenteurs des dits diplômes en situation de handicap. Egalement absence d'études sur l'auto emploi, le financement d'activités génératrices de revenus(AGR) au bénéfice des personnes en situation de handicap, sont quelques insuffisances à corriger. Evaluer l'apport des activités du mois de la solidarité en termes de protection sociale et de promotion des droits depuis son démarrage dans les années 1993 à nos jours, restent des insuffisances à corriger pour une meilleure mise en œuvre des mécanismes.

D'autres insuffisances, pas des moindres sont l'absence d'information et de vulgarisation des textes protection sur le handicap; aussi l'absence de base des données officielle sur le handicap;

Il faut signaler la non opérationnalisation des comités de Réadaptation à base communautaire au niveau des communes (RBC) parfois transformer en organisation de personnes handicapées (OPH) ;

Absence de ligne budgétaire dédiée au financement du handicap pour les collectivités Territoriales sont à revoir;
Faible inclusion du handicap dans la politique du genre de 2015, à ce niveau des évaluations autour de cette politique qui ont commencé en 2018 permettraient de prendre en compte la dimension handicap;
Non financement du plan stratégique du département pour la promotion socio économique des personnes vivant avec un Handicap 2015-2024, une évaluation s'impose pour voir « *le goulot d'étranglement* » afin d'y apporter des correctifs qui s'imposent, il s'agit essentiellement d'aller vers la concrétisation des besoins stratégiques; dans une vision globale, des assises sont tenues pour réfléchir sur rapport alternatif de la mise en œuvre de la CDPH par l'Etat du Mali, elles ont permis à la faitière et ses partenaires d'examiner les difficultés dans sa mise en œuvre.
L'une des difficultés, est l'absence de la structure qui sera chargée de la mise en œuvre de la loi de protection des personnes vivant avec un handicap tant réclamée par le premier responsable de la FEMAPH[24];

Conclusion

Des efforts importants ont été déployés par l'Etat et ses partenaires pour un mieux-être des personnes vivant avec un handicap en l'occurrence l'élévation de la question du handicap au niveau de la constitution, clairement inscrite dans le préambule. Une avancée notoire incontestable est l'adoption de la loi relative aux droits des personnes vivant avec un handicap et son décret d'application. *Les statistiques classent les déficiences suivantes et qui sont les plus fréquemment observées dans notre pays : elles sont d'ordre physique (52% des personnes handicapées), suivies par les déficiences visuelles (29%), pour celles mentales (9%) et auditives (7%) et environ 3% souffrent de polyhandicaps*[25]. A la lecture de ces statistiques, on constate qu'une mise en œuvre réelle des mécanismes de protection permettra de donner une jouissance à souhait des droits à cette catégorie de personne. Des efforts ont été faits comme on dit chez nous: l'arbre ne doit pas cacher la forêt, des détails pas les moindres restent à faire pour la protection des droits humains consacrés en faveur des personnes vivant avec un handicap. Il revient à la FEMAPH et à ses partenaires de mettre en place une stratégie de communication autour de la loi de protection et son décret d'application.

---

[24] *Pour la présidente de la FEMAPH, le projet a pour objectif en outre de sensibiliser le ministre de la Santé et du Développement Social sur l'urgence de la disponibilité de deux arrêtés ministériels. Le premier arrêté désigne la structure de mise en œuvre des droits des personnes vivant avec un handicap, présidée par le ministre en charge du handicap, et le deuxième crée le comité national de suivi de la mise en œuvre des droits des personnes vivant avec un handicap, présidé par la société civile (Malikilé- N°1422 du 11/09/2023, quotidien numérique d'Informations et de Communication générales, édité par la Société Agence Malienne de Presse et d'Informations(AMPI) ; P. 18 ; www. malikile.com).*

[25] *Rapport sur l'Etat de mise en Œuvre de la Convention relative aux Droit des Personnes Handicapées, MSAHRN-DNDS, P.10 ;*

[25] *Politique Nationale de Protection Sociale 2016-2018 et son PA P. 1 ;*

Bibliographie

1. *Constitution de la république du Mali du 22 juillet 2023*
2. *Charte des Nations Unies de juin*
3. *1945 avec le texte de San Francisco instituant les Nations Unies;*
4. *Déclaration Universelle des droits de l'homme 10 décembre 1948;*
5. *Convention 159 OIT sur la réadaptation professionnelles et l'emploi des personnes en situation de handicap, juin 1983 ;*
6. *Convention relative aux droits des personnes Handicapées (CDPH), Mars 2008 ; Adoptée par l'assemblée générale des Nations Unies le 13 décembre 2006 et sa ratification par le Mali ;*
7. *Objectifs du développement durable (ODD) pour 2030;;*
8. *Charte Africaine des droits de l'Homme et des peuples de juin 1981;*
9. *Enquête malienne d'évaluation de la pauvreté 2001 annexe1 P.43 ;*
10. *Handicap International (HI) Mali, Rapport de l'étude synthétique et comparative des cadres législatifs nationaux et Internationaux sur les droits des Personnes Handicapées au Mali, P.4*
11. *Recensement général de la population et de l'habitat (5eme RGPH), Institut National de la Statistique(INSTAT), Bureau Central du Recensement (BCR) résultat globaux, Novembre 2023, tableau 13 consacré aux personnes vivant avec un handicap majeur, dans ce tableau, la région de Douentza a le plus faible taux de femmes vivant avec un handicap majeur soit 40, 2 % et Mopti avec 47, 6% concentre le taux le plus élevé de femme en situation de handicap majeur P.39;*
12. *Idrissa DIOP, Communication sur Handicap et Représentations Sociales en Afrique Occidentale, Centre Talibou Dabo, Dakar P.2 ;*
13. *La FEMAPH, Il existe 467 organisations de personnes handicapées sous la dénomination (OPH), dont 19 affiliées à la FEMAPH avec deux(2) membres associés. La structure faitière est déconcentrée du niveau national, régional et local où elles partagent leurs expériences et leur savoir-faire. Cinq catégories de handicap : moteur, auditive et muet, visuel, polyhandicap et maladies handicapantes (Rapport Initial et Périodique du Mali sur la mise en œuvre de la Convention des Nations Unies relative aux Droits des Personnes Handicapées, 2008-2018. P.9).*
14. *NDeye Astou N'DIAYE, Les instruments juridiques et les constructions sociales dans la protection des minorités au Sénégal. Actes du colloque international organisé à Dakar les 8 et 9 Juillet, 2021, sous la direction de Abdou AZIZ Daba KEBE, Sidy Alpha NDIAYE et Boubacar BA, Sénégal L'Harmattan, P.364,*
15. *Abraham BENGALY, La protection Juridictionnelle des droits de l'homme, éd. l'Harmattan -Mali, 2015 P.20 ;*
16. *JACQUES MOURGEON, QUE SAIS-JE ? Les droits de l'Homme Professeur Université de Toulouse I P.4;*
17. *François CHAPIREAU, La Classification Internationale du Fonctionnement, du Handicap et de la Santé, Fondation Nationale de Gérontologie P.3 ;*
18. *Philippe MALAURIE, Droit des Personnes, La protection des mineurs et des majeurs, Professeur émérite de l'Université Panthéon-Assas (Paris II), 8e édition, 2015, P.23 ;*
19. *Philippe TREMBLAY, Inclusion scolaire, dispositifs et pratiques pédagogiques, de Boeck éducation s.a, 2012, P.14;*
20. *En effet la thématique N° 3, qui porte sur la gouvernance, à court terme, au point 6 met l'accent sur l'application des conventions et traités internationaux ratifiés et les lois nationales relatives à l'égalité homme - femme, et celles des personnes vivant avec un handicap ; le point 7 recommande d'adopter les textes pour mieux protéger les femmes, les enfants, les personnes vivant avec un handicap et les personnes âgées en période de conflit;*

21. *Rrecommandations 12 portant le développement rural des Assises nationales de la refondation, propose d'appliquer les dispositions de la loi sur le foncier agricole attribuant aux moins 15% des terres agricoles aux groupes vulnérables dont les femmes, les jeunes et personnes vivant avec un handicap ;*
22. *Recommandation N°39 du dialogue inter malien (DIM), tenu en Mai2024, demande au niveau des questions politiques et institutionnelles, d'accroitre la représentativité des femmes, des jeunes et des personnes vivant avec handicap dans les prises de décisions ; N°52 recommande de promouvoir l'entreprenariat des femmes, des jeunes et des personnes vivant avec un handicap afin de freiner l'exode rural et de contribuer à l'émergence de nouveaux pôle de développement économique.;*
23. *Etude sur la double discrimination des femmes au Mali-cas du Cercle de Kati - région de Koulikoro, P.28 ;*
24. *Besoins et accès des Personnes vivant avec handicap aux services de santé de la reproduction/Planification familiale et de prévention/Protection contre les violences basées sur le genre au Mali (Rapport Provisoire) Juin 2022 ; Observatoire Nationale du Dividende Démographique (ONDD)- Fonds des Nations Unies pour la Population (UNFPA) P.36;*
25. *Loi 2018-027 du 12 juin 2018 relative aux droits des personnes vivant avec un handicap ;*
26. *Décret n° 2021 -0662 /PTRM du 23 septembre 2021 fixant les modalités d'application de la loi 2018-027 relative aux droits des personnes vivant avec un handicap ;*
27. *Loi 052 du 18 décembre 2015 instituant des mesures pour la promouvoir du genre ;*
28. *Loi n°06 -045 du 5 septembre 2006 portant loi d'orientation agricole. Notamment au niveau de son art 2 qui dispose que le secteur de l'Agriculture concerne l'ensemble des activités économiques du secteur agriculture, et péri agricole dont l'agriculture, l'élevage, la pêche et la pisciculture, l'aquaculture, la chasse, la foresterie, la cueillette, la transformation, le transport, le commerce et distribution et autres. L'article 8 précise que la politique du développement agricole vise à assurer la promotion des femmes du secteur Agricole. Et l'art 10 fixe les objectifs généraux dont la promotion économique et sociale des femmes des jeunes et des hommes en milieu rural et péri-urbain. Art 24 L'Etat privilégie l'installation des jeunes, des femmes et des groupes vulnérables. Art 119 : l'Etat met en place un fonds national de développement agricole destiné à la facilitation de l'accès aux crédits Agricoles et péri Agricoles ;*
29. *Rapport Initial et Périodique du Mali sur la mise en Œuvre de la Convention des Nations Unies relative aux Droits des Personnes Handicapées, 2008-2018.* recrutement à titre exceptionnel par la Fonction publique et l'INPS *Le présent rapport a été élaboré par le Comité Interministériel d'Appui à l'Elaboration des Rapports Initiaux et Périodiques de mise en œuvre des Conventions ratifiées par le Mali (CIMERAP), créé par Décret n°09-049/PM-RM du 12 février 2009, P.18).* Dans le cadre des activités de promotion rentrant dans le cadre du mois de la solidarité et de la lutte contre l'exclusion 2023, 69 projets sont en train d'être réalisés pour les personnes vivant avec un handicap pour 130 emplois directs crées ;
30. *Système d'information sociale(SISo) est fourni par les services techniques en charge du développement social, traité dans le rapport de l'étude de base sur la situation des personnes vivant avec un handicap au Mali, une étude menée en 2021 par l'ODHD/LCP. Le SISo est l'une des principales sources de données sur la situation sociale de la population ; ces données sont collectées au niveau des différentes régions du pays ainsi que du District de Bamako. Cet annuaire, qui est publié chaque année, comporte les données collectées auprès de la Direction Nationale du Développement (DNDS), de la Direction Nationale de la Protection Sociale et de l'Economie Sociale (DNPSES), de la Direction Nationale de l'Hydraulique (DNH) et de la Direction Générale de la Santé et de l'Hygiène Publique (DGSHP) et de leurs services déconcentrés. Etude de base sur les personnes vivant avec un handicap au Mali, avec un focus sur les enfants de 0-17 ans, Observatoire du Développement Humain Durable et de la Lutte contre la*

Pauvreté(ODHD/LCP) 2021, P.53 ; http://www.odhd-mali.org/uploads/RT_2021_Etude_de_base_sur_les_personnes_vivant_avec_un_handicap_au_Mali.pdf téléchargé le 5/2/23;

31. *Plan d'action de la décennie africaine des personnes en situation de handicap 1999-2009; 2010-2019 ;*
32. *Claude HAMONET, Thèse, Handicapologie et anthropologie, Paris V René Descartes, 1992;*
33. *Habib Hermann MOUKOKO, Thèse, L'ONU et la promotion des droits de l'homme en Afrique. Le cas de l'Afrique subsaharienne francophone, , mai 2016, Université de Caen-Normandie, P.28 ;*

Le droit à la vie en période de conflit : réflexion sur les garanties de protection à l'aune de l'exemple du Mali

Ousmane Famagan KONATE,
Docteur en Droit Public/Enseignant-Chercheur, Université des Sciences Juridiques et Politiques de Bamako.

Résumé :
« *Le droit à la vie en période de conflit : réflexion sur les garanties de protection à l'aune de l'exemple du Mali* », tel est le sujet de cette quête. La préoccupation essentielle se présente comme suit : quelle protection faut-il pour garantir le droit à la vie dans les contextes de conflit tels que celui du Mali ?
Mots clés : Droit, Vie, Conflit, Protection, Mali.
Summary :
"The right to life during times of conflict: a reflection on the guarantees of protection through the example of Mali" is the focus of this inquiry. The primary concern can be articulated as follows: What measures are necessary to ensure the right to life is protected in conflict contexts such as that of Mali?
Key words: Law, Life, Conflict, Protection, Mali.

Introduction

Depuis 2012, les populations au Nord et au Centre du Mali subissent des crimes extrêmement graves qui peuvent être qualifiés de crimes de guerre voire de crimes contre l'humanité. Les organes des Nations-Unies, les organisations de défense des droits de l'homme et les ONG locales ont rapporté les atrocités subies par les populations civiles notamment à Ogossagou, Sobane-Kou, Djimindo, Fangadougou, Gouari, Gossi et à Moura. Plus récemment 49 civils ont perdu la vie dans l'attaque terroriste contre le bateau « Tombouctou ». Cette attaque d'une ampleur considérable a causé un véritable choc dans les esprits, à tel point que les voix se sont élevées pour exiger des enquêtes afin d'identifier les coupables, les déférer devant la justice et les sanctionner.
D'où la nécessité de réfléchir sur les garanties de protection du droit à la vie en période de conflit.
Le droit à la vie est le premier des droits de l'homme, il est : « *la valeur suprême dans l'échelle des droits de l'homme au plan international*»[1]. Pour rappel, les droits de l'homme sont les droits reconnus aux individus, en leur qualité d'êtres humains ; les Etats doivent garantir ces droits à toutes les personnes se trouvant sur leurs territoires, indépendamment de leur origine. En principe, les droits de

[1] Cour européenne des droits de l'homme, *Strelewtz, Kessler et Kenz c/ Allemagne* (paragraphe 87), in Annuaire de la Convention européenne des droits de l'homme (2001), p.82.

l'homme sont applicables à tout moment et en toute circonstance[2] en temps de paix comme en période de conflits armés.
Toutefois, les Etats peuvent déroger aux droits de l'homme du moins, à certains droits de l'homme[3], à l'exception du noyau dur des droits de l'homme dits fondamentaux[4], droits inaliénables de l'homme[5] dont le premier de ceux-ci est le droit à la vie que l'article 6§1 du Pacte International des Droits Civils et Politiques (PIDCP) consacre en ces termes : « *le droit à la vie est inhérent à la personne humaine. Ce droit doit être protégé par la loi. Nul ne peut être arbitrairement privé de la vie* »[6].
Le droit à la vie est donc le droit inconditionnel de tout être humain à être protégé contre toute exécution arbitraire et englobe la protection contre les exécutions sommaires et extrajudiciaires, les morts sous la torture, les disparitions forcées et les morts suite à l'utilisation de la violence meurtrière par les agents de l'État, les groupes privés et les entreprises.[7]
Le droit à la vie est consacré par divers instruments juridiques, qui se contentent de le mentionner sans véritablement le définir. Face au silence des instruments de protection des droits de l'homme, la notion de droit à la vie en général a été étudiée par la doctrine[8]. Sylvanus OKECHUKWU définit le droit à la vie en ces termes : « *The right to life is understood as the right not to be killed and also to be protected from arbitrary execution or murder* »[9]. Ainsi le droit à la vie est non seulement le droit de ne pas être tué, mais aussi et surtout le droit d'être protégé contre toute privation arbitraire de sa vie ou de sa personne.
S'inscrivant dans la même perspective, mais de façon plus simple, Pierre D'ARGENT définit le droit à la vie comme « *le droit de chaque personne de ne*

---

[2] SCHENKER Claude, *ABC du Droit international humanitaire*, BERNE, Département des affaires étrangères, 2003, p.12.
[3] Telle est la philosophie de l'article 4 du Pacte International relatif aux droits civils et politiques de 1966.
[4]« Le noyau dur des droits de l'homme comprend quatre droits élémentaires de la personne : le droit à la vie, le droit de n'être pas soumis à la torture ni à des peines ou traitements inhumains et dégradants, le droit de n'être tenu ni en esclavage ni en servitude, outre une garantie judiciaire considérée comme fondamentale : le droit à la légalité des délits et des peines », SCHENKER Claude, Ibid.p.13.
[5] MBAYE Keba, *Les droits de l'homme en Afrique*, Paris, LGDJ, 2e édition, 2006, p.36.
[66] Pacte International relatif aux Droits Civils et Politiques de 1966 article 6 paragraphe 1.
[7]ELBACHA Farid, REIFELD Helmut, *Droit à la vie et peine de mort*, Rabat, Konrad Adenauer stiftung iv Bruno, 2012, P.12.
[8] Entre autres, LEVINET Michel et al, L*e droit au respect de la vie au sens de la Convention européenne des droits de l'homme*, Bruxelles, Bruylant, 2010 p.50; MATHIEU Bertrand, *Le droit à la vie dans les jurisprudences constitutionnelles et conventionnelles européenne*s, Bruxelles, Éditions du Conseil de l'Europe, 2005, P.67.
[9] Voir OKECHUKWU Sylvanus, *The Right to Life and the Right to Live. Ethics of International Solidarity*, Paris, Peter Lang, 1990, p. 181.

pas être arbitrairement privée de la vie par les autorités publiques » avant de soutenir ensuite que *« le respect du droit à la vie est une obligation erga omnes»*[10]. A l'opposé, pour Bertrand Mathieu, le droit à la vie c'est d'abord le droit de ne pas se voir imposer une privation de la vie, et ensuite, c'est pour l'essentiel l'interdiction de commettre un meurtre et la prohibition de la peine de mort[11].
La protection du droit à la vie en période de conflit suscite énormément de débat sur sa difficile conciliation avec les actes licites de guerre. Le but de la guerre étant de tuer, plusieurs Conventions internationales contiennent des dispositions relatives « *au cas de décès résultant d'actes licites de guerre* », les cas de « *recours à la force rendu absolument nécessaire pour assurer la défense de toute personne contre la violence illégale, pour effectuer une arrestation régulière ou pour empêcher l'évasion d'une personne régulièrement détenue », ou encore « pour réprimer, conformément à la loi, une émeute ou une insurrection* »[12].
Il est important de rappeler que les rédacteurs de la Déclaration Universelle des Droits de l'Homme (DUDH) n'ont pas abordé le droit à la vie dans le cas particulier des conflits armés. Par contre, lors de l'adoption de l'article 6 PIDCP, il a été clairement déclaré que tombaient sous le coup de cette disposition « *les actes de guerre commis en violation des lois et coutumes de la guerre internationalement reconnus* ».
Par ailleurs, le Droit International Humanitaire (DIH), plus adapté aux conflits armés, protège la vie en établissant le principe de distinction, qui suggère qu'en cas d'hostilités les belligérants doivent établir en permanence une distinction entre combattants et civils afin d'épargner ces derniers[13].
Malgré ces prescriptions, les civils représentent 90% des victimes des conflits contemporains. Le nombre exorbitant de victimes civiles, estime l'ancien Secrétaire Général des Nations-Unies BAN KI-MOON, résulte du fait que les civils sont délibérément pris pour cibles[14]et non pas parce qu'ils se trouveraient au mauvais endroit au mauvais moment en devenant ainsi ce que l'on qualifie, par un euphémisme, de « *dommages collatéraux* ».
On comprend ainsi, que le Mali, à l'instar des autres Etats du continent, éprouve des difficultés pour parvenir à l'effectivité de la protection des droits humains. La

---

[10] Voir D'ARGENT Pierre, « Le droit à la vie en tant que jus cogens donnant naissance à des obligations ergaomnes », in Christian TOMUSCHAT, Evelyne LAGRANGE and Stefan OETER (eds), The Right to Life, Leiden/Boston, Nijhoff, 2010, p. 411.
[11] MATHIEU Bertrand, Ibid., p. 1033.
[12] Voir notamment l'article 6 du Pacte international relatif aux droits civils et politiques ainsi que les articles 2, § 2 et 15 de la Convention européenne de sauvegarde des droits de l'homme et des libertés fondamentales.
[13] Voir D'ASPREMONT Jean, DE HEMPTINE Jérôme, *Droit International Humanitaire*, Paris, Ed. Pédone, 2012,
p.510.
[14] Cité par DIOP Aboudou Khadre, « Le Conseil de Sécurité et la protection des civils dans les conflits armés : bilan et perspectives », Sentinelle, bulletin n°337 du 03/03/2013, www.sentinelle-droit-international.fr, consulté le 10 mars 2024.

situation actuelle au Mali se caractérise par une violation sans précédent de cette catégorie spécifique des droits de l'homme, qui est le « *droit à la vie* ».
Bien que la crise au Mali ait évolué de manière significative, les zones de conflit demeurent marquées par un manque de contrôle sur de vastes territoires, l'émergence d'une violence armée, le brigandage quotidien et un climat généralisé d'insécurité. On constate une intensification de la violence armée dans les régions centrales du pays ainsi que dans certains villages du Sud.
Dans un vide de gouvernance étatique, les groupes extrémistes violents tels que le Groupe de soutien à l'islam et aux musulmans (JNIM), l'Etat islamique dans le grand Sahara (EIGS) contestent à l'Etat malien, théoriquement rétabli, le monopole légitime de la violence. Cette situation entraîne des atteintes au droit à la vie, un accroissement du nombre de morts et des exécutions sommaires ou extrajudiciaires. Au regard de ce qui précède, il est pertinent d'interroger la garantie du droit à la vie humaine dans le contexte malien.
La question fondamentale de cette recherche se décline comme suit : quelle protection faut-il pour garantir le droit à la vie dans les contextes de conflit tels que celui du Mali ?
L'objectif de cette étude est double. D'une part, il s'agira d'examiner le cadre légal de protection du droit à la vie en période de conflit. D'autre part, nous ferons une analyse des obligations incombant aux différents acteurs du conflit malien, dans la prévention du droit à la vie et sur le rôle des juridictions internes et internationales dans la répression des auteurs de ces crimes.
L'approche méthodologique est essentiellement basée sur la revue de la littérature.
Pour répondre à la problématique posée, nous allons dans un premier temps identifier le cadre légal de protection du droit à la vie en période de conflit (I), dans un second temps, nous analyserons l'application du cadre légal dans le conflit au Mali (II).

I.L'identification du cadre légal de protection du droit à la vie en période de conflit

En période de conflit, le droit à la vie est protégé à la fois par les instruments classiques de droits de l'homme (A) et par les conventions relatives au droit de la guerre (B).

A.La protection du droit à la vie dans les instruments classiques des droits de l'homme

Sur le plan international, les instruments classiques de protection des droits de l'homme accordent une place prépondérante au droit à la vie. L'article 3 de la DUDH, énonce ce qui suit : « *Toute personne a droit à la vie, à la liberté et à la sûreté de sa personne* ». L'article 6§1 PIDCP cité ci-dessus déclare que le droit à la vie doit être protégé par la loi. Il s'ensuit, l'obligation pour les Etats d'empêcher

par leurs législations internes, que la mort ne soit infligée dans les cas où cela n'est pas absolument nécessaire.
Sur le plan régional, la Charte africaine des droits de l'homme et des peuples (CADHP) dispose en son article 4 que « *La personne humaine est inviolable. Tout être humain a droit au respect de sa vie et à l'intégrité physique et morale de sa personne : nul ne peut être privé arbitrairement de ce droit* ». Selon l'article 5 de la Charte africaine des droits et du bien-être de l'enfant, le droit à la vie est un droit imprescriptible et par conséquent les Etats assurent non seulement la survie et le développement de l'enfant mais aussi sa protection.
La Convention américaine relative aux droits de l'homme, signée le 22 novembre 1969 et entrée en vigueur le 18 juillet 1978, a également consacré son article 4 au droit à la vie. Pour sa part, elle reconnait un droit à la vie à partir de la conception. Ainsi, le paragraphe 1 de son article 4 est clair : « *Toute personne a droit au respect de sa vie. Ce droit doit être protégé par la loi, et en général à partir de la conception. Nul ne peut être privé arbitrairement de la vie* ».
La Convention européenne des droits de l'homme (CEDH), quant à elle, consacre son article 2 au droit à la vie et précise au paragraphe 1 que le droit de toute personne à la vie est protégé par la loi. L'article 2 renferme deux éléments fondamentaux. La première phrase du paragraphe 1er énonce l'obligation générale de protéger le droit à la vie par la loi. La deuxième phrase interdit de donner la mort intentionnellement. Cette interdiction est délimitée par les exceptions mentionnées dans la deuxième phrase elle-même et le paragraphe 2, quant à lui, énumère les limitations au droit à la vie.
Sur le plan national, le droit à la vie a une valeur constitutionnelle. A ce titre l'article 2 de la Constitution du 22 juillet 2023 comporte une obligation générale de protection du droit à la vie[15]. Ce qui impose aux organes et agents de l'État de ne pas y porter atteinte. Ensuite, elle exige de l'Etat qu'il protège les personnes contre la violence d'autrui et qu'il sanctionne les auteurs. Enfin, elle ordonne la mise en place de dispositifs propres à donner plein effet au droit.
En d'autres termes, l'Etat doit à la fois s'abstenir de priver le droit à la vie d'un être humain intentionnellement et prendre les mesures nécessaires à la protection de ce droit. Si la vocation des instruments tant internationaux que nationaux de protection de la personne humaine est avant tout d'énoncer des droits, cette protection est fonction, outre des mécanismes de garantie mis en place, des obligations incombant aux Etats.
Comme on le constate, le droit à la vie a un caractère fondamental. En effet, si l'on pouvait être arbitrairement privé de son droit à la vie, tous les autres droits deviendraient illusoires. De plus, le caractère fondamental de ce droit découle

[15] Article 2 de la Constitution du 22 juillet 2023 « Tout individu a droit à la vie ». Une autre législation interne, le Code Pénal protège le droit à la vie en considérant comme crime de guerre toutes les violations graves des lois et coutumes applicables aux conflits armés internationaux dans le cadre établi du droit international. La loi n°01-079 du 20 aout 2001 portant Code Pénal en ses articles 31 et suivants.

clairement du fait que c'est un « *droit auquel il ne peut être dérogé » : il ne peut être dénié même « en cas de guerre ou en cas d'autre danger public menaçant la vie de la nation »*.

B.Le droit à la vie dans les Conventions relatives au droit de la guerre

S'il peut se comprendre qu'un Etat confronté à un conflit armé, quelle qu'en soit la nature, puisse être autorisé à se libérer des obligations relatives aux droits de l'homme, l'existence d'un tel conflit n'empêche pas le droit international, et particulièrement les règles relatives aux droits de la personne, de continuer à s'appliquer dans ce qu'elles ont d'inaliénable en raison du respect dû à la dignité humaine[16].

En période de circonstances exceptionnelles et de conflits armés, la protection des droits de l'homme doit être le plus fermement assurée[17]. C'est la raison pour laquelle les conventions internationales ont pris soin de soustraire certains droits aux possibilités de dérogation offertes en cas de circonstances exceptionnelles.

Plusieurs conventions internationales affirment l'intangibilité du droit à la vie. La deuxième déclaration de La Haye du 29 juillet 1999 concernant l'interdiction d'employer des gaz asphyxiants ou délétères, l'un des instruments les plus importants du droit des conflits armés dispose que, dans les cas non prévus par le droit de la guerre, les belligérants restent « *sous l'empire des principes du droit des gens tels qu'ils résultent des usages établis, des principes de l'humanité et des exigences de la conscience publique* ». [18]Abondant dans le même sens, le premier paragraphe de la Résolution 2675 (XXV) de l'Assemblée générale des Nations Unies proclame que « *les droits fondamentaux de l'homme... demeurent pleinement applicables en cas de conflits armés* ». [19]

De plus, dans sa Résolution 237 adoptée en 1967 lors de la guerre dite « *des six jours* » entre Israël et les Etats voisins, le Conseil de sécurité soulignait dans un des considérants du Préambule que « *les droits de l'homme essentiels et inaliénables doivent être respectés même dans les vicissitudes de la guerre* ».

Dans sa Résolution 3318 (XXIX) du 14 décembre 1974 sur la protection des femmes et des enfants en période d'urgence et de conflit armé, l'Assemblée générale des Nations Unies a proclamé que « *les femmes et les enfants appartenant à la population civile et placés dans les conditions de période d'urgence et de conflit armé (...) ne seront pas privés des droits inaliénables, conformément à la Déclaration universelle des droits de l'homme, du Pacte international relatif aux droits civils et politiques, du Pacte international relatif*

---

[16] ERGEC Rusen, *Les droits de l'homme à l'épreuve des circonstances exceptionnelles : Etude sur l'article 15 de la Convention européenne des droits de l'homme*, Bruxelles, Bruylant et Editions de l'Université de Bruxelles (Coll. Droit international), 1987, p.237.

[17] Voir. WACHSMANN Patrick, *Les droits de l'homme*, Paris, Dalloz, 3e éd., 1999, pp. 60 et s.

[18] David Éric, *Principes du droit des conflits armés*, Bruxelles, Bruylant, 2e éd., 1999, p.75.

[19] La Résolution 2675 (XXV).

aux droits économiques, sociaux et culturels, de la Déclaration des droits de l'enfant et des autres instruments internationaux »[20].

De son côté, la Cour internationale de justice de La Haye, dans un avis consultatif sur la licéité de l'emploi d'armes nucléaires, rendu le 8 juillet 1996, a indiqué que « *la protection offerte par le Pacte international relatif aux droits civils et politiques ne cesse pas en temps de guerre, si ce n'est par l'effet de l'article 4 du Pacte, qui prévoit qu'il peut être dérogé, en cas de danger public exceptionnel, à certaines des obligations qu'impose cet instrument* »[21].

Par ailleurs, le droit à la vie figure également à l'article 3 communs aux Conventions de Genève, à l'article 12 des deux premières de ces Conventions, aux articles 75 et 4, respectivement, du premier et du second Protocole additionnel. Ces conventions interdisent de mettre à mort les personnes ennemies qui ont mis bas les armes et celles qui sautent en parachute d'un avion en perdition, d'utiliser contre des civils la famine en tant que méthode de guerre et de détruire les biens indispensables à leur survie; il prévoit des mesures visant à augmenter la chance de survie des civils décrivant les conditions matérielles nécessaires à celle-ci et fixant des règles spécifiques relatives aux envois de secours[22].

Si en temps de paix le droit à la vie est protégé, en période de conflit, il est communément accepté, que la violence meurtrière ne peut être dirigée contre les populations civiles.[23] De même, en période d'état d'exception le droit à la vie est théoriquement protégé. Les Etats doivent créer les conditions matérielles et institutionnelles pour la pleine réalisation du droit à la vie. Cette obligation est aujourd'hui considérée comme standard presque constitutionnel, voire un intérêt commun de l'humanité.

Après avoir identifié le cadre légal de protection du droit à la vie voyons à présent son application dans le contexte malien.

II.L'application du cadre légal de protection du droit à la vie dans le conflit au Mali

Les différents acteurs du conflit malien ont eu à commettre des violations du droit à la vie. L'objectif dans cette partie n'est pas de dresser une liste exhaustive de

---

[20] Résolution 3318 (XXIX) du 14 décembre 1974 (§ 6).

[21] Voir LANFRANCHI Marie-Pierre, CHRISTAKIS Theodore, *La licéité de l'emploi d'armes nucléaires devant la Cour internationale de justice : analyse et documents*, Paris, Economica, 1997, p.320.

[22] Voir notamment les articles 3 communs aux quatre conventions de 1949, les articles 10, 54, 59 et 60 du Protocole additionnel I ainsi que 7 et 14 du Protocole additionnel II, de 1977.

[23] La « population civile » comprend, ainsi que le suggère le Commentaire des deux Protocoles additionnels de 1977 aux Conventions de Genève de 1949, toutes les personnes civiles par opposition aux membres des forces armées et aux autres combattants légitimes. Elle exclut toutefois, les civils qui prennent part directement aux hostilités et perdent ainsi la protection accordée aux personnes civiles par les Conventions de Genève et les Protocoles additionnels pendant toute la durée de cette participation (GPI art. 51.3 ; GPII art. 13.3).

ces violations, mais plutôt d'en rendre compte, en mettant l'accent sur l'inefficacité des juridictions internes dans la répression. Ainsi nous évoquerons dans un premier temps l'application du cadre légal par les différents acteurs (A), ensuite par les juridictions internes (B).

A.L'application du cadre légal par les différents acteurs du conflit au Mali

Plusieurs documents, élaborés à partir des renseignements recueillis sur le terrain, rapportent que des massacres des populations civiles, des viols de plusieurs des femmes et enfants, des pillages à grande échelle ont été commis au Nord et au Centre du Mali. Selon le Haut-Commissaire des Nations Unies aux droits de l'homme, les groupes armés occupant le Nord-Mali ont commis des graves violations des droits de l'homme et probablement des crimes de guerre.[24]

Human Right Watch en 2017 rapporte une scène épouvantable : « *En réponse à une attaque fatale sur un commerçant bambara du village de Ké-Macina en février 2017, des groupes d'autodéfense bambaras, que l'on appelle localement les Dozos, se sont vengés sur des communautés peules locales, tuant plus de 20 personnes, dont de nombreux enfants* »[25].

Amnesty international dans son rapport de 2022 dresse le tableau macabre suivant :

- en mars 2022, des attaques aveugles de l'Etat islamique au Sahel (EIS) contre les localités de Tamalat, d'Inchinane, d'Emis-Emis et d'Andéramboukane qui ont visé à la fois des combattants et des civils. L'EIS a tué des centaines de civils ;
- en juin 2022, des membres présumés du JNIM s'en sont pris aux villages de Diallassagou, dans le cercle Bankass, faisant environ 130 morts ;
- en septembre 2022, après avoir délogé le GATIA et le MSA de Talaye (région de Gao), l'EIS a tué des dizaines de civils, selon les autorités.

Ni les forces de sécurité gouvernementales ni les groupes armés, qui contrôlaient séparément certaines zones, n'ont assuré une protection aux habitants. D'un côté comme de l'autre, les combattants se sont livrés, en toute impunité, à des violences contre la population. De nombreux massacres ont eu lieu. Plusieurs charniers et fosses communes ont été trouvés par l'ONU et des organisations non gouvernementales comme Amnesty International. Les disparitions signalées aux forces de l'ordre ne donnaient généralement pas lieu à des enquêtes.

Le Conseil des droits de l'homme, dans son rapport (Janvier 2019), couvrant la période du 1er avril au 30 novembre 2018, fait état de 239 exécutions extrajudiciaires ou autres exécutions arbitraires, 25 enlèvements ou disparitions forcées. Son rapport (mars 2023), couvrant la période du 1er avril au 30 novembre 2022, fait état de 842 violations des droits humains dont 33, 72% des cas sont attribués aux forces armées maliennes. Ces violations comprennent des

---

[24] Haut-Commissaire des Nations Unies aux droits de l'homme, point de presse 2012.

[25] Human Rights Watch (HRW), "*Mali: Spate of Killings by Armed Groups*." disponible sur le site : https://www.hrw.org/news/2017/04/05/mali-spate-killings-armed-groups, 2017, consulté le 05 avril 2024.

exécutions extrajudiciaires, sommaires ou arbitraires et autres homicides ou privations arbitraires de la vie, de blessures, de disparitions forcées ou involontaires, notamment dans le cadre d'opérations militaires.
La MINUSMA, les médias et les ONG ont recueilli des informations faisant état de centaines d'exécutions extrajudiciaires perpétrées par l'armée et ses alliés dans le contexte de l'opération *keletigui* depuis janvier 2022. Le Haut-Commissaire des Nations Unies aux droits de l'homme, dans son rapport de mai 2023 sur les évènements survenus à Moura, affirme que l'armée malienne et ses supplétifs russes ont exécuté des centaines de civils (y compris femmes et enfants).
L'Etat a la responsabilité première de la protection des populations contre les violations des droits fondamentaux. Ainsi, la ratification des instruments internationaux de protection du droit à la vie, implique une obligation positive, celle de protéger la vie, et une obligation procédurale, qui impose des enquêtes en vue de réprimer les éventuelles violations.
En principe, lorsque les forces armées de l'Etat se rendent coupable de violences meurtrières n'entrant pas dans les exceptions admises au respect du droit à la vie, leur responsabilité est engagée devant les juridictions compétentes.[26] Il en est de même pour les groupes armés commettant des violations des droits de l'homme et du DIH. Les organisations universelles (ONU) et régionale (Union Africaine (UA), Communauté Economiques des Etats de l'Afrique de l'Ouest (CEDEAO)), les Etats tiers doivent respecter le DIH dans les opérations de maintien de la paix, ou lorsqu'ils sont engagés dans les hostilités.
La circulaire du secrétaire général, SGB/1999 du 13 août 1999 énonce dans son article 4 : ce qui suit : « Les *principes et règles du droit international humanitaire ...sont applicables aux forces des Nations Unies... dans les situations des conflits armés* ». Il est important de souligner, que dans l'Accord sur le statut des forces militaires conclu entre le Mali et la France, les opérations du contingent français devaient être menées, dans le strict respect, des principes et des règles énoncées, dans les conventions générales applicables au comportement des personnels militaires.
En cas de violation du DIH, du droit à la vie, les membres des personnels militaires encourent des poursuites devant la juridiction de leur pays. L'affaire Firmin Mahé est, à cet égard, une jurisprudence d'envergure. Dans l'Affaire Firmin Mahé, quatre militaires de la force Licorne en Côte d'Ivoire, dont le Colonel BURGAUD, ont été jugés pour meurtre, par la Cour d'assises de Paris.

[26] L'arrêt McCann, la CEDH au sujet des meurtres commis par des agents de l'État énonce ce qui suit : Comme la Commission, la Cour se borne à constater qu'une loi interdisant, de manière générale, aux agents de l'État de procéder à des homicides arbitraires serait, en pratique, inefficace s'il n'existait pas de procédure permettant de contrôler la légalité du recours à la force meurtrière par les autorités de l'État. L'obligation de protéger le droit à la vie qu'impose cette disposition, combinée avec le devoir général incombant à l'État, en vertu de l'article 1 de la Convention, de « reconnaitre à toute personne relevant de [sa] juridiction les droits et libertés définis [dans] la Convention », implique, et exige, de mener une forme d'enquête efficace lorsque le recours à la force, notamment par des agents de l'État, a entraîné mort d'homme ».

Voyons à présent l'application du cadre légal par les juridictions internes.

B.L'application du cadre légal par des juridictions internes

La défaillance des acteurs au conflit, violant la législation internationale et nationale en matière de droit à la vie, exige une réponse rigoureuse des organes juridictionnels internes et internationaux. Car la jouissance effective des droits garantis par l'article 6§1er à 8 PIDCP, 2 à 3 CEDH, 4 à 5 de la CADHP, nécessite une répression effective, notamment par les sanctions appropriées et la réparation du préjudice subi par les victimes.

En effet, l'un des moyens pour parvenir au renforcement de la protection du droit à la vie réside dans la traduction des auteurs de ces crimes devant les juridictions compétentes afin que ces derniers répondent de leurs actes. La moindre faiblesse en la matière peut constituer un mauvais signal envoyé aux criminels qui, une fois conscients de l'impunité dont ils jouissent, sont en général encouragés à poursuivre leur entreprise criminelle.

La responsabilité de la répression incombe en premier chef aux juridictions pénales internes, que les actes en cause constituent des violations du droit interne ou du droit international. Dans le dernier cas, les juridictions pénales internationales, notamment la Cour Pénale Internationale (CPI), sont compétentes en vertu du principe de complémentarité et de subsidiarité qui fonde précisément le fonctionnement de ce Tribunal Pénal International dans ses rapports avec les juridictions nationales.

Le bilan en matière de poursuites d'auteurs[27] des violations commises durant le conflit au Mali est pour le moins famélique[28]. Plusieurs rapports attestent, que la plupart des auteurs de violations des droits de l'homme et du droit international demeurent impunis.

Plusieurs raisons expliquent la persistance de l'impunité : les efforts limités des autorités à poursuivre les auteurs, le manque de capacités financières, opérationnelles et humaines, ainsi que les cas de corruption au sein du système judiciaire. Les politiques hasardeuses constituent une autre difficulté. En effet, la loi d'entente nationale est à cet égard assez ambiguë, en ce qu'elle empêche certaines victimes d'exercer leur droit d'accéder à une justice équitable et juste, à bénéficier de réparations. L'expert indépendant du Conseil des droits l'homme analysant la loi d'entente nationale admet que « *des ambiguïtés dans le texte concernant son application temporaire, les définitions des crimes ne pouvant*

---

[27] L'adoption le 3 novembre 2022 de la loi sur les règles relatives à la réparation des préjudices causés par les violations graves des droits de l'homme ainsi que de son décret d'application le 23 novembre 2022. Par ailleurs, le Ministre de la justice et des droits de l'homme a informé l'Expert indépendant, lors de sa visite en août 2022, que les autorités maliennes planifiaient d'organiser des Assises spéciales sur les cas emblématiques des violations des droits humains.

[28] Cependant, force est de constater que, depuis la décision Al Mahdi rendue par la Cour pénale internationale (CPI) le 27 septembre 2016, et la condamnation par contumace à la peine de mort au paiement de 10 millions FCFA de 7 djihadistes par le pôle spécialisé de la commune VI, les décisions rendues en matière de violation des droits de l'homme sont très insignifiant concernant le conflit au Mali.

faire l'objet d'une amnistie et la période d'investigation (huit à quinze jour) risque de permettre à des responsables de graves violations de bénéficier d'une amnistie ».[29]
Pourtant, l'obligation de protéger le droit à la vie, qu'impose l'article 7 PIDCP et autres combinée avec le devoir général incombant à l'Etat en vertu de l'article 2 PIDCP et 1er de la CADHP de reconnaitre à toute personne relevant de sa juridiction les droits et liberté définis dans la convention, implique et exige de mener une forme d'enquête efficace.

Au regard de ce qui précède, il y a lieu de renforcer la répression des violations du droit à la vie pour assurer une meilleure garantie. Ce renforcement passe par la mise en œuvre des mesures appropriées dans l'administration de la justice aux auteurs des crimes. En effet, les Etats ont une compétence en matière de répression du droit à la vie dans leurs législations nationales. Suivant les instruments internationaux, l'Etat est compétent pour poursuivre les individus coupables de violations du droit à la vie lorsque ces actes sont perpétrés sur son territoire. De même, l'État a le devoir d'enquêter et prendre les mesures nécessaires, conformément à la législation nationale, pour assurer des poursuites judiciaires. Tout ce processus doit se faire dans le respect des droits de l'accusé.
Les atteintes au droit à la vie sont des crimes extrêmement graves. Ceux commis à Ogossagou, Sobane-Kou, Djimindo, Fangadougou, Gouari, Gossi et à Moura et d'autres sont des crimes contre l'humanité, ils sont imprescriptibles et doivent, absolument faire l'objet de poursuites judiciaires. La justice contribuera efficacement à arrêter la spirale de crime et permettra la réconciliation des peuples, la stabilisation durable des rapports humains et le retour d'une paix durable. Mais, il ne s'agit pas de n'importe quelle justice. Il doit s'agir d'une justice vraie remplissant les conditions, d'une justice capable d'établir toutes les responsabilités et de sanctionner, sans funestes atermoiements.
Un impératif constitue l'engagement du gouvernement. En effet, la capacité des juridictions maliennes dans le cadre de la lutte contre l'impunité dépend, pour une grande partie, de la volonté de l'Etat malien de soutenir cette justice et de fournir à ces juridictions les moyens nécessaires à leur action pour mener à terme le grand nombre des dossiers de cas de violations graves liées à la crise.
Enfin, le système judiciaire est caractérisé par un manque de marge de manœuvre des magistrats pour poursuivre les militaires. En effet, il leur faudra l'autorisation du Chef d'État-major général des armées pour auditionner un militaire présumé responsable d'une infraction. Comme le souligne l'Expert indépendant sur la situation des droits de l'Homme au Mali : « *l'indépendance et l'impartialité [des tribunaux militaires], qui exercent des fonctions judiciaires, n'est pas respectée et l'autorisation du ministre de la Défense est requise pour l'ouverture de*

[29] Conseil de droit l'homme, rapport 2016, p17.

poursuites pénales contre un membre de l'armée »[30]. Pour preuve, rares sont les enquêtes et arrestations effectuées concernant des crimes qui auraient été commis par des éléments des forces armées maliennes.[31]

Dans ce contexte, la supranationalité parait un critère d'efficacité. Dès lors une instance pénale internationale pourra être mieux. Elle est d'autant nécessaire qu'en plus des auteurs matériels de ces crimes sont divers. Les tribunaux nationaux ne doivent certes pas être totalement écartés. Ils peuvent mener certaines enquêtes qui sont à leur portée et juger les criminels qu'ils sont en mesure d'arrêter.

Conclusion :

Il est évident d'affirmer que le respect du droit à la vie au Mali n'est pas une réalité. Il ne souffre d'aucune contestation, qu'en temps de paix, ou en période de conflit, les actions de l'Etat, des groupes armés, des autres Etats, entrainant la mort des personnes, doivent être considérées comme une violation du droit à la vie.

Pour garantir l'effectivité du droit à la vie, l'Etat malien doit fournir des efforts en respectant les conventions internationales, et les textes nationaux. S'agissant de la justice pénale, son rôle doit être la recherche de la vérité dans la sérénité et en toute objectivité et indépendance, en identifiant les auteurs des crimes ayant porté atteintes aux valeurs fondamentales protégées par le droit, les arrêter, les poursuivre, les juger et les sanctionner en respect des règles juridiques universellement consacrées, après avoir établi leur culpabilité par des preuves suffisantes, écartant tout doute raisonnable.

La lutte contre les violations du droit à la vie appelle une mobilisation de tous. Mais beaucoup d'acteurs de ces drames, parmi les plus importants, risquent d'échapper aux juridictions nationales pour des raisons expliquées ci-dessus. Il n'est pas question d'évincer les tribunaux nationaux, mais plutôt d'assurer la plénitude de la justice dans une complémentarité, voire une collaboration plus que nécessaire.

La communauté internationale a intérêt à s'investir efficacement dans la mise en œuvre de toutes les dispositions visant à assurer la protection des populations dans leurs droits fondamentaux en l'occurrence le droit à la vie. Il est urgent d'assurer le règne du droit et arrêter le chaos dont profitent certains individus. Les populations massacrées ont aussi droit à la vie.

[30] Rapport de l'Expert indépendant sur la situation des droits de l'Homme au Mali, AGNU, A/HRC/31/76, 21 janvier 2016, point 25.

[31] Rapport de l'Expert indépendant Ibid.

La justice transitionnelle au Mali : entre impunité et violations des droits humains

Abdoulaye DOUCOURE.
Doctorant en Histoire du droit et des Institutions

Résumé :
La nécessité de recourir à la justice transitionnelle (JT) dans les États qui se relèvent d'un conflit armé ou d'un régime autoritaire s'inscrit pleinement dans une démarche de reconstruction d'une société effondrée. La JT apparaît comme la voie la plus propice à la restauration d'une société apaisée, permettant à cette dernière de traiter le passé pour aborder le futur meilleur.
C'est pourquoi depuis la crise de 2012, le Mali a entamé une période de transition marquée par la signature d'un Accord pour la paix et la réconciliation (APR ou « Accord ») le 15 mai 2015. L'Accord prévoit le traitement des violations grave des droits humains par différents mécanismes, dont une Commission-vérité, justice et réconciliation (CVJR) et une Commission d'enquête internationale (CEI), et exclut la possibilité pour les auteurs de crimes graves de bénéficier de mesures d'amnistie, tout en prévoyant l'imprescriptibilité pour ces mêmes crimes.
Cet article tente d'analyser, d'une part, le cadre juridique de protection des droits humains dans les mandats de ces mécanismes de JT au Mali afin de délimiter la base de qualification juridique des violations couvertes par les mandats desdits mécanismes. D'autre part, il vise à analyser les défis qui bloquent la lutte contre l'impunité au Mali, en occurrence les défis de la conciliabilité entre la paix et la justice et celui de la complémentarité entre les différents mécanismes de JT traitant la question des droits humains au Mali.
En définitive, l'article rappelle l'objectif ultime de la JT qui est de punir les auteurs des violations grave des droits humains et cela constitue une des mesures essentielles de prévention de ces types de conflits – car une réconciliation durable passe par la justice. Cependant, le débat semble tourner autour de deux préoccupations : mettre un terme aux conflits armés, et combattre l'impunité en s'assurant que les parties prenantes au conflit ne commettront plus de crimes graves eu égard au droit international humanitaire

Introduction

« Ni la réconciliation ni le pardon ne peuvent être assimilés à l'impunité. L'impunité est un autre nom pour l'injustice. C'est la raison pour laquelle la CVR considère 'la justice' comme le fondement de la réconciliation, sa condition préalable et son effet, son point de départ et d'arrivée. L'exercice de la justice est indispensable pour parvenir à la réconciliation.[1] *»*

[1] Commission péruvienne de vérité et de réconciliation, Rapport final, 28 août 2003, Volume IX, p. 27.

Dans son rapport final présenté à la Sous-Commission de la lutte contre les mesures discriminatoires et de la protection des minorités de la Commission de droits de l'homme des Nations Unies en 1997, le Rapporteur a exprimé : *« Qu'il s'agisse de dialogue national ou de négociations de paix, la question de l'impunité est au centre du débat entre deux parties à la recherche d'un introuvable équilibre entre la logique de l'oubli qui anime l'ancien oppresseur et la logique de justice à laquelle en appelle la victime »*[2] et ajouta « *Pour pouvoir tourner la page, encore faut-il l'avoir lue* ». Par ces mots, Louis Joinet a mis en lumière l'enjeu majeur auquel les États en transition font face : la lutte contre l'impunité et le respect des droits humains.
La nécessité de recourir à la justice transitionnelle (JT) dans les États qui se relèvent d'un conflit armé ou d'un régime autoritaire s'inscrit pleinement dans une démarche de reconstruction d'une société effondrée. La JT apparaît comme la voie la plus propice à la restauration d'une société apaisée, permettant à cette dernière de traiter le passé pour aborder le futur meilleur.
Au plan continental, la Commission africaine des droits de l'homme et des peuples s'est penchée sur la question des JT en Afrique et a fait des déclarations utiles dans son étude sur la JT et les droits de l'homme et des peuples en Afrique[3]. Cette étude constitue la première mesure concrète prise afin d'élaborer une approche de la JT fondée sur la *Charte africaine des droits de l'homme et des peuples* (*Charte africaine*)[4] et pour élucider le rôle de la Commission sur les processus et les mécanismes de JT sur le continent. Cette réflexion a abouti à l'adoption de la Politique de justice transitionnelle de l'Union africaine en février 2019 (PJTUA). La PJTUA est un cadre continental qui fournit des conseils aux États membres de l'Union africaine sur la manière de se remettre de conflits violents prolongés tout en construisant la paix, en renforçant la gouvernance démocratique et en faisant progresser le développement socio-économique. Cette politique de JT et l'étude JT représentent toutes deux les instruments clés de l'UA sur la JT pour guider les États membres de l'UA sur la manière de passer de la guerre à la paix et de l'autoritarisme à la démocratie en évitant de retomber dans le conflit et l'instabilité.
La JT est ancrée dans le droit international des droits humains. Les États ont l'obligation de fournir aux victimes de violations des droits humains un recours effectif, en satisfaisant leurs droits à la vérité, à la justice et à la réparation. Pour que cette obligation soit respectée et que la JT puisse contribuer efficacement à une paix et une réconciliation durable, il est nécessaire d'adopter des approches

---

[2] LOUIS JOINET, « Question de l'impunité des auteurs des violations des droits de l'homme (civile et politiques) », in Rapport final révisé établi par M.L. Joinet, en application de la décision 1996/119 de la Sous-Commission. E/CN.4/Sub.2/1997/20/Rev.1, 2 octobre 1997.
[3] Etude sur la justice transitionnelle et les droits de l'homme et des peuples en Afrique, 2018
[4] *Charte africaine des droits humains et des peuples*, 27 juin 1981, 1520 RTNU 217[*Charte africaine*] (ratifiée le 21 octobre 1981 et entrée en vigueur le 21 octobre 1986).

globales[5] qui cherchent à enregistrer des progrès dans toutes les dimensions de la JT de manière complémentaire.

Ainsi, la JT selon la PJTUA a trait aux « *diverses mesures de politiques (formelles et traditionnelles ou non formelles) et aux mécanismes institutionnels que les sociétés, par le biais d'un processus consultatif inclusif, adoptent afin de surmonter les violations, les divisions et les inégalités antérieures, et en vue de créer des conditions à la fois de sécurité et de transformation démocratique et socio-économique* ». Pour les Nations Unies, la JT est définie comme « *l'éventail complet des divers processus et mécanismes mis en œuvre par une société pour tenter de faire face à des exactions massives commises dans le passé, en vue d'établir les responsabilités, de rendre la justice et de permettre la réconciliation* »[6]. Elle vise à reconnaître les victimes de violations passées en tant que titulaires de droits, à renforcer la confiance entre les individus au sein de la société et la confiance de ceux-ci dans les institutions de l'État, à renforcer le respect des droits humains et à promouvoir l'état de droit[7].

La JT cherche ainsi à contribuer à la réconciliation par les responsabilités et à la prévention de nouvelles violations des droits humains. La JT étant un principe fondamental des processus permettant de faire face aux conséquences des conflits, de nombreux États africains, notamment le Mali, ont eu recours aux mécanismes de JT pour la réconciliation et l'unité nationale.

En effet, depuis 2012, le Mali connaît une crise multidimensionnelle, qui a entraîné la perte de contrôle de la majeure partie de son territoire au profit de groupes armés ayant des revendications diverses[8]. Cette crise poussa les acteurs et actrices politiques malien.nes à entamer une période de transition marquée par la signature à Alger d'un Accord pour la paix et la réconciliation (APR ou «

---

[5] Les processus de justice transitionnelle devraient : être adaptés au contexte, être pilotés par les pays, être inclusifs, être centrés sur les victimes, être sensibles aux questions de genre, être participatifs et assurer l'autonomisation, être transformateurs pour l'ensemble de la société.

[6] Conseil de Sécurité, Rapport du Secrétaire général des NU, du 23 aout 2004 portant le Rétablissement de l'état de droit et administration de la justice pendant la période de transition dans les sociétés en proie à un conflit ou sortant d'un conflit, en ligne : S/2004/616

[7] Assemblée générale, 21e du Conseil des droits de l'homme, du 09 aout 2012, Rapport du Rapporteur spécial sur la promotion de la vérité, de la justice, de la réparation et des garanties de non-répétition, Pablo de Greiff, en ligne : A/HRC/21/46.

[8] La crise a été déclenchée par une série d'attaques armées contre des camps militaires au nord du pays, par plusieurs groupes rebelles, à savoir le Mouvement National de Libération de l'Azawad (MNLA), Ansar Eddine, Al-Qaïda au Maghreb islamique (AQMI) et le Mouvement pour l'Unicité et le Jihad en Afrique de l'Ouest (MUJAO)[8]. Les multiples défaites des forces gouvernementales ont conduit à un coup d'État, intervenu le 22 mars 2012.
Aussi, Voir Conseil de sécurité de l'ONU, *Rapport de la Commission d'enquête internationale pour le Mali*, février 2021, S/2020/1332, para. 153, en ligne: https://documents-dds-ny.un.org/doc/UNDOC/GEN/N21/024/69/PDF/N2102469.pdf?OpenElement ; Pauline Poupart, *L'Azawad comme enjeu des négociations de paix au Mali : quel statut pour un territoire contesté ?*

Accord ») le 15 mai 2015[9]. L'APR appréhende les graves violations des droits humains commises depuis 2012 à travers trois volets : la réconciliation, la justice et les questions humanitaires[10]. Ce faisant, l'Accord prévoit le traitement des violations grave des droits humains par différents mécanismes, dont une Commission-vérité, justice et réconciliation (CVJR) et une Commission d'enquête internationale (CEI), et exclut la possibilité pour les auteurs de crimes graves de bénéficier de mesures d'amnistie, tout en prévoyant l'imprescriptibilité pour ces mêmes crimes[11]. Il est prévu également un vaste programme de réformes dans différents domaines, dont celui de la justice[12].

Toutefois, plus de huit ans après l'adoption de la politique nationale de JT et la signature de l'Accord, leur mise en œuvre effective sur le terrain reste un défi de taille[13]. Particulièrement, en ce qui a trait à la répression pénale, le bilan en matière de poursuites des auteurs des violations grave des droits humains devant les juridictions pénales maliennes est très timide[14].

Au regard de ce qui précède, un certain nombre de questionnements méritent d'être posés : comment les violations des droits humains ont été traitées par les différents mécanismes de JT au Mali ? Quels sont les défis à relever dans le processus de transition au Mali notamment en matière de la lutte contre l'impunité ?

---

9 Les principaux acteurs parties à cet Accord sont : l'État malien, les groupes d'autodéfense et mouvements armés loyalistes regroupés dans le mouvement dit de « la Plateforme » et la Coordination des mouvements de l'Azawad (« CMA ») qui regroupe des mouvements armés revendiquant un degré d'indépendance ou d'autonomie pour les régions du Nord Mali, regroupées sous l'appellation « Azawad ». L'accord fut signé le 15 mai 2015, il fut ratifié par d'autres groupes armés membres de la CMA à Bamako, le 20 juin 2015. Voir *Accord pour la paix et la réconciliation au Mali issu du processus d'Alger*, en ligne:
<https://peacemaker.un.org/sites/peacemaker.un.org/files/Accord%20pour%20la%20Paix%20et%20la%20R%C3%A9conciliation%20au%20Mali%20-%20Issu%20du%20Processus%20d%27Alger_0.pdf > [APR].

10 *Ibid*, art. 46-47.

11 *Ibid*, art. 46

12 *Ibid*.

13 RFI, *Suivi de l'accord de paix au Mali: un cessez-le-feu, mais toujours des incertitudes*, 2016, en ligne: http://www.rfi.fr/afrique/20160427- application-accord-paix-mali-encore-points-appliquer; RFI, *Mali: l'anniversaire de l'accord de paix marqué par des accrochages dans le nord*, 2016, en ligne: http://www.rfi.fr/afrique/20160516-mali-anniversaire-accord-paix-accrochages-meurtrier-nord-groupes-armes; RFI, *Mali: premier pas dans l'application de l'accord d'Alger,* 2016, en ligne:, http://www.rfi.fr/afrique/20160616-mali-premier-pas-application-accord-alger-ould-sidat-azawad ;
Haut-Commissariat aux droits de l'homme des Nations Unies, *Mali : « l'insécurité grandissante met en péril les droits fondamentaux des Maliens » – L'Expert de l'ONU*, 16 novembre 2016, en ligne :
http://www.ohchr.org/FR/newsevents/Pages/displaynews.aspx?Newsid=20874&langid=F .

14 Voir Conseil de sécurité de l'ONU, *Rapport de la Commission d'enquête internationale pour le Mali*, février 2021, S/2020/1332, para. 955-981, en ligne :
https://documents-dds-ny.un.org/doc/UNDOC/GEN/N21/024/69/PDF/N2102469.pdf?OpenElement;
https://news.un.org/fr/story/2021/06/1099232 .

La réflexion portant sur la justice en période de transition et les droits humains constitue une occasion de faire le point sur la nécessaire réconciliation entre les impératifs de paix et de justice. Elle permet également de présenter l'évolution des principes et des normes dans les sociétés africaines confrontées aux violations massives des droits humains du passé afin de trouver l'équilibre entre les enjeux politiques, la recherche de la paix et la lutte contre l'impunité pour la réconciliation et la construction d'une paix durable.

Pour répondre à ces questionnements, nous allons en premier lieu analyser le rôle des mécanismes de JT traitant la question des droits humains au Mali. En second lieu, nous aborderons les défis persistant à l'effectivité de la lutte contre l'impunité dans le contexte de transition au Mali.

I.Les mécanismes de justice transitionnelle et la lutte contre l'impunité au Mali

La typologie des violations graves des droits humains[15] et l'inadaptation des voies de droit commun dans le cadre de leur traitement, ont conduit les acteurs de la crise malienne à formuler des réponses appropriées à travers des mécanismes spéciaux[16] initiés dans le cadre de l'Accord pour la paix et la réconciliation (« ci-après APR »).

Ces mécanismes spéciaux, dont la Commission Vérité, justice et réconciliation (« ci-après CVJR ») et la Commission d'enquête internationale (« Ci-après CEI ») représentent les figures emblématiques, s'inscrivent résolument dans une démarche d'adresser sérieusement la question des crimes du passé. En plus de leur fonction primaire d'établissement des faits dans un cadre temporel bien défini, ces mécanismes bénéficient d'une sorte de fonction consultative qui leur permet de suggérer des reformes juridiques et judiciaires allant dans le sens de la lutte contre l'impunité.

---

[15] Le conflit malien a donné lieu à des graves violations de droits humains – qui ont notamment pris la forme d'exécutions extra-judiciaires, de détentions arbitraires, d'enrôlement de mineurs, de viols et d'autres violences sexuelles, d'actes de torture et de destruction de patrimoine culturel. Au Sud, plusieurs exactions ont également été commises à l'encontre de bérets rouges, de policiers et de journalistes à la suite du contrecoup d'État (tortures, disparitions forcées, exécutions extrajudiciaires). Pour des éléments d'analyse, V. Amnesty international, Mali : retour sur cinq mois de crise. Rébellion armée et putsch militaire, mai 2012, [en ligne] : http://www.amnesty.org/fr/library/asset/AFR37/001/2012/fr/35f18828-e1f3-4557-a09c-41a1cd584190/afr370012012fr.pdf ; Fédération internationale des droits de l'Homme, Crimes de guerre au Nord-Mali, 16 juillet 2012, [en ligne] : http://www.fidh.org/Crimes-de-guerre-au-Nord-Mali ; International Crisis Group , Mali : pour une action Internationale résolue et concertée, Briefing Afrique n° 90, 24 septembre 2012, [en ligne] : http://www.crisisgroup.org/~/media/Files/africa/west-africa/mali/b090-mali-pour-une-action-internationale-resolue-et-concertee.pdf .

[16] Ces mécanismes spéciaux sont de nature non judiciaire et bénéficient d'une fonction consultative qui leur permet d'émettre des recommandations dans le domaine de la prévention et de la lutte contre l'impunité.

Dans cet ordre d'idée, nous nous intéresserons plus spécifiquement à l'analyse du cadre juridique de protection des droits humains dans les mandats de la CVJR et de la CEI (A) qui serviront à qualifier juridiquement les violations couvertes par les mandats de ces mécanismes de JT (B).

A. Cadre juridique de protection des droits dans les mandats de la CVJR et de la CEI

La CVJR a été créée pour contribuer à l'instauration d'une paix durable à travers la recherche de la vérité, la réconciliation et la consolidation de l'unité nationale et des valeurs démocratiques. Elle constituait le principal mécanisme de JT au Mali. Ses travaux couvrent la période qui s'étend de 1960 à 2019 et portent sur l'ensemble des causes des conflits ayant affecté le pays[17].

Son mandat couvre tous les évènements des différentes crises, des rébellions et des coups d'État que le Mali a connus depuis 1960. La CVJR était notamment chargée d'établir la vérité sur les violations graves des droits humains, faire des enquêtes non-judiciaires pour situer l'étendue des responsabilités des groupes armés ou des institutions, et proposer des mesures de réparation, de restauration sociale et de réconciliation. La CVJR a placé les victimes au centre de son travail afin de porter leur voix.

Les violations graves des droits humains retenues par la CVJR sont notamment : le meurtre et l'exécution arbitraire ; l'arrestation ou la détention arbitraire ; l'enlèvement et la séquestration ; l'enrôlement forcé et la tentative d'enrôlement ; le viol et les autres violences sexuelles ; le pillage, le vol et la destruction des propriétés ; la disparition forcée ; le déplacement forcé ; la torture et les autres traitements cruels, inhumains et dégradants ; la destruction du patrimoine culturel[18]. Pour parvenir à son objectif d'établissement des faits sur les cas emblématiques de violation grave des droits humains, la CVJR a développé des stratégies d'enquête et procédé à des enquêtes non judiciaires. Pour ce faire, elle a élaboré une cartographie de violation grave des droits humains au Mali depuis 1960, procédé à l'écoute des témoins importants et organisé des audiences publiques thématiques[19] sur des cas de violation grave de droits humains.

La CVJR n'est pas un tribunal, elle ne juge pas les auteurs des violations grave des droits humains. Les victimes peuvent toujours saisir les tribunaux pour obtenir justice, même si elles ont fait leur déposition à une antenne de la CVJR. Le cadre juridique de protection des droits fondamentaux applicable au Mali depuis 1960 résulte à la fois du droit international et du droit interne malien qui serviront à

---

[17] Ordonnance n°2019-023/P-RM du 27 septembre 2019 portant modification de l'ordonnance n°2014-003/P-RM du 15 janvier 2014 portant création de la Commission vérité, justice et réconciliation (CVJR)

[18] Règlement intérieur de la CVJR, 12 janvier 2016, p.2.

[19] La CVJR a organisé des audiences publiques portant sur les thèmes : les atteintes au droit à la liberté ; les atteintes au droit à la vie et à l'intégrité physique ; les disparitions forcées ; les violences sexuelles basées sur le genre et les enfants victimes de conflits.

qualifier juridiquement les violations des droits humains couvertes par le mandat de la CVJR.

La CEI pour le Mali a été créée le 19 janvier 2018 par le Secrétaire général des Nations Unies conformément à l'article 46 de l'Accord pour la paix et la réconciliation au Mali de juin 2015. La CEI a reçu mandat d'enquêter sur les allégations d'abus et de violation grave du droit international des droits humains et du droit international humanitaire[20], y compris les allégations de violences sexuelles liées au conflit commis sur tout le territoire du Mali entre le 1er janvier 2012 et la date de son établissement; d'établir les faits et les circonstances de la perpétration de tels abus et violations, y compris ceux qui peuvent constituer des crimes internationaux ; d'identifier les auteurs présumés de tels abus et violations ; et de soumettre un rapport écrit au Secrétaire général, contenant les conclusions de ses enquêtes et des recommandations pour la lutte contre l'impunité, à la lumière des abus et violations identifiés.

En décembre 2020, la CEI a remis son rapport final au Conseil de sécurité (CSNU)[21]. La compétence temporelle de la CEI s'étend du 1er janvier 2012 au 19 janvier 2018, date de son établissement. Par conséquent, les allégations de violations, abus et crimes commis avant le 1er janvier 2012 et après le 19 janvier 2018 n'ont pas fait l'objet d'enquêtes de la part de la CEI[22]. Sa compétence territoriale s'étend sur tout le territoire du Mali. S'agissant de sa compétence matérielle, elle s'est vue confier le mandat d'enquêter sur les allégations d'abus et de violation grave du droit international des droits humains et du droit international humanitaire, y compris les allégations de violence sexuelle liée au conflit. Au regard de l'ampleur de ce mandat et du temps imparti pour sa mise en œuvre, la CEI a accordé la priorité aux abus et violations les plus graves – tels que les atteintes au droit à la vie et à l'intégrité physique (notamment les exécutions, tortures et mutilations), les violences sexuelles et celles basées sur le genre ainsi que les violences faites aux enfants – en portant une attention particulière aux abus et violations susceptibles de constituer des crimes internationaux.

Sur le plan du cadre juridique international, la CVJR et la CEI ont, de façon générale, retenu les conventions relatives au droit international de protection des droits fondamentaux, notamment celles protégeant les femmes et les enfants. Un accent particulier a été mis sur la protection des femmes et des enfants qui ont été victimes d'actes de violence spécifiques en raison de leur situation de vulnérabilité, ce qui rend ces crimes particulièrement graves. Le Mali a ratifié plusieurs conventions relatives au droit international des droits humains (DIDH), au droit international humanitaire (DIH) et au droit international pénal.

[20] Article 1 du Mandat de la Commission. Document des Nations Unies S/2018/57 § 1.

[21] Nations Unies, Rapport de la Commission d'enquête internationale pour le Mali, S/2020/1332.

[22] Les informations reçues concernant des événements en dehors de la compétence temporelle de la Commission ont néanmoins été prises en compte par elle dans son appréciation du contexte, son analyse sur la lutte contre l'impunité et les raisonnements qui sous-tendent ses recommandations.

Le DIDH est le cadre juridique international relatif aux droits et facultés assurant la liberté et la dignité de la personne humaine et bénéficiant des garanties institutionnelles. Il est composé d'instruments juridiques à portée générale[23] et à portée spécifique[24], qui ont servi de référence pour qualifier les différents actes de violence qui ont fait l'objet d'enquête par les deux mécanismes de JT au Mali. S'agissant du DIDH, le Mali est partie à des traités universels tels que le *Pacte international relatif aux droits civils et politiques* (*PIDCP*)[25] et son *Protocole facultatif*[26], le *Pacte international relatif aux droits économiques, sociaux et culturels* (*PIDESC*)[27], la *Convention sur l'élimination de la discrimination à l'égard des femmes (CEDEF)*[28], la *Convention contre la torture et autres peines ou traitement cruels, inhumains ou dégradants* (*Convention contre la torture*)[29], la *Convention relative aux droits de l'enfant* et son *Protocole facultatif concernant l'implication d'enfants dans les conflits armés*[30] et la *Convention pour la protection de toutes les personnes contre les disparitions forcées* (*Convention contre les disparitions forcées)*[31].

En revanche, l'État malien n'a ni signé, ni ratifié, le *Deuxième protocole facultatif se rapportant au pacte international relatif aux droits civils et politiques, visant à abolir la peine de mort*[32], il n'a pas ratifié le *Protocole facultatif se rapportant au Pacte international relatif aux droits économiques, sociaux et culturels*[33], ni le

---

[23] Il s'agit des instruments qui abordent les droits humains de façon globale et systématique. Ils peuvent être adoptés dans le cadre universel ou dans le cadre régional, l'essentiel étant que sur le plan matériel les droits garantis ont une portée générale.

[24] Ces instruments se rapportent soit à des catégories spécifiques de personnes qu'elles protègent, soit prohibent des comportements particuliers.

[25] *Pacte international relatif aux droits civils et politiques*, 19 décembre 1966, 999 RTNU 171 [*PIDCP*] (ratifié le 16 juillet 1974 et entrée en vigueur le 23 mars 1976).

[26] *Protocole facultatif se rapportant au Pacte international relatif aux droits civils et politiques*, 16 décembre 1966, 999 RTNU 171 (ratifié le 24 octobre 2001 et entré en vigueur immédiatement).

[27] *Pacte international relatif aux droits économiques, sociaux et culturels*, 16 décembre 1966, 993 RTNU 3 [*PIDESC*] (ratifié le 16 juillet 1974 et entrée en vigueur le 3 janvier 1976).

[28] *Convention sur l'élimination de toutes les formes de discrimination à l'égard des femmes*, 18 décembre 1979, 1249 RTNU 13 [*CEDEF*] (ratifiée le 10 septembre 1985 et entrée en vigueur immédiatement).

[29] *Convention contre la torture et autres peines ou traitement cruels, inhumains ou dégradants*, 10 décembre 1984, 1465 RTNU 85 [*Convention contre la torture*] (ratifiée le 26 février 1999 et entrée en vigueur immédiatement).

[30] *Convention relative aux droits de l'enfant*, 20 novembre 1989, 1577 RTNU 3 (ratifiée le 20 septembre 1990 et entrée en vigueur immédiatement) ; *Protocole facultatif à la Convention relative aux droits de l'enfant, concernant l'implication d'enfants dans les conflits armés*, 25 mai 2000, 2173 RTNU 222 (ratifié le 16 mai 2002 et entré en vigueur immédiatement).

[31] *Convention internationale pour la protection de toutes les personnes contre les disparitions forcées*, 20 décembre 2006, 2716 RTNU 3 [*Convention contre les disparitions forcées*] (ratifiée le 1er juillet 2009 et entrée en vigueur le 23 décembre 2010).

[32] *Deuxième protocole facultatif se rapportant au pacte international relatif aux droits civils et politiques, visant à abolir la peine de mort*, 15 décembre 1989, 1642 RTNU 414.

[33] *Protocole facultatif se rapportant au Pacte international relatif aux droits économiques, sociaux et culturels*, 10 décembre 2008, 2922 RTNU (signé le 24 septembre 2009)

Protocole facultatif à la Convention relative aux droits de l'enfant établissant une procédure de présentation de communication[34].

Sur le plan régional, l'État du Mali a ratifié la *Charte africaine*[35], la *Charte africaine des droits et du bien-être de l'enfant*[36], le *Protocole à la Charte africaine des droits de l'homme et des peuples relatifs aux droits des femmes en Afrique* (*Protocole de Maputo*)[37] et certaines autres conventions de l'Union africaine[38]. Il a également ratifié le *Protocole de la Communauté des États d'Afrique de l'Ouest sur la bonne gouvernance, additionnel au protocole relatif au mécanisme de gestion de règlement des conflits et de maintien de la paix* et le *Traité révisé de la CEDEAO*[39].

En ce qui a trait aux traités de DIH et de droit international pénal, le Mali est partie aux quatre *Conventions de Genève de 1949*[40] et à leurs *Protocoles additionnels*

---

[34]Convention relative aux droits de l'enfant établissant une procédure de présentation de communications 2983 RTNU, 19 décembre 2011, (signé le 28 février 2012)

[35]*Charte africaine des droits humains et des peuples*, 27 juin 1981, 1520 RTNU 217[*Charte africaine*] (ratifiée le 21 octobre 1981 et entrée en vigueur le 21 octobre 1986).

[36]*Charte africaine des droits et du bien-être de l'enfant*, 11 juillet 1990, Doc. Off. OUA, CAB/LEG/153/Rev.2 (ratifiée le 3 juin 1998 et entrée en vigueur immédiatement).

[37]*Protocole à la Charte africaine des droits humains et des peuples relatifs aux droits des femmes*, 11 juillet 2003 (ratifié le 13 janvier 2005 et entré en vigueur immédiatement) ; en ligne :http://www.achpr.org/files/instruments/women-protocol/achpr_instr_proto_women _fra.pdf [*Protocole de Maputo*]. Voir aussi *Protocole portant Statut de la Cour africaine de justice et des droits humains,* 1er juillet 2008 (ratifié le 17 décembre 2004 et entré en vigueur le 1er juillet 2000).

[38] Notamment la *Convention de l'Union africaine régissant les aspects propres aux problèmes de réfugiés en Afrique*, 10 septembre 1969, 1001 RTNU 45 (ratifiée le 10 octobre 1981 et entrée en vigueur immédiatement) et la *Convention de l'Union africaine sur la protection et l'assistance aux personnes déplacées en Afrique*, 23 octobre 2009 (ratifié le 7 novembre 2012 et entrée en vigueur le 26 novembre 2012).

[39] Décret portant ratification du *Protocole sur la Démocratie et la Bonne Gouvernance, additionnel au Protocole relatif au mécanisme de prévention, de gestion, de règlement des conflits, de maintien de la paix et de la sécurité*, 14 janvier 2003, décret N°03-006/P-RM, article 1er.

[40]*Convention de Genève pour l'amélioration du sort des blessés et des malades dans les forces armées en campagne*, 12 août 1949, 75 R.T.N.U. 3 [*Convention de Genève I*] ; *Convention de Genève pour l'amélioration du sort des blessés, des malades et des naufragés des forces armées sur mer*, 12 août 1949, 75 R.T.N.U. 85 [*Convention de Genève II*] ; *Convention de Genève relative au traitement des prisonniers de guerre* ; 75 R.T.N.U. 135 [*Convention de Genève III*] ; *Convention de Genève relative à la protection des personnes civiles en temps de guerre*, 12 août 1949, 75 R.T.N.U. 171[*Convention de Genève IV*] (ratifiées le 24 mai 1965 et entrées en vigueur le 24 novembre 1965).

de 1977[41], à la *Convention pour la protection des biens culturels en cas de conflit armé*[42] et au *Statut de Rome de la Cour pénale internationale* (*Statut de Rome*)[43]. Le droit international coutumier est la deuxième source du droit international qui s'applique indépendamment des traités ou convention internationale[44]. Elle consiste en la réunion d'un élément objectif et d'un élément moral : une pratique générale et constante des États (élément objectif) acceptée par ceux-ci comme étant une règle de droit (élément subjectif « *opinio juris* »). La coutume internationale a, par nature, vocation à être une norme générale et à s'appliquer à tous les États, y compris le Mali.

Plus spécifiquement, la CEI s'est servie aussi du droit international pénal qui constitue l'ensemble de règles internationales destinées à proscrire et punir les individus responsables pour des crimes internationaux et à imposer aux États l'obligation de poursuivre et de punir ces crimes. Le Statut de Rome constitue le document le plus complet et le plus détaillé de la codification des crimes internationaux. Le Mali étant partie au Statut de Rome depuis le 16 août 2000, les dispositions dudit Statut s'appliquent à l'ensemble des faits faisant l'objet des enquêtes de la CEI. Les crimes internationaux décrits dans le Statut de Rome sont le crime de génocide, le crime d'agression, les crimes contre l'humanité et les crimes de guerre. La CEI considère que seuls ces deux derniers sont pertinents pour analyser la situation au Mali. Le droit international pénal engage non seulement la responsabilité individuelle de l'auteur, du co-auteur et de la personne qui a ordonné, sollicité, encouragé la commission du crime ou qui y a apporté son aide, mais également celle de son supérieur hiérarchique qui aurait pu ou dû l'empêcher ou réprimer son exécution. Sur le plan du droit interne et conformément à leur mandat, respectivement d'établissement des faits sur des cas emblématiques de violation grave des droits humains et d'enquêter sur les allégations d'abus et de violation grave du droit international des droits humains et du droit international humanitaire, la CVJR et la CEI ont retenu le droit interne relatif à la protection des droits fondamentaux.

---

[41] *Protocole additionnel aux Conventions de Genève du 12 août 1949 relatif à la protection des victimes des conflits armés internationaux*, 8 juin 1977, 1125 R.T.N.U. 3 [*Protocole additionnel I*] ; *Protocole additionnel aux Conventions de Genève du 12 août 1949 relatif à la protection des victimes des conflits armés non internationaux*, 8 juin 1997, 1125 RTNU 609 [*Protocole additionnel II*] (ratifiés le 9 février 1989 et entrés en vigueur le 8 août 1989).

[42] *Convention pour la protection des biens culturels en cas de conflit armé*, 14 mai 1954, 249 R.T.N.U. 240 (ratifiée le 18 mai 1961 et entrée en vigueur le 18 août 1961) [*Convention UNESCO 1954*].

[43] *Statut de Rome de la Cour pénale internationale*, 17 juillet 1998, 2187 RTNU 3 [*Statut de Rome*] (ratifié le 16 août 2000 et entré en vigueur le 1er juillet 2002).

[44] *Statut de la Cour internationale de Justice*, Annexe de la *Charte des Nations unies*, 26 juin 1945, R T Can 1945 N°7, [*Statut CIJ*], art 38 (1) (b) : La coutume est la deuxième source du droit international qui s'applique sans lien avec une stipulation conventionnelle, tant que sont réunis deux éléments : la pratique des États et l'*opinio juris*.

Le cadre juridique national de protection des droits fondamentaux résulte d'une part de l'intégration automatique dans l'ordre juridique interne des traités internationaux ratifiés, en vertu du caractère moniste de l'État malien[45], et d'autre part, des règles spécifiques de protection des droits fondamentaux prévus par le droit malien proprement dit.

En effet, les différentes constitutions[46] qui ont régi le Mali depuis 1960 consacrent le caractère moniste de l'État, et donc l'application directe et immédiate sur le plan interne des traités internationaux dès leur ratification.[47] Plus encore, les constitutions de 1974, 1992 et 2023 précisent que « les traités ou accords régulièrement ratifiés ou approuvés ont, dès leur publication, une autorité supérieure à celle des lois ».[48] Ainsi, dans l'ordonnancement juridique malien, le traité international est *infra* constitutionnel[49], mais *supra* législatif. Bien que la jurisprudence de la Cour suprême du Mali ait confirmé cette préséance du droit international sur les lois maliennes,[50] certains juges maliens ont refusé d'appliquer cette règle et exigé l'intégration des normes internationales évoquées devant eux en droit interne.[51] Bien que cela diffère de ce qu'un régime moniste prévoit, il est vrai que certains traités internationaux, par leur substance et leur contenu, exigent explicitement l'intégration de mesures d'exécution ou de mécanismes de recours, afin d'assurer pleinement le respect des droits qu'ils protègent[52]. Ces cas d'exceptions ne remettent toutefois pas en question l'exigibilité automatique des traités devant la justice malienne[53].

Le cadre juridique de protection des droits fondamentaux applicable au Mali ci-dessus exposé a servi de base pour qualifier juridiquement les violations des droits humains couvertes par le mandat de la CVJR et de la CEI.

---

[45] Le caractère moniste de l'État malien, résulte de l'article 183 de la nouvelle Constitution du Mali du 22 juillet 2023.

[46] *Constitution de la République du Mali*, Loi N° 60-1/ANRM du 22 septembre 1960, Journal officiel N° 65 du 29 septembre 1960, aux pp III-VII [*Constitution de 1960*] ; *Constitution adoptée par referendum constitutionnel du 2 juin 19974 et promulguée par le Décret N° 03/PG.RM du 1er juillet 1974*, Journal officiel N° 440 du 25 juillet 1974, aux pp I-VIII [*Constitution de 1974*] ; *Constitution adoptée par referendum constitutionnel du 12 janvier 1992 et promulguée par le Décret N° 92-073/P-CTSP du 25 février 1992*, Journal officiel N° 4 du 29 février 1992, aux pp 117-126 [*Constitution de 1992*].

[47] *Ibid* art 115 ; *Constitution de 1960*, art 38 ; *Constitution de 1974*, art 62.

[48] *Ibid* art 64 ; *Constitution de 1992*, art 116.

[49] Les traités internationaux doivent être conformes à la Constitution. Voir *Constitution de 1960*, art 39 ; *Constitution 1974*, art 63.

[50] Cour suprême du Mali, Arrêt 132, section judiciaire, 1re Chambre civile.

[51] Par exemple l'Arrêt nº 169, Cour d'Appel de Bamako, 4 mars 2009.

[52] Voir *Convention relative aux droits de l'enfant*, art (40) (3) (a) (prévoyant l'adoption de lois, de procédure et la mise en place d'autorités et institutions obligatoires à la jouissance des droits garantis) ; *PIDCP*, art 9 (4) (demandant l'établissement d'un mécanisme de recours pour l'*habeas corpus* dans la législation nationale).

[53] Oumou Senon, « Réunion constitutive du comité sur l'environnement de l'AHJUCAF », Porto-Novo, 26 et 27 juin 2008, à la p. 277.

B.Qualifications et responsabilités juridiques des violations couvertes par les mandats de la CVJR et de la CEI :

Les violations rentrant explicitement dans le mandat de la CVJR sont multiples et la liste n'est pas exhaustive, comme indiqué dans son mandat. Dans le cadre de la présente analyse, nous nous limiterons à des violations ayant faits l'objet des thèmes des audiences publiques de la CVJR. Parmi ces violations nous avons les atteintes au droit à la liberté (arrestation, détention, enlèvement, séquestration, etc.) ; les atteintes au droit à la vie et à l'intégrité physique (meurtre, torture, traitements inhumains, etc.) ; les disparitions forcées ; les violences sexuelles basées sur le genre et les enfants victimes de conflits.

Les atteintes au droit à la liberté impliquent les violations d'arrestation et de détention arbitraire, d'enlèvement, de séquestration, etc. L'arrestation et la détention arbitraire contreviennent au droit à la liberté prévu par la Constitution malienne et le DIDH.[54] L'arrestation et la détention sont considérées comme arbitraires dès lors qu'elles ne respectent pas les procédures prévues par la loi[55], ou lorsqu'elles sont inappropriées, disproportionnées, non raisonnables et non nécessaires.[56] Ainsi, sont notamment considérées comme arbitraires les arrestations ou détentions sans base juridique justificative, ou en violation de la loi, ou se fondant sur une législation injuste, ou contraire aux libertés et droits fondamentaux garantis par le DIDH.

La Commission Africaine des Droits de l'Homme et des Peuples considère notamment qu'une détention est arbitraire dès lors qu'une personne n'a aucun accès à un avocat, à sa famille, et lorsque l'État ne fournit pas au détenu la possibilité d'exercer des recours contre les mesures permettant sa détention.[57]

Tout comme la catégorie précédente de violation, les enlèvements et séquestrations contreviennent aux libertés, notamment d'aller et venir des individus. L'enlèvement se caractérise par l'acte de transporter de force une personne de l'endroit où elle se trouve vers un autre lieu, alors que l'enlèvement consiste – en général – à soustraire une personne de la personne chargée en exercer sa garde.[58]

Les atteintes au droit à la vie et à l'intégrité physique comprennent le meurtre, la torture, les traitements inhumains, etc. Les meurtres, et exécutions arbitraires, aussi appelées exécutions extrajudiciaires, sont constitutives d'atteintes au droit à

---

[54] *DUDH*, art 3 et 9 ; *PIDCP*, art 9 ; *Charte africaine*, art 6 ; Comité des droits de l'Homme, *Observation générale No 35, Article 9 (Liberté et sécurité de la personn*e), CCPR/C/GC/35 (2015), para 10-12 [CDH : Observation générale No 35]. Voir aussi *Constitution de 1992*, art 1er

[55] CDH, Observation générale N° 35, para 44.

[56] CDH, Observation générale N° 35, para 12.

[57] Commission africaine des droits de l'homme et des peuples c. Libye, Ordonnance de mesures provisoires, 15 mars 2013, 1 RJCA 149, para. 16

[58] Philippe Conte, *Droit pénal spécial*, 4e Édition, Paris, LexisNexis, 2013, p. 141 ; *Code pénal de 2001*, art 240 ; *Code pénal de 1961*, art 187.

la vie, tel que protégé par le droit international.[59] Une exécution est dite arbitraire dès lors qu'elle est commise par un agent du Gouvernement, ou avec son assentiment, sa complicité, ou son acquiescement, sans qu'il n'y ait eu de procédure judiciaire.[60] Le droit international distingue également les exécutions extrajudiciaires, commises en dehors de tout cadre judiciaire ou légal, des exécutions sommaires, qui sont commises suite à une procédure sommaire, qui ne respecte pas les garanties fondamentales du droit à un procès équitable.

Dans le cadre des travaux de la CVJR, les meurtres et exécutions arbitraires a couverts tout acte impliquant l'usage de la force létal par un agent de l'État, ou avec l'assentiment de ce dernier, en dehors d'un cadre légal ; ou la mort résultant de la torture ou de mauvais traitement, d'exécution extrajudiciaire ou de l'application de la peine de mort en dehors du cadre prévu par le droit international.[61]

La torture et autres traitements cruels, inhumains ou dégradants sont des pratiques prohibées par le droit malien et le droit international[62], notamment en vertu de la *Convention contre la torture*[63]. La torture est établie dès qu'il est possible de réunir le critère de gravité, d'implication directe ou indirecte d'un agent de l'État, l'intention et la finalité.[64]

Les disparitions forcées affectent la jouissance de nombreux autres droits humains, tels que le droit à la liberté, le droit au procès équitable, le droit à la

---

[59] DUDH, art. 3; PIDCP, art. 6; CADHP, art. 4; Code pénal, art. 199.

[60] Exécutions sommaires ou arbitraires : Rapport du Rapporteur Spécial, M. S Amos Wako, Rapporteur spécial nommé conformément à la résolution 1982/35 du Conseil économique et social en date du 7 mai 1982, E/CN.4/1983/16, 31 janvier 1983, para 66.

[61] Comité des droits de l'Homme, Observation générale 6, Article 6, HRI/GEN/1/Rev.1 (1994), para 3, 7.

[62] Constitution de 1992 prohibe explicitement la torture et les sévices ou traitements inhumains, cruels, dégradants ou humiliants (art 3). Le Code pénal de 1961 incriminait de façon générale sous les chefs de coups et blessures volontaires diverses atteintes à l'intégrité physique, équivalent matériellement aux mauvais traitements envisagés sous la torture, les traitements cruels, inhumains ou dégradants (art 166-167). Le Code pénal de 2001 quant à lui reprend non seulement les chefs traditionnels de coups et blessures, mais rajoute explicitement le crime de torture (art 207-209). ; DUDH, art 5; PIDCP, art 7 ; Charte africaine, art 5. Voir aussi CESDH, art 3; CADH, art 5.

[63] Selon l'art 1 de la Convention contre la torture le terme « torture » désigne : « *tout acte par lequel une douleur ou des souffrances aiguës, physiques ou mentales, sont intentionnellement infligées à une personne aux fins notamment d'obtenir d'elle ou d'une tierce personne des renseignements ou des aveux, de la punir d'un acte qu'elle ou une tierce personne a commis ou est soupçonnée d'avoir commis, de l'intimider ou de faire pression sur elle ou d'intimider ou de faire pression sur une tierce personne, ou pour tout autre motif fondé sur une forme de discrimination quelle qu'elle soit, lorsqu'une telle douleur ou de telles souffrances sont infligées par un agent de la fonction publique ou toute autre personne agissant à titre officiel ou à son instigation ou avec son consentement exprès ou tacite.* »

[64] Rapport du Rapporteur spécial sur la torture et autres peines ou traitements cruels, inhumains ou dégradants, Manfred Nowak, A/HRC/13/39 (2010), para 43 [Rapporteur spécial torture 2010].

préservation de la dignité humaine et de l'intégrité physique.[65] Elle se définit comme « l'arrestation, la détention, l'enlèvement ou toute autre forme de privation de liberté *par des agents de l'État ou par des personnes ou des groupes de personnes qui agissent avec l'autorisation, l'appui ou l'acquiescement de l'État*, suivi du déni de la reconnaissance de la privation de liberté ou de la dissimulation du sort réservé à la personne disparue ou du lieu où elle se trouve, la soustrayant à la protection de la loi. »[66]

On comprendra que les critères suivants doivent nécessairement être réunis pour caractériser une disparition forcée :

- Le fait matériel d'être enlevé, détenu ou arrêté ou faire l'objet d'une autre forme de privation de liberté ;
- Le fait que l'auteur soit un agent de l'État ou une personne ayant bénéficié de l'autorisation, du consentement ou de l'appui de l'État ; et
- Le fait que la victime ne reçoive aucune reconnaissance de sa privation de liberté, que cette dernière soit dissimulée, ayant pour conséquence de soustraire cette personne de la protection de la loi.

Les violences sexuelles basées sur le genre et les enfants victimes de conflits. Le règlement intérieur de la CVJR mentionne spécifiquement les viols et autres violences sexuelles. Toutefois, les femmes connaissent d'autres formes de violences, en particulier au cours de périodes de conflit ou d'instabilité politique depuis 1960 au Mali.

Le Protocole de Maputo pose le principe selon lequel les États africains qui y sont partie, dont le Mali depuis 2005, doivent assurer le respect de la dignité des femmes et leur protection contre toutes formes de violences, notamment la violence sexuelle, en temps de paix comme en temps de conflits armé.[67] Les Conventions de Genève quant à elles offrent aux femmes une protection spécifique, en particulier en temps de conflit.[68]

Pendant toute la période couverte par le mandat de la CVJR tout comme celui de la CEI, le droit malien incrimine les actes constitutifs de violences sexuelles sous des chefs tels que l'attentat à la pudeur, le viol et la pédophilie.[69] Plus encore, en intégrant le Statut de Rome dans le droit malien, le *Code pénal de 2001* érige en crimes contre l'humanité et en crimes de guerre les actes de viol, d'esclavage sexuel, de prostitution forcée, de grossesse forcée, de stérilisation forcée et toute autre forme de violence sexuelle de gravité comparable ou constitutive d'une

---

[65] *Déclaration sur la protection de toutes les personnes contre les disparitions forcées*, Adoptée par l'Assemblée générale dans sa résolution 47/133 du 18 décembre 1992, art 1(2).

[66] *Déclaration sur la protection de toutes les personnes contre les disparitions forcées*, Adoptée par l'Assemblée générale dans sa résolution 47/133 du 18 décembre 1992, Préambule, para 3.

[67] Protocole de Maputo, art 3, 4, 11.

[68] Comité pour l'élimination de la discrimination à l'égard des femmes, « Recommandation générale No 19, Violence à l'égard des femmes », Doc. Off. AG NU, 11e session, Doc NU, A/47/38 (1992), para 6

[69] Voir *Code pénal de 1961*, art 180-181 ; *Code pénal de 2001*, art 225-226, 228.

violation grave aux *Conventions de Genève.*[70] Il est important toutefois de préciser qu'une certaine imprécision subsiste quant à la définition du viol. En effet, s'il apparaît logique que les juges maliens se réfèrent au *Statut de Rome* pour qualifier le viol constitutif de crime contre l'humanité ou de crime de guerre, tel n'est pas, a priori, le cas pour les viols de droit commun. En fait, la définition du viol de droit commun retenu par le droit pénal en vigueur pendant la période analysée apparaît très restrictive et ne couvre ainsi qu'un nombre limité de situations auxquelles les femmes font face et qui sont considérées par le droit international comme constitutives de viol.[71] À cet égard, une certaine harmonisation du droit malien avec le cadre juridique sur le plan international est plus que nécessaire.

La CVJR, comme rappelé plus haut, n'est pas une juridiction et n'a pas vocation à établir des responsabilités pénales collectives ou individuelles. Toutefois, ne pas imputer les violations à des acteurs ou catégories d'acteurs, reviendrait à omettre de faire toute la lumière sur les violations que les victimes ont subi et nuirait grandement à leur droit à la vérité.

C'est pourquoi, à la suite des enquêtes d'établissement des faits sur des violations grave des droits humains couvertes par son mandat, la CVJR a établi des responsabilités d'ordre institutionnel. Ces responsabilités institutionnelles visent à identifier les racines profondes des épisodes de violences qui ont jalonné l'histoire douloureuse du Mali.

Quant à la CEI, les violations entrant dans son mandat sont entre autres les violences sexuelles liées au conflit de 2012 et les violations grave des droits de l'enfant commises dans le conflit au Mali.

Dans son travail d'enquête sur les allégations d'abus, de violations et de crimes commis pendant la crise au Mali, la CEI a porté une attention particulière à la documentation des exactions commises contre les enfants[72]. En effet, prenant en compte la vulnérabilité particulière dans laquelle se trouvent les enfants en période de conflit armés, les Nations Unies ont fait de la protection des enfants lors des conflits une priorité de la communauté internationale et un aspect majeur

---

[70] *Ibid*, art 29(g), 31(19) (27).

[71] Voir *Code pénal de 1961*, art 181 (« Le viol est le fait d'avoir avec ou sans violence des rapports sexuels avec une personne sans son consentement ») ; *Code pénal de 2001*, art 226 (« Tout acte de pénétration sexuelle, de quelque nature qu'il soit, commis sur la personne d'autrui par violence, contrainte, menace ou surprise est un viol ») *contra Éléments des crimes de la CPI*, art 7 (1) (g) (1), 8 (2) (b) (xxii) (1), 8 (2) (e) (vi) (1) (Viol : « L'auteur a pris possession du corps d'une personne de telle manière qu'il y a eu pénétration, même superficielle, d'une partie du corps de la victime ou de l'auteur par un organe sexuel, ou de l'anus ou du vagin de la victime par un objet ou toute autre partie du corps »).

[72] Charte Africaine des Droits et du Bien-être de l'enfant, 29 novembre 1999. Selon l'article 2, on entend par « Enfant » tout être humain âgé de moins de 18 ans. Selon l'article 1er de la Convention relative aux droits de l'enfant du 20 novembre 1989 un enfant s'entend de tout être humain âgé de moins de dix-huit ans, sauf si la majorité est atteinte plus tôt en vertu de la législation qui lui est applicable. La majorité au Mali est fixée à 18 ans. Voir article 26 du code pénal du Mali ; Article 281 du code des personnes et de la famille de 2011.

de toute stratégie de règlement des crises[73]. Suivant cette même logique, la CEI a cherché à établir l'ampleur de ces exactions au Mali, a en identifié, dans la mesure du possible, les auteurs ainsi qu'à déterminer les actions prises par les acteurs pour répondre aux défis de protection des enfants sur le terrain. Les caractéristiques du conflit malien, particulièrement asymétrique, dans lequel opèrent de nombreux groupes armés aux modes opératoires qui n'impliquent pas une ligne de front définie rendent indéchiffrable la distinction entre belligérants et population civile[74]. La CEI a fait le choix d'aborder la documentation des abus, violations et crimes contre les enfants sous l'angle des six violations grave des droits de l'enfant identifiées[75]. Ainsi, à partir de la méthodologie retenue, les enquêtes de la CEI ont permis de confirmer des violations, abus et crimes contre des enfants commis par les forces de défense et de sécurité et les groupes armés en présence[76]. Depuis le début du conflit et particulièrement dans les régions du Nord et la partie centrale du Mali, les engins explosifs improvisés et les restes explosifs de guerre ont constitué des menaces sécuritaires particulières. Les engins explosifs improvisés, fabriqués et utilisés majoritairement par les groupes armés extrémistes, et les restes explosifs de guerre provenant de munitions abandonnées par toutes les parties au conflit armé, représentent une menace permanente pour la population civile[77].

Au regard de ces violations couvertes par son mandat, les faits établis par la CEI sont qualifiés au regard du droit international des droits de l'homme, du droit international humanitaire, et du droit international pénal. À cet effet, la CEI à titre liminaire, a déterminé les éléments contextuels nécessaires pour qualifier les crimes internationaux[78]. Les crimes de guerre et les crimes contre l'humanité se distinguent des infractions criminelles ordinaires par le contexte dans lequel ils sont commis. Pour qualifier juridiquement les exactions décrites dans son rapport, la CEI a aussi déterminé notamment si les violations ont été commises dans le contexte d'un conflit armé (crimes de guerre) et/ou dans le cadre d'une attaque généralisée ou systématique contre la population civile (crimes contre l'humanité)[79].

Pour le standard de preuve utilisé dans le cadre de leurs mandats, la CEI a adopté le même niveau de preuve que la majorité des commissions d'enquête

---

[73] Voir les résolutions du Conseil de sécurité sur la protection des enfants en situation de conflit ; Résolutions 1261 (1999) du 25 août 1999, 1314 (2000) du 11 août 2000, 1379 (2001) du 20 novembre 2001, 1460 (2003) du 30 janvier 2003, 1539 (2004) du 22 avril 2004, 1612 (2005) du 26 juillet 2005, 1882 (2009) du 4 août 2009, 1998 (2011) du 12 juillet 2011, 2068 (2012) du 19 septembre 2012, 2143 (2014) du 7 mars 2014 et 2225 (2015) du 18 juin 2015 et la résolution 2427 (2018).

[74] CAMELLO (M.), « Les enfants soldats : un fléau qui perdure », Eclairage du Groupe de recherche et d'information sur la paix et la sécurité (GRIP), 9 septembre 2019, p. 4.

[75] Résolution n°1612 (2005) des NU et subséquentes

[76] Rapport CEI, Voir Section sur la Qualification juridique, p. 253 à 283.

[77] Rapport CEI, Voir Section sur l'analyse thématique, p. 219 à 252.

[78] Rapport CEI, Voir Section sur la Qualification juridique, p. 253 à 283.

[79] Voir Annexe 1 - Notice sur le droit applicable du rapport de la CEI

internationales et autres missions d'établissement des faits, à savoir celui des *« motifs raisonnables de croire »*[80]. Par souci de respect du droit à la présomption d'innocence, et sauf cas exceptionnel, la CEI n'a pas jugé opportun de rendre public la liste des auteurs présumés qu'elle a dressée dans le cadre de ses enquêtes, laquelle a été remise à toutes fins utiles de façon confidentielle au Secrétaire général.

Quant à la CVJR, le standard utilisé en matière de preuve pour lier une violation à un auteur institutionnel est le standard de la *« suspicion raisonnable »*, c'est-à-dire « *nécessitant un ensemble d'indices fiables correspondant à d'autres circonstances confirmées tendant à montrer que l'incident s'est produit.* »[81]

La mise en œuvre de JT nécessite la coordination entre les différents mécanismes afin de relever les multiples défis que les États en transition peuvent en connaitre.

II.Les défis de la lutte contre l'impunité dans un contexte de transition

Les États en transition sont confrontés à plusieurs défis qui rendent la mise en œuvre de leur obligation en droit international d'enquêter, de poursuivre et de sanctionner les responsables de crimes internationaux commis durant un conflit timide voire impossible. Ces difficultés sont entre autres la faiblesse des systèmes judiciaires, la manque de ressources, les limitations liées à l'accès à la justice de victimes, l'absence de protection pour celles-ci, la stigmatisation de victimes de violences sexuelles, les contraintes économiques pour la réparation des victimes, etc.

Le défi le plus récurrent dans des États en transition est celui de sacrifier la justice au service de la paix[82]. Les tensions entre les exigences juridiques de la justice et les exigences politiques de la paix ont soulevé plusieurs débats. La justice et la réconciliation sont des antidotes à l'impunité, laquelle se produit lorsque des institutions et des individus puissants agissent selon leur désir sans crainte de représailles, de reproches ou de récriminations.

À l'aune des expériences maliennes et d'autres contextes de transition, nous allons analyser les défis de conciliation entre les objectifs de la paix et de la justice (A), avant d'aborder ceux liés à la coordination entre les mécanismes de JT au Mali (B).

A. Défis de la conciliabilité entre la paix et la justice

Le débat sur les expériences africaines en matière de JT se focalise souvent sur la question controversée de savoir si la paix et la justice sont des objectifs se faisant

---

[80] Rapport détaillé de l'Equipe d'experts internationaux sur la situation au Kasaï, A/HRC/38/CRP.1, 29 juin 2018, para. 32; Report of the Independent International Commission of Inquiry on the Syrian Arab Republic, A/HRC/39/65, 9 août 2018, para. 3; Report of the independent international fact-finding mission on Myanmar, A/HRC/39/64, 12 septembre 2018, para. 6.

[81] *Rapport du Projet Mapping en RDC*, para 101

[82] Voy. ERIC SOTTAS, « Transitional justice and sanctions », *International Review of the Red Cross*, Vol. 90, N° 870, pp 371-398.

concurrence ou étant complémentaire. Ces discussions sont sous-tendues par deux suppositions incorrectes : tout d'abord, la vision étriquée qui part du principe que le processus de paix consiste uniquement à mettre fin à un conflit violent - par exemple, dans les processus de transition argentin[83] et chilien, il a pu être considéré qu'il était nécessaire de sacrifier la justice pour parvenir à la paix. En effet, dans cette logique, si les auteurs des crimes n'étaient pas couverts ou immunisés contre toute procédure pénale à la fin des négociations des accords de paix, ils accepteraient difficilement de se démobiliser et de déposer leurs armes. Alors que l'histoire démontre que chaque fois que la justice a été mis au banc de l'oubli dans le cadre d'un processus de paix et de réconciliation, le conflit risque de reprendre quelques années après[84]. L'oubli des crimes du passé n'a pas semblé être le moyen le plus adéquat à disposition des États en transition pour arriver à la paix, ni du point de vue de la compatibilité avec les normes du droit international, ni du point de vue de l'efficacité elle-même. En oubliant, les États en transition non seulement méconnaissent leur obligation d'enquêter et de poursuivre ou extrader les auteurs de crimes internationaux, mais mettent aussi en danger la stabilité et la durabilité de la paix face au risque de récurrence du conflit.
Ensuite, la tendance qui met la justice punitive et les poursuites des auteurs de l'avant en laissant les victimes au bord du chemin. C'est le cas de l'après deuxième guerre mondiale avec l'adoption en 1948 de la Convention pour la prévention et la répression du crime de génocide – avec son corolaire, la politique de *« responsabilité »* des auteurs de violations grave des droits humains. Certes, cette politique a permis aux tribunaux de Nuremberg et de Tokyo de juger les responsables des gouvernements allemands et japonais, mais n'a pas permis de répondre aux besoins et attentes des victimes. Ces positions extrêmes ignorent les liens étroits entre la paix et la justice.
L'objectif principal de la JT répond à une conception plus exacte et traite la paix et la justice comme des éléments complémentaires pour mettre fin à la violence et prévenir sa récurrence. En effet, au-delà des condamnations, elle permet l'éclaircissement des faits, la construction d'une mémoire collective, la réconciliation nationale et notamment, l'accès des victimes à la justice et à la réparation, deux droits qui sont le corollaire de l'obligation de lutter contre l'impunité et réponde de manière holistique aux attentes et aux besoins des victimes. La plupart des médiateurs reconnaissent que l'établissement d'une paix

---

[83] *« En Argentine, par exemple, seulement cinq des neuf membres des juntes militaires furent condamnés et seulement deux ont été châtiés avec une peine d'emprisonnement à perpétuité. Les défenseurs des droits de l'homme en Argentine considéraient que la sanction devait être au pair avec la gravite du délit , ils soutenaient que tous les membres des juntes militaires auraient dû être déclarés coupables, et qu'un numéro majeur aurait dû être condamné à une peine d'emprisonnement à perpétuité »* [traduit de l'espagnol] in KATHRYN SIKKINK, "El efecto disuasivo de los juicios por violaciones de derechos humanos" in *Anuario de Derechos Humanos,* sous la direction du Centro de derechos humanos de la Facultad de derecho de la Universidad de Chile, Santiago, 2011, p. 43.
[84] Accord de paix d'Alger, 2006, Mali

durable implique la recherche des causes et des sources sous-jacentes du conflit violent. Dans la plupart des cas, le droit international[85] fait pression aux États en transition de satisfaire à leurs obligations internationales dans le cadre d'un processus de paix. Le Rwanda représente un exemple d'une grande portée en matière de justice et de réconciliation. Il révèle aussi comment la combinaison de poursuites pénales internationales, nationales et traditionnelles peut à la fois faciliter le processus de justice et de réconciliation[86]. Car, elle permet non seulement de répondre aux besoins des victimes mais aussi satisfait la société en punissant les auteurs et en garantissant la non répétition du conflit.

Dans la quête de justice, les Nations Unies ont établi une règle exécutoire interdisant à leurs représentants dans les États en transition d'accorder l'amnistie pour les crimes contre l'humanité, les crimes de guerre et les actes de génocide. C'est pour cette raison que l'envoyé des Nations Unies en Sierra Leone, au moment de l'Accord de paix de Lomé en 1999, a ajouté à l'Accord signé par le gouvernement et les rebelles le refus des Nations Unies d'accepter la clause d'amnistie. Cette règle a créé des jurisprudences et a influencé les médiations ultérieures orchestrées par les acteurs nationaux, régionaux et internationaux. Cette pratique de l'amnistie est accordée aux officiers militaires impliqués dans les abus des droits humains pendant les crises politiques ou de conflit armé dans la plupart des processus de paix en Afrique, notamment au Mali[87].

Le Mali a connu plusieurs crises de rébellion et des coups d'état qui ont abouti à des Accords[88]. Mais force est de constater que tous ces Accords ont été négociés en sacrifiant la réponse judiciaire comme mesure de réparation et de garantie de non-répétition. C'est ce qui confirme les résultats du rapport de consultation sur les perceptions, attentes et besoins exprimés par les victimes du conflit armé au Mali (JUPREC)[89]. Selon les résultats de l'étude JUPREC (« Quel traitement attendez-vous de la justice pénale concernant les violations des droits humains et violences subies par les victimes ? »), la grande majorité des victimes veut que la justice pénale condamne et punisse les auteurs des violations, qu'elle découvre la vérité et qu'elle offre des réparations aux victimes. Certaines personnes dans cette majorité ont émis le souhait que l'institution judiciaire s'engage à sensibiliser la population afin de contribuer à la réconciliation et au dialogue avec les auteurs. La « justice » est évoquée par les victimes dans les groupes de discussion, aussi bien comme une forme de réparation que comme une garantie de non-répétition.

---

[85] Article 38 § 1 alinéas a) et b), *Statut de la Cour Internationale de Justice*, annexé à la Charte des Nations Unies, entrée en vigueur le 24 octobre 1945, C.N.U.O.I vol. 15

[86] Le Rwanda a combiné les juridictions de type internationale, nationales et coutumières pour répondre au passé douloureux de son histoire : TPYR, tribunaux nationaux et Gacaca.

[87] Loi 2019-042 du 24 juillet 2019 portant Loi d'entente nationale (ci-après « la Loi »),

[88] Accord de Tamanrasset du 06 janvier 1991 ; Pacte national du 11 avril 1992 ; Accord d'Alger du 04 juin 2003 et Accord pour la paix issu du processus d'Alger du 20 juin 2015.

[89] Avocats sans frontières Canada, *Pour une justice transitionnelle efficace et inclusive*, rapport de consultation sur les perceptions, attentes et besoins exprimés par les victimes du conflit armé au Mali, p. 56.

La lutte contre l'impunité dans le cadre des mécanismes de JT au Mali a connu aussi des obstacles politiques notamment par l'adoption d'une Loi d'amnistie[90] générale dite « *d'entente nationale* ». Cette Loi prévoit que les procédures à l'égard des personnes concernées par les événements de 2012, recherchées, détenues ou condamnées seront éteintes. Certes, le droit international encourage les États à recourir à des amnisties[91], qui peuvent présenter un intérêt évident de pacification[92] au sein d'un peuple qui a été divisé. Cependant, ces instruments de politique doivent présenter des caractéristiques permettant leur validité au regard du droit international. Entre autres, le mécanisme mis en place par la loi considérée d'amnistie ne doit pas favoriser l'impunité en faveur des auteurs des crimes internationaux. En l'espèce, le mécanisme introduit par la Loi d'amnistie au Mali présente des lacunes patentes puisque les termes des articles 21 à 24 sont très généraux. Le rôle de l'amnistie dans un processus de paix se renvoie à trois arguments principaux chez les tenants de l'approche du principe de responsabilité pénale par la réconciliation. D'abord, il y a l'argument selon lequel les lois d'amnistie sont incompatibles avec le droit international. Ensuite, on soutient que contrairement aux arguments de ceux qui favorisent les amnisties sur « une base morale », les lois d'amnistie ne sont pas « moralement » justifiables. Et enfin, on argue que les arrangements politiques n'offrent aucune garantie qu'ils puissent mettre fin au conflit armé ou en prévenir d'autres, tandis que la justice punitive peut garantir une telle issue et, de surcroît, dissuader d'autres personnes qui pourraient être tentées de commettre de tels crimes à l'avenir[93].
Il est inquiétant de constater que la Loi peut empêcher les autorités d'enquêter, de poursuivre et de juger les affaires liées à la criminalité transnationale organisée ayant eu cours à la faveur de la crise de 2012. Puisque les crimes transnationaux sont inclus dans son champ d'application, la Loi permet aux criminels impliqués dans des groupes transnationaux de bénéficier de la grâce ou de l'extinction de l'action publique. Cela serait non conforme aux dispositions de la *Convention des Nations Unies contre la criminalité transnationale organisée*[94] et la *Convention des Nations Unies contre le trafic illicite de stupéfiants et de substances*

[90] Loi 2019-042 du 24 juillet 2019 portant Loi d'entente nationale (ci-après « la Loi »), qui a été adoptée par l'Assemblée nationale en session ordinaire du 27 juin 2019 et subséquemment promulguée par le Président de la République

[91] Protocole additionnel relatif à la protection des victimes des conflits armés non-internationaux, (Protocole II, 1977), Article 6 §5.

[92] Mervyn E. Bennum, "Amnesty and international Law", pp. 92-114, in Charles Villa-Vicencio, Erick Doxtader (Ed.), *The provocations of Amnesty*, Institute for Justice and reconciliation, David Philip Publishers, Clameront

[93] Issaka K. Souaré, le dilemme de justice transitionnelle et la réconciliation dans les sociétés post guerre civile, les cas du Liberia, de la Sierra Leone et de l'Ouganda, *Etudes internationales*, vol 39, num 2, juin 2008, p. 13.

[94] Convention des Nations Unies contre la criminalité transnationale organisée, ratifiée par le Mali le 12 avril 2002, Article 3.1b

psychotropes[95], qui prévoient l'obligation d'enquêter, de juger et de poursuivre les individus impliqués dans des groupes criminels transnationaux organisés. Il semble également que cela rend quasi inopérant le Pôle judiciaire spécialisé de lutte contre le terrorisme et la criminalité transnationale organisée (PJS)[96]. Le droit à la justice s'analyse tout d'abord comme l'obligation qu'ont les États de mener rapidement des enquêtes judiciaires approfondies, indépendantes et impartiales sur les violations des droits humains et du droit international humanitaire. Le Mali a mis en place le PJS et a étendu sa compétence en 2019 lui conférant une compétence universelle en matière notamment de crimes grave selon le droit international.

L'effectivité de lutte contre l'impunité des violations grave des droits humains au Mali s'inscrit dans la droite ligne des recommandations faites dans le rapport de la CEI. Cet objectif cadre avec la politique de la JT au Mali et le cadre stratégique de justice transitionnelle en Afrique (CSJTA) de l'Union africaine (UA) qui vise à servir de guide susceptible d'être adapté et appliqué à des pays ou à des sous-régions sortant d'un conflit et d'un régime répressif afin de les aider dans leur quête de l'application du principe de responsabilité, de la paix durable, de la justice et de la réconciliation.

Les exemples sur le principe de la responsabilité pénale pour la réconciliation en Afrique démontrent la compatibilité entre la paix et la justice, et l'utilité de toute une gamme de mécanismes de responsabilisation tout au long de la quête d'une paix durable. C'est ainsi que dans un rapport adressé au Conseil de sécurité de l'ONU en août 2004, Kofi Annan, le Secrétaire général d'alors, a souligné l'importance de procéder selon des jalons et d'adopter une planification stratégique lorsqu'il a déclaré que *« la justice, la paix et la démocratie ne sont pas des objectifs qui s'excluent mutuellement, mais au contraire des impératifs se renforçant les uns les autres. Les faire progresser toutes les trois sur un terrain fragilisé par un conflit exige une planification stratégique, une intégration rigoureuse et un échelonnement judicieux des activités*[97]*. »*

En réponse à ces considérations, le domaine de la JT a développé un ensemble de processus judiciaires et non judiciaires visant à faire face aux défis complexes auxquels sont confrontés de nombreux États dans différents types de transition. Mais encore faudrait-il que ces mécanismes se complètent et que leurs objectifs s'inscrivent dans une vision politique claire et coordonnée.

---

[95] Convention des Nations Unies contre le trafic illicite de stupéfiants et de substances psychotropes, ratifiée par le Mali le 31 octobre 1995, Article 3.6.

[96] Loi No 2013-016 du 21 mai 2013, portant modification de la Loi No 01-080 du 20 août 2001 portant code de procédure pénale. La compétence du Pôle judiciaire spécialisé a été élargie par la Loi No 2019-050 du 24 juillet 2019.

[97] Secrétaire général des Nations Unies, *Rétablissement de l'état de droit et administration de la justice pendant la période de transition dans les sociétés en proie à un conflit ou sortant d'un conflit*, S/2004/616 (04-39530, F), 23 août 2004, p. 3.

B.Défis de coordination entre les mécanismes de justice transitionnelle au Mali

La JT se veut une approche intégrée. La question de l'effectivité des mécanismes de JT se pose généralement chaque fois que les États qui l'expérimentent se trouvent dans des situations de conflits armés en cours[98], ce qui constitue un défi important. De plus, la JT n'est plus limitée à la période de transition entre un régime autoritaire et la démocratie ou la guerre et la paix. Même si la JT peut être envisagée dans divers contextes, l'objectif sous-jacent consiste à trouver des formules capables de renforcer la stabilité et de limiter les possibilités d'impunité. La JT, se présente essentiellement comme une alternative pour échapper à l'escalade de la violence et de la vengeance ; elle est une voie réaliste de sortie de crise face à un avenir menacé de fragmentation. Au nombre de ses succès, on cite volontiers la fin du régime d'Apartheid en Afrique du Sud, l'affermissement des démocraties en Amérique du Sud, la consolidation de la paix dans de nombreux États dont les populations sont sorties d'un passé divisé pour s'arrimer à un avenir partagé. En ce sens, la JT apparaît comme une nouvelle terre promise : elle indique la voie vers des réformes institutionnelles et politiques qui contribueront progressivement à l'établissement, puis à la consolidation de la paix et de l'état de droit[99]. Antton Maya[100] rappelle dans sa thèse que le « cahier des charges » de la JT apparaît alors conséquent : la création d'un nouvel ethos[101], d'une nouvelle société capable de vivre-ensemble, à travers un travail de mémoire, l'éducation à l'état de droit et à une culture de paix[102] . Le caractère large de ces enjeux implique nécessairement d'intégrer des champs d'action de l'État qui sont d'autant plus vastes : responsabilité de l'État (accountability), maintien de la paix, construction de l'état de droit, démocratisation, libéralisation, construction nationale, truthtelling et réconciliation sociale[103]. La mobilisation de l'État a alors l'objectif à la fois thérapeutique et cathartique de « restaurer la dignité des victimes, d'instaurer la confiance entre les groupes antagonistes, de favoriser les changements institutionnels nécessaires à une nouvelle relation au sein de la population permettant l'établissement d'un État de droit sans pour autant avaliser

[98] Exemples malien et colombien en attestent des États qui mettent des mécanismes de JT pendant le conflit continu.

[99] Voir Hazan, Pierre, « Mesurer l'impact des politiques de châtiment et de pardon : plaidoyer pour l'évaluation de la justice transitionnelle », article publié sous le titre « Measuring the impact of punishment and forgiveness : a framework for evaluation of transitional justice » in *International Review of the Red Cross*, vol. 88, numéro 861, mars 2006, p. 343-365.

[100] Antton Maya. La justice transitionnelle au-delà de la transition : le cas de la communauté autonome basque. Droit. Université de Pau et des Pays de l'Adour ; Universidad del País Vasco, 2020. Français.

[101] BÖHME Martín, « Transitional Justice Symposium: Reflections on the Transitional Moment », Opinio juris, 15 septembre 2020 , disponible sur https://opiniojuris.org/2020/09/15/transitional-justice-symposium-reflections-on-the-transitional-moment/

[102] EUDES Marina, « La justice transitionnelle », op. cit., p. 595.

[103] TEITEL Ruti, « Transitional justice genealogy », *Harvard Human Rights Journal,* n°16, 2003, p. 71.

les pratiques d'impunité totale ou partielle »[104], un objectif qui n'est pas exempt de contradictions[105].

Au point de départ, la JT est fondamentalement l'expression d'un choix politique ou d'une volonté de rupture avec un passé marqué par un cycle de violences multiformes pour amorcer un processus de reconstruction sur de nouvelles bases. Ecartelée entre les exigences de la justice et celles de la paix, elle est, selon la belle expression de Pierre Hazan *« défense d'un socle civilisationnel et fragile espoir d'un monde meilleur »*[106].

La JT comporte plusieurs objectifs qui se recoupent et se complètent : établir la vérité quant au passé ; mettre fin à l'impunité pour des violations des droits humains qui se sont déroulées dans le passé (et qui se poursuivent parfois toujours) ; indemniser les victimes de ces violations ; établir une culture basée sur l'état de droit ; jeter la fondation pour la réconciliation et la transformation politique à long terme ; et prévenir la récurrence de tels abus dans l'avenir. Ces buts correspondent à de nombreuses obligations pesant sur les États et qui figurent dans les constitutions nationales, le droit international humanitaire, le droit international des droits de l'homme, le droit pénal international et le droit international des réfugiés, ainsi que la *Charte des Nations Unies*, la *Charte africaine des droits de l'homme et des peuples* et d'autres instruments régionaux. Ensemble, ces instruments forment le cadre normatif de la JT, y compris le droit d'ouvrir des poursuites, le droit à la vérité, et le droit de disposer de voies de recours permettant d'obtenir des réparations.

Au Mali, les objectifs de la JT sont définis dans la politique nationale de JT et dans l'Accord pour la paix et la réconciliation issu du processus d'Alger notamment la CVJR, la CEI, CNDDR[107], CNRSS[108]. Ce qu'il faut déplorablement mentionner, c'est que chacun de ces mécanismes intervient sans la moindre coordination dynamique. Exemple, la CVJR avait pour mandat d'établir la vérité sur les causes profondes des conflits, proposer un programme de réparation et faire des propositions de réformes pour la non-répétition du

---

[104] SOTTAS Eric, « Justice transitionnelle et sanction », *Revue internationale de la Croix-Rouge*, n°870, 30 juin 2008, p. 1, disponible sur https://international-review.icrc.org/sites/default/files/irrc-870-sottas-web-fra-final.pdf

[105] V. LA ROSA Anne-Marie, PHILIPPE Xavier, « La justice transitionnelle », in CHETAIL Vincent (dir.), op. cit., p. 268; MASSIAS Jean-Pierre, « Politique, politisation et Justice transitionnelle », Les cahiers de la justice, 2015, n°3, p. 346 ; ANDRIEU Kora, « Transitional Justice: A New Discipline in Human Rights», Violence de masse et Résistance - Réseau de recherche, SciencesPo, 18 Janvier 2010 (en ligne); TEXIER Philippe, « Impunité et réconciliation nationale au Salvador », in La Déclaration universelle des droits de l'homme et les nouveaux défis du XXème siècle : dossier de fiches d'exprériences, Alliance pour un monde responsable, pluriel et solidaire, Paris, 2001, cité in JOINET Louis (dir.), Lutter contre l'impunité. Dix questions pour comprendre et agir, La Découverte, Paris, 2002, p. 31.

[106] *Idem*, p. 2.

[107] Décret n°2023-0484/PM-RM portant nomination des représentants du Gouvernement à la Commission Nationale de Désarmement-Démobilisation Réinsertion (DDR) au Mali

[108] *Décret* n°2014-0609/P-RM du 14 août 2014 *portant* création du Conseil *national* pour la. *Réforme du Secteur* de la *Sécurité*

conflit. Elle a produit son rapport final qui n'est toujours pas rendu public par les autorités de la transition à date.

Nous nous attarderons sur le besoin de coordination de deux piliers pour le contexte malien - le droit à la vérité et le droit à la justice. D'abord, le droit à la vérité qui implique le droit inaliénable à la vérité traduit le droit pour chaque peuple ou personne de connaître la vérité sur les différentes crises de rébellion et de coups d'États passés et des crimes odieux perpétrés. C'est aussi le droit de connaître la vérité sur les circonstances et les raisons qui ont conduit à la perpétration de ces crimes depuis 1960 au Mali. Le droit à la vérité implique aussi le devoir de mémoire qui consiste pour le peuple malien de connaitre l'histoire de son oppression. Une telle connaissance appartient à son patrimoine et, comme telle, doit être préservée par des mesures appropriées. Conserver les archives et les autres éléments de preuve se rapportant aux violations des droits de l'homme et du droit international humanitaire et contribuer à faire connaître ces violations est un devoir qui incombe à l'État malien. Le devoir de mémoire se veut alors une précaution utile permettant de se prémunir contre le développement postérieur de thèses négationnistes ou révisionnistes. Il permet de préserver la mémoire collective et de la protéger contre l'oubli. Cet objectif de JT doit être effectif au Mali à travers la mise en place des organes successeurs de la CVJR et en coordination avec les réformes du secteur l'éducation, de la culture et de la refondation au Mali.

Ensuite, le droit à la justice est mené par la compétence première des Cours et tribunaux maliens et aussi par la compétence subsidiaire des tribunaux pénaux internationaux notamment la CPI. Les mandats de la CVJR et celui de la CEI se limitent à établir les faits, enquêter sur des cas d'abus et de violation graves des DH et faire des recommandations pour l'accès effectif des victimes à la justice et au droit à la différence d'autres Commission vérité en Afrique[109]. Le rapport final de la CVJR n'est pas publié et cela traduit le droit pour le peuple malien de connaître la vérité sur les différentes crises de rébellion et de coups d'États passés et des crimes odieux perpétrés au Mali depuis 1960.

Le rapport de la CEI a identifié en plus des obstacles conjoncturels, des obstacles structurels plus profonds comme le manque d'indépendance de la justice et de l'incapacité des acteurs de la justice à progresser dans la lutte contre l'impunité devant l'absence de priorisation dans l'agenda politique malien de la justice pour les abus, violations et crimes liés au conflit[110]. Ainsi dans son rapport sur la mise en œuvre de l'Accord pour la paix et la réconciliation au Mali de 2019, l'observateur indépendant a noté que, « comparativement à d'autres titres de l'Accord, le Titre V [Réconciliation justice et questions humanitaires] n'a pas fait l'objet de beaucoup d'attention dans le processus de mise en œuvre. Les

---

[109] Instance, Vérité et Dignité de Tunisie avait pour mandat d'enquêter et juger les auteurs de violation des DH pendant la période de dictature de Ben Ali.

[110] Rapport CEI, p. 294 - 296

engagements pris dans ce volet n'ont été mis en œuvre que dans une proportion de 33% »[111].

L'une des recommandations de la CEI appelle le Mali à réaffirmer le caractère imprescriptible des crimes de guerre et des crimes contre l'humanité, à refuser toute amnistie pour les auteurs de violations grave des droits humains, et à s'abstenir de procéder à des libérations extrajudiciaires des auteurs présumés de grave violation des droits humains.

En définitive, toute crise profonde comme celle du Mali doit être traitée avec la combinaison des réponses non judicaires et judiciaires. L'histoire de la gestion de toutes les crises que le Mali ait connu depuis son indépendance n'ont « presque pas » usé la réponse judiciaire pour aboutir à une véritable réconciliation. L'implémentation des mécanismes de JT au Mali prévue par l'Accord pour la paix issu du processus d'Alger et la Politique nationale de JT offre au Mali cette opportunité. En effet, le suivi des recommandations du rapport de la CEI et la publication et la mise en place des organes successeurs de la CVJR faciliteront une véritable réconciliation par le respect du principe de la responsabilité. Cette approche répondrait à l'objectif principal de la JT celui de la conciliabilité entre les impératifs de la paix et la lutte contre l'impunité pour mettre fin à la violence et prévenir sa récurrence.

[111] Observateur indépendant, Rapport sur la mise en œuvre de l'Accord pour la paix et la réconciliation au Mali, 2019, p. 8.

La nécessité de soutien aux ambitions féminines dans le développement rural au Mali

Sékou Faco CISSOUMA
Docteur d'Etat en Droit Privé, Maitre-Assistant à l'Université de Sciences Juridiques et Politiques de Bamako (USJPB), Faculté de Droit Privé (FDPri)

Résumé

Le développement consiste en des indicateurs plus ou moins positifs sur tel ou tel aspect de la vie socio-économique d'une localité, d'un pays. Parler de développement rural revient à considérer ces indications au plan local comparativement à la ville et surtout à s'interroger sur les acteurs de ce développement local.

Au milieu de cette interrogation, se révèle la femme rurale, mariée sur la base d'une dot relativement importante et isolée du coup ; malgré une intelligence avérée lui permettant de réussir une exploitation Agricole[1] prolifique sur des terres dont la propriété ou la possession utile lui sont refusées.

Pour renforcer et bien conforter la situation socio-économique de la femme rurale, il est plus que jamais nécessaire de commencer par l'éduquer à l'école, lui faciliter l'exercice d'activités génératrices de ressources ensuite et lui assurer une dynamique entrepreneuriale enfin.

Mots clefs : femme (rurale), rural (développement), dot, ménagers (travaux) Agriculture, terre (accès), partenaires (financier), entreprendre (liberté d') financement (activités femmes), économique (insertion femmes) éducation (fille, femme)

Abstract

Development consists of more or less positive indicators on this or that aspect of the socio-economic life of a locality, of a country. Talking about rural development amounts to considering these indications at the local level compared to the city and above all to questioning the actors of this local development.

In the middle of this questioning, the rural woman is revealed, married on the basis of a relatively large dowry and therefore isolated; despite a proven intelligence allowing him to succeed in a prolific agricultural operation on land of which ownership or useful possession is refused to him.

To strengthen and consolidate the socio-economic situation of rural women, it is more necessary than ever to start by educating them at school, then facilitating the exercise of resource-generating activities and ensuring them an entrepreneurial dynamic. Finally.

---

[1] Agricole. La lettre ''A'' en majuscule désigne dans le vocable agricole, l'ensemble des activités du secteur rural comme l'élevage, la pêche, l'apiculture, l'aviculture, etc.

Keywords: woman (rural), rural (development), dowry, household (work) Agriculture, land (access), partners (financial), entrepreneurship (freedom of) financing (women's activities), economic (women's integration) education (girl, woman)

Introduction

En définissant la gouvernance comme la manière d'exercer le pouvoir par ceux à qui les populations (femmes, jeunes, hommes) l'ont confié par voie d'élection MOUSSA MARA[2] invite instamment la société civile, les medias, les jeunes, les femmes, les tenants des pouvoirs traditionnels et religieux à s'organiser et mieux gérer l'intérêt public[3] . Cet intérêt enregistre en son sein voire au centre celui des femmes et des jeunes notamment dans le milieu local. Justement dans ce milieu rural la pauvreté reste massive dans un pays (Mali) qui appartient au groupe à faible développement humain occupant que la 182eme place sur 187[4]

Ecrire sur la situation de la femme comme agent actrice dans le développement rural est à la fois délicat et hardi tant la question s'imbrique dans la circonvolution idéelle et réflexive à cause de plusieurs réalités locales (propres aux familles et communautés) et nationales spécifiques.

Dans les Etats africains en général et ouest africains en particulier, était-il attendu ou est-il attendu voire reconnu un rôle économique à la femme[5] ?

Plus que nuancée la réponse varie d'un pays à l'autre, et à l'intérieur d'un même pays cette réponse variera d'une communauté sociale ou religieuse à une autre, d'une ethnie à une autre.

Cet article est conçu pour contribuer à enrichir l'idée d'une participation de la femme au développement rural en insistant sur son rôle porteur dans l'économie rurale. Il s'agira d'aider les femmes rurales à acquérir et raffermir une psychologie suffisamment forte, un mental équilibré en vue de prétendre à une certaine émancipation personnelle et économico-financière. Cela conduirait à réduire les discriminations liées au genre et à d'autres formes d'inégalités grâce à l'identification et à l'analyse de certaines politiques et pratiques à adopter et à mettre en œuvre pour une prévention et protection des droits humains pouvant influer positivement sur les femmes.

Au plan coutumier, l'on sait qu'au Mali et d'une façon générale en Afrique, les femmes sont privées de leur liberté et plein épanouissement à cause de certains faits comme le paiement d'une dot à ses parents (à elle-même) le règne de l'idée

---

[2] MOUSSA MARA est un illustre homme politique du Mali et homme d'Etat, il fut premier ministre, ministre, député et Maire.

[3] MOUSSA MARA, jeunesse africaine le grand défi à relever, louis, Mareuil France 2016 p.130 et 167

[4] La tragédie malienne sous la direction de Patrick Gonin, Natalie Kotlok, Marc Antoine Perousse de Monclous P.249

[5] Malgré la constitution qui déclare en son article premier que tous les maliens naissent et demeurent libres et égaux en droits et en devoirs ; que toute discrimination fondée entre autres sur le sexe est prohibée.

que la femme est un être humain qui doit éternellement dépendre d'un homme[6]. De même, la femme rurale généralement illettrée et analphabète ne peut entreprendre d'activité lucrative d'envergure sans l'aval de son mari. Elle reste confinée à la maison pour assurer seulement les activités ménagères. Lorsqu'elle entreprend une activité lucrative, elle le fait avec la permission masculine et sous l'œil vigilant et condescendant du mari. Or, il est convenu et établi que les femmes sont nombreuses et plus intelligentes que les hommes. Pourquoi se priver dès lors de leur précieux concours économique comme ne l'interdit pas d'ailleurs la loi au sens large. On sait toutefois que dans le droit positif malien, la situation en termes de droits est plus que mitigée au fond à cause non seulement de la légistique[7], mais aussi d'influences de religieux dans certains cas. De nos jours et en pratique il est tant indiqué de faciliter l'accès à la terre pour la femme rurale en vue de l'exercice d'activités Agricoles avec l'appui de l'Etat et des collectivités territoriales en plus d'autres partenaires[8]. Cela est à la clef du développement durable.

La méthodologie est celle d'analyse des textes y afférents, des ouvrages généraux et spéciaux des rapports ayant abordé en partie ou ayant traité largement de la question.

Des quelques éléments exposés ci-haut peut-on concevoir le développement d'un pays particulièrement le Mali sans une sérieuse implication économique des femmes par le respect de leurs droits fondamentaux. ?

Pour développer cette problématique il sera exposé dans une première partie : la situation actuelle de la femme face aux défis de développement rural et dans une secondée partie : l'évitement de la léthargie de tout développement rural sans la participation de la femme.

Pour contribuer à enrichir l'idée d'une participation de la femme au développement rural, il sera indiqué d'analyser d'une part la situation de la femme rurale et d'autre part de concevoir le rôle de la femme rurale face à l'économie rurale.

I.La situation actuelle de la femme face aux défis de développement rural

Il s'agit de bien cerner et discerner une définition et une compréhension de l'espace naturel, économique et culturel du monde[9] . Effectivement on a noté que le développement de la femme rurale fut une préoccupation des Nations Unies elles-mêmes, qui avaient décrété une décennie en ce sens (1975-1985) sous le slogan « intégration des femmes au développement économique ». Il y eut moult conférences, des séminaires, et des études dont les résultats se sont révélés plus que mitigés, faibles. C'est ainsi que la conférence de Nairobi en clôturant cette

---

[6] En tous les cas dans le foyer, le mari est le chef de la famille selon l'article 319 du code des personnes et de la famille

[7] Légistique veut dire façon de rédiger les textes de loi.

[8] Loi d'orientation agricole notamment sur les entreprises Agricoles familiales.

[9] Diakité A Koné Géographie de 12eme année, Bamako, éditions Fayida 2007 P.3

décennie en 1985 ne s'est caractérisée que par des débats houleux, des querelles qui ont difficilement masqué le maigre bilan donc l'échec, selon la Doyen DRAY[10].

Le thème se veut précis en ciblant la femme dans le développement rural. Ce développement rural est pris en opposition au développement urbain c'est-à-dire celui de la (des) ville (s). Il s'agit en fait d'une avancée objective des indicateurs socio- économiques de l'ensemble des populations des contrées provençales[11] d'un pays à l'aune des indicateurs existants dans les villes et qui déterminent le bon qualitatif conduisant à quitter la sphère péjorative de "brousse" pour intégrer celle de la ville. La psychologie, le mental, bref l'émancipation relative des femmes étant le baromètre de ce bon qualitatif.

Il sera ainsi analysé successivement la femme victime des pesanteurs coutumières et religieuses et la femme face à l'économie c'est-à-dire le développement local.

A-La femme victime des pesanteurs d'ordre coutumier et religieux

Il est de notoriété publique dans plusieurs pays africains que la femme, la jeune fille, sont des êtres humains de seconde zone, n'établissant pas la parité avec les hommes qui sont par ailleurs leurs responsables en famille sans critère d'âge. Tout cela est confirmé par le versement de la dot qu'effectuent les hommes pour épouser leurs femmes, laquelle dot semble-t-il, place la femme dans une situation de dépendance éternelle.

1- Le problème de la dot

Au début les mariages consistaient en un échange de femmes (sœurs, cousines), s'effectuant automatiquement ou de façon différée entre familles ou groupes en Afrique et au Mali. Mais de nos jours, la dot connait et continue de connaitre une surenchère inexpliquée et incompréhensible. Les parents demandent des sommes exorbitantes car incroyables que les jeunes hommes prétendants n'ont pas[12].

Dans le premier texte adopté au Mali le lendemain des indépendances, la dot était donnée pour relative facultative, car dépendant de la coutume de la femme. Si c'était le cas la loi[13] l'ancien code du mariage et de la tutelle déclarait qu'elle ne devait dépasser dans sa totalité 10 000Fcfa pour la jeune fille[14] et 5000Fcfa pour la femme qui a connu ou effectué déjà un mariage[15].

A l'occasion de sa reprise ce code de mariage et de la tutelle, fondu avec d'autres lois dans le désormais code des personnes et de la famille du Mali[16], a renforcé

---

[10] DRAY Isabelle, Femmes et développement rural, Paris, Karthala, 1990, p. 13.

[11] Droy (Isabelle), femmes et développement rural, Karthala. Paris, éditions Karthala, 1990, page 13, 182 pages.

[12] On parle prosaïquement de ''brousse'' au Mali qui désigne les bourgs, villages, fractions et hameaux de culture.

[13] Le code du mariage et de la tutelle de 1962 modifié en 1963.

[14] La notion de jeune fille ne traduit pas l'âge ici forcément mais l'idée de premier mariage.

[15] Cf. l'article 3 CMT

[16] Loi n°2011-087 du 30 décembre 2011 Code des personnes et de la famille.

l'institution de la dot dans son article 288 en ces termes « la dot est obligatoire et a un caractère symbolique. »[17]

Elle ne peut en aucun cas excéder la somme de 15 000francs (quinze mille francs CFA.... Il apparait ainsi que c'est l'homme qui verse la dot aux parents de la femme[18] et l'officier de l'état civil et même le ministre du culte s'assure de son acquittement avant de célébrer le mariage entre les prétendants, ou fiancées.

Alors, désormais la dot est obligatoire, cela ressort d'une exigence des religieux musulmans[19] lors de la deuxième lecture du code des personnes et de la famille du Mali à l'Assemblée Nationale à la demande du chef de l'Etat. Même si la loi parle de son caractère symbolique, chacun sait que dans la réalité, dans la pratique les sommes et présents exigés, édulcorés par des cadeaux de galanterie dépassent de façon exponentielle la modique somme légale de 15 000fcfa. La dot revient comme le prix d'achat de l'union légale appelée mariage, intervenue entre l'homme et la femme et en vertu de cette union achetée par le mari, ce dernier devient le chef de la famille[20], plaçant nettement l'épouse (la femme) en seconde zone des décisions à prendre en famille et dans la communauté.

La surenchère et la monétarisation de la dot ont suffisamment dégradé le statut de la jeune fille qui, du constat de personnes avisées, est devenue désormais un quasi objet[21].

En effet, bien d'innervations et de projets de mariages sont retoqués faute de moyens ; de nos jours dans certaines localités du Mali, on parle (ajoute) de téléphone portable androïde d'une valeur d'environ 60 000F CFA (soixante mille francs CFA). Le cas du téléphone quoique apparemment anodin peut tuer les fiançailles ou casser le mariage en début[22].

Il convient de rappeler que la dot peut consister aussi en nature (culture dans le champ de la belle famille, autres travaux et dons de biens) d'où le musèlement des parents de la femme qui ne peuvent rien initier par rapport à leurs sœurs, filles ou tantes une fois le mariage consommé[23] furent-ils des universitaires au service de la cause de la femme. La loi a consacré une autre coutume qui fragilise réellement et psychologiquement la position de la femme, c'est l'option matrimoniale

---

[17] Le code des personnes et de la famille a été adopté en deux phases : il avait été déclaré seulement le caractère symbolique de la dot dans la première mouture : mais comme il y eut une seconde lecture sous pression des religieux le caractère obligatoire a été utilisé.

[18] Donc la dot a quitté la sphère de l'exigence de la coutume de la femme pour être généralisée : Erga omnès

[19] Les discussions autour de cette questions comme d'autres furent tendues entre les

[20] En vertu des dispositions pertinentes de l'article 319 cpf op cit

[21] DROY Isabelle, Femmes et développement rural, op. cit. p. 14.

[22] J'ai oui dire de ce cas dans la commune de Boursen, dans la région Ségou. Or, l'on sait que tout le monde peut appeler sur un téléphone, y compris d'autres prétendants.

[23] ***Bouranseni*** : ce sont des journées de culture (sarclage) dans les champs des futurs beaux-parents

plurielle offerte aux hommes[24] qui peuvent prendre normalement jusqu'à quatre femmes légitimes et anormalement plus, avec le système de lévirat[25] .
Ainsi, en effet aucune épouse ne veut prendre des initiatives économiques sans l'aval du mari[26] au risque de lui déplaire et priver ses enfants de bénédictions maritales.

2- La dépendance éternelle de la femme mariée

Comme conséquence des idées qui précèdent la femme mariée, d'une façon générale se confine à un rôle classique de ménagère ou de superviseuse de ménage. Les normes sociales au Mali et en Afrique sont patriarcales et fonctionnent en défaveur des femmes et des filles en l'occurrence dans la division du travail par sexe, de l'accès et de la gestion des ressources, de prise de décision au sein du foyer ; ainsi 85% des ménages sont dirigés par les hommes[27]. Elle est considérée comme un être humain devant dépendre de l'homme, même pour la gestion de ses propres intérêts. En effet, pour être mariée, c'est un homme de la famille, fut-il son neveu, son frère, son oncle, qui doit la donner en mariage.
Outre sa consultation éventuelle pour son consentement, elle est censée être donnée en mariage par un homme de sa famille. Donc la femme ne décide pas, ne décide de rien et tout est décidé par rapport à elle et à ses enfants. C'est exceptionnellement qu'une femme est chef de famille[28], elle le sera, elle devra, chaque fois, consulter un homme. Le pouvoir de décision et de consultation de la femme au sein du ménage est souvent fonction de son apport économique au ménage. Plus le ménage dépend de la productivité de la femme, plus cette dernière renforce son pouvoir de décision relativement à l'utilisation des ressources…[29]
Une femme n'est jamais chef d'une communauté ou de village. Généralement les femmes sont écartées de la sphère, du pouvoir politique, de la participation aux affaires politiques. Les inégalités de genre dans les institutions de l'Etat sont soulignées dans le rapport 2017 ES (égalité de sexe). En Afrique subsaharienne on compte seulement 10% de femmes députés, 12% de femmes ministres et 7,6% de conseillères municipales. A quelques exceptions près, rappelle la Doyenne DROY. Dans une communauté dans un village, ce sont les hommes qui décident du sort, des activités féminines. Ainsi, si une caisse de micro finance veut démarcher les femmes d'une localité donnée pour les aider à lutter contre la pauvreté, ses dirigeants doivent d'abord aborder les hommes qui peuvent agréer ou rejeter. Ce n'est que quand ils agréent que les dirigeants peuvent accoster les femmes et leur expliquer leur projet et ce, souvent, sous l'œil vigilant d'un homme

[24] Cf articles 307 à 310 du code des personnes et de la famille
[25] Le lévirat : le fait d'épouser une ou plusieurs épouses de son défunt frère en vue d'assurer la protection maternelle et psychologique des enfants.
[26] Cissouma Sékou F
[27] Unicef Analyse Rapide de genre Mali. Rapport final Aout 2021
[28] Idem P.137 et s
[29] Unicef. Recommandations en matière d'égalité entre les hommes et les femmes, les filles et les garçons- Rapport final à l'Unicef le 20-05-2022 par Magenta

spécialement désigné comme pour assurer la police des déclarations. En tous les cas aucune opération économique ou à caractère économique se rapportant aux femmes, ne sera laissée à leur initiative exclusive. Il y aura toujours un homme pour une certaine surveillance[30].

B- La femme rurale et l'économie locale (developement)

Le contenu de l'économie locale donc du développement rural doit consister en une participation active aux porteuses locales et à une exploitation d'autres activités de nature à assurer le progrès, l'essor, la prospérité des localités.
Cependant avant d'analyser les activités lucratives de développement(s) il sied de cerner la notion de la femme rurale.

1- Définition de la femme rurale

Qu'est qu'une femme rurale ?
Elle est un être humain dépendant de son mari ou de toute autre personne masculine évoluant sous la coupole de ce dernier dans l'exercice des activités féminines classiques et souvent tentée d'aller au-delà par l'exercice surveillée d'autres activités lucratives dites porteuses.

La femme rurale est le plus souvent victimes de violences domestiques, 36,6% d'après l'OMS[31] ; et sur la liste assez large des violences faites aux femmes l'on peut relever la répudiation ou séparation de corps de fait, des coups et blessures volontaires faites sur elles, le mariage forcé etc...[32]. Aussi dans le domaine économique évoluent-elles souvent dans l'informel occupant 53% d'entre elles sur les 76% des actifs déclinés par l'UEMOA[33]

Ainsi la femme rurale se caractérise dans l'écrasante majorité des cas par l'illettrisme, l'analphabétisme car n'étant jamais allée à l'école formelle et ayant rarement subi des formations dites professionnelles, à l'effet de les initier à l'exercice de certaines professions mamelles : confection de tel ou tel produit avec valeur ajoutée. Exceptionnellement la femme rurale est demi-lettrée où lettrée demi-alphabétisée ou alphabétisée munie d'une auto vision ou d'une vision inspirée équilibrée de développement pour elle- même et ses sœurs.

Dans toute l'Afrique subsaharienne moins de 50% des populations savent lire et écrire, ce qui établit une infériorité de fait de la condition de la femme particulièrement celle rurale[34], et les femmes constituent 64% de ce pourcentage de moins de 50%[35]

---

30 Cette apparente bienveillance cache mal un certain égoïsme, une certaine jalousie chez les hommes même s'il faut comprendre aussi que dans certaines coutumes locales il est recommandé de ne pas laisser une femme avoir trop de contacts hors mariage ou s'enrichir

31 Unicef canada intégration de l'égalité des sexes op. cit

32 SGA Anel Azodogbehou les infractions qualifiées de violences faites aux femmes, Cottonou, imprimerie COPF Benin

33 Unicef canada intégration de l'égalité des sexes op. cit

34 Diakité A Koné Géographie classe de 12eme année op. cit P142

35 Intégration de l'égalité entre les sexes dans la programmation P.F. Nduwimana MGS. 3 mai 2017

2- Les activités de la femme dans le milieu rural

Le rôle traditionnel reconnu à la femme rurale est globalement le ménage à travers les pures activités de ménage et celles du petit entretien.

D'abord les pures activités de ménage consistent à préparer le repas pour leurs maris et membres de la famille, naturellement en assurant tous les durs travaux en amont et en aval des repas, piler les graines, moudre ; transport d'eau, de bois de chauffe, vaisselle, linge etc.

Ensuite les activités du petit entretien consistent en des activités rudimentaires économiques en vue de l'habillement des enfants, de la satisfaction de leurs petits besoins financiers, souvent de petits prêts faits aux hommes (chefs de famille) eux- mêmes. Ces activités sont la cueillette, la transformation et la vente des produits naturels comme le néré, le karité, le petit commerce à la porte et au marché local, le petit élevage de volaille et de caprins (moutons[36] et chèvres) les débits de boissons, la confection et la vente du charbon de bois etc.

D'une façon souvent étagée les femmes les plus ambitieuses et dont les époux sont relativement libéraux et ouverts, peuvent entreprendre des activités lucratives[37] d'une certaine envergure, principalement dans les domaines suivants :

- L'Agriculture c'est-à-dire les activités dans le domaine agricole strict le jardinage y compris, dans le domaine de l'élevage, de la forêt et même elles peuvent entreprendre le commerce inter villages et interurbain[38].

Lorsque les femmes produisent des ressources supplémentaires, celles-ci sont pour la plupart remises à nouveau au chef de famille. Aussi la création de nouvelles activités pour les femmes et filles vient s'ajouter à leurs tâches quotidiennes déjà nombreuses, sans leur offrir un pouvoir de décision dans l'utilisation des ressources produites[39]. Aussi les 2/3 des femmes actives sont conciliées dans l'agriculture à titre de main d'œuvre familiale non rémunérée[40]

S'agissant des activités agricoles certaines femmes du milieu rural prennent des initiatives importantes les conduisant à réaliser des superficies importantes en culture diverses, coton, piment, arachides, gombos, mais etc., à élever les animaux en nombre également important dont la vente de certaines têtes peut rapporter de significatifs revenus sur certains terrains familiaux abandonnés pour raison de jachère certaines femmes peuvent planter des arbres à coupes réglées, rapportant aussi beaucoup d'argent.

---

[36] Dans certaines coutumes il est demandé en complément de dot certains animaux femelles (vaches, brebis, chèvres, …) que l'épouse apporte à son foyer et qui peuvent proliférer.

[37] La loi d'orientation sur le secteur établit une égalité entre homme et femme en déclarant en son article 4 que « la liberté d'entreprendre est reconnue à tout citoyen … » et l'article 5 renchérit par la formule : « l'égalité se traitement est garantie à tous les agents économiques » in Cissouma (Sékou Faco) Droit des affaires (théorie générale) Aspects critiques du droit national malien au Droit OHADA. Page 82 et s

[38] Cissouma (s.f) Droit des affaires (théorie générale) op.cit.

[39] Unicef. Recommandations en matière d'égalité entre les hommes et les femmes les filles et les garçons rapport remis à l'Unicef Mali le 20-05-2022 par Magenta

[40] UNICEF Canada de l'égalité entre les sexes op. cit

Il faut souligner que les femmes n'ont qu'un droit d'usage[41] (à l'exclusion de tout droit de possession ou de propriété) sur les terres qu'elles exploitent. La possession de ces terres revient à leurs époux. Dans ce cas tout dépend des aléas de stabilité ou d'instabilité des unions conjugales[42]. Ainsi par prudence, les épouses circonscrivent leurs investissements financiers sur les terres, à elles concédées (plantations, petits aménagements) ou à l'inverse, c'est le mari qui proscrit carrément toute plantation, construction, creusage de puits sur ses terres pour éviter toute tentative d'appropriation ou dépossession desdites terres par son ou ses épouses, car juridiquement il est difficile de reprendre une terre sur laquelle le (la) l'emprunteur (emprunteuse) aura investi[43]. Par conséquent, en cas de rupture de l'union, les femmes ne peuvent qu'emporter leurs biens personnels (meubles ou réduits en meubles récoltes), et éventuellement leurs troupeaux. Encore dans le domaine successoral le nouvel esprit, retoqué en grande partie lors de la relecture du code des personnes et de la famille au Mali, était de mettre à égalité les successeurs (filles et garçons) à l'égard des biens (meubles et immeubles) ; mais cela n'est pas passé à cause des pouvoirs religieux qui ont inversé le contenu de l'article 751 CPF[44]

S'agissant du commerce inter villageois ou interurbain, des femmes y amassent d'importants revenus financiers et économiques à l'effet d'assurer leur indépendance économique par rapport à leurs époux et familles. Souvent elles se sont procurées (achetées) des moyens de transports rudimentaires (charrettes) ou modernes d'occasion (véhicules de transports).

La question qui vient à l'esprit se rapporte à la source de financement premier de ces activités féminines.

Les activités des femmes rurales sont diversement financées sous l'œil vigilent et condescend du mari :

- Grâce aux membres de leurs familles, certains maris ouverts, gentils et non jaloux et égoïstes, leurs enfants ou frères et autres parents qui donnent le fond de départ ;
- Grâce aux tontines les "pari" qui consistent à réunir plusieurs parts prédéterminées un jour donné de la semaine (généralement le jour de la foire) pour donner le tout à une seule d'entre elles. Cela constitue un pactole important permettant, à volonté, d'initier une activité lucrative donnée.

Enfin grâce à certaines caisses rudimentaires et locales de micro finance qui, au regard des éléments constitutifs du patrimoine personnel d'une femme ou de

---

[41] Seulement 15% des femmes possèdent des terres en leur nom en Afrique subsaharienne. Rapport canada Unicef : Intégration de l'égalité entre les sexes dans la programmation op. cit

[42] DROY Isabelle, Femmes et développement rural, op. cit. p. 21.

[43] La terre appartient à celui qui l'a mise en valeur et les tribunaux voit en ce sens dans les solutions qu'ils apportent aux conflits foncières surtout en vertu de la loi domaniale et foncière que dit a contrario que la terre appartient à l'Etat.

[44] La tragédie malienne, Patrick Gonin et alliés op. cit. P275 et 276 ; Cissouma Sekou Faco Introduction Générale au Droit suivie du Droit de la Famille. Bamako. Mali Reliure Moderne

l'engagement de son mari, accordent de petits prêts à court terme en vue des activités lucratives, génératrices de revenus[45]

Avec le nombre de femme que compte le monde rural est-il possible de tabler de gager sur un développement quelconque sans le concours multiforme de ces dernières.

II- La léthargie de tout développement rural sans la participation de la femme

Les criminologues et plusieurs autres spécialistes n'en doutent aucun instant, la femme est plus intelligente que l'homme par nature. Alors pourquoi se priver de l'apport d'une telle intelligence de façon globale ? Pourquoi ne pas libérer le génie de ces compagnes de (à) vie ? Que peut-on réussir durablement en matière de développement sans le concours multiforme des femmes ?

D'ailleurs, dans certains pays d'Afrique comme le Mali les femmes sont numériquement plus nombreuses que les hommes et aussi elles apparaissent, à un fort pourcentage, plus entreprenantes si elles en ont l'occasion et quelques moyens.

C'est vrai que le développement urbain va plus vite que celui rural mais la situation de la femme en ville n'est guère mieux enviée que celle de la femme rurale. Tout au plus les urbaines auraient quelques privilèges citadins à impact économique et financier.

Compte tenu du fait que plus de 80% du pays est rural, il semble impossible de concevoir le développement du pays et celui des localités rurales sans une sérieuse implication économique de la femme.

La question qui se pose est comment le réussir ?

Sans doute, faut-il opérer le changement réel et des mentalités et aussi procéder à des appuis économiques et intellectuels.

A-La sollicitude de l'Etat et des collectivités territoriales requise

Il a été écrit le plus de littérature possible dans le domaine de l'épanouissement de la femme, tout comme il a été initié par toutes sortes d'organismes organisations non gouvernementales, projets gouvernementaux dédiés, interventions directes de partenaires techniques et financiers mais la question du développement par l'implication de la femme demeure ou revient à la base comme pour attendre un levain.

Alors, pour la booster c'est-à-dire la dynamiser, il est nécessaire aujourd'hui de changer de stratégie, en revoyant le rôle de l'Etat et les collectivités sur un double plan : l'instruction et l'accès de la terre à la femme.

---

[45] L'abréviation est bien connue et bien avancée dans les préoccupations de tous les projets et activités consacrés au genre (en faveur des dames) : AGR. Ainsi, bénéficieront de la sympathie et de l'accompagnement du gouvernement et de l'administration publique tous les projets ou financement qui auront réservé au chapitre à ces AGR au profit des femmes sous diverses formes.[2]

1- Le rôle de l'Etat et des collectivités territoriales dans le droit a l'instruction de la femme

Selon la constitution du Mali, l'éducation et l'instruction sont des droits reconnus à tous (articles 17) et surtout tout citoyen (sans distinction de sexe) a droit à l'instruction (article 18).

Nul besoin de faire le procès de l'histoire de l'éducation dans notre pays, mais l'on sait que de la période coloniale aux premières décennies après les indépendances, l'éducation n'était valable en majorité que pour les garçons au large détriment des filles. Le pourcentage en la matière ne pouvait aller en centième mais en millième. Sur 1000 élèves enrôlés il y a peut-être 25 filles et sur ces 25 filles peut être 2 ou 3 obtenaient un certificat (ou diplôme). Donc les filles et femmes sont restées longtemps parents pauvres de l'épanouissement intellectuel comme le confirme l'article 5 de la loi d'orientation de l'éducation[46] « l'école est le cadre de création de transmission, de construction et de développement des connaissances. A ce titre, elle a pour mission d'éduquer, d'instruire, de socialiser et de qualifier les hommes et les femmes en vue de leur permettre de conduire leur vie personnelle et collective, civique et personnelle ».

Comme on le voit c'est la pratique qui a la vie dure, sinon la loi ne fait pas de distinction entre filles et garçons ou femmes et hommes. La femme comme l'homme lorsqu'ils sont bien formés à l'école, ils acquièrent les compétences nécessaires qu'ils amélioreront par des recherches personnelles et des formations diverses pour faire face indistinctement (sans distinction de sexe) aux défis de développement personnels et professionnels et également à ceux du pays ou de la sous-région de l'Afrique.

Il faut reconnaitre les efforts des gouvernements africains à améliorer la scolarisation et le maintien à l'école des filles du préscolaire au secondaire et même au supérieur. Ainsi au Mali en plus des écoles habituelles publiques et privées, il a été institué des écoles dites communautaires (ECOM) qui encadrent certes les enfants des deux sexes mais mettent surtout l'accent sur les filles. Créées par les communautés ou populations locales ces ECOM facilitent l'éducation des filles en leur donnant une priorité tant au niveau de l'enrôlement que du suivi[47].

D'une façon plus générale au Mali, il est mis en place plusieurs stratégies gouvernementales pour l'éducation des filles. Cependant pour mieux les réussir il faut l'appui des parents, des époux, sinon le taux de non inscription, de non suivi et d'abandon est beaucoup plus élevé en campagne qu'en ville. En campagne on continue de croire aux vertus du mariage précoce des filles, et aux idées préconçues que l'école "gatte" les filles par les idées reçues (modernes).

---

[46] Loi n°99 046 / du 28 DECEMBRE 1999 portant loi d'orientation sur l'éducation

[47] CISSOUMA Sékou Faco, le statut de l'enseignement privé au Mali, thèse de doctorat d'Etat en droit privé, UCAD 2008.

2- L'accès de la femme rurale a la terre

Faut-il le relever l'évolution du système foncier dans toute l'Afrique subsaharienne est et sera un paramètre, un indicateur très important militant pour ou contre le développement rural dans sa globalité. Dans les pays de cette entité géographique le droit coutumier est battu en brèche et l'inclination à l'appropriation privée et à l'accaparement des terres ne fait que se renforcer[48].

Il est établi dans les Etats Africains et particulièrement au Mali que 80% de l'économie repose sur l'Agriculture[49]. Ainsi l'agriculture dans ses différentes composantes (agriculture, élevage, pêche, foresterie...) occuperait plus de 65% des populations au Mali. Il faut reconnaitre que l'agriculture génère la nourriture par la culture des céréales comme le mil, le riz, fonio.... Procure aussi des revenus par la culture commerciale du coton, des arachides. En outre la pêche, l'élevage, les coupes d'arbres plantés constituent une source énorme de revenus pour les populations. De nos jours les femmes se sont montrées complétement efficaces dans l'élevage, la foresterie et un peu dans la pêche, leur labeur connait hélas de sérieuses limites quant à l'accès à la terre pour l'agriculture. Elles n'ont pas facilement accès à cette terre de culture.ni par achat (coutume et limitation de moyens, ni par bail (cas des périmètres irrigués comme à la zone office du Niger) ni même par succession.

Pourtant quand on analyse la loi domaniale et foncière et ses textes d'application[50] et aussi la loi sur le foncier agricole ; au niveau de l'appartenance des terres (voie coutumière, voie légale possession et propriété) il n'est fait aucune distinction entre homme et femme ? Par exemple citons textuellement l'article 71 de la loi domaniale et foncière « les droits coutumiers exercés collectivement ou individuellement sur les terres non immatriculées sont confirmés.

Nul individu, nulle collectivité, ne peut être contraint à céder ses droits si ce n'est pour cause d'utilité publique ... ».

En principe pour accéder à la terre au Mali, il suffit, pour quiconque, d'en faire la demande et de l'adresser à l'autorité compétente ou d'être fille ou fils d'un propriétaire ou possesseur de terre décédé. Mais dans la pratique il semble qu'il y ait assez de pesanteurs dirimant ces modes d'accès ; soit la femme craint de demander une terre en son nom, son mari va dire qu'elle oublie qu'elle est femme et qu'elle veut se comporter en homme, ou que la coutume du défunt n'autorise pas à donner des terres successorales à une femme en possession ou propriété. Du

---

[48] DROY Isabelle, Femmes et développement rural, op. cit. p. 75.

[49] Voir l'article 2 de la loi d'orientation agricole qui précise que le mot Agriculture écrit avec A majuscule prend en compte les autres activités rurales comme l'élevage, la pêche, et la foresterie

[50]Ordonnance n° 00-027/P-RM du 22 Mars 2000 portant code domanial et foncier

Loi n° 02-008 du 12 Février 2002 portant modification et ratification de l'ordonnance n° 00-027-P-RM du 22 Mars 2000 portant code domanial et foncier Décret n° 01-040P-RMdu 02 Février 2001 déterminant les formes et conditions d'attribution des terrains du domaine privé immobilier de l'Etat

coup les coutumes et les autorités privent l'Etat ou les collectivités d'un grand manque à gagner pouvant résulter du dynamisme économique des femmes.

Cependant, à la faveur d'une loi adoptée dans le domaine du Foncier Agricole qui règlemente les diverses activités bénéfiques rurales : agriculture, élevage, pèche etc... le législateur a courageusement institué une disposition révolutionnaire largement favorable aux femmes : c'est l'article 13 de la loi qui énonce : « L'Etat et les collectivités veillent à assurer aux différentes catégories d'exploitation agricoles et promoteurs d'entreprises agricoles, un accès équitable aux terres foncières ».

Toutefois, au moins 15% des aménagements fonciers de l'Etat et des collectivités sont attribués aux groupements et associations de femmes et jeunes situés dans la zone concernée. Si cette mesure est salutaire, il reste à souligner qu'au vu des réalités de notre société, il fallait y inclure les femmes et jeunes considérés individuellement car il y'a aussi beaucoup d'entreprises individuelles.

L'Etat doit encore se manifester autrement en encourageant les intellectuels

B-Les nécessaires appuis économiques financiers et intellectuels

A l'analyse de tout ce qui précède il revient que la responsabilité première du développement rural, de l'épanouissement de la femme rurale revient à l'Etat et aux collectivités par le moyen des aides et appuis conséquents, le tout reposant sur des écrits divers d'intellectuels acquis à la cause de la femme en milieu rural.

1- Appui économique et financier de l'Etat et des collectivités

Quelle que soit une initiative publique ou privée dès qu'elle est prise dans le domaine du développement global du pays, l'Etat doit la soutenir en l'appuyant.

En effet, tout en reconnaissant et garantissant le droit de propriété (article 13 la constitution du Mali déclare que la liberté d'entreprise est garantie pour chaque citoyen : homme ou femme (article 14). Cette disposition constitutionnelle reçoit écho dans une loi d'importance prioritaire pour le secteur privé au Mali[51] dont l'article 4 énonce : « la liberté d'entreprendre est un droit reconnu à tout citoyen jouissant de ses droits civiques dans le respect de l'ensemble des textes législatifs et réglementaires régissant le fonctionnement normal de l'Etat >>

Il convient de comprendre que la liberté d'entreprendre est l'affaire de l'Etat vis-à-vis de ses citoyens sans distinction de sexe, d'âge etc. On relève de ce texte que l'Etat s'en fait un devoir en exigeant tout de même aux personnes diverses, d'entreprendre telle ou telle activité, un respect du droit positif et des principes d'un Etat de droit (Démocratique).

De même l'article 5 du même texte (sur le secteur privé) déclare ceci « l'égalité de traitement est garantie à tous les agents économiques ». Si l'on sait que dans le domaine commercial, économique classique, on n'a pas besoin d'autorisation préalable ou d'agrément pour entreprendre, on établira facilement que cette loi sur le secteur privé encourage femmes et hommes à initier les activités économiques

---

[51] Loi 2014 portant loi d'orientation du secteur privé.

au même titre. Tous peuvent devenir et demeurer agents économiques. N'est-ce pas là une simple théorie ou une simple vue de l'esprit ?
En effet, pour qui connait les réalités sociales, coutumières en Afrique et religieuses au Mali en plus, il sait, sans rappel, que la subsidiarité de la femme au plan autonome est une réalité difficilement contournable. Trop de poids compromettent ou peuvent compromettre la libre entreprise des femmes particulièrement dans le milieu rural.
Des textes ou des interprétations des textes semblent subjuguer l'initiative féminine au second plan en les obligeant à une formalité substantielle de conquête d'autorisation maritale pour entreprendre certaines activités professionnelles notamment le commerce ou l'industrie (voir les dispositions du code du mariage et de la tutelle, et celles du code des personnes et de la famille). Tous ces verrous doivent être anéantis pour l'épanouissement de la femme rurale.
Par voie de presse[52] on comprend qu'il existe certaines sources de financement des activités féminines rurales mais que les intéressées elles-mêmes peuvent ne pas connaitre ou dont elles ignorent les procédures d'accès.
Il existe un Fonds National d'Appui à l'Agriculture (FNAA) créé depuis l'année 2010 au Mali, destiné au financement des activités Agricoles et péri-agricoles. Toutefois, informe le journal, depuis 2015 aucun projet n'a été financé par ce fonds. Ainsi les représentantes des femmes vivant en milieu rural et d'autres partenaires se sont récemment retrouvées (le 18 décembre 2023) sous l'œil bienveillant de leur Ministère et certains services techniques, du Conseil National de Transition et bien sûr de la société civile à une rencontre marquée par le plaidoyer des femmes du milieu rural, lesquelles revendiquent leurs droits d'accès aux financements publics et privés. En effet, 15% des ressources de ces fonds doivent être octroyées aux femmes, jeunes ou groupes vulnérables. Déjà, ont relevé les auteurs du plaidoyer, cette disposition ne serait que textuelle (simplement prévue par une loi) sinon dans la pratique elle ne serait pas appliquée…
Là-dessus, les intellectuels sont aussi interpellés.

2- La promotion d'écrits divers

Les Etats africains dont le Mali initie dans leurs gouvernements des départements (Ministères) chargés de la promotion de la femme. En réalité ces Ministères ressemblent à des équipements (des engins : voitures) nocturnes sans luminosité, sans lanternes donc sans phares.
Par exemple un décret pris au hasard des recherches[53] déclare dans son article 2 que le Ministre de la famille de la promotion de la femme de l'enfant et de la

[52] L'indépendant quotidien d'informations générales n° 5860 du mardi 19 décembre 2023.
[53] Décret n°2012-210 P-RM du 7 Mai 2012 fixant les attributions spécifiques du Ministre de la famille, de la promotion de la femme et de l'enfant et la liste des services publics placés sous son autorité Jo n°19 du 11 Mai 2012 page 41

famille élabore et met en œuvre la politique nationale de la promotion de la femme Ainsi il est chargé entre autres[54] de :

- L'élaboration et la mise en œuvre des mesures devant assurer le bien-être de la famille, de la femme et de l'enfant ;
- L'élaboration et la mise en œuvre des actions visant à assurer une meilleure insertion économique, sociale et culturelle des femmes et des enfants pour la prise en charge de leurs besoins spécifiques ;
- La mise en œuvre de la politique genre ;
- La promotion de la famille ;
- La promotion des droits de la femme et de l'enfant.

Il faut relever de ces attributions celles générales comme la promotion des droits de la femme et l'élaboration des mesures assurant le bienêtre de la famille de la femme et celles spécifiques comportant le reste des attributions édictées dans l'article 2 ci- dessus.

Toutefois pour réussir à asseoir une vraie Politique Nationale du Genre, un cadre de concertation Ministère de la Promotion de la Femme, Organisations de la société y compris les intellectuels devra être érigé.

Ce cadre doit concevoir des activités orientées vers la sensibilisation lesquelles activités visent à faire un plaidoyer poignant sur les conditions de la femme malienne en général, l'amélioration de ses conditions de vie et son autonomisation de même que la protection de ses droits et ceux des enfants.

Pour atteindre ces objectifs le département devrait être en contact permanent avec des faitières des organisations de la société civile et des intellectuels autour d'un dialogue constructif. Il s'agira aussi de promouvoir et de favoriser la vulgarisation des documents et textes sur la promotion et la protection des droits de la femme, de l'enfant, et de la famille et de favoriser la prise en compte des instruments juridiques sous régionaux, régionaux, et internationaux dans l'ordonnancement juridique interne. Cela est naturellement le rôle spécifique des intellectuels juristes.

Il sied de relever en outre que le premier rôle du département en charge des femmes est de concevoir une vraie littérature pertinente pour la cause de la femme car comprend-on quand la femme est bien prise en charge ce sont les enfants et toute la famille qui en bénéficient en se sentant mieux.

C'est sur ce point que le département éponyme doit faire un appel à communication à l'endroit des intellectuels afin que les questions féminines soient prises en compte et traitées de manière idoine de façon à aliéner la sympathie sociale, à asseoir une solidarité de vue. Les seuls conseillers et autres cadres ne suffiraient pas pour cette tâche.

Qui plus est, ces intellectuels expliqueraient mieux les notions de bienêtre de la famille, de la femme et de l'enfant, l'insertion économique, sociale, et culturelle

[54] Quel que soit le gouvernement formé les attributions demeurent généralement les mêmes, seuls les actes (décrets) changent.

des femmes des enfants, détermineront mieux les besoins spécifiques des femmes et surtout ils dégageront la congruence entre elles (notions) de manière à asseoir une politique globale intégrative tolérante de la femme d'une façon générale et de la femme dans le milieu rural en particulier.

Il reste entendu que selon l'article 2 a contrario la femme est un bon vecteur * économique qui a besoin d'un accompagnement financier des caisses de micro finance et des banques à des conditionnalités appropriées pour établir la parité avec l'homme ou créer la différence carrément[55] car elles sont largement reconnues plus économes que les hommes.

Comment ces intellectuels intéressés doivent s'y prendre ?

La limitation des résultats des écrits et acteurs engagés jusqu'ici devrait conduire à une nouvelle stratégie consistant à encourager les intellectuels à écrire sur leurs réalités sociales, ethniques locales en faveur des femmes, en dénonçant tout ce qui est défavorable à l'initiative économique des femmes et à leurs droits. Ainsi auront-ils pour tâche de dénoncer certaines coutumes obsolètes, certains principes religieux soit erronés soit inadaptés. Ce n'est qu'après, une synthèse pourrait être faite avant d'entreprendre les actions concrètes en faveur des femmes conformément aux réalités de chaque localité avec en filigrane le nouvel esprit brisant les habitudes coutumières hostiles à la femme et néfastes au développement local.

Enfin le département de la promotion de la femme doit recenser et louer tous les hommes qui libèrent le génie de leurs épouses en les laissant entreprendre.

Pour toute conclusion, on peut soutenir que la situation actuelle de la femme rurale, sans être irrémédiablement comprise, est loin d'être enviable. Elle mérite beaucoup de sympathie dans l'action et la bienveillance. Il faut soutenir cette femme rurale de la cuisine plus ou moins pour le marché, par les actions génératrices de revenus en vue de circonscrire son état de dépendance vis-à-vis de ses proches (mari, frères, etc…). Un changement est aujourd'hui plus que nécessaire plus que recommandé, il faut responsabiliser, cette femme qui n'attend que ça pour libérer son génie de créateur économique afin de contribuer significativement au développement global de sa famille, de sa communauté, de son pays. Tout doit être entrepris en ce sens par l'ETAT, les collectivités territoriales et la société malienne et africaine. Cela peut-il aller sans éduquer, instruire et donner les moyens économiques et financiers aux femmes rurales ? Il y'a lieu d'interroger l'avenir en s'interrogeant soi-même.

Références bibliographiques

A- Ouvrages généraux :

1- Cissouma Sékou faco ; introduction générale à l'étude du Droit suivie du droit de la famille (en étatique) Bamako, Mali Reliure Moderne, 2017, P…

2-CISSOUMA Sékou faco, Droit des affaires (théorie générale)

[55] Attention, elles se font naïvement arnaquées par les filous marabouts.

Aspects critiques du droit national malien au droit OHADA

- Actes de commerce, commerçants
- Vente commerciale, transport
- Sociétés coopératives
- Banque
- Mutuelle
- Entreprises en difficultés

Bamako, Mali, Reliure Moderne ; 2018 P…

3-MARA MOUSSA, jeunesse africaine, le grand défi à relever, Paris, Mareuil France 2016

4-SGA Armel Azodogbehou. Les infractions faites aux femmes, Cotonou imprimée COPEC Benin 2013

5-Diakité A.Koné, Géographie classe de 12eme année Bamako, Editions Fayida Mali 2007

6-La Tragédie Malienne. Ouvrage collectif sous la direction de Patrick Gonin, Natalie Kotlok, Marc-Antoine Perousse de Monclos vendemiaine, imprimé en UE par pulsio-net. France aout 2013

B- Ouvrages spéciaux et rapports

1- Droy Isabelle, femmes et développement rural, Paris, Editions Kartala 1990, P.
2- Unicef-Analyse rapide de genre Mali, rapport final Aout 2021
3- Unicef-FAO canada Recommandations en matière d'égalité entre les hommes et des femmes ; les filles et les garçons remis à Unicef Mali le 20-05-2022 par Magenta
4- Canada Rapport ES (égalité entre les sexes) : Intégration de l'égalité entre les sexes dans la programmation par F. Nduwimana / MGS Bamako, le 03 mai 2017.

Thèse

1- CISSOUMA Sékou faco, le statut de l'enseignement Privé au Mali, Thèse de Doctorat d'Etat en Droit Privé General, université Cheick Anta Diop de Dakar, 2008, P.

Presse

- L'indépendant, quotidien d'informations générales n°5860 du mardi 19 décembre 2023.

Textes

1- La constitution du Mali 23 juillet 2023
2- Le code du mariage et de la tutelle de 1962 modifié en 1963 (ancien texte)
3- La loi n°2011-087 du 30 décembre 2011 portant code des personnes et de la famille (nouveau texte)
4- Loi n°99-046 du 28 décembre 1999 portant loi d'orientation sur l'Education
5- Loi portant orientation du secteur privé malien (2014)

6- Loi domaniale et foncière, ordonnance n°2020-014/PT-RM du 24 décembre 2020 journal n°35 du 28 décembre 2020. P.1390
7- La loi d'orientation Agricole
8- Loi n°2017-001 du 11 avril 2017 portant sur le foncier Agricole

JO Décret n°2012-210 P-RM du 07 Mai 2012 fixant les attributions spécifiques du ministère de la famille, de la promotion de la femme et de l'enfant et la liste des services publics placés sous son autorité J.O n°19 du 11 mai 2012 page 41 (à titre indicatif)

Soliloque sur un processus efficient de réconciliation nationale post-insurrectionnel

Souleymane TOE
Agrégé de droit privé
Université Thomas SANKARA

Introduction

La réflexion engagée sous cette thématique vise à s'interroger et à proposer une feuille de route pour un processus inclusif de réconciliation nationale dans un pays qui vient de sortir d'une insurrection populaire avec des fractures à tous les niveaux, sociales, politiques, économiques et humaines rendant nécessaire un processus holistique de recollement et de pardon.

Il faut observer que le processus de réconciliation nationale est un ensemble agencé et séquencé de démarches, d'initiatives, par des acteurs, dans un contexte sociopolitique et dans une trame temporelle donnée, en vue de parvenir ou de revenir à une situation normale qui ouvre la voie au retour des exilés, à la libération des prisonniers politiques et à la réparation des préjudices causés.

Ce n'est ni une guerre civile, ni des conflits intercommunautaires qui sont à l'origine du besoin de réconciliation nationale, mais bien une succession de crises socio- politiques qui, loin d'être seulement conjoncturelles est surtout structurelles touchant presque tous les secteurs de la vie nationale et toutes les couches de la population[1].

Ces évènements tragiques ont abouti finalement à instaurer entre les burkinabé une méfiance, créant ainsi un terrain favorable à l'incompréhension et à la défiance de l'autorité publique qui doit être nécessairement contenue pour favoriser la paix et le vivre ensemble.

L'initiative du 08 juillet 2022 n'a pas produit l'effet de réconciliation escompté[2] parce qu'elle a généré chez la majorité des burkinabés, le sentiment que le sommet de l'Etat voulait provoquer une réconciliation à marche forcée, au risque de réveiller des réflexes déjà éprouvés aux conséquences imprévisibles[3].

En vérité, la réconciliation ne peut pas être imposée, elle doit être préparée et négociée. Tenant compte du contexte post-insurrectionnel, l'on peut s'interroger sur la meilleure démarche qu'il faudrait entreprendre pour une réconciliation nationale pleine et entière.

---

[1] Cfre Rapport du 30 juillet 1999 du Collège des sages instauré au Burkina Faso le 1er juin 1999 pour déceler les raisons des maux du pays et faire des propositions de règlement de la crise suite à l'assassinat du journaliste Norbert ZONGO.

[2] « *Le mini-sommet auquel le chef de la junte, Paul-Henri Sandaogo Damiba, avait invité le président déchu a été perçu comme un échec* ». Voir Journal : https://www.lemonde.fr/afrique/article/2022/07/15/au-burkina-faso-le-bref-retour-de-blaise-compaore-reveille-les-fantomes-de-la-division_6134913_3212.html, consulté le 26 juillet 2022 à 22 heures.

[3] « Au Burkina Faso, le bref retour de Blaise Compaoré réveille les fantômes de la division ». Voir Journal le Monde Afrique précité.

La démarche qui est d'une actualité brûlante, présente l'intérêt de convoquer les règles et mécanismes juridiques de résolution des crises socio-politiques pour trouver une formule consensuelle qui, à son terme recollera les fractures et autres divergences pour un mieux vivre ensemble dans un espace de paix et de quiétude. Cette préparation passe par la construction d'une boussole qui va guider et justifier toutes les initiatives, toutes les démarches, entreprises pour soigner ou indemniser les victimes, obtenir le retour des exilés, la libération des prisonniers politiques et le recollement des fractures socio-économiques. Cette boussole est constituée des principes directeurs du processus de réconciliation nationale (I). La négociation s'articulera autour des initiatives progressives qui seront engagées dans le cadre de l'implémentation des principes directeurs déjà consacrés dans une mise en œuvre cohérente (II) Une meilleure identification de ces principes éprouvés permettra d'assoir et achever le processus avec le concept de justice-pardon (III).

I- Détermination des principes directeurs du processus de réconciliation nationale

Au regard de l'objectif général poursuivi deux principes directeurs peuvent être retenus : La justice (A) et la confiance (B), avec leurs sous-éléments. De manière fonctionnelle, c'est la justice qui va générer la confiance. Cette dernière facilitera le pardon qui va installer une coexistence pacifique qui scellera la réconciliation nationale et la réalisation de l'objectif spécifique qu'est la réparation, le retour des exilés et la libération des prisonniers politiques.

A. La Justice

La justice est un concept vaste qui, dans le cadre d'un processus de réconciliation nationale, est d'abord un besoin, lui-même susceptible d'articulations variables selon les contextes. S'agissant du contexte burkinabé, il s'agit d'un besoin de reconnaissance de sa dignité de personne ou de groupe combiné avec un besoin de réparation matérielle pour se reconstruire ainsi que d'un besoin de punition et de sanction de l'autre, sans tomber dans la vengeance. Faire justice à ces divers besoins de justice passe par le droit de savoir (1), le droit à la justice (2), le droit à la réparation (3) et la garantie de non-répétition (4).

1-Le droit de savoir

Ce droit implique les droits suivants :

Le droit inaliénable à la vérité. C'est le droit pour chaque peuple et victime de connaître la vérité sur les événements passés relatifs à la perpétration des crimes et autres actes préjudiciables à la nation burkinabé (incendie et destructions des édifices publics). C'est aussi le droit de connaître la vérité sur les circonstances et les raisons qui ont conduit à la perpétration de ces crimes et actes. Il s'agit des grands crimes et actes qui ont jalonné l'histoire du peuple burkinabé depuis l'assassinat de Thomas Sankara jusqu'à l'arrivée au pouvoir du Mouvement Patriotique pour la Sauvegarde et la Restauration, version une et deux[4].

Le devoir de mémoire. Il consiste en la connaissance par le peuple Burkinabé de l'histoire des certains crimes (affaire Norbert Zongo) et des crises socio-politiques successives qui ont débouchées sur les coups d'Etat et contre coup d'Etat qui ont été perpétrés dans le pays. Il implique la Conservation des archives et tous autres éléments de preuve se rapportant aux violations graves des droits de l'homme ainsi qu'aux faits et évènements antérieurs, concomitants et postérieurs directement liés aux crimes et aux différentes crises socio-politiques. C'est un devoir qui incombe à l'Etat. Le devoir de mémoire est une précaution utile permettant de se prémunir contre le développement postérieur de thèses négationnistes ou révisionnistes. Il permet de préserver la mémoire collective de l'oubli.

Le droit de savoir des victimes. C'est le droit spécialement reconnu aux victimes, à leurs familles ou à leurs proches en vue de leur permettre de connaître la vérité sur les circonstances dans lesquelles ont été commis les délits et crimes sur les victimes. En vertu de ce droit, en cas de décès ou de disparition, les familles et les proches doivent connaître le sort qui a été réservé à la victime. Le droit imprescriptible des victimes de savoir est reconnu indépendamment de toute action en justice.

Il ne faut pas sous- estimer la puissance réparatrice de la révélation de la vérité[5] dès lors que le cadre de la révélation qu'est la juridiction répressive permet d'évacuer le sentiment d'impunité qu'aurait pu ressentir les victimes.

2- Le droit à la justice : C'est l'obligation qu'ont les Etats de mener rapidement des enquêtes judiciaires approfondies, indépendantes et impartiales sur tous les crimes commis en lien avec la gestion du pouvoir politique et de manière générale sur toutes les violations graves des droits de l'homme. Ce droit à la justice s'étend aussi à l'obligation pour les Etats de prendre des mesures adéquates à l'égard des auteurs des crimes et autres violations graves des droits de l'homme.

---

[4]En Colombie, le gouvernement a amnistié les démobilisés d'une milice paramilitaire locale, les forces AUC (*Pertinentes del Magdaleno Medio : Desmovilizacion y Dignidad*) sans que les hommes aient à éclaircir leur responsabilité concernant les nombreuses disparitions et assassinats.

Les démobilisés se retrouvent déchargés de toute obligation morale. Ils constituent en ce sens une menace pour les victimes. En effet, non inquiétés pour leurs crimes passés, rien ne les empêche théoriquement de recommencer ; ils symbolisent la primauté du mal sur le bien et sont de surcroît légitimés par le gouvernement.

Le processus de réconciliation colombienne semble ainsi être imposé aux victimes, et dans ces conditions le consensus sur le passé est biaisé. Il n'est pas surprenant que la violence perpétrée par des groupes armés soit encore présente dans la société colombienne.

[5] Les Albanais du Kosovo ont mis un terme à une spirale de vengeance qui sévissait depuis près de cinq siècles. Grâce au travail de médiation et de dialogue, les familles des agresseurs et des opprimés ont pu échanger sur les crimes commis et s'en sont suivis des sermons de réconciliation et de pardon.

Toute partie lésée ou toute personne ou ONG ayant un intérêt légitime peut saisir les juridictions compétentes.

3-Le droit à la réparation : C'est l'obligation de réparation pour le préjudice subi. Il peut prendre les formes suivantes : restitution, indemnisation, réadaptation, satisfaction. En principe, ce devoir de réparation incombe aux personnes physiques et aux personnes morales reconnues coupables des crimes et autres violations graves des droits de l'homme.

La nécessité de reconstruire les victimes ou leurs ayants droits, moralement et matériellement implique, à la charge de l'Etat, le devoir de réparer et la faculté de se retourner contre l'auteur des violations graves des droits de l'homme.

4-La garanties de non-répétition : Il s'agit de la non -répétition des crimes ou des violations graves des droits de l'homme. Ce droit se traduit par l'obligation pour les Etats de veiller à ce que les victimes ne puissent de nouveau subir une violation de leurs droits. Ce droit implique, entre autres, des mesures qui sont à même de rétablir ou de restaurer la confiance de la population dans ses institutions publiques. Ceci inclut au premier chef la mise à l'écart des auteurs de violations des droits de l'homme à travers ce que l'on entend par « vetting» ou «lustration», ou encore «filtrage administratif».

B- La Confiance

Les Etats qui présentent un fort sentiment de confiance sont mieux en mesure de réagir à des crises (politique, économique sécuritaire). La confiance est un préalable au pardon (1) et à la coexistence pacifique (2).

1.Le pardon

Il a pour finalité de réintégrer les exilés politiques, les prisonniers politiques, les coupables (affaire Norbert Zongo et autres) et la reconstruction des victimes.

La justice rendue, la confiance restaurée, le pardon tant collectif qu'individuel a des chances d'être obtenu. C'est un acte gratuit qui permet aux personnes offensées de se libérer de leur sentiment de vengeance, de stress et d'amertume sans pour autant nier leur droit au ressentiment.

L'autre versant du pardon est la repentance. Elle consistera pour l'autorité publique à regretter publiquement certains actes commis par des acteurs institutionnels au nom de l'institution ; elle consistera aussi pour des particuliers et groupements privés à regretter auprès du peuple et auprès de leurs victimes des erreurs commises.

Le pardon peut être demandé par des Etats, des institutions, des groupes de personnes et des particuliers pris individuellement. Mais le pardon n'est en aucun cas un droit, il ne peut être exigé des victimes. De la même manière, il n'a de valeur que lorsqu'il est octroyé par elles.

Lorsque les opprimés ont pardonné et les oppresseurs se sont repentis. La coexistence peut être pacifique.

2.La nécessité d'une coexistence pacifique

Les blessures refermées, tous les burkinabés doivent travailler en commun. Ce principe permet d'aller au-delà du cercle constitué des victimes, des exilés et des prisonniers politiques pour mobiliser ou intéresser la nation burkinabé afin que les familles et les communautés des victimes et des auteurs puissent désormais coexister sans rancœur même non extériorisée. Il faut prêcher la coexistence pacifique : « *nous sommes tous des burkinabés* ».

Il faut identifier et rendre opérationnel les mécanismes de pacification des relations inter individuelles ou inter communautaires ou groupes. La Commission Episcopale Justice et Paix pour l'église catholique, le conseil des sages pour les Musulmans et les autres religions doivent être mis à contribution ainsi qu'au niveau des coutumes, le recours aux mécanismes traditionnels constitués des chefs et sages des villages.
Le défi sécuritaire apparait paradoxalement comme le prétexte idéal pour ressouder les liens entre les burkinabés qui doivent relever ce défi. L'urgente reprise économique peut aussi être présentée comme un prétexte.
L'existence d'une menace commune (l'insécurité) se révèle particulièrement efficace pour permettre la création de liens nouveaux.

II. La mise en œuvre du processus de réconciliation

La mise en œuvre du processus commande de bien identifier ses différents acteurs allant des victimes (A) aux auteurs (B) en passant par les facilitateurs (C)

A.Les victimes

La réconciliation, même si elle paraît décisive aux yeux des responsables politiques, ne s'impose pas par décret. La violence passée laisse des blessures ouvertes qui ne se cicatrisent pas rapidement. Comme des flammes dans une forêt, elle provoque une série infinie de feux individuels qu'il s'agit d'éteindre un par un.
Elles doivent être identifiées non pas pour être accablées une seconde fois, mais pour jouer leur partition dans l'œuvre de réconciliation dans le but de faciliter le retour des exilés et la libération des prisonniers politiques. C'est à elles que justice doit être rendue, ce sont elles qui détiennent la clé du pardon, car le pardon pour autrui est inopérant.
Il faut aller aux racines des problèmes qui taraudent les victimes pour identifier et sérier leurs intérêts les plus profonds. Il faut éviter de déterminer leurs intérêts en leurs lieux et places. Il faut séparer les victimes, personnes physiques (1) des victimes, personnes morales (entreprises privées) (2).

1.Les victimes, personnes physiques

Elles peuvent être de plusieurs catégories. Elles réclament plus ou moins des réparations qui ne sont pas forcément financières. Il peut s'agir des victimes de la rupture de justice sociale (a), de celles du terrorisme ou des affrontements intercommunautaires et celles des crises politiques (c).

a. Les victimes de la rupture de justice sociale

Les inégalités sociales sont à la base d'une grande partie des crises. Beaucoup de citoyens se sentent exclu de la répartition des richesses nationales et prêtent une oreille attentive à toute sorte de revendication contre le pouvoir central. C'est en quelque sorte l'exacerbation des revendications syndicales qui a causé la chute du régime du Président Maurice Yaméogo en 1966 et de Blaise Compaoré en 2014. L'injustice sociale qui est assez patente à travers la carte de la pauvreté et l'absence d'infrastructures est l'une des causes du terrorisme et de la grande criminalité.

La justice sociale a pour objectif de corriger un tant soit peu ces inégalités sociales par l'égalité des droits, la solidarité collective, la juste et équitable distribution des richesses matérielles et symboliques. Par conséquent, le rétablissement de la justice sociale est une condition de la paix sociale, une composante essentielle du développement économique et social. La justice sociale ne signifie pas égalitarisme, mais correction des injustices et des situations sociales injustes non acceptables qui reposent sur des inégalités injustifiées. Il n'y a pas de développement sans un minimum de justice sociale.

b. Les victimes du terrorisme et des affrontements intercommunautaires

Il est difficile de sérier les victimes des affrontements intercommunautaires de celles du terrorisme. On peut citer sans distinction les victimes de Solhan, Yirgou, Koutougou, Arbinda, Barga, Barsalogo, Dablo, Kelbo, Pobé Mengao, Sigadji, Namoungou, Zietenga et bien d'autres. Mais la montée du terrorisme tend à cacher les affrontements intercommunautaires, surtout que les victimes de ces deux drames humains se situent sur les mêmes espaces territoriaux.

1.Les victimes des crises politiques

Les mutineries de 2011, l'insurrection de 2014, le putsch de 2015, le coup d'Etat de janvier et septembre 2022 sont relativement récents, tout comme les manifestations scolaires et estudiantines qui ont fait des victimes. Une décision judiciaire a déjà été rendue au profit des victimes du putsch de 2015. Les victimes sont donc clairement identifiées. Des victimes des mutineries ont également obtenu des réparations. Mais, elles peuvent déjà être recensées pour les besoins de recollement et de finalisation.

A ces victimes, il faut ajouter la situation des exilés politiques. L'exil, en effet, est l'état d'une personne qui a quitté sa patrie volontairement ou sous la contrainte, le bannissement, la déportation, l'impossibilité de survivre ou la menace d'une persécution, et qui vit dans un pays étranger avec ce que cela implique de difficultés et sentiment d'éloignement de son pays. L'exil politique consiste effectivement à devoir quitter son pays d'origine en raison ou par peur de la

répression pour la personne qui se trouve dans cette situation. Il s'agit surtout du Président Compaoré et de certains fidèles qui ont quitté le pays sous la clameur publique depuis octobre 2014, sans qu'il leur soit reproché forcément une infraction pénale.
Certains exilés ont été jugés et condamnés par contumace dans le procès du putsch manqué de 2015, ce qui particularise quelque peu leurs situations. Leur situation sera tributaire des institutions de clémence qui seront retenues pour les besoins de la réconciliation nationale.

2. Les victimes, personnes morales (entreprises privées)

Au cours des mutineries de 2011, de l'insurrection de 2014, du putsch de 2015 et dans une moindre mesure, des coups d'Etat de janvier et septembre 2022, des entreprises et des établissements privés ont été vandalisées. La liste de ces entreprises, dont certains avaient été déjà recensées, peut être actualisée facilement.

B- Les auteurs

Les auteurs sont ceux qui ont commis ou participé à la commission des actes qui sont à l'origine du besoin de réconciliation. Ils comptent parmi les condamnés et les exilés. Ils sont identifiés non pas pour être jugés une seconde fois ou être stigmatisés, mais pour qu'ils contribuent à l'œuvre de réconciliation en jouant la partition qui facilitera leur liberté. Les auteurs sont physiques (1) ou des personnes morales de droit public (2).

1.Les auteurs, personnes physiques

Il s'agit des auteurs de crimes pour lesquelles les procédures pénales ne sont pas encore à leur terme judiciaire. Certains auteurs de crimes sont déjà identifiés. Parmi eux, il y a :
* ceux qui attendent la tenue de leur procès, comme les anciens ministres du dernier gouvernement du Président Compaoré ou les inculpés de l'affaire Thomas Sankara qui ont interjeté appel de la décision du Tribunal militaire.
* les auteurs des dégâts de l'insurrection de 2014 non encore identifiés.
* Ceux sur lesquels pèsent des soupçons de détournements de deniers publics, notamment des personnalités des régimes des Présidents Kaboré et Damiba.
Ces procès en cours doivent aller à leurs termes et les auteurs des autres crimes doivent être poursuivis pour donner des gages d'impunité et aligner toutes les parties à la même enseigne.

2.Les auteurs, personnes morales (Etat et/ou ses démembrements)

L'Etat est tributaire d'une obligation générale de protection de ses populations, consacrée dans plusieurs textes internationaux. La responsabilité financière de l'Etat et de ses démembrements naît aussi de l'insolvabilité financière des auteurs de crimes quant au paiement des dommages- intérêts dues aux victimes. Selon les cas, l'Etat est responsable avec ou sans fautes des préjudices subis par des victimes de situations socio-politiques multiples.

Dans ce processus de réconciliation en cours, et dans le souci d'apaisement, l'Etat devra prendre en charge l'essentiel des réparations des préjudices dus aux victimes. A titre d'exemple, les victimes du putsch de septembre 2015 pourront difficilement entrer en possession des indemnisations que la justice leur a accordées si le paiement reste à la charge des coupables comme il est de droit dans le procès pénal classique. La substitution de l'Etat pour payer ces réparations est de nature à soulager les victimes et à faciliter l'acceptation des institutions de clémence que l'Etat pourra envisager au profit des coupables déjà en détention

B. Les Facilitateurs

Les facilitateurs doivent piloter le processus de réconciliation national en vue de faire revenir les exilés et les prisonniers politiques. Les facilitateurs doivent être recrutés parmi des personnalités et/ou leaders légitimes aux yeux de toutes les parties, car cette légitimité est décisive pour permettre le rapprochement entre victimes et les auteurs. A défaut d'être légitime, ils doivent être neutres.
Ces personnalités ou leaders doivent être recrutées parmi les acteurs institutionnels (acteurs gouvernementaux, administratifs et militaires) et parmi les acteurs non institutionnels, c'est-à-dire des personnalités jouissant d'une notoriété morale dans le pays. On pense aux personnalités religieuses et coutumières, éventuellement sportives et culturelles, y compris les influenceurs non politisés ayant un impact sur la jeunesse.
Au regard de l'histoire récente du Burkina Faso, il est souhaitable de ne pas associer la société civile considérée comme organisation. Toutefois, certaines personnes qui appartiennent à des organisations de la société civile peuvent être recrutées intuitu personae comme facilitateur.
Ce sont essentiellement des nationaux. Ils sont institutionnels (1) et non institutionnels (2).

1. Les facilitateurs Institutionnels (Administrations civile et militaire) ;

Les facilitateurs institutionnels au nom de l'Etat sont les Ministres et les chefs d'institutions. Le Ministère en charge de la réconciliation nationale, s'il en existe devra assurer la coordination du processus.

2. Les facilitateurs Non institutionnels

Il s'agit d'abord des anciens chefs d'Etat du Burkina Faso, qui bénéficient d'une grande audience auprès de leurs sympathisants et des militants de leurs partis. Il y a également les personnalités jouissant d'une autorité morale dans le pays dont :
* les autorités religieuses à travers les clergés musulmans, catholique, protestant et des leaders des religions traditionnelles ;
* les autorités coutumières à travers les grands chefs connus ;
* les grands sportifs, les vedettes musicales, les influenceurs non politisés ayant un impact positif sur la jeunesse.

Une fois, les victimes identifiées ainsi que les auteurs présumés, le processus peut amorcer une phase d'achèvement.

III- Achèvement du processus du jugement des autres présumés auteurs

Le contexte propre au Burkina Faso recommande de combiner justice punitive (A) et justice restaurative (B).

A-La justice punitive en cours

La justice punitive est déjà en cours, elle a plusieurs avantages :
Elle réduit les risques de vengeance privée- elle empêche le retour au pouvoir des agresseurs, renforçant ainsi la confiance du public que le passé ne se répétera pas.
Elle participe à la guérison des souffrances des victimes et restaure leur confiance en eux-mêmes en distinguant publiquement ceux qui avaient raison de ceux qui avaient tort.
Elle contribue à l'établissement des faits (vérité factuelle) permettant d'individualiser la culpabilité, ce qui éradique la dangereuse perception selon laquelle une famille, une communauté, un clan, un groupe de personnes est responsable. Elle renforce avantage la légitimité du processus de retour des exilés et de libération des prisonniers politiques[6].
Elle est également bien fragilisée par l'impossibilité provisoire de mettre la main sur certains coupables pour les faires juger. Cette perception d'impunité par les victimes, leurs familles et la population est de nature à empêcher le pardon et la restauration de la confiance. Il faut tout faire pour évacuer cette perception d'impunité. Cette perception et cette difficulté peuvent trouver une réponse appropriée dans la justice restaurative.

B- La justice restaurative, complément de la justice punitive

Elle est incontournable pour la réalisation de la réconciliation nationale par le retour des exilés et la libération des prisonniers politiques. Elle a plusieurs avantages
Elle permet de rechercher et d'établir la vérité, c'est-à-dire de faire la lumière sur plusieurs formes de violations perpétrées au cours d'une période donnée, même si le réalisme contraint à limiter les investigations aux types de violations les plus graves.
Elle permet de partir des faits criminels majeurs établis pour dégager une dimension pédagogique, didactique, morale et de proposer des mesures d'apaisement et de réparation en faveurs des victimes ainsi que des mesures d'encadrement du retour des exilés et de la libération des prisonniers politiques.
La mise en œuvre de cette justice, dans le contexte burkinabé, est favorisée par l'existence effective des faits criminels déjà établis pour certains coupables par la justice punitive, ce qui permet d'éviter le sentiment d'un re-jugement. Il est souhaitable de compléter l'œuvre punitive par des mesures d'apaisement en vue

[6] La justice punitive en cours est très fragilisée par la non-exécution des peines prononcées à l'égard de certains coupables emblématiques laissant échapper un parfum d'impunité (cas de Blaise Compaoré et autres).

d'une réconciliation nationale tout en veillant à ne pas laisser subsister le sentiment d'impunité.

Pour les faits non encore établis concernant d'autres présumés coupables, la justice punitive agira et la justice restaurative prendra le relais[7].

A l'analyse, le cas togolais est plus proche du contexte burkinabé parce qu'il n'a pas été généré par une guerre civile, mais par des crises socio-politiques ayant entrainé des violations graves des droits de l'Homme.

Le Burkina Faso peut bien mettre en place une commission de justice restauratrice. Son appellation peut être classique : Commission de Justice pour la Réconciliation Nationale (CJRN) ou autre. Son appellation peut empruntée dans une langue locale l'équivalent de réconciliation[8]. Elle aboutira à négocier l'exécution stoppée de certaines peines déjà prononcées à travers des mécanismes juridiques telles l'amnistie, la grâce présidentielle, la lustration, la prescription et autres mesures de clémence.

En somme, il s'agit d'une approche globale qui permet d'envisager le processus de réconciliation non uniquement sous l'angle simplement juridique, qui reste toutefois majeur. De plus, il s'impose d'intégrer la communication, les considérations sociologiques, politiques et autres, si nécessaire. La réconciliation s'avère être un processus multidimensionnel, ou rencontre, mémoire, dialogue, sont autant d'éléments qui permettent à la société de trouver ou retrouver la coexistence pacifique.

Dans tous les cas, il faut s'assurer de la faisabilité des mesures décidées. Pour cela, il faut d'une part réfléchir à une stratégie qui privilégie des choix réalistes et donc réalisables. Il ne s'agit pas que d'identifier des options acceptables par les différentes parties. La question des moyens humains et financiers mobilisables doit également être gardée à l'esprit. Il faut d'autre part vérifier que les résultats escomptés ont été clairement identifiés et que des mécanismes ont été prévus en vue de leur mise en œuvre et du contrôle de la mise en œuvre.

Finalement, quoiqu'on dise, il est du devoir historique de chaque peuple de trouver les solutions idoines à ses propres contradictions à travers un processus qui permet d'assoir définitivement les bases solides du mieux vivre ensemble pour la paix et le progrès.

---

[7] La justice restaurative est mise en œuvre par une institution distincte des juridictions répressives étatiques. Quelques exemples emblématiques dans le monde :
-Tribunal de Nuremberg en Allemagne pour la deuxième guerre mondiale ;
-Commission vérité et réconciliation pour l'apartheid et guerre civile en Afrique du Sud ;
- Gaçaça pour la guerre civile au Rwanda ;
- La Commission Vérité, Justice et Réconciliation du Togo.

[8] Dans un contexte multi ethnique, il peut y avoir un risque de rejet et de non-appropriation par les autres ethnies qui pourraient y voir une velléité hégémonique. Toutefois, une telle pratique a été effective : Gaçaça au Rwanda, Magamba au Mozambique, Bashingatahe au Burundi. Elles peuvent prospérer et être efficace que dans un contexte mono ethnique.

La justice transitionnelle à l'épreuve de la crise multidimensionnelle au Mali

Ibrahim Boubacar SOW
Enseignant-chercheur à la Faculté de droit public, Université des Sciences Juridiques et Politiques de Bamako (USJPB)

Résumé

La justice transitionnelle implique le devoir de rendre justice, le droit de connaître la vérité, l'obligation de réparer le préjudice et la nécessité de reformer la justice, l'armée, la police et toutes les autres institutions de la République. Or, tous ces impératifs sont directement associés à la réconciliation nationale qui nécessite l'implication des entités nationales et internationales.
Toutefois, le processus de mise en œuvre de la justice transitionnelle au Mali a été confrontée à d'énormes difficultés ayant impacté négativement les dynamiques de reconstruction de la paix et de la restauration de la démocratie et de l'Etat de droit dans ce pays.
Mots clés : justice transitionnelle, crise multidimensionnelle.

Introduction

Dans la quête du rétablissement de la paix et de la réconciliation, la justice transitionnelle occupe dans ces dernières années une place de choix dans les différents Etats confrontés à des crises multidimensionnelles. Notion dont l'acception est moins connue[1] et même refusée[2] par certains auteurs, la justice transitionnelle mobilise pourtant un grand nombre de travaux de recherche. De nombreux auteurs français, *« longtemps réticents devant cet objet, se sont saisis des multiples questions que pose la justice transitionnelle »*[3]. Il y a donc là une indétermination de la notion qui, semble-t-il, n'a pas empêché l'accentuation du recours à la justice transitionnelle par les États sortant de conflits en Afrique francophone. La Tunisie et l'Egypte par exemple ont créé tout un département ministériel dédié à la justice transitionnelle à la suite de leurs révolutions. Au Mali et en République centrafricaine (RCA) des programmes de justice transitionnelle sont prévus, alors même que les conflits dans ces pays continuent leur progression. En dépit de son caractère diffus, la justice transitionnelle est en train

---

[1] HOURQUEBIE (F), *La notion de 'justice transitionnelle' a-t-elle un sens?,* VIIe Congrès français de droit constitutionnel, sept. 2008, http://www.droitconstitutionnel.org/congres Paris/comC5/HourquebieTXT.pdf. Le professeur HOURQUEBIE a répondu positivement à sa propre interrogation quelques années plus tard : HOURQUEBIE (F), *« La justice transitionnelle a bien un sens »*, *in Afrique contemporaine*, vol. 250, n° 2, 2014, pp. 86-87.

[2] LEFRANC (S), *La justice transitionnelle n'est pas un concept*, *in Mouvements*, vol. 1, n° 53, 2008, pp. 61-69.

[3] ASCENSIO (H), DECAUX (E), PELLET (A), (dir.), *Droit international pénal*, 2e éd., Paris, Pedone, 2012, pp. 593-601.

de réaliser des prouesses considérables auprès des États en question [4], nonobstant quelques difficultés plus ou mineures.

Malgré l'engouement qu'elle suscite, la justice transitionnelle ne semble connaître toujours aucune définition faisant consensus entre les auteurs. À cet égard, on compte presque autant d'approches que de travaux sur la justice transitionnelle. Mais l'ONU elle-même a tenté de la définir à travers son Secrétaire général. En effet, le Secrétaire général dans son rapport de 2004 sur *« l'état de droit et la justice transitionnelle »* représente l'approche la plus largement acceptée et reprise au sein de la doctrine. Selon l'ancien Secrétaire général des Nations unies, Koffi Annan : *« le concept d'administration de la justice pendant la période de transition qui est examiné dans le présent rapport englobe l'éventail complet des divers processus et mécanismes mis en œuvre par une société pour tenter de faire face à des exactions massives commises dans le passé, en vue d'établir les responsabilités, de rendre la justice et de permettre la réconciliation. Peuvent figurer au nombre de ces processus des mécanismes tant judiciaires que non judiciaires, avec (le cas échéant) une intervention plus ou moins importante de la communauté internationale, et des poursuites engagées contre des individus, des indemnisations, des enquêtes visant à établir la vérité, une réforme des institutions, des contrôles et des révocations, ou une combinaison de ces mesures »*[5].

Il importe toutefois de distinguer la justice transitionnelle de la justice traditionnelle. Pendant que la justice traditionnelle ou ordinaire met l'accent sur l'auteur du crime, la justice transitionnelle se focalise sur la reconnaissance officielle de l'existence des victimes et essaie de faire la lumière sur toutes les révélations concernant les violences étatiques ou non étatiques, niées, cachées, sous-estimée ou méconnues[6]. Tandis que la justice traditionnelle est répressive, la justice transitionnelle est restauratrice ou réparatrice. Autant dire que cette dernière concentre au maximum son attention particulière sur la victime. Dans ce cas de figure, le sort réservé au criminel importe peu, comme en témoigne un auteur : *« L'essentiel, c'est l'occasion donnée à la victime de ce qu'elle a ressenti, d'exprimer sa douleur, d'exposer les pertes qu'elle a subies, et d'expliquer ce qu'elle a enduré* [7] *»*.

En revanche, la justice transitionnelle peut aussi devenir une passerelle en vue de la mise en place d'un tribunal pénal international. Evidemment, tous les bénéficiaires de la loi d'amnistie devraient vraissemblablement être justiciables devant un tel tribunal. D'ailleurs pour de nombreux auteurs, l'amnistie n'est pas

---

[4] FLORY (Ph), *L'action de l'ONU dans le domaine de la justice transitionnelle*, Thèse de Doctorat en Droit, Université Grenoble Alpes, 2018, p. 13.

[5] Voir Résolution S/2004/616, *« Rétablissement de l'état de droit et administration de la justice »,* paragraphe 8.

[6] MABIALA (R-V), *La justice dans les pays en situation de post-conflit…*, op.cit., p. 66.

[7] Idem., p. 67.

un droit inattaquable ou inaliénable, surtout lorsqu'elle intervient dans des conditions juridiquement contestables, dépourvues de toute sincérité[8].

La justice transitionnelle est indispensable à la restauration d'une paix durable, condition préalable à l'émergence d'une vraie démocratie et d'un vrai Etat de droit, gages de transparence, de bonne gouvernance et de développement. Ainsi, à travers la réconciliation nationale qui se trouve être le but ultime de la justice transitionnelle, l'ONU pourrait disposer d'une ouverture en vue d'appuyer les pays en situation de transition politique, à l'image du Mali.

Face cette opportunité d'apporter des alternatives de sortie de crise multidimensionnelle, la spécificité malienne mérite des questionnements. Alors, on peut se poser la question de savoir :

Quelle justice transitionnelle face à la crise multidimensionnelle au Mali ?

La question semble être pertinente dans la mesure où, depuis 2012, le Mali a connu la plus grave crise de son histoire avec une ampleur à dimensions multiples. Cette crise s'est manifestée par l'occupation des 2/3 de son territoire, soit l'ensemble des régions du Nord[9] et une partie du centre (Mopti) par des groupes armés indépendantistes et djihadistes[10]. Très vite, le Conseil de sécurité de l'ONU va créer la Mission multidimensionnelle intégrée des Nations unies pour la Stabilisation au Mali (MINUSMA)[11]. Avec le coup d'état du 18 Août 2020, la crise multidimensionnelle s'est accentuée avec la croissance des atteintes aux droits humains, et faisant des populations des réfugiés aussi bien interne qu'externe.

L'intérêt du présent article nous permettra de comprendre l'appui de l'aide extérieure favorisant le rétablissement des institutions républicaines et le retour à l'ordre constitutionnel avec la création des institutions capables d'instaurer une politique de paix, justice et réconciliation. Une lecture du cadre institutionnel nous permettra de comprendre l'esprit et la lettre des objectifs de résolution des crises multidimensionnelles au Mali. Aussi, un regard approfondi nous permettra également de comprendre, dans la pratique institutionnelle, un état des lieux de la résolution des crises multidimensionnelles.

Ainsi, il est opportun de démontrer des initiatives de sortie de crises multidimensionnelles à travers l'expérimentation de la justice transitionnelle (I), et les enjeux qui peuvent exister dans sa mise en œuvre (II).

---

[8] Idem.

[9] A l'époque, les régions du Nord du Mali étaient seulement à Gao, Tombouctou et Kidal. Il faut dire qu'au moment où nous écrivons ces lignes, il y a eu la création en plus de celles déjà existantes d'autres régions dans le Nord comme Ménaka, Taoudénit et Gourma Rharouss.

[10] Il s'agit entre autres du Mouvement national de l'Azawad (MNLA), groupe indépendantiste, et les djihadistes à savoir : MUJAO, AQMI, Ançar Eddine, etc.

[11] Voir la Résolution 2100 (2013) du Conseil de Sécurité de l'ONU créant la MINUSMA pour un mandat d'un an.

I.LES MECANISMES DE MISE EN ŒUVRE DE LA JUSTICE TRANSITIONNELLE

Dans les sociétés qui ont connu une période douloureuse particulièrement marquée par des violations massives et graves de droits Humains, des atteintes à l'Etat de droit et à la démocratie comme ce que le Mali a connu depuis 2012, la justice transitionnelle apparait comme une alternative judicieuse en faveur du rétablissement du vivre-ensemble. Depuis cette date, le pays a connu des violations graves et répétées des droits de l'Homme et des libertés fondamentales (affrontements entre militaires dans le Sud, enlèvements et séquestration des responsables politiques) et des atteintes à l'État de droit (affaiblissement des institutions et de l'État).

A la sortie de crise politico-institutionnelle de 2012, des initiatives comme la **Commission Dialogue et Réconciliation (A)** et la **Commission Vérité Justice et Réconciliation (B)** ont été créées pour apporter des alternatives de sortie de crise multidimensionnelle par l'expérimentation de la justice transitionnelle.

A.La création de la commission dialogue et réconciliation

La justice transitionnelle ou restauratrice aboutit le plus souvent à la création d'une Commission de vérité et de réconciliation quelle que soit la forme. Elle existe parfois sous d'autres dénominations, à savoir : la Commission de clarification historique ou la Commission d'équité et de réconciliation[12]. Peu importe la dénomination qui lui est accordée, les missions restent les mêmes. Le mandat d'une Commission pour la justice transitionnelle est un acte politique et juridique de procuration, par lequel un Gouvernement ou une instance internationale habilitée, confère à une Commission de vérité et de réconciliation le pouvoir d'administrer le processus de justice transitionnelle en place[13]. Il s'agit en l'occurrence de faire la lumière sur un passé fortement dominé par des violations graves des droits de l'Homme, dans le cadre d'un exercice ultime de clarification ou de réécriture de l'histoire pour la réconciliation des peuples.[14]

Ce mécanisme présenté sous diverses dénominations est très souvent perçu comme mode de justice transitionnelle par excellence. C'est ainsi que promptement saluée par la communauté internationale[15], en l'occurrence l'ONU, l'annonce par décret[16] du 6 mars 2013 de la création de la Commission dialogue et réconciliation (CDR) pour une durée de deux ans, témoignait de la volonté manifeste par les autorités maliennes d'œuvrer rapidement par le biais du dialogue

[12] MABIALA (R-V), *La justice dans les pays en situation de post-conflit…*, op.cit., p. 68.
[13] Idem., p. 162.
[14] MABIALA (R-V), *La justice dans les pays en situation de post-conflit…*, op.cit., p. 82.
[15] Commission européenne, *« Discours d'ouverture : Conférence des donateurs pour le développement au Mali »*, 15 mai 2013, en ligne sur (http://europa.eu/rapid/press-release_SPEECH-13-411_fr.htm).
[16] Décret n° 2013-212/P-RM portant création, organisation et modalités de fonctionnement de la Commission Dialogue et Réconciliation, *J. O.* n° 13 du 29 mars 2013, pp. 492-493.

à la réconciliation entre les différentes communautés du pays[17]. A ce titre, la CDR avait pour compétences entre autres, de recenser les forces politiques et sociales concernées par le processus de dialogue et de réconciliation, et aussi d'identifier les groupes armés éligibles à ce dialogue conformément à la feuille de route de la transition politique. Cette initiative était à même de construire une cohésion nationale nécessaire à la restauration de l'Etat de droit au Mali.

La nécessité d'établir la justice dans la perspective de sortie de crise au Mali a vite été une préoccupation majeure de la Communauté internationale[18] et comprise également par les autorités nationales de transition. Ces dernières ont très tôt adopté une loi portant indemnisation des victimes de la rébellion du 17 janvier 2012 et du mouvement insurrectionnel du 22 mars 2012[19] et saisi la CPI[20] pour qu'elle puisse enquêter sur les crimes qui auraient été commis au Mali depuis janvier 2012.

Il faut relever que dans le cadre du jugement des crimes commis au Nord du pays, la Cour Suprême est intervenue par deux fois, c'est-à-dire en juillet 2012[21] et janvier 2013[22], pour dessaisir les juridictions territorialement compétentes à cause de leur absence pour des raisons d'insécurité[23]. L'ensemble de ces mesures dénotent sans doute la volonté clairement affichée par la plus haute juridiction judiciaire de lutter contre l'impunité mais également de bâtir les jalons d'une cohésion nationale[24].

La CDR qui comprenait un président, deux vice-présidents et trente commissaires[25], avait été officiellement installée dans ses fonctions en fin avril 2013. Le 26 mars 2013, le Secrétaire général de l'ONU affirmait que les démarches destinées à rétablir l'ordre et la sécurité sur l'ensemble du territoire devaient s'accompagner d'un processus politique visant à doter le Mali d'un

---

[17] Idem., art. 2.

[18] Par exemple, l'Accord cadre prévoyait – sous la rubrique des mesures législatives d'accompagnement – une loi d'amnistie générale aux membres du CNRDRE et ses associés et une loi d'indemnisation pour les victimes de la guerre et du mouvement insurrectionnel du 22 mars 2012. Voir *Accord cadre de mise en œuvre de l'engagement solennel du 1er avril 2012*, 6 avril 2012, p. 4.

[19] On pense par exemple à l'adoption de la Loi n° 2012-025 du 12 juil. 2012 portant Indemnisation des victimes de la rébellion du 17 janvier 2012 et du mouvement insurrectionnel du 22 mars 2012, *J.O* n° 28 du 1 juil. 2012, p. 1086.

[20] Ministère de la justice et garde des Sceaux du Mali, lettre datée 13 juillet 2012, n° 0076/MJSG (objet : « renvoi de la situation au Mali »).

[21] Arrêt de la Cour Suprême n° 46 du 16 juillet 2012.

[22] Arrêt de la Cour Suprême n° 04 du 21 janvier 2013.

[23] Association Malienne des Droits de l'Homme (AMDH) et autres, *« Contribution au Rapport national du Gouvernement de La République du Mali 29ème session du 3ème cycle de l'Examen Périodique Universel du Conseil des Droits de l'homme des Nations Unies »*, 29 juin 2017, p. 8 ; American Bar Association, *« Stratégie de justice transitionnelle au Mali. Analyses découlant des observations et réflexions des structures communautaires et de la société civile »*, 2015, p. 4.

[24] Ibid.. p. 5.

[25] Décret n° 2013-212/P-RM portant création, organisation et modalités de fonctionnement de la Commission Dialogue et Réconciliation, *op. cit.*, art. 3.

gouvernement légitime, lequel sera appelé à *« s'attaquer aux causes profondes du conflit (la mal gouvernance, la corruption, le recul de l'État de droit et l'inefficacité des forces de sécurité) »*[26]. Cette affirmation du Secrétaire général des Nations Unies semble être conforme à la doctrine de l'Organisation. Selon elle, *« le rétablissement de la justice et de l'état de droit permet non seulement de surmonter les effets des exactions passées mais aussi de promouvoir la réconciliation nationale et contribuer à empêcher une résurgence du conflit »*[27].

Dans sa résolution 2100 (2013), le Conseil de sécurité, après avoir condamné les divers types de violations des droits recensés au Mali depuis le début de la crise et appelé de ses vœux le châtiment des responsables de ces actes[28], a invité la CDR à débuter ses travaux avec célérité[29] et le gouvernement de transition à tenir les élections le plus rapidement possible[30]. Par ailleurs, le 10 avril 2013, le Conseil des droits de l'homme de l'ONU a adopté une résolution[31] par laquelle il *« salue »* les démarches entreprises par le Gouvernement du Mali en vue de traduire devant une juridiction impartiale tous les auteurs des actes et exactions commis en République du Mali[32].

La CDR malgré l'appui par l'ONU, tardera toutefois à démarrer ses travaux et compte-tenu du changement de contexte, elle sera remplacée plus tard par la Commission Vérité, Justice et Réconciliation.

B.La création de la commission vérité justice et réconciliation

Comme rappelé plus haut, la réconciliation est un concept générique qui désigne le processus de la recherche de la vérité, de la justice et du pardon[33]. Le terme réconciliation[34] est indissociable à celui de justice transitionnelle. La réconciliation se matérialise dans le cadre de la manifestation de la vérité. En cela, les victimes doivent savoir ce qu'elles pardonnent, de par la confession des coupables, afin de ne pas aggraver l'injustice qui leur a été causée. La

---

[26] S/RES/2013/189, 26 mars 2013, *Rapport du Secrétaire général sur la situation au Mali,* paragraphe 54.

[27] Conseil de sécurité des Nations unies : « La réconciliation nationale dans les sociétés post-conflit passe par le rétablissement de la justice et de l'état de droit », Communiqué de presse, S/RES/8209, 06 oct. 2004, 5052e séance-matin et après-midi.

[28] S/RES/2100 (2013), déjà citée, paragraphe 9 et 10 du préambule.

[29] Idem., paragraphe 1 du dispositif.

[30] Idem., paragraphe 3.

[31] *« Résolution adoptée par le Conseil des droits de l'Homme : Assistance à la République du Mali dans le domaine des droits de l'homme »,* Doc. Off. NU A/HRC/RES/22/18, 10 av. 2013.

[32] Ibid, art. 3.

[33] MABIALA (R-V), *La justice dans les pays en situation de post-conflit..*, op.cit., p. 97.

[34] Il faut distinguer la conciliation de la réconciliation. La conciliation découle d'une démarche collective impliquant un minimum de dialogue. Par contre, la réconciliation est un acte personnel qui relève de la morale et nécessite la manifestation du repentir avant l'obtention du pardon. En général, le passage de la conciliation à la réconciliation se réalise assez naturellement, lorsque les conditions de justice transitionnelle sont réunies. Voir MABIALA (R-V), *La justice dans les pays en situation de post-conflit…*, op.cit. p. 90.

réconciliation est donc l'objectif ultime des Commissions de mise en œuvre de la justice transitionnelle.

Ainsi, la nouvelle Commission de justice transitionnelle bénéficiera de son côté de l'accompagnement des Nations Unies. En effet, les pourparlers inter-maliens qui ont nécessité la signature d'un accord préliminaire de paix en juin 2013, conclu entre d'une part le Gouvernement malien et d'autre part le Mouvement national de libération de l'Azawad (MLNA) et le Haut conseil pour l'unité de l'Azawad (HCUA), dans lequel étaient prévus le cessez-feu[35] , le cantonnement des groupes armés du Nord[36] et le redéploiement effectif des forces de défense et de sécurité maliennes dans la région de Kidal[37], a permis la tenue des élections générales. Le contexte ayant changé, les nouvelles autorités ont ainsi décidé de restructurer la Commission dialogue et réconciliation, en y impulsant une nouvelle philosophie qui est celle de la recherche de la vérité, la réconciliation et la consolidation de l'unité et des valeurs démocratiques.

Le nouvel organe créé par ordonnance le 15 janvier 2014 pour une durée de trois ans, sera dénommée Commission vérité, justice et réconciliation (CVJR)[38]. Ratifiée par la nouvelle Assemblée nationale, cette ordonnance est rendue opérationnelle par un décret d'application[39] pris le même jour. Le fondement du mandat de la CVJR réside dans l'Accords de paix et de Réconciliation issu du processus d'Alger, et de l´Ordonnance No 2014 003 PMR du 15 Jan 2014 portant création de la CVJR. Dans le texte il est établi que la CVJR a pour mission de « contribuer à l'instauration d'une paix durable à travers de la recherche de la vérité, la réconciliation et la consolidation de l'unité nationale et des valeurs démocratiques ».

Son mandat est limité et priorisé par ladite ordonnance à enquêter sur les cas de violation graves des droits de l´hommes individuels et / ou collectives commisses dans le pays, et spécifiquement celles commises à l'égard des femmes et des enfants. (1960-2013). Pour y aboutir, la CVJR doit « mener des enquêtes suer les cas d'atteinte à la mémoire individuelle et/ou collective, et au patrimoine culturel, et Établir la vérité sur les violations graves des droits de l´homme et les atteintes aux biens culturelles, en situer les responsabilités et proposer des mesures de réparation ou restauration. » Bref, le mandat de la CVJR ne vise pas à la recherche de la vérité des crimes de droit commun.

A la différence de la CDR qui se contentait de la réconciliation entre les Maliens pour la période allant du *« début des hostilités jusqu'à la reconquête totale du*

---

[35] « Accord préliminaire à l'élection présidentielle et aux pourparlers inclusifs de paix au Mali », art. 4.

[36] Idem.., art. 6.

[37] Idem., art. 7.

[38] Ordonnance n° 2014-003/P-RM, portant création de la Commission Vérité, Justice et Réconciliation, *J.O.* n° 03 du 17 janv. 2014, pp. 86-87.

[39] Décret n° 2014-0013/P-RM du 15 janv. 2014 portant organisation et modalités de fonctionnement de la Commission Vérité, Justice et Réconciliation, *J. O.* n° 04 du 24 janv. 2014, pp. 131-132.

pays »[40], la CVJR devra contribuer à instaurer, *« une paix durable au Mali »* en étendant ses travaux au cours de la période *« 1960 - 2013 »*[41].

Pour des raisons liées au manque d'appropriation nationale ci-dessous soulevé, au contexte difficile par suite d'insécurité et à l'impératif de temps[42], la CVJR a tardivement démarré ses travaux en dépit de l'installation avec l'appui de la MINUSMA de ses antennes régionales de Ségou, Mopti, Gao, Tombouctou et Kidal [43].

La MINUSMA appuie donc la CVJR par le biais du Fonds fiduciaire des Nations Unies en soutien à la paix et à la sécurité au Mali. Le projet qui a débuté en janvier 2018, a permis l'opérationnalisation des antennes régionales par la fourniture de matériels bureautiques et informatiques. Il a aussi permis d'apporter une expertise technique pour le développement d'une stratégie d'enquête, de mettre en place une base de données des violations graves des droits de l'homme, ou encore de déployer des unités mobiles chargées de recueillir les dépositions des victimes vivant dans des localités reculées. Le début des audiences publiques sur les cas emblématiques de violation des droits de l'homme, a été prévu au 08 décembre 2019[44].

La liste des types de vérités est longe, et chacune dépend du mécanisme capable de l'établir et de la préserver pour recevoir un « qualification d'origine ».

Au titre d'exemple on peut citer entre autre **la vérité juridique** ou justice criminelle nationale, internationale et mixte est un exemple d'un mécanisme de recherche de la vérité surnommé « vérité juridique ». Elle se base sur des règles précis et préétablis, c'est-à-dire, sur un long parcours technique pour démontrer au-delà de tout doute rationnel la culpabilité d'une personne. La vérité juridique existe quasi-exclusivement dans les décisions judiciaires, et elle nécessite des tribunaux pour la rechercher et la produire. **La vérité d'identité collective** est un autre type de vérité est également « la tradition orale », c'est-à-dire, les narrations, récits, histoires, contes, et légendes transmises de génération en génération sur la grandeur d'un peuple ou d'une nation. Ces légendes, très souvent, transforment ceux qui ont été vaincus dans les champs de batailles, en héros nationaux, et en triomphes collectives. Ce genre de vérité n'a pas besoin d'être validé, ni nécessite

---

[40] Décret n° 2013-212/P-RM portant création, organisation et modalités de fonctionnement de la Commission Dialogue et Réconciliation, *op. cit.*, art. 2, 3e attribution.

[41] Ordonnance n° 2014-003/P-RM du 15 janv. 2014, portant création de la Commission Vérité, Justice et Réconciliation, *op. cit.*, articles 2 et 3.

[42] SANGARE (B), *« La commission vérité, loin de ses objectifs selon les victimes », JusticeInfo.Net.* (https://www.justiceinfo.net/fr/reconciliation/35828-mali-la-difficile-mission-de-la-cvjr.html). *Consulté le 11/09/2023 à 12h 06.*

[43] Pour plus d'informations sur l'installation desdites antennes, v. sur le site internet de la MINUSMA (https://minusma.unmissions.org/la-commission-v%C3%A9rit%C3%A9-justice-et-r%C3%A9conciliation-ouvre-son-antenne-%C3%A0-kidal). Consulté le 07/09/2023 à 12 h 23.

[44] Conférence de presse de la CVJR sur les audiences publiques, *« Communiqué de presse du président de la CVJR »*, 03 déc. 2019. A lire sur le site internet de la CVJR (http://cvjrmali.com/). Consulté le 07/09/2023 à 12 h 38.

un mécanisme de vérification multi-source, car elle a une crédibilité historique collective. Cette vérité nécessite des mécanismes de tradition orale intergénérationnelle pour continuer à être vivant. C'est aussi le cas de **la vérité médiatique** qui est normalement générée par les médias et en conséquence, par les emporiums économiques, voir politiques, qui les contrôlent. **La vérité sociale** est la vérité des victimes des conflits armés ou des crises politiques sont normalement enracinées dans les dimensions plus privées des individus, des familles et des communautés. Les groupes armés forcent ces vérités à rester silencieuses, avec des menaces de violence ou des actes de violence. Les principaux ennemis de ces silences sont les tribunaux pénaux et les commissions de vérité. Les tribunaux se concentrent sur les criminels présumés principalement pour établir des coupures, alors que les commissions de la vérité se concentrent sur les victimes pour rétablir leurs vérités ainsi que pour les dignifier.

La vérité sociale est le type de vérité privilégie par cette méthodologie. La vérité sociale est une source de dignité pour les victimes, c'est le meilleur mécanisme de réparation individuelle et collective après un conflit arme ou une crise politique, c'est aussi une garantie de non répétition et, en quelque sorte, c'est aussi un prototype de justice.

Pour la victime, la vérité sociale le permet de prendre une mieux décision légitime favorable au pardon, se donne à la fois l'opportunité rarissime de trouver réponses à des questions simples et à la fois transcendantales comme « pour qui j'ai été violée », « qui a tué mon marie », « pour quoi moi », « pour quoi nous », «il est ou son corps », voire « est ce que mon fils va retourner à la maison ».

II.Les défis lies a la mise en œuvre de la justice transitionnelle.

Il n'y a pas d'alternative à la paix et à la réconciliation. Cette acception est justifiée par la volonté politique de l'Etat de créer des institutions et structures dédiées visant la quête de la cohésion nationale. La volonté d'aller vers paix et réconciliation est un idéal à travers les objectifs affichés par les autorités. Mais dans sa phase de mise en œuvre, certains constats sont observés. Ces observations militent en faveur d'une certaine imprécision dans le contenu de la résolution des crises multidimensionnelles par l'usage de la justice transitionnelle.

Dans sa phase de mise en œuvre, il a été constaté des obstacles (A), dont il conviendra de dégager des pistes de recommandations (B).

A.Les obstacles lies a la mise en œuvre de la justice transitionnelle

Les obstacles pour la matérialisation de la justice transitionnelle sont d'ordre institutionnel, financiers, judiciaires, sécuritaires, etc.

En effet, le Rapport du Secrétaire General des Nations Unies a indiqué que des partenaires techniques et financiers ont porté une analyse critique sur le processus de justice transitionnelle au Mali ainsi que sur l'expérience algérienne, mise en œuvre sous le fondement de la Charte d'Entente Nationale dont le Mali devrait s'inspirer en ce qui concerne sa loi d'Entente Nationale, pouvant favoriser énormément cette mise en place au Mali dans les meilleurs délais et rassurer les acteurs concernés[45].

Il s'agit d'*abord* des obstacles matériels et temporels. Du point de vue de la *dimension matérielle*, la CVJR a été limitée exclusivement aux violations de droits de l'homme (DDHH) et aux infractions au Droit International Humanitaire (DIH). Cela veut dire que les délits de droit commun commis par les groupes armés ne seront pas révisés par la CVJR. En conséquence, la CVJR et la Sous-commission ont décidés d'investiguer en priorité : la violence sexuelle et autres violences sur le genre ; les exécutions sommaires ; les assassinats extrajudiciaires ; les disparitions forcées ; les tensions intercommunautaires ; le déplacement forcé des populations civiles ; la situation des Réfugiés : le recrutement et utilisation des enfants de moins de 15 et 18 ans ; les tortures et les traitements cruels, les enlèvements. De plus au Mali, les violations des droits de l'homme et les infractions au droit international humanitaire sont commises à grande échelle et par toutes les factions du conflit[46]. Il n'est pas possible pour la CVJR rechercher la vérité de toute violation commisse pendant les crises. Quant à la *dimension matérielle*, le mandat de la CVJR est limité à 3 ans, temps dans lequel l'entité doit mener toutes ses activités. Mais faute de parvenir à bout de sa mission, son mandat reste tout de même perpétuel au jour d'aujourd'hui.

Ensuite les obstacles financiers et institutionnels. La CVJR dispose d'un budget très limité, situation qui met un plafond aux ressources, dont les humaines, ainsi qu'aux activités de la recherche de la vérité. De plus, la CVJR a permis la création de mettre en place une politique nationale de réparation des préjudices, ainsi qu'une loi portant création du Fonds d'indemnisation de 72 milliards de FCFA sur cinq ans, ce qui peut paraître dérisoire pour la période de 1963 à nos jours[47]. Les obstacles institutionnels sont de plusieurs ordres. L'adoption de la loi n°2018-042/P-RM portant loi d'entente nationale (malgré son caractère controversé), illustre bien cette volonté politique et explique l'engagement des autorités dans ce sens. Toutefois, le « peu d'attention accordé au volet de la justice, réconciliation et questions humanitaires » dans la feuille de route constitue une entrave à la mise en œuvre de l'Accord pour la paix et la réconciliation au Mali. Ainsi que le faisait remarquer l'Observateur indépendant sur les questions de justice, réconciliations et questions humanitaires : « la feuille de route avait consacré peu d'attention au

[45] Voir 6ème Rapport alternatif citoyen sur la crise multidimensionnelle du Mali, ses défis et ses enjeux, la mise en œuvre de l'Accord pour la paix et la réconciliation au Mali, et la responsabilité de la Communauté internationale, Août 2021, p. 23.

[46] SOW (I. B), *Les garanties de la protection du droit à la vie humaine en période crise : cas du Mali*, p. 169-175, *in, Le respect des droits de l'homme et l'éducation à la paix dans le cadre de l'extrémisme violent*, ss.dir Thérèse SAMAKE, éd. Bandama, Mars 2023.

[47] Voir 6ème Rapport alternatif citoyen sur la crise multidimensionnelle du Mali, ses défis et ses enjeux, la mise en œuvre de l'Accord pour la paix et la réconciliation au Mali, et la responsabilité de la Communauté internationale, Août 2021, p. 16.

volet de la justice réconciliation et questions humanitaires »[48]. Dans la pratique institutionnelle, le *« logiciel institutionnel »* n'est plus favorable aux alternatives de sortie de crise multidimensionnelle. Le déficit de coordination entre les structures en charge de la réconciliation en est une parfaite illustration[49].

La lutte contre l'impunité constitue l'un des défis majeurs du Gouvernement du Mali, par suite de la crise multidimensionnelle. En dépit de quelques avancées notoires, il importe de rappeler que l'absence du personnel judiciaire dans certaines localités du pays demeure un obstacle majeur à la bonne administration de la justice. Ce climat favorise l'impunité généralisée des auteurs des violations et abus des droits de l'Homme et du droit international humanitaire[50]. C'est en cela que la CVJR avait organisé le 5 décembre 2020, la deuxième session d'audiences publiques de victimes. Toutefois, le processus se poursuit et nécessite plus de temps et de moyens au regard de l'importance des préjudices et également de la période couverte. La question qu'on se pose également est de savoir : *peut-on pardonner sans connaitre les bourreaux des victimes ?* Il reste tout de même à constater un risque d'inachèvement du mandat de la CVJR au regard de l'esprit de l'article 46 de l'Accord, concernant la réconciliation nationale, la justice transitionnelle et la lutte contre l'impunité. En effet, les dispositifs judiciaires qui existent (Cour Pénale Internationale, Commission d'Enquête internationale, justices pénales maliennes), n'enlèvent en rien la responsabilité de la CVJR en ce qui concerne l'établissement des responsabilités[51].

En dépit de tout, les arrestations des acteurs politiques de la société civile, des autorités religieuses constituent un obstacle à la sortie de crise multidimensionnelle. En définitive, l'adoption du décret 2024-0053/PT-RM du 26 janvier 2024 instituant un comité de pilotage du dialogue inter-malien pour la paix et la réconciliation. L'institutionnalisation de ce cadre de dialogue pose deux (2) interrogations majeures : dialoguer avec qui ?, dialoguer sur quoi ?

Enfin des obstacles sécuritaires constituent l'obstacle majeur des missions de la CVJR. Depuis la signature de l'accord de paix et de réconciliation issu du processus d'Alger de 2015 jusqu'au coup d'état du mois du 18 août 2020, l'insécurité gagne du terrain. La situation politico-sécuritaire, fortement compliquée avec le départ des forces étrangères (MINUSMA, Barkhane…) a fait un bouleversement des rapports sociaux.

---

[48] Voir 6ème Rapport alternatif citoyen sur la crise multidimensionnelle du Mali, ses défis et ses enjeux, la mise en œuvre de l'Accord pour la paix et la réconciliation au Mali, et la responsabilité de la Communauté internationale, Août 2021, p. 24.

[49] Il s'agit du Ministère de la réconciliation et les structures qui lui sont rattachées, du Ministère de la justice, et de la CVJR.

[50] Voir 6ème Rapport alternatif citoyen sur la crise multidimensionnelle du Mali, ses défis et ses enjeux, la mise en œuvre de l'Accord pour la paix et la réconciliation au Mali, et la responsabilité de la Communauté internationale, Août 2021, p. 16.

[51] Voir 6ème Rapport alternatif citoyen sur la crise multidimensionnelle du Mali, ses défis et ses enjeux, la mise en œuvre de l'Accord pour la paix et la réconciliation au Mali, et la responsabilité de la Communauté internationale, Août 2021, p. 16.

Les attaques ciblées ont marqué un changement quant à la nature de l'insécurité avec d'une part, une extension des zones d'opération vers le centre, le sud et le nord du pays ; et, d'autre part, une diversification des crises des modalités d'actions violentes : attentats suicides, prises d'otages, pause de mines, attaque de bases militaires. Cette situation a permis l'instauration de l'Etat d'urgence et des couvre feux dans les circonscriptions administrative comme Niono, Gao, Macina, Kidal…, qui est indéfiniment prorogée dans les conditions définies par la loi. Les attaques asymétriques qui sont fréquente au Mali, impactent négativement les populations civiles, qui sont atteintes directement ou indirectement. Le statut des régions du Nord en général, et celui de Kidal fragilise la cohésion sociale entre les différents groupes. En lien avec l'évolution de l'actualité, l'évolution des conflits locaux résulte d'une part, de leur instrumentalisation par les groupes extrémistes violents et d'autre part, de l'affaiblissement des mécanismes traditionnels de règlement des différends contribuent à porter un coup à la cohésion sociale.

B.Quelques esquisses de solutions

Le processus de paix et de réconciliation peine à répondre aux différentes attentes, et les blocages persistent dans la mise en œuvre de l'accord pour la paix et la réconciliation nationale. Avec l'abandon de cet accord par le gouvernement de la transition, peut –on espérer sur le rétablissement de la paix et de la réconciliation au Mali ?

En raison des actions concertées sur le plan politique et sécuritaire visant à coordonner les différentes initiatives dans le domaine de la paix et de la cohésion sociale, les pouvoirs publics doivent impulser une nouvelle dynamique au processus de paix en aboutissant à une avancée du processus de réconciliation nationale par le rétablissement de la confiance. Le rétablissement de la confiance se cultive par une approche politique, qui doit mettre l'accent sur un travail de fond plutôt que les anciennes approches de ralliement et de distribution de prébendes que certains considèrent « les dividendes de la paix ». Sur le plan sécuritaire, la pratique actuelle de la lutte contre le terrorisme ne laisse que peu de place au dialogue de paix. L'ouverture d'un cadre de dialogue demeure l'ultime alternative avec certaines communautés marginalisées, stigmatisées ou ayant subi des exactions, notamment au centre et au nord du pays. Nous estimons que d'importants efforts économiques et sécuritaires soient déployés dans le domaine humanitaire. Le déficit de mobilisation des montants annoncés à cet effet, impacte négativement sur la mise en œuvre. Il est dès lors indispensable que la priorité soit accordée à la mobilisation des fonds nécessaires au financement de ces activités humanitaires. Le Gouvernement et les partenaires et techniques financiers sont ainsi interpellés sur l'importance et l'urgence de cette question.

En plus des efforts de défense et de sécurité, le dialogue doit être considéré dans sa dimension holistique. L'ouverture du dialogue induit ainsi d'accepter de discuter avec les groupes armés non signataires, afin de multiplier les chances de réduction de la violence et les frustrations qui se construisent chaque jour.

L'ouverture d'un cadre de dialogue avec les maliens n'ont signataires de l'accord, y compris les mouvements qualifiés de terroriste, en réponse à l'appel de nombreux leaders communautaires et religieux, peut être une des pistes de réflexions. D'ailleurs, cette dernière recommandation s'impose en mettant les légitimités traditionnelles au cœur du processus de paix et de réconciliation.
Ce processus semble être une piste à explorer, mais avec les arrestations d'une grande partie de ces entités[52], la sortie de crise multidimensionnelle aura-t-elle en chance ?

CONCLUSION

Au terme de la présente réflexion, on peut affirmer avec certitude que la justice transitionnelle peut être un facteur de résolution des crises multidimensionnelles qui assaille le Mali d'aujourd'hui. Depuis le coup de mars 2012, certaines initiatives endogène et exogène ont fait l'objet d'expérimentation de la justice transitionnelle, comme une alternative de sortie de crise multidimensionnelle, sans succès.

D'abord il s'agit des dispositifs résultant de l'appui extérieur ayant favorisé le rétablissement des institutions républicaines et le retour à la normalité, suite à l'organisation des élections présidentielle et législatives, (l'élection du président Ibrahim Boubacar Keita en septembre 2013). C'est à la suite des élections générales que le Mali a engagé un processus de réconciliation et de reconstruction. Commencé par la signature de l'Accord de Ouagadougou (2013), après les élections, ce processus a continué à travers les négociations inter-maliennes à Alger sous la médiation internationale, qui ont abouti à la signature[53] d'un accord dit Accord pour la paix et la réconciliation issu du processus d'Alger, lequel Accord ayant prévu les mécanismes de justice transitionnelle pour la sortie de crise au Mali. C'est ainsi qu'on a pu constater la création des institutions à partir de la sortie de 2012 le Ministère chargé de la paix et de réconciliation. D'autres structures viennent en appui comme la défunte Commission Dialogue et Réconciliation (CDR), et plus tard la Commission Vérité Justice et Réconciliation sous les cendres de l'Accord de paix et de réconciliation issu du processus d'Alger. D'autres initiatives comme les états généraux de la décentralisation (organisé à Bamako du 21 au 2 octobre 2013), la conférence d'entente nationale ayant débouché à l'adoption de la loi d'entente nationale (malgré son caractère controversé), les recommandations du Dialogue Nationale Inclusif (DNI) ayant pris en compte de recommandations sur tous les indicateurs de la gouvernance, les recommandations des concertations nationales au lendemain du coup d'état du 18 août 2020, et les recommandations des Assise Nationales de la Refondation

[52] En référence à ces entités qui subissent des arrestations, il s'agit entre autre des leaders politiques, des légitimités religieuses, les acteurs de la société civile…

[53] L'Accord de paix et de réconciliation issu du processus d'Alger a été signé le 15 mai et paraphé 20 juin 2015 entre le gouvernement et les mouvements armés.

(ANR). Au regard de toutes ces initiatives, le Mali dispose d'énorme potentiel face à la résolution de la crise multidimensionnelle.

Ensuite, des facteurs défavorables ont contribué à l'échec de l'expérimentation de la justice transitionnelle pour une sortie de crise multidimensionnelle. Les coups d'état répétitif (de mars 2012 au 18 août 2020) ont largement contribué à la cristallisation du climat de confiance entre la partie gouvernementale et les mouvements signataire à l'aboutissement de la paix. A la suite de ces coups d'état militaire, le constat était lié également à la mauvaise gouvernance généralisée, surtout du volet sécuritaire, ou l'avancée de l'insécurité était observable. Dans la pratique institutionnelle, de déficit de coordination des différentes structures en charge de la paix et de la réconciliation[54]. Les procédés des séances publiques de la CVJR ne siéent pas du tout à une alternative de crise multidimensionnelle, notamment avec l'absence des bourreaux. Au terme de ces pratiques institutionnelles en plus de l'initiative du dialogue inter malien, la paix et la réconciliation resteront difficilement atteint.

Enfin, la résolution des crises multidimensionnelles par l'originalité de la justice transitionnelle ne peut être envisageable que par la responsabilisation des légitimités traditionnelles. En se fondant sur les procédés de ces entités, l'alternative d'une sortie de crise multidimensionnelle sans une interférence des autorités institutionnelles, ou du moins, le pouvoir politique. Auront-ils la capacité de contribuer à une véritable sortie de crise multidimensionnelle au Mali ?

ELEMENTS BIBLIOGRAPHIQUES

OUVRAGES

- HOURQUEBIE (F), *La notion de 'justice transitionnelle' a-t-elle un sens?,* VIIe Congrès français de droit constitutionnel, sept. 2008,
- ASCENSIO (H), DECAUX (E), PELLET (A), (dir.), *Droit international pénal*, 2e éd., Paris, Pedone, 2012,

ARTICLES/REVUES

- HOURQUEBIE (F), *« La justice transitionnelle a bien un sens », in Afrique contemporaine*, vol. 250, n° 2, 2014 ;
- LEFRANC (S), *La justice transitionnelle n'est pas un concept, in Mouvements*, vol. 1, n° 53, 2008,
- SANGARE (B), *« La commission vérité, loin de ses objectifs selon les victimes », JusticeInfo.Net.* (https://www.justiceinfo.net/fr/reconciliation/35828-mali-la-difficile-mission-de-la-cvjr.html). Consulté le 11/09/2023 à 12h 06 ;
- SOW (I. B), *Les garanties de la protection du droit à la vie humaine en période crise : cas du Mali*, p. 159-187, *in, Le respect des droits de*

[54] Au nombre de ces structures il s'agit principalement du Ministère chargé de la paix et de la réconciliation et les structures qui le compose, le Ministère de la justice, et la CVJR.

l'homme et l'éducation à la paix dans le cadre de l'extrémisme violent, ss.dir Thérèse SAMAKE, éd. Bandama, Mars 2023.

THESES

- FLORY (Ph), *L'action de l'ONU dans le domaine de la justice transitionnelle*, Thèse de Doctorat en Droit, Université Grenoble Alpes, 2018

RAPPORTS/DOCUMENTS

- Accord de paix et de réconciliation issu du processus d'Alger ;
- Association Malienne des Droits de l'Homme (AMDH) et autres, *« Contribution au Rapport national du Gouvernement de La République du Mali 29ème session du 3ème cycle de l'Examen Périodique Universel du Conseil des Droits de l'homme des Nations Unies »*, 29 juin 2017 ;
- Alternatif citoyen sur la crise multidimensionnelle du Mali, ses défis et ses enjeux, la mise en œuvre de l'Accord pour la paix et la réconciliation au Mali, et la responsabilité de la Communauté internationale, 6ème Rapport, Août 2021
- American Bar Association, *« Stratégie de justice transitionnelle au Mali. Analyses découlant des observations et réflexions des structures communautaires et de la société civile »*, 2015 ;
- Recommandations des états généraux de la décentralisation ;
- Recommandation des assises du Nord ;
- Recommandations de la Conférence d'entente nationale ;
- Recommandations des Assises Nationales de la Refondation (ANR)

LEGISLATIONS

- Ordonnance n° 2014-003/P-RM, portant création de la Commission Vérité, Justice et Réconciliation, *J.O.* n° 03 du 17 janv. 2014 ;
- Décret n°2013-212/P-RM portant création, organisation et modalités de fonctionnement de la Commission Dialogue et Réconciliation, *J. O.* n° 13 du 29 mars 2013 ;
- Décret n° 2014-0013/P-RM du 15 janv. 2014 portant organisation et modalités de fonctionnement de la Commission Vérité, Justice et Réconciliation, *J. O.* n° 04 du 24 janv. 2014

JURISPRUDENCE

- Arrêt de la Cour Suprême n° 46 du 16 juillet 2012.
- Arrêt de la Cour Suprême n° 04 du 21 janvier 2013.

Que recouvrent sémantiquement le concept de Droits humains et ses alter ego : Droits de l'homme, Droits de la créature humaine ; Droits de la personne, Droits de l'individu ? Étude des définitions respectives de Guy Hermet (2015), Olivier Nay (2017) et Hubert Védrine (2021). Application à la situation au Tegray : novembre 2020 – novembre 2022[1]

Aboubakar OUATTARA et Patrick FERRAS

0. Introduction

i) La prose scientifique relative au thème des *droits humains* met à la disposition des chercheurs et autres usagers de la langue un éventail terminologique dont les expressions suivantes déjà énumérées ci-avant : *droits humains ; droits de l'homme ; droits de la créature humaine ; droits de la personne ; droits de l'individu.* Toutes ces expressions sont en relation de parasynonymie dans la mesure où, sans être sémantiquement réductibles les unes aux autres, elles ont en partage un air de famille articulé autour de *la qualité de vie*. Ce trait de sens commun les rend interchangeables et donc équivalentes les unes vis-à-vis des autres. Il suit de là que chaque expression considérée a plus d'un équivalent, à commencer par l'expression *droits humains,* privilégiée par les organisateurs du colloque. La polyvalence dont elle est porteuse à travers chacun de ses équivalents sémantiques est un signe de non-stabilité terminologique et sémantique dans la description du domaine d'expérience qui est le sien : la discussion de la qualité de vie. Elle est également une source d'ambiguïté sémantique, voire de polémique. En effet, la maturité d'un domaine d'expérience de l'activité humaine transformé en discipline se mesure aussi à la stabilité de ses concepts descriptifs que les dictionnaires terminologiques s'efforcent d'établir.[2]

ii) Dans un exercice critique de sémantique lexicale comparée portant sur trois définitions du concept de *droits humains* par les plumes respectives averties de Guy Hermet, Olivier Nay et Hubert Védrine, nous irons, dans la première partie de ce travail, à la recherche du programme sémantique unitaire et opérationnel de ce concept (1.). Pour ce faire, nous allons d'abord le discuter sémantiquement avec ses

[1] Guy Hermet, 2015, article « Droits de l'homme », in Guy Hermet, Bertrand Badie, Pierre Birnbaum, Philippe Braud, *Dictionnaire de la science politique et des institutions politiques,* Armand colin, Paris, p. 94-95. Olivier Nay, 2017, article « Droits de l'homme/de la personne », in Olivier Nay (dir.), *Lexique de science politique,* Dalloz, Paris, p. 192-193. Hubert Védrine, 2021, article « Droits de l'homme (ou de l'individu ?) », in *Dictionnaire amoureux de la géopolitique,* Plon/Fayard, Paris, p. 131-134.

[2] Dans le domaine biomédical par exemple, *Syndrome immuno-déficitaire acquis, Encéphalopathie spongiforme bovine, Syndrome respiratoire aigu sévère, Coronavirus Disease 2019,* ou même le terme banal de *Paracétamol,* tous ces items ne sont pas embouteillés à l'intérieur d'une même langue, ou d'une langue à l'autre, par une palette d'autres termes, ce qui, de toute évidence, est un signe de stabilité terminologique et sémantique.

parasynonymes inventoriés dans les définitions respectives (1.1.). Puis, nous allons risquer la construction d'une architecture sémantique unitaire et opératoire de ce concept, c'est-à-dire son programme sémantique (1.2.).
iii) Ce travail d'explicitation lexico-sémantique sera complété, dans la deuxième partie de l'article, par un examen des modes d'actualisation du programme sémantique dans le réel, en l'occurrence, la situation au Tegray, de novembre 2020 à novembre 2022 (2.). Quatre articulations seront envisagées. D'abord, une contextualisation de ladite situation (2.1.). Ensuite, successivement, une illustration des modes d'actualisation des trois composantes du programme sémantique dans la situation (2.2., 2.3. et 2.4.).

1. Pour une approche sémantique du concept de *droits humains*

1.1. Le concept de droits humains et ses parasynonymes inventoriés : essai de discussion sémantique

1.1.1. Droits humains et droits de l'homme

Le concept de *droits humains* offre l'avantage de couvrir génériquement, sans risque d'ambiguïté ni de polémique, le principe masculin et le principe féminin, relativement au concept de *droits de l'homme.* Dans la conscience linguistique collective des francophones, et donc dans l'usage, celui-ci pointe le risque d'une référence exclusive au masculin.

1.1.2. Droits humains et droits de la créature humaine

Le concept de *droits de la créature humaine* équipolle celui de *droits humains* par son statut générique et évite l'inconvénient porté par le concept de *droits de l'homme.*

1.1.3. Droits humains et droits de la personne [humaine]

Le concept de *droits de la personne* n'est pas sans inconvénient non plus, à moins de le spécifier ou, pour le dire autrement, de l'adjectiver comme suit : *droits de la personne humaine*. En effet, la catégorie de la personne déborde du champ sémantique de l'humain. Elle vaut pour bien d'autres entités. Dire de mon chat qui est devant moi, sur son tapis, qu'il dort (troisième personne du singulier), et qu'il a des droits comme n'importe quel animal ou entité dans le règne du vivant, est une expression humaine, non pas seulement éco-responsable, mais suffisamment compréhensible de la plupart d'entre nous.[3] De là, l'utilité de spécifier le domaine d'application auquel l'on réfère, lorsque l'on parle de *droits de la personne.* Seuls les *droits de la personne humaine* coïncident sémantiquement avec les *droits humains* et inversement.

[3] « L'écologie définit les relations entre les êtres vivants (êtres humains, animaux, végétaux, micro-organismes) avec leur habitat et leur environnement. » Hubert Védrine, ibid., p. 138.

1.1.4. Droits humains et droits de l'individu [humain]

Le concept de *droits de l'individu* déborde sémantiquement celui de *droits humains* dont la surface sémantique lui est inférieure. L'humain n'a pas le monopole sémantique de la catégorie de l'individu. Un individu est le représentant spécifique d'une espèce et, au-delà, d'un genre. Par exemple, le genre humain (universel), couvre les espèces humaines (culturellement réparties et enracinées à la surface du globe ; cf. les peuples). L'individu humain, lui, est une instanciation spécifique de l'espèce dont il est le reflet dans le règne du vivant. Un individu peut être une entité humaine, aussi bien qu'une entité autre. Lorsque je parle de mon chat Mathieu, je narre un individu unique (instanciation spécifique), qui appartient à la famille catégorielle des félins (instanciation d'espèce), et qui qui coche la case de l'appartenance au genre animal, comme vous et moi (instanciation générique). Les droits de l'individu ne se réduisent pas aux droits de l'individu humain. D'où l'utilité de l'adjectif *humain*, pour lever toute ambiguïté lorsqu'on parle des droits, afin de circonscrire le champ sémantique auquel s'applique les droits dont on parle.

1.1.5. Droits de l'homme et droits de la créature humaine

Le concept de *droits de la créature humaine* a la même surface sémantique que celui de *droits humains* et, en cela, pulvérise les risques d'ambiguïté et de polémique induits par le concept de *droits de l'homme.* Nous renvoyons, *mutatis mutandis*, à la section 1.1.1. En faisant l'économie des risques, le concept de *droits de la créature humaine* manifeste un avantage qualitatif sur le plan sémantique, dans son face-à-face avec le concept de droits de l'homme.

1.1.6. Droits de l'homme et droits de la personne [humaine]

Nous connaissons les risques d'ambiguïté et de polémique liés au concept de *droits de l'homme* et au concept de *droits de la personne (section 1.1.1 et section 1.1.3.*). On l'a vu, l'adjectivation anthropomorphique du second concept permet utilement de le fixer dans le champ sémantique des droits humains. En conséquence obligée, le concept augmenté et spécifié de *droits de la personne [humaine]* rejoint le niveau sémantique générique du concept de *droits humains* et du concept de *droits de la créature humaine*. Le faisant, dans son face-à-face avec le concept de *droits de l'homme,* il a l'avantage de ne pas s'exposer à un procès d'exclusion en genre. Sous ce rapport, il s'avère un concept plus transparent sur le plan sémantique

1.1.7. Droits de l'homme et droits de l'individu [humain]

Nous connaissons les risques d'ambiguïté et de polémique liés aux concepts de *droits de l'homme* et au concept de *droits de l'individu* (section 1.1.1 et section 1.1.4.). Ici également, l'adjectivation anthropomorphique du second concept permet de le fixer dans le champ sémantique des droits humains. En conséquence obligée, le concept augmenté et spécifié de *droits de l'individu [humain]* rejoint le niveau sémantique générique du concept de *droits humains,* du concept de *droits de la créature humaine* et du concept de *droits de la personne [humaine]*. Le faisant, dans son face-à-face avec le concept de *droits de l'homme,* il a l'avantage de ne pas s'exposer à un procès d'exclusion en genre. Sous ce rapport, il s'avère également un concept plus transparent sur le plan sémantique.

1.1.8. Droits de la créature humaine et droits de la personne [humaine]

Nous connaissons l'ambiguïté et la charge polémique qui pèsent sur le concept de *droits de la personne* (section 1.1.3. et section 1.1.6.). L'adjectivation anthropomorphique de ce concept permet de le libérer de ces facteurs potentiels de communication malheureuse et de le hisser au niveau sémantique générique et transparent du concept avec lequel il est corrélé ici, à savoir *droits de la créature humaine.*

1.1.9. Droits de la créature humaine et droits de l'individu [humain]

Le concept de *droits de la créature humaine* équipolle sémantiquement celui de *droits humains* (section 1.1.2.). Toutefois, en vis-à-vis du concept de *droits de l'individu,* sa surface sémantique est inférieure, étant donné la largeur sémantique de la catégorie de l'individu (section 1.1.4.). L'adjonction de l'adjectif *humain* s'avère nécessaire au concept de *droits de l'individu* pour éviter tout risque de débordement dans des champs d'applications juridiques extra-humains, et donc pour assurer une communication efficace, celle qui garantit l'intercompréhension.

1.1.10. Droits de la personne [humaine] et droits de l'individu [humain]

On connaît les risques de flottements sémantiques liés au concept de *droits de la personne* sans l'adjectivation anthropomorphique (section 1.1.3.; section 1.1.6. *;* section 1.1.8.). On connaît aussi les risques de même nature liés au concept de *droits de l'individu* dépourvu d'adjectivation anthropomorphique (section 1.1.4.; section 1.1.7.; section *1.1.9.*). Dans les deux cas, l'adjectivation vient hisser les nouveaux concepts au niveau sémantique générique des concepts de *droits de la créature humaine* et de *droits humains.*

1.1.11. Remarque conclusive

L'essai de discussion sémantique a articulé entre eux le concept de *droits humains* et ses quatre parasynonymes (*droits de l'homme ; droits de la créature humaine ; droits de la personne ; droits de l'individu*). Un seul parmi ces derniers ne souffrait de flottement sémantique susceptible de parasiter la qualité de la communication. C'est le terme *droits de la créature humaine.* Il apparaît, de ce fait, l'équivalent le plus proche du terme de référence (*droits humains*). L'opération d'adjectivation a permis d'ajuster les trois autres termes au niveau sémantique de celui-ci pour lever toute ambiguïté et se prémunir contre des polémiques éventuelles. Dans le dialogue entre le concept-repère et ses parasynonymes, l'apport sémantique de ces derniers ne saurait, en aucun cas, déstabiliser et contrarier le thème de la *qualité de vie humaine.* Celle-ci reste la propriété intrinsèque dont discutent les droits humains.

1.2. Hypothèse sur une architecture sémantique unitaire et opératoire du concept de droits humains

La présente section prolonge notre approche sémantique du concept de *droits humains*, mais sous un autre angle, celui des niveaux hiérarchiques des traits de sens que le concept involue. Ensemble, ces traits de sens hiérarchisés constituent ce que nous appelons *l'architecture sémantique unitaire et opératoire des droits humains*. Ils sont issus des articles cités de nos trois auteurs (voir supra, note 1), mais la hiérarchisation est nôtre. Les traits se laissent discriminés selon trois niveaux de sens. Certains traits de sens ont un caractère universel ; d'autres un caractère culturel ; d'autres encore un caractère individuel.

1.2.1. Les traits de sens de niveau universel dans la définition du concept de droits humains

À ce niveau, les droits humains sont une affaire de dignité humaine à protéger contre l'arbitraire et les mauvais traitements (Olivier Nay, ibid., p. 192 ; Hubert Védrine, ibid., p. 132), « [un] corps de droits [...] fondamentaux [...] attribués à l'ensemble de l'humanité sans distinction de sexe, de race, de religion, de statut, de croyance ou de nationalité » (Guy Hermet, ibid., p. 94).

Au risque de nous répéter, illustrons ce trait par un fragment de l'article d'Olivier Nay intitulé « Droits de l'homme/de la personne » :

> « Ensemble des droits fondamentaux, inaliénables, imprescriptibles et universels, attachés à la personne humaine.
> Considérés comme antérieurs et supérieurs à l'État, les droits de l'homme ne peuvent faire l'objet d'aucune limitation par la loi. Tout être humain doit donc pouvoir en jouir librement quels que soient sa nationalité, sa religion, sa richesse, son sexe, son statut social ou son appartenance ethnique.
> Initialement, la notion était attachée à un nombre limité de libertés fondamentales considérées comme consubstantielles à la nature humaine (les "droits naturels"). Elle est aujourd'hui plus étendue et renvoie, dans divers textes internationaux, à l'ensemble des droits civils, politiques, économiques, sociaux et culturels qui conditionnent la liberté et protègent la dignité humaine. » (p. 192-193)

1.2.2. Les traits de sens de niveau culturel dans la définition du concept de droits humains

À ce niveau, les traits de sens soulignent, entre autres, la genèse spatiale, temporelle et notionnelle des droits humains, ainsi que celle de certaines déclarations qui lui sont liées :

> « Cette idée [de la déclaration des droits humains] a été constituée en doctrine au XVIIIe siècle en Europe, à partir, selon certains, de la sécularisation des valeurs chrétiennes. Les Lumières seraient un héritage judéo-gréco-chrétien, interprétation que je partage. Même si on oublie

trop dans cette expression convenue la cosmogonie pharaonique dont plusieurs penseurs grecs se sont nourris. » (Hubert Védrine, ibid. p.132).

Les traits de sens soulignent aussi le lien des droits humains à la nature des régimes politiques :

> « Dans la plupart des régimes démocratiques, les droits de l'homme ont été constitutionnalisés. Ils sont donc protégés par la justice constitutionnelle comme par les juridictions ordinaires. En France, ils sont intégrés, depuis les années 1970, au "bloc de constitutionnalité". En Europe, la Cour européenne des droits de l'homme (CEDH) bâtit depuis 1959, dans le cadre du Conseil de l'Europe, une jurisprudence que des juridictions nationales ne peuvent ignorer. » (Olivier Nay, ibid., p. 193)

Remarque sur la Déclaration de l'ONU et l'universalité supposée des droits déclarés :

> « [...] S'agissant même de la Déclaration de l'ONU, l'acceptation de l'universalité réelle de ces droits soulève un problème dans certaines régions du monde et au regard de certaines cultures, ainsi que le rappelle par exemple l'existence d'une Déclaration islamique des droits de l'Homme. En revanche, il est vrai, la Charte africaine des droits de l'Homme n'entre pas conflit avec la Déclaration universelle » (Guy Hermet, ibid., p. 94-95).[4]

1.2.3. Les traits de sens de niveau individuel dans la définition du concept de droits humains

De nos trois auteurs, seul Hubert Védrine dissémine dans son article des jugements de valeurs. Il est vrai qu'à la différence de Guy Hermet et d'Olivier Nay qui sont des universitaires, Hubert Védrine, lui, est un homme d'expérience pratique en politique et en géopolitique. Sans doute, ce trait différentiel éclaire-t-il ses jugements de valeur. Voici deux fragments de son article :

> - « Droit de l'homme (ou droit de l'individu ?) Nouvelle religion occidentale issue du christianisme et bon sujet pour s'écharper ! » (Hubert Védrine, ibid., p. 131).
> - « De toute façon, l'affirmation philosophiquement juste de la portée universelle de nos valeurs ne nous permettra pas d'échapper dans ce domaine comme dans d'autres à l'adaptation à notre perte de *monopole,* de notre pouvoir d'influence. Les Occidentaux seront bien obligés - sans cesser de croire à ce qu'ils croient – de devenir plus réalistes, de faire des compromis, pour défendre en priorité, chez eux et pour eux, leur civilisation. » (Hubert Védrine, ibid., p. 134).

---

[4] Le 10 décembre 1948, l'Assemblée générale de l'ONU a adopté la Déclaration (universelle) des droits de l'Homme. L'usage des parenthèses dans cette note nous est inspiré de Guy Hermet (ibid., 94).

1.2.4. Remarque conclusive

Le moins qu'on puisse dire est que la définition des droits humains intègre, *in toto,* une dimension culturelle et une dimension individuelle, en plus de la dimension universelle. Par conséquent, l'analyse de l'état des droits humains dans les différentes situations, qu'elles soient conflictuelles ou non, gagne à en tenir compte. Chaque niveau de l'architecture apporte un éclairage signifiant qui lui est propre. L'interrelation des éclairages révèle la complexité des états réels de droits humains. Tout cela fait de l'architecture un instrument de travail, une grille d'analyse pour aider à comprendre les états en question.

2. Des droits humains et de la situation de guerre au Tegray, de novembre 2020 à novembre 2022 : étude de cas[5]

2.1. Mise en contexte

Depuis l'arrivée au pouvoir d'Abiy Ahmed en avril 2018 en Éthiopie, les cartes politiques ont été redistribuées au travers de nouvelles alliances et le parti majoritaire de la coalition au pouvoir (TPLF[6]) s'est retrouvé avec un rôle mineur sur la scène politique éthiopienne. L'esprit de revanche de ceux qui s'estimaient avoir été laissés pour compte et lésés est devenu prioritaire[7]. La tension est montée de plusieurs crans pour déboucher sur un repli du TPLF dans sa région-État[8]. Les provocations répétées et l'absence de volonté de trouver une solution entre les deux parties amenèrent dans la nuit du 3 au 4 novembre 2020 au début d'une guerre civile qui durera deux ans. L'Accord de cessation des hostilités fut signé le 2 novembre 2022 à Prétoria en Afrique du Sud.

Cette guerre civile va opposer d'un côté le TPLF et de l'autre les Forces de défense nationale éthiopiennes qui seront appuyées par les milices amhara et afar ainsi que l'armée érythréenne[9]. Les milices amhara estimant qu'une portion de leur territoire leur avait été confisquée en 1991 par les Tegréens, virent dans ce conflit un moyen de la réintégrer à leur espace. Les Érythréens ayant subi une sévère leçon militaire

---

[5] Il ne s'agira pas de faire l'état des lieux des exactions commises lors de cette guerre civile, mais simplement de se demander si la complexité de la définition de cette terminologie des droits humains peut éclairer ce qui s'est produit.

[6] Tegrean People's Liberation Front.

[7] Pour un grand nombre d'entre eux, ils ont très rapidement oublié qu'ils avaient bénéficié des largesses du pouvoir précédent.

[8] C'est l'appellation consacrée pour une subdivision régionale en Éthiopie.

[9] L'accord de paix d'Alger de 2000 qui mettait fin à la guerre entre l'Éthiopie et l'Érythrée avait conclu que quelques zones du territoire éthiopien devaient être rendues à l'Érythrée. L'Éthiopie s'était toujours refusé à le faire et une situation de ni paix ni guerre entre les deux États a prévalu jusqu'en 2018. Le Premier ministre Abiy Ahmed signant un accord de paix avec l'Érythrée, il avalisait la restitution de territoires qui se trouvent en région-État du Tegray. L'Érythrée devenait ainsi un ami de l'Éthiopie mais cet accord mécontentait les autorités du Tegray. Ces dernières comprirent dès cet accord que le pouvoir mettait en place les acteurs de la future guerre civile et *de facto* leur région se trouvait avec une menace supplémentaire à sa frontière nord.

durant la guerre 1998-2000, en firent de même et apportèrent un soutien très important aux forces éthiopiennes.

2.2. Aspects de la composante universelle des droits humains dans la guerre civile au Tegray

i) Différentes analyses de ce conflit soulignent son extrême violence. Le nombre de morts a été évalué à 600 000.[10] Les offensives militaires coûteuses en soldats ont été nombreuses. Nous pouvons relever les tueries de masse, les déplacés, la famine et les violences sexuelles[11]. L'utilisation du viol comme arme de guerre a fait plusieurs milliers de victimes, de même que les emprisonnements à tour de bras.
ii) La destruction d'établissements scolaires et universitaires ainsi que de nombreux hôpitaux et dispensaires ont compromis pour longtemps le rétablissement économique et social des régions meurtries et bien sûr la possibilité pour les victimes d'être rétablies dans leurs droits. Les destructions d'édifices publics, d'entreprises, d'usines, d'infrastructures ont réduit le Tegray à un champ de désolation aujourd'hui et pour les années à venir.
iii) L'impact de la guerre a conduit la communication des protagonistes à prendre un virage à 180 degrés. Les *fake news* ont inondé l'espace médiatique en pied de nez au droit à l'information fiable.
iv) Une intervention de « niveau supérieur », gage de neutralité, a été nécessaire non seulement pour arrêter les combats mais aussi pour obliger les belligérants à se conformer aux droits humains. Une Commission des Nations unies s'est intéressée aux problèmes des droits de l'homme pendant ce conflit. Si l'Accord de cessation des hostilités signé à Prétoria le 2 novembre 2022 a prévu certaines dispositions en matière de droits humains, elles tardent cependant à se mettre en place.[12] Un processus de justice transitionnelle a été lancé. Mais comme le précise *Human Right Watch* dans son rapport annuel :

> - « Après que les parties au conflit dans le nord de l'Éthiopie ont signé un accord de cessation des hostilités en novembre 2022, les efforts internationaux limités visant à promouvoir une réelle obligation de rendre des comptes et à mettre fin aux abus se sont rapidement dissipés ».

---

[10] Aucune communication gouvernementale n'a validé ou infirmé ce nombre.

[11] All-Party Parliamentary Group (APPG) on International Law, Justice, and Accountability, 2023, « The Tigray Inquiry », https://www.davidalton.net/2023/09/29/tigray-inquiry-the-all-party-parliamentary-group-on-international-law-justice-and-accountability-has-published-a-new-report-as-part-of-an-inquiry-into-the-situation-in-tigray-since-november-20/ *//Report "The Tigray Inquiry" (International Bar Association's Human Rights Institute for the All-Party Parliamentary Group (APPG) on International Law, Justice, and Accountability), September 2023.*

[12] African Union, 2022, « Agreement for lasting peace throught a permanent cessation of hostilities between the government of the Federal Democratic Republic of Ethiopia and the Tigray People's Libération Front (TPLF) », www.peaceagreements.org/viewmasterdocument/2443

- Sur le plan national, « Pourtant, de graves violations des droits des civils tigréens se sont poursuivies tout au long de l'année, notamment dans l'ouest, le nord-ouest et l'est de cette région ».[13]

v) Remarque conclusive : De part en part, ce bref tableau descriptif de la situation de guerre civile au Tegray offre le témoignage de droits fondamentaux bafoués ; d'arbitraires et de mauvais traitements ; en un mot, d'atteintes à la dignité humaine.

2.3. Aspects de la composante culturelle des droits humains dans la guerre civile au Tegray

i) La chasse aux tegréens dans les rues d'Addis Abeba a marqué les esprits.

ii) Les Tegréennes ont été par milliers les principales victimes de l'utilisation du viol comme arme de guerre.

iii) Les emprisonnements de militaires tegréens ne sont pas passés inaperçus pendant deux ans.

iv) La population tegréenne a vécu la guerre et la coupure totale avec le monde extérieur. Les communications ont été coupées, les services bancaires comme financiers ont été réduits à zéro.

v) Pendant le conflit, les communiqués de l'Autorité intergouvernementale pour le développement (IGAD) se sont révélés très superficiels en matière de droits humains et sans réelle volonté de se préoccuper de la situation. Son secrétaire général est éthiopien, d'ethnie oromo comme le Premier ministre Abiy Ahmed.

vi) La culture historique de souveraineté de L'Éthiopie ne le prédispose pas à composer, sur le plan international, avec les concepts des droits humains s'ils ne servent pas son positionnement régional ou international. Le pays a toujours refusé toute ingérence dans ses affaires intérieures ou dans ses choix en matière de relations internationales. En novembre 2020 par exemple, recevant une délégation de l'Union africaine, Abiy Ahmed l'a priée gentiment de ne pas se mêler d'un problème interne à L'Éthiopie

vii) La violation des droits humains ou non est caractérisée très souvent par une volonté politique des régimes au pouvoir. À cet égard, le livre Vert « *Politiques optionnelles pour la justice transitionnelle* » de janvier 2023 devrait servir de base pour établir un certain nombre de faits et avancer vers la réconciliation, la vérité et la réparation.

viii) Remarque conclusive : La composante culturelle apporte une particularisation sémantique qui vient s'ajouter à l'apport préalable de la composante universalisante. Les éléments sémantiques particularisants sont divers et variés. Ils peuvent toucher à l'appartenance ethnique (cf. i-iv), à l'histoire (cf. vi), à la tradition politique et géopolitique (cf. vi), à la gestion ethnicisée de structures de coopération régionale (cf. v), etc. Ce sont autant de facteurs utiles à la compréhension des droits humains et de la situation de guerre au Tegray.

---

[13] Human Rights Watch, 2023, « Éthiopie : événements de 2023 », in https://www.hrw.org/fr/world-report/2024/country-chapters/ethiopia

2.4. Aspects de la composante individuelle des droits humains dans la guerre civile au Tegray

Les traits de sens ressortissant à la composante individuelle ne sont ni nécessaires ni suggérés. Dans le programme sémantique qui définit le concept de *droits humains*, ils ont un statut circonstanciel, laissé à la discrétion de l'énonciateur. Les fragments d'illustration qui suivent sont extraits du Rapport mondial de Human Rights Watch au chapitre intitulé « Éthiopie : événements de 2023 ».[14]

2.4.1. Première illustration, issue de la section dénommée « Conflit dans le nord de l'Éthiopie »

> « Malgré l'accord de cessation des hostilités de novembre 2022, les violations des droits humains se sont poursuivies au Tigré.
> Quelques mois après la trêve, les forces érythréennes présentes au Tigré ont perpétré des viols et des violences sexuelles, notamment en soumettant des femmes et des filles Tigréennes à de l'esclavage sexuel, des exécutions extrajudiciaires, des enlèvements, et ont pillé des biens civils dans les zones sous occupation. En mai, les forces érythréennes ont empêché une mission humanitaire d'entrer dans deux villages où des viols, des pillages et des destructions de biens ont continué d'être signalés. Le même mois, les forces érythréennes *auraient entravé* le travail du Mécanisme de surveillance, de vérification et de conformité de l'Union africaine (UA-MVCM), créé pour superviser la mise en œuvre de la trêve. »[15]

Commentons :

i) Il y a dans ce fragment de texte des éléments de sens de niveau universel quant à la thématique en cause des droits humains. Énumérons-en quelques-uns : *violations des droits humains, viols, violences sexuelles, esclavage sexuel, exécutions extrajudiciaires, enlèvements ; pillage, zones sous occupation, empêchement d'une mission humanitaire, destruction de biens, entrave du travail, hostilité, trêve.* Tous ces items pointent du doigt une atteinte aux droits humains, à l'exception du dernier. Il opère sémantiquement dans le sens inverse et crédite les droits humains. Une trêve est un élément de sens de niveau universel dans la structure sémantique du concept de droit humain. Elle souligne la suspension de hostilités.

ii) Il y a aussi, dans ce fragment de texte, des éléments de sens de niveau socio-culturel quant à la thématique en cause des droits humains. Énumérons-en quelques-uns : *la référence au Tigré, la référence aux forces érythréennes, La référence aux femmes et filles tigréennes.*

iii) Il y a surtout un élément de sens de niveau individuel actualisé par l'énonciateur et cristallisé dans l'action hypothétique attribuée aux forces érythréennes :

> « Le même mois, les forces érythréennes *auraient entravé* le travail du Mécanisme de surveillance, de vérification et de conformité de l'Union

[14] https://www.hrw.org/fr/world-report/2024/country-chapters/ethiopia

[15] C'est nous qui soulignons.

> africaine (UA-MVCM), créé pour superviser la mise en œuvre de la trêve. »

Cet élément de sens introduit une disruption dans la dynamique narrative qui, jusque-là, était amenée sous une modalité épistémique assertive. Avec l'élément, la narration bascule en mode non assertif et une distance est prise par rapport à la factualité de l'événement qui, de fait, se trouve énonciativement suspendu. Si intrinsèquement l'événement *entrave,* en tant que facteur bloquant, a vocation à être un élément de sens de niveau universel dans la thématique en cause ici, celle (de la violation) des droits humains, sa prise en charge hypothétique, elle, n'a pas cette vocation. L'hypothèse d'une entrave n'est pas un trait de sens nécessaire dans la structuration sémantique du concept de *droits humains.* Dès lors, est-elle cependant un trait de sens socio-culturel, c'est-à-dire partagé et inscrit intrinsèquement dans la structure sémantique du concept ? Sûrement pas. L'attitude hypothétique d'un énonciateur sur un événement quel qu'il soit relève de sa seule souveraineté d'énonciateur, c'est-à-dire du niveau individuel, circonstanciel. L'élément de sens hypothétique infusé ici dans la narration par l'énonciateur (sur l'événement *entrave*) illustre bien l'un de ces traits de sens toujours possible, laissé à la discrétion de l'énonciateur pour ajuster son propos.

2.4.2. Deuxième illustration, issue de la section dénommée « Abus perpétrés par les forces de sécurité et attaques de groupes armés »

> « En mars, les autorités de l'Oromia ont démoli des habitations et des commerces à Shegar, une zone nouvellement créée près de la capitale éthiopienne, Addis-Abeba, poussant ainsi à la rue de nombreux habitants. Les forces de sécurité *auraient passé à tabac et tiré* sur des personnes qui protestaient contre ces démolitions »[16]

On peut, *mutatis mutandis*, tenir le même raisonnement que précédemment. La distance modale prise par l'énonciateur par rapport aux événements concernés, à savoir *le passage à tabac* et *les tirs sur des personnes*, n'est pas un trait de sens préalablement inscrit dans ces événements. Elle relève souverainement du fait du prince qui procède à un réglage *ad hoc* de son énonciation pour satisfaire sa visée. Toutefois, les événements, eux, font partie des éléments de sens de niveau universels, dans la structure sémantique du concept de *droits humains.* Ils reflètent la violation de ces droits.

3. Conclusions

i) Le concept de *droits humains* discute avant tout de la qualité de vie de la créature humaine, au singulier comme au pluriel. Il possède quatre équivalents, à en croire le corpus de définitions que nous avons étudié. Son équivalent le plus efficace sémantiquement est assurément celui de *Droits de la créature humaine*. *Per se*,

[16] C'est nous qui soulignons. Par ailleurs, l'Oromia n'est pas le Tegray. C'est une autre région administrative de l'Éthiopie impliquée dans la guerre civile. Cette illustration vaut pour son éloquence à témoigner de l'actualisation de la composante sémantique individuelle dans la guerre civile, en corrélation avec le thème des droits humains.

celui-ci n'appelle pas de réglage sémantico-syntaxique pour être à la hauteur de son référent conceptuel (*droits humains*). Ce n'est pas le cas des autres équivalents (*droits de l'homme, droits de la personne, droits de l'individu*).

ii) Le concept de *droits humains* reflète une architecture sémantique unitaire et opératoire dont la structuration ternaire comprend :

- un niveau de sens universel où les éléments structurants qui le décrivent sont des attestations transculturelles ;
- un niveau de sens culturel où les éléments structurants qui le décrivent sont des attestations situantes soit spatialement, soit temporellement, soit notionnellement, soit selon des combinaisons variées. Chaque attestation situante est en liaison avec une communauté humaine donnée.
- un niveau de sens individuel où les éléments structurants qui le décrivent sont des attestations circonstancielles, laissées à la discrétion de l'énonciateur.

iii) La confrontation de l'architecture sémantique unitaire et opératoire du concept de *droits humains* à un cas réel et récent, celui des exactions commises lors de la guerre civile au Tegray, a montré que le concept et le programme sémantique dont il est porteur sont opérationnels. En effet, ils parviennent à éclairer la réalité des exactions commises en les structurant pour en montrer la complexité. Cela fait de l'architecture sémantique un outil d'analyse, une grille de lecture sensible aux rivalités de pouvoirs qui, trop souvent, induisent des problématiques de droits humains.

Bibliographie

- African Union, 2022, « Agreement for lasting peace throught a permanent cessation of hostilities between the government of the Federal Democratic Republic of Ethiopia and the Tigray People's Libération Front (TPLF) », www.peaceagreements.org/viewmasterdocument/2443 [Accord de cessation des hostilités entre le gouvernement de la République fédérale et démocratique de l'Éthiopie et le TPLF signé à Prétoria le 2 novembre 2022].
- All-Party Parliamentary Group (APPG) on International Law, Justice, and Accountability, 2023, « The Tigray Inquiry », https://www.davidalton.net/2023/09/29/tigray-inquiry-the-all-party-parliamentary-group-on-international-law-justice-and-accountability-has-published-a-new-report-as-part-of-an-inquiry-into-the-situation-in-tigray-since-november-20/
- Guy Hermet, 2015, article « Droits de l'homme », in Guy Hermet, Bertrand Badie, Pierre Birnbaum, Philippe Braud, *Dictionnaire de la science politique et des institutions politiques,* Armand colin, Paris, p. 94-95.
- Hubert Védrine, 2021, article « Droits de l'homme (ou de l'individu ?) », in *Dictionnaire amoureux de la géopolitique,* Plon/Fayard, Paris, p. 131-134.
- Human Rights Watch, 2023, « Éthiopie : événements de 2023 », in https://www.hrw.org/fr/world-report/2024/country-chapters/ethiopia
- Olivier Nay, 2017, article « Droits de l'homme/de la personne », in Olivier Nay (dir.), *Lexique de science politique,* Dalloz, Paris, p. 192-193.

QUATRIEME SESSION

DROITS HUMAINS ET CHANGEMENT CLIMATIQUE/ DÉGRADATION, ENVIRONNEMENT

Les droits humains à l'aune de la protection juridique des déplacés climatiques au Sahel

Yamadou CAMARA
Maître de Conférences à l'Université des sciences juridiques et politiques de Bamako (USJPB)

Résumé :

La question de la protection des déplacés climatiques dans le monde en général au Sahel en particulier apparaît de plus en plus dans les rapports des organisations ou agences onusiennes, dans les travaux des experts, des chercheurs et des universitaires, ainsi que dans la littérature grise des ONG. Si un véritable travail juridique est engagé pour définir les lois concernant les réfugiés et demandeurs d'asile, il en est tout autrement concernant les déplacés climatiques. Aujourd'hui, ni le droit international des droits de l'Homme, ni le droit international de l'environnement, ni le droit international humanitaire ne leur offre une protection directe.

Notre contribution a vocation à enrichir les réflexions sur les potentialités du droit international ainsi qu'aux anticipations nécessaires pour parvenir à gérer au mieux la question des déplacés climatiques. Plusieurs pistes juridiques relatives à des protections des déplacés climatiques sont au centre des débats, notamment dans les milieux universitaires, politiques, associatifs et d'experts. La mise en place d'une protection internationale soulève d'importantes interrogations sur la capacité du droit international public à construire un instrument juridique véritablement protecteur pour ces déplacés. Nous tenterons d'amener des éléments de réponse à ces questionnements en montrant que le problème des déplacés climatiques n'ayant pas encore préoccupé grandement les Etats du Sahel qui sont restés encore timides dans leurs initiatives, les instruments juridiques en vigueur ne permettent pas de protéger ces personnes vulnérables de façon efficace (I). Une protection des déplacés climatiques passera certainement par l'adaptation des règles existantes en la matière et surtout par la création de nouveaux mécanismes juridiques régionaux à cet effet (II).

Mots clés : Droits humains-Protection juridique-Déplacés climatiques-Sahel.

Abstract :

The issue of the protection of climate-displaced people in the world in general and in the Sahel in particular appears more and more in the reports of UN organizations or agencies, in the work of experts, researchers and academics, as well as in the grey literature of NGOs. While real legal work is underway to define laws regarding refugees and asylum seekers, the situation is quite different when it comes to climate-displaced people. Today, no international legal instrument offers them direct protection: neither international human rights law, nor international environmental law, nor international humanitarian law.

Our contribution aims at enriching reflections on the potential of international law as well as the anticipations necessary to manage the issue of climate displaced people in the best possible way. Several legal avenues relating to the protection of climate-displaced people are at the center of debates, particularly in academic, political, associative and expert circles. The establishment of international protection raises important questions about the ability of international law to construct a legal instrument that is truly protective of these displaced persons. As the problem of protecting climate-displaced people has not yet been of great concern to the Sahel states, which have still remained shy in their initiatives, the legal instruments in force do not allow the effective protection of these vulnerable people (I). The protection of climate-displaced persons will certainly require the adaptation of existing rules in this area and, above all, the creation of new regional legal mechanisms for this purpose (II).

Keywords: Human rights- Legal protection- Climate displaced persons-Sahel.

Introduction

La question de la protection des déplacés climatiques au Sahel apparaît de plus en plus dans les rapports des organisations ou agences onusiennes, dans les travaux des experts, des chercheurs et des universitaires, ainsi que dans la littérature grise des ONG. Si un véritable travail juridique est engagé pour définir les lois concernant les réfugiés et demandeurs d'asile, il en est tout autrement concernant les déplacés climatiques.

Le phénomène des migrations environnementales n'est pas nouveau. Les catastrophes naturelles et les dégradations environnementales de nature plus progressives ont contribué au déplacement des populations par le passé et continueront dans le futur[1]. Toutefois, le phénomène du changement climatique menace d'accroître de manière significative le volume des déplacements humains à des échelles nationales, régionales et internationales. Nous considérons que les problèmes posés par le changement climatique en Afrique et dans le monde existent et que les réponses ne doivent pas être uniquement des réponses juridiques ou des réponses en termes de protections des droits des victimes. Elles doivent être diversifiées.

Avant de poursuivre notre réflexion, Socrate[2] nous a enseigné que la règle première à respecter par qui a la prétention de rechercher le vrai est de commencer

---

[1] E. PIGUET nous rappelle par exemple qu'il y a environ 13 000 ans le passage du Détroit de Béring par des tribus sibériennes venues peuplés l'Amérique a été possible par le faible niveau de la mer à cette époque glacière. Dans E. PIGUET, « Climate and Migration : A Synthesis » dans T. AFIFI et J. JAGER, Environment, Forced Migration and Social Vulnerability, London, Springer, 2010, pp.73-74.

[2] Socrate est un philosophe grec du Ve siècle av. J.-C. (né vers -470/469, mort en -399). Il est connu comme l'un des créateurs de la philosophie morale.

par définir les mots mobilisés pour exprimer des informations et que cette règle, appliquée conséquemment, exige d'aller au fond des choses, si l'on veut éviter de parler pour ne rien dire. Le fond des choses est leur concept. Il serait donc nécessaire d'apporter une précision sur des concepts tels que : Protection, protection juridique, droits humains, déplacés climatiques et Sahel pour éviter les difficultés de compréhension.
En parlant des droits humains[3], dont il est question dans cet article regroupent un certain nombre de droits de première et de deuxième génération, comme le droit à la vie, le droit à l'eau, le droit à l'alimentation et le droit à la santé. Il est maintenant clairement établi dans le droit international des droits de l'Homme qu'il incombe aux États des obligations positives et négatives en la matière et que, par conséquent, les dangers environnementaux qui ont des effets néfastes pour l'homme et qui sont causés, de manière directe ou indirecte, par l'action ou l'inaction d'un État, peuvent constituer une violation des obligations des États au regard des droits de l'Homme.
La protection dont il s'agit dans cette réflexion, ne concerne la protection au sens premier qui se rapporte simplement à l'action de protéger, de défendre un objet ou un être vivant, c'est-à-dire de veiller à ce qu'il ne lui arrive point de mal. Dans cette acception, la protection est la première action à entreprendre par exemple en cas d'accident ou de malaise. Cela se rapporte au premier secours par exemple. La

[3] La notion de droits humains est complexe, aussi l'on rencontre dans la doctrine plusieurs définitions qui, disons-le, se complètent. L'on peut, par exemple, reprendre ici quelques définitions :

- Yves MADIOT définit les droits de l'homme comme étant « les droits de la personne, reconnus au plan national et international et dont le respect assure, dans un certain état de civilisation, une conciliation entre l'affirmation de la dignité de la personne humaine, sa protection et le maintien de l'ordre public » (MADIOT (Y.), Droits de l'homme et libertés publiques, Massan, Paris, 1976, p. 19).
- Pour KEBA MBAYE, les droits de l'homme se présentent comme « un ensemble cohérent de principes juridiques fondamentaux qui s'appliquent partout dans le monde tant aux individus qu'aux peuples et qui ont pour but de protéger les prérogatives inhérentes à tout homme et à tous les hommes pris collectivement en raison de l'existence d'une dignité attachée à leur personne et justifiée par leur condition humaine » (KEBA MBAYE, Les droits de l'homme en Afrique, cité par BANGA MATESO (R), Les droits de homme dans l'évolution constitutionnelle de la RDC, Mémoire de licence en Droit, UNIKIN, 1998-1999, p. 9).
- D'après MOURGEON, les droits de l'homme sont des prérogatives, gouvernées par des règles, que la personne détient en propre dans ses relations avec les particuliers et avec le Pouvoir (MOURGEON (J), Cité par ISRAËL (J-J), Droits des libertés fondamentales, L.G.D.J., Paris, 1998, p. 24).
- Quant à VINCENSINI, il considère les droits de l'homme comme *« des prérogatives gouvernées par les règles reconnues par le droit constitutionnel et le droit international qui visent à défendre les droits de la personne dans leurs relations avec le pouvoir de l'Etat et avec les autres personnes et qui tendent à promouvoir l'établissement des conditions permettant de jouir effectivement de ces droits »*(VINCENSINI (J.J.), Le livre des droits de l'homme, Paris, Ed. Robert Laffont, 1985, p 12).

protection dont il sera question ici doit être vue comme un ensemble de dispositifs et stratégies mis en place et destinés à préserver les droits d'une catégorie de toute violation éventuelle due au changement climatique.

La protection juridique dont il sera question ici n'est pas celle liant deux parties dans le cadre d'un contrat de louage. Les effets du changement climatique ou des atteintes à l'environnement constituent des atteintes parfois dramatiques à l'être humain. Les drames que subissent les populations civiles ne sont pas uniquement provoqués par les guerres. Les catastrophes naturelles telles que les tremblements de terre, glissement de terrain ou famines causées par la sècheresse constituent également des sources de graves atteintes à la vie et à l'intégrité physique de l'Homme. De telles situations nécessitent une protection humanitaire et surtout juridique. Car il faut un ensemble des règles juridique pour préciser le cadre et les termes précis de la protection.

S'agissant des déplacés climatiques, notons qu'il existe des grandes difficultés et divergences autour du concept de « déplacés climatiques », « réfugiés climatiques ou environnementaux ». Ces difficultés d'ordre conceptuel se posent aussi bien au plan international que régional. Nous avons choisi dans cette réflexion le terme de « déplacés climatiques » plutôt que celui de « réfugiés climatiques « ou celui de migrants climatiques ». Nous pensons que le terme de réfugié est lourd de sens et est connoté politiquement. De plus le terme de réfugié fait référence juridiquement à une migration effectuée au niveau international, de même que le terme de migrant fait référence dans l'inconscient collectif à un mouvement effectué sur une longue distance et souvent transfrontalier. Le terme de déplacé en revanche permet de décrire à la fois des déplacements à l'intérieur même de son propre pays. D'autre part le mot déplacé suggère plus l'image d'un mouvement subi, effectué sous la contrainte qu'elle soit consciente ou non où l'individu ne possède que peu d'autres options dans sa stratégie d'adaptation ; comparativement au terme de migrant plus souvent associé à une migration opportuniste.

Le choix du Sahel dans cette réflexion se justifie par le fait que cette sous-région est exposée aux déplacements des migrants climatiques. C'est aussi l'espace de transition qui sépare au nord le désert du Sahara, et au sud la zone soudanienne. Il s'agit d'une région africaine qui inclut, au sens large, 10 pays : le Burkina Faso, le Cameroun, la Gambie, la Guinée, le Mali, la Mauritanie, le Niger, le Nigéria, le Sénégal et le Tchad. Mais ceci constitue la définition large du Sahel, puisqu'elle inclut aussi les pays qui sont « effleurés » par la bande sahélienne au Sud (comme pour la Gambie, le Nigeria ou le Cameroun). Lorsque nous parlons du Sahel dans cette communication, nous nous fixons sur 5 pays centraux : le Mali, le Burkina Faso le Niger, le Tchad, et la Mauritanie.

Après ces clarifications sémantiques, il faut noter que la protection des déplacés climatiques au Sahel doit être étudiée à la fois au niveau de la protection internationale de ces personnes et au niveau régional, principalement au regard de la protection élaborée par les États africains. A l'observation, on se rend compte que la question de la protection des déplacés climatiques dans le monde en général et au Sahel en particulier apparaît de plus en plus dans les rapports des organisations ou agences onusiennes, dans les travaux des experts, des chercheurs et des universitaires, ainsi que dans la littérature grise des ONG.

L'analyse juridique de la protection des déplacés climatiques, plus précisément dans le contexte du sahel nous donne un constat de carence. En effet, si un véritable travail juridique est engagé pour définir les lois concernant les réfugiés et demandeurs d'asile, il en est tout autrement concernant les déplacés climatiques. Aujourd'hui, l'exégèse des instruments juridiques n'offre pas de protection directe et suffisante[4] aux déplacés climatiques surtout au plan international. L'Assemblée général des Nations a consacré quelques lignes à cette problématique qui se trouve dans des résolutions qui ne sont pas forcément contraignantes. Au plan régional ou national, quelques efforts sont faits pour contraindre les Etats à protéger les déplacés climatiques mais là encore de tels efforts sont timides.

En effet, en Europe, c'est surtout dans les milieux de la recherche scientifique que les initiatives sont très avancées. On peut citer en exemple l'Université de Limoges dont l'implication dans la réflexion relative à la situation des déplacés climatiques a conduit à l'élaboration d'un projet de convention pour la protection de cette nouvelle catégorie de migrants. Les juristes de Limoges ont suggéré la mise en place d'un mécanisme d'octroi du statut de déplacé environnemental.

Hors du continent européen, on note également une avancée encourageante dans la recherche de solution en vue d'une protection juridique et de la prise en charge des déplacés climatiques. Il s'agit par exemple du projet des juristes Australiens qui proposent un mécanisme similaire à celui de leurs homologues de Limoges en matière de protection des déplacés climatiques à la seule différence que le projet australien met l'accent sur la prépondérance de l'Etat dont les déplacés climatiques sont en difficulté.

En Afrique, en matière de protection régionale des déplacés internes, le continent africain est le précurseur puisqu'il est le premier à avoir élaboré et adopté un texte à valeur contraignante pour la protection des déplacés internes, y compris ceux qui sont déplacés pour cause de catastrophes naturelles. Cette volonté des États africains d'apporter une protection aux personnes déplacées internes s'explique par l'ampleur du déplacement forcé en Afrique.

La protection des droits des déplacées climatiques en Afrique, repose essentiellement sur le fruit des efforts et du travail normatif des pays africains.

---

[4] Sur la question des instruments juridiques : V. MAGNINY, Les réfugiés de l'environnement, hypothèse juridique a` propos d'une menace écologique, Thèse de droit, (dactylographiée), Université de Paris Panthéon Sorbonne, 1999, p.695. C. COURNIL, « Vers une reconnaissance du « réfugié écologique ? Quelle(s) protection(s) Quel(s) statut(s) ? », *Revue du droit public*, juillet-août 2006, n° 4, pp. 1035-1066. C. COURNIL et P. MAZZEGA, « Catastrophes écologiques et flux migratoires : Comment protéger les « réfugiés écologiques » ? », *Revue Européenne de droit de l'environnement*, n° 4, décembre 2006, pp. 417-427 et « Réflexions prospectives sur une protection juridique des réfugiés écologiques », *Revue Européenne des Migrations Internationales*, 2007, (23), 1, pp. 7-34.

Ces pays ont permis l'adoption de la convention dite de Kampala relative à la protection et à l'assistance des personnes déplacées en Afrique, adoptée dans le cadre de l'Union africaine en 2009 et entrée en vigueur le 6 décembre 2012[5]. Il convient en effet de saluer l'adoption de ce texte qui est le premier instrument juridique, certes régional, à portée contraignante en matière de protection des déplacés internes. Composée d'un préambule et de vingt- trois articles et rédigée en anglais, arabe, espagnol, français et portugais, la convention de Kampala s'appuie sur plusieurs sources dont les principes directeurs de 1998, les règles du droit international et les instruments juridiques régionaux.

Ainsi, la convention de Kampala reprend, dans son article 1er, la définition des personnes déplacées internes énoncée par les principes directeurs de 1998. Elle inclut donc les victimes de catastrophes naturelles. De plus, la convention africaine énonce en son article 4 le droit de toute personne à être protégée contre le déplacement arbitraire.

Il est important de souligner le caractère novateur des dispositions de la convention en matière de déplacement interne forcé en raison d'une catastrophe naturelle. En effet, l'article 4 paragraphe 2 de la convention de Kampala impose aux États parties de créer et de mettre en œuvre des systèmes d'alerte précoce, des stratégies de réduction des risques des catastrophes, des mesures de planification préalable et de gestion d'urgence des catastrophes en fournissant l'assistance et l'aide matérielle nécessaire aux personnes déplacées internes.

Au niveau du continent, il faut rappeler que le principal texte international relatif aux Droits de l'Homme, en l'occurrence, la Charte Africaine des Droits de l'homme et des peuples n'accorde pas de garanties adéquates aux déplacés et réfugiés climatiques ou environnementaux d'Afrique[6]. Même si elle a mis l'accent sur les droits des peuples, ce qui peut constituer une source de protection pour les migrants climatiques et environnementaux d'Afrique, il n'en demeure pas moins qu'elle est très globalisante.

En raison de l'absence d'un instrument juridique de portée contraignante à l'échelle international afin de renforcer et de consolider durablement la protection des déplacés climatiques à l'image de la convention de Kampala pour le continent africain, rend cette réflexion encore plus intéressante.

Partant de ce constat général, l'état actuel du droit international ne doit-il pas être amélioré pour assurer une protection spécifique des déplacés climatiques ?

---

[5]Sur les cinquante-quatre États membres que compte l'Union africaine, vingt-deux ont ratifié le texte de la Convention et trente-neuf l'ont signé. www.au.int. (Consulté le 12/01/2024).

[6]Voir l'article 21 de la Charte alinéa 3 et 4 « 3. La libre disposition des richesses et des ressources naturelles s'exerce sans préjudice de l'obligation de promouvoir une coopération économique internationale fondée sur le respect mutuel, l'échange équitable, et les principes du droit international. La Charte Africaine des Droits de l'Homme et des peuples a été adoptée le 26 juin 1981, lors de la dix-huitième Conférence des Chefs d'Etat et de gouvernement de l'Organisation de l'Unité Africaine tenue à Nairobi au Kenya, Elle entrera en vigueur le 26 octobre 1986. « 4. Les États parties à la présente Charte s'engagent, tant individuellement que collectivement, à exercer le droit de libre disposition de leurs richesses et de leurs ressources naturelles, en vue de renforcer l'unité et la solidarité africaines ».

Notre contribution a vocation à enrichir les réflexions sur les potentialités du droit international ainsi qu'aux anticipations nécessaires pour parvenir à gérer au mieux la question des déplacés climatiques au Sahel. Plusieurs pistes juridiques relatives à la protection des déplacés climatiques sont au centre des débats, notamment dans les milieux universitaires, politiques, associatifs et d'experts. La mise en place d'une protection internationale soulève d'importantes interrogations sur la possibilité[7] du droit international public à construire un instrument juridique véritablement protecteur pour ces déplacés.

La méthodologie utilisée dans cette réflexion s'appuiera, sur une approche pluridisciplinaire, basée sur la collecte des documents que nous entrevoyons d'analyser. Les sources principales utilisées sont d'origines législatives et règlementaires, des revues, des rapports.

Nous tenterons d'amener des éléments de réponse aux questionnements en montrant que le problème des déplacés climatiques n'ayant pas encore préoccupé grandement les Etats du Sahel qui sont restés encore timides dans leurs initiatives, les instruments juridiques en vigueur ne permettent pas de protéger les droits de ces personnes vulnérables de façon efficace (I). Une protection des droits des déplacés climatiques passera certainement par l'adaptation des règles existantes en la matière et surtout par la création de nouveaux mécanismes juridiques régionaux à cet effet (II).

I. L'absence d'un cadre juridique spécifique de protection des droits des déplacés climatiques au Sahel.

Comme on l'a relevé un peu plus haut, il serait faux de noter qu'il n'existe, à l'état actuel du droit international, aucune protection juridique en faveur des déplacés climatiques. Mais ce qui est incontestable c'est que cette protection n'est qu'embryonnaire car, au plan international, les normes qui sont consacrées à cette cause se révèlent pratiquement inefficaces (A).

Aussi, le régionalisme, quant à lui, n'a pas aussi mieux fait que l'universalisme. En effet, certes, le droit des organisations régionales et sous-régionales prend en charge la protection des déplacés climatiques. Cependant, cette prise en charge parait laconique également (B).

A. Une inefficacité des normes internationales relatives à la protection des déplacés climatiques.

Au plan international, la protection internationale des déplacés climatiques repose essentiellement sur les principes directeurs des Nations Unies de la Résolution 1998/50 de la Commission des droits de l'homme de l'ONU[8] qui concernent

[7] C.-G. MONIQUE, « Faut-il un statut international de réfugiés écologiques ? », *Revue Européenne de droit de l'environnement*, 2006, pp. 446-453.

[8] Commission des droits de l'homme Res. 1998/50, « Personnes déplacées internes », Doc. NU E/CN.4/ RES/1998/50, 17 avril 1998.

notamment l'hypothèse de déplacement interne pour cause de catastrophes naturelles[9].

Les principes directeurs constituent une avancée inestimable pour la protection des déplacés climatiques. L'Assemblée générale des Nations unies s'en est félicitée en affirmant qu'« un nombre croissant d'États, d'organismes des Nations unies, d'organisations régionales et d'organisations non gouvernementales les appliquent en tant que normes. Elle encourage tous les acteurs concernés à y recourir lorsqu'ils sont confrontés aux cas de déplacement interne »[10]. Néanmoins, ces normes n'ont encore qu'une valeur déclaratoire et donc non-contraignante pour les États. Dès lors, l'émergence d'un droit international des déplacés climatiques en est à ses prémices. Ce droit ne pourra être construit solidement que si la communauté internationale décide de se doter d'un instrument juridique contraignant, c'est à dire une convention ou un traité porteur d'un statut international protecteur des personnes déplacées internes, y compris des déplacés climatiques.

L'inefficacité des normes internationales relatives aux réalités des déplacés climatiques s'explique par l'inadaptation des textes spécifiques aux déplacées à l'intérieur de leur propre pays au cas des déplacés climatiques d'une part et par les limites que montrent les textes généraux d'autre part.

D'une part, le principal instrument relatif à la protection des personnes ayant quitté leur lieu d'habitation habituel est la Convention du 28 juillet 1951 relative au statut des réfugiés de 1951 communément appelée Convention de Genève de 1951. Les critères retenus par ce texte excluent les déplacés climatiques du continent africain. Il est question dans cette Convention des réfugiés et non des déplacés climatiques. Même si on peut trouver dans ce groupe désigné par le terme générique déplacés climatiques, des appellations diverses telles que « réfugiés climatiques », « réfugiés écologiques » ou « réfugiés environnementaux », ce n'est pas de ces personnes qu'il est question dans la Convention de Genève de 1951. Celle-ci parle des réfugiés tout simplement.

La définition du réfugié par la Convention de Genève de 1951 en elle-même constitue déjà un facteur d'exclusion pour les déplacés climatiques car elle comporte des critères qui éliminent d'office les déplacés climatiques appelés à tort ou à raisons « réfugiés ».

Si ce texte exclut les déplacés climatiques, c'est pour une raison simple : il n'a pas, à l'époque, de son élaboration, prévu le cas des déplacés climatiques que

[9] Au nombre de 30, les principes directeurs sont répartis en cinq catégories correspondant à chacune des phases du déplacement interne :

- Principes généraux (principes 1 à 4) ;
- Protection contre le déplacement (principes 5 à 9) ;
- Protection au cours du déplacement (principes 10 à 23) ;
- Assistance humanitaire dédiée aux personnes déplacées internes (principes 24 à 27) ;
- Protection pendant le retour, la réinstallation et la réintégration dans leur lieu de vie habituel ou une autre région de l'État (principes 28 à 30).

[10] Assemblée Générale des Nations Unies, 2007.

certains auteurs appellent « réfugiés climatiques » et d'autres, « réfugiés environnementaux ». La Convention de Genève de 1951, à travers sa définition, a cité comme critère la persécution pour les raisons suivantes: la race, la religion, la nationalité, l'appartenance à un groupe social ou pour les opinions politiques de la victime. Lorsqu'on parle de persécution, on pense forcément à un persécuté et à un persécuteur. Dans le cas des déplacés climatiques, les persécutés sont les victimes du changement intervenu sur leur cadre de vie habituel et le persécuteur est la nature. Il y a des cas où le changement climatique est dû à l'action humaine. Il s'agit des pays riches régulièrement indexés pour leurs activités industrielles. Le cas le plus fréquemment cité est celui des firmes multinationales qui par leurs activités économiques causent des dommages à une population ou une communauté et portent atteinte à son cadre de vie ou son environnement.

L'autre critère qui exclut les déplacés et réfugiés climatiques ou du moins certains d'entre eux, c'est qu'il s'agit de personnes qui ont effectué un déplacement à l'intérieur des frontières de leurs Etats d'origine. Tant qu'une frontière n'a pas été franchie, il n'est pas possible de revendiquer une protection prévue dans le cadre de la Convention de Genève.

Face à l'inadaptation de la Convention de Genève de 1951 à la question des déplacés climatiques, pourrait-on se rabattre sur les Principes directeurs relatifs au déplacement de personnes à l'intérieur de leur propre pays ?[11]

D'après ces Principes Directeurs, les personnes déplacées à l'intérieur de leur propre pays sont : « *des personnes ou des groupes de personnes qui ont été forcés ou contraints à fuir ou à quitter leur foyer ou leur lieu de résidence habituel, notamment en raison d'un conflit armé, de situations de violence généralisée, de violations des droits de l'homme ou de catastrophes naturelles ou provoquées par l'homme ou pour en éviter les effets, et qui n'ont pas franchi les frontières internationalement reconnues d'un Etat* »[12]. Cet instrument prévoit la protection des personnes déplacées à l'intérieur de leur propre pays et, de ce fait, peuvent y entrer certains des déplacés climatiques d'Afrique. On observe là, une seconde fois, l'inadaptation d'un texte international spécifique à un autre problème précis. Les directives dont il est question visent à protéger les personnes qui se sont déplacées à l'intérieur de leur propre pays. Mais les déplacés climatiques du Sahel et ceux du bassin du lac Tchad sont constitués d'un mélange de personnes ayant franchi les frontières de leur propre pays pour s'installer dans un autre pays et de celles qui se sont déplacées à l'intérieur de leur propre pays. En outre, se pose un problème d'ordre juridique, car n'ayant pas force juridique obligatoire directe, ce document lie les Etats parties mais leur laisse la possibilité de choisir les moyens pour atteindre les objectifs. Ce manque de force obligatoire absolue, ne garantit

[11]Principes directeurs relatifs au déplacement de personnes à l'intérieur de leur propre pays, Extrait du document E/CN.4/1998/53/Add.2, paru le 11 février 1998.

[12] 2e point du Préambule des Principes directeurs relatifs aux déplacements des personnes à l'intérieur de leur propre pays. Extrait du document E/CN.4/1998/53/Add.2, paru le 11 février 1998.

pas facilement l'atteinte des objectifs fixés dans le cadre des Nations Unies. C'est ce qui explique l'abandon ou l'oubli des déplacés climatiques du continent africain en général, qui ne peuvent pas espérer obtenir une meilleure protection avec les textes généraux du droit international.

D'autre part, à défaut d'une protection accordée par les textes spécifiques, on pourrait s'appuyer sur les textes issus du Droit international public, du Droit international humanitaire et du Droit international de l'environnement mais cette piste a été très tôt abandonnée[13].

La raison principale de la difficulté à assurer une telle protection est l'absence de caractère contraignant. La seconde raison est que même à partir des textes dotés d'une force obligatoire, il n'est pas toujours évident d'amener les Etats à respecter leurs engagements. Les textes internationaux relatifs au Droit International des Droits de l'Homme et les textes internationaux relatifs au Droit International Humanitaire ne peuvent, tout au plus, accorder qu'une protection minimum mais pas répondre au besoin crucial des déplacés climatiques de disposer d'un statut qui est, à la fois, la preuve d'une reconnaissance explicite et le gage d'une protection officielle.

D'après Christel COURNIL, « *parmi les textes internationaux, rares sont ceux qui laissent transparaitre clairement une volonté d'accorder une protection aux victimes des changements climatiques et environnementaux. Seule la Convention internationale de lutte contre la désertification de 1994 a très clairement et directement mentionné un lien entre les atteintes à l'environnement et les conséquences migratoires dans son préambule et dans quelques articles.* »[14]. Il apparait clairement qu'elle établit un simple constat sans droit ou statut pour ces populations.

En plus du caractère non contraignant des textes internationaux, nous constatons malheureusement une existence laconique des normes et des politiques sous régionales de protection des droits des déplacés climatiques.

B.Une existence laconique des normes et politiques sous régionales au Sahel de protection des déplacés climatiques.

Comme on l'a dit dans l'introduction de cette réflexion, un effort est mené au plan régional africain pour tenter de trouver une solution aux déplacements des

---

[13] Pour S. MARTIN, S. WEERASINGHE et A. TAYLOR, « Les cadres juridiques et institutionnels existants disposent de capacités limitées pour prendre en compte toutes les personnes présentant des besoins de protection. Et même lorsque des cadres existent, des carences considérables apparaissent une fois qu'ils sont mis en application », S. MARTIN, S. WEERASINGHE et A. TAYLOR « Qu'est-ce que la migration pour cause de crises ? », Revue Migrations Forcées N°45, Mars 2014, p.5.

[14] L'auteur fait allusion aux articles 2 et 5 à 8 qui précisent les actions à mener pour atténuer les effets de la désertisation telle que la sécheresse et les exodes qui en découlent ; C. COURNIL, "A la recherche d'une protection pour les « réfugiés environnementaux » : actions, obstacles, enjeux et protections ", *Revue Alyson*(s), n°6, novembre 2008, Exodes écologiques, url de référence : http://www.reseau-terra.eu/article843.html (09-01-2024).

populations pour causes climatiques. Mais, cet effort ne bénéficie pas encore d'une positivité et d'une normativité suffisante.
D'entrée de jeu, on dira que les Etats africains surtout ceux du Sahel central, le Mali, le Burkina Faso, le Niger, le Tchad et la Mauritanie qui sont l'épicentre de la crise des déplacements dû au changement climatique, ont tenté de mettre en place des politiques et des législations subséquentes.
Ainsi, la législation malienne sur les réfugiés, qui remonte de 1998, ne contient aucune disposition sur les déplacements en raison de catastrophes écologiques, sa structure étant analogue à celle de la législation mauritanienne[15]. Contrairement à la Mauritanie, la loi malienne sur les réfugiés n'a pas institué une commission nationale sur les réfugiés ; cependant, il en a été créé une, par un décret spécifique ultérieur[16]. Si le Mali a ratifié la Convention de l'OUA en 1981, ce pays avait déjà ratifié la Convention de 1951 ainsi que le Protocole de New York, en 1973. En revanche, la Constitution du Mali du 22 juillet 2023, dans son article 26, apporte des précisions en disposant qu'« En cas de calamité constatée, tous les citoyens ont le devoir d'apporter leur concours dans les conditions définies par la loi»[17].
En 2009, le gouvernement burkinabé a adopté un plan national multirisque de préparation et de réponse aux catastrophes, lequel détaille le cadre juridique assurant la protection au sein du pays des personnes rendues vulnérables par des catastrophes écologiques[18]. Ce plan a été mis à jour pour la période 2013-2014[19] et repris par le Tchad[20], le Mali[21], la Mauritanie[22] et le Niger[23], qui ont tous adopté des plans analogues. Dans le plan national burkinabé, il est intéressant de constater que la Convention de Kampala, pourtant ratifiée par le Burkina Faso en 2012, ne figure pas au rang des instruments juridiques protégeant les individus en cas de catastrophe naturelle.

---

[15] Voir la loi n° 998-40 de 1998 portant sur le statut des réfugiés, 19 mai 1998.
[16] Voir le Décret n° 98-354/P-RM portant création de la Commission Nationale chargée des Réfugiés (CNCR), 28 octobre 1998.
[17] Voir le Décret n° 92-0731 P – CTSP portant promulgation de la Constitution, 25 février 1992. Voir également Rapport périodique du Mali à la Commission africaine des droits de l'homme et des peuples relatif à la mise en œuvre de la Charte africaine des droits de l'homme et des peuples, 2001-2011, décembre 2011, pp. 75-76, par. 363 : « La même Constitution précise un certain nombre de devoirs qui incombent à tout citoyen : le devoir pour tous de protéger et de défendre l'environnement et la qualité de vie, le devoir pour tous les citoyens d'apporter leur concours en cas de calamité naturelle constatée, le travail, la défense de la patrie, le devoir de remplir toutes ses obligations civiques et notamment de s'acquitter de ses contributions fiscales, le devoir de respecter la constitution (articles 15 à 24) ».
[18] Plan national multirisques de préparation et de réponse aux catastrophes, 2009, pp. 107-108.
[19] Plan national multirisques de préparation et de réponse aux catastrophes, 2012, pp. 9-10.
[20] Plan d'action national de renforcement des capacités pour la réduction des risques de catastrophes, la préparation et la réponse aux urgences, 2015-2020, septembre 2015.
[21] Plan national multirisques de préparation et de réponse aux catastrophes, 2011.
[22] Plan d'action national de renforcement des capacités en réduction des risques de catastrophes et préparation et réponse aux urgences, 2015-2018, 2014.
[23] Plan d'action national de renforcement des capacités pour la réduction des risques de catastrophes, la préparation et la réponse aux urgences 2015-2018, mars 2015.

En revanche, la loi burkinabé de 2014 sur la prévention et la gestion des catastrophes joue un rôle clé dans la protection des personnes déplacées en raison de catastrophes environnementales[24]. Bien que le chapitre 6[25] traite des déplacements et réinstallations des personnes forcées de fuir en raison de catastrophes, le chapitre 7[26] est spécialement consacré aux possibles crises humanitaires découlant de ces déplacements. La loi de 2014 vient compléter celle de 2008 sur le statut des réfugiés au Burkina Faso, qui ne mentionne pas les déplacements forcés en raison de catastrophes naturelles[27].

La loi nationale nigérienne sur le statut des réfugiés, tout comme celle du Mali et de la Mauritanie, ne contient aucune disposition relative aux déplacements forcés causés par des catastrophes naturelles. Il s'agit de la loi la plus ancienne des trois pays puisqu'elle a été promulguée en 1997[28]. Le Niger a également adopté les principaux instruments de droit international sur les réfugiés depuis longtemps, puisqu'il a ratifié la Convention de l'OUA en 1971, la Convention de 1951 en 1961 et enfin, le Protocole de New York en 1970.

En 2019, le Niger a adopté une nouvelle Stratégie Nationale de Réduction des Risques de Catastrophes (SNRRC). La SNRRC reconnaît que le Niger est vulnérable aux effets de divers dangers parmi lesquels les inondations et les sécheresses et que ces phénomènes sont inhérents à sa situation géographique ainsi qu'à la nature changeante du climat. Les personnes déplacées en raison d'inondations ne sont pas nécessairement considérées comme des personnes déplacées internes en tant que telles, à moins d'avoir été déplacées en raison d'un conflit. Ces considérations ont eu des conséquences sur la mise en œuvre de la loi sur la protection et l'assistance des déplacés internes du Niger de 2018, soulignant ainsi le besoin de sensibiliser les principales parties-prenantes sur leurs obligations à l'égard des déplacés internes affectées par des catastrophes naturelles[29].

En décembre 2020, le Tchad a adopté sa nouvelle Stratégie nationale de réduction des risques de catastrophes et son plan d'action. L'un des objectifs de cette nouvelle stratégie est de prévenir les risques de nouvelles catastrophes naturelles et, ainsi, de nouveaux déplacements de population. À cette fin, ce document vise à encourager les Tchadiens à adopter une culture de prévention des risques de

---

[24] Voir la loi n° 012-2014/AN portant loi d'orientation relative à la prévention et à la gestion des risques, des crises humanitaires et des catastrophes, 22 avril 2014.

[25]Voir les articles 50 à 59 de la loi burkinabé de 2014 sur la prévention et la gestion des catastrophes.

[26]Voir les articles 60 à 62 la loi burkinabé de 2014. Ibidem.

[27]Voir la loi n° 042-2008/AN portant statut des réfugiés au Burkina Faso, 18 décembre 2008.

[28]Voir la loi n° 97-16 portant statut des réfugiés, 20 juin 1997. Voir également décret n° 98-382/PRN/MI/AT déterminant les modalités d'application de la Loi n° 97-016 portant statut des réfugiés, 24 décembre 1998 ; Arrêté n° 208/MI/AT/SP/CNE portant règlement intérieur de la Commission Nationale d'Éligibilité au Statut des Réfugiés, 14 juillet 2000.

[29] S. WEERASINGHE, Bridging the Divide in Approaches to Conflict and Disaster Displacement: Norms, Institutions and Coordination in Afghanistan, Colombia, the Niger, the Philippines and Somalia, HCR et OIM, 2021, p. 139.

possibles nouvelles catastrophes environnementales, par la coopération entre tous les acteurs ayant participé à ce processus de prévention. Les principes guidant cette nouvelle approche comprennent le développement et le renforcement des mécanismes d'alerte précoce et la promotion de comportements résiliant dans les communautés touchées, en garantissant un droit de prévention et de réduction des risques de catastrophes naturelles pour tous, car la protection et le bien-être des personnes demeurent d'une importance capitale[30]. Il est intéressant de constater que les autorités tchadiennes envisagent l'intégration des personnes déplacées (réfugiés comme personnes déplacés internes) au sein des communautés locales, étant donné que leur retour vers leur lieu d'origine ne semble pas envisageable à court ou moyen terme[31].

En Mauritanie, le Décret n° 22 de 2005 précise, dans sa première partie, les conditions pour l'obtention ou la perte du statut de réfugié. Il crée une Commission Nationale Consultative sur les réfugiés qui peut donner un avis consultatif au ministre de l'intérieur sur les demandes d'admission au statut de réfugié[32] en se fondant, pour chacune d'elles, sur les éléments les justifiant transmis par le HCR. Dans sa seconde partie, le décret énumère les droits et obligations des réfugiés, puisant dans les dispositions de la Convention de l'OUA[33] et de la Convention de 1951 ainsi que de son Protocole de New York[34]. Aucune mention n'est faite des déplacements forcés en raison de catastrophes environnementales. De la même façon, la Stratégie Nationale sur la Migration, mise en œuvre en octobre 2010, ne fait aucune référence spécifique à ces situations[35].

---

[30]République du Tchad, Stratégie nationale et Plan d'actions pour la gestion des risques de catastrophes, décembre 2020, chap. 3, (« Stratégie nationale de réduction des risques de catastrophe »), pp. 39-43. Document en possession des auteurs. Pour des documents antérieurs relatifs aux catastrophes naturelles au Tchad, République du Tchad, Rapport d'évaluation des capacités nationales pour la réduction des risques, la préparation et la réponse aux urgences au Tchad, avril 2014 ; République du Tchad, Plan d'action national de renforcement des capacités pour la réduction des risques de catastrophes, la préparation et la réponse aux urgences (2015-2020), septembre 2015.

[31] République du Tchad, Stratégie nationale, note 150, par. 2(3) (5) (« Mouvements de population »). Pour plus de détails, voir p. 37 : « La présence de camps de réfugiés/déplacés/retournés continue à représenter une préoccupation majeure sur le plan humanitaire. De toute évidence, on devrait s'attendre **à ce que la situation se maintienne longtemps encore, le retour de ces réfugiés dans leur pays d'origine restant très improbable. L'approche de réinsertion socio-économique des réfugiés dans les communautés d'accueil en apportant une assistance élargie réfugiés/populations hôtes, en application dans le sud du pays doit être suivie minutieusement. Ces communautés hôtes sont estimées à 734 000 personnes ».**

[32] Article 4 du Décret n° 22 de 2005 en Mauritanie.

[33]Ratifiée par la Mauritanie en 1972.

[34]Tous deux ratifiés par la Mauritanie en 1987 et le Décret n° 2005-022 fixe les modalités d'application en République islamique de Mauritanie des conventions internationales relatives aux réfugiés, 3 mars 2005.

[35] Document de stratégie nationale pour une meilleure gestion de la migration, octobre 2010.

Donc il y a bien évidemment des initiatives à l'échelon des Etats pris individuellement. Mais le droit interne des Etats africains n'est pas le droit régional ou sous régional africain. Certes, il y a des interférences entre les deux ordres, les uns influençant les autres. En tout état de cause, c'est la norme internationale africaine qui nous intéresse dans le cadre de cette communication. Par-là, on a pu évoquer le Protocole de Kampala qui a abordé de manière claire la prise en charge juridique des déplacés internes pour cause de catastrophe naturelle. Mais de tout le contenu de cet instrument juridique, il n'y a qu'un faible passage qui est consacré à cette question. Plus précisément c'est l'article 4 paragraphe 2 de la convention de Kampala qui impose aux États parties de créer et de mettre en œuvre des systèmes d'alerte précoce, des stratégies de réduction des risques des catastrophes, des mesures de planification préalable et de gestion d'urgence des catastrophes en fournissant l'assistance et l'aide matérielle nécessaire aux personnes déplacées internes. Ce texte se limite à ça et point. Pas d'autres dispositions qui abordent la question. Et le principal texte international africain relatif aux Droits de l'Homme, en l'occurrence, la Charte Africaine des Droits de l'homme et des Peuples n'accorde pas de garanties adéquates aux déplacés et réfugiés climatiques ou environnementaux d'Afrique[36]. Même si elle a mis l'accent sur les droits des peuples, ce qui peut, dans une certaine mesure, constituer une source de protection pour les déplacés climatiques en Afrique, il n'en demeure pas moins qu'elle est très globalisante.
En somme, le droit prévu par le système international pour la protection des déplacés climatiques relève du droit mou, c'est-à-dire le « soft law ». Le droit régional africain est certes contraignant dans ce domaine « le hard law », mais il est laconique. C'est pourquoi nous envisageons des pistes de solutions. Ce qui m'amène au second axe de cette réflexion.

II. Les pistes de solutions pour une protection juridique efficace des droits des déplacés climatiques au Sahel.

La problématique de la protection des déplacés climatiques au Sahel nécessite qu'on aille au-delà des possibilités actuelles existantes ou offertes. Ici, on envisagera plus exactement la mise en place d'un système de protection régional propre au continent africain par un nécessaire renforcement du mécanisme panafricain de protection des déplacés climatiques (A) mais aussi une

[36]Voir l'article 21 de la Charte alinéa 3 et 4 « 3. La libre disposition des richesses et des ressources naturelles s'exerce sans préjudice de l'obligation de promouvoir une coopération économique internationale fondée sur le respect mutuel, l'échange équitable, et les principes du droit international. La Charte Africaine des Droits de l'Homme et des peuples a été adoptée le 26 juin 1981, lors de la dix-huitième Conférence des Chefs d'Etat et de gouvernement de l'Organisation de l'Unité Africaine tenue à Nairobi au Kenya, Elle entrera en vigueur le 26 octobre 1986. Les États parties à la présente Charte s'engagent, tant individuellement que collectivement, à exercer le droit de libre disposition de leurs richesses et de leurs ressources naturelles, en vue de renforcer l'unité et la solidarité africaines ».

indispensable collaboration entre les Etats du Sahel et les autres acteurs, pour une meilleure protection des droits des déplacés climatiques (B).

A.Un nécessaire renforcement du mécanisme panafricain de protection des déplacés climatiques.

En raison de l'inadaptabilité des moyens de protection des déplacés climatiques au sahel dont nous souhaiterons chercher des solutions propres au continent africain, il est envisageable d'initié des mécanismes transitoires de protection des déplacés climatiques au sein de l'UA avant d'envisager des *solutions constantes* propres à l'UA.

Concernant l'initiative des mécanismes transitoires, des mesures concrètes par les Etats sont nécessaires pour prévenir les déplacements de populations et offrir aide et protection aux déplacées climatiques. Il existe quelques initiatives internes en réponse aux exigences et objectifs fixés par les Principes directeurs relatifs aux personnes déplacées à l'intérieur de leur propre pays[37], qui serviraient de modèle transposable dans le domaine de la protection des déplacés climatiques. Jusqu'à présent, il ne s'agit que d'initiatives très timides mais cela devrait inspirer les autres Etats et être encouragé. C'est justement en raison de la timidité de ces initiatives un peu isolées que les Etats africains, sous l'impulsion de l'UA, devraient, en unissant leurs efforts, contribuer généreusement aux projets et programmes nationaux visant à soulager la détresse des personnes déplacées[38]. Cela devrait s'inscrire dans la recherche des solutions dont la mise en œuvre passe par des mesures et stratégies concertées.

En vertu des pouvoirs que lui confère l'Acte Constitutif de l'UA, la Conférence des Chefs d'Etat et de Gouvernement de l'UA[39] devrait, dans le cadre de la mise en place d'un mécanisme d'urgence, décider de l'adoption d'une structure chargée de faire face aux difficultés rencontrées par les déplacés climatiques en Afrique. Le texte portant création d'un tel mécanisme devrait indiquer clairement quelles sont les missions de celui-ci. La décision portant création de ce mécanisme doit prévoir les moyens d'action et d'intervention en vue de faciliter une assistance aux déplacés climatiques. Les objectifs et ambitions doivent être sobres pour ne pas être en décalage avec les moyens souvent insuffisants qui sont les principales causes des échecs des initiatives de l'UA. Les actions doivent prendre en compte plusieurs paramètres dont l'accès aux soins de qualité satisfaisante. L'Acte Constitutif de l'UA habilite aussi la Conférence des Chefs d'Etats et de Gouvernement à « *assurer le contrôle de la mise en œuvre des politiques et*

---

[37] Dans d'autres pays comme la Côte d'Ivoire, le Kenya, le Nigeria ou le Tchad, les politiques ou les lois sont à l'état de projet.

[38] Voir la Résolution : 56/135. Aide aux réfugiés, aux rapatriés et aux personnes déplacées en Afrique, Résolution adoptée par l'Assemblée générale du 19 décembre 2001.

[39] La Conférence est l'organe suprême de l'UA tel qu'indiqué à l'article 6 alinéa 2 de l'Acte constitutif de l'UA.

décisions de l'Union, et veiller à leur application par tous les Etats membres »[40]. Ce pouvoir pourrait aussi s'exercer dans le suivi de l'effectivité des mesures visant à assister les déplacés climatiques dans le cadre d'un mécanisme spécial d'intervention.

Un mécanisme panafricain de cette importance devrait à court terme concentrer les énergies, surtout sur l'assistance, pour parer aux besoins les plus pressants. Il serait important de mettre en place une structure *ad hoc* qu'on pourrait dénommer : la Commission Africaine d'Assistance aux déplacés climatiques et aux victimes des catastrophes environnementales (CADCVCE). Une telle structure travaillerait à mettre à la disposition des Etats Africains des moyens techniques et financiers lors des interventions d'urgence en vue d'apporter une aide et une assistance aux déplacés climatiques et aux victimes des catastrophes environnementales.

Le rôle de l'organisme panafricain *ad hoc*[41] serait par exemple de soutenir les efforts des pays en mettant ses compétences au service des acteurs des pays de la sous-région ou zones touchées par le phénomène de déplacement climatique. Cette structure pourrait apporter un appui technique afin d'aider les déplacés climatiques à faire face aux premières difficultés à l'issue d'une catastrophe.

À l'échelle régionale et au niveau de l'UA, les activités initiées dans l'urgence devraient aussi favoriser la collaboration des organisations de la société civile (OSC) avec l'UA à travers le cadre de concertation offert par le Conseil Economique Social et Culturel de l'UA (ECOSOCC)[42]. Un tel partenariat pourrait inclure : l'examen par les membres de l'ECOSOCC des questions relatives à la mise en œuvre des mécanismes de protection des déplacés climatiques à travers un partenariat similaire à celui institué dans le cadre de la Convention de Kampala.

Pour des solutions constantes, il faut le rappeler, la protection d'urgence bien qu'elle soit utile comme solution provisoire ne peut pas constituer une solution fiable à long terme. D'où l'importance de passer à une possibilité de protection fondée sur un mécanisme *intégral d'un côté* mais aussi d'envisager également une possibilité ambitieuse de protection catégorielle fondée sur des textes spécifiques contraignants d'autre côté.

---

[40]Voir paragraphe 1, alinéa e) de l'article 9 de l'Acte Constitutif de l'UA relatifs aux Pouvoirs et attributions de la Conférence.

[41] Le terme « ad hoc » est une locution latine qui signifie « pour cela » et « en remplacement de ». Cette expression s'applique « à toute personne ou à tout organe à qui est assigné une mission précise et momentanée et qui reçoit des pouvoirs limités à cette fin ».

[42] Conseil Économique, Social et Culturel de l'Union Africaine (ECOSOCC), Rendre la convention de Kampala opérationnelle pour les personnes déplacées, Guide pour la société civile : Appui à la ratification et à la mise en œuvre de la Convention sur la protection et l'assistance aux personnes déplacées en Afrique, Juillet 2010, 39 pages,http://www.internaldisplacement.org/8025708F004BE3B1/(httpInfoFiles)/30451CC2D922916AC12577C30055210C/$file/AU_guide_FR.pdf, (Consulté le 10-01-2024).

La mise en place d'un mécanisme intégral nécessite une protection globale fondée sur un mécanisme permanent mais aussi d'envisager le contrôle de l'effectivité de la protection par la convention générale.
En effet, il serait important que l'Afrique se dote d'un instrument aidant à mieux protéger les déplacés climatiques car ce problème touche toutes les parties du continent. Il serait aussi nécessaire d'adopter une Convention conforme aux principes de solidarité et d'hospitalité réputés être des vertus inhérentes à la culture africaine. Il faudrait prévoir des solutions appropriées aux besoins et à l'environnement socioculturel particulier de l'Afrique. Même si les populations ne sont pas toutes touchées de la même façon par le même problème, on peut souligner la nécessité de faire en sorte que la protection et l'assistance soient fournies sans discrimination. Il serait souhaitable d'élaborer un texte prenant en compte les faiblesses liées à certaines catégories de déplacés de telle sorte que les normes de la Convention régionale soient favorables à tous les migrants climatiques. La participation et le consentement des migrants climatiques ou environnementaux internes et externes à toutes les étapes de prise de décision les concernant devraient être une préoccupation constante des décideurs, y compris lors de l'apport de protection et d'assistance. Les migrants climatiques ou environnementaux devraient être aussi informés sur les modalités de la préparation et de la gestion de leur retour, réinstallation et réintégration. Il est important que les Etats parties à un tel texte s'assurent que les représentants des migrants climatiques ou environnementaux sont effectivement consultés.
La mise en place d'un organisme panafricain de protection et d'assistance aux déplacés climatiques permettra sans doute d'aider les Etats dans l'adoption des mesures nationales de protection et d'assistance aux déplacés climatiques. Mais ce qui est encore important, c'est d'insister sur le contrôle de l'effectivité de la protection globale.
Notons que la protection d'une manière générale n'est possible que par l'adoption des textes et l'institution d'organes de mise en œuvre. Mais encore faut-il disposer d'une possibilité de contrôle. C'est l'ensemble de ces trois éléments qui permet de mettre en place un mécanisme. Le contrôle de l'effectivité de la protection des droits des migrants climatiques obéit à la même logique. Un texte peut énoncer les droits des migrants climatiques ou environnementaux. Il peut préciser des champs spécifiques de son application en fonction du type de migration et de l'origine ou la cause de la migration. Cependant, le plus dur reste à venir : comment rendre vivants et effectifs les textes et comment les appliquer. Lorsque qu'une organisation internationale telle que l'UA créé un mécanisme, il faudrait que celui-ci soit complété par des mécanismes nationaux. Mais les difficultés de compréhension et de mise en œuvre dues au caractère technique de ces textes nécessitent un suivi et une grande vigilance de la part de l'organe central, panafricain, en vue de les transposer et de les rendre effectifs au plan national.
En plus de cela, il faudrait forcément une réelle volonté politique pour la mise en œuvre des aspects techniques sans lesquels l'effectivité des droits des migrants ne serait qu'un leurre. C'est la raison pour laquelle, on doit s'assurer que chaque Etat

puisse domestiquer la convention internationale à laquelle il a adhéré. La procédure de transposition ou d'intégration des normes internationales dans l'architecture juridique nationale est le passage obligé.
Pour s'assurer d'une meilleure protection des droits des déplacés climatiques on doit d'abord beaucoup plus miser sur le rôle des Etats, car c'est sur le terrain des Etats que se posent au quotidien les problèmes de violation et de protection des droits des déplacés. A cet effet, il serait important de sensibiliser et d'informer les autorités en charge des questions migratoires au niveau national et local. Les acteurs impliqués et à solliciter forcément sont : les gouvernements et des partenaires internationaux tels que le HCR, l'OIM et le CICR. Car chacun d'eux a sa partition à jouer dans le contrôle et le suivi de la mise en œuvre des droits des déplacés climatiques.
En matière de contrôle de l'effectivité d'un mécanisme, il est toujours nécessaire que les différents acteurs aient tous une possibilité de contrôle des uns sur les autres. C'est ce qui ressort de l'analyse du Professeur Alain Didier OLINGA[43],qui montre le bienfondé de la compétence partagée en matière de défense des Droits de l'Homme entre l'Etat, sujet classique de droit international et des organisations et autres organes représentant la communauté internationale. On peut penser que l'auteur fait allusion sans doute à la place des institutions spécialisées des Nations Unies. Il est aussi question de la place à accorder aux ONG de défense et de protection des droits de l'Homme ainsi que d'autres acteurs non Etatiques mais influents qui jouent souvent le rôle d'observateurs auprès des organisations internationales. C'est le Cas d'Amnesty Internationale, Human Right Watch ou la Fédération Internationale des Droits de l'Homme (FIDH).
Dans la recherche de solutions en vue d'une meilleure protection des déplacés climatiques au Sahel, il faudrait également envisager des possibilités plus ambitieuses et audacieuses consistant à spécifier des solutions juridiques basées sur une convention relative aux réfugiés climatiques et environnementaux et une autre relative aux déplacés climatiques et environnementaux.
Pour cette première option concernant l'initiative d'une convention africaine des refugiés climatiques et environnementaux, il faut de prime abord préciser que le texte relatif à la protection des réfugiés climatiques et environnementaux ne doit pas être un ensemble de dispositions sans valeur juridique contraignante. En d'autres termes, on doit éviter des déclarations de bonnes intentions ou des principes qui malheureusement jouent souvent un rôle décoratif dans le paysage juridique en termes de protection des droits humains en général ou d'une catégorie quelconque. Les juristes africains, doivent faire une proposition courageuse aux décideurs politiques pour garantir ou espérer contribuer à la protection efficace des réfugiés climatiques ou environnementaux.

[43] OIM, « Les Mécanismes Internationaux de Promotion et de Protection des Droits de l'homme », contribution présentée lors du Colloque sur les « Migrations et protection des droits de l'homme », organisé par l'Organisation internationale pour les migrations (OIM) à Dakar, Sénégal, du 25 au 28 octobre 2004. Cf. Actes du colloque, pp.33-39.

On doit clairement choisir la nature du texte spécifique aux réfugiés climatiques et environnementaux. Est ce qu'il s'agira de principes ? Et si c'est une convention, quelle doit être sa portée juridique pendant et après son entrée en vigueur ?
Pour une *deuxième option*, la piste d'une solution consacrée uniquement aux déplacés climatiques doit être prise au sérieux car Scott LECKIE et Ezekiel SIMPERINGHAM[44] jugent que « *L'attention de la communauté internationale devrait porter avant tout sur l'application des meilleures pratiques et le développement d'initiatives novatrices pour trouver des solutions aux déplacements internes liés au climat, plutôt que de s'attacher au phénomène beaucoup plus rare du déplacement transfrontalier des personnes* ».
La Convention relative aux déplacés climatiques en Afrique pourrait s'inspirer de la Convention de Kampala. Aussi, une collaboration est nécessaire entre les Etats et les différentes organisations de la société civile et des ONG internationaux.

B. Une indispensable collaboration entre les Etats du Sahel et les autres acteurs pour une meilleure protection des droits des déplacés climatiques.

La complexité des impacts migratoires du changement climatique appelle à la coordination des politiques développées par une large vision d'acteurs gouvernementaux. Les politiques en question incluent en particulier l'adaptation au changement climatique, les modalités du développement économique, l'aménagement urbain et rural, la gestion des conflits, les réponses aux catastrophes, les politiques migratoires et la gestion de l'environnement. Ces politiques requièrent une coordination de tous les échelons de l'appareil gouvernemental.
Là où le changement climatique a un impact sur les déplacés climatiques, les États du Sahel doivent veiller à ce que les droits des déplacés climatiques soient garantis, comme pour toute autre personne, sans discrimination aucune. En particulier, ces États doivent respecter et garantir le droit de circuler librement à l'intérieur de son propre pays et d'y choisir librement sa résidence[45]. En outre, ces États ont également l'obligation de prendre des mesures spécifiques pour garantir aux personnes relevant de leur juridiction l'exercice de leurs droits. Le droit international des droits de l'homme reconnaît le principe d'égalité substantive selon lequel l'égalité ne consiste pas seulement à appliquer le même traitement à des situations semblables, mais appelle également à des traitements différenciés pour des situations particulières.
Il est essentiel que les États coopèrent à l'échelle régionale. Au niveau sous-régional, les cinq États sont membres de la Communauté des États sahélo-sahariens (CEN-SAD), le traité qui l'établit, considérant dans son article 3, que la libre circulation des personnes est un objectif prioritaire de la communauté économique sous-régionale. Il dispose que les mêmes droits, avantages et

---

[44] S. LECKIE et E. SIMPERINGHAM, « Priorité aux déplacements internes liés au climat », *Revue Migrations Forcées* n° 49 Juin 2015, p.35.
[45] Pacte international relatif aux droits civils et politiques, 1966, article 12 (1).

obligations des citoyens d'un État membre doivent également s'appliquer aux ressortissants des pays signataires, dans le respect des dispositions de leurs constitutions respectives. La mise en œuvre de cet objectif précis a fait peu de progrès, mais un certain nombre d'États membres de la CEN-SAD assouplissent de plus en plus leurs politiques et ont mis en place des dispositifs qui ont porté leurs fruits et favorisé les déplacements interrégionaux de personnes.
Aussi, les gouvernements du Mali, du Burkina Faso, du Tchad, de la Mauritanie et du Niger se sont engagés à mettre la protection des déplacés climatiques au cœur de leur action. Le 12 octobre 2020, ces gouvernements ont lancé le Processus de Bamako, une plateforme intergouvernementale visant à mettre en place des actions rapides et concrètes afin de renforcer la coordination entre les acteurs de la sécurité et de l'humanitaire et de garantir un accès humanitaire aux populations affectées, leur protection et une assistance adéquate[46]. Ce processus intergouvernemental correspond à la mise en œuvre des conclusions adoptées au cours du Dialogue Régional de 2019 dans les cinq pays qui ont également signé la Déclaration de Bamako, par laquelle les représentants des cinq États ont fait part de leur volonté de consolider la coopération afin de renforcer la protection des personnes contraintes de se déplacer dans la région. Bien que le sujet des déplacés climatiques n'ait pas été explicitement mentionné, plusieurs des recommandations s'appliquent également aux déplacements forcés en raison de catastrophes causées par le climat. Par exemple, les gouvernements ont accepté de renforcer la coordination entre les acteurs humanitaires sur le terrain et les autorités locales afin de faciliter l'accès aux personnes se trouvant dans les zones affectées de la région. De plus, ils se sont mis d'accord pour renforcer les partenariats avec les communautés locales dans les situations d'urgence pour compenser d'éventuelles lacunes là où l'accès des acteurs humanitaires est limité ou difficile et pour mettre en place un système d'alerte permettant une meilleure coordination entre les pays en cas de mouvements transfrontaliers. Enfin, les autorités des cinq pays se sont engagées à mettre en œuvre la Convention de Kampala, étant donné que ces pays l'avaient déjà ratifiée[47].
Les tribunaux régionaux et nationaux peuvent également jouer un rôle important pour la protection des droits des déplacés climatiques, en particulier des migrants irréguliers et vulnérables qui n'ont qu'un faible poids politique. Face à des discours politiques de plus en plus hostiles à l'immigration, le système judiciaire est souvent le mieux à même de protéger les droits des déplacés climatiques.

[46] Les cinq domaines d'intervention au centre du processus sont : « 1) l'accès humanitaire et la coordination civilo-militaire, 2) la protection dans le cadre du plan de l'ONU pour la prévention de l'extrémisme violent, 3) l'accès à l'asile dans le cadre de déplacements massifs de réfugiés et de mouvements mixtes, 4) les solutions aux problèmes des réfugiés, des PDI et des autres populations civiles, 5) l'accès aux actes d'état civil, aux documents d'identité et à la nationalité165 ».

[47] Dialogue régional de protection et de solutions dans le cadre des déplacements forcés au Sahel/Déclaration ministérielle et conclusions de Bamako, 11-12 septembre 2019 ; Déclaration ministérielle réaffirmant les conclusions de Bamako, 9 octobre 2019.

L'accès à la justice, que les institutions publiques doivent faciliter en collaboration avec des organisations non gouvernementales, devient un facteur clef pour imposer des sanctions en cas de violation des droits de l'homme et pour réduire la vulnérabilité des déplacés climatiques.

Les États du Sahel devront également comprendre la participation active des organisations locales de la société civile et des organisations non gouvernementales internationales. Ils ne sont pas les seuls acteurs importants : la société civile joue un rôle crucial dans la promotion des droits de l'homme des déplacés climatiques. Les organisations de la société civile ont permis d'attirer l'attention sur les liens entre changement climatique et migration. Et elles continueront de le faire lors de l'élaboration des mesures et des programmes concrets. Dans la mesure du possible, toute décision relative aux stratégies migratoires devrait être prise localement par les personnes et les communautés concernées, avec l'appui d'associations représentatives. En particulier, la décision d'une réinstallation ou de l'immobilité ne devrait jamais être imposée arbitrairement aux individus ou aux communautés.

En Afrique, grâce à leur expérience en matière de surveillance, ces acteurs pourraient valablement être mis à contribution pour veiller à l'application des engagements pris par les Etats africains en matière de protection des droits des déplacés climatiques.

CONCLUSION

En guise de conclusion, on notera qu'une protection ne peut être accordée que lorsqu'il existe des textes spécifiques pour faire face à une situation donnée. Ce sont les textes juridiques qui peuvent permettre de mettre sur pied des politiques publiques pour protéger une catégorie donnée. Le droit des déplacées climatiques est encore en voie de construction, il se sédimente progressivement au fur et à mesure des pratiques et se formalise dans la *soft law*, puis se répercute peu à peu dans les législations nationales. Reste la question de la portée et de l'effectivité de son passage vers le *hard law* ». L'étape est partiellement franchie avec l'adoption et l'entrée en vigueur de la convention de Kampala, en 2012. En effet, si le droit des déplacées climatiques est en cours d'élaboration, nous estimons que seule l'adoption d'un texte juridique international contraignant, à l'image de la convention de Kampala pour le continent africain, permettra de renforcer la protection de toutes les personnes déplacées internes, y compris celles dont le déplacement interne forcé est causé par une catastrophe naturelle.

En attendant, la responsabilité première en matière de protection des déplacés climatiques au Sahel incombe aux autorités de leur pays. En 2016, le président burkinabé, Roch M. C. KABORE avait déclaré que : « Face à ces fléaux, les catastrophes naturelles entre autres, l'aspiration de partir de son lieu d'origine est naturelle et légitime. Mieux, elle est un droit fondamental de l'homme ». C'est pourquoi il a appelé à une coopération non seulement sous régionale et régionale, mais plus généralement à une coopération mondiale.

Il est clair qu'une amélioration des relations dans le cadre des Etats du Sahel ou dans le cadre de l'Alliance des Etats du Sahel (AES)[48] aura certainement des retombées positives sur les politiques des cinq États membres au regard de la condition des personnes contraintes de se déplacer à cause du changement climatique.
En définitive, la question des déplacés climatiques au Sahel ne doit pas se limiter aux efforts sur le plan scientifique c'est-à-dire des disciplines telles que la physique, la géographie ou la climatologie uniquement. On doit plutôt privilégier une approche holistique dans laquelle seront pris en compte les aspects juridiques relatifs aux droits des personnes ayant migré suite au déséquilibre entre l'environnement et les ressources disponibles pour la survie des populations affectées et surtout que la question climatique est aujourd'hui source de conflit entre les populations.

REFERENCES BIBLIOGRAPHIQUES

Ouvrages généraux et manuels

- S. MALJEAN-DUBOIS et M. WEMAËRE, *La diplomatie climatique Les enjeux d'un régime international du climat,* Pédonne, Paris, 2010, p. 378.
- S. MALJEAN-DUBOIS et M. WEMAËRE, Manuel pour aider les Équipes de pays des Nations Unies à intégrer les risques et opportunités liés au changement climatique, *Intégration du changement climatique dans les processus nationaux de développement et de programmation de pays des Nations Unies*, p.38.
- V. ETEKA YEMET, *La Charte Africaine des Droits de l'homme et des peuples,* L'Harmattan, Paris, 2000, p. 178.

Ouvrages spécialisés

- M. BELANGER, *Droit international humanitaire*, Gaulino, Paris, 2002, pp. 55-79.
- N. BRACQ, *Changement climatique et droit des Etats,* Les savoirs inédits, Paris, Août 2012, pp.36-42.
- S. WEERASINGHE, *Bridging the Divide in Approaches to Conflict and Disaster Displacement: Norms, Institutions and Coordination in Afghanistan, Colombia, the Niger, the Philippines and Somalia,* HCR et OIM, 2021, p. 139.
- V. LASSALY-JACOB et al, *La mobilité sous contrainte* in Déplacés et réfugiés, IRD, Paris, 1999, p. 38.

[48] L'Alliance des Etats du Sahel est un pacte de défense mutuelle conclu entre le Mali, le Niger et le Burkina Faso le 16 septembre 2023. L'accord est signé à la suite du coup d'Etat du 26 juillet 2023 au Niger, contre lequel la CEDEAO menaçait d'intervenir militairement.

Thèses et Mémoires

- E. B. GEBRE, « La protection internationale des personnes déplacées par les changements climatiques », Thèse de doctorat en Droit public, Soutenue le 10-06-2016 à Toulouse 1, dans le cadre de l'École doctorale Sciences juridiques et politiques (Toulouse), en partenariat avec Institut Maurice Hauriou (Toulouse) (équipe de recherche). pp.173-174.
- M. GOUVERS, « La question de la protection des droits de l'homme dans les rapports euro-méditerranéens », Mémoire soutenu en vue de l'obtention d'un Master de recherche droit public fondamental 2008 à la Faculté de droit de Poitiers.
- V. MAGNINY, « Les réfugiés de l'environnement, hypothèse juridique a` propos d'une menace écologique », Thèse de droit, (dactylographiée), Université de Paris Panthéon Sorbonne, 1999, p.695.

Articles

C. COURNIL, « Vers une reconnaissance du « réfugié écologique ? Quelle (s) protection (s) Quel (s) statut (s) ? », *Revue du droit public*, juillet-août 2006, n° 4, pp. 1035-1066.

C. COURNIL, « A la recherche d'une protection pour les « réfugiés environnementaux » : actions, obstacles, enjeux et protections », *Revue Alyson (s),* N°6, novembre 2008, Exodes écologiques, url de référence : http://www.reseau-terra.eu/article843.html.

C. COURNIL et P. MAZZEGA, « Catastrophes écologiques et flux migratoires : Comment protéger les « réfugiés écologiques » ? », *Revue européenne de droit de l'environnement, n° 4,* décembre 2006, pp. 417-427.

- « Réflexions prospectives sur une protection juridique des réfugiés écologiques », *Revue Européenne des Migrations Internationales,* 2007, (23), 1, pp. 7-34.

Club du Sahel et de l'Afrique de l'Ouest/OCDE, « Différend frontalier entre le Nigéria et le Cameroun à propos des iles sur le lac Tchad » *(1987) in Note méthodologique sur la lecture des enjeux sécuritaires et descriptifs des événements sécuritaires Sahel Ouest et Sahel Est* http://www.oecd.org/dataoecd/9/50/44241350.pdf.

Club du Sahel et de l'Afrique de l'Ouest/OCDE, « Criminalité et banditisme transfrontalier ». *In Note méthodologique sur la lecture des enjeux sécuritaires et descriptifs des événements sécuritaires Sahel Ouest et Sahel Est* http://www.oecd.org/dataoecd/9/50/44241350.pdf.

E. PIGUET, « Climate and Migration : A Synthesis » dans Tamer Afifi et Jill Jager, Environment, Forced Migration and Social Vulnerability, London, *Springer*, 2010, pp.73-74.

- F. BATISTA JIMENEZ, « Mexique : des Principes directeurs à la responsabilisation nationale en faveur des droits des PDI », *Revue Migrations Forcées n°45*, Mars 2014, p.32.
- G. ANTONIO, Haut-Commissaire des Nations Unies pour les réfugiés « Changements climatiques, catastrophes naturelles et déplacement humain : une perspective du HCR », Version finale : 23 octobre 2008 www.aidh.org/climat/Images/Note_HCR_10_08.pdf.
- G. BOYER et M. MCKINNON, « Le développement et les risques de déplacement », *Revue Migrations Forcées n° 49* Juin 2015, p.21.
- G-M. CHEMILLIER, « Faut-il un statut international de réfugiés écologiques ? », *Revue européenne de droit de l'environnement*, 2006, pp. 446-453.
- H. J. TAGUM FOMBENO, « Réflexions sur la question des réfugiés en Afrique », *Revue. Trimestrielle des droits de l'homme, n°57*, 2004. pp.245-274.
- J. BLOCHER, D. GHARBAOUI et S. VIGIL, « L'Afrique de l'Ouest : un banc d'essai pour des solutions régionales », *Revue Migrations Forcées n°49* Juin 2015, p.18
- J.F. DURIEUX et P. BONCOUR, « Le rôle des cadres normatifs et des organisations internationales », in GEMENNE F. Migrations et environnement (Dir), *Revue Homme et migrations, n°1284*, mars-avril 2010, pp. 128-142.
- M. KAMARA, « De l'applicabilité du droit international des droits de l'homme dans l'ordre juridique interne » *Anuario Colombiano de Derecho International-ACDI, Bogotá*, ISSN : 2027-1131/ISSNe: 2145-4493, Vol.4, pp.97-162,2011. http://revistas.urosario.edu.co/index.php/acdi/article/view/2051/1818.
- O. BEYLERIAN, « Déplacés et réfugiés : droit humanitaire et action internationale », *Études internationales, vol. 31, n° 1,* 2000, p. 165-185. http://id.erudit.org/iderudit/704131ar.
- O. DUN et F. GEMENNE, « Définir les migrations environnementales », *Revue Migrations Forcées n°31*, octobre 2008, p.10.
- R.M. KOUDE KOUSSETOGUE., « Peut-on, à Bon Droit, parler d'une conception Africaine des Droits de l'Homme ?», in *Revue trimestriel des Droits de l'Homme, n°62*/2005, pp. 539-561.
- S. LECKIE et E. SIMPERINGHAM, « Priorité aux déplacements internes liés au climat », *Revue Migrations Forcées n°49,* Juin 2015, p.35.
- S. MARTIN, S. WEERASINGHE et A. TAYLOR, « Qu'est-ce que la migration pour cause de crises ? », *Revue Migrations Forcées n°45*, Mars 2014, p.5.
- T. WOOD, « Développement d'un mécanisme de protection temporaire en Afrique », *Revue Migrations Forcées n°49,* Juin 2015, p.23.
- Z. DIARRA, Impacts des changements climatiques en Afrique de l'ouest. http://www.wamis.org/agm/meetings/iwacc09/S3-Diarra.pdf

Accords et Instruments internationaux

- Acte consultatif de l'Union africaine du 26 mai 2001.

- Charte Africaine des droits de l'homme et des peuples, 28 juin 1981 (entrée en vigueur le 21 octobre 1986).
- Convention de l'Union africaine sur la protection et l'assistance aux personnes déplacées en Afrique (Convention de Kampala), 23 octobre 2009 (entrée en vigueur le 6 décembre 2012).
- Convention cadre des Nations Unies sur les changements climatiques du 09 mai 1992 (entrée en vigueur le 21 mars 1994).
- Convention des Nations Unies sur la lutte contre la désertification, 17 juin 1994 (entrée en vigueur le 26 décembre 1996).
- Convention relative au statut des réfugiés, 28 juillet 1951, (entrée en vigueur le 22 avril 1954).
- Convention régissant les aspects propres aux problèmes des réfugiés en Afrique, 10 septembre 1969 (entrée en vigueur le 20 janvier 1974).
- Déclaration Universelle des droits de l'Homme du 10 décembre 1948.
- Pacte International Relatif aux droits civils et politiques du 23 mars 1976.
- Principes directeurs relatifs au déplacement de personnes à l'intérieur de leur propre pays du 17 juillet 1998.
- Protocole relatif à la charte africaine des droits de l'Homme et des peuples portant création d'une Cour Africaine des droits de l'Homme et des peuples du 25 janvier 2004.

Résolutions

- Résolution n° 56/135. Aide aux réfugiés, aux rapatriés et aux personnes déplacées en Afrique, Résolution adoptée par l'Assemblée générale du 19 décembre 2001.
- Résolution n° 45/100 adoptée
- par l'Assemblée générale des Nations Unies, le 14 décembre 1990 relative à l'assistance humanitaire aux victimes des catastrophes naturelles et situation d'urgence du même ordre.
- Résolution n°43/131 adoptée par l'Assemblée générale des Nations Unies, le 08 décembre 1988 relative à l'assistance humanitaire aux victimes des catastrophes naturelles et situation d'urgence du même ordre.

Rapports institutionnels

- Rapport de l'Union Africaine : « La Convention de Kampala un an après : avancées et perspectives », 2013.
- Rapport préparé pour l'OIM par Moïse BALLO, « Migration au Mali, profil national 2009 », Ed., Organisation internationale pour les migrations (OIM), 2009.
- Rapport du Programme de Nations Unies pour l'environnement intitulé «Sécurité des moyens d'existence Changements climatiques, migrations et conflits au Sahel », publié en 2011 par le Programme des Nations Unies pour l'Environnement.

Législations internes

- Constitution de la République du Mali du 22 juillet 2023.
- Constitution de la République du Burkina Faso du 02 juin 1991, amendée en novembre 2015.
- Constitution de la République du Niger du 25 novembre 2010.
- Constitution de la République islamique de Mauritanie du 20 juillet 199, révisée en 2006, 2012 et en 2017.
- Constitution de la République du Tchad du 29 décembre 2023.
- Décret n° 2020-298/PRN/MAH/GC déterminant les modalités d'application de la loi n° 2018-74 de décembre 2018 relative à la protection et à l'assistance aux personnes déplacées internes au Niger, 17 avril 2020.
- Décret n° 2014-0280/P-RM fixant les attributions spécifiques des membres du gouvernement au Mali, 25 avril 2014.
- Décret n° 2005-022 fixant les modalités d'application en République islamique de Mauritanie des conventions internationales relatives aux réfugiés, 3 mars 2005.
- Décret n° 98-354/P-RM portant création de la Commission Nationale chargée des Réfugiés (CNCR) en Mauritanie, 28 octobre 1998.
- Loi n° 2018-74 relative à la protection et à l'assistance aux personnes déplacées internes au Niger, 10 décembre 2019.
- Loi n° 2018-22 déterminant les principes fondamentaux de la protection sociale au Niger, 27 avril 2018.
- Loi n° 012-2014/AN portant loi d'orientation relative à la prévention et à la gestion des risques, des crises humanitaires et des catastrophes au Burkina Faso, 22 avril 2014.
- Loi n° 042-2008/AN portant statut des réfugiés au Burkina Faso, 18 décembre 2008.
- Loi n° 998-40 de 1998 portant sur le statut des réfugiés en Mauritanie, 19 mai 1998.

Plaidoyer pour une relecture contemporaine de la convention de Genève sur les réfugiés comme remède à l'absence d'un cadre juridique de protection des réfugiés climatiques en Afrique

Yanick Hypolitte ZAMBO
Docteur en droit public
Enseignant (Assistant) à la Faculté des Sciences Juridiques et Politiques de l'Université de Yaoundé II-Soa (Cameroun).

Résumé
Par le passé, les arguments d'ordres politique et économique justifiaient exclusivement les flux migratoires. Maintenant, cette considération est tombée en désuétude. On assiste à une flambée de phénomènes qui en même temps engendrent et amplifient la migration au rang desquels figure en bonne place le changement climatique. Celui-ci détériore le cadre de vie des populations. Ainsi, elles migrent vers les régions où les conditions climatiques sont favorables. Cependant, le droit international tel qu'il est conçu ne protège pas les « réfugiés climatiques ». La Convention de Genève qui est le texte de base de la protection des réfugiés est muette à ce sujet. C'est pour cette raison qu'il est judicieux d'entreprendre la relecture contemporaine de cette convention afin de définir le statut juridique des « réfugiés climatiques ».
Mots-clés : Relecture contemporaine ; convention de Genève de 1951 sur les réfugiés ; réfugiés climatiques ; changement climatique ; Afrique subsaharienne ; encadrement juridique.
Abstract

In the past, political and economic arguments justified migration flows exclusively. Now this consideration is limited. There is a proliferation of phenomena that at the same time engender and amplify migration, among which climate change is prominent. This deteriorates the living environment of the populations. Thus, they migrate to regions where climatic conditions are favorable. However, international law as it is conceived does not protect "climate refugees". The Geneva Convention, which is the basic text of the protection of refugees, is silent on this subject. It is for this reason that it is wise to undertake a contemporary review of this convention in order to define the legal status of "climate refugees".
Keywords : Contemporary proofreading; 1951 Geneva Convention on Refugees; climate refugees; climate change; Sub-Saharan Africa; legal framework.

Introduction

C'est un secret de Polichinelle : le changement climatique est devenu une réalité incontestable en dépit des velléités des climato-sceptiques. Étant dû à la pullulation de la concentration des gaz à effet de serre (GES) , le changement climatique impacte significativement les quatre points du globe terrestre eu égard à « l'unité écosystémique de la planète » . Sans conteste, ce phénomène défraie la chronique et fait l'objet d'une médiatisation sans précédent. En dépit de cette dynamique médiatique, les causes réelles de cette gangrène se situent dans un passé assez lointain. En effet, la propension développementaliste du XIXème siècle, axée sur le repli des idéologies du développement durable a favorisé avec acuité la concentration des GES dans l'atmosphère et la déliquescence des ressources naturelles. Cela veut dire qu' « en quelques siècles, nous avons brûlé des ressources accumulées durant des centaines de millions d'années. Nous détruisons des écosystèmes qui abritaient une biodiversité perdue à jamais, nous privant ainsi de clés indispensables pour le futur » . Dans cette même veine, le Pape Paul VI a déclaré que « le progrès scientifique et technique, malgré ses aspects prometteurs pour la promotion de tous les peuples, porte en soi, comme toute œuvre humaine, sa forte charge d'ambivalence, pour le bien et pour le mal » .

Compte tenu de ce qui précède, il sied de constater que l'espèce humaine a perfidement participé à l'explosion du phénomène climatique actuel. Cette considération est corroborée et proférée par Groupe d'Expert Intergouvernemental sur l'Evolution du Climat (GIEC) dans son quatrième rapport de 2007 ainsi : « l'essentiel de l'accroissement observé sur la température moyenne globale depuis le milieu 20e siècle est très vraisemblablement dû à l'augmentation des gaz à effet de serre anthropiques ». Laconiquement, on est donc passé d'un changement climatique annoncé à un changement climatique vécu et réel, mieux d'un changement climatique astronomique à un changement climatique anthropique aux phénomènes météorologiques et climatiques drastiques. On est en présence d'une révolution copernicienne. Ce cul-de-sac présentant une considération schématique classique est marqué par une antinomie certaine : le Nord pollue et le Sud subit. Ainsi, l'Afrique se retrouve sous l'œil du cyclone de fléau et en subit les effets. Dans ce contexte morbide, les populations notamment du Sud, voient leurs chances de développement s'amenuiser et leurs moyens de subsistance périclitent. Sans conteste, le changement climatique est rédhibitoire à la jouissance effective des droits de l'homme. Or, ce dernier a le droit de bénéficier d'un environnement sain, c'est-à-dire exempt de pollution. C'est certainement ce qui justifie le déferlement de la communauté internationale pour l'endiguement de ce fléau. Autrement dit, l'ensemble des États souverains constituant le bloc onusien s'investit dans l'apport d'un répondant stratégique et dynamique avéré.

Au plan international, l'envol de la protection de l'environnement a été pris au début des années 1970 et notamment en 1972 lors de la conférence des Nations

unies sur l'environnement humain de 1972 à Stockholm. Le but de cette rencontre était d'asseoir les bases de la prise en compte des aspects environnementaux et sociaux dans toute entreprise de développement. Toutefois, 1992 constitue le noyau dur de la politique climatique internationale au regard des commodités y afférentes . Tout bien considéré, le parangon de la prophylaxie climatique ambiant est bipolaire : en amont à travers l'atténuation des émissions de GES et en aval via l'adaptation aux effets du changement climatique. Cette déclinaison du régime international du climat (l'adaptation) est mobilisée « anticiper et mieux se préparer aux conséquences des dérèglements climatiques » .
Une menace réelle et sérieuse pour l'être humain, le changement climatique devient un accélérateur de la migration forcée des populations à la recherche d'un cadre de vie décent. Cependant, il n'y a aucune définition unanimement admise des déplacements environnementaux. Selon Christel Cournil, « la qualification de ces mouvements de population est variable selon les personnes et les organismes qui s'expriment. Ces acteurs utilisent ces termes en fonction de leurs ambitions d'expertise, de théorisation universitaire, de militantisme ou d'actions politiques et selon les protections qu'ils souhaitent voir émerger. » . Alors, il existe une kyrielle d'expressions pour les désigner : « réfugiés environnementaux, réfugiés écologiques, réfugiés climatiques, migrants environnementaux, éco-réfugiés, personnes déplacées en raison d'une catastrophe naturelle, etc. » . Il s'agit là d'« une tour de Babel » terminologique recoupant la pléthore des schémas de déplacements « interne/ international, régional/local, forcé/volontaire, temporaire/définitif, etc. » . Toujours est-il que ces termes « s'appliquent aux individus ou groupes qui, tous, quittent leur lieux de résidence sous une contrainte externe impérative » . Sans se mêler au débat notionnel et à la polémique doctrinale, on retiendra l'appellation de « réfugié climatique » parce qu'il existe de bons arguments pour l'utiliser. C'est que relève François Gemenne lorsqu'il déclare que « renoncer au terme « réfugié » revient également en quelque sorte à renoncer à l'idée que le changement climatique est une forme de persécution à l'égard des plus vulnérables et que la migration induite par le climat est une question véritablement politique, plutôt qu'une question purement environnementale. Pour cette raison, et contrairement à ce que j'ai pu penser (et écrire) par le passé, et en dépit des difficultés juridiques que cela pose, je pense qu'il existe des raisons tout à fait solides qui justifient d'utiliser ce terme à nouveau : parce que ce terme reconnaît que ces migrations sont avant tout et fondamentalement le résultat d'une persécution que nous infligeons aux plus vulnérables » . Deux principales raisons justifient ce choix : la « charge sémantique » emblématique que couvre ce concept et le traitement réservé aux réfugiés conventionnels. Ceci connote l'expression de la gravité de la situation et la nécessité d'agir. Dans le cadre de ce travail, les « réfugiés climatiques » sont perçus dans une perspective holistique. Il s'agit manifestement de toute personne ou groupe d'individus contraint de fuir ou de quitter sa région ou sa localité suite à un évènement climatique. Dans cette veine, la mobilité des populations constitue une stratégie d'adaptation, un moyen de contournement des effets du changement

climatique . Alimenté par une littérature doctrinale prolifique, ce concept fait l'objet d'une traduction juridique en carence d'où la précarité de ces migrants d'une autre nature. Même la convention de Genève de 1951 relative au statut des réfugiés ne fait aucune référence au volet écologique. Manifestement, il s'agit d'une situation paradoxale : le droit international prenant en compte le dérèglement du climat et faisant fi des flux migratoires engendrés par ce « serpent de mer ». Certainement, c'est là où le bât blesse. Ceci est davantage curieux, sachant que certaines régions sont plus touchées que d'autres par les effets du changement climatique. Jeter le dévolu sur l'Afrique subsaharienne s'avère originale eu égard à sa vulnérabilité ou à sa faible capacité d'adaptation.
Le présent texte s'inscrit dans une dynamique analytique, critique et prévisionnelle dont le but est d'interroger le dispositif juridique lié à la lutte contre le changement climatique, à la protection de l'environnement et des réfugiés. La question qui se pose d'ores et déjà est celle de savoir en quoi la convention de Genève de 1951 constitue-t-elle un palliatif à la carence d'un cadre juridique propre aux « réfugiés climatiques » ? Sans ambages, cette interrogation qui suscite la relecture contemporaine de ce texte arrive opportunément car elle se situe dans le contexte de l'accentuation de la crise climatique avec son caractère stimulant des flux migratoires et l'inexistence d'un instrument juridique pour les encadrer. Notre approche sera pragmatique et empirique. Cette démarche méthodologique pourra éventuellement nous conforter dans l'hypothèse selon laquelle en l'absence d'un texte juridique spécifique dédié à l'encadrement des « réfugiés climatiques », la relecture de la convention de Genève est une thérapie pour combler ce vide juridique et conférer à ces migrants le label authentique par leur ancrage dans l'ADN du droit international. Tout bien considéré, la relecture dénotant logiquement l'actualisation du texte par rapport à la problématique ambiante et lancinante des « réfugiés climatiques » se campe sur une dynamique novatrice et modulatrice. Manifestement, cette entreprise de relecture proprement dite (II) est proférée dans la mesure où la convention de Genève dans son esprit et son essence ne fait pas préalablement la part belle aux individus déplacés pour des raisons climatiques (I).

I.Le préalable : une convention en principe non dédiée aux réfugiés climatiques

Comme on l'a relevé plus haut, le phénomène migratoire pris globalement est inhérent à l'histoire de l'humanité. De nos jours, plusieurs raisons justifient l'abnégation des populations à migrer tant au sein de leur État qu'en franchissant les frontières étatiques. Afin d'atteindre leur objectif, les candidats à la migration empruntent diverses voies (légales ou illégales). Généralement, ces populations s'emploient activement pour « échapper à l'oppression politique, à la guerre et la pauvreté, ainsi que pour rejoindre leur famille, travailler et accéder à l'éducation » . Néanmoins, l'on assiste à l'émergence d'autres phénomènes venant amplifier ces flux migratoires en l'occurrence le changement climatique. Or, les migrations induites par ce dernier ne sont malheureusement pas encadrées par le droit international. Autrement, les « réfugiés climatiques » ne sont pas référencés dans la convention de Genève de 1951. Pourtant, cette dernière constitue à n'en point douté le socle du régime international de protection des réfugiés ou selon Véronique Wagniny, la « Bible juridique des droits des réfugiés » . On peut donc déduire que cette « minimisation » des « réfugiés climatiques » est étroitement liée au contexte (post-belliqueux) de l'adoption de la convention de Genève de 1951 (A) et cette impasse regorge de conséquences sur les droits de l'homme (B).

A.Le soubassement du préalable : le contexte d'après-guerre

Si la convention de Genève ne fait aucune mention du volet climat et environnement, c'est « peut-être parce qu'à l'époque il n'était pas venu à l'esprit des rédacteurs de la Convention, qu'un jour le climat se détériorerait de la sorte. Qu'un jour, femmes et hommes verraient leurs vies menacées par les conditions climatiques et que pour survivre leur seule solution serait de partir » . Vu sous cet angle, le déplacement des populations pour des raisons environnementales est proféré comme étant nouveau ou récent. Pourtant, certaines considérations étayent significativement la « profondeur historique » de ce phénomène . Déjà en 1911, la célèbre géographe américaine Ellen Churchill déclarait que « la recherche de terres meilleures, d'un climat plus doux et de conditions de vie plus facile est à l'origine de nombreux mouvements de populations, les motivations de ces dernières les conduisant nécessairement vers un environnement très différent de leur habitat d'origine » .

La convention de Genève a été adoptée au lendemain des atrocités légendaires de la seconde guerre mondiale et précisément dans le contexte de la guerre froide. Symbolisant la période à laquelle elle fut adoptée, le but de ce texte était de protéger les fugitifs des régimes communistes . C'est dire qu'il a été animé par une tendance humanitaire . A cette époque, les préoccupations environnementales ou écologiques ne constituaient pas le leitmotiv ou le centre d'intérêt de la société internationale, les velléités migratoires d'alors étant nourries par des arguments essentiellement politiques. Cette considération est corroborée à travers la définition du réfugié y afférente.

Aux termes des dispositions de l'article premier section A paragraphe 2 de ce texte, est considérée comme réfugié toute personne « qui, craignant avec raison d'être persécutée du fait de sa race, de sa religion, de sa nationalité, de son appartenance à un groupe social ou de ses opinions politiques, se trouve hors du pays dont elle a la nationalité et qui ne peut ou, du fait de cette crainte, ne veut se réclamer de la protection de ce pays ; ou qui, si elle n'a pas de nationalité et se trouve hors du pays dans lequel elle avait sa résidence habituelle à la suite de tels évènements, ne peut ou, en raison de ladite crainte, ne veut y retourner ». Visiblement, les mots liminaires de cette définition attirent l'attention. Il s'agit précisément de « craignant avec raison d'être persécutée ». La crainte est inhérente à un sentiment d'inquiétude, d'angoisse, d'anxiété consécutif à une impasse future, à un danger présent ou en perspective. Comme le précise le Guide

et principes directeurs sur les procédures et critères à appliquer pour déterminer le statut des réfugiés, il s'agit d'un état d'esprit et une condition subjective. En d'autres termes, le processus de la détermination de la qualité de réfugié sera tributaire non seulement de l'évaluation des déclarations de l'intéressé mais également du jugement porté sur la conjoncture mieux la situation existant dans son pays d'origine. Aussi, cet émoi doit être fondé sur une situation distinctement objective, réelle : d'où la commodité des mots « avec raison » .
Outre élément chatoyant de l'appréhension de réfugié, la persécution fait couler beaucoup d'encre et de salive eu égard à l'absence d'une définition unanimement admise. Dans cette même veine, aucune précision n'est faite concernant l'auteur de la persécution et les avis divergent. Pour Pierre-François Mercure, la persécution est la conséquence d'un acte du gouvernement vis-à-vis des individus . Manifestement, il s'agit là d'une appréhension rigide ou ferme de l'émanation de la persécution. Selon cette conception, la persécution est considérée comme telle que si elle due à un fait gouvernemental ou étatique en général. Systématiquement, cette tendance se situe aux antipodes de celle de l'Union européenne. Pour cette dernière, sont considérés comme acteurs des persécutions l'État, les partis ou organisations contrôlant en toute ou en partie son territoire; les acteurs non étatiques, s'il peut être démontré que les acteurs sus évoqués y compris les organisations internationales, ne peuvent pas ou ne veulent pas accorder une protection contre les persécutions . La position de l'Union européenne, qui parait d'ailleurs plus réaliste et pragmatique, est essentiellement syncrétique dans la mesure où elle prend en compte les entités étatiques et extra étatiques en tant qu'actrices de persécutions. Par ailleurs, la Convention de Genève de 1951 donne une liste exhaustive des motifs de la persécution que sont : la race, la religion, la nationalité, l'appartenance à un groupe social ou les opinions politiques.
Sans conteste, la Convention de Genève a été rédigée dans un contexte particulier. C'est ce qui justifie sa propension et son approche individualiste. Ainsi, elle fut axée sur les événements survenus en Europe ou ailleurs avant le 1er janvier 1951. Vraisemblablement, cette délimitation ne pouvait faire florès dans un monde en ébullition. C'est pour cette raison que le Protocole de New York de 1967 est venu la compléter dans le dessein d'oblitérer ses restrictions spatiotemporelles et lui coller une étiquette moderniste. Cet apport « révolutionniste » ne saurait occulter le fait que cette Convention ne mentionne pas le volet environnemental en général et le changement climatique en particulier. Ceci étant, la morosité ambiante a un impact significatif sur la garantie des droits de l'homme.

B.Le contrecoup du préalable : le brouillage de la garantie des droits de l'homme

Bon nombre d'auteurs estiment que la Convention des Genève est un instrument international au service des droits de l'homme . D'emblée, cette considération est significative compte tenu du contexte dans lequel le texte a été adopté. Toutefois, une analyse holistique et minutieuse de la situation laisse à penser que cet égard est battu en brèche, tombé en désuétude. En fait, l'exhaustivité des motifs de persécution y afférents constitue un écueil à la garantie des droits de l'homme. De nos jours, on assiste à un affleurement de nouvelles menaces à la jouissance effective des droits de l'homme (en l'occurrence le changement climatique) et induisant les déplacements forcés des individus à la recherche d'un refuge, d'un endroit paisible. Pour ces « laissés-pour-compte », le slogan serait « fuir pour survivre » . En d'autres termes, « la migration est alors la seule solution viable » . Malencontreusement, ces « réfugiés » ne bénéficient d'aucun encadrement juridique et par conséquent, leur installation crée généralement des convulsions et dissensions.

Parmi les droits de l'homme donc la jouissance est compromise ici, on retiendra le droit à un environnement sain. En effet, ce choix n'est pas fortuit mais plutôt motivé dans la mesure où il s'agit d'un droit capital ou axial, un « droit poumon », un droit « carrefour », laconiquement un droit au cœur des droits de l'homme . Basé sur l'équité intergénérationnelle, cette catégorie de droits constitue un socle sur lequel sont greffés d'autres droits. Par ailleurs, ce droit essentiellement anthropocentrique, un droit subjectif au regard de la terminologie employée pour sa consécration et pour la désignation de ses titulaires ou bénéficiaires en l'occurrence « les êtres humains » , « chacun » , « toute personne » , « l'homme » , « tous les peuples » . Une fois cette précision faite, il convient maintenant de voir dans quelles mesures la jouissance effective du droit de l'homme à un environnement sain est sapée dans le contexte de céans. Dans un premier temps, il sied de noter que le changement climatique vacille les équilibres naturels et dégrade les conditions de vie des populations. Autrement dit, ce spectre génère les phénomènes météorologiques et climatiques drastiques tels que la sécheresse, la désertification, les inondations, la montée du niveau des mers, la fonte des glaces, les ouragans, la salinité des sols ou l'acidité des océans. Ce faisceau de manifestations impactant la sécurité alimentaire et la santé humaine entraîne le déplacement forcé des populations, parent pauvre de la société internationale. Cet exode est susceptible de menacer considérablement « la stabilité des sociétés humaines, la pérennité des cultures et la paix dans le monde » . Dans un second temps, les flux migratoires induits par la crise climatique ne sont pas juridiquement consacrés et les déplacés n'ont aucun statut juridique. Cette situation pourrait être qualifiée de « mortifère » du fait de la précarité dans laquelle vivent ces migrants.

Des initiatives foisonnent dans l'optique d'obvier à cette impasse parmi lesquelles l'Initiative Nansen ou le Projet de Convention relative au statut international des déplacés environnementaux. Selon María José Fernández, ce dernier est une contribution pertinente, précieuse car elle combine protection, assistance, responsabilité et définit les principes et les droits . Cette possibilité d'arrimer le contexte juridique actuel à la problématique des migrants environnementaux via l'adoption d'une convention spécifique ou propre à cette catégorie de migrants semble moins probante, peut-être parce que « Les États ne sont pas encore matures pour élaborer un texte international relatif aux droits de l'Homme sur la protection du « refugié écologique » . C'est certainement ce qui justifie l'entreprise de la relecture contemporaine de la Convention de Genève, entreprise pouvant constituer « la preuve d'une reconnaissance explicite et le gage d'une protection officielle » . Ce texte présente non seulement les éléments d'assimilation des réfugiés classiques aux « réfugiés climatiques » mais également les mesures pouvant catalyser leur protection.

II.L'aboutissant : une convention présentant tacitement et concomitamment les éléments d'assimilation des réfugiés classiques aux réfugiés climatiques et les mesures assurant leur protection

Les pronostics faits sur les « réfugiés climatiques » convergent sur une réalité apocalyptique. Nonobstant le « buissonnement normatif » en matière d'environnement et de climat, aucun traité international ne fait référence aux « réfugiés climatiques ». Dans le même sillage, la Convention de Genève, unité centrale du régime international de protection des réfugiés est silencieuse sur cette question. C'est ce qui a fait dire à Susan Martin, Sanjula Weerasinghe et Abbie Taylor que « les cadres juridiques et institutionnels existants disposent de capacités limitées pour prendre en compte toutes les personnes présentant des besoins de protection » . D'après Christel Cournil, le cénacle des textes traitant les questions d'étrangers et de réfugiés n'offrent pas un encadrement exprès ou même dynamique des réfugiés environnementaux, elle les qualifie donc de « muets » et de « décevants » . Toutefois, on convient avec Dorothée Lobry qu'il y a des « indices » permettant d'interpréter la Convention de Genève de 1951. Il en est précisément des dispositions préambulaires qui évoquent les droits de l'homme consacrés dans la Charte des Nations unies et la Déclaration universelle des droits de l'homme . De façon holistique, les éléments entérinant la relecture contemporaine de la Convention de Genève sont apparents non seulement dans son préambule (A) mais également son corps même (B).

A.La subtilité de la relecture contemporaine de la Convention de Genève compte tenu de ses dispositions préambulaires

Globalement, la phrase liminaire de la Convention de Genève mobilise deux instruments internationaux de grande envergure. A travers le premier « CONSIDÉRANT », les hautes parties contractantes reconnaissent le principe que les êtres humains, sans distinction, doivent jouir des droits de l'homme et libertés fondamentales consacrés dans la Charte des Nations unies et la Déclaration universelle des droits de l'homme. Littéralement, la Convention de Genève épouse l'ensemble des valeurs définies dans ces instruments. Souvent considérée comme la « Constitution mondiale », la Charte des Nations unies a pour but le maintien de la paix et la sécurité internationales relativement à son article premier. Or, le changement climatique constitue un défi sécuritaire contemporain auquel est confronté le continent africain et le rapport du GIEC de 2007 le confirme significativement. Au regard de ses manifestations, ce phénomène devient crescendo un coefficient de la migration intra et extra étatique. Pour le PNUE, le conflit au Darfour a été en partie causé par le climatique et la dégradation de l'environnement . Implicitement, la prise de conscience de la crise climatique actuelle par les parties à la Convention de Genève connote la reconnaissance de son existence et l'engouement dans son désamorçage (le changement climatique n'étant pas la quadrature du cercle). Par conséquent, cette opportunité inclurait les considérations relatives à une protection juridique des « réfugiés climatiques » mieux à la définition de leur statut.

Dans la foulée de ce précède, la Déclaration universelle des droits de l'homme en tant que référentielle de la Convention de Genève consacre des droits susceptibles de baliser l'encadrement juridique des « réfugiés climatiques ». A cet effet, l'article premier de ce texte invite les êtres humains à agir les uns envers les autres dans un esprit de fraternité. Une interprétation extensive de cette précision laisserait à penser que les États oblitérer les réticences dans l'accueil des personnes déplacées pour des raisons climatiques, la terre étant « notre maison commune » . Ainsi, les articles 13 et 14 consacrent le droit de circuler librement et de choisir sa résidence à l'intérieur d'un État ; et de quitter tout pays, y compris le sien, et de revenir dans son pays ; de chercher asile et de bénéficier de l'asile en d'autres pays devant la persécution.

Par ailleurs, l'article 25 de la Déclaration universelle des droits de l'homme consacre le droit à la santé, à l'alimentation entre autres. Selon la constitution de l'Organisation mondiale de la santé (OMS), « la santé est un état de complet bien-être physique, mental et social, et ne consiste pas seulement en une absence de maladie ou d'infirmité. La possession du meilleur état de santé qu'il est capable d'atteindre constitue l'un des droits fondamentaux de tout être humain, quelles que soient sa race, sa religion, ses opinions politiques, sa condition économique ou sociale » . Le droit à la santé est susceptible annihilé dans le contexte climatique actuel. Certes, l'établissement du rapport entre la variation du climat et la santé humaine a agité la communauté scientifique comme le relève pertinemment Jean-Pierre Besancenot . Cependant, des probabilités sont établies, allant dans le sens que le dérèglement du climat peut favoriser la transmission ou le développement des maladies. À l'occasion de la Journée mondiale de la Santé en 2008, le Docteur Margaret Chan, ancienne Directrice générale de l'OMS, déclarait que « le changement climatique met directement en péril la santé ». Cette assertion s'inscrivant dans une perspective eschatologique tire la sonnette d'alarme sur la flexibilité de la santé consécutive aux vicissitudes climatiques. Les maladies à transmission vectorielle comme la trypanosomiase, l'onchocercose ou le paludisme pourraient pulluler dans les régions présentant une température élevée. Le changement climatique occasionnera près de 250 000 décès supplémentaires chaque année entre 2030 et 2050, pour des raisons liées à la malnutrition, au paludisme, à la diarrhée et au stress dû à la chaleur . Pour faire face à ce phénomène, les populations se trouvent astreintes de se départir de leurs localités pour s'installer ailleurs de façon temporaire ou définitive. Ainsi, le changement climatique devient un accélérateur de la migration forcée . Ceci dit, la reconnaissance du droit à la santé dans ce contexte serait un catalyseur de la détermination du statut juridique des « réfugiés climatiques ».

Le droit à l'alimentation est fondamental et implique la sécurité alimentaire. Cette dernière existe « lorsque tous les êtres humains ont, à tout moment, un accès physique et économique à une nourriture suffisante, saine et nutritive leur permettant de satisfaire leurs besoins énergétiques et leurs préférences alimentaires pour mener une vie saine et active » . Mais, les phénomènes climatiques drastiques notamment dans la zone sahélienne incitent la crise alimentaire. C'est ce qui justifie certainement l'exode des populations. La fondamentalité de ce droit – bien qu'il soit consacré indirectement dans la Convention de Genève – serait un gage de la protection des personnes se trouvant dans cette situation. Au regard de ce qui précède, les dispositions préambulaires de la Convention de Genève sont commodes pour sa relecture contemporaine. Cette opportunité est également probante relativement au corps même de la Convention.

B.La commodité de la relecture contemporaine de la Convention de Genève au regard du texte proprement dit

La Convention de Genève relative au statut des réfugiés est constituée de quarante-six articles. Indubitablement, aucune disposition n'est en principe liée aux « réfugiés climatiques ». Toutefois, elle présente les éléments pouvant permettre à certaines personnes de bénéficier du statut de « réfugié climatique ». Pour le démontrer, le dévolu sera principalement jeté sur son article premier relatif à la définition du terme « réfugié ». Comme on l'a relevé plus haut, un chapelet de termes et expressions fondamentaux est à souligner dans cette entreprise de relecture.

Est considérée comme réfugié aux fins de la Convention de Genève, toute personne qui craint avec raison d'être persécutée. Curieusement, le terme « persécution » n'est pas clarifié dans ce texte et les tentatives de définitions ne sont pas consensuelles. Manifestement, l'absence de définition corrobore la galaxie des interprétations y afférentes basées sur des considérations hétéroclites. Autrement dit, l'interprétation de cette notion ne saurait être uniforme . Au-delà de cette hétérogénéité, l'appréhension de la notion de persécution requiert l'existence d'un préjudice grave (qui est matérialisé dans le pays d'origine) et l'absence de protection de l'État (sa capacité et sa volonté d'annihiler ledit risque) . Ainsi, l'auteur détermine quatre moments consécutifs à une absence de protection de l'État : la persécution commise par l'État concerné ; la persécution encouragée par l'État concerné ; la persécution tolérée par l'État concerné et la persécution qui n'est ni encouragée, ni persécutée par l'État concerné mais qui est néanmoins réelle pace qu'elle refuse ou est incapable d'assurer une protection adéquate . Il apparaît ainsi que la persécution renvoie à tout acte rédhibitoire à la jouissance effective des droits de l'homme. Une interprétation extensive de cette notion permettrait d'intégrer le changement climatique sachant que ce phénomène a un impact sur les droits de l'homme tel qu'analysé précédemment. Ainsi, et dans le contexte africain, les effets pervers du changement climatique atteignent des proportions phénoménales au point où les États sont « incapables » de le maîtriser. La précarité des moyens pour la garantie de l'adaptation et l'atténuation combinée avec le chancellement de la justice climatique étayent cette impasse. De toute évidence, les « réfugiés climatiques » bénéficient d'un encadrement juridique que si le changement climatique recoupe le(s) motif(s) de persécution.

Au rang des motifs de persécution on s'appuiera particulièrement « l'appartenance à un certain groupe social » puisqu'il en est le moins clair dans la définition du réfugié .. L'appartenance à un certain groupe social a complété la liste des motifs de persécution à l'issue des délibérations consécutives au projet de convention. Ceci revient à dire cet élément étaient inexistante dans les travaux préparatoires. Cette flexibilité laisse un boulevard à l'interprétation. En l'espèce, l'article 10 la Directive 2011/95/UE du Parlement européen et du Conseil du 13 décembre 2011 et la loi n°2015-925 du 29 juillet 2015 relative à la réforme du droit d'asile interprète ce motif de manière extensive à telle enseigne que les questions de genre et d'orientation sexuelle sont prises en compte dans la reconnaissance de l'appartenance à un certain groupe social ou de l'identification d'une caractéristique d'un tel groupe. Aussi, militent en faveur de l'intégration du motif économique dans la litanie des raisons de persécution. Dans ce cas, « Le « réfugié économique » serait la personne qui fuit son pays par crainte d'une persécution de nature économique : on pense aujourd'hui aux grecs, qui peuvent chercher à fuir leur pays par crainte du chômage ou d'une absence de rémunération » . A travers ces interprétations, certaines personnes entrent dans le champ d'application de la Convention de Genève alors qu'elles n'y étaient pas initialement référencées , en l'occurrence les individus déplacés pour des raisons liées au changement climatique.

Il existe des situations dans lesquelles les personnes peuvent être considérées comme « réfugiés climatiques » parce qu'elles craignent avec raison d'être persécutées eu égard à leur appartenance à un certain groupe social. Il en est par exemple lorsqu'un gouvernement ne parvient pas à assure une protection contre les effets du changement climatique affectant un groupe social particulier. La demande d'asile ici pourrait être fondée si les membres dudit groupe se sont enfuis dans un autre État à la suite du fiasco ou de la politique délibérée de l'État d'origine de protéger ce groupe . Dans le sahel l'existence foisonnante des conditions climatiques extrêmes entraîne le départ des Touaregs, ceux-ci constituent donc un groupe vulnérable. La rareté des ressources hydriques et la recrudescence de la sécheresse entrainent des déplacements en Somalie et au Kenya. Au Darfour, les populations migrent du Nord vers le Sud, région présentant les conditions climatiques favorables. Tous ces exemples montrent à suffisance la précarité et vulnérabilité de l'Afrique en général et certains groupes en particulier. Le plus souvent les États ne disposent pas d'assez de moyens pour faire face au phénomène climatique. Les populations se retrouvent dans la nasse.

Conclusion

Au demeurant, le changement climatique est devenu de nos jours une réalité incontestable et constitue un obstacle majeur à la jouissance effective des droits de l'homme. « le jour approche, où l'emballement climatique échappera à tout contrôle : nous sommes, en vérité, au seuil historique de l'irréversible » . Étant une menace à la paix et à la sécurité internationales, il engendre et amplifie les déplacements tous azimuts des populations dans le dessein de s'installer dans des régions vivables. On assiste d'ores et déjà à un chamboulement du contexte migratoire. « Prenons conscience qu'il y a déjà, aujourd'hui, davantage de réfugiés climatiques que de réfugiés de guerre. Quelque 80 % d'entre eux vivent dans les pays du Sud, mais vont-ils y rester ? Parce que l'Afrique sera frappée de désertification, parce que des lacs comme le lac Tchad s'assécheront, des guerres surviendront et provoqueront des déplacements de population. Investir dans le climat aujourd'hui, c'est prévenir les conflits et ne pas créer les réfugiés de demain » .

Toutefois, le problème de l'inexistence d'un statut juridique pour les personnes déplacées suite à un phénomène climatique se pose avec acuité. Évidemment, elles sont des persona non grata et restent enlisées dans une précarité manifeste compte tenu de ces « limbes juridiques » . La Convention de Genève constituant la base juridique de la protection des réfugiés ne fait aucune référence aux « réfugiés climatiques ». Cette propension est assurément due au contexte de son élaboration. Alors, c'est ce qui justifie l'entreprise de sa relecture contemporaine permettant de l'arc-bouter afin de répondre à la problématique de l'encadrement juridique des « réfugiés climatiques ». Il s'agit de peinture le tableau des « réfugiés climatiques » dans l'optique de leur donner une couleur scintillante en droit international. Conséquemment, la Convention de Genève devrait recevoir une véritable cure de jouvence.

Droits fondamentaux des femmes rurales menacés par les changements climatiques dans les communes rurales de Dougabougou et Macina, au Centre du Mali

Lasséni TRAORE
Maître Assistant en Droit Public à l'USJPB

Résumé
Les changements climatiques sont perceptibles au Mali à travers des questions récurrentes de pauvreté, d'insécurité alimentaire, de la mauvaise gouvernance, du non-respect des textes législatifs et règlementaires relatifs à l'environnement, de l'échec de la consolidation de la démocratie et de la crise sécuritaire depuis mars 2012. En dépit de cet état de fait, il apparaît séant de souligner que le Mali à travers ses autorités a fourni d'énormes efforts dans la lutte contre les effets et impacts néfastes des changements climatiques surtout dans le cadre de la mise en œuvre de la Convention Cadre des Nations Unies sur les Changements Climatiques de 1992.
Cependant, le Mali reste profondément affecté par les changements climatiques surtout en milieu rural où les femmes et le jeunes en font plus les frais que les autres couches vulnérables à cause de leur forte dépendance aux ressources naturelles pour assurer leur survie. Aujourd'hui, les femmes et les jeunes des communes rurales de Dougabougou et Macina font particulièrement face aux effets et impacts néfastes de ces climatiques et ne bénéficient pas en retour d'une assistance et accompagnement adéquats de la part des plus hautes autorités étatiques pour leur résilience. La conduite d'une étude de terrain était nécessaire dans ladite zone afin de démontrer tous les contours de protection des droits fondamentaux des femmes qui serait menacé par ces changements.
Mots clés : Droits fondamentaux, changements climatiques, gouvernance, développement durable, femmes rurales, l'adaptation, atténuation, vulnérabilité et résilience.

Summary
Climate change is perceptible in Mali through recurrent issues of poverty, food insecurity, poor governance, non-compliance with legislative and regulatory texts related to the environment, the failure to consolidate democracy, and the security crisis since March 2012. Despite this reality, it is noteworthy to emphasize that Mali, through its authorities, has made enormous efforts in combating the adverse effects and impacts of climate change, especially in the implementation of the United Nations Framework Convention on Climate Change of 1992.
However, Mali remains profoundly affected by climate change, especially in rural areas where women and youth bear the brunt more than other vulnerable groups due to their heavy reliance on natural resources for survival. Today, women and youth in rural communities such as Dougabougou and Macina are particularly

facing the adverse effects and impacts of these climatic changes, without receiving adequate assistance and support from the highest state authorities to enhance their resilience. Conducting a field study in the aforementioned area was necessary to demonstrate all aspects of protecting the fundamental rights of women that could be threatened by these changes.

Keywords: Fundamental rights, climate change, governance, sustainable development, rural women, adaptation, mitigation, vulnerability and resilience.

Introduction

D'entrée en matière, nous voulons emprunter une expression à Agathe VAN LANG[1], Alix PERRIN[2] et Meryem DEFFAIRI[3] selon laquelle *« si l'effondrement de la biodiversité se déroule dans le printemps d'un silence privé de chants d'oiseaux, le changement climatique s'avance avec tumulte et fracas »*[4]. Ceci est d'autant vrai que le nombre de personnes victimes des changements climatiques ne cesse de s'accroitre ces vingt dernières années[5]. En effet, ce début du XXIe siècle est le témoin d'un accroissement exponentiel des victimes des changements climatiques lié, de près ou de loin, aux activités anthropiques polluantes. Pourtant il n'existe pas actuellement en droit de mesures plus contraignantes susceptibles de protéger les personnes victimes des effets et impacts néfastes des changements climatiques. Malheureusement, les couches les plus exposées à ces changements demeurent les femmes et les enfants qui dépendent directement des rares ressources naturelles pour survivre, posant ainsi la question de leur protection catégorielle, mais aussi du droit applicable.

Ces interrogations s'inscrivent dans la problématique de protection des *« Droits fondamentaux des femmes rurales menacés par les changements climatiques dans les communes rurales de Dougabougou et Macina, au Centre du Mali »*.

Par *« Droits fondamentaux des femmes rurales »* nous entendons, l'adoption par nos autorités des lois efficaces, des politiques, des règlements, des programmes, des procédures administratives et des structures institutionnelles afin de garantir le développement et le progrès des femmes rurales à part entière ainsi que la pleine jouissance de leurs droits et de leurs libertés fondamentales sur un pied d'égalité

---

[1] Agathe VAN LANG est Professeure de Droit public, Co-directrice du Master Droit de l'environnement et des transitions écologiques, UFR Droit et Sciences Politiques, Département Droit Public et Sciences Politiques. UMR_C 6297 Droit et Changement Social.

[2] Alix Perrin est professeur-agrégée des universités. Elle assure au sein de Dauphine-PSL plusieurs cours de droit public, dans les différentes filières, de la L1 au M2. Elle assure également des cours en droit de l'urbanisme et de la construction au sein de l'INFN ainsi qu'un cours de « Contrats de la Smart City » dans le master 2 Smart city et Gouvernance de la donnée de l'université de Bourgogne.

[3] Agathe Van Lang, Alix Perrin et *Meryem Deffairi*, « Le contentieux climatique devant le juge administratif », Revue française de droit administratif, N° 4, 2021.

avec les hommes surtout en matière de gestion et d'exploitation des ressources environnementales.
La protection des droits fondamentaux de cette couche est appréhendée dans cette réflexion comme renvoyant à une fonction dynamique orientée vers l'action, mais aussi la mise en contribution des mécanismes normatifs et institutionnels en vue de garantir certains droits fondamentaux notamment, la dignité, les droits et libertés dans la dimension à la fois individuelle que collective. Le droit constitutionnel, entendu au sens du droit fondamental, ne dérogeant pas à cette possibilité d'établir des normes et des institutions destinées à régir la vie en société[6], a été appréhendé dans cette étude à travers le débat sur la fragmentation fonctionnelle mais aussi géographique. Ainsi, sont mis en contribution dans le cadre de cette étude le droit universel, à travers à la fois, le Droit International des Droits de l'Homme (DIDH), le Droit International de l'Environnement (DIE) et le droit national, à travers la Constitution dans une sorte de pluralisme ordonné aux termes de Mireille DELMAS-MARTY[7].
Cette appréhension ne manque pas d'intérêt. A cet égard, comme le fait observer Jean JOUZEL,[8] : «Aucune partie du monde ne sera épargnée par les conséquences du réchauffement climatique mais certaines sont incontestablement plus vulnérables ». De ce point de vue, en 1998, Jodi JACOBSON évaluait les déplacés environnementaux à 10 millions[9]. En 1993 Norman MYERS les évaluait à 25 millions et prévoit 250 millions d'ici 2050[10] tandis que l'ONG Christian Aid prévoit 1 milliard pour la même période[11]. De ce fait, Jean Marc LAVIEILLE relève une incertitude quantitative, mais aussi une certitude qualitative par rapport à l'existence du phénomène qui prend de l'ampleur[12]. Certes, la responsabilité est commune, mais elle est aussi différentiée. En effet, le PNUD relève que l'Afrique est le continent qui pollue le moins l'atmosphère avec seulement 2,4 tonnes de CO_2 par habitant soit 50 à 100 fois inférieure à la pollution par personne dans un

---

[6] Raymond FERRETTI, La révision de la constitution : les paradoxes d'une évolution, revue de l'actualité juridique française, 1er avril 2001, Article de doctrine. Source Internet : http://www.rajf.org/spip.php?article12.

[7] Mireille DELMAS-MARTY, *Le pluralisme ordonné*, les forces imaginantes du droit (II), Paris, Seuil, coll. La couleur des idées, 2006, 308 p.

[8] *"À long terme aucun pays n'échappera au réchauffement climatique" Interview. A quelques mois de la conférence sur le climat COP 21, le but affiché de Jean Jouzel, vice-président du groupe scientifique du Giec, est d'éclairer les décideurs et les élus sur les périls écologiques. Interview. Propos recueillis par Olivier Le Naire. Publié le 04/05/2015 à 16:28, mis à jour le 11/05/2015 à 12:25.*

[9] Jacobson, Jodi, Environmental refugees : a yardstick of habitability, Washington : WorldWatch Institute, 1998, 46 p.

[10] Myers, N. (1993). « Environmental refugees in a globally warmed world », Bioscience (43) :752-761.

[11] Christian-Aid (2007). Human Tide : The real migration crisis, Christian Aid, (http://www.christianaid.org.uk/Images/human-tide.pdf).

[12] LAVIEILLE Jean-Marc, « L'assistance écologique », in LAVIEILLE Jean-Marc, BETAILLE Julien, PRIEUR Michel (sous la dir.), Les catastrophes écologiques et le droit : échecs du droit, appels au droit, Bruylant, Bruxelles, 2012, pp 413-420.

pays européen et 100 à 200 fois inférieure dans un pays américain typique[13]. Ces chiffres nous interpellent tous à plus responsabilité pour pouvoir endiguer ce phénomène qui touche particulière notre zone d'étude.
Le texte présente une étude sur la vulnérabilité des femmes aux changements climatiques dans les communes rurales de Dougabougou et de Macina au Mali. À travers des enquêtes menées entre 2017 et 2023, l'étude identifie les impacts des changements climatiques sur les femmes et compare les données avec d'autres études antérieures dans la région.
Les résultats montrent une vulnérabilité accrue des femmes, en particulier à Dougabougou, en raison de la dégradation avancée de l'environnement et de la crise sécuritaire. Les conditions géographiques et les activités économiques locales influent sur cette vulnérabilité, avec une dépendance accrue des femmes au commerce agricole à Dougabougou et à l'irrigation rizicole à Macina.
Les facteurs climatiques extrêmes tels que la chaleur, les vents violents et les inondations contribuent à cette vulnérabilité, affectant la sécurité alimentaire et les moyens de subsistance des femmes. Malgré les efforts des autorités, la situation reste préoccupante, nécessitant des mesures d'adaptation et d'atténuation des effets des changements climatiques, avec une attention particulière portée aux droits fondamentaux des femmes à un environnement sain et durable.
C'est donc à juste titre que de s'interroger en ces termes : Comment peut-on assurer une protection efficace des droits fondamentaux à l'environnement pour les femmes des communes rurales de Dougabougou et de Macina, qui sont impactées par les changements climatiques ?
Pour tenter d'illustrer ces points d'interrogation, il importe de retenir que l'objectivisme relativiste au sens d'Alain PELLET[14] est la base théorique qui a impulsé nos approches. La difficulté dans ce travail est exprimée dans l'affirmation de Moïse Makane MBENGUE selon laquelle la gestion et la régulation des phénomènes globaux à l'instar de l'environnement et de la migration, s'inscrivent dans une dynamique circulaire au sein de laquelle certitude et incertitude s'entrecroisent, s'entremêlent et se neutralisent avec, comme conséquence récurrente, une persistance de l'incertitude[15]. De ce point de vue, l'objectif de ce travail est moins de chercher à convaincre qu'à susciter la réflexion et des interrogations sur plusieurs paradigmes à la fois du Droit International de l'Environnement (DIE) et du droit constitutionnel mis à l'épreuve dans le contexte de vulnérabilité des femmes rurales face aux changements climatiques, en

---

[13] PNUD, Rapport N°63 *« L'Afrique détient la clé de nombreuses solutions climatiques mondiales »*, Entretien avec Ahunna Eziakonwa, Directrice du Bureau régional du PNUD pour l'Afrique. Source Internet : https://stories.undp.org/afrique-detient-la-cle-de-solutions-climatiques-mondiales.

[14] Alain PELLET, Droit international public, coll. *«Thémis»*, PUF, Paris 1981, 151 p.

[15] Makane Moïse Mbengue, Le codex Alimentarius, le protocole de Cartagena et l'OMC : une relation triangulaire en émergence ?, 2004, Revue européenne des sciences sociales, XLII-p. 130. Source Internet : https://journals.openedition.org/ress/483.

particulier celui de l'insuffisance de la solidarité et de la responsabilité des différents acteurs de ces changements.
C'est d'ailleurs, autour de ces paradigmes, que notre travail s'est construit à travers deux parties se rapportant dans un premier temps sur les garanties de protection insuffisantes (I) et dans un second temps sur une difficile construction d'un droit de protection catégorielle des femmes victimes de ces changements (II) qui sont le signe de l'inefficacité actuelle du droit en la matière.

I. Insuffisances des garanties de protection des droits fondamentaux des femmes à l'environnement

Il s'est agi de relever les insuffisances à travers des mesures de protection générale, d'une part (A) et de protection spécifique, d'autre part (B).

A.Insuffisances des mesures de protection générale

Au niveau des mesures générales de protection, on peut retenir le Janus[16] pour ce qui est du DIE et du Tendon d'Achille[17] pour ce qui est du Droit constitutionnel. Le DIE est le cadre naturel et général d'analyse de la question de protection des victimes des changements climatiques.
Ce cadre se présente comme un Janus car il permet de relever le contraste qui existe entre l'offre de protection et la finalité de ladite protection. Il y a lieu d'illustrer ce propos avec l'affaire Ioane TEITIOTA[18] contre la Nouvelle Zélande qui a fait l'objet d'un avis du Comité des droits de l'Homme. Si cet avis est appréhendé comme une décision historique, un appel de réveil ou une ouverture importante, pour nous, il constitue une décision-synthèse des grandes problématiques de la prise en compte des droits de l'homme dans le contexte des dégradations environnementales.
Il est une décision synthèse parce qu'elle fait la preuve d'une offre de protection alléchante qu'est susceptible de concéder le domaine des droits de l'Homme aux victimes des changements climatiques. En effet, dans cette affaire, les démonstrations font la preuve que les droits de l'Homme dans leur ensemble peuvent être mobilisés dans le cadre de la protection des victimes des changements climatiques.
Toutefois nous convenons avec Marie COURTOY que la décision a peut-être ouvert une voie mais les contours en sont flous : le chemin reste à tracer ; le pas

---

[16] Histoire antique, Janvier pour Janus, le dieu romain des passages, Publié le mardi 12 janvier 2021 à 18h17 par Nithya PAQUIRY. Source internet : https://www.radiofrance.fr/franceculture/janvier-pour-janus-le-dieu-romain-des-passages-5448180. Consultée en ligne, le 18 Avril 2024 à Touba, à 07H50MN.
[17] Composé de tendon et de Achille, héros de la mythologie grecque, devenu invulnérable après que sa mère l'eut plongé dans les eaux du Styx, le tenant par le talon, son seul point faible. La fable raconte qu'il fut mortellement blessé à cet endroit par une flèche empoisonnée tirée de Pâris. Source internet : https://fr.wiktionary.org/wiki/tendon_d%E2%80%99Achille. *Consultée en ligne, le 18 Avril 2024 à Touba, à 08H10MN.*
[18] Comité des droits de l'homme, 24 octobre 2019, *"Teitiota c. Nouvelle-Zélande"* Communication No. 2728/2016.

est grand mais la route est longue[19]. Cette observation est d'autant pertinente à l'analyse des opinions dissidentes des membres Duncun Laki MUHUMUZA et Vasilka SANCIN selon lesquelles, l'établissement de la preuve mis à la charge du requérant était déraisonnable[20].

Il faut donc préconiser le renversement de la charge de la preuve au profit des présumées victimes. Sur ce point nous disons que le verdissement des droits de l'Homme consacré ou préconisé par Christel COURNIL doit aussi concerner les techniques d'interprétation et d'application desdits droits[21].

Par ailleurs, le Droit constitutionnel est appréhendé dans ce travail comme le talon d'Achille pour traduire l'idée que sa démocratisation fondamentaliste est à un stade embryonnaire du point de vue des normes environnementales, des institutions et des techniques d'interprétation. Il faut comprendre par démocratisation fondamentaliste le processus de prise en compte et d'inclusion effectif des Droits de l'Homme à l'environnement dans la Constitution. Cette illustration est donnée par la Convention d'Alger du 15 septembre 1968 relative à la conservation de la nature et des ressources naturelles qui consacre le principe de la protection des individus en son article 2[22].

Le domaine climatique de façon spécifique répond aussi à ce mouvement qui a pour le moment concrètement abouti au paragraphe 11 de l'Accord de Paris, qualifié de symbolique de par sa faible charge opérationnelle, obligatoire et d'influence. Par ailleurs comme le soutient Michel PRIEUR,[23] « le *contexte international en matière de droit international de l'environnement n'est pas*

---

[19] Louvain-La-Neuve, Comité des droits de l'homme des Nations Unies, Constatations relatives à la communication n° 2728/2016, Ioane Teitiota c. Nouvelle-Zélande, 24 octobre 2019.

[20] Article de la Revue québécoise de droit international / Quebec Journal of International Law / Revista quebequense de derecho internacional,Volume 33, numéro 2, 2020, p. 77–99. Source Internet : https://www.erudit.org/fr/revues/rqdi/2020-v33-n2-rqdi06773/1086442ar. Consultée en ligne, le 18 Avril 2024 à Touba, à 08H52MN.

[21] Christel Cournil. *"Verdissement"* des systèmes régionaux de protection des droits de l'Homme : circulation et standardisation des normes. Journal européen des droits de l'homme : *European Journal of human rights*, 2016, 2016 (1), pp.3-31.

[22] C'est aussi le cas de la Convention sur la désertification dans les pays touchés par la sécheresse et/ou la désertification en particulier en Afrique du 17 juin 1994 aux articles 3, 7, 10.

[23] Michel Prieur, né le 26 décembre 1940, est un professeur agrégé émérite français spécialiste du droit de l'environnement et doyen honoraire de la Faculté de droit de l'Université de Limoges. Diplômé de Sciences po Paris en 1964, puis de l'Institut des Hautes études internationales de Paris en 1965, Michel Prieur soutient une thèse intitulée Les Entreprises publiques locales et obtient le prix de thèse de la faculté de droit de Paris Panthéon en 1967. Il devient agrégé de droit public et de sciences politiques en 1969. Professeur à l'Université de Strasbourg (1970-1981), il rejoint ensuite l'Université de Limoges (1983-2004) et y fonde en 1985 le Centre de recherches interdisciplinaires en droit de l'environnement, de l'aménagement et de l'urbanisme (CRIDEAU). Doyen honoraire de la faculté de droit et des sciences économiques de Limoges (1988-1992), il est membre élu du Conseil national des universités (1996-1999). Il est Docteur Honoris causa de l'Université de Zaragoza (2010), de l'Université d'écologie de Bucarest (2011), de l'Université de Sherbrooke (2011) et de l'Université du Littoral de Santa Fe en Argentine (2011).

favorable à la question de protection des victimes des changements climatiques ».[24]
L'inefficacité et l'ineffectivité en sont les caractéristiques majeures comme le relève Maurice KAMTO.[25]
Ainsi, la démonstration des insuffisances que connaissent les mesures de protection des victimes des catastrophes naturelles sont souvent spécifiques aux femmes rurales vulnérables.

B.Insuffisances des mesures de protection spécifique aux victimes du climat

Au niveau des mesures de protection spécifique, nous retenons que le droit de l'environnement est un parent pauvre, tandis qu'une lueur d'espoir pourrait venir du droit constitutionnel. Le parent renvoie à une assimilation faite entre déplacés environnementaux et réfugiés que *Luc CAMBREZI* qualifie de sorte de facilité ou de paresse de langage que se seraient accordés les médias à cause de la *charge émotionnelle et dramatique* du mot réfugié[26].
La pauvreté de cette assimilation ou de ce parent procède de l'absence de mention expresse de la cause environnementale au titre des motifs d'octroi du statut de réfugié sur le fondement de la Convention de Genève que celle de l'OUA. Seuls les motifs tirés de l'appartenance à un certain groupe social sur la base de l'article 2, al. 2 de la Convention de Genève et celui de l'atteinte à l'ordre public sur la base de l'article 1 al. 2 de la Convention de l'OUA sont considérés aux termes d'*Isi FOIGHEL*[27] *comme un filet de sécurité destiné à parer à toute lacune possible dans les autres catégories.*
Pour paraphraser *Frédéric SUDRE, ces motifs pourraient faire des deux conventions des instruments vivants qui s'interprètent à la lumière des conditions environnementales d'aujourd'hui*[28]. Pourtant, c'est sans compter que le contexte national du terrorisme, du réchauffement climatique, de la crise politico institutionnelle et économique que traverse le Mali, de manière générale et les communes rurales de Dougabougou et Macina, de manière particulière, depuis plus d'une décennie, n'est pas favorable à de telles interprétations.

---

[24] PRIEUR (M.), *« Les nouveaux principes du droit de l'environnement : l'exemple du principe de précaution »*, Xe Journées juridiques franco-chinoises sur le droit de l'environnement, Société de législation comparée, 2006, p. 5-6.

[25] M. KAMTO, *« Les conventions régionales sur la conservation de la nature et des ressources naturelles en Afrique et leur mise en œuvre »*, Revue juridique de l'environnement, 1991/4.

[26] CAMBREZY Luc (2006) Territoire et dimension géopolitique de l'accueil des réfugiés. Les colonies agricoles des exilés du Soudan en Ouganda, Nature, Sciences, Sociétés, Vol. 14, Oct-Déc., pp. 365-375.

[27] Isi Foighel, né le 21 décembre 1927 à Chemnitz (Allemagne) et mort le 12 septembre 2007 à Copenhague (Danemark), est un homme politique danois membre du Parti populaire conservateur (KF), ancien ministre et ancien député au Parlement (le Folketing).

[28] Frédéric Sudre. *Droit international et européen des droits de l'Homme*. In: *Politique étrangère*, n°1 - 1990 - 55^{e}année. p. 195. Source Internet disponible : www.persee.fr/doc/polit_0032-342x_1990_num_55_1_3932_t1_0195_0000_1.

Par ailleurs, l'espoir impulsé par la Convention de Kampala du 23 octobre 2009 est une lueur. Reprenant les dispositions des droits de l'homme, du droit des réfugiés, du droit humanitaire, ces textes prévoient une application tout au moins spécifique prenant en compte le contexte environnemental. Ces dispositions ont un caractère proactif mais aussi réactif.

Si l'ancrage des Principes directeurs est peu rassurant, la convention de Kampala vient en renfort avec des spécificités intéressantes. Se fondant sur la coopération et la solidarité, elle consacre la responsabilité des Etats[29] celle des acteurs non-étatiques[30]. Il y est aussi consacré un mécanisme de prévention, d'alerte précoce et de gestion de risque et catastrophe[31] et une assistance au profit des communautés locales et d'accueil. Toutefois, il ne faut pas occulter qu'elle est limitée dans son champ d'application personnel, et par son faible ancrage institutionnel et la faible prévision des moyens de mise en œuvre.

De 1992 à 2022 (30 ans), si les différentes rencontres autour du climat ont permis de rapprocher les pays industrialisés aux pays en développement, elles n'ont malheureusement pas permis d'obtenir l'adhésion de tous à l'idée de mettre en place un accord commun plus contraignant susceptible de situer les responsabilités juridiquement et de sanctionner véritablement les coupables des pollutions afin d'endiguer durablement le phénomène des changements climatiques.

Néanmoins, l'accord de Paris a, par ailleurs, été utilisé avec succès dans le cadre de litiges sur le climat, obligeant certains pays à renforcer leur action en faveur du climat.

Le Journal « *Le Monde* » avec AFP indique à propos : « *La défaite, pour Total, est complète. La Cour de cassation a confirmé, mardi 25 septembre 2012, toutes les condamnations prononcées dans l'affaire du naufrage de l'Erika, il y a près de treize ans, y compris celle de la compagnie pétrolière, condamnée à l'amende maximale de 375 000 euros. Mais elle y a rajouté la responsabilité civile, dont Total, en tant qu'"affréteur véritable" de l'Erika, avait été exonéré par la cour*

---

[29] « *Mettre en place un cadre juridique de prévention du déplacement interne, de protection et d'assistance aux personnes déplacées en Afrique* » ; (art. 2, al. d).

[30] « *Les États parties s'engagent à respecter et à assurer le respect de la présente Convention, et tout particulièrement, à : a. S'abstenir de pratiquer, interdire, prévenir le déplacement arbitraire des populations ; b. Prévenir l'exclusion et la marginalisation politiques, sociales, culturelles, susceptibles de causer le déplacement de populations ou de personnes en vertu de leur identité, leur religion ou leur opinion politique* » (art. 3, al. 1 de la convention de l'union africaine sur la protection et l'assistance aux personnes déplacées en Afrique (convention de Kampala, 2009).

[31] « *Les États parties mettent au point des systèmes d'alerte précoce dans le cadre du système continental d'alerte précoce dans les zones de déplacement potentiel, élaborent et mettent en œuvre des stratégies de réduction du risque de catastrophes, des mesures d'urgence, de réduction et de gestion des catastrophes, et fournissent si nécessaire, la protection et l'assistance d'urgence aux personnes déplacées* » (art. 4, al. 2 de la convention de l'union africaine sur la protection et l'assistance aux personnes déplacées en Afrique (convention de Kampala).

d'appel de Paris du fait d'une convention internationale. Il faudra ainsi au groupe "réparer les conséquences du dommage solidairement avec ses co-prévenus d'ores et déjà condamnés" à des dommages et intérêts ». En consacrant le préjudice écologique dans son arrêt « *Erika* » du 25 septembre 2012, la *Cour de cassation* répond avec la plus grande satisfaction des climato sensibles.

La doctrine en la matière bien que moins abondante illustre plus cette thématique que des textes juridiques qui du reste, sont très souvent moins contraignants, fractionnés et insuffisamment appliqués aux réalités climatiques des pays les plus pauvres et vulnérables.

Ainsi, depuis l'Affaire *Urgenda*[32], on assiste à une multiplication de recours contre les États avec des demandes de reconnaissance d'insuffisance des cadres réglementaires et d'injonction de corriger à la hausse les objectifs climatiques.

Des instruments juridiques internationaux, le législateur malien s'en est inspiré pour produire toute une série de normes et d'institutions environnementales qui très souvent convergent peu ou presque pas, à une protection catégorielle des femmes face aux changements climatiques.

La soixante-quatrième année du spécial n°13, 22 Juillet 2023 de la République du Mali publie qui consacre Deux articles importants sont ainsi consacrés aux questions environnementales par la constitution malienne de 2023 à savoir : *« La protection de l'environnement et la promotion de la qualité de la vie sont un devoir pour tout citoyen et pour l'Etat »*[33]; et *« En cas de calamité constatée, tous les citoyens ont le devoir d'apporter leur concours dans les conditions définies par la loi ».*[34]

Bien auparavant, la Loi n°01-020 du 30 mai 2001 relative aux pollutions et aux nuisances en République du Mali disposait en son article 42 que : *« Lorsque l'infraction est commise dans le cadre de l'activité d'une personne morale, la responsabilité pénale incombe à toute personne physique qui de par ses fonctions, a la responsabilité de la gestion, de la surveillance ou du contrôle de cette activité. Toute personne morale en cause sera à titre principal responsable au paiement des amendes, réparation civiles, frais et dépens* », les entreprises agricoles installées dans des zones rizicoles de l'Office du Niger-Ségou continuent de priver les femmes desdites localités de leurs droits les plus fondamentaux à l'environnement. Par ailleurs, les différents programmes issus du Schéma Directeur du Développement Rural (SDDR) ne prennent pas en compte les intérêts différenciés des femmes au titre d'actifs dans les exploitations agricoles[35].

---

[32] *Urgenda c/Cour Suprême des Pays-Bas*, 12 déc. 2019, n° 19/00135, Hoge Raad. Jugement rendu, à propos par la Cour d'appel de La Haye, le 9 oct. 2018, n° 200.178.245/01.

[33] Article 25 du Décret n°2023-0401/PT-RM du 22 juillet 2023 portant promulgation de la constitution du Mali.

[34] Article 26 du Décret n°2023-0401/PT-RM du 22 juillet 2023 portant promulgation de la constitution du Mali

[35] Par exemple, le Programme de restauration de la fertilité des sols ne comprend ni d'orientation spécifique ni de mesure spécifique pour les femmes qui sont pourtant les exposées aux phénomènes climatiques. Même si de manière plus spécifique, l'article 15 du Décret n°01-

En la matière, la corruption participe à aggraver les disparités économiques et entraîne lentement mais sûrement la dégradation du tissu social puisqu'elle génère un perpétuel sentiment d'injustice chez les populations. De surcroît, ce sont les personnes les plus vulnérables qui finissent par en être les principales victimes notamment, les femmes, les personnes âgées, les handicapes et les mineurs, souvent privés de services qui devraient leur revenir de droit.
Selon ces communautés, les plus hautes autorités étatiques semblent être les premières à soutenir cette injustice dans la mesure ou les communautés rurales victimes ne bénéficient pas d'un procès équitable ou d'un accompagnement conséquent en la matière.
C'est ainsi qu'entre *les échecs du droit et les appels au droit*[36], l'une des caractéristiques des catastrophes écologiques et humaines, la construction d'un régime de protection s'avère difficile.

II. Difficile construction d'un droit de protection spécifique pour les femmes

Les difficultés s'apprécient au niveau *du régime de la responsabilité internationale (A)*, mais aussi au niveau des *perspectives juridiques nationales insuffisantes (B)* qui prennent forme et esprit dans des sphères différentes. Ainsi, à la question de savoir dans quelle mesure le droit de la responsabilité peut se saisir des dommages à l'environnement à la suite d'une catastrophe, il ressort que les limites sont la chose la plus partagée.

A.Difficultés de construction d'un régime de la responsabilité internationale

Des difficultés résident à l'imputabilité du dommage issu de la catastrophe, à la détermination de l'illicéité du comportement de l'Etat présumé auteur et de l'étendue des réparations éventuelles en faveur des femmes. « *Plus d'un millier de « procès climatiques »*[37] *ont été intentés jusqu'ici. En se saisissant de « l'arme du droit » pour contraindre les États et les entreprises à réduire leurs émissions de gaz à effet de serre (GES), la société civile concourt à redessiner les premiers traits d'une métamorphose de leur responsabilité tout en souhaitant impulser par*

397/P-RM du 06 septembre 2001 fixant les modalités de gestion des pollutions de l'atmosphère précise que : *« Toute exploitation industrielle, minière ou artisanale susceptible d'émettre des rejets polluants dans l'atmosphère est tenue de mettre en place un dispositif et un programme d'enregistrement et de surveillance de ces rejets. Les résultats des mesures sont transmis régulièrement au Ministère chargé de l'Environnement accompagné de commentaire sur les causes des dépassements constatés par rapport aux normes ainsi que sur les actions correctives mises en œuvre ou envisagées »*, mais ne dispose expressément de sanction contre une entreprise agricole dans cette zone pour des faits de dégradation de l'environnement qui sont pourtant visibles.

[36] Intitulé du Colloque de l'Université de Limoges en mars 2009.

[37] C. Cournil (dir.), Les grandes affaires climatiques, éd. DICE, Confluences des droits, 2020, 680 p. (en ligne : https://dice.univ-amu.fr/sites/dice.univ-amu.fr/files/public/ cdd10_-_les_grandes_affaires_climatiques_2.pdf).

ricochet des réactions politiques[38] ».[39] Ces assertions sont d'autant plus réelles qu'elles interpellent, à plus d'un titre, le monde scientifique à mieux s'investir dans la recherche afin de mieux encadrer le phénomène des changements climatiques, garant des droits humains, les plus fondamentaux à l'environnement, des communautés, les plus exposées et vulnérables.

Ainsi, la Déclaration universelle des droits de l'Homme de 1948 donne une sorte de garantie à cette implémentation normative à travers son article 2 en ces termes : « *chacun peut se prévaloir de tous les droits et de toutes les libertés proclamées dans la présente Déclaration, sans distinction aucune notamment, de sexe* ». Aussi, quelques années après, des mouvements féministes des années soixante proposent d'adopter un texte spécifique en la matière.

Après de longues discussions, la Convention sur l'élimination de toutes les formes de discrimination à l'égard des femmes (CEDEF)[40] est finalement ouverte aux signatures, le 18 décembre 1979 par l'Assemblée générale des Nations Unies.

Son objectif est de défendre l'accès des femmes à tous leurs droits et à toutes leurs libertés, mais aussi abolir les discriminations dont les femmes sont victimes dans tous les aspects de leur vie.

Dans ce contexte, les Nations Unies ont organisé quatre conférences mondiales sur les femmes, à savoir à Mexique en 1975, à Copenhague en 1980, à Nairobi en 1985 et à Beijing en 1995. La dernière a été suivie d'une série d'évaluations quinquennales.

Faut-il le rappeler, cette dernière quatrième Conférence mondiale sur les femmes, organisée à Beijing en 1995, a marqué un tournant important dans le programme mondial pour l'égalité des sexes[41].

De ce fait, des perspectives encore incertaines sont donc proposées dans la théorie comme dans la pratique pour remédier la situation actuelle d'inefficacité.

En théorie, elles portent sur l'articulation de la dialectique entre l'existant fondé sur le DIE et le DIH d'une part, mais aussi sur le naissant construit autour d'une prise de conscience collective de la communauté internationale des défis et enjeux

---

[38] A. Wonneberger & R. Vliegenthart, « *Agenda-Setting Effects of Climate Change Litigation: Interrelations Across*
Issue Levels, Media, and Politics in the Case of Urgenda Against the Dutch Government », Environmental Communication, March 2021.

[39] Cité in, C. Cournil (dir), Les prémisses de révolutions juridiques ? Récents contentieux climatiques européens, ed. RFDA, (équipe d'accueil n° 4175, p.957), 2021. p.1.

[40] Convention sur l'élimination de toutes les formes de discrimination à l'égard des femmes (CEDEF). Adoptée et ouverte à la signature, à la ratification et à l'adhésion par l'Assemblée générale dans sa résolution 34/180 du 18 décembre 1979. Elle est entrée en vigueur : le 3 septembre 1981.

[41] Le programme fixe des objectifs et des actions stratégiques pour la promotion de la femme et la réalisation de l'égalité des sexes, dans 12 domaines de préoccupation qui sont : Femmes et pauvreté (1) ; Éducation et formation des femmes (2) ; Femmes et santé (3) ; Violence à l'égard des femmes (4) ; Femmes et conflits armés (5) ; Femmes et économie (6) ; Femmes et prise de décisions (7) ; Mécanismes institutionnels œuvrant à la promotion de la femme (8) ; Droits fondamentaux de la femme (9) ; Femmes et médias (10) ; Femmes et environnement (11) ; Jeunes filles (12).

nouveaux et émergents des changements climatiques se manifestant souvent par la constitutionnalisation progressive des normes environnementales, par des projets innovants et sobres en carbones, des projets comme celui de la convention de Limoges relatives au statut des déplacés environnementaux et du projet de convention d'experts australiens sur les personnes déplacées du fait des changements climatiques, etc.

Plus connue sous le nom de la Conférence de Stockholm sur l'environnement, elle représente une étape majeure dans l'émergence de politiques d'environnement à l'échelle nationale et internationale, et dans l'avènement de la notion de *« Développement Durable »*[42].

La conférence de Stockholm de 1972, loin de se contenter de traiter des problèmes de pollution et de conservation de la nature, va faire place à deux autres thèmes majeurs : les *« établissements humains »* et *« environnement et développement »*. Cette conférence va finalement aboutir à l'élaboration d'une importante série de textes[43] notamment, la déclaration de 26 principes qui constitueraient après un socle historique dans la définition progressive du « *Développement Durable* », quinze ans avant le rapport de la commission *Brundtland*[44].

---

[42] Elle catalyse la rencontre, sinon le choc, entre la montée fulgurante des problématiques environnementales, qui s'impose au milieu des années 1960, et le durcissement des exigences en matière de droit au développement, émanant du bloc de pays alors défini comme le Tiers Monde. La conférence dont l'initiative revient à la Suède s'est déroulée dans un contexte de tensions internationales très fortes (guerre froide, guerre du Vietnam, poursuite décriée des essais nucléaires français et chinois, dictatures en Amérique latine...). La plupart des pays de l'Est se retireront in extremis, pour contester la représentation de l'Allemagne par la seule R.F.A. (République fédérale d'Allemagne), l'Union soviétique ayant pourtant été très présente dans la phase préparatoire. Mais surtout, une vraie menace, qui aurait pu conduire à l'annulation de l'événement, fut un temps brandi par les pays du Tiers Monde, la défense de leur développement industriel étant le point central d'achoppement.

[43] Les 113 pays représentés l'ont adoptée à l'unanimité, sauf la Chine, pourtant impliquée pour la première fois dans une négociation globale aux Nations unies et en ayant obtenu un substantiel remaniement. Un vaste plan d'action en 109 points a également été voté, couvrant trois grands domaines : évaluation et surveillance (Earthwatch – « vigie de la Terre ») ; gestion de l'environnement dans ses multiples composantes (développement urbain, population, mers et océans, réduction des toxiques en agriculture, patrimoine culturel, etc.) ; mesures de soutien (éducation, information, réorganisation des agences onusiennes, financement, coopération, etc.). Des résolutions séparées sont venues compléter ces textes. Elle a conduit à la création du Programme des Nations unies pour l'environnement (P.N.U.E., 1972), dont la conversion en Organisation mondiale de l'environnement (O.M.E.) fait aujourd'hui l'objet de débats, ainsi que celle d'un Fonds mondial pour l'environnement. Elle a enfin incité les pays à promouvoir des projets pilotes d'« écodéveloppement ».

[44] Le rapport Brundtland est un document historique dans lequel apparaît pour la première fois la notion de développement durable. ... Sa rédaction remonte à 1987, à l'occasion de la Commission mondiale sur l'environnement et le développement présidée par la Norvégienne Gro Harlem Brundtland pour le compte des Nations Unies. 3 https://www.google.com/search?client=firefox-b-d&q=le+rapport+de+la+commission+brundtland+1987, Consulté, le 11 décembre 2021 à Santiago de Compostela, Esa$pagne à 21h10 heure locale, mis à jour dernier 1 oct. 2017.

Elle pose les bases pour l'élaboration d'une Convention sur la diversité biologique (CDB)[45] qui portera le nom de Convention de Rio de 1992. L'objectif visé à travers cette dernière est le développement des stratégies nationales pour la conservation et l'utilisation durable de la diversité biologique[46].
Plusieurs rencontres sur le climat suivront cette mobilisation de la communauté internationale autour du climat.
Historiquement, la Convention Cadre des Nations Unies sur les Changements Climatiques (CCNUCC), en anglais, *« United Nations Framework Convention on Climat Change (UNFCCC) »*, a été adoptée au cours du sommet de la Terre de Rio de Janeiro en 1992 par 154 États dont le Mali[47] et la totalité des membres de la Communauté européenne[48].
Il importe de préciser que cette convention reste le premier instrument juridique international qui cherche à encadrer le phénomène des changements climatiques. Cependant, elle ne comporte aucune mesure juridiquement contraignante.
Néanmoins, elle consacre trois grands principes importants à savoir : le principe de précaution, le principe des responsabilités communes mais différenciées des Etats et le principe du droit au développement[49].
Les manifestations de ces changements pour les agriculteurs sont entre autres l'approvisionnement et la dégradation des terres occasionnés par des facteurs climatiques extrêmes notamment, des vents violents, des températures élevées, des inondations et de l'extrême pauvreté.[50]

---

[45] CBD est un traité international adopté lors du sommet de la Terre à Rio de Janeiro en 1992, avec trois buts principaux : La conservation de la biodiversité ; L'utilisation durable de ses éléments ; Le partage juste et équitable des avantages découlant de l'exploitation des ressources génétiques.
[46] Dans un premier temps, les bureaux de la convention se trouvaient à Genève avant de déménager définitivement à Montréal. Elle a été ouverte aux signatures le 5 juin 1992 et est entrée en vigueur le 29 décembre 1993. En décembre 1993, cent soixante-huit pays avaient signé la convention. Longtemps, la convention n'a eu qu'une portée contraignante limitée, mais elle commence, depuis la fin des années 1990, à être appliquée concrètement dans certains pays et communautés supranationales comme l'Union européenne. Elle contient un rappel d'utilisation des termes dans son article 2 et introduit le principe de précaution.
[47] CCNUCC a été adoptée à New York, le 9 mai 1992, entrée en vigueur le 21 mars 1994. Elle a été signée et ratifiée respectivement par le Mali le 22 septembre 1992 et le 28 décembre 1994.
[48] Elle est entrée en vigueur le 21 mars 1994, et le siège est à Bonn, en Allemagne. En 2004, elle était ratifiée par 189 pays, en 2015 on recense 195 pays2 et en 2018, par 197 pays.
[49] Aussi, elle reprend tous les principes contenus dans la déclaration finale de Rio de Janeiro et dans l'Agenda 21, ainsi que les principes du droit international, au sein duquel elle n'est qu'un aspect.
[50] VON BRAUN J., MEINZEN-DICK R., Land Grabbing by foreign Investors in Developping countries: Risks and Opportunities, Washington DC, IFPRI Policy Brief, avril 2009. DEININGER K., SONGWE V., Foreign Investments in Agricultural Production: Opportunities and Challenges, Banque Mondiale, Issue 45, janvier 2009. HARALAMBOUS S., LIVERSAGE H., ROMANO M., The growing demand for land, risks and opportunities for smallholders famers, IFAD, Discussion Paper de la 32ème session du Conseil Exécutif, Février 2009, 17 p. Cités in « *L'accaparabilité des terres, une investigation dans le Macina, Office du Niger, Mali* ». Par Joanna De Leener, Mémoire de Master en Relations Internationales de

Par conséquent, dans cette zone de l'office du Niger- Ségou,[51] les agriculteurs sont confrontés au phénomène des changements climatiques qui font aujourd'hui, plusieurs victimes et singulièrement les femmes. Elles subissent en fait, des conséquences affreuses de ces changements « *sans en être réellement responsables* ».[52] Ainsi, leurs revenus agricoles ne leurs permettent plus de subvenir à leurs besoins les plus fondamentaux, comme par exemples se nourrir et nourrir leurs enfants, se soigner, se vêtir, se loger et s'instruire dans des conditions les meilleures[53].

Pourtant, ce n'est pas l'insuffisance des instruments juridiques internationaux et nationaux militant en faveur de la protection des droits fondamentaux des femmes qui fait défaut mais plutôt son efficacité et effectivité[54].

Par ailleurs, depuis plus de trente (30) ans (de 1992 à 2023), des programmes d'aménagement des zones de l'Office du Niger-Ségou ont été entrepris afin d'assurer la sécurité alimentaire des populations africaines dans les pays au Sud du Sahara. Malheureusement, ces programmes ne parviennent pas à présent à assurer une sécurité alimentaire à l'ensemble des maliens et du moins aux communautés riveraines concernées. À propos, une étude récente passe en revue quatre investissements sur les terres de l'Office du Niger-Ségou qui sont non moins impactés par les changements climatiques et privent du coup les femmes

---

Université catholique de Louvain Ecole des Sciences Politiques et Social, Session de juin 2011. p.75.

[51] L'Office du Niger (ON) a été créé en 1994 et ensuite érigé en une entité publique commerciale. Il fut rattaché au Ministère de l'Agriculture. Plus récemment, en avril 2009, il a été placé sous le Secrétariat d'État Auprès du Premier Ministre Chargé du Développement Intégré de la Zone de l'Office du Niger.

[52] Les causes globales du changement climatiques sont imputables aux grandes industries polluantes essentiellement implantées dans des pays développés comme les USA, la Russie, la Chine, l'Australie, l'Allemagne, la France, le Canada, le Japon, etc. Le Mali est un puit de carbone comparé à ces derniers pays qui continuent d'émettre importante gaz à effet de serre dans l'atmosphère.

[53] Les droits les plus fondamentaux des femmes sont donc compromis et leur capacité de résilience face aux changements climatiques mis en danger. Il importe de savoir qu'une communauté qui ne parvient pas à garantir aux femmes les droits les plus élémentaires à l'homme, expose à la fois, ses enfants (son avenir) à plusieurs dangers comme la malnutrition, la mauvaise éducation et le sous-développement.

[54] À titre d'illustration, la Convention d'Aarhus sur l'accès à l'information, la participation du public au processus décisionnel et l'accès à la justice en matière d'environnement, signée le 25 juin 1998 par trente-neuf États dont le Mali, est un accord international important en la matière qui ouvre la voie à une « démocratie environnementale », favorable à la protection des droits des femmes à l'environnement. Cette convention d'Aarhus comporte principalement trois grands objectifs importants qui sont : (1) améliorer l'information environnementale fournie par les autorités publiques, concernant des principales données environnementales ; (2) favoriser la participation du public à la prise de décisions ayant des incidences sur l'environnement (par exemple, sous la forme d'enquêtes publiques) ; et (3) étendre les conditions d'accès à la justice en matière de législation environnementale et d'accès à l'information.

desdites zones à un accès effectif aux ressources environnementales.[55] Cependant, même si ces aménagements ont permis d'obtenir une certaine augmentation de la production céréalière dans ladite zone, ils ont aussi eu des impacts négatifs[56] sur les modes agricoles traditionnels essentiellement pratiqués par les femmes.[57]
Faut-il le rappeler, avant l'arrivée des industries agricoles étrangères, les villages étaient situés à une certaine distance des champs de culture (5 à 10 km) pour le respect de certaines valeurs et traditions communautaires propres à cette localité.[58]
Aujourd'hui, ces industries sont implantées à proximité des habitations (parfois 1km) réduisant du coup l'espace d'habitation[59] et piétinent parfois des valeurs communautaires des communautés riveraines concernées.
Du reste, ces entreprises ainsi que les communautés riveraines sont toutes affectées par les changements climatiques dans cette localité. Des initiatives entreprissent en la matière restent insuffisantes pour la protection et la garantie des droits les plus fondamentaux des femmes contre le dérèglement climatique à plus d'un titre[60]. Parmi les principes[61] qui sous-tendent cette politique, l'égalité et la responsabilisation des acteurs sont citées en premier lieu. Cependant, cette volonté n'est suivie d'aucune disposition susceptible de rendre fonctionnelle une égale participation des femmes au processus de prise de décision et de mise en

---

[55] Frédéric Mousseau, *« Comprendre les investissements fonciers en Afrique, rapport Mali »*, Southpaw, Southpaw.org. Crédits photo © Joan Baxter. Photo couverture : culture de mil & les Blanzan (acacia albida)- Samana Dugu. Copyright © 2011 Oakland Institute.p.7.

[56] Les agro-industries installées dans desdites localités utilisent des techniques agricoles modernes qui dégradent les terres agricoles. Des pratiques nuisibles favorisent la dégradation des ressources environnementales et augmentent les effets néfastes du changement climatique dans desdites zones. Avec l'industrialisation, les entreprises agricoles utilisent des engrais chimiques, des insecticides, des pesticides et d'autres produits qui peuvent être nuisibles à la santé humaine (OGM, glyphosate, etc.). Ces produits chimiques finissent par détruire des terres cultivables importantes voisines et diminuent la biodiversité.

[57] Les communautés rurales pratiquaient des modes agricoles moins polluants que des modes modernes. Des modes plus sobres en carbone et d'engrais et moins dégradant l'environnement.

[58] Les bois sacrés, les lieux de cultes, des festivités ou de loisirs étaient situés à proximité ou dans des villages.

[59] Ces habitations sont très souvent logées entre les canaux d'irrigations des zones aménagées par l'Office limitant parfois leurs accès aux services sociaux de base et leur mobilité au sein de cette zone. En période hivernale, les eaux de canalisation débordent parfois pour inonder des villages entiers (les déplacés du village de N'Golobabougou) avec des conséquences affreuses (des maladies comme le paludisme, la diarrhée, le choléra, les infections, des pertes des animaux, des maisons détruites et parfois des morts d'hommes) sur les femmes, les plus vulnérables.

[60] De multiples ONG se sont réunis lors de la Conférence mondiale des peuples sur le changement climatique et les droits de la Terre nourricière, à Cochabamba (Bolivie), en avril 2010, pour proposer la création d'un tribunal international de justice climatique qui aurait, entre autres pour mandat de protéger les droits des couches les plus vulnérables notamment, les femmes.

[61] Quatre principes de base sont énoncés : 1) équité et égalité ; 2) implication/responsabilisation et participation de tous les acteurs ; 3) prévention et précaution et 4) internalisation des coûts de protection de l'environnement.

œuvre de ces initiatives en vue d'atteindre les objectifs d'adaptation aux changements climatiques promus à travers la CCNUCC[62].

Aussi, il faut remarquer qu'au Mali, le Plan d'action pour la promotion des femmes rurales (1996-2000)[63] faisait partie de l'analyse des politiques ayant abouti à la formulation des neuf (9) Programmes d'Action Nationaux (PAN)[64] élaborés pour servir de stratégie à la mise en œuvre de la Politique Nationale de Protection de l'Environnement (PNPE)[65].

En 1997, certaines parties à la CCNUCC ont signé le protocole de Kyoto, additionnel à ladite convention, qui est entré en vigueur en 2005. Ce protocole devrait normalement être négocié périodiquement et ainsi, la première période d'engagement prenait fin en 2012. Malheureusement, cela fut un échec lors de la Conférence des parties à Copenhague (COP15) qui débouchera sur un désaccord global sur le régime climatique post-2012.

Plus récemment en 2015, l'accord de Paris,[66] souvent appelé *« Accord de Paris sur le climat »* va voir le jour. Il concernait l'atténuation et l'adaptation aux changements climatiques ainsi que leur financement.

L'objectif à long terme de cet accord est de maintenir l'augmentation de la température moyenne de la planète bien en dessous de 2°C par rapport aux niveaux préindustriels et de préférence limiter l'augmentation à 1,5 °C, tout en reconnaissant que cela réduirait considérablement les impacts des changements climatiques.

---

[62] Par ailleurs, les différentes Conférences des parties (COP) relatives à la Convention-cadre des Nations unies sur les changements climatique (CCNUCC), de Berlin-1995 à Qatar-2023, près de trente ans de négociation sur le climat, n'ont pas permis à la communauté internationale d'obtenir de résultats significatifs susceptibles d'endiguer ce phénomène.

[63] Il s'agit du Plan d'action pour la promotion des femmes rurales élaboré en 1996 par le Ministère du Développement Rural et de l'Environnement à cette époque.

[64] Il s'agit des programmes suivants : programme d'aménagement du territoire ; programme de gestion des ressources naturelles ; programme de maîtrise des ressources en eau ; programme d'amélioration du cadre de vie ; programme de développement des ressources en énergie nouvelles et renouvelables ; programme de gestion de l'information sur l'environnement ; programme d'information, d'éducation et de communication en environnement ; programme de suivi de la mise en œuvre des conventions et le programme de recherche sur la lutte contre la désertification et la protection de l'environnement.

[65] Pratiquement, cette politique n'intègre pas spécifiquement la question de protection des femmes, ce qui la limite par conséquent dans son volet de gestion durable de l'environnement. En effet, aucune référence spécifique n'est faite à la participation des femmes dans la mise en œuvre des Plans nationaux d'adaptation (PAN), aussi bien que dans les Programmes Régionaux d'Action (PAR) que dans les Programmes d'action locaux (PAL).

[66] L'accord de Paris est ouvert à la signature le 22 avril 2016 — le Jour de la Terre — lors d'une cérémonie à New York. Après la ratification de l'Union européenne, le nombre de pays ayant ratifié l'accord est suffisant pour qu'il entre en vigueur le 4 novembre 2016. En novembre 2021, 193 membres de la convention-cadre des Nations unies sur les changements climatiques (CCNUCC) sont parties à l'accord. Parmi les quatre États membres de la CCNUCC qui n'ont pas ratifié l'accord, le seul grand émetteur est l'Iran, bien que le président iranien ait approuvé l'adhésion. Les États-Unis se sont retirés de l'accord en 2020, mais l'ont réintégré en 2021.

Les émissions devraient être réduites de ce fait et atteindre le niveau net zéro dans la seconde moitié du XXIe siècle. Par ailleurs, l'accord de Paris sur le climat visait à accroître la capacité des parties à s'adapter aux impacts des changements climatiques et à mobiliser des financements suffisants en la matière.[67] Aujourd'hui encore, les attentes des pays pauvres sont loin d'être comblées et les émissions de CO2 issues des activités industrielles des pays riches et industrialisés continuent de manière inquiétante.

C'est ainsi qu'il faut comprendre avec *Pascal STEICHEN*[68] que *s'il existe un domaine dans lequel les rapports de cause à effet sont mal aisés à apprécier, c'est bien celui des atteintes à l'environnement*[69]. Il convient alors de retenir avec *Gilles LHUILLIER*[70] et *Béatrice PARANCE*[71] *qu'il faut redéfinir les notions croisant Justice et Environnement*[72], par la voie classique de la *redéfinition des notions traditionnelles du contentieux et du droit de l'environnement sous le coup de l'effectivité*, ou par la voie plus innovante *de la rénovation du droit lui-même en recourant aux sciences de la nature ou sociale*.

Pour paraphraser *Jean-Marc LAVIEILLE*[73], *L'utopie concrète a été opposée à l'impératif du réalisme paralysant*. A cet égard, des métamorphoses de certains paradigmes sont envisageables.

---

[67] En vertu de l'accord, chaque pays doit déterminer et planifier ses contributions, et en rendre compte régulièrement. Aucun mécanisme n'oblige un pays à fixer des objectifs d'émissions spécifiques, mais chaque nouvel objectif doit aller au-delà des précédents. Contrairement au protocole de Kyoto de 1997, l'accord ne distingue pas entre pays développés et pays en développement, de sorte que ces derniers doivent également soumettre des plans de réduction des émissions. Bien que l'accord ait été salué par les dirigeants mondiaux mais reste néanmoins insuffisamment contraignant. Aussi, les engagements actuels dans le cadre de l'accord de Paris sont insuffisants pour atteindre les objectifs de température fixés, les mécanismes de contributions déterminées au niveau national (CDN) et de bilan mondial permettent d'accroître les ambitions des pays.

[68] Fondateur de la Maison Luxembourgeoise de la Cybersécurité. Depuis 20 ans, Pascal est impliqué dans les principales initiatives de cybersécurité du gouvernement luxembourgeois, CYBERSECURITY Luxembourg, la plateforme nationale visant à favoriser et responsabiliser l'écosystème luxembourgeois dans le domaine de la cybersécurité, étant sa dernière réalisation. Lauréat du prix de la Personnalité de l'année en sécurité de l'information en 2017, Pascal Steichen a consacré sa carrière professionnelle à la cybersécurité. En 2022, il a été élu premier président de l'ECCC (European Cybersecurity Competence Centre).

[69] Pascal STEICHEN, le fondateur des centres de santé dentaire Dentexia, selon une source judiciaire citée par l'AFP : https://www.information-dentaire.fr/actualites/le-fondateur-de-dentexia-en-prison.

[70] Gilles LHUILLIER, Professeur de droit privé à l'ENS de Rennes.

[71] Béatrice PARANCE est Professeur agrégée des Universités, UPL, et directrice du Centre de recherche en droit privé et droit de la santé de l'université Paris 8 Vincennes Saint-Denis.

[72] Jusqu'en 2021, la Cour de cassation héberge un cycle de conférences initié par Gilles LHUILLIER et Béatrice PARANCE, tous deux professeurs de droit privé, et intitulé : « Droit de l'environnement : le défi de l'effectivité ». Rencontre avec Gilles LHUILLIER, enseignant à l'ENS de Rennes et responsable scientifique du programme de la Fondation de la maison des sciences de l'Homme (FMSH).

[73] LAVIEILLE Jean-Marc (2006), l'assistance écologique, *revue européenne de droit de l'environnement*, décembre n° 4, pp. 400-412.

Néanmoins, en pratique, *des modèles à perpétuer et à consolider* existent dans une perspective locale de renforcement et d'internationalisation. Si ces projets sont pertinents, force est de reconnaitre qu'ils ne sont pas adossés à une prise en compte effective des préoccupations réelles des couches vulnérables face aux changements climatiques.

B.Insuffisances des perspectives juridiques nationales pour protéger les droits fondamentaux des groupes vulnérables contre les changements climatiques

Le Mali dispose d'une Politique nationale sur le climat (PNCC), une Stratégie nationale de lutte contre le climat (SNCC), des axes stratégiques et des Plans communaux d'adaptation au changement climatique (PCA) depuis 2011. A côté de ceux-ci, il a mis en place des Mécanismes pour un Développement Propre (MDP) pour une gestion durable de ses ressources foncières. Malgré tous ceux-ci, il reste l'un des pays le plus vulnérable et exposé aux changements climatiques. Les limites de ses instruments juridiques face à ces changements trouvent un début d'explication au fait qu'il dispose un vaste territoire avec des étendues des terres occupées en grande partie par le dessert, des forêts dégradées, des moyens limités de l'Etat à couvrir l'ensemble du territoire national[74], des zones rurales délaissées et fragilisées par les changements climatiques, les questions climatiques préoccupent les femmes ces derniers temps à plus d'un titre.

Néanmoins, le législateur malien peut se servir de ces données pour bâtir de nouvelles règles environnementales plus adaptées aux réalités des communautés rurales de sorte que désormais, la responsabilité de l'Etat ou des particuliers fautifs puisse être engagée à chaque fois que les droits les plus fondamentaux des femmes à l'environnement venaient à être menacés ou remis en cause pour la circonstance.[75]

Les femmes rurales qui pratiquent l'agriculture traditionnelle sont, de plus en plus, vulnérables face à une sorte d'injustice qui aliène leurs droits les plus fondamentaux à l'environnement.[76] Les conflits entre les agriculteurs et les éleveurs pasteurs deviennent, de plus en plus, fréquents dans ladite localité. Cet état de fait a affecté considérablement la mobilité des femmes dans cette zone.[77]

Faut-il le préciser, bien avant l'éclatement de la crise sécuritaire de mars 2012, les femmes étaient déjà à bout de souffle à cause des effets et impacts néfastes des

---

[74] La superficie du Mali est de 1 241 238 km.^{2}

[75] Parfois, le juge a été souvent amené à trancher certains litiges dans la zone d'étude qui ont été jugés par les justiciables comme peu apaisants et équitables. Cela a instauré dans cette zone une certaine crise de confiance entre le gouvernement et ces communautés rurales notamment, les couches les plus vulnérables.

[76] Elles ont aujourd'hui, des difficultés à s'adapter aux effets néfastes d'un changement climatique qui affecte leurs revenus à plus d'un titre.

[77]L'exploitation des zones rizicoles irriguées par l'Office riz de Ségou est aujourd'hui moins rentable et moins productrice pour les femmes à cause des effets néfastes des changements climatiques exacerbés ces derniers temps par la crise sécuritaire que traverse le pays depuis plus d'une décennie (2012-2023).

changements climatiques qui sous-tendent l'insécurité alimentaire, la pauvreté et la multiplication des maladies.

Aujourd'hui, les changements climatiques restent de ce fait, le facteur prédominant de la pauvreté et de l'insécurité généralisée dans cette zone[78].

D'après les résultats de l'Enquête légère intégrée auprès des ménages (ELIM-2006), le secteur tertiaire mobiliserait 34% des femmes actives, âgées de plus de 15 ans. Selon le Centre des formalités de la Chambre de Commerce, parmi les 5.520 entreprises répertoriées, 618 entreprises sont créées par des femmes, soit 11%. Le secteur informel abrite 43% de l'emploi féminin et 85% d'entre elles sont des commerçantes. Aussi, les inégalités demeurent toujours en matière d'accès au crédit bancaire à l'égard des femmes[79]. Très souvent, ce sont elles qui en subissent les conséquences directes des changements climatiques lorsque les ressources se dégradent ou disparaissent tout simplement.

Bien vrai que ces communautés bénéficient d'une certaine autonomie de gestion[80] conférée par la Loi n°96-050 portant les principes de constitution et de gestion du domaine des collectivités territoriales, mais les mesures d'accompagnement qui devraient soutenir cette politique font encore défaut[81].

Par ailleurs, les problèmes liés à l'exploitation de l'eau dans cette zone sont multiples et divers et continuent de fragiliser les femmes, à plus d'un titre. Si l'insuffisance d'eau est très souvent citée comme une préoccupation dans beaucoup de localité au Mali, c'est plutôt la suffisance qui en constitue souvent une dans cette zone de l'Office du Niger pour certains.

Hormis le souci de qualité et des poches de sècheresse liées aux irrégularités climatiques, parfois elle est tellement suffisante qu'elle déborde les communautés

---

[78] L'une des manifestations visibles des changements climatiques dans cette zone est l'état de pauvreté avancé des femmes qui par conséquent deviennent vulnérables à toute autre forme de crise. Cette vulnérabilité peut aussi s'appréhender à travers leur faible niveau d'implication au processus de prise de décision relatif aux différentes initiatives d'exploitation des ressources environnementales de ladite zone.

[79] Selon les données du Centre national de documentation et d'information sur la femme et l'enfant (CNDIFE) (2007), même si la proportion de femmes bénéficiaires de micro-crédit est plus élevée que celle des hommes (64% contre 36%), il est à noter que les montants de crédits octroyés aux hommes sont supérieurs à ceux des femmes avec un montant estimé à 13,83 milliards pour les femmes contre 32,05 milliards pour les hommes (soit 30% contre 70%) selon les mêmes sources. Les mêmes sources indiquent que les banques prêtent moins d'argent aux femmes avec une proportion de 16% contre 84% pour les hommes en 2006. La plus grande partie des crédits bancaires reste destinée aux hommes avec un montant de 15,37 milliards contre 3,2 milliards pour les femmes (soit 83% pour les hommes contre 17% pour les femmes).

[80] ARTICLE 1ER de la loi précitée : *« Le domaine des collectivités territoriales comprend un domaine public et un domaine privé. Le domaine des collectivités territoriales se compose de l'ensemble des biens meubles et immeubles acquis à titre onéreux ou gratuit par lesdites collectivités territoriales ou attribués à celles-ci par la loi ».*

[81] Avec la politique de la décentralisation entamée depuis 1993, les collectivités territoriales entendaient beaucoup de l'Etat pour leur développement. Aujourd'hui, les mêmes collectivités ne sont pas encore satisfaites des résultats obtenus après plusieurs années de réformes politiques en la matière.

riveraines concernées[82]. La préoccupation majeure en la matière, reste sa gestion durable et optimale par les plus hautes autorités étatiques. Outre, dans cette zone, ce sont les inondations qui font très souvent des dégâts importants (destruction des cultures, des habitats, des animaux, des terres, etc.).

À propos, l'article 33 de la Loi n°02- 006 du 31 janvier 2002 portant code de l'eau en République du Mali dispose : « *L'administration chargée de l'eau prend en charge, avec la participation, le cas échéant des collectivités territoriales concernées, tous travaux tendant à la réalisation d'ouvrages de protection contre les inondations lorsque ces travaux présentent un caractère d'utilité publique* ».

Par contre, la réparation ou l'indemnisation des victimes d'une catastrophe naturelle ou d'une inondation issue d'insuffisance d'entretien des canaux d'irrigation ou de négligence n'est effectivement pas prise en compte par l'Etat.

Néanmoins, l'Etat peut s'occuper de certains cas de troubles occasionnés par l'eau, comme en témoigne l'article 34 de la loi du même nom[83] en ces termes : « *L'administration chargée de l'eau se réserve le droit de modifier ou supprimer d'office tout remblai, dépôt de matières encombrantes, clôture, plantation, construction ou tout autre ouvrage susceptible de faire obstacle à l'écoulement des eaux ou de restreindre de façon nuisible le champ des inondations sur les parties submersibles des cours d'eau. S'il y a lieu à indemnités, elles sont fixées conformément aux règles d'expropriation pour cause d'utilité publique* ».

En la matière, le Décret n° 04-145/P-RM du 13 mai 2004 fixant les attributions spécifiques des membres du gouvernement, précise en son article 2 que : *« Le Ministre de l'Environnement et de l'Assainissement élabore et met en œuvre la politique nationale dans les domaines de l'Environnement et de l'Assainissement ».*[84]

De ce fait, cette tâche transversale implique d'autres ministères concernés qui sont énumérés par le décret précité.[85] Par ailleurs, certains droits des femmes existent

---

[82] Surabondance d'eau suite à une pluie diluvienne ou un débordement des canaux d'irrigation entretenus et irrigués par les services de l'Office du Niger Ségou pour l'agro-industrie (riziculture et sucrerie).

[83] Loi n°02- 006 du 31 janvier 2002 portant code de l'eau en République du Mali.

[84] A ce titre, il exerce les attributions ci-après : l'amélioration du cadre de vie des populations ; la conduite des actions de protection de la nature et de la biodiversité ; la lutte contre la désertification et l'avancée du désert ; l'élaboration et la mise en œuvre des mesures destinées à prévenir ou à réduire les risques écologiques ; la prévention, la réduction ou la suppression des pollutions et nuisances ; la préparation et le contrôle de la mise en œuvre des mesures d'assainissement du milieu ; la police et la gestion de la chasse ; l'information et la formation des citoyens dans le domaine de l'environnement (art.2. al.2. du décret précité).

[85] Le ministre du Plan et de l'Aménagement du Territoire élabore et met en œuvre la politique nationale et la mise en place de cadres de travail et d'un cadre dans les domaines de la planification et de l'aménagement du territoire (Article 3). Le Ministre de l'Élevage et de la Pêche élabore et met en œuvre la politique nationale dans les domaines de l'élevage et de la pêche (Article 4). Le ministre de l'Artisanat et du Tourisme élabore et met en œuvre la politique nationale dans les domaines de l'artisanat et du tourisme (Article 5). Le ministre de l'Éducation Nationale élabore et met en œuvre la politique nationale dans les domaines de l'éducation et de la formation. Il est également responsable du développement de la recherche scientifique

dans des textes législatifs et règlementaires au Mali qui dans la pratique restent moins catégoriels, moins spécifiques et parfois silencieux sur des aspects liés aux droits catégoriels des femmes qu'il importe d'appréhender dans le cadre de cette étude.

Malgré le constat d'existence de ces droits, les femmes restent victimes des formes de viols et de violences de plusieurs ordres à savoir, les violences physiques, sexuelles, psychologiques, etc.[86] Néanmoins, celle relative à leurs droits les plus fondamentaux à l'environnement nous semble plus préoccupante aujourd'hui dans cette zone d'étude.

Nous voulons emprunter l'expression à *Mireille DELMAS-MARTY* pour soutenir que la protection des droits fondamentaux des femmes rurales victimes des changements climatiques se trouve dans un *pot au noir* considéré comme *ce lieu au milieu des océans où soufflent des vents contraires si puissants qu'ils se neutralisent (paralysie) ou se combattent (naufrage),*[87] ainsi, l'efficacité d'une telle protection est alors à rechercher et à construire.

Conclusion

Le texte décrit les défis auxquels font face les femmes rurales dans une zone spécifique, mettant en lumière leurs activités économiques traditionnelles, telles que l'agriculture, la pêche et le petit commerce, ainsi que les pressions qu'elles

---

(Article 6). Le ministre de l'industrie et du Commerce élabore et met en œuvre la politique nationale dans les domaines de l'industrie et du commerce (Article 7). Le ministre de l'Administration Territoriale et des Collectivités Locales élabore et met en œuvre la politique nationale dans les domaines de l'administration du territoire et de développement des collectivités locales (Article 8). Le ministre des Affaires Étrangères et de la Coopération Internationale élabore et met en œuvre la politique nationale dans les domaines des relations extérieures et de la coopération avec les États et organismes étrangers (Article 9). Le ministre de l'Agriculture élabore et met en œuvre la politique nationale dans le domaine de l'agriculture (Article 11). Le ministre des Mines, de l'Énergie et de l'eau, élabore et met en œuvre la politique nationale en matière de ressources minérales, énergétiques et en eau (Article 13). Le ministre du Développement Social, de la Solidarité et des Personnes Âgées élabore et met en œuvre la politique nationale dans les domaines de la lutte contre la pauvreté, du développement humain durable, de l'action et de la protection sociale des personnes âgées (Article 15). Le ministre des Domaines de l'État et des Affaires Foncières élabore et met en œuvre la politique nationale relative au domaine national et à la propriété foncière Article 23. Le ministre de la Santé a pour mission d'élaborer et de mettre en œuvre la politique nationale en matière de santé (Article 24). Le ministre de l'Équipement et des Transports met en œuvre la politique nationale de l'équipement et des transports (Article 25). Le ministre de la Sécurité Intérieure et de la Protection Civile élabore et met en œuvre la politique nationale en matière de sécurité intérieure et de protection civile (Article 26). Le ministre de la Jeunesse et des Sports élabore et met en œuvre la politique nationale en matière de jeunesse et des activités physiques et sportives (Article 27). Le ministre de l'Habitat et de l'Urbanisme élabore et met en œuvre la politique nationale dans les domaines de l'habitat et de l'urbanisme (Article 28).

[86] Étude sur les violences faites aux femmes 2002, BREHIMA BERIDOGO, anthropologue, Centre national de documentation et d'information sur la femme et l'enfant (CNDIFE).

[87] M. Delmas-Marty, J. Sopova, *« Humaniser la mondialisation »*, Le courrier de l'Unesco, oct.-déc. 2011, pp. 28-32.

subissent en raison des changements climatiques et des contraintes socioculturelles[88]. Les autorités locales ont sollicité l'aide de l'État et de partenaires pour renforcer la résilience des femmes, mais les initiatives mises en œuvre restent insuffisantes face aux défis croissants.
L'insécurité grandissante dans la région a conduit les chasseurs[89] à assurer partiellement la sécurité, bien que certains d'entre eux soient perçus comme perturbateurs de l'ordre public[90]. Les femmes, principales victimes des violations des droits environnementaux, sont également exclues des prises de décision[91] et de certaines activités sociales[92], ce qui accentue leur vulnérabilité[93].
Les changements climatiques et les facteurs anthropiques[94] contribuent à une diminution de la productivité agricole, avec une émission importante de gaz à effet de serre[95] provenant principalement de sources fossiles[96]. Malgré des avancées législatives et politiques en faveur de l'égalité des sexes, des lacunes

---

[88] Traditionnellement, les femmes sont exclues de la propriété des terres dans cette localité. Elles ne doivent en hériter ni commercialiser quand bien même que les traditions religieuses (musulmanes et chrétiennes) néanmoins en accordent.

[89] Ces derniers temps, ce sont surtout lors des rassemblements des chasseurs que certaines décisions importantes sont prises pour la gestion des affaires de la communauté et cela en absence des femmes.

[90] Selon ces derniers, ces comportements des chausseurs ne sont admissibles et doivent s'arrêter dans un Etat de droit. Pour leur défense, les chasseurs prétextent la nécessité de soutenir leur effort de guerre surtout par des populations qui bénéficient de leur protection.

[91] Un imam est une personne qui dirige la prière musulmane en commun. C'est de préférence une personne qui doit être instruite en ce qui concerne les rites et la pratique au quotidien de l'Islam.

[92] Une femme ne peut non plus être un marabout, c'est – à dire, un saint homme ou une sage musulmane facilitant la vulgarisation de l'islam et faisant l'objet d'un culte populaire. On en retrouve en Afrique du Nord, au Moyen-Orient et sous diverses formes, dans certaines régions d'Afrique subsaharienne.

[93] Par exemple, dans cette zone, une femme n'a pas le doit à la parole en présence des hommes sauf exceptionnellement.

[94] W.Collins, R.Colleman, J.Haywood, M.Manning, Ph.Mote « Réchauffement climatique : le temps des certitudes », Pour la Science n°360 – Octobre 2007.p.1.

[95] Selon nos sources, au cours des dix millénaires précédant l'ère industrielle, les concentrations de dioxyde de carbone, de méthane et d'oxydes d'azote sont restées quasiment stables. Elles ont augmenté de façon abrupte au cours des 200 dernières années. Ainsi, la vitesse d'augmentation de la concentration atmosphérique de dioxyde de carbone a dépassé au cours de la dernière décennie toutes ses valeurs consignées depuis le début des enregistrements systématiques, dans les années 1950. Les concentrations actuelles excèdent de 35 pour cent celles de l'époque préindustrielle. La concentration en méthane est, elle, près de deux fois et demie supérieure à celle de la période préindustrielle, et celle des oxydes d'azote a augmenté de 20 pour cent.

[96] L'accès sécurisé à la terre et aux ressources naturelles constitue un préalable indispensable à la réalisation du droit à l'alimentation de la majorité de la population malienne qui tire l'essentiel de leurs revenus aux ressources naturelles.

persistent dans la protection des droits des femmes, notamment en matière d'héritage[97].

La crise multidimensionnelle dans la région, comprenant des problèmes de sécurité, politiques et alimentaires, aggrave la vulnérabilité des femmes[98]. Les efforts[99] pour promouvoir l'agriculture durable[100] et l'autonomisation des femmes[101] restent entravés par des obstacles[102] tels que le sous-emploi[103] et l'accès limité aux terres[104].

---

[97] Statistical Review of World Energy, BP, London, UK, 2020 (68 p. Available online here: Https://www.bp.com/content/dam/bp/business-sites/en/global/corporate/pdfs/energy-economics/statistical-review/bpstats-review-2020-full-report.pdf).

[98] M. Moussa DJIRE, *"La LOA du Mali, Une grande potentialité pour la réalisation du droit à l'alimentation à travers l'accès équitable à la terre et aux ressources naturelles"* cité in *« Le droit à l'alimentation et l'accès aux ressources naturelles »*. Étude FAO-2009, publiée sous la direction de : Lorenzo Cotula avec le concours de Lorenzo Cotula et Ringo W. Tenga. p. 43.

[99] La Constitution du 22 Juillet 2023 de la République du Mali stipule : *« - Tous les maliens naissent et demeurent libres et égaux en droits et en devoirs. Toute discrimination fondée sur l'origine sociale, la couleur, la langue, la race, le sexe, la religion et l'opinion politique est prohibée (Art.1) ; - L'éducation, la formation, le travail, le logement, les loisirs, la santé, la protection sociale, l'alimentation et l'accès à l'eau constituent des droits reconnus (Article 10) ; - Toute personne a droit à un environnement sain. La protection, la défense de l'environnement et la promotion de la qualité de la vie sont un devoir pour tous et pour l'Etat (Art.25) ; - En cas de calamité nationale constatée, tous les citoyens ont le devoir d'apporter leur concours dans les conditions prévues par la loi (Art.26) »*.

[100] La Politique Forestière Nationale (PFN) a été élaborée en 1995 sous l'égide des nouvelles orientations démocratiques de 1992.

[101] Banjul, le 11 mai 2018, *« La Cour africaine des droits de l'homme et des peuples (la Cour africaine) a rendu son jugement aujourd'hui, le 11 mai 2018 en faveur des plaignants dans le procès No 046/2016 – APDF & IHRDA c. République du Mali, une affaire qui allègue l'incompatibilité de certaines dispositions du Code malien des personnes et de la famille avec les dispositions du Protocole à la Charte africaine des droits de l'homme et des peuples relatif aux droits des femmes en Afrique (le Protocole de Maputo) »*. Consulté, le 12 décembre 2021 à 09h26, heure locale de Santiago de Compostela, Espagne suivant le lien internet : https://www.etatcivil.pw/jugement-de-la-cour-africaine-condamnant-le-mali/.

[102] Il existe une méconnaissance presque généralisée des lois qui restent fondamentalement inaccessibles pour les femmes rurales.

[103] Loi n° 2011-087 du 30 décembre 2011 portant Code des personnes et de la famille dispose en son Article 751 que *: « L'héritage est dévolu selon les règles du droit religieux, coutumier ou selon les dispositions du présent livre. Les dispositions du présent livre s'appliquent à toute personne : - dont la religion ou la coutume n'est pas établie par écrit, par témoignage, par le vécu ou la commune renommée ; - qui, de son vivant, n'a pas manifesté par écrit ou par devant témoins sa volonté de voir son héritage dévolu autrement ; - qui, de son vivant n'a pas disposé par testament de tout ou partie de ses biens, sauf la mesure compatible avec la réserve héréditaire et les droits du conjoint survivant. Nul ne peut déroger aux règles du mode de dévolution successorale retenu »*.

[104] Dans ce cadre, plusieurs lois prennent en compte la situation des hommes et des femmes notamment, dans le domaine de la famille (Code du mariage et de la tutelle, Code de la nationalité, Code de la parenté), dans le domaine du travail (Code du travail, Code de prévoyance sociale), au niveau pénal (Code pénal et Code de procédure pénale), dans le domaine du politique (Loi électorale), sur le plan foncier (Code domanial et foncier, Loi d'Orientation Agricole) et dans le domaine commercial (Code de Commerce).

Tout en souscrivant à la Déclaration Universelle des Droits de l'Homme du 10 Décembre 1948 et à la Charte Africaine des Droits de l'Homme et des Peuples du 27 Juin 1981, le Mali proclame néanmoins, sa détermination à défendre les droits de la femme et de l'enfant ainsi que la diversité culturelle et linguistique de la communauté nationale dans le préambule de sa constitution du 22 Juillet 2023. Par ailleurs, le gouvernement malien a adopté une Loi d'Orientation Agricole (LOA)[105], le 14 décembre 2005 (Loi n°06-045 du 05 Septembre 2006 portant Loi d'Orientation Agricole) courageuse.[106] Cette loi détermine et conduit normalement la politique de développement agricole du Mali à long terme.[107] Ainsi, la question de la représentativité effective des femmes dans des instances de prise de décision[108] ou de travail[109], dans ces conditions[110] reste dérisoire[111]

---

105 L'un des objectifs de la LOA est *« la promotion économique et sociale des femmes, des jeunes et des hommes en milieu rural et périurbain »*. Dans certains de ses articles, la LOA accorde une attention particulière aux femmes et s'appuie sur la solidarité, l'équité et le partenariat, toutes choses favorables à l'établissement d'une sorte d'égalité dans le secteur Agricole. Outre, elle privilégie la promotion des jeunes, des femmes et des groupes vulnérables dans l'exploitation agricole (article 24). Bien que la LOA institue le Conseil Supérieur Agricole ainsi que des espaces de concertation et de dialogue et de la communication favorisant la participation de tous les acteurs concernés, la représentation des femmes n'est pas régie par des mesures favorisant la parité.

106 Article 7 de la LOA dispose : « *La politique de développement Agricole assure la promotion des femmes et des hommes qui vivent du secteur Agricole dans le respect de l'équité entre milieux rural et urbain. Elle consacre le droit à la sécurité alimentaire pour tous dans le contexte recherché de souveraineté alimentaire* ».

107 Pour sa mise œuvre, le Décret N°09-011/P-RM du 19 janvier 2009, fixant les attributions, la composition et les modalités de fonctionnement des commissions foncières locales et communales a été pris. Cette initiative est salutaire dans la mesure où elle essaye d'octroyer des droits catégoriels aux femmes en matière d'exploitation des ressources environnementales même s'ils ne sont pas effectivement appliqués sur le terrain à présent. De par la place qu'elle réserve aux femmes, la LOA pourrait constituer une opportunité pour les femmes rurales.

108 Depuis 2011, le Mali dispose une Politique Nationale, une Stratégie, des Axes et Plans d'adaptation aux Changements Climatiques à travers la CCNUCC qui ne sont pas effectivement appliqués en faveur des couches vulnérables, singulièrement les femmes rurales. Néanmoins, cette politique en consacre à plus d'un titre. Selon les programmes de réforme de la gouvernance du secteur de la sécurité de la CEDEAO, les pays membres devraient respecter les principes d'égalité entre les sexes et d'autonomisation de la femme, tels que contenus dans l'article 63 du Traité révisé de la CEDEAO (1993), dans la Politique de la CEDEAO en matière de Genre (2004), et dans l'article 81 du Cadre de prévention des conflits de la CEDEAO et du Plan d'action régional de la CEDEAO pour la mise en œuvre des Résolutions 1325 et 1820 du Conseil de Sécurité de l'ONU (2010), (Acte additionnel de Dakar du 4 juin 2016 au Protocole relatif au Mécanisme de prévention, de gestion, de règlement des conflits, de maintien de la paix et de la sécurité, signé à Lomé le 10 décembre 1999.p.14).

109 Les entreprises agricoles chinoises *« Kala supérieur »* sont implantées dans cette zone depuis les années 1965. Elles exploitent principalement des champs de canne à sucre pour la production du sucre et de l'alcool dans lesquels les femmes sont presque absentes.

110 L'égalité signifie que les femmes et les hommes jouissent du même statut au sein d'une société donnée. Ce qui veut dire, non pas que les femmes et les hommes sont des personnes identiques, mais que leurs ressemblances et leurs différences sont censées avoir la même valeur.

111 Article 9 de la LOA dispose : « *La politique de développement Agricole a pour objectifs : la promotion des femmes, des jeunes et des hommes en milieu rural ...* ».

surtout en matière de protection des droits d'accès des femmes aux ressources naturelles[112].

L'étude met en évidence une vulnérabilité accrue des femmes[113] surtout pendant certaines périodes de l'année[114] notamment, la saison des pluies[115] et dans des endroits difficilement accessibles[116]. Par exemple, au Burkina, chez les « *Winye* », les épouses ont accès aux “champs jetés” [ñãvigu], c'est-à-dire, des champs dévolus à la jachère depuis peu par leurs époux et elles ne peuvent de ce fait s'opposer, le cas échéant, à leur reprise dans le cadre d'un projet de production propre à l'ensemble de l'unité d'exploitation (champ collectif).[117] Les résultats soulignent également l'importance du transport des produits agricoles pour renforcer la résilience des femmes face aux changements climatiques[118].

---

112 Particulièrement à Macina, avant 2017, la proportion des femmes les plus exposées aux effets néfastes des changements climatiques était moins qu'en 2021 contrairement à Dougabougou où la crise alimentaire et sécuritaire était perceptible bien avant l'éclatement de la crise politico sécuritaire que traverse la zone depuis mars 2012. Cela pourrait s'expliquer par la réduction des parcelles traditionnelles de production de riz au profit des aménagements agroindustriels gourmands à la fois en superficies de terre et en eaux d'irrigation. Cette réduction a contribué à dégrader foncièrement des terres agricoles, dans toute la bande sahélienne malienne et continue, de plus en plus, à menacer les droits plus fondamentaux des femmes aux terres agricoles.

113 A. Adamczewski-Hertzog, « Qui prendra ma terre ? : l'Office du Niger, des investissements internationaux aux arrangements fonciers locaux » Thèse de doctorat, soutenue le 31/03/2014 à l'Université Montpellier Paul Valéry Montpellier III. Résumé p.i.

114 UNFCCC Sites and platforms, Article /16 fév, 2016, *« L'Accord de Paris autonomise les femmes pour agir pour le climat »*. Source en lignes : Https://unfccc.int/fr/news/laccord-de-paris-autonomise-les-femmes-pour-agir-pour-le-climat. Consulté le 06/12/2021 à 11h33 à Santiago de Compostela, Espagne. p.1.

115 Par exemple, le régime des biens des époux, droits de la parenté qui révèlent des discriminations à l'égard des femmes notamment, le devoir d'obéissance imposé à la femme mariée à son mari.

116 L'Office du Niger est une zone de production agricole essentielle pour le développement du Mali. Cette zone destinée normalement à couvrir le besoin céréalier de l'Afrique de l'Ouest est confrontée au phénomène du changement climatique qui est peu favorable à la culture céréalière intensive. Elle est convoitée par des investisseurs étrangers et nationaux qui arrivent s'approprier des terres des communautés riveraines vulnérables installées depuis toujours et cela de connivence avec l'Etat qui pense n'avoir pas assez de moyens pour les mettre en valeur et cela au plus grand détriment des femmes rurales.

117 Jean-Pierre Chauveau, Jean-Philippe Colin, Jean-Pierre Jacob, Philippe Lavigne Delville et Pierre-Yves Le Meur, avril 2006, Institut International pour l'Environnement et le Développement (IIED), « *Modes d'accès à la terre, marchés fonciers, gouvernance et politiques foncières en Afrique de l'Ouest* ». Ce document rassemble les résultats du projet de recherche de « *Changes in Land Access, Institutions and Markets in West Africa (CLAIMS)* ». p.34.

118 De Markala à Dougabougou, cette distance fait au moins 22km. Ainsi, à partir du virage de « *Point A* » sur la Route Nationale (RN°33) qui continue sur le cercle de Niono par goudron, le tronçon devient impraticable pendant la période hivernale pour se rendre à Dougabougou. Souvent, des camions de transport qui évitent le risque d'enfoncement dans des bouts d'argile préfèrent aller ailleurs pour se ravitailler en produits agricoles. Cela prive les femmes de Dougabougou du commerce de leurs produits agricoles locaux qui pourrissent souvent faute de moyens pour les conserver ou les transformer.

Les recherches mentionnent également des exemples[119] de pratiques discriminatoires à l'égard des femmes dans d'autres régions et soulignent l'importance de l'intégration du genre dans les efforts d'atténuation et d'adaptation aux changements climatiques en Afrique subsaharienne.

Bibliographie

Ouvrages généraux

- Alexandre Kiss et Jean-Pierre Beurier : Droit international de l'environnement, 3ème édition, Pedone 2004, (Editions Pedone, 13, rue Soufflot), p.503.
- Alexandre Kiss : Programme de droit de l'environnement (UNITAR), Cours I « introduction au droit international de l'environnement, 2ème édition.
- AROUALA (M.), Mali, vitrine du XIIème au XVIIIème siècle, p.22.
- BACHELET Michel (1995) L'ingérence écologique, éd. Frison-Roche, 304 p.
- BADIANE (A.) et VANDERSCHUREM (F.), « pauvréte et justice sociale », op. cit., pp.9 et 17.
- BELAIDI Nadia (2004) La lutte contre les atteintes globales à l'environnement vers un ordre public écologique, Thèse (Dact.) Université des de Bourgogne, 612 p.
- COURNIL Christel et MAZZEGA Pierre (2006) Catastrophes écologiques et flux migratoires : Comment protéger les « réfugiés écologiques » ? Revue européenne de droit de l'environnement, décembre n° 4, pp. 417-427.
- D'ANS André-Marcel (2005) Écologie politique d'un désastre – Le Honduras après l'ouragan Mitch, ed. Karthala, Paris, 280 p.
- DAILLER Patrick et PELLET Alain (1999) Droit international public, éd. LGDJ, 7ème éd., Paris, 1510 p.
- EL-HINNAWI E., Environmental refugees, PNUE, 1985, Nairobi, 41 p.
- ESCHENBÄCHER Jens-Hagen (2005) Comment assurer un meilleur fonctionnement du système d'action concertée, Revue des Migrations Forcées, décembre, pp. 15-16.
- HAROUEL-BURELOUP Véronique (2005) Traité de droit humanitaire, Presse Universitaire de France, 499 p.
- KANTE (S.), La charte du Mandé « Kurukan fuka - N'Ko », mouvement culturel pour le développement, Bamako, juillet 2009, p.44.
- KISS Alexandre et BEURIER Jean-Pierre (2004) Droit international de l'environnement, éd. Pedone, études internationales, 503 p.

[119] Notre étude a prouvé qu'à Macina, en 2017, suite à l'éclatement de la crise sécuritaire dans la zone, le niveau de vulnérabilité des femmes a de nouveau fortement augmenté. Cette tendance à la hausse du niveau de vulnérabilité des femmes confirme, une fois de plus, l'interdépendance entre les facteurs sociopolitiques et environnementaux qui exacerbent les effets et impacts néfastes des changements climatiques.

- KONANDJI (Y.), KEITA (F.), Histoire 6ème année, op.cit., p.19.
- KONARE, Alpha Oumar : Les constitutions du Mali, recueil de textes, 1992, p.325p.
- LAMY (E.), Le carrefour de deux droits : leçon inaugurale faite à la séance de la rentrée le 16 octobre 1961 au Centre Universitaire de Bujumbura (Burundi), in NAMBO (J.J.), « quelques héritages de la justice coloniale en Afrique noire », in revue Droit et Société 51/52 – 2002, p.328.
- MALEJACQ (R.), « Entre tradition et modernité – la justice coutumière au Mali et au Bénin », POLICY BRIEF N°12, octobre 2009, p.1.
- MARGUENAUD J.-P. (2003), Droit de l'Homme à l'environnement et Cour européenne des droits de l'homme, Revue juridique de l'environnement, n° spécial, La charte constitutionnelle en débat, septembre 2003, pp. 15-21.
- MOONEY Erin (2005) Responsabilité étatique et déplacement internes : cadre d'intervention, Revue des Migrations Forcées, décembre, pp. 11-14.
- MYERS Norman (1993) Environmental refugees in a globally warmed world, Bioscience, 43, pp. 752-761.
- M'BAYE (K.), "organisation judicaire, procédures et voies d'exécutions », in Encyclopédie juridique de l'Afrique, nouvelles éditions africaines 1982, tome 4, p.227.
- NKOU MVONDO (P.), « la crise de la justice de l'Etat en Afrique noire francophone – Etudes des causes du divorse entre la justice et les justiciables », préc., p.2013.
- et l'environnement, Colloque d'Angers, la Documentation française, Paris, pp. 211-212.
- THEBAUD Brigitte (2002) Foncier pastoral et gestion de l'espace au Sahel, Karthala, Paris, 320p.

Ouvrages spécialisés

- A. Adamczewski-Hertzog, « Qui prendra ma terre ? : l'office du Niger, des investissements internationaux aux arrangements fonciers locaux » Thèse de doctorat, soutenue le 31/03/2014 à l'Université Montpellier Paul Valéry Montpellier III. Résumé p.i.
- A. Wonneberger & R. Vliegenthart, « Agenda-Setting Effects of Climate Change Litigation: Interrelations Across Issue Levels, Media, and Politics in the Case of Urgenda Against the Dutch Government », Environmental Communication, March 2021.
- C. Perruso, « Les droits de l'homme au service de la lutte climatique », in C. Cournil, (Dir.) La fabrique d'un droit climatique au service de la trajectoire « 1.5 », Pédone, 2021, p. 243-264.
- DEININGER K., SONGWE V., janvier 2009, « Foreign Investments in Agricultural Production : Opportunities and Challenges », Banque Mondiale, Issue 45.

- C. Cournil (dir.), Les grandes affaires climatiques, éd. DICE, Confluences des droits, 2020, p. 680.
- C. Cournil (dir.), Les migrations environnementales, éd. SciencePo. LES Presses, 2014, p.17.
- C. Cournil (dir), Les prémisses de révolutions juridiques ? Récents contentieux climatiques européens, ed. RFDA, (équipe d'accueil n° 4175, p.957), 2021. p.1.
- Frédéric Mousseau, « Comprendre les investissements fonciers en Afrique, rapport Mali », Southpaw, Southpaw.org. Crédits photo © Joan Baxter. Photo couverture : culture de mil & les Blanzan (acacia albida)- Samana Dugu. Copyright © 2011 Oakland Institute.p.7.
- HARALAMBOUS S., LIVERSAGE H., ROMANO M., The growing demand for land, risks and opportunities for smallholders' famers, IFAD, Discussion Paper de la 32ème session du Conseil Exécutif, Février 2009.p.17.
- Jean-Pierre Chauveau, Jean-Philippe Colin, Jean-Pierre Jacob, Philippe Lavigne Delville et Pierre-Yves Le Meur, avril 2006, Institut International pour l'Environnement et le Développement (IIED), « Modes d'accès à la terre, marchés fonciers, gouvernance et politiques foncières en Afrique de l'Ouest ». Ce document rassemble les résultats du projet de recherche de « Changes in Land Access, Institutions and Markets in West Africa (CLAIMS) ». p.34.
- Joanna De Leener, « L'accaparabilité des terres, une investigation dans le Macina, Office du Niger, Mali ». Mémoire de Master en Relations Internationales à l'Université Catholique de Louvain (UCL), Ecole des Sciences Politiques et Social (ESPS), Session de juin 2011. p.75.
- Mireille DELMAS-MARTY, Le pluralisme ordonné, les forces imaginantes du droit (II), Paris, Seuil, coll. La couleur des idées, 2006, 308 p.
- M. DJIRE, "La LOA du Mali, Une grande potentialité pour la réalisation du droit à l'alimentation à travers l'accès équitable à la terre et aux ressources naturelles" cité in « Le droit à l'alimentation et l'accès aux ressources naturelles ». Étude FAO-2009, publiée sous la direction de : Lorenzo Cotula avec le concours de Lorenzo Cotula et Ringo W. Tenga. p.43.
- VON BRAUN J., MEINZEN-DICK R., Land Grabbing by foreign Investors in Developping countries: Risks and Opportunities, Washington DC, IFPRI Policy Brief, avril 2009.
- W.Collins, R.Colleman, J.Haywood, M.Manning, Ph.Mote « Réchauffement climatique : le temps des certitudes », Pour la Science n°360 – Octobre 2007.p.1.

Quelques documents juridiques

Textes internationaux

- Convention de Londres de 1933. L'Accord international sur le blé de 1933 est le premier des Accords internationaux de produits à réguler l'offre et les prix dans le domaine des céréales, avec des quotas limitant la production de chacun, sous l'égide de la Société des nations.

- Convention Africaine sur la Conservation de la Nature et des Ressources Naturelles, adoptée par l'OUA à Alger, entre les 13, 14, 15 et 16 septembre 1968, signée par chacun des Chefs d'Etat et de Gouvernement présents et les Représentants dûment accrédités de ceux qui n'étaient pas présents le 15 septembre 1968.
- La Convention de Ramsar, officiellement Convention relative aux zones humides d'importance internationale particulièrement comme habitats des oiseaux d'eau, aussi couramment appelée convention sur les zones humides, est un traité international adopté le 2 février 1971 pour la conservation et l'utilisation durable des zones humides, qui vise à enrayer leur dégradation ou disparition, aujourd'hui et demain, en reconnaissant leurs fonctions écologiques ainsi que leur valeur économique, culturelle, scientifique et récréative.
- La conférence des Nations unies sur l'environnement, aussi connue sous le nom de conférence de Stockholm, est une conférence internationale sur le thème de l'environnement, qui s'est tenue sous l'égide des Nations unies à Stockholm en Suède, du 5 au 16 juin 1972. Elle est la première d'une série de rencontres décennales, les Sommets de la Terre. Tous les pays membres de l'Organisation des Nations unies y sont conviés.[120]
- La Convention sur le commerce international des espèces de faune et de flore sauvages menacées d'extinction (en anglais Convention on International Trade of End angered Species (CITES), aussi appelé Convention de Washington, est un accord intergouvernemental signé le 3 mars 1973 à Washington.
- Convention sur la diversité biologique (CDB) a été ouverte à la signature lors du Sommet de la Terre à Rio de Janeiro, le 5 juin 1992, et est entrée en vigueur le 29 décembre 1993.
- CCNUC, adoptée au cours du Sommet de la Terre de Rio de Janeiro en 1992 par 154 États auxquels il faut ajouter la totalité des membres de la Communauté européenne. Elle est entrée en vigueur le 21 mars 1994.
- Convention des Nations unies sur la lutte contre la désertification (CLD, ou CNULCD) est la dernière des trois conventions de Rio à avoir été adoptée. Elle a été adoptée à Paris, deux ans après le Sommet de Rio, le 17 juin 1994, et est entrée en vigueur le 25 décembre 1996, 90 jours après réception de la cinquantième ratification. 193 pays font partie de la CLD.
- Convention africaine sur la conservation de la nature et des ressources naturelles a été adoptée le 11 juillet 2003 à Maputo par la conférence des

[120] Cette conférence a été préparée par de nombreux rapports dont « Nous n'avons qu'une Terre », rédigé par le biologiste américain **René Dubos** et l'économiste britannique **Barbara Ward**. Elle a notamment permis d'établir un lien clair et argumenté entre environnement et développement, et d'établir les bases du Programme des Nations unies pour l'environnement.

chefs d'Etats et de gouvernements de la nouvelle Union africaine. Sans mettre fin, au moins provisoirement à la précédente Convention d'Alger de 1968, elle la modifie substantiellement, en vue de l'adapter à l'évolution des connaissances scientifiques, techniques et juridiques.[121]

Quelques Constitutions

- Constitution malienne du 22 juillet 2023 (Constitution en vigueur).
- Constitution malienne du 25 février 1992 J.O du 29 février 1992.
- Constitution malienne du 2 juin 1974 J.O du 25/07/74 (ancienne.)
- Constitution malienne du 22 septembre 1960 (ancienne)
- Constitution française du 4 octobre 1958 en vigueur.

Quelques Codes

- Code Forestier de 1968, (Loi n 68 – 8 AN –RM du 17 février 1968),
- Code de chasse de 1969, (Ordonnance n°60 CMLN du 11 novembre1969),
- Code de procédure pénale Française édition LITEC Paris 1998- 1999 Commenté par Gilbert Azibert, p.1310,
- Code Constitutionnel, RENOUX, Thiery. S ; VILLIERS, Michel, 1ère édition LITEC, Paris 1994, p.1512,
- Code des personnes et de la famille (Loi N°11-080/AN-RM),
- Code de procédure civile, commerciale et sociale (Décret N°99-254/P-RM du 15 sep.1999),
- Code pénal du Mali, (Loi N°01-079 du 20 août 2001),
- Code civil commenté par François, JACOB ; Alice TISSERAND ; VENANDET, GUY et autres, 101ème édition DALLOZ, Paris 2002, p.2078,
- Code de l'eau (Loi N°02-006/AN-RM du 23 jan. 2002),
- Code des personnes et de la famille, (Loi N°11-080/AN-RM),
- Code civil - Dernière modification le 01 octobre 2018 - Document généré le 08 janvier 2019.[122]

Quelques Lois

- Loi N°06-045 du 05 sep.2006, portant Loi d'Orientation Agricole (LOA) en RM,
- Loi N°01 – 079 AN – RM du 20 août 2001 portant code pénal au Mali ;
- Loi N°2017- 001 du 11 avril 2017 portant sur le Foncier Agricole ;
- Loi N°003 du 23 janvier 2012 portant interdiction de la production, de l'importation, de la détention, de la commercialisation et de l'utilisation des

[121] **DOUMBÉ-Billé Stéphane**, « La nouvelle Convention africaine de Maputo sur la conservation de la nature et des ressources naturelles », In : Revue Juridique de l'Environnement, n°1, 2005. pp. 5-17.

[122] Légifrance, Copyright (C) 2007-2019.

sachets plastiques non biodégradables et de granules non biodégradables destinés à la fabrication desdits sachets en République du Mali ;

- Loi N°2011- 040 du 15 juillet 2011 portant statut des Exploitants et des Exploitants Agricoles ;
- Loi N°10 - 032 du 12 juillet 2010 relative aux semences d'origine Végétale ;
- Loi N°10 - 031 du 12 juillet 2010 portant création du Fonds National d'appui à l'Agriculture ;
- Loi n° 10 - 028 du 12 juillet 2010 déterminant les principes de gestion des ressources du domaine forestier national ;
- Loi N°008 du 28 février 2008 relative au contrôle de qualité des engrais ;
- Loi N°02 - 013 instituant le contrôle phytosanitaire en République du Mali ;
- Loi n° 02 - 017/P-RM du 03 juin 2002 régissant la détention, le commerce, l'exportation, la réexportation l'importation, le transport et le transit, de spécimens d'espèces de faune et de flore sauvages ;
- Loi N°02-014 instituant l'homologation et le contrôle des pesticides en République du Mali ;
- Loi n°02 - 006 du 31 janvier 2002 portant code de l'eau ;
- Loi N°01 - 020 relative aux pollutions et aux nuisances ;
- Loi n°96 - 050 portant principes de constitution et de gestion du domaine des collectivités territoriales ;
- Loi n°95 - 032 fixant les conditions de gestion de la pêche et de la pisciculture ;
- Loi n°95 - 031/P-RM du 20 mars 1995 fixant les conditions de gestion de la faune sauvage et de son habitat.

Quelques Décrets

- Décret colonial du 4 juillet 1935 fixant le régime forestier en Afrique Occidentale Française,[123]
- Décret N°2011 674 P-RM du 10 octobre 2011 relatif aux modalités d'organisation des dispositifs spécifiques d'intervention en cas de menaces sur la sécurité alimentaire ;
- Décret N°10 574 P-RM du 26 août 2010 fixant l'organisation et les modalités de gestion du Fonds National d'Appui à l'Agriculture ;
- Décret N°09-011 P-RM du 19 janvier 2009 fixant les Attributions, la Composition et les Modalités de Fonctionnement des Commissions Foncières Locales et Communales ;

[123] Décret colonial du 4 juillet 1935 précisait : - la responsabilisation des Chefs de Villages dans la recherche et constatation des infractions (cf. art.56 du code forestier) ; - la responsabilité civile et conjointe des collectivités villageoises pour les infractions commises dans leur voisinage, si les auteurs n'ont pas été découverts et s'il est prouvé que lesdites collectivités n'ont pas rempli leurs obligations de surveillance et de protection de l'environnement (cf. art.13 du code de feux .) ; - amendes trop élevées pour des infractions courantes (art.65 et 66 du code forestier, art.5 de la loi n° 86-46/du 26 juillet sur les foyers améliorés).

- Décret 09-318/P-RM du 26 juin 2009 relatif à l'étude d'impact Environnemental et Social ;
- Décret N°09-314 P-RM du 19 juin 2009 relatif à la qualité et à la labélisation des Produits Agricoles ;
- Décret N°08 768 P-RM du 29 décembre 2008 fixant les Modalités d'enregistrement et d'immatriculation des Exploitations Agricoles Familiales et des Entreprises Agricoles ;
- Décret N°08 793 P-RM du 31 décembre 2008 fixant les Modalités de Création et d'Enregistrement des Organisations Interprofessionnelles Agricoles ;
- Décret N°08-177 P-RM du 27 mars 2008 fixant les Modalités d'Application de la Loi relative au Contrôle de Qualité des Engrais ;
- Décret N°07-066 P-RM du 23 février 2007 fixant l'organisation et les modalités de fonctionnement ainsi que le détail de la composition du Conseil Supérieur de l'Agriculture ;
- Décret N°01-396 fixant les modalités de gestion des pollutions sonores ;
- Décret N°01-397 fixant les modalités de gestion des polluants dans l'atmosphère.
- Décret N°01-394 fixant les modalités de gestion des déchets solides ;
- Décret N°01-395 fixant les modalités de gestion des eaux usées ;
- Décret n°01-404/ P-RM du 17 septembre 2001 déterminant les conditions et modalités d'exercice des droits conférés par les titres d'exploitation des ressources forestières ;
- Décret n°01-395/ P-RM du 06 septembre 2001 fixant les modalités de gestion des eaux usées et des gadoues ;
- Décret n° 00-022/ P-RM du 19 janvier 2000 fixant les modalités de classement des forêts, des périmètres de reboisement et des périmètres de protection dans le domaine forestier de l'Etat ;
- Décret n°00-021 du 19 janvier 2000 fixant les attributions, la composition, l'organisation et les modalités de fonctionnement des conseils de chasse ;
- Décret n°99-320/ P-RM du 04 octobre 1999 fixant la procédure de défrichement dans le domaine forestier de l'Etat ;
- Décret n°99-321 du 04 octobre 1999 fixant les modalités de classement et de déclassement des réserves de faune, des sanctuaires et les modalités de création de zones d'intérêt cynégétiques des ranches de gibier dans les domaines fauniques de l'Etat ;
- Décret n° 98-402/ P-RM du 17 décembre 1998 fixant les taux, les modalités de recouvrement et de répartition des taxes perçues à l'occasion de l'exploitation du bois dans le domaine forestier de l'Etat ;
- Décret n°97-053/P-RM du 31 janvier 1997 fixant les taux des redevances de défrichement dans le domaine forestier de l'Etat ;

- Décret n° 97-051/ P-RM du 31 janvier 1997 fixant les conditions et les modalités d'exercice de la profession de guide de chasse ;
- Décret n° 096-010/ P-RM fixant les modalités de classement et de déclassement des réserves piscicoles ;
- Décret n°96-011 / P-RM déterminant la composition, les attributions et les modalités de fonctionnement des conseils de pêche ;
- Décret n° 95-182 du 26 avril 1995 fixant les taux de redevance perçus à l'occasion de la délivrance des permis de pêche.

Quelques Arrêtés

- Arrêté Interministériel N°10 2114 MA-MEP-MEA-MEFP-SG du 16 Juillet 2010 déterminant les métiers agricoles ;
- Arrêté Interministériel N°2011 5005 MEP-MACTL-MA-MEF-MDSSPA-SG du 08 Décembre 2011 fixant le détail des modalités de Gestion du Fonds National d'Appui à l'Agriculture ;
- Arrêté N°07 0554 MA-SG du 05 Mars 2007 fixant l'organisation et les modalités de fonctionnement du Secrétariat Permanent du Comité Exécutif National du Conseil Supérieur de l'Agriculture

Webographie

Https://fr.wikipedia.org/wiki/Office_du_Niger.

Https://fr.wikipedia.org/wiki/Confr%C3%A9ries_de_chasseurs_en_Afrique. Consulté le 06/12/2021 à 13h16 à Santiago de Compostela, Espagne. p.1.

Https://www.un.org/ « Least Developed Countries (LDCs) » [archive], 23 septembre 2010 (consulté le 3 octobre 2020).

Firefoxhttps://upload.wikimedia.org/wikipedia/commons/0/03/Map_commune. Consultées le 04/12/2021, 18h04. Statistical Review of World Energy, BP, London, UK, 2020 (68 p. Available online here: https://www.bp.com/content/dam/bp/business/sites/en/global/corporate/pdfs/energyeconomics/statistical-review/bp-stats-review-2020-full-report.pdf).

UNFCCC Sites and platforms, Article /16 fév, 2016, « L'Accord de Paris autonomise les femmes pour agir pour le climat ». Source en lignes : Https://unfccc.int/fr/news/laccord-de-paris-autonomise-les-femmes-pour-agir-pour-le-climat. Consulté le 06/12/2021 à 11h33 à Santiago de Compostela, Espagne. p.1.

Raymond FERRETTI, La révision de la constitution : les paradoxes d'une évolution,
revue de l'actualité juridique française, 1er avril 2001, Article de doctrine. Source Internet : http://www.rajf.org/spip.php-article 12.

https://www.lexpress.fr/environnement/a-long-terme-aucun-pays-n-echappera-au-rechauffement-climatique_1675984.html.

Christian Aid (2007). Human Tide : The real migration crisis, Christian Aid, (http://www.christianaid.org.uk/Images/human-tide.pdf) : http://www.christianaid.org.uk/Images/human-tide.pdf.

PNUD, Rapport N°63 « L'Afrique détient la clé de nombreuses solutions climatiques mondiales », Entretien avec Ahunna Eziakonwa, Directrice du Bureau régional du PNUD pour l'Afrique. Source Internet : *https://stories.undp.org/afrique-detient-la-cle-de-solutions-climatiques-mondiales*.
Source Internet : *https://journals.openedition.org/ress/483*.
Source Internet : *https://www.radiofrance.fr/franceculture/janvier-pour-janus-le-dieu-romain-des-passages-5448180. Consultée en ligne, le 13 Avril 2024 à Touba, à 07H50MN.*
Source internet : https://fr.wiktionary.org/wiki/tendon_d%E2%80%99Achille. *Consultée en ligne, le 13 Avril 2024 à Touba, à 08H10MN.*

CINQUIEME SESSION

Droits humains et numérique

La révolution numérique, menace ou vecteur des droits fondamentaux en Afrique : Cas du Mali

Boubacar Abdoulaye BOCOUM
Docteur en droit privé
Enseignant-chercheur à l'Université des Sciences Juridiques et Politiques de Bamako (Mali)

Résumé

Il est indéniable que les sociétés font désormais face à une transformation numérique sans précédent. S'il y a une révolution numérique, il y a aussi une révolution, probablement plus discrète, des droits fondamentaux, bousculant ainsi l'ordre légicentriste. Déployé dans de nombreux secteurs, le numérique est fort de nombreuses potentialités, mais également porteur de risques évidents pour les libertés et les droits humains. Cette ambivalence entourant actuellement l'appréhension du numérique confine parfois à l'ambiguïté. Tel est le constat auquel le chercheur se doit de faire face, dès lors qu'il s'attache à étudier ce vaste sujet. Il est soumis à un mouvement permanent d'appréciations contradictoires, rendant délicate toute fixation d'une appréhension pérenne.

Or, la nécessité de dégager un axiome durable destiné à guider les réflexions n'a jamais été aussi grande. Dix ans après les premières réflexions sur ces questions, le bilan de l'apport des technologies numériques à l'exercice des droits humains est en clair-obscur. Il ne fait donc aucun doute que l'espace numérique met les droits fondamentaux à l'épreuve. Est-il un risque ou une opportunité pour la protection des droits fondamentaux ? A l'analyse, il ressort que la technologie numérique peut offrir une grande contribution à l'exercice des droits humains mais son influence sur les préconditions essentielles à l'exercice de ces droits reste problématique.

Mots clés : *ambivalence, droits fondamentaux, numérique, risques, révolution.*

Summary

There's no denying that companies are now facing an unprecedented digital transformation. If there is a digital revolution, there is also a revolution, probably more discreet, of fundamental rights, thus shaking up the legislative order. Deployed in many sectors, digital technology has many potentialities, but also carries obvious risks for freedoms and human rights. This ambivalence currently surrounding the apprehension of digital technology sometimes borders on ambiguity.

This is the observation that the researcher must face, when he or she sets out to study this vast subject. It is subject to a permanent movement of contradictory assessments, making it difficult to establish a lasting apprehension.

However, the need to identify a lasting axiom intended to guide reflection has never been greater. Ten years after the first reflections on these issues, the assessment of the contribution of digital technologies to the exercise of human rights is in chiaroscuro. There is therefore no doubt that the digital space is putting fundamental rights to the test. Is it a risk or an opportunity for the protection of fundamental rights? The analysis shows that digital technology can make a great contribution to the enjoyment of human rights, but its influence on the essential preconditions for the exercise of these rights remains problematic.
Keywords: *ambivalence, fundamental rights, digital, risks, revolution.*

Introduction

Parmi toutes les révolutions industrielles, l'une des plus anxiogènes est sans nul doute la révolution numérique[1]. De nombreuses interrogations se posent concernant les implications et l'impact sur les droits humains de cette transformation[2]. Les défis et les problématiques liés à cette évolution rapide et omniprésente restent au centre des préoccupations[3], nécessitant une réflexion approfondie sur la préservation des droits fondamentaux dans cet environnement numérique en constante évolution.

Afin de circonscrire clairement les limites de cette étude, il convient, préalablement, d'en définir plus précisément les différents termes. Les principaux concepts clés utilisés dans ce travail sont ceux de numérique et de droits fondamentaux.

Le terme « numérique » est un adjectif polysémique comportant de multiples significations. Selon le dictionnaire de l'Académie française, le numérique « *se dit du codage, du stockage, de la transmission d'informations ou de grandeur physiques sous forme de chiffres ou de signaux à valeur discrète ou discontinue* »[4]. Pour la clarté du propos, nous pouvons considérer dans cette étude que le numérique, « *est une forme de langage basée sur un code constitué de suites de nombres représentés en système binaire par des groupes de 0 et de 1 : le terme renvoie non seulement aux ordinateurs, au téléphone mobile, à internet, aux plateformes collaboratives en ligne, mais aussi à la géolocalisation, aux traitements algorithmiques, à la domotique, à la reconnaissance faciale, aux objets connectés, à la robotique, aux voitures autonomes, à l'intelligence artificielle* »[5]. Tous les secteurs d'activité sont concernés : information et

---

[1] Voir à ce propos. Abdoullah CISSÉ, « La création d'un environnement propice à la société de l'information : quels chantiers pour le Sénégal », in Informatique et liberté, in *Quel cadre juridique pour le Sénégal*, Séminaire, Dakar, 29 et 30 Aout 2005.

[2] Aysegul FISTIKCI, « Démocratie et réseaux sociaux : de la nécessité de la régulation à ses limites », in *Les Cahiers de la recherche sur les droits fondamentaux*, n° 21, 2023. Disponible sur: https://journals.openedition.org/. Consulté le 21 mai 2024.

[3] *Ibid.*

[4] V. Dictionnaire de l'Académie française, février 2019. Disponible sur https://www.academie-francaise.fr/. Consulté le 21 décembre 2023.

[5] Didier DUBASQUE, *Comprendre et maîtriser les excès de la société numérique,* Paris, Presses EHESP, 2019, p. 17.

communication, travail et métiers, loisirs et culture, transport, économie et commerce, santé, police, justice…[6]. Ce terme englobe les interfaces, smartphones, tablettes, ordinateurs, téléviseurs, ainsi que les réseaux qui transportent les données. Il envisage à la fois les outils, les contenus et les usages[7].

Dès lors que le concept de « numérique » a été défini, reste à savoir ce que l'on entend par « droits fondamentaux ». Malgré le développement d'instruments juridiques, nationaux ou internationaux, proclamant des droits fondamentaux, cette notion demeure délicate à appréhender[8]. La doctrine paraît tout d'abord partagée quant à la notion même de la fondamentalité d'un droit. Pour Andréas AUER[9] les droits fondamentaux sont « *un ensemble de droits et de garanties que l'ordre constitutionnel reconnaît aux particuliers dans leurs rapports avec les autorités étatiques. Ils sont « fondamentaux* », d'une part, parce qu'ils se rapportent à l'homme qui est le fondement de tout droit, et, d'autre part, parce que les conséquences de leur reconnaissance traversent ou devraient traverser tout l'ordre juridique. Les droits fondamentaux englobent à la fois les libertés constitutionnelles [...] y compris les droits dits sociaux et les différentes composantes du principe d'égalité »[10]. Pour Marie Luce PAVIA, « *Au sens profond et initial, un droit fondamental mérite son nom lorsqu'il est constituant - au sens d'établir – de l'identité de l'homme dans une société démocratique déterminée* »[11]. Les droits fondamentaux seraient ainsi ceux qui bénéficient d'une protection de la norme suprême, mais également ceux qui se rapportent à l'Homme. Les droits fondamentaux pourraient ainsi se définir à la fois d'un point de vue formel et d'un point de vue matériel[12].

Ces deux éléments de définition nous paraissent essentiels pour appréhender dans toute sa plénitude la notion de droit fondamental. Ainsi, seule la conjugaison de ces éléments permet une telle reconnaissance. Aussi, quant à l'appréhension de la notion de droits fondamentaux, nous ne distinguerons pas dans notre étude l'approche formelle de l'approche matérielle. L'identification de ces droits se fera à travers la combinaison de ces deux critères.

---

[6] Emmanuel NETTER, *Numérique et grandes notions du droit privé,* Mémoire, Université de Picardie - Jules Verne, 2017, p. 4.

[7] Bénédicte BEVIERE-BOYER, «Numérique, Droit et société : présentation », in *Numérique, Droit et société*, Actes de colloque, Centre de Recherches juridiques, Paris 8, (dir) Benedicte BEVIERE-BOYER et Dorothée Dibie, Dalloz, 2022, p.5.

[8] Dans ce sens voir spécialement. Ndiaw DIOUF, « Infraction en relations avec les nouvelles technologies de l'information et procédure pénale : l'inadaptation des réponses nationales face à un phénomène de dimension internationale », *Revue AFRILEX,* décembre 2004, n° 4, in : http://www.afrilex.u-bordeaux-4.fr. (Consulté le 10 janvier 2019) ; Djibril SOW, « Retour sur l'adaptation du droit au numérique *», Revue CAMES/SJP*, 2016, n°001, p. 89.

[9] Andréas AUER, « Les droits fondamentaux et leur protection », in *Pouvoirs* n° 43, 1987, « La Suisse », pp. 77-100.

[10] *Ibid.*

[11] Marie Luce PAVIA, « Eléments de réflexions sur la notion de droit fondamental », *L.P.A.*, 6 mai 1994, n° 54, pp. 6-13, spéc. p. 13.

[12] Bertrand MATHIEU et Michel VERPEAUX, *Contentieux constitutionnel des droits fondamentaux*, Paris, L.G.D.J., 2002, p. 12.

La question des droits fondamentaux, qui a longtemps été au cœur des débats juridiques et sociétaux[13], revêt désormais une importance accrue dans le contexte de l'espace virtuel et du développement de technologies avancées[14]. Jamais auparavant dans l'histoire de l'humanité, de nouveaux progrès techniques ne sont apparus aussi rapidement, avec des répercussions immédiates dans la vie des individus, créant parfois une véritable addiction[15]. Ces innovations technologiques ont soulevé d'importantes questions en ce qui concernent la protection des droits fondamentaux de l'homme[16].

Les droits de l'homme toutes générations confondues sont aujourd'hui exposés à la menace que représente la cybercriminalité. Les cyberdélinquants profitent en effet de failles de sécurité informatiques, mais aussi le plus souvent de failles humaines :

- Un salarié utilise un wifi non sécurisé pour envoyer un courriel à un collègue. Les informations contenues dans son mail sont publiées et livrent des secrets à la concurrence ;
- Un RH oublie dans un taxi son portable non verrouillé contenant des données à caractère personnel des salariés ;
- *Un artiste partage sur les réseaux sociaux certains éléments (informations d'identité, photos, vidéos, commentaires, échanges privés). Ils sont tracés à l'aide d'algorithmes, fichés et stockés dans une base de données pour être vendues à des firmes privées qui proposent leurs services marchands en ligne* au public.

Il est vrai, qu'il peut paraître pour le moins curieux qu'internet connut comme étant un accélérateur de progrès[17], soit également un des plus gros vecteurs de commission des comportements criminels avec de nouvelles variétés telles que : les accès et maintiens frauduleux dans un système informatique et l'exploitation abusive des données à caractère personnel des citoyens[18].

Cette contribution vise à fournir un aperçu des droits numériques et des tendances qui affectent les libertés fondamentales au Mali, la compréhension des droits numériques est cruciale pour pouvoir protéger les droits fondamentaux de l'homme dans n'importe quel domaine[19], car très peu de nos vies aujourd'hui sont

---

[13] Pour une étude d'ensemble de la question V. not. Alexandra KORSAKOFF, Jean-Manuel LARRALDE, « Numérique et ordre public » in *Les Cahiers de la recherche sur les droits fondamentaux*, n° 21, 2023. Disponible sur https://journals.openedition.org/. Consulté le 21 Mai 2024.

[14] Aysegul FISTIKCI, « Démocratie et réseaux sociaux : de la nécessité de la régulation à ses limites », *op. cit.* p. 63.

[15] *Ibid.*

[16] Jean-Jacques LAVENUE, *E-révolutions et révolutions : Résistances et résiliences*, Lille éd. Septentrion, 2016, p. 16.

[17] Alexandra KORSAKOFF, Jean-Manuel LARRALDE, « Numérique et ordre public », *op. cit.* p. 12.

[18] Voir à ce propos. Dieunedort NZOUABETH, « Les preuves pénales à l'épreuves de la métamorphose des règles de la procédure pénale sénégalaise », *Annales africaines*, décembre 2018, Nouvelle série, Vol. 2, n° 9, CREDILA, p. 156.

[19], *op cit.*, p. 16.

à l'abri des forces de la technologie et de l'internet qui ont remodelé la façon dont les humains communiquent, participent et se comportent. Dans ces conditions, l'étude de ce sujet, apparaît tout à fait bienvenue. Mais c'est avant tout la place incontournable de la protection des droits fondamentaux au sein de nos systèmes juridiques contemporains qui justifie l'opportunité de la recherche entreprise. Cela dit, il convient de préciser la question centrale et le nœud gordien de cette étude. Elle se libelle de la manière suivante : en quoi l'ambivalence intrinsèque du numérique et la façon de concilier les tensions qui en résultent impliquent de repenser la protection des droits fondamentaux ?

A l'analyse, il ressort que les droits fondamentaux connaissent des répercussions liées à l'omniprésence des techniques numériques dans la société actuelle et au caractère biface des technologies de l'information et de communication (I). Dès lors, l'ambivalence du numérique impose de repenser la protection de ces droits (II).

I. L'effet ambivalent de la révolution numérique sur l'exercice et la protection des droits fondamentaux.

Les effets des technologies numériques sont bien connus pour posséder un caractère très ambivalent, ayant des effets positifs comme négatifs. En effet, le numérique permet à la fois, le développement de certaines libertés : liberté d'expression, d'association, d'entreprendre… Mais, il peut constituer également une importante menace pour la vie privée ou pour la sûreté générale, puisque la cybercriminalité s'est développée très vite. C'est l'autre face de ce Janus. Dans les lignes qui suivent, nous nous proposons de *mettre en exergue l'ambivalence d'une technologie qui, tout à la fois, catalyse l'exercice des libertés fondamentales et synthétise des droits nouveaux(A), mais génère aussi des menaces redoutables et inédites à l'encontre des personnes et des intérêts dont les autorités publiques ont la charge* (B).

A.- Le numérique : un atout majeur pour les droits fondamentaux

La technique n'est pas neutre[20], mais elle n'est ni bonne, ni mauvaise en soi non plus[21]. Elle est comme l'a souligné Jacques ELLUL « ambivalente »[22]. Les TIC et l'usage qui en est fait peuvent avoir un impact majeur sur un nombre important d'enjeux de droits humains[23].

---

[20] Arnaud LATYL, *Le droit du numérique. Une approche par les risques*, Paris, Dalloz, 2023, p. 22.

[21] *Ibid.*

[22] Il faut entendre par là que le développement de la technique n'est ni bon, ni mauvais, ni neutre mais qu'il est fait d'un mélange complexe d'éléments positifs et négatifs « bons » et « mauvais » si on veut adopter un vocabulaire moral. Si elles n'étaient que négatives, personne ne les utiliseraient. Mais à l'inverse, le problème c'est de croire que parce qu'une technique peut être utile, elle est bonne en soi, alors qu'elle apporte également son lot d'inconvénients.

[23] Aysegul FISTIKCI, « Démocratie et réseaux sociaux : de la nécessité de la régulation à ses limites », *op. cit.*, p.59.

En réalité, la numérisation peut devenir une précieuse alliée des droits fondamentaux[24] pour 3 raisons:

En premier lieu, les TIC synthétisent des droits nouveaux[25]. En effet, l'essor du numérique a suscité la reconnaissance de nouveaux droits et libertés fondamentaux[26] notamment, le droit à la protection des données personnelles, le droit d'accès au numérique, le droit à l'effacement des données, le droit à la portabilité des données, le droit à l'autodétermination informationnelle etc.

En second lieu, elles amplifient et catalysent les droits fondamentaux[27]. C'est, au premier chef, le cas de la liberté d'expression et de l'accès à l'information[28]. Là où les médias dits « traditionnels » agissaient comme un filtre en fonction de leurs lignes éditoriales et de la qualité des contenus proposés, internet permet l'émergence de plateformes numériques[29] hébergeant, sans aucun contrôle a priori, ni intermédiation, toutes sortes de contenus émanant de personnes qui ne sont plus nécessairement des professionnels de la diffusion d'informations, mais de simples particuliers[30]. Sur les réseaux sociaux, chaque personne peut en effet s'exprimer, diffuser des informations ou émettre des opinions et des critiques.

Les propos diffusés bénéficient d'une portée potentiellement planétaire[31], aucune barrière, autre que la langue, ne fait en théorie obstacle à ce que chacun puisse accéder aux contenus mis en ligne à l'autre bout du monde[32]. Cette liberté bénéficie d'une ampleur accrue compte tenu de la dimension planétaire et transfrontalière d'internet[33]. En cela, internet concourt à l'affermissement de l'une des libertés les plus fondamentales de l'homme : la liberté d'expression[34]. La libre communication des pensées et des opinions est en

---

[24] Christiane FERAL-SCHUHL, *Cyberdroit. Le droit à l'épreuve du numérique*, Paris, Dalloz, 6e édition, 2010, p. 86.

[25] Rym FASSI-FIHRI, *Les droits et libertés du numérique : des droits fondamentaux en voie d'Élaboration Étude comparée en droits français et américain*, Paris, LGDJ, 2022, p. 299.

[26] Voir Loi n° 2013-015 du 21 mai 2013 portant protection des données à caractère personnel au Mali. Disponible sur le site Web de l'Autorité de Protection des Données à Caractère Personnel (APDP) : https://www.apdp.ml. (Consulté le 15 janvier 2019).

[27] *Ibid.*

[28] V. Loi n° 017/ du 12 juin 2017 fixant le régime de la publicité. Disponible sur le site officiel du secrétariat général du gouvernement du Mali. https://sgg-mali.ml/fr/accueil.html : Journal Officiel N° 26 du 30 juin 2017. (Consulté le 11 juin 2019).

[29] Jean-Marie CHEVALIER, Ivar EKELAND, Marie Anne FRISON-ROCHE, Michel KALIKA, *Internet et nos fondamentaux*, Paris, PUF, 2000, p. 19.

[30] *op. cit.,* p. 116.

[31] Jean-Jacques LAVENUE, E-révolutions et révolutions : Résistances et résiliences, *op. cit.*, p. 116.

[32] Rym FASSI-FIHRI, *Les droits et libertés du numérique : des droits fondamentaux en voie d'Élaboration Étude comparée en droits français et américain, op. cit.*,p. 302.

[33]Rémy RIEFFEL, *Révolution numérique, révolution culturelle* ? Paris, Gallimard, 2014, p. 64.

[34] Jean HARIVEL. *Libertés publiques, libertés individuelles, risques et enjeux de la société numérique*. Thèse, Université Paris I, 2018, p. 23 pages.

effet, nous dit la Déclaration des droits de l'Homme et du Citoyen, « *un des droits les plus précieux de l'Homme* »[35].

La révolution numérique encourage également l'exercice d'autres droits et libertés[36]. C'est le cas de la liberté d'entreprendre[37] qui est protégée par la constitution malienne[38]. En bousculant l'application des réglementations sectorielles souvent anciennes[39], internet permet l'émergence de nouveaux acteurs économiques[40]. Le développement des plateformes numériques fait notamment naître un nouvel écosystème reposant sur la satisfaction de besoins individuels précisément identifiés[41] grâce à la mise en relation directe des demandeurs avec des producteurs de biens ou de services qui sont le plus souvent eux-mêmes des non professionnels[42].

De même, l'essor des réseaux numériques qui, d'une certaine manière, affaiblit le lien social[43] peut aussi concourir à renforcer la transparence de la vie administrative et politique et la participation du public à l'élaboration des politiques le concernant[44]. Plus encore, en renouvelant les formes d'engagement civique[45], internet favorise par exemple l'essor des consultations citoyennes sur des choix politiques[46].

En dernier lieu, avec le développement des technologies, les conséquences des atteintes à la liberté du citoyen sur les réseaux peuvent être plus lourdes[47]. A titre d'illustration, lorsque la victime a été mise en contact avec l'auteur des faits pour la diffusion de messages à destination d'un public non déterminé, d'un réseau de télécommunications, les peines peuvent être aggravées (peine de 5 à 10 ans d'emprisonnement et une amende de 500 000fcfa à

---

[35] V. art. 6 de la Déclaration des Droits de l'Homme et du Citoyen de 1789.

[36] Alexandra KORSAKOFF, Jean-Manuel LARRALDE, « Numérique et ordre public », *op. cit.* p. 11.

[37] Rym FASSI-FIHRI, Les droits et libertés du numérique : des droits fondamentaux en voie d'Élaboration Étude comparée en droits français et américain, *op. cit.*,p. 326.

[38] Jean HARIVEL. *Libertés publiques, libertés individuelles, risques et enjeux de la société numérique*, *op. cit.*, P. 8.

[39] Jean-Jacques LAVENUE, E-révolutions et révolutions : Résistances et résiliences, *op. cit.*, p. 112.

[40] Dominique LUZEAUX, «Numérique et cyber : enjeux de souveraineté », *Revue Défense Nationale*, n° 859 – Avril, 2022, p.13.

[41] Rémy RIEFFEL, *Révolution numérique, révolution culturelle* ? *op. cit.*, p. 59.

[42] Christiane FERAL-SCHUHL, *Cyberdroit. Le droit à l'épreuve du numérique*, *op. cit.*, p. 112.

[43] Jean-Marie CHEVALIER, Ivar EKELAND, Marie Anne FRISON-ROCHE, Michel KALIKA, *Internet et nos fondamentaux*, *op. cit.*, p. 127.

[44] Aysegul FISTIKCI, « Démocratie et réseaux sociaux : de la nécessité de la régulation à ses limites », *op. cit.*, p. 58.

[45] Guillaume ROUDIER, Guillaume DIEPPEDALLE, « Les enjeux du numérique pour l'humain et la société », *LAC* 293 / Janvier - Février 2018, p. 7.

[46] *Ibid.*

[47] Dominique LUZEAUX, «Numérique et cyber : enjeux de souveraineté », *op. cit.*, p.8.

15 000 000fcfa)[48]. Les périls que la perversion des TIC fait peser sur l'épanouissement des mineurs justifie la rigidité du texte pénal[49].

Il ressort de toutes ces considérations, qu'avec l'apparition de nouvelles technologies liées à l'informatique, la société doit faire face à de nouveaux risques concernant les libertés individuelles.

B.- Le numérique : une menace pour les droits fondamentaux

Le numérique a entraîné des modifications du régime juridique de plusieurs libertés fondamentales[50], et suscité la reconnaissance de nouveaux droits[51]. Mais, dans le même temps, un sentiment d'insécurité grandissant, entretenu par des mouvements terroristes et des attentats spectaculaires, va pousser les gouvernements à proposer des lois restreignant les libertés acquises progressivement durant plusieurs décennies[52], et étendant les possibilités de surveillance des individus par les forces de police, lesdits gouvernements utilisant, alors, les possibilités offertes par les TIC pour surveiller les individus discrètement ou échanger des informations concernant les citoyens suspects ou non de faits délictueux, donc améliorer les techniques d'investigation des forces de sécurité et de défense.

La numérisation de la société n'a pas infléchi la protection des libertés[53] et certaines libertés connaissent un terrain favorable pour se développer dans cette société au travers des innovations techniques qui permettent ainsi de mettre sous surveillance discrète les individus[54], et cette surveillance peut altérer peu ou prou ces libertés[55]. Les révélations d'edward SNOWDEN ou de WIKILEAKS[56] montrent que les États, même démocratiques, surveillent les informations transitant sur le réseau Internet et peuvent installer des logiciels espions sur les objets connectés[57].

---

48 V. art. 18 de la Loi n° 056 du 5 décembre 2019 portant répression de la cybercriminalité.

49 V. Loi N°2019-056 du 05 décembre 2019 portant répression de la cybercriminalité au Mali. Disponible sur le site officiel du secrétariat général du gouvernement du Mali. https://sgg-mali.ml/fr/accueil.html : Journal Officiel N° 43 du 13 décembre 2019. (Consulté le 20 décembre 2019).

50 Alexandra KORSAKOFF, Jean-Manuel LARRALDE, « Numérique et ordre public », *op. cit.* p. 9.

51 Jean Harivel. *Libertés publiques, libertés individuelles, risques et enjeux de la société numérique*. Thèse, op. cit., P. 633.

52 Jean-Marie CHEVALIER, Ivar EKELAND, Marie Anne FRISON-ROCHE, Michel KALIKA, *Internet et nos fondamentaux, op. cit.,* p.17.

53 Rym FASSI-FIHRI, *Les droits et libertés du numérique : des droits fondamentaux en voie d'Élaboration Étude comparée en droits français et américain, op. cit*.,p. 358.

54 Dominique LUZEAUX, «Numérique et cyber : enjeux de souveraineté », *op. cit.*, p. 11.

55 Christiane FERAL-SCHUHL, *Cyberdroit. Le droit à l'épreuve du numérique, op. cit.,* p. 108.

56 Pour une synthèse, avec de nombreuses références, relative à l'affaire WikiLeaks. V. not. Serge SLAMA, Jean-Philippe FOEGLE, « Lanceur d'alerte : traître ou héros ? » *La Démocratie,* 2020, pp.209 - 212.

57 *ibid.*

Le droit au respect de la vie privée est l'exemple typique des risques[58] dont l'ampleur a été accrue par le développement de l'internet[59]. Les facilités de publication en ligne engendrent des effets potentiellement néfastes pour la réputation des individus[60]. Ces effets sont renforcés par les capacités de collecte et de stockage et la puissance des traitements de données permettant des rapprochements de renseignements auparavant impossibles ou très difficiles à réaliser[61]. Car les données concernées peuvent être erronées, collectées et conservées de manière injustifiée ou disproportionnée et, de surcroît, elles sont susceptibles de révéler, sur chaque personne, des habitudes, des préférences, des faiblesses de toutes natures ou, tout simplement, des opinions susceptibles d'être utilisées contre ces personnes dans leur vie professionnelle ou leur accès aux biens et services, le crédit ou l'assurance, par exemple. Les données qui font « apparaître, directement ou indirectement, les origines raciales ou ethniques, les opinions politiques, philosophiques ou religieuses, ou l'appartenance syndicale », y compris celles qui sont relatives à la santé ou la vie sexuelle d'une personne, sont à cet égard particulièrement sensibles, dès lors que leur traitement est susceptible de faciliter la surveillance ou le contrôle généralisé des individus ou de servir des intérêts privés, professionnels, commerciaux, voire purement malveillants.

La protection de l'ordre et de la sécurité publics se trouve également déstabilisée par l'essor des technologies numériques[62]. Au premier chef, ces technologies augmentent le risque de diffusion de contenus illicites[63], tels que ceux incitant à la haine raciale, à la discrimination, à la violence ou à la criminalité. L'exercice de la liberté d'expression sur internet peut également affecter certaines catégories de personnes vulnérables[64], en particulier les jeunes enfants ou les adolescents, destinataires de contenus sensibles susceptibles d'avoir un impact négatif sur leur santé, leur sécurité ou leur développement personnel[65].

---

[58] Christiane FERAL-SCHUHL, *Cyberdroit. Le droit à l'épreuve du numérique, op. cit.*, p. 15.
[59] Jean-Marie CHEVALIER, Ivar EKELAND, Marie Anne FRISON-ROCHE, Michel KALIKA, *Internet et nos fondamentaux, op. cit.*, p. 127.
[60] Christiane FERAL-SCHUHL, *Cyberdroit. Le droit à l'épreuve du numérique, op. cit.*, p. 79.
[61] Guillaume ROUDIER, Guillaume DIEPPEDALLE, « Les enjeux du numérique pour l'humain et la société », *op cit.*, p. 5.
[62] V. en ce sens. Florence PICARD, « Nouvelles technologies, nouveaux risques, nouvelles responsabilités », in *Numérique, Droit et société*, Actes de colloque, Centre de Recherches juridiques, Paris 8, (dir) Benedicte BEVIERE-BOYER et Dorothée Dibie, Dalloz, 2022, p. 211.
[63] Jean-Jacques LAVENUE, *E-révolutions et révolutions : Résistances et résiliences, op. cit.*, p 18.
[64] Christiane FERAL-SCHUHL, *Cyberdroit. Le droit à l'épreuve du numérique, op. cit.*, p. 89.
[65] Rieffel REMY, *Révolution numérique, révolution culturelle ? op. cit.*, p. 75.

Enfin, si la révolution numérique est porteuse d'innovation et de progrès[66], elle peut aussi favoriser l'émergence d'une société à deux vitesses[67]. Car l'avènement du tout numérique dans l'ensemble des secteurs de la société produit inéluctablement de nouveaux exclus[68] : ceux qui n'ont pas accès aux équipements informatiques ou ne sont pas en capacité de maîtriser les nouvelles technologies. Ces exclus se recrutent parmi les couches les plus précaires et les groupes les plus vulnérables de la population : la « fracture numérique » a toutes les chances de redoubler la fracture sociale.

Somme toute, en raison de l'indivisibilité et de l'interdépendance des droits humains, l'ensemble de ces droits peut-être affecté, de façon positive ou négative, par ces technologies[69]. Il paraît alors ? Voire urgent de repenser la protection des droits fondamentaux en renforçant les pouvoirs des individus sans, pour autant, nuire au potentiel d'innovation du numérique.

II.- l'ambivalence du numérique nécessite de repenser la protection des libertés fondamentales

Il parait nécessaire aujourd'hui de trouver un équilibre entre le développement des technologies innovantes au service de l'humain et la protection des libertés et droits fondamentaux. Cela implique, à notre sens, deux grandes orientations : la préservation du potentiel libérateur du numérique par le régulateur (A) et l'auto-affirmation du juge comme promoteur d'une justice numérique plus humaine (B).

A.- La préservation du potentiel libérateur du numérique par le régulateur

En matière de compétence numérique, deux types d'instances peuvent être sollicitées : les instances judiciaires et les autorités administratives indépendantes. Les instances judiciaires ont compétence pour se prononcer sur les fautes pénales, les recours en annulation et les réparations civiles. Les autorités administratives indépendantes n'ont compétence que dans le cadre de la loi qui les a créées : protection des données à caractère personnel pour l'APDP[70]; la régulation des télécommunications pour l'ANRTP[71]. Cette compétence pouvant être limitée de par la loi. Mais, s'il existe en effet un mécanisme de contrôle

---

[66] Jean-Marie CHEVALIER,Ivar EKELAN, Anne-Marie FRISON-ROCHE, Michel KALIKA, *Internet et nos fondamentaux, op. cit.*, p.126.

[67] V. Margot BEAUCHAMPS, « L'accessibilité numérique. Transformer le risque de renforcement des inégalités numériques en opportunité », *Les cahiers du numérique*, 2009, no 1/2009, vol. 5, p. 108.

[68] V. Christiane FERAL-SCHUHL, *Cyberdroit. Le droit à l'épreuve du numérique, op. cit.*, p. 19.

[69] Jean HARIVEL. *Libertés publiques, libertés individuelles, risques et enjeux de la société numérique. Op. cit.*, P.168.

[70] Le sigle APDP signifie « Autorité de Protection des Données à Caractère Personnel ».

[71] Autorité Malienne de Régulation des Télécommunications/TIC et des Postes.

juridictionnel, celui-ci semble être hypothétique en ce sens que, la voie juridictionnelle est aujourd'hui difficile à envisager, seule la voie administrative apparait efficace[72]. En effet, l'Autorité de protection des données personnelles a montré à différentes reprises sa capacité à préserver les droits fondamentaux. L'Autorité a été particulièrement attentive à la protection des données à caractère personnel, à travers plusieurs décisions.

La nature d'AAI (autorité administrative indépendante)[73] qui lui est conférée constitue une garantie pour assurer la régulation d'un secteur " sensible " relatif aux libertés publiques et aux droits individuels. L'intervention de l'APDP a permis à plusieurs reprises de protéger les libertés et des droits de la personne se rapportant aux informations à caractère personnel. À titre d'illustration, l'APDP a considéré, dans une délibération en février 2018[74] que l'aéroport Président Modibo KEITA de Bamako pouvait licitement mettre en place un dispositif de reconnaissance d'empreintes digitales des employés afin de contrôler les déplacements dans les zones de sûreté. En revanche, quelques années plus tard, l'APDP saisie par le biais de demandes d'avis relatives aux projets de textes soumis par Ministère de la Justice portant loi modificative du Code de procédure pénale a émis un avis favorable tout en formulant des recommandations importantes[75]. L'Autorité a souligné que, si à l'heure du tout-numérique, peut se justifier l'introduction de nouvelles techniques d'enquête (la géolocalisation, les sonorisations et fixations d'images de certains lieux ou véhicules et la captation des données informatiques) en vue de la collecte de preuves ; il est à craindre que ces méthodes, intrusives par nature, basées sur des traitements automatisés de données à caractère personnel sensibles, ne portent atteinte au respect de la vie privée des personnes concernées.

Bien qu'elle soit encore en phase d'incubation, depuis sa création, l'APDP procède à un contrôle exigeant. La position de l'Autorité est marquée par une grande continuité quant à l'intensité du contrôle opéré. Mais, force est de reconnaître que la protection des données personnelles dans le cadre des relations

---

[72] Parmi les rares décisions rendues par les juridictions maliennes on peut noter ici un arrêt de la section administrative de la cour suprême du Mali. V. Arrêt, section administrative, cour suprême, n°641 du 23 nov. 2017. Affaires La Société Orange Mali SA c/ Décision N°2017-001/APDP du 13 Février 2017 de l'Autorité de Protection des Données à Caractère Personnel représentée par la Direction Générale du Contentieux de l'Etat.

[73] Les Autorités Administratives Indépendantes ne sont pas définies en droit malien. Selon Evelyne DIECKHOFF, les autorités administratives indépendantes sont des commissions qui ont un pouvoir de règlementation autonome dans le domaine dans lequel elles ont vocation pour agir. V. sur ces aspects. Evelyne DIECKHOFF, *Les autorités administratives indépendantes,* Note de synthese, Michel GENTOT (dir), 1991, p. 4.

[74] APDP, 14 févr. 2018, délib. N° 2018-003 autorisant la Cellule Aéroportuaire Anti-Trafics (CAAT) à mettre en œuvre le traitement relatif au ciblage de suspects dans le cadre de la lutte contre l trafic illicite de drogues et autres activités criminelles à l'Aéroport international Président Modibo Keita-Sénou de Bamako.

[75] V. Rapport annuel d'activités 2023 de l'Autorité de Protection des Données à caractère Personnel, p. 55. Rapport non publié.

de travail constitue une tâche titanesque. Le principe de sécurité des données est systématiquement mis à rude épreuve (laxisme du maître du fichier, manque de rigueur dans le traitement, partage à l'aveugle des données entre les collaborateurs, absence de procédure de contrôle des flux de données, etc.). Ce n'est que lorsqu'un conflit survient, que les manquements apparaissent, au grand jour, avec des conséquences importantes pour le chef d'entreprise. En effet, le respect de la vie privée est de plus en plus mis à mal par les acteurs économiques. Certaines pratiques qui existent au niveau des entreprises maliennes conduisent immanquablement à penser, qu'il ne suffit pas d'édicter des règles juridiques pour assurer une pleine protection des données à caractère personnel. Il faut encore que des précautions matérielles soient effectivement prises par le responsable du traitement pour prévenir les accès ou les utilisations illégitimes des données, autant par accident que par malveillance.

L'APDP a eu l'occasion de rappeler ce principe à propos de la collecte d'informations personnelles. L'opérateur de téléphonie mobile, Orange-Mali, a été condamné, le 13 février 2017 par l'APDP, à verser une amende de 15 millions de FCFA. Cette condamnation fait suite à la plainte de Monsieur MAB Ac, un étudiant de la Faculté de médecine contre la société Orange-Mali le 23 décembre 2016 pour communication illicite de ses données à caractère personnel à une tierce personne en violation des dispositions de l'article 8 de la loi N° 2013-015 du 21 mai 2013 portant protection des données à caractère personnel.

A l'appui de sa plainte, le plaignant estime que la Nommée D.-M. S, une stagiaire de ladite société et qui était sa concubine, lui faisait savoir qu'elle avait pu accéder à ses messages sur son numéro Orange de la période allant du 2 février au 2 décembre 2016 ; que pour confirmer ses propos, D.-M S s'est rendu à l'hôpital le Luxembourg, son lieu de stage pour lui remettre une copie de ses transactions effectuées sur le service « Orange money » le 1er décembre 2016. Ainsi, le sieur MAB Ac estime que l'usage qui a été fait de ses données personnelles a porté atteinte à son honneur et à sa pudeur et lui a causé un préjudice certain.

Orange Mali, pour sa part, soutien que l'alinéa 1er de l'art. 8 de la loi N° 2013-015 du 21 mai 2013 fait peser sur la société une obligation de moyen. Cela étant, dès la collecte des données de la personne concernée, la société s'engage à mettre en œuvre toutes les diligences pour assurer la sécurité des données du client. Orange ne s'engage qu'à employer tous les moyens possibles, sans s'engager à atteindre le résultat visé.

Au surplus, dans son mémoire de défense, le conseil d'orange Mali S.A prétend que la stagiaire D.M. S ne peut aucunement être considéré comme tierce personne à Orange Mali, de sorte que la confidentialité des données du plaignant n'a jamais été violée par Orange Mali ; que s'il y a faute, elle serait le fait exclusif de la stagiaire dans le cadre de ses relations personnelles avec le plaignant. C'est pourquoi la défense sollicite de l'Autorité, de débouter le plaignant de sa demande

Lors de sa séance plénière du 13 février 2017, en matière contentieuse, l'APDP déclare Orange-Mali responsable de la violation de l'article 8 de la loi n°

2013-015 du 21 mai 2013[76] portant protection des données à caractère personnel et condamne la société au payement d'une amende de 15 Millions de FCFA en application de l'article 65 de la loi du 21 mai 2013[77]. L'Autorité retient que la société Orange Mali S.A a incontestablement failli à une obligation essentielle, celle d'assurer la confidentialité des données, c'est-à-dire le non accès à celles-ci par des personnes non autorisées[78].

Dans cette affaire, il est possible de tirer deux enseignements :

Le premier, c'est que désormais, l'APDP lève toute équivoque sur l'appartenance d'un stagiaire à la catégorie des tiers.

Le second, qui n'est que la suite logique du premier, c'est que même le traitement effectué par le recours à une tierce personne n'exonère pas le responsable de l'engagement de sa responsabilité puisqu'il doit prendre « *toutes les précautions utiles pour préserver la sécurité des données* ».

On peut s'interroger sur la nature de l'obligation ainsi édictée: s'agit-il d'une obligation de résultat imposant au responsable d'un traitement de garantir l'absolue sécurité des données enregistrées ou s'agit-il d'une obligation de moyen, de l'ordre des diligences ? En l'absence de toute jurisprudence en la matière, il semble qu'il faille considérer en se fondant sur le terme « précautions utiles » adopté par le législateur que le fait susceptible d'être incriminé est pour le responsable d'un traitement de ne pas avoir pris de mesures de protection à la hauteur des risques encourus. Cette orientation est conforme au principe qu'applique la CNIL dans l'examen des dossiers dont elle est saisie[79].

Il est impossible de relever ici tous les cas de méconnaissance du droit au respect de la confidentialité et de l'intégrité des données au sein de l'entreprise. Nous allons nous contenter d'évoquer une autre affaire dans laquelle le principe de la sécurité des données tel qu'il est formulé aux articles 8 et suivant de la loi a été violé. L'analyse de cette affaire met en exergue d'autres cas de violation du droit à la sécurité des données personnelles.

---

[76] L'article 8 de la loi N° 2013-015 du 21 mai 2013 dispose que « le responsable du traitement prend toutes les précautions utiles pour préserver la sécurité des données. Il doit empêcher notamment qu'elles soient déformées, endommagées ou que des tiers non autorisés y accèdent ».

[77] Ce texte dispose que : « *Sont punis d'une amende de cinq millions (5.000 000) à vingt millions (20. 000 000) de francs : le fait de communiquer à des tiers non autorisés ou d'accéder sans autorisation ou de façon illicite aux données personnelles mettant en cause les droits fondamentaux et les libertés individuelles ou la vie privée…* ».

[78] V. APDP, 13 févr. 2017, délib. N° 2017-001 relative à la plainte pour violation des données à caractère personnel de M. MBA ASSOUMOU Israel contre Orange Mali S.A.

[79] Sur cette question V. CNIL, 30 mai 2013, délib. formation restreinte n° 2013-139, SAS Professional service consulting. La CNIL relève notamment la brièveté des mots de passe [permettant l'accès aux ordinateurs et aux données personnelles contenues dans ces derniers, leur déductibilité, leur simplicité et l'absence de renouvellement. V. aussi CNIL, 21 juillet 1981, délib. N° 81-94 portant adoption d'une recommandation relative aux mesures de sécurité des systèmes informatiques (J.O. 25 août 1981).

En l'espèce, les factures d'eau et d'électricité d'un homme politique, M. Tiebilé DRAMÉ, ont été publiées dans un premier temps le 23 mai 2016 dans le journal « la Dépêche » avec comme commentaire que le plaignant devait plusieurs millions aux deux sociétés et dans un second temps dans le quotidien « Info-Matin » le 24 mai 2016 avec un relevé de son compte client de l'EDM-SA de la période du 23 mai au 7 octobre 2015.

L'Autorité constate que lesdites factures ont été diffusées par les deux journaux avant leur dépôt par les agents des deux sociétés chargés de la distribution des factures aux clients ; qu'en effet les factures d'eau et d'électricité n'ont été déposées que les 24 et 30 mai alors que deux jours auparavant, elles faisaient la une des journaux sus indiqués.

Qu'ainsi, il est évident qu'avant la distribution des factures à leurs clients, l'obligation de sécurité et de confidentialité incombe uniquement aux sociétés EDM-SA et SOMAGEP-SA. L'Autorité estime d'une part, que le fait pour SOMAGEP-SA de déplorer et de promettre des investigations pour identifier l'origine des fuites, et d'autre part, l'attitude de l'EDM-SA consistant à nier toute implication dans la publication des données client du plaignant, n'exonèrent pas ces deux sociétés de l'obligation de sécurité et de confidentialité qui pèse sur elles en tant que responsables du traitement des données à caractère personnel des clients conformément aux dispositions de l'article 8 de la loi N°2013-015 du 21 mai 2013[80].

L'Autorité de Protection des données à caractère Personnel, après en avoir délibéré conformément à la loi, déclare EDM-SA et SOMAGEP-SA responsables de la violation de l'article 8 de la loi N° 2013-015 du 21 mai 2013 portant protection des données à caractère personnel. Chacune est sommée de payer au Trésor Public la somme de cinq (5) millions de FCFA comme amende, soit un total de dix (10) millions de FCFA, pour publication illicite par voie de presse des factures d'un abonné privé. Cette pratique, a jugé l'APDP, vise à porter atteinte à l'honneur et à la considération de la personne de M. Dramé, en violation des dispositions de l'article 8 de la loi N° 2013-015 du 21 mai 2013 portant protection des données à caractère personnel.

L'Autorité décide par ailleurs de rendre publique sa décision sur son site internet et dans le journal officiel de la République du Mali et invite par ailleurs les sociétés EDM-SA et SOMAGEP-SA à renforcer les mesures de sécurité et de confidentialité, notamment en mettant en place un système de distribution des factures aux clients sous pli fermé.

Parmi toutes les sanctions prononcées, à notre sens, celle, qui peut s'avérer plus efficace est la sanction complémentaire de publicité[81] de la sanction

---

[80] L'article 8 de la loi N° 2013-015 du 21 mai 2013 dispose que « *le responsable du traitement prend toutes les précautions utiles pour préserver la sécurité des données. Il doit empêcher notamment qu'elles soient déformées, endommagées ou que des tiers non autorisés y accèdent* ».

[81] A la fonction dissuasive de la peine, a longtemps été associée une exigence tenant à son exemplarité. L'exemplarité de la peine était fondée sur l'idée que « la présence du peuple doit

principale, laquelle outre sa portée punitive, a pour objet de porter à la connaissance des intéressés tant les irrégularités qui ont été commises que les sanctions qui ont été prononcées à leur encontre. Il ne faut pas en effet sous-estimer l'effet symbolique et exemplaire d'un système juridique destiné à promouvoir une certaine idée de la hiérarchie des valeurs dans le domaine de la protection des données personnelles en dénonçant les abus de façon publique. Le législateur se sert parfois de son autorité morale plutôt que de son pouvoir répressif en vue de protéger efficacement les intérêts sur lesquels il entend veiller[82].

A ce jour, la haute juridiction malienne n'a pas eu l'occasion de se prononcer sur cette question. Par contre, en France, les juges ont pu, à deux reprises, juger dans les affaires[83] Théâtre national de Bretagne et Société Optical Center que la sanction complémentaire de publicité était justifiée, dans son principe, au regard de la gravité et de la persistance des manquements constatés mais que la publication, sans précision de durée, sur le site internet de la CNIL et sur le site Légifrance, était excessive au motif que la formation restreinte de la CNIL n'avait fixé aucune borne temporelle à la publicité non anonyme[84]. Une telle sanction se trouve nécessairement soumise au respect du principe de proportionnalité[85]. Le juge prend en compte le support de diffusion retenu et la durée pendant laquelle cette publication est accessible de façon libre et continue.

Dans ces deux affaires, la haute juridiction française souligne enfin que, lorsqu'un tiers demande soit qu'il ne soit pas procédé à la publication des mentions le concernant figurant dans une décision de sanction prononcée par la CNIL dont le dispositif ne lui fait pas grief, soit l'anonymisation de telles mentions dans la version publiée de cette sanction, l'autorité compétente est tenue de faire droit à cette demande, sous la seule réserve de la vérification de l'existence des mentions en litige[86]. En résumé, il ne faut pas qu'une sanction pour manquement au respect de la vie privée entraîne un nouveau manquement à ce principe.

---

porter la honte sur le front du coupable, et la présence du coupable dans l'état où l'a réduit son crime doit porter dans l'âme du peuple une instruction utile » (Rapport sur le projet de Code pénal, in Œuvres de M. LEPELTIER SAINT FARGEAU, A. LACROSSE, Bruxelles, 1826, p. 124). La même idée sera reprise par J. BENTHAM (in Traité de législation civile et pénale, Rey et Gravier, éd. 1830, 3ème éd., t.2, p. 286).

[82] Peter NOLL, « Symbolische Gesetzgebung », RDS 100 (1981) I, p. 354, cit in, Franz RIKLIN, « La protection des données personnelles : Aspect de droit pénal : Situation actuelle en Suisse », *RIDC*, Vol. 39 N°3, Juillet-septembre 1987. p. 684.

[83] CE, 28 septembre 2016, n° 389448, Théâtre national de Bretagne ; 19 juin 2017, n° 396050, Société Optical Center.

[84] Pour plus de détails V. not. Régis FRAISSE, « Données personnelles et respect de la vie privée dans la jurisprudence administrative », in *La vie privée : quelle protection par le juge* ? Actes de Colloque, 24 novembre 2017, Goesel-Le Bihan (dir), Université Lumière Lyon 2, p. 99.

[85] *Ibid.*

[86] V. CE, 11 mars 2015, n° 372884, Société Election Europe.

Ainsi, selon la haute juridiction française, en cas de stockage ou de publication sans limite temporelle des données, il y a ingérence dans la vie privée et donc motif potentiel d'intervention pour le juge qui doit de ce fait avoir une claire conscience de sa mission[87]. En effet, la création d'une autorité administrative indépendante[88] n'enlève rien aux rôles et aux responsabilités qui incombent aux magistrats qui doivent rester en dernier lieu le gardien des droits et des libertés des citoyens. Cela dit, à l'ère du digital, le juge doit être acteur du changement numérique et garant d'une procédure judiciaire juste et équitable.

B.- L'auto-affirmation du juge comme promoteur d'une justice numérique plus humaine

On considère généralement que le juge est un rempart contre les violations des libertés et des droits fondamentaux. Autrement dit, les voies de recours représentent l'ultime rempart contre les limitations ou restrictions arbitraires dont peuvent faire l'objet les libertés[89]. Mais, à l'ère du digital et de l'intelligence artificielle, le juge est-il toujours le juge des libertés ?

Ce questionnement se pose avec insistance dans la mesure où, l'on observe un mouvement d'informatisation de la justice génératrice de nouveaux risques. L'innovation technologique appliquée au domaine de la justice est porteuse de promesses mais aussi source d'inquiétudes. Il ne fait aucun mystère que, le numérique déshumanise la Justice : c'est un nouvel axiome largement répandu au sein de la communauté juridique[90]. Dès lors, c'est un immense défi pour le magistrat qui doit désormais, mobiliser l'innovation technologique, pour rendre la Justice plus humaine. L'humanisation passe également par l'apaisement des conflits mais il faut reconnaître que la Justice a plutôt tendance à les cristalliser[91]. Or, le juge joue ainsi un rôle essentiel dans la construction d'une régulation qui soit à la fois efficace et respectueuse des droits des citoyens comme de ceux des différents acteurs du secteur du numérique.

---

[87] V. Cour EDH, 26 mars 1987, Leander c/ Suède, § 48.

[88] L'importance des sanctions, notamment pécuniaires, qui peuvent être et sont infligées par l'Autorité administrative indépendante : l'APDP impose un contrôle juridictionnel serré.

[89] Patrice ROLLAND, « La garantie des droits fondamentaux », décembre 2003, n° 3, p. 204. Disponible sur www.droits-fondamentaux.org. Cosulté le 21 mai 2024.

[90] V. en ce sens. Thomas Saint-Aubin, « Une justice numérique pour une justice plus humaine », La Semaine juridique. Édition générale, Supplément au N° 51 - 17 Décembre 2018.p. 56. Disponible sur https://paris1.hal.science. Consulté le 10 mai 2024 ; Denis Salas, « Les défis de la justice numérique Data, écrans, prévisions », *Les Cahiers de la Justice,* N° 2, 2019, Éd. Dalloz p. 201.

[91] Le droit positif malien a connu une évolution positive avec l'institution des mesures alternatives à la détention notamment le contrôle judiciaire les peines pécuniaires, ou l'assignation à résidence. Ces outils semblent être plus respectueux du principe de la présomption d'innocence et de la liberté individuelle. Mais malheureusement, les magistrats ignorent majoritairement ces mesures dans leurs décisions. La raison est simple. Le contrôle judiciaire n'a pas la même charge punitive que l'emprisonnement, car *la prison reste le symbole le plus parfait du juste châtiment.* Et il semble que, c'est souvent le châtiment plus que la recherche de la vérité que les juges d'instruction recherchent dans la détention provisoire.

Il faut toutefois observer que l'application du droit numérique place le juge dans une position délicate. Elle porte en effet sur des sujets qui sont socialement et économiquement sensibles et qui présentent souvent un degré de technicité élevé. Il y a lieu de relever que son activité nécessite la mise en œuvre des méthodes qui peuvent différer des techniques d'action habituelles de la justice.

Il est bien évident que le monde virtuel et le monde physique ne reposent pas sur la même logique. Alors que le monde numérique se livre à une digitalisation du réel, le droit procède à une systématisation des expériences[92]. Le juge doit alors prendre en compte le passage du réel au digital, faits digitalisés et droit digitalisé, et opérer dans un deuxième temps la traduction juridique de ce qui a été digitalisé. Pour le dire plus simplement, confronté aux dossiers liés au numérique, le juge est exposé à un conflit de langages rendant plus ardu son travail d'interprétation, signe d'une nouvelle « guerre des mots ». Dans ces conditions, les risques d'altération de l'information se multiplient. Le risque majeur se situe au passage du monde physique au monde numérique.

Il convient donc de relever que les textes juridiques sur la cybercriminalité sont dotés d'une technicité qui nécessite le recours constant aux experts pour une interprétation juste. Bien plus, la recherche des éléments constitutifs d'une infraction cybercriminelle n'est pas du tout aisée.

Au cœur de toute cette effervescence, se pose la question centrale du juge. Quel est le bon juge à l'ère du numérique ? Et quels pouvoirs doit-il s'arroger ou recevoir du législateur ? Aujourd'hui, la question est bien celle du comment plutôt que du pourquoi car, pour trancher les litiges relatifs à la cybersécurité, le juge a à la fois toutes les qualités et tous les défauts. Indépendant[93], il présente les garanties d'impartialité qui s'imposent lorsque l'on doit arbitrer entre des intérêts puissants, mais sa difficulté à explorer l'univers digital, le rend parfois suspect de ne pas appréhender toutes les subtilités du langage informatique qui lui sont soumises. Juriste, sa connaissance des différents domaines du droit lui permet d'affronter la complexité des dossiers, mais on lui reproche facilement de ne pas avoir une approche suffisamment pragmatique des enjeux numériques[94].

Formés essentiellement au droit et très rarement en plus en sécurité informatique ou en gestion des risques, ils sont caractérisés par une culture lettrée humaniste éloignée du monde de la recherche appliquée en IA. Ils sont également confrontés à des transformations plus globales affectant le monde des professions

---

[92] Sur cette distinction entre digitalisation et systématisation. V. not. Antoine GARAPON, Jean LASSEGUE, « Justice digitale. Révolution graphique et rupture anthropologique », Paris, PUF, 2018, 364 pages.

[93] Elle se traduit par des dispositions textuelles touchant bien sûr et avant tout au statut des magistrats (leur recrutement, leur nomination, leur promotion et leur discipline) mais également aux conditions dans lesquels ils exercent leurs fonctions et à l'organisation des juridictions. Il faut malheureusement observer que cette indépendance est doc plus théorique que pratique.

[94] Rapport d'évaluation des cybermenaces en Afrique, INTERPOL, Mars 2023. p. 28. Disponible sur https://www.bing.com. Consulté le 15 mai 2024.

juridiques depuis de nombreuses années, notamment sous l'effet de la mondialisation. Leur ethos professionnel les conduit sans doute à observer avec distance l'arrivée de nouveaux acteurs et de nouvelles techniques, mais certains d'entre eux sont prêts à s'approprier certains de ces outils et en défendent voire en promeuvent l'usage. Les autorités politiques tout comme les acteurs institutionnels du procès sont désormais largement convaincus de l'intérêt de la technologie pour l'aide à la décision de justice[95].

C'est ainsi qu'au sein des unités d'enquête judiciaire, les agents sont formés dans la vérification des contenus légaux des informations publiées sur Internet, de la poursuite des infractions commises sur internet[96]. Mais, ces efforts demeurent encore insuffisants. La complexité croissante du droit, de la procédure et des contentieux, impose une technicité accrue des magistrats concernés. En outre, la réponse aux besoins des prévenus, réclame toujours plus de compétences et rend nécessaire l'accession du plus grand nombre de magistrats à une spécialité et à une ouverture aux autres disciplines[97]. Le recours à d'autres disciplines devient alors indispensable de manière à comprendre pour le juriste les différentes dimensions et enjeux entourant des phénomènes complexes et difficiles d'approche. Cela préfigure un « magistrat augmenté »[98], c'est-à-dire polyvalent, un juge qui se consacrera à la prise de connaissance des éléments du litige, au raisonnement juridique approprié, aux règles de droit applicables… et surtout à la prise de décision. La silhouette du magistrat augmenté peut se décliner sous plusieurs aspects différents.

La première, la plus élémentaire, voit sous la dénomination du magistrat augmenté se dessiner un professionnel du droit mieux équipé au moyen de technologies. Il acquiert à cet égard plusieurs augmentations répondant à cette définition.

La deuxième silhouette est celle, encore moins visible, d'un juriste praticien augmenté mieux formé et connecté. Les juristes ne peuvent plus se contenter de compétences juridiques (legal skills), ils doivent aussi développer des soft skills (compétences comportementales) et des compétences numériques

---

[95] V. Décret n° 0429 du 19 juillet 2024 instituant la digitalisation des moyens de paiement dans les services publics.

[96] *Ibid.*

[97] La pluridisciplinarité entre Sciences Juridiques et Sciences de l'Information et de la Communication est le gage d'une cyberjustice, qui serait parfaitement adaptée à la lutte contre la cybercriminalité et aux incivilités numériques.

[98] « *Le juriste augmenté est un professionnel qui renforce son activité par la maitrise des outils digitaux tout en veillant à préserver des liens humains au sein de l'univers numérique dans lequel il exerce* ». V. Lila DAOUI, « Juriste augmenté : nouveau profil du professionnel digitalisé », in *l'évolution du profil de juriste d'entreprise face à la digitalisation progressive de sa profession*, Communication, 32ème Congrès national, Grenelle du droit 3, Saint Malo, 18 octobre 2024, p. 2.

(digital skills)[99] qui sont désormais incontournables. Aujourd'hui, parallèlement aux connaissances juridiques, des compétences en digital sont indispensables.

Mais ce magistrat « augmenté » devra pouvoir comprendre et surtout contrôler la technologie mise à sa disposition : il doit pouvoir contrôler les « biais » créés par le concepteur pour la corrélation des données. À cet égard, il apparaît évident que, si les capacités accrues de ce magistrat lui permettront en effet d'accomplir avec plus d'efficacité sa mission, elles sont également susceptibles de heurter plus facilement les droits fondamentaux des individus. Un fragile équilibre a été atteint mais déjà sans cesse questionné et modifié, entre l'objectif de répression des infractions et celui de respect des droits fondamentaux. Si le recours à l'impérium vise d'abord à la sauvegarde des droits fondamentaux des individus, il peut aussi les mettre en danger. Qui plus est lorsque ses capacités augmentent. Le juge actuel ne peut agir comme bon lui semble : il doit respecter certaines règles. Plusieurs droits fondamentaux essentiels peuvent déjà être remis en cause lors de l'accomplissement de sa mission et lui imposent un protocole à respecter. Le droit à la vie et au respect de l'intégrité physique, le droit au respect de la vie privée, le principe de dignité des personnes physiques, parmi tant d'autres droits fondamentaux.

Toujours est-il que, la transformation numérique de la justice ne doit pas se faire au détriment des principes fondamentaux structurants l'administration de la justice et garantissant les droits humains. En effet, il convient de rappeler que le droit à un procès équitable obéît à des règles variées suivant les systèmes de justice. Ce faisant, nous en convoquerons quelques-unes qui nous semblent pertinentes pour une saine transformation numérique de la justice. En premier lieu, l'implémentation de la justice numérique doit veiller au respect du droit d'accès à un tribunal de tous les justiciables. Cela suppose que les procédures digitalisées soient accessibles et facilement actionnables sinon que le fossé risque davantage de se creuser entre les justiciables et la justice. En deuxième lieu, il faudrait qu'en toutes circonstances, le principe du contradictoire tel qu'institué par la loi[100] soit respecté. En troisième lieu, il est important de garantir l'impartialité et l'indépendance des juges. S'il est facile de faire valoir ce principe dans le cadre de la justice conventionnelle, le risque d'effets indirects : pression de la « norme » issue du nombre sur les juges lors de la prise de décision ; uniformisation des décisions judiciaires ; risque de performativité et de factualisation du droit ; ou la prédictive judiciaire constituent autant de menaces pour l'impartialité et l'indépendance des juges.

---

[99] Arnaud DUMOURIER, « Quelles compétences clés pour le juriste augmenté ? ». janvier 2020, p. 1. Disponible sur https://www.lemondedudroit.fr. Consulté le 12 mai 2024.
[100] V. CPP, Art. 1er, al. 1; CPCCS, Art.14, al. 1 et 2.

Conclusion

Au terme de cette analyse, il ressort que les libertés individuelles sont sérieusement affectées par la numérisation de la société, les libertés publiques le sont également. Les facteurs de risque pour la liberté individuelle des individus sont triples : risques liés aux intrusions des États sous prétexte de garantir la sécurité publique; risques dus au détournement criminel ou mercantile des données à caractère personnel générées par les activités quotidiennes des individus; risques dus au comportement des individus eux-mêmes qui dévoilent des informations qui auraient dû rester secrètes ou dont la diffusion aurait dû rester limitée à une sphère intime.

Pourtant, malgré ces risques, le numérique apparaît comme un véritable catalyseur des libertés et droits fondamentaux[101]. Mais, faut-il le souligner, tous les droits fondamentaux ne sont pas dans la même situation à l'égard du numérique : le numérique renforce la capacité des citoyens à accéder à certains droits, comme la liberté d'expression, la liberté d'entreprendre[102]... Toute médaille a cependant son revers : la numérisation en fragilise d'autres, comme le droit à la vie privée et le droit à la sécurité[103]. Ainsi, comme les langues dans la fable d'Esope, internet est bien la pire et la meilleure des choses[104].

---

[101] Féral-Schuhl Christiane, Cyberdroit Le droit à l'épreuve du numérique, *op. cit.,* p.113.

[102] La liberté d'expression parfois aussi pour colporter des injures, des mensonges et des désinformations et la liberté d'entreprendre se trouvent favorisées et encouragées.

[103] Le droit au respect de la vie privée et à la protection des données personnelles est sérieusement fragilisé par l'essor d'internet

[104] Astier Stéphane, « Vers une régulation éthique de l'Internet : les défis d'une gouvernance mondiale », *op. cit.*, , p. 161.

Les droits humains confrontés à la lutte contre la cybercriminalité

Yehia MAHMOUD
Doctorant en droit privé et Sciences criminelles à l'Institut de Pédagogie universitaire du Mali

Résumé : Cette étude a pour objet de mettre l'emphase sur le sort des droits humains dans la lutte contre la cybercriminalité. Les droits humains sont restreints ou piétinés dans la lutte contre la cybercriminalité par la mobilisation des techniques d'incriminations et d'investigations. Cependant, ils peuvent être sauvegardés dans la lutte contre la cybercriminalité par le recours aux principes fondamentaux de la matière et l'intervention des opérateurs (juges et organisations de protection de droits humains).
Summary: his study aims to emphasize the fate of human rights in the fight against cybercrime. Human rights are restricted or trampled in the fight against cybercrime through the mobilization of incrimination and investigation techniques. However, they can be safeguarded in the fight against cybercrime by recourse to the fundamental principles of the matter and the intervention of operators (judges and human rights protection organizations).

Introduction :

Les droits humains sont sortis de leur lit[1] pour envahir le système juridique tout entier[2]. Ils sont partout : en droit de la famille[3], en droit des contrats[4], en droit des sociétés[5] et même en droit pénal[6], discipline jadis réfractaire aux droits humains[7].

---

[1] Nous employons cette expression de J. Carbonnier, Droit et la passion du Droit sous la Vème République, Flammarion, 1996, p.55.

[2] L. Bénezech, La diffusion des Droits fondamentaux dans l'ordre juridique interne sous l'influence de la Convention européenne des droits de l'homme. Contribution à l'étude de la fondamentalisation des droits ; RDLF, 2019, n°09, consulté le 19/1/2024 à 11heures 49mn. » La diffusion des droits fondamentaux dans l'ordre juridique interne sous l'influence de la Convention européenne des droits de l'Homme. Contribution à l'étude de la fondamentalisation des droits | Revue des droits et libertés fondamentaux (revuedlf.com).)

[3] H. B. Platière, « Droit français de la famille et Droits de l'homme : défaut et certificats de conformité, Information sociale, 2013/1/n°175/ p.74 à 83.

[4] M. F. Magnan « Et si les droits de l'homme étaient pris en compte dans le contrat ? *RDLF,* 2019, n°34, consulté le 30 /10 /2024 à 12 heures 21 mn. » Et si les droits de l'homme étaient pris en compte dans le contrat ? | Revue des droits et libertés fondamentaux (revuedlf.com).

[5] B. DelZongles et S. Grasbon, « L'entreprise et Droits de l'homme », *La Revue des droits de l'homme,* 4/12/ 2017, Entreprises et droits de l'Homme (openedition.org) consulté le 19/1/2024.

[6] E. Dreyer, « Droit pénal et Droits fondamentaux », *Archives de politiques criminelles,* 2020/1 n° 42 | p. 211 et s.

[7] D. Lochak, « Pénaliser les violations des droits de l'homme », *Communication,* 2019/1/ n°104, p. 191 à 203.

C'est la raison pour laquelle, les deux disciplines entretiennent des rapports complémentaires, opposés, mouvementés et désunis[8] voire ambivalents.
Le domaine des droits humains se trouve enrichi par un registre conceptuel [9]. On parle des droits fondamentaux[10], des droits de l'homme[11], des droits de la personne humaine[12], des libertés fondamentales, des libertés publiques. Tous ces vocables désignent un même concept visant à procurer à l'individu une protection contre les attaques institutionnelles qui le guettent[13].
Les initiateurs de ce rendez-vous scientifique ont opté pour le concept des droits humains, vocable plus fédérateur et inclusif[14] que ses notions voisines. Ce choix n'est pas fortuit. Ils nous offrent l'occasion d'évaluer et d'examiner la protection des droits humains, droits ineffectifs par excellence, qui mettent en scène deux acteurs ; l'agresseur, l'Etat ou l'autorité publique et l'agressé (l'infracteur) ; le débiteur et le créancier.
Les droits humains sont des droits inhérents à la nature humaine. Ils sont une catégorie juridique qui bénéficie, en théorie, d'un régime protecteur aussi bien sur le plan international[15], régional[16] que sur le plan national[17].
Le verbe « *confronter* » a tout sens et sa portée dans cette réflexion. Il établit un lien entre deux disciplines opposées, droits humains et droit pénal, représenté ici, par la lutte contre la cybercriminalité.
Il ressort du dictionnaire Petit Larousse illustré que le verbe « *confronter* » peut renvoyer « *à la comparaison entre deux choses, deux notions* »[18]. Ici il s'agit d'être confronté, « *être en face de quelque chose* ». C'est du verbe « *confronter* » qu'est issu le substantif « *confrontation* » auquel il peut renvoyer également.
La loi portant répression de la cybercriminalité au Mali définit la cybercriminalité comme *« l'ensemble des infractions pénales commises à l'aide de réseaux de communication électronique et les systèmes d'information ou contre lesdits réseaux et systèmes »*[19]. Une analyse exégétique permet de constater que cette

---

[8] R. D. Gouttes, « Droit pénal et Droits de l'homme», *Revue des Sciences criminelles et droit comparé,* 2000, p.133

[9] S. H. Vauchez, D. Roman, *Droits de l'homme et Libertés fondamentales,* 5e édition, Hypercous Dalloz,2022, p.6.

[10] V. Ch. Desplats « Des libertés publiques aux droits fondamentaux : effets et enjeux d'un changement de dénomination », *Juspoliticum*, n°5, 2010, p.2.

[11] E. Picard, « L'émergence des droits fondamentaux », *AJDA*, 1998, p. 6.

[12] C. Sagesser « Les droits de l'homme », Crisps 2009/ 2/ n°73, p. 9 et s.

[13] V. Ch. Desplats, *Méthodologie du droit et des sciences du droit,* 3e édition, Dalloz, 2022, p.

[14] Les droits de l'homme suppose la primauté de l'homme ; les droits fondamentaux ont une dimension large (le caractère horizontal » ; les libertés publiques impliquent la reconnaissance et l'intervention des pouvoirs publics.

[15] La déclaration universelle des droits de l'homme.

[16] La charte africaine des droits de l'homme et des peuples.

[17] La constitution du 22 juillet 2013 proclame les droits humains.

[18] Le dictionnaire Le Petit Larousse Illustré, Larousse, p. 286

[19] L'art. 3 de la loi portant répression de la cybercriminalité au Mali. La doctrine a apporté son apport. C'est ainsi que Myriam Quéméner définit la cybercriminalité comme « l'ensemble des infractions susceptibles d'être commises ou facilitées par l'utilisation d'un système

définition repose sur deux concepts fondamentaux : l'expression « *à l'aide de* » et « *contre les dits systèmes* ». Ces deux termes alourdissent la définition et démontrent la technicité de la matière. Ils ne facilitent pas la compréhension et la simplification de la notion. Il est à noter que la définition de la loi portant répression de la cybercriminalité du Gabon, par exemple, est plus accessible que celle du Mali. Elle appréhende la cybercriminalité comme l'« *ensemble des infractions s'effectuant à travers le cyberespace par des moyens autres que ceux habituellement mis en œuvre, et de manière complémentaire à la criminalité classique* »[20].

On observe que la cybercriminalité n'est pas un crime, elle n'est pas une infraction isolée, mais tout un ensemble d'infractions assez disparates[21]. On y trouve la criminalité dont l'objet même est de menacer les réseaux et les systèmes informatiques. Ce sont des infractions spécifiques, propres à l'internet[22]. On a ensuite la criminalité se produisant au moyen du réseau. Ce sont les infractions de droit commun commises sur internet[23] comme ce dernier est devenu un espace de perpétration, de prolongement des comportements criminels classiques.

La particularité de la cybercriminalité réside dans son caractère global, volatile et fugace[24]. Le phénomène vise, menace et cible une pléiade de valeurs sociales[25]. Face à cette situation, l'Etat, détenteur du pouvoir de punir[26], a mobilisé l'arme pénale[27], instrument suprême de commandement[28] pour endiguer le fléau. La mobilisation de la foudre, de la machine pénale n'est pas sans conséquence pour les droits humains.

C'est pourquoi, il importe de s'interroger sur le sort des droits humains dans le contexte de lutte contre la cybercriminalité.

---

informatique, généralement connecté à un réseau ». voir sur ce point, M. Quéméner, Cybersociété, entre espoirs et risques, L'Harmattan, 2013, p.118.

[20] Article 5 de la l'ordonnance n°15 portant réglementation de la cybersécurité et de la cybercriminalité au Gabon.

[21] Cette remarque de Valérie Malabat à l'infraction de terrorisme est aussi valable pour la cybercriminalité. Voir sur cette question, V. Malabat, *Les mutations du droit pénal à l'preuve de la lutte contre le terrorisme in* J. Alix, O.Cahn, *L'hypothèse de la Guerre contre le terrorisme. Les implications juridiques*, Dalloz, Thèmes/commentaires, 2017, p.172.

[22] J. Djogbénou , *La cybercriminalité, enjeux et défis pour le Bénin,* conférence à l'initiative de la Copod , 2010, p. 2

[23] L'article 14 de la loi portant répression de la cybercriminalité prévoit l'Association des malfaiteurs, le vol, l'escroquerie, l'infraction de menace, l'usage du faux.

[24] A. Sow, « La territorialité du droit pénal au prisme de la cybercriminalité », *Cahier africain de droit international*, n°022, Avril 2022, p. 13.

[25] E. Stella, *L'adaptation du droit pénal aux réseaux sociaux en ligne,* thèse en droit, soutenue à l'université de Lorraine, 2019, p. 37

[26] J. J. Haus « Le fondement du droit punir », J. J. Haus - Le fondement du droit de punir (Extrait des "Principes généraux du droit pénal", 2e éd. Gand 1874) (ledroitcriminel.fr), consulté le 23/01/2024.

[27] J. Danet, *La justice pénale, le tournant,* Folie Actuel, 2006, p. 15.

[28] J. Carbonnier, *Le droit et la passion du droit sous la Vème République*, Flammarion, 2003, p. 51 et s.

La cybercriminalité autant que les droits humains font partie des sujets récurrents qui divisent la société malienne. Sur le plan normatif, les deux questions font l'objet de réforme en droit malien. La cybercriminalité s'institutionnalise à travers la mise en place d'un pôle spécialisé[29] dont la création et la pratique sont sujettes à discussion.
Quant aux droits humains, ils bénéficient d'un cadre institutionnel riche dont le dernier remonte à la création de la Direction nationale des droits de l'homme[30].
Les droits humains et la cybercriminalité découlent de deux logiques antinomiques. La logique de l'Etat, la dynamique de l'ordre, d'un côté, la logique de l'individu et la dynamique de la liberté, de l'autre[31].
Les droits humains tout comme le droit pénal c'est-à-dire la cybercriminalité, ne sont pas à l'abri des effets, des risques de la numérisation de la société.
Le droit pénal et le numérique entretiennent des rapports ambivalents. Dans un premier temps, le numérique est venu bouleverser les mécanismes classiques de la matière et ébranler ses principes[32]. Le numérique constitue un outil de commission d'infractions. Ainsi, la criminalité s'est adaptée au numérique[33].
Dans un second temps, le numérique peut être au service du droit pénal ; c'est le cas de l'émergence des procédés technologiques comme la géolocalisation, la captation des données[34]. Ces techniques procédurales participent à la recherche des preuves et favorisent l'identification des auteurs. En réalité « *si ces nouvelles technologies participent de manière positive au développement de la vie économique, elles présentent aussi de nouveaux moyens de commettre des infractions d'affaires* »[35].
Le numérique est à la mode. Il irrigue sinon inonde toutes les disciplines. Les droits humains ne constituent pas une exception à cette tendance générale. Le numérique est devenu le nouvel allié des droits humains, car il est à l'origine de nouveaux droits humains : « *la liberté de naviguer, la liberté d'accès au réseau, la liberté de surfer* »[36].
La numérisation facilite l'exercice des droits humains et la dénonciation de leurs violations. C'est pourquoi, le numérique doit être au service des droits humains.

---

[29] La loi de 2022 sur le pôle anti cybercriminel.
[30] Voir la loi relative à la direction nationale des droits de l'homme.
[31] R. D. Gouttes, « Droit pénal et droits de l'homme », *Revue des Sciences Criminelles et de droit comparé,* 2000, p.133.
[32] G. Vermelle, « L'immatériel et la répression », *Arch. phil. Droit*, 43, 1999, p. 213 et s.
[33] J. N. Robin , La matière pénale à l'épreuve du numérique, thèse en droit , le 7 décembre 2017, à l'Université de Renne 1, p. 39.
[34] E. Verges « La preuve numérique entre continuité et changement de paradigme », *Justice actualités*, n° 21 / Juin 2019, p.1.
[35] M. Adamou « Les infractions à caractère numérique au regard du droit positif béninois », 2018, *Actualité du droit*, Les Infractions À Caractère Numérique Au Regard De L'évolution Récente Du Droit Positif Béninois | Actualités Du Droit | Wolters Kluwer France (actualitesdudroit.fr), consulté le 17 avril 2022 à 10 h 03.
[36] G. C. Barthalais, *La Protection des libertés individuelles sur internet,* thèse en droit, 2018, Université de Paris II, Panthéon -Assas, 2018, p.33 et s.

La révolution, la transformation numérique ne saurait se faire au mépris des droits humains. Revers de la médaille, cette numérisation est susceptible cependant d'aggraver la violation des droits humains (catalyseur de risque de violation de la vie privée, la dignité humaine, la violation des correspondances numériques, la liberté d'expression).

Le rapport entre les droits humains et la cybercriminalité relance le débat sur le lien entre le droit pénal et les droits humains[37].

Originairement, le droit pénal était le bouclier des droits humains[38], un droit menaçant les droits humains ou « *un droit dont il convient de se protéger* »[39].

Aujourd'hui, l'on assiste à la pénalisation des droits humains[40]. Dans ce sillage , le droit pénal protège les droits humains (le droit à la vie privée, le droit de propriété).

Mireille Delmas Marty qualifie le rapport entre le droit pénal et droits fondamentaux de «*paradoxe pénal*»[41] en ce sens que les droits fondamentaux peuvent être invoqués en deux sens opposés ; soit pour renforcer, soit pour limiter la répression pénale.

Les droits humains sont aménagés dans la lutte contre la cybercriminalité. Le législateur malien prévoit des mécanismes juridiques pour l'exercice des droits humains et les techniques de restriction des droits humains ou de dérogation à ces droits sur le fondement de plusieurs motifs de restriction. Dans ce sillage, les droits humains se trouvent donc à la merci de la lutte contre la cybercriminalité (I). Cependant, il existe de mécanismes juridiques pour concilier la lutte contre la cybercriminalité et la préservation, la sauvegarde des droits humains. Dans ce contexte, il y a une panoplie de moyens de protection permettant aux droit humains d'être à l'abri de la lutte contre la cybercriminalité et comme l'affirme Michel Villey « le dernier recours »[42] contre l'excès (II).

I.Les droits humains sous l'emprise de la lutte contre la cybercriminalité

La lutte contre la cybercriminalité constitue une préoccupation majeure des sociétés actuelles. De ce fait, les droits humains peuvent être restreints ou écartés en matière de lutte contre la cybercriminalité. Ils sont placés sous l'emprise de la lutte contre la cybercriminalité.

Dans le cadre de ce chantier, les pouvoirs publics disposent des moyens proceduraux pouvant restreindre les droits humains (A). Ils ont également la

---

[37] R. D Gouttes, « Droit pénal et droits de l'homme », *Revue des Sciences criminelles et de droit comparé*, 2000, p.133.

[38] F. Ost et allii, *Droits de l'homme, bouclier ou l'épée du droit pénal* , Bruyant , 2007, p. 7.

[39] R. K. -Joulin, J. F. Seuvic, « Droits fondamentaux et droit criminel », *Actualités juridiques - droit administratif*, 1998, p.109.

[40] D. Lochak, « Pénaliser les violations des droits de l'homme », *Communication,* 2019/1/(n°104) p.191 et s.

[41] M.D. Marty ; C. L.D. Leyssac, *Libertés et droits fondamentaux,* Deuxième édition, Essais Point, 2002, p.438.

[42] M. Villey, *Le Droit et les Droits de l'homme*, Puf, 1983, p. 10.

latitude de recourir à l'arme pénale sur le fondement du pouvoir de punir aboutissant à la restriction des droits humains ((B).

A.Les droits humains ébranlés par les techniques d'investigation intrusives

La loi sur la cybercriminalité de 2019 et la loi de 2022 portant modification du Code de procédure pénale instaurent plusieurs techniques d'investigation : la conservation des données numériques[43], l'interception des communications numériques[44], la perquisition numérique[45], les saisies[46], et la captation des données numériques[47] et l'enquête sous pseudonyme sur internet[48]. Ces techniques d'investigation s'adossent toutes à des motifs de restriction et de limitation des droits humains : l'efficacité de la preuve et de la répression, la recherche de la vérité, la sécurité nationale, l'ordre public, la prévention des infractions et la recherche des auteurs. La loi sur la cybercriminalité et le code de procédure pénale ne précisent pas *expressis verbis* les motifs de restriction des droits humains. Sur ce point, le droit algérien pourrait inspirer celui du Mali. En effet, l'article 3 de la loi algérienne sur la cybercriminalité précise clairement les motifs de recours aux techniques d'investigation numérique[49]. Il énumère 3 motifs pour lesquels, les techniques d'investigation s'appliquent, notamment la préservation de l'ordre public et les besoins de l'enquête[50]. La loi algérienne a le mérite d'être explicite sur cette question.

L'usage de ces outils d'investigation peut menacer voire minorer plusieurs droits humains à savoir la liberté de communication, l'inviolabilité des correspondances, la vie privée, la propriété, droit « *inclassable* »[51] le principe de pas s'auto-incriminer[52], la liberté d'aller et de venir avec l'institution de la procédure de géolocalisation.

En plus du caractère intrusif, répressif et attentatoire de toutes ces techniques d'investigations, elles recèlent de lacunes normatives et fonctionnelles : l'imprécision du périmètre de ces techniques d'investigation, l'utilisation des termes évasifs et vagues, le silence sur les conditions du recours, la durée de l'opération, les personnes assujetties à ces actes d'investigation, les moyens qui seront mobilisés à cet effet et le but justifiant le recours aux techniques d'investigation, l'étendue de ces procédures. L'usage de ces techniques

---

[43] Art 82 de la loi sur la cybercriminalité du Mali.
[44] Art 85 de la loi sur la cybercriminalité du Mali
[45] Art 74 de la loi sur la cybercriminalité du Mali
[46] Les articles 75 et 77 de la loi sur la cybercriminalité du Mali
[47] Art 87 de la même loi.
[48] 94-10 du nouveau code de procédure pénale du Mali.
[49] L'article 3 de la loi algérienne relative à la prévention des infractions liées aux technologies de l'information et de communication.
[50] L'article 4 de la loi algérienne relative à la prévention des infractions liées technologies de l'information et de communication.
[51] F. Sudre, *La convention européenne des droits de l'homme*, 9e édition, PUF, 2012, p.30
[52] Ce principe est contrarié avec l'infiltration numérique et le déchiffrement comme technique de lutte contre la cybercriminalité.

d'investigation n'est pas à l'abri de détournement et de l'instrumentalisation. Les pouvoirs publics pourraient ainsi arguer la sécurité publique[53] pour restreindre abusivement les droits humains. En sus de ces insuffisances, le dispositif malien malmène le principe du contradictoire, « *élément central du procès équitable*»[54],« *garantie fondamentale d'une bonne justice*»[55] qui voudrait que les parties au procès, à toutes les phases, puissent contester certains actes d'investigation. Au regard de la complexité et de la particularité de l'infraction de cybercriminalité, il serait judicieux d'instaurer le principe du contradictoire dès la phase préliminaire du procès pénal[56].

Quant aux perquisitions informatiques, il est légitime de se demander, si elles sont soumises aux mêmes règles que les perquisitions ordinaires prévues par le Code de procédure pénale[57]. Nous répondre à cette interrogation par l'affirmative. C'est dans cette logique que Pape Guèye indique : « *Les perquisitions de système informatique connaissent les mêmes limites matérielles et géographiques que les perquisitions opérées dans le monde physique*»[58]. Ainsi, il serait judicieux de transposer les mêmes garanties processuelles pour l'encadrement des perquisitions et saisies informatiques au nom de la protection de la vie privée car un support numérique, quelle qu'en soit la forme (téléphone, carte mémoire, disque dur, etc.), peut contenir des informations ayant un caractère privé, telles que coordonnées de contacts, photos, vidéos, emails ; messages et journal d'appels).

Sans doute, les droits humains souffrent à travers les techniques d'investigation intrusives. Mais qu'en est-il des techniques d'incrimination ?

---

[53] Article 73 de l'ordonnance de 2011 sur la télécommunication au Mali : Sécurité publique Lorsque la sécurité publique ou la défense du territoire du Mali l'exige, le Gouvernement peut, pour une période limitée, réquisitionner tous les réseaux de télécommunications établis sur le territoire du Mali, ainsi que les équipements qui y sont connectés et/ou interdire la fourniture d'un service de télécommunications. Cette réquisition et/ou cette interdiction n'ouvre aucun droit à dédommagement, autre que la compensation des coûts encourus par les opérateurs concernés par cette réquisition ou interdiction.

[54] L. Cadiet, E. Jeuland, Droit *judiciaire privé*, 7e édition, LexisNexis, 2011, p. 379.

[55] S. Guinchard, et al., *Procédure civile,* 8e édition, Dalloz, 2023, p. 288.

[56] Nous proposons dans le cadre de la lutte contre la cybercriminalité la juridictionnalisation de la phase policière. Selon un auteur, la juridictionnalisation de la phase policière constitue l'un phénomène les plus marquant de la procédure pénale ces dernières années. Sur cette question, A. Gorgoza, « L'autorisation judiciaire pendant la phase policière. Libre propos sur la notion d'acte juridictionnel en procédure pénale », *Revue des sciences criminelles et droit pénal comparé*, Avril -Juin 2017, p.247.

[57] B. Roussel, *Les investigations numériques en procédure pénale*, thèse en droit, Université de l'Université de Bordeau, 2020 p. 86.

[58] P. Gueye, Criminalité organisée, terrorisme et cybercriminalité, réponses de politique criminelles, L'Harmattan, 2018, p. 377.

B .Les droits humains minorés par les techniques d'incriminations excessives

Le fait d'incriminer est une possibilité accordée aux pouvoirs publics de limiter ou de restreindre la liberté de l'individu ou de l'agent pénal par un nouvel interdit[59]. Les restrictions concernent les incriminations des abus de la liberté d'expression et l'incrimination des comportements menaçant les intérêts fondamentaux de la Nation. Ces restrictions découlent du pouvoir d'incrimination, qui appartient logiquement, à l'Etat en vertu de son pouvoir de punir (jus *puniendi)*[60].

Aux fins de cette réflexion, deux infractions retiennent notre attention en raison de la pratique judiciaire et de l'actualité juridique : l'atteinte au crédit de l'Etat et les infractions découlant des abus de la liberté d'expression.

L'intérêt général est le fondement de l'infraction d'atteinte au crédit de l'Etat au regard des arguments avancés par le pôle national de lutte contre la cybercriminalité. Il est l'un des motifs de restriction et de limitation des droits humains le plus légitime[61]. Le droit obéit à cette logique qui veut que seule la volonté de la collectivité puisse limiter [62] les droits humains.

La théorie dite des infractions d'intérêt général[63] est mobilisée par le pôle national de lutte contre la cybercriminalité. Paradoxalement, le juge ne convoque pas les infractions d'intérêt général prévues par la loi sur la cybercriminalité (la trahison, l'espionnage) ou la diffamation prévue par l'article 38 de la loi portant régime et des délits de presse du Mali. Par contre, il se réfère à l'infraction d'atteinte au crédit de l'Etat. Cette infraction est utilisée par le pôle national de lutte contre la cybercriminalité dans plusieurs procès d'envergure : Adama Diarra dit Ben le cerveau, Siriki Kouyaté, Etienne Fakaba Sissoko[64]. Dans toutes ces affaires, le pôle national a mis en exergue les atteintes aux intérêts de l'Etat[65].

---

[59] M. D. Marty, *Le flou du droit,* PUF, 2004, p. 56.

[60] J. M. Rico, « Le droit de punir », *Criminologie,* Volume 3, n°1, 1986, p. 113 et s.

[61] N. Nivert, L'intérêt général et les droits fondamentaux, thèse en droit, Université de La Réunion, 2012, p.20.

[62] J. D. Dinechin, « L'intérêt général comme limite aux droits fondamentaux : approche judiciaire », » L'intérêt général comme limite aux droits fondamentaux – Approche judiciaire | Revue des droits et libertés fondamentaux (revuedlf.com), consulté le 16/10/2024 à 2 heures 17 mn.

[63] Historiquement, il s'agit des actions qui nécessitaient pas l'intervention des parties civiles. Seul l'Etat pouvait agir au nom de l'intérêt général. Aujourd'hui, il s'agit des infractions portant atteinte aux intérêt fondamentaux de l'Etat.

[64] Etienne Fakaba Sissoko a été poursuivi pour atteinte au crédit de l'Etat, injure, trouble à l'ordre public suite à la publication de son livre : « Propagande, agitation, harcèlement, la communication gouvernementale sous la transition militaire au Mali ».

[65] Siriki Koyauté est condamné pour avoir déclaré que « la transition a trahi le peuple ». Voir l'affaire Ministère public contre Siriki Kouyauté. Il a été poursuivi pour atteinte au crédit de l'Etat, injure via le système informatique, offense au chef de l'Etat.

L'atteinte au crédit de l'Etat peut difficilement avoir la qualification d'infraction d'intérêt général en raison de son régime juridique[66]. Le législateur malien l'évoque deux fois : à l'article 58 et à l'article 167 du code pénal. Le premier l'emploie laconiquement sans aucune précision des contours et du contenu[67] de l'infraction. Le second la place dans un contexte et d'une circonstance exclusivement financiers[68]. Si l'atteinte au crédit de l'Etat se rapproche sémantiquement de la défense de l'intérêt général, la liberté d'expression s'arrange généralement dans le domaine des infractions privées[69].
La liberté d'expression est traduite par des expressions comme « *Un droit plus précieux de l'homme* »[70] ; « *liberté d'une absolue primauté»*[71], selon la Cour constitutionnelle italienne ; « *la liberté sacrée* »[72], selon les termes utilisés par la Cour suprême américaine. Au regard de ces adjectifs laudatifs, la liberté

[66] Dans l'hypothèse de l'article 58 du code pénal , la valeur sociale protégée est la protection de la cohésion sociale à travers l'interdiction de discours des haines , de la discrimination raciale et ethnique. Premièrement, seuls des particuliers sont visés par l'infraction. Cependant, au regard de la fonction sociale de l'Etat , qui est d'œuvrer pour la quiétude sociale et la cohésion entre les communautés ethniques du pays, il peut être concerné. Dans l'hypothèse de l'article 167, le régime procédural de l'infraction est précis. Seul le ministère de l'Economie et des Finances peut enclencher l'action publique ou l'agent de recouvrement. L'on peut noter un lien indissociable entre l'atteinte au crédit de l'Etat prévu à l'article 58 et celui de l'article 167. Les deux infractions sont toutes de délits de publicité c'est-à-dire des infractions qui sont forcément commises aux moyens de l'utilisation des procédés de communication. Elles sont également des infractions reposant sur la notion de mensonge « propagandes mensongères ».
[67] Art. 58 du Code pénal du Mali « Tout propos , tout acte de nature à établir ou à faire naitre une discrimination raciale ou ethnique , tout propos , tout acte ayant pour but de provoquer ou d'entretenir une prorogation régionaliste , toute prorogation de nouvelles tendant à porter atteinte à l'unité de la nation ou au crédit de l'Etat.. » .
[68] Article 167 du même code pénal : « Seront punis d'un emprisonnement de trois mois à deux ans et d'une amende de 24.000 à 240.000 FCFA. 1° ceux qui, par des voies et moyens quelconques, ont sciemment propagé dans le public des fausses nouvelles ou des allégations mensongères de nature à ébranler directement ou indirectement sa confiance dans le crédit de l'État, des collectivités territoriales, des établissements publics, de tous organismes où ces collectivités et établissements publics ont une participation. 2° ceux qui, par des voies et moyens quelconques, ont incité le public à des retraits de fonds des caisses publiques ou des établissements obligés par la loi à effectuer leurs versements dans les caisses. 3° ceux qui, par les mêmes moyens et dans le but de provoquer la panique, ont incité le public à la vente de titres de rente ou autres effets publics, ou l'ont détourné de l'achat ou de la souscription de ceux-ci, que ces provocations aient été ou non suivies d'effet. Dans tous les cas, le jugement sera publié dans deux journaux désignés par le tribunal et aux frais du condamné ».
[69] F. B. Dia , « Observations critiques sur les infractions privées », *Annales africaines*, nouvelles séries, Vol.2, n°11, décembre 2019, p.53.
[70] L'article 11 de ce texte majeur de promotion des droits de l'homme.
[71] S. H. Vauchez, D. Roman, *Droits de l'Homme et Libertés fondamentales,* op.cit. p. 393.
[72] Ibid. p. 393.

d'expression a acquis une grande légitimité, fondamentalité[73] et normativité[74]. En vérité, la liberté d'expression est l'un des droits fondamentaux les plus emblématiques et qui conditionnent d'ailleurs l'exercice et la réalisation d'autres droits fondamentaux[75]. Cependant, c'est aussi le droit fondamental, « le plus controversé et le plus contesté en raison de sa nature[76]. La véritable manifestation de la liberté d'expression et celle d'opinion est l'abandon du délit d'opinion[77]. La définition du vocable « *délit d'opinion* » relève du « *spectre* »[78]. Pour un auteur, le délit d'opinion est le fait d'ériger en infraction l'expression indésirable[79]. Le délit d'opinion serait une norme qui permettrait de sanctionner de simples pensées non exprimées[80]. Au sens de cette étude, on définit le délit d'opinion comme l'infraction venant sanctionner les abus de la liberté d'expression dont le régime de sanction et le système mis en place peut entraver l'exercice de la liberté d'expression en question. Il est de coutume que le traitement judiciaire et l'endrament normatif des infractions de diffamation, d'injure et de provocation pourraient être assimilés à un retour du délit d'opinion. Ainsi, la suppression du délit d'opinion est le signe de renforcement de la liberté d'expression et de sa protection. Par contre, la loi malienne relative à la cybercriminalité prévoit l'infraction d'injure, d'apologie, ce qui symbolise la résurgence sinon le retour des délits d'opinion[81].

L'article 21 de la loi malienne contre la cybercriminalité prévoit l'injure comme un délit cybercriminel sans proposer une définition précise et claire de l'infraction. La technique utilisée par le législateur malien ne nous permet pas de caractériser véritablement l'infraction d'injure dans le cyberespace. Le législateur s'est plus préoccupé de la sanction résultant de la commission de l'infraction que la caractérisation de ses actes constitutifs. Face à l'absence de définition pour déterminer les éléments constitutifs de l'infraction d'injure, il y a lieu de recourir

---

[73] La liberté d'expression est consacrée par l'article 19 du pacte international relatif aux droits civils et politiques et l'article 19 de la déclaration universelle de droits de l'homme, l' article 9 de la charte africaine des droits de l'homme et des peuples. Elle est affirmée également par l'article 14 de la Constitution du 22 juillet 2023 du Mali.

[74] V. Ch. Desplats , « Droits et/ou normes . Les droits et libertés par-delà les énoncés : signification et structures normatives » in Le droit des libertés en question (s) », Droits et/ou normes. Les droits et libertés par-delà les énoncés : significations et structures normatives | Revue des droits et libertés fondamentaux, consulté le 27/10/2024 à partir de 12 heures.

[75] Le conseil constitutionnel dans l'affaire entreprise de presse a indiqué que la liberté d'expression est « une liberté fondamentale d'autant plus précieuse que son exercice est une garantie essentielle des autres droits et libertés et la souveraineté nationale ».

[76] E. Zoller et allii, *Liberté d'expression*, 1e édition, Dalloz, 2015, p. 7 et s.

[77] G. Lebreton, *Libertés Publiques et Droits de l'Homme,* 7e édition, Sirey 2005, p. 395.

[78] T. Hochmann, « Qu'est qu'un délit d'opinion », *Les cahiers de droit,* vol. 53, numéro 4, 2012, p. 796.

[79] C. Debbasch et *aliii*, Droit de la communication, Audiovisuel- Presse – Internet, 1e édition, Dalloz , 2001, p. 330.

[80] A. R. Froidure, *La Liberté d'expression face au racisme. Etude de droit comparé, Franco-américain*, L'Harmattan, 2011, p. 15.

[81] D.D. Bellescize « Délit d'opinion et liberté d'expression », *Recueil Dalloz,* 2006, p. 1476.

à la loi portant répression de la cybercriminalité du Niger. Selon celle-ci, « *est puni d'une peine d'emprisonnement de six (6) mois) trois ans (3 ans) et d'une amende d'un million à cinq million franc CFA, quiconque profère ou émet toute expression outrageante, tout terme de mépris ou toute invective qui ne renferme l'imputation d'aucun fait, par le biais d'un moyen de communication électronique* ».

L'infraction d'injure est prégnante dans le discours juridique au Mali. L'affaire Ministère public contre Siriki Kouyaté est topique de la publicisation des simples infractions d'ordre privé ou des infractions privées[82]. L'injure sauf lorsqu'elle est assortie de mobile (race, ethnie et religion) relève des infractions privées[83]. Il est pertinent de questionner l'immixtion du parquet du pôle national de lutte contre la cybercriminalité dans ces procédures purement privées[84].

La lutte contre la cybercriminalité constitue un défi pour les droits humains ; ce qui ressort de l'analyse ci-dessus faite. Sous un autre angle, les droits humains peuvent être sauvegardés face à l'excès de la lutte contre la cybercriminalité.

II.Les droits humains sauvegardés face à l'excès de la cybercriminalité

Au nom de la protection des droits humains, la remobilisation de principes pionniers du droit pénal pourrait être d'un atout considérable dans l'encadrement de l'excès(A). En plus de la convocation de ces principes du droit pénal, l'intervention de certains acteurs institutionnels (juridictionnels et non juridictionnels) s'impose (B).

A.Les droits humains protégés par les principes pionniers du droit pénal

Aucun domaine juridique n'échappe aux principes fondamentaux[85] car « *il n'est de science qui ne possède ses principes* »[86]. La lutte contre la cybercriminalité ne ferait pas exception à cette règle d'airain. C'est pourquoi, ce travail propose la prise en compte des droits humains et des principes fondamentaux du droit pénal dans la lutte contre la cybercriminalité.

---

[82] F. B. Dia , « Observations critiques sur les infractions privées », Annales africaines, op.cit., p.53.

[83] Il convient de rappeler que la loi 2022 portant création du pôle national de lutte contre la cybercriminalité confie la justiciabilité des infractions de presse prévues par la loi sur la presse à cet organe.

[84] Il ressort de l'article 56 de la loi portant régime et des délits de presse : « Dans le cas d'injure ou diffamation envers un ou plusieurs membres de l'Assemblée nationale et les Présidents des autres Institutions de la République, la poursuite n'aura lieu que sur la plainte de la personne ou des personnes concernées ». vous pouvez lire sur la question , P. Guerder, *Presse : procédure*, Répertoire droit pénal et procédure pénale, Dalloz, Septembre 2011, n°107.

[85] J. P.- Marguenaud, « La fondamentalisation du droit privé », *Revue de droit d'Ass*, n°11, 2015, p. 33 ; J. Raynaud, *Les atteintes aux droits fondamentaux dans les actes privés*, thèse en droit, Université de Limoges, 2001, p. 11.

[86] P. Morvan, *Le principe de droit privé,* Editions Panthéon-Assas, 1999, p.2.

Il est difficile de définir les principes du droit pénal. La notion est « *rebelle à toute définition rigoureuse* »[87], « *difficile à saisir* »[88], « *inaccessible* », « *imperméable* »[89].

Selon Jean Pradel, les principes sont des idées générales à valeur normative fondées sur la morale ou l'utilité sociale, d'où découlent diverses conséquences et techniques elles-mêmes normatives[90]. Dans le cadre de ce travail, il s'agit de convoquer le principe de la légalité[91] et ses corollaires de proportionnalité et de nécessité. En sus de cette « *règle fondamentale du droit pénal* [92]», le principe émergent de loyauté et l'obligation de motivation ont toutes leurs places dans l'encadrement de la machine pénale.

L'article 2 du code de procédure pénale constitue le fondement textuel de principes de nécessité et proportionnalité en droit positif malien. En droit français, c'est l'article 8 de la déclaration des droits de l'homme et des citoyens qui constitue l'assise juridique de ces deux principes : « *La loi ne doit établir que des peines strictement et évidemment nécessaires* ».

L'article 28 de la directive de 2011 de la CEDEAO transposée par le Mali et l'article 31 de la convention de Malabo insiste sur ces deux principes. La consécration du principe de nécessité par les différentes normes internationales de protection de droits fondamentaux relève d'une pure cohérence en ce sens qu'« *Il ne servirait rien de fonder un postulat de rigueur rédactionnelle, si la répression doit être pratiquement omniprésente* ».[93]

Ces deux principes ne cadrent pas que les incriminations, ils irriguent également les peines, les procédures[94] et la preuve. Tous les actes d'enquête numérique découlent, en réalité, de la contrainte probatoire. Le principe de nécessité a un rôle crucial dans la lutte contre la cybercriminalité, en ce qu'il régule l'intensité de la contrainte probatoire et procédurale[95]. La proportionnalité prohibe la démesure,

---

[87] J. P. Gridel, « La Cour de cassation française et les principes généraux du droit privé », *Recueil Dalloz*, 2002, p. 228.

[88] J. Pradel, *Procédure pénale,* Cujus, 2016, p. 774.

[89] E. Verges, *Les principes directeurs du procès judiciaire, étude d'une catégorie juridique*, thèse en droit, Aix Marseille 3, 2000, p. 9.

[90] J. Pradel, *Procédure pénale, op.cit.,* p. 775.

[91] Ce principe a reçu le suffrage de la doctrine depuis Beccaria et Foucault. Il impose la précision et la clarté comme mode de fabrique de toute loi pénale. La connaissance de la loi pénale fait référence à l'accessibilité et la prévisibilité de la norme pénale. Le droit pénal présente de risques importants au présumé auteur de l'infraction. Il peut avoir pour effet « de priver l'accusé ou le prévenu de sa liberté, de l'affaiblir dans son honneur, de l'appauvrir dans son patrimoine ».

[92] Ph. Sauvage, *Droit pénal général,* Presse universitaire de Grenoble, 8e édition, 2016, p.19 et s.

[93] Y. Mayaud, *Les grands articles du Code pénal,* Dalloz, p. 13.

[94] R. K. Joulin, « Droits fondamentaux et droit cirminel », *AJDA, op.cit.,* p. P. 107.

[95] H. Henrion « L'article préliminaire du code de procédure pnale : vers une « théorie législative » du procès pénal ? 2001/ 1/ n°23, p.40.

l'outrance, l'excès[96] comme l'a dit Montesquieu en ces termes : « *tout châtiment qui ne découle pas d'une nécessité absolue est tyrannique* ».[97]
Le caractère intrusif, répressif, contraignant et attentatoire des actes d'investigation en matière de cybercriminalité présente des risques importants pour les droits humains : la provocation des infractions et de preuve favorisée par la technique d'infiltration. C'est pourquoi, il serait important d'instaurer la loyauté de la preuve comme outil d'encadrement des procédés d'investigation.
En droit malien, le principe n'a pas eu de consécration, d'occurrence. Sur ce point, le droit sénégalais[98] et belge[99] peuvent servir de source d'inspiration au législateur malien afin d'insérer la loyauté dans le code de procédure pénale. Ainsi, au nom du principe de la loyauté, les enquêtes seront conduites honnêtement en veillant au respect méticuleux du principe de dignité, de personnalité du présumé délinquant et de nécessité. Ce qui interdit donc l'usage de tout stratagème, ruse ou des procédés déloyaux pour obtenir de preuve au nom de la liberté de preuve. La loyauté de la procédure et de la preuve peut contribuer à moraliser les actes d'investigation. C'est pourquoi, Agate Lepage indique que « *c'est une dose de moralité que la loyauté injecte dans le procès* »[100]
Comme la loyauté, l'obligation de motivation est une garantie essentielle protégeant les droits humains dans la lutte contre la cybercriminalité. La motivation constitue l'exposé de l'ensemble des motifs c'est-à-dire des raisons, des justifications de faits ou du droit, sur lequel repose une décision de justice ou un acte d'investigation. La motivation en plus de ses fonctions classiques (pédagogiques et juridiques) est devenue, aujourd'hui un outil d'accessibilité des actes de procédure et de décision de justice.
L'exigence de motivation est renforcée, aujourd'hui en droit pénal, en raison du refoulement des arguments classiques refusant toute motivation de décisions criminelles (de peines et de culpabilité) en droit malien. La loi de 2022 portant création du pôle national de lutte contre la cybercriminalité consacre la spécialisation et la professionnalisation de la composition de la Cour d'assises en matière de cybercriminalité ; d'où l'exclusion du jury criminel et le débat sur l'opportunité du maintien du système de questions.
La protection des droits humains dans le cadre de la lutte contre la cybercriminalité va au-delà des principes, le dispositif institutionnel s'y ajoute.

---

[96] B. Ménard, « Le contrôle de proportionnalité, vers une deuxième vie de la théorie de l'abus de droit, prospection à partir de l'absu de droit », *Rtd. Civil,* 2022, p.1.
[97] *De l'esprit des lois* (citation livre XXIII, chapitre XXIX), Éd. Barrillot & fils, Tome 1, Genève, 1758.
[98] L'article 90-9 du Code de procédure pénale du Sénégal.
[99] En Belgique, l'exigence de la loyauté est posée par l'article 28 bis du Code de l'instruction criminelle qui déclare que « Le procureur du Roi veille à la légalité des moyens de preuve ainsi qu'à la loyauté avec laquelle ils sont rassemblés ». Le juge d'instruction belge est également soumis au même devoir prévu à l'article 56 du Code d'instruction criminelle.
[100] A. Lepage, *Les provocations sur internet* in S. Guinchard (dir*), Les transformations de la justice pénale*, Thèmes/commentaires, 2014, p.231.

B.Les droits humains sauvegardés par un dispositif institutionnel renforcé

La protection des droits humains est dévolue aux diseurs des normes. Le concept « *diseurs des normes* » désigne un personnage particulier chargé d'appliquer la loi pénale. Aux fins de cette étude, les diseurs de normes renvoient aux juges. Ces derniers acteurs peuvent contribuer à la protection des droits humains.

De l'analyse du dispositif de la loi malienne sur la cybercriminalité, il découle l'absence d'un contrôle préventif approprié. C'est pourquoi, il serait judicieux de mettre l'accent sur l'importance de la prévention dans la protection de droits humains en contexte de lutte contre la cybercriminalité.

Quel juge pour défendre les droits humains face aux abus procéduraux, aux incriminations floues et aux peines excessives dans la lutte contre la cybercriminalité ? L'article 130 de la Constitution du 22 juillet 2023 du Mali répond à cette question. Il dispose : « *Le pouvoir judiciaire est gardien des libertés définies par la présente Constitution. Il veille au respect des droits et des libertés* ». Cette disposition confie la protection de droits humains à la justice au sens large : le juge administratif, le juge judiciaire.

Les citoyens peuvent activer le mécanisme de contrôle d'internationalité ou de conventionnalité pour le respect de droits humains et la sanction de la violation des droits humains[101].

Le juge de référé a vu ses compétences renforcées et étendues, grâce, aux réseaux numériques. La procédure de référé reconnue comme une procédure rapide est une véritable réponse à la volatilité et la fugacité des technologies de l'information et de communication. Ainsi, le référé est devenu, du coup, un véritable mécanisme de sauvegarde de droits fondamentaux[102]. Le référé est un instrument prévu par le droit positif malien à travers l'article 25[103] de la loi de 2018 régissant les tribunaux administratifs. A cet égard, il serait opportun d'étendre le champ du référé à la lutte contre la cybercriminalité. Dans ce sillage, l'on peut s'inspirer du référé -diffamation, le référé-présomption ou le référé -liberté.

L' Article 144 de la Constitution du 22 juillet réaffirme la protection constitutionnelle de droits fondamentaux : « La Cour constitutionnelle est juge de la constitutionnalité des lois et elle garantit les droits fondamentaux de la personne humaine et les libertés publiques ».

Les droits humains constituent une véritable source de légitimité de contrôle de constitutionnalité car « *une juridiction constitutionnelle n'est pas digne de cette appellation si elle n'a au moins la compétence d'invalider les lois qui enfreignent*

---

[101] D. Tounkara, *L'émancipation de la femme malienne, la famille, les normes, l'Etat*, 2012, L'Harmattan, p. 300 et s.

[102] O. Mamoudy, *L'office renouvelé du juge administratif* in *Le droit administratif et droits fondamentaux*, Dalloz, p.131.

[103] L'article 25 de ce texte visé plus haut dispose que : « : Toute personne intéressée peut saisir le juge des référés qui peut ordonner, dans un délai de 72 heures, toutes mesures nécessaires à la sauvegarde d'une liberté fondamentale à laquelle une personne publique ou privée gestionnaire d'un service public aurait porté une atteinte grave et manifestement illégale ».

les droits humains[104]». A cet effet, le contrôle du respect de droits humains par le législateur confère à la justice constitutionnelle « *une part de sa légitimité démocratique* ».[105]

L'analyse de la Constitution du Mali révèle une prédominance des techniques de liberté sur les techniques d'autorité[106]. Sur ce point, on note la constitutionnalisation formelle[107] des droits humains dans les corps de la Constitution, la constitutionnalisation des principes fondamentaux du droit pénal (la légalité de la répression et son corollaire de non rétroactivité[108], la théorie du procès équitable[109], le principe de personnalité des peines) la revigoration de la justice constitutionnelle par la création des Cours constitutionnelles ou Conseils constitutionnels[110], l'ouverture du contrôle de constitutionnalité aux citoyens par l'entremise de la technique d'exception d'inconstitutionnalité[111] ou la saisine directe selon les pays[112].

La place du juge est élargie par l'emploi de notions à contenu variable dans la loi sur la cybercriminalité : la tranquillité[113], et ses intérêts[114], l'excuse légitime[115], l'intérêt de la défense et de la sécurité nationales[116], activités illicites[117], les données illicites[118]. En effet, dans les définitions des infractions, l'imprécision est réelle et manifeste. Parfois, c'est le volet procédural de la loi sur la cybercriminalité qui « *prend des distances regrettables avec la précision normalement attendue de lui* » : bonnes mœurs et l'ordre public[119], la bonne

---

[104] M. Verdussen, *Justice constitutionnelle*, Larcier, 2012, p. 94.

[105] C. Grew, *Cours constitutionnelles européennes*, in D. Chagnollaud et G. Drago, *Dictionnaire des droits fondamentaux,* Paris Dalloz, 2010, p.184.

[106] K. Dosso, « Les pratiques constitutionnelles dans les pays d'Afrique noire francophone : cohérence et incohérence », *Revue française de droit constitutionnel,* 2012, p. 57 et s.

[107] W. Benessiano, « Le conseil constitutionnel et l'élaboration de la loi pénale », *Annuaire international de justice constitutionnelle*,2010, 25-2009, p.443. Selon cet auteur, la constitutionnalisation formelle renvoie aux sources du droit pénal.

[108] Alinéa 4 de l'article 7 de la Constitution du 22 juillet 2023 du Mali.

[109] Alinéa 1 de l'article 7 de la constitution du 22 juillet 2023 du Mali.

[110] Article 144 du même texte.

[111] Article 153 : « Lorsque, à l'occasion d'une instance en cours devant une juridiction, il est soutenu par un justiciable qu'une disposition législative porte atteinte aux droits et libertés garantis par la Constitution, la Cour constitutionnelle peut être saisie de cette question sur renvoi de la Cour suprême… ».

[112] C'est le système allemand et béninois.

[113] Art. 58 de la loi sur la cybercriminalité incriminant l'usurpation d'identité numérique.

[114] Les législateurs utilisent ces termes pour décrire l'infraction d'usurpation d'identité numérique. Voir l'article 58 de la loi portant répression de la cybercriminalité

[115] Art. 61 de la loi sur la cybercriminalité.

[116] Art. 62 de la loi sur la cybercriminalité du Mali.

[117] Article 25 de la loi sur la cybercriminalité du Mali.

[118] Art. 24 de la loi sur la cybercriminalité du Mali.

[119] Art. 79 de la loi sur la cybercriminalité du Mali.

marche des investigations judiciaires[120], des motifs raisonnables[121], des preuves essentielles[122].
L'ordonnancement juridique malien n'enregistre pas un organe spécifique en matière de cybercriminalité. C'est pourquoi, l'instauration d'une autorité administrative dans ce domaine nous paraît nécessaire.
Cependant, plusieurs organes pourraient indirectement intervenir à savoir l'Autorité de protection des données à caractère personnel (APDP) et l'Autorité malienne de régulation des télécommunications, des technologies de l'information et de communication et des postes (AMRTP).
Les mesures administratives sont, dans certaines situations, des véritables outils de restriction excessifs et injustifiés de droits humains : le blocage, le filtrage, le déchiffrement, le référencement. A ce titre, il serait pertinent de consacrer le droit au déférencement et au déchiffrement au nom de la protection de droits humains.
En plus des acteurs institués ou ceux qui le seront de *lege ferenda,* l'implication, la mobilisation et la participation des acteurs privés (associations ou organisations de la société civile) a tout son sens dans la protection des droits humains. Au regard de la particularité de l'internet, ces acteurs ont toute leur partition à jouer. Ils doivent renforcer les moyens classiques de défense de droits humains : la sensibilisation, la promotion, la mobilisation, les avis et les recommandations. Comme le soutient d'Abbas Jaber la cybercriminalité n'est pas « *une affaire purement juridique. Elle est politique et technique* »[123].

[120] Art. 82 de la loi sur la cybercriminalité du Mali.
[121] Art. 87 de la loi sur la cybercriminalité du Mali.
[122] Art.87 de la loi sur la cybercriminalité du Mali.
[123] A. Jabber, *Les infractions commises sur internet*, L'Harmattan, 2009, p. 145.

La protection et les garanties de droit à la vie privée à l'ère des nouvelles technologies de communication et d'information

Dossoun Martin KOITA,
Enseignant-Chercheur à l'Université des Sciences Juridiques et Politiques de Bamako (USJPB)

koitadossounmartin@yahoo.fr
Tel. 66 88 36 02/ 77 00 36 74

Résumé
La globalisation du monde est désormais une réalité à travers non seulement son interconnexion, mais aussi par la réalité virtuelle de l'information et de la communication. Désormais, tous les aspects de la vie humaine sont potentiellement numérisés et celui de la vie privée n'y échappe pas.
La vie privée est le jardin secret de tout individu, c'est le lieu où il doit être en principe à l'abri de toute ingérence de l'Etat ou d'un tiers. C'est le lieu où ses secrets, ses faits et gestes, comme ses paroles, doivent échapper à tout contrôle. C'est aussi le lieu où son comportement doit rester ignoré de tous s'il le souhaite. C'est pourquoi, l'individu a besoin d'être protégé dans sa vie privée contre l'intrusion de l'Etat, mais aussi des particuliers.
La vie privée, aspect essentiel, vise à protéger l'individu contre certaines atteintes à sa personne notamment ; la diffamation, les atteintes contre l'honneur et la dignité, les injures publiques graves.
A l'ère du numérique, la diffusion de l'information n'est plus l'apanage des seuls Etats. Elle est aussi l'œuvre des médias privés, des blogueurs et de certaines personnes privées n'ayant à priori aucune formation journalistique.
Il est donc relativement aisé de s'apercevoir que la vie privée fait l'œuvre d'une constante violation.
Elle est en permanence malmenée de manière qu'il n'existe plus aucune frontière entre la volonté d'informer et celle de porter atteinte à la privée dont la protection s'avère indispensable.
Mots clés: Droit, v ie privée, ère du numérique, violation, protection.

Introduction

Dans un monde où les nouvelles technologies de l'information prennent une place croissante, leurs impacts sur les modes de vie font naître de nombreuses tensions dans les sociétés dont les valeurs se retrouvent en conflit. D'un côté, se fait sentir une tendance au positivisme technologique, soit une propension à embrasser les nouvelles technologies indépendamment de leurs effets négatifs potentiels. Ceci s'explique notamment par le fort attrait de ces technologies, qui offrent des possibilités inégalées de progrès dans de nombreux domaines pouvant impacter de façon positive les sociétés. De l'autre côté, elles posent de nombreux enjeux en matière d'équité, de justice et de droits de la personne. Ces nouvelles technologies exercent en effet de nombreuses pressions sur les systèmes de valeurs des sociétés offrant à la fois des avantages non négligeables, mais ouvrant en même temps la porte à une série de conséquences négatives. On assiste ainsi à une montée de la tension entre des valeurs et intérêts en opposition.

Depuis les révélations d'Edward Snowden[1], et plus récemment l'affaire Cambridge Analytica[2] , la question de la protection de la vie privée est devenue un enjeu central parmi ceux suscités par les récentes innovations dans les technologies de l'information. En effet, ces dernières reposent largement sur l'utilisation et la pression exercée sur l'accès aux données personnelles et pose des enjeux sans précédent pour la protection de la vie privée. Ces enjeux sont d'autant plus complexes en raison de l'absence de consensus sur la signification et la valeur de la vie privée.

Les personnes tiennent généralement à leur vie privée et sa protection. Elles souhaitent avoir un certain contrôle sur qui sait quoi à leur sujet et ne veulent certainement pas que leurs informations personnelles soient accessibles à tout le monde en tout temps. En même temps, la signification et la valeur de la vie privée font l'objet de controverses, dans un monde où l'exposition de soi et le partage d'information sont rendus non seulement banals, mais glorifiés. La combinaison de la performance croissante des nouvelles technologies et du trouble entourant la valeur accordée à la vie privée donne ainsi lieu à des enjeux de sociétés qui requièrent l'apport des philosophes.

Toutes les époques ont vécu des révolutions sociales, techniques, culturelles, industrielles.... qui ont bouleversé l'ordre des choses. Si ombre et lumière, les « éternelles voix de la connaissance » selon Zoroastre, ont toujours accompagné le progrès engendré par l'ingéniosité de l'homme, elles n'ont pas manqué de s'imposer dans l'actuelle révolution numérique qui transforme notre relation aux autres et aux choses.

---

[1]A. CASILLI, « Quatre thèses sur la surveillance numérique de masse et la négociation de la vie privée », Etude annuelle 2014 du Conseil d'Etat, Le numérique et les droits fondamentaux (La Documentation Française, 2014), http://cvpip.wp.mines-telecom.

[2]Ikhlaq ur Rehman, « Facebook-Cambridge Analytica data harvesting: What you need to know », Library Philosophy and Practice (e-journal), 2019.

De résolutions de difficultés en solutions, le législateur a œuvré pour que la notion de vie privée, intégrée depuis la philosophie des Lumières à notre patrimoine historique, culturel et identitaire, reste, dans notre société démocratique, indissociable de l'existence de l'individu et de l'exercice des libertés. La société reconnaît à l'individu le droit de disposer d'un espace privé, distinct de la vie collective de la communauté. Cet espace est largement influencé par le numérique, un ensemble complexe.

Dans cet ensemble, l'Internet est au centre de la problématique d'une protection contre la diffusion d'informations qui portent atteinte à l'intimité de la vie privée. La législation malienne en vigueur offre une solution peu efficiente quant à la répression de la diffusion des données en général et de la vie privée en particulier.

La vie privée est une notion très complexe. En l'absence d'une définition légale en droit malien, il nous est apparu opportun de rechercher à travers la doctrine et la jurisprudence française.

Ainsi, ROBERT BADINTER[3]oppose la vie privée à la vie publique qu'il définit comme la participation de l'individu à la vie de la cité et qui, selon l'auteur, se manifeste dans trois aspects fondamentaux : l'activité professionnelle, sociale et politique. Pour lui, relève de la vie privée tout ce qui n'est pas du domaine public. D'un autre côté GERARD CORNU[4] va déterminer, mais uniquement à titre indicatif, le contenu de la vie privée. Il énumère : la vie familiale et conjugale, la vie intime et amoureuse ou sentimentale, les relations amicales, les loisirs, la fortune personnelle, le mode et le lieu de sépulture, le secret de la correspondance.

Ainsi, nous pouvons donc retenir que la vie privée couvre l'intégrité physique et morale d'une personne. Cette protection est principalement destinée à assurer le développement, sans ingérence, de la personnalité de chaque individu à l'exclusion des semblables. L'intégrité physique et l'intégrité morale sont protégées par la liberté personnelle, de même que la protection des données est rattachée à la protection de la sphère privée. La vie privée est le jardin secret de tout individu, c'est le lieu où il peut se dire à l'abri de toute ingérence de l'État ou d'un tiers, c'est le lieu où il peut tenir secrets ses faits et gestes, comme ses paroles, c'est le lieu où son comportement restera ignoré de tous s'il le veut.

Donc, l'individu a besoin d'être protégé dans sa vie privée contre l'intrusion non seulement de l'État, mais des particuliers[5].

En termes de définition, nous pouvons retenir que le contenu de la vie privée est assez difficile à cerner. Cependant, il est à retenir que la notion de vie privée est évolutive dans le temps et dans l'espace.

Malgré l'importance du concept, les développements le concernant, ainsi que les atteintes y afférentes sont assez récents dans la société malienne. Dans les sociétés traditionnelles africaines, tous les évènements vécus tant par le chef que

---

[3] R. BADINTER, « Le droit au respect de la vie privée », *JCP*, 1968, I.2136.

[4] G. CORNU, *Droit civil, Les personnes et les biens*, 4ème éd., Paris, Montchrétien, p.178, n°516.

[5] V. Law and the contemporary problems- School of law Duke University- vol.XXXI-1966, n°2.

les personnes anonymes étaient publiques : décès et cérémonies diverses, naissances et contentieux entre habitants[6].

L'individualisme n'étant pas caractéristique de ces sociétés, les atteintes aux biens et aux personnes étaient rarissimes. L'état de la vie privée tient donc compte des particularités de la société, des mœurs, de la culture et de l'époque. C'est dans ce sens que le Professeur NDOKO affirme que l'organisation sociale avant l'époque coloniale ne favorisait pas le développement de la délinquance. En effet, « Les sociétés traditionnelles protégeaient scrupuleusement les valeurs qui les régissaient. Le fait de commettre un acte allant à l'encontre du déroulement paisible des relations humaines était la preuve de l'infériorité sociale du sujet qui se montrait, par cela même, indigne de faire partie de cette société, et était le déshonneur de toute sa famille et du clan entier »[7].

Cette situation a considérablement changé. Il est vrai que tout homme vit dans une société et doit participer en tant que citoyen. Cependant, il a besoin d'avoir un espace de quiétude, privé. L'idée du secret s'est donc imposée progressivement, mais n'est pas respectée par tous.

Les valeurs tant vantées se sont amenuisées au fil du temps. L'appât du gain et le mépris de la valeur humaine ont pris le dessus.

De plus, la science et la technique ont apporté certes du progrès mais cela n'est pas sans conséquences. Le développement des nouvelles technologies de l'information et de la communication a rendu plus faciles les atteintes aux droits de l'homme en général et à la vie privée en particulier.

Il est pourtant à noter le concept Internet était inconnu des maliens il n'y a pas encore très longtemps. Les médias en général et la télévision en particulier se sont développés à un rythme effréné surtout après la révolution du 26 mars 1991[8]. Les atteintes à l'intimité et au secret sont récurrentes et l'impression qui se dégage laisse croire à une certaine indifférence du constituant. Ces mutations sont assimilables à une véritable métamorphose qui, selon Professeur

[6] Il n'y avait pas de distinction entre les enfants de la concession et les enfants du voisinage ; tous mangeaient dans quelques habitations que ce soit et parfois les enfants de « l'extérieur » avaient plus de privilèges que ceux de la maison. La mère était celle de tous les enfants et avaient le droit de punir les enfants de « l'extérieur » s'ils se comportaient mal sans que cela entraîne une dispute entre les géniteurs. De plus, tous les enfants pouvaient dormir dans une concession comme dans l'autre sans que cela gêne un parent où l'autre.

[7]N.C. NDOKO, *La culpabilité en droit pénal*, LGDJ, Paris, 1985, p.15.

[8] Le coup d'État de 1991 au Mali a lieu le 26 mars 1991 au Mali et aboutit au renversement de Moussa Traoré au pouvoir depuis 23 ans, et à la mise en place du Comité de transition pour le salut du peuple (CTSP), présidé par Amadou Toumani Touré, jusqu'au 8 juin 1992. Après l'organisation le 12 janvier 1992 d'un référendum constitutionnel sur une nouvelle constitution réinstaurant le multipartisme, une élection présidentielle est organisée en avril et voit la victoire d'Alpha Oumar Konaré, qui devient le premier président du Mali démocratiquement élu au scrutin direct. Le coup d'État fait suite à la sanglante répression d'un soulèvement populaire du 22 au 24 mars 1991, causant plus de 200 morts.

KENFACK, renvoie à une image triste et joyeuse à la fois, il n'en demeure pas moins qu'il faudrait savoir si celle-ci est un signe de déclin ou de progrès[9].

A cela, il faut ajouter, que l'atteinte à la vie privée peut résulter de la diffusion d'un écrit ou d'une image concernant la personne. De nombreuses classifications autour du concept ont été proposées en doctrine, à la lumière des contentieux liés à sa violation, par la diffusion d'informations via les grands médias, presse écrite et audiovisuelle, et qui ont fait l'objet de différents procès[10]y compris en cas d'atteinte à la santé, les mœurs, les convictions philosophiques et religieuses[11] .

Il est donc important à plus d'un titre de s'atteler à la recherche d'une solution équilibrée de l'équation vie privée – numérique et cela pour deux raisons essentielles:

- La propension du numérique est désormais irréversible, sa maîtrise et son usage incontrôlés, les atteintes en résultant de plus en plus nombreuses.
- La frontière entre la vie privée et la vie publique s'amenuise et les acteurs sont de plus en plus intolérants.

A la lumière de ces deux facteurs, le sujet mérite une attention particulière. L'Internet, un outil récent d'acquisition et d'approfondissement des connaissances permet aussi la transmission des informations qui peuvent souvent porter atteinte à la vie privée. C'est pourquoi, d'ailleurs il est important de se demander**, comment concilier le droit à la vie privée et celui à l'information ?**

La vie privée peut connaitre des embuches à cause de la primauté de certains droits à la lumière du droit à l'information et à la communication du public **(I).** Ces obstacles peuvent, suite à la manipulation des données personnelles, à la présence dans les réseaux sociaux, faire assimiler par conséquent l'Internet à la violation de la vie privée **(II).**

I- Le numérique: une difficile conciliation entre respect de la vie privée et le droit a l'information et à la communication

L'exercice de l'activité de presse est libre[12] et garanti par des textes internationaux[13] et par des textes internes[14]. Il doit être conforme non seulement

[9] H. KENFACK, *Avant-propos in Métamorphoses de l'acte juridique, sous la direction de M.NICOD, Mutations des normes juridiques*, Presses de l'Université de Toulouse 1 capitole, LGDJ, 2011, p.7.

[10] Cass. 1° civ. 30 mai 2000 : Bull. civ. I, n° 167.

[11] Cass. 1° civ. 6 mars 2001 : Bull. civ. I, n° 60.

[12] E.L. NOBONG, *La presse et la vie privée au Cameroun*, Mémoire de Maîtrise, Université de Dschang.1998-1999.

[13]Il s'agit des textes pré-étudiés tels que :

- La Déclaration des Droits de l'Homme et du Citoyen de 1789 ;
- La Déclaration Universelle des Droits de l'Homme du 10 Décembre 1948 ;
- La Charte Africaine des Droits de l'Homme et des Peuples du 28 juin 1981.

[14]Il s'agit de :

-la loi n° 00-046 du 7 juillet 2000 portant régime de la presse et délit de presse au Mali.

- Décret N°2023-0401/PT-RM du 22 juillet 2023 portant promulgation de la constitution.

à l'intérêt public, mais aussi privé. Dans toutes sociétés démocratiques la liberté d'expression jouit d'une protection qu'il est difficile de concilier avec le respect de la vie privée, notamment, en raison de la primauté du droit à l'information sur la vie privée (**A**) qui mérite, néanmoins, de cohabiter harmonieusement avec la privée (**B**).

A- La primauté du droit à l'information sur la protection de la vie privée

Parmi les droits fondamentaux, le droit à l'information apparaît comme l'un des plus récents. Les faits marquants de l'actualité juridique au Mali, voire de plusieurs législations contemporaines dans le monde sont la promotion des droits de l'homme, les droits fondamentaux, des droits de la personnalité et tous les autres des citoyens[15].

La vie privée, droit de la personnalité, peut entrer en conflit avec le droit à l'information qui est reconnu et consacré malgré le fait qu'il connait de nombreux développements. Mieux, on remarque un privilège de l'actualité sur la protection de la vie privée.

L'information est entendue comme l'acte par lequel sont rendus publics certains faits ou certaines opinions au moyen de supports visuels ou auditifs[16]. Ces procédés de diffusion de l'information que l'on a coutume de rassembler sous le vocable générique de « médias » sont actuellement la presse écrite, la radio et la télévision. Plusieurs textes consacrent la primauté du droit à l'information et à la communication.

La liberté d'expression, liberté fondamentale, jouit d'une protection constitutionnelle qui s'est concrétisée dans plusieurs États africains à partir des années 1980 grâce aux mutations démocratiques qui ont favorisé l'émergence d'une presse libre et indépendante.

C'est d'abord la Déclaration des Droits de l'Homme et du Citoyen du 26 Août 1789 qui dispose que : « la libre communication des pensées et opinions est un des droits les plus précieux de l'homme. Tout citoyen peut parler, écrire, imprimer librement, sauf à répondre de l'abus de cette liberté dans les cas déterminés par la loi »[17]. Par la suite, c'est autour de la Déclaration Universelle des Droits de l'Homme de 1948 de se prononcer sur le même principe de liberté d'opinion et d'expression « ..., ce qui implique le droit de ne pas être inquiété pour ses

---

[15]Voir surtout les législations des pays occidentaux dans lesquelles on organise une protection civile et une protection pénale des droits de la personnalité, loi française du 17 juillet 1970 ; pour la protection pénale de ces droits en Allemagne, cf. Rev. Science Crim. 1966, p. 545 à 557 ; en Autriche cf., art 310 du Code pénal. En Suisse, cf loi fédérale du 20 décembre 1968 ; en Italie et au Pays-Bas, cf loi du 7 Avril 1971 cité dans le recueil V. vie privée cité par J. KOM , Les droits de la personnalité et la liberté de communication au Cameroun, III- Doctrine et Études, juridis, Périodiques, n°50, Avril-Mai-Juin 2002, p 55.

[16]X. AGOSTINELLI, *Le droit à l'information face à la protection civile de la vie privée*, Édité par Librairie de l'Université d'AIX- en Provence, 1994, p.60.

[17]Art.11 de la Déclaration des Droits de l'Homme du 26 Août 1789.

opinions et celui de chercher, de recevoir et de répandre sans considération de frontière, les informations et les idées par quelque expression que ce soit »[18].

La démocratie et le développement des médias ont amené les journalistes à reconnaître et jouir pleinement des droits attachés à la presse. Conscients du rôle reconnu aux médias comme quatrième pouvoir, ceux-ci entendent désormais exercer le droit d'informer[19].

C'est avec la Déclaration Universelle des Droits de l'Homme de 1948 que pour la première fois apparaît comme corollaire à la liberté d'opinion un nouveau droit celui de recevoir des informations. La Déclaration consacre ainsi le droit d'informer et d'être informé sans considération de frontière[20]. La reconnaissance au plan international d'un droit à l'information a été l'une des toutes premières préoccupations de l'Organisation des Nations Unies[21]. C'est ainsi que dès sa première session en 1946 l'Assemblée Générale des Nations Unies a adopté une résolution disposant que « La liberté d'information est un droit fondamental de l'homme et la pierre de touche de toutes les libertés à la défense desquelles se consacrent les Nations-Unies »[22]. Par ailleurs, le Pacte international relatif aux droits civils et politiques adopté le 16 Décembre 1966[23] par l'Assemblée Générale des Nations-Unies et entré en vigueur le 23 Mars 1976 témoigne de l'évolution de la liberté de communication au plan international[24].

Il s'agit donc d'un véritable droit subjectif qui a été réaffirmé à plusieurs reprises. C'est ainsi que Paul VI recevant au Vatican, en Avril 1964, les membres du séminaire des Nations Unies sur la liberté de l'information a rappelé les fondements du droit à l'information, son caractère universel et sa place dans la catégorie des droits naturels : « Le droit à l'information est un droit universel, inviolable et inaltérable de l'homme puisqu'il est fondé dans la nature de

---

[18]Art.19 de la Déclaration Universelle des Droits de l'Homme.

[19]A. MAMGNO, *L'étude du droit de l'information au Cameroun : les délits de presse*, Mémoire de maîtrise en Droit. 05 Janvier 1999, Université de Dschang, 66p.

[20]Pour plus de détails, v. M. REGOURD, Cours de Droit de la presse, I.E.P. 2005/2006 – 01 – 17, Université de Toulouse.

[21]X. AGOSTINELLI, *op. cit,* p .62 et s.

[22]Résolution 59 (1) du 14 Décembre 1946, citée par P.TRUDEL : « Réflexions pour une approche critique de la notion de droit à l'information en droit international », in les cahiers du Droit, vol 23, n° 4 Décembre 1982. p.847.

[23]X. AGOSTINELLI, *ibid,* p.63 et s.

[24]Art. 19 du Pacte International relatif aux Droits Civils et Politiques : « Nul ne peut être inquiété pour ses opinions. Toute personne a droit à la liberté d'expression. Ce droit comprend la liberté de rechercher, de recevoir et de répandre des informations et des idées de toute espèce « ... ». L'exercice des libertés prévues au para 2 du présent article comporte des devoirs spéciaux et des responsabilités spéciales. Il peut en conséquence être soumis à certaines restrictions qui doivent toutefois être expressément fixées par la loi et qui sont nécessaires : a) Au respect des droits ou de la réputation d'autrui ; A la sauvegarde de la sécurité nationale, de l'ordre public, de la santé ou de la moralité publiques.

l'homme ». Il s'agit à la fois d'un droit actif et passif : « d'une part la recherche de l'information, d'autre part, la possibilité pour tout individu de la recevoir»[25].

Avec l'avènement de nouvelles législations sur la libéralisation audiovisuelle, il a fallu anticiper les questions d'ordre juridique ou communicationnel posées par les conflits qui ne tarderont pas à surgir dans l'exercice de ces droits et libertés[26]. C'est ainsi que le droit à l'information peut entrer en conflit avec la vie privée.

La vie privée est distincte de la vie publique. Cette limite doit être perçue et respectée par toute personne. C'est ainsi que WARREN et BRANDEIS affirment que la vie privée « est le droit pour chacun d'être laissé tranquille »[27] rejoignant ainsi Monsieur ROBERT BADINTER qui la définit comme étant « le droit de l'individu à une vie retirée et anonyme, le droit d'être laissé seul à vivre sa propre vie avec un degré minimum d'interférences des autres »[28].

Le problème du droit à l'information face à la vie privée est donc posé en droit positif. Comment divulguer des informations au public sans porter atteinte aux droits des personnes concernées ? Toute personne physique ou morale a le droit d'être informée sans délai des motifs et décisions individuelles défavorables qui les concernent.

Ainsi, le service public national de la radiodiffusion-télévision Mali doit assumer dans le cadre de sa compétence, la mission de répondre aux besoins et aux aspirations de la population et ce qui concerne l'information, la communication « … ». Il a pour but de faire valoir dans ce domaine, le souci exclusif des intérêts généraux de la collectivité comme en droit français[29]. Il faut donc un service qui veille à l'objectivité et à l'exactitude des informations diffusées[30].

La position de la loi[31] et de la jurisprudence est claire en cas de violation de la vie privée ou de ses corollaires tels que le droit à l'image[32]. La jurisprudence du conseil constitutionnel, s'agissant « d'une liberté de premier rang », affirme dans une décision du 10 et 11 Octobre 1984 que « le législateur ne peut en réglementer l'exercice qu'en vue de le rendre plus effectif ou de le concilier avec d'autres règles de valeur constitutionnelle ».

---

[25]B. VOYENNE « Le droit à l'information », Coll. Recherches Économiques et sociales, ED: Paris: Aubier Montagne, 1970, p.115.

[26] J. KOM, *op. cit*, p.56 et s.

[27] D. FLORENCE, *Le respect de la vie privée*, Mémoire de maîtrise en droit, pratique et contentieux des affaires, Université de Yaoundé, année académique 1986/1987, p.1.

[28]R. BADINTER, « Le droit au respect de la vie privée », *JCP*, 1968, 1.2 136.

[29] Art. 1 de la loi française du 07 Août 1974 relative à la radiodiffusion et à la télévision J. OP. 83 – 58.

[30] Art. 17 de la loi de 1974, préc.

[31] Art. 1382 c. civ.

[32] TGI de Yaoundé, 17 Décembre 1974, Affaire YOMBA Madeleine C/Brasseries du Cameroun pour utilisation sans autorisation de photo sur un calendrier publicitaire, *op.cit.*, Voir également, Paris 05 Décembre 1958 et Paris 04 Octobre 1989. D. 1990, sommaires, p. 239 et 240.

Ainsi, il avait réalisé[33] cette conciliation dans sa décision N°82-141 DC du 27 Juillet 1982 en déclarant conforme à la Constitution la loi qui, tout en proclamant la liberté de la communication audiovisuelle, subordonne son exercice à une autorisation administrative parce que « il appartient au législateur de concilier … l'exercice de la liberté de communication telle qu'elle résulte de l'art.11 de la Déclaration des Droits de l'Homme nomme avec d'une part les contraintes techniques inhérentes aux moyens de communication audiovisuelle et d'autre part, les objectifs de valeur constitutionnelle que sont la sauvegarde de l'ordre public, le respect de la liberté d'autrui et la préservation du caractère pluraliste des courants d'expression socioculturels »[34]. Malgré les restrictions, il existe une réelle protection du droit à l'information et de ses sources.

La protection de la vie privée est relative aussi à un nouveau droit de l'homme, qui en est issu, celui du droit à la communication[35].Tous les textes de loi précités[36] reconnaissent la liberté de recevoir des informations et des idées protégeant ainsi les destinataires que sont les lecteurs[37], auditeurs, téléspectateurs …La liberté de presse au même titre que les sources journalistiques restent protégées.

La liberté d'expression appartient à la catégorie générique des libertés de pensée. Elle découle de la liberté d'opinion dont elle est le corollaire obligé[38]. Elle tire sa source des textes juridiques précités, même si le terme n'apparaît pas expressément[39]. Les intérêts de l'émetteur et du récepteur doivent être protégés. Le droit de communiquer et de recevoir les informations est désormais un élément nécessaire à la fonction du citoyen dans une société démocratique[40].

Par ailleurs, le développement rapide au XXe siècle, des techniques de la radio et de la télévision a contraint les sociétés démocratiques modernes à « découvrir les recettes pour maitriser ces nouveaux médias dans un cadre de liberté et de

[33]Décisions N°84-181 DC des 10 et 11 octobre 1984 sur la loi relative aux entreprises de presse, L. FAVOREU et L. PHILIP N°37 P. 589. J. J. BIENVENU, A. J. D.A, 1984, 684 ; De M. VILLIERS, Rev. AD. 1984, 580 ; S. HUBAC et J. E. SCHOETTL, Rev, sc crim, 1985, 3 ; B. GENEVOIS, N°360.

[34]L. FOVOREU, *R. D. P*, 1983, p.333 ; R. E Men, Rev .AD, 1983 P.36; B.GENEVOIS, n°361 C.DEBBASCH, Droit de l'audiovisuel, n°134 et 135.

[35] P. KAYSER, *La protection de la vie privée*, *op. cit.*, p. 221 et s.

[36]Déclaration Universelle des Droits de l'Homme avec l'art. 19 le Pacte International relatif aux Droits Civils et Politiques avec l'art. 19 para2, la Convention Européenne des Droits de l'Homme dans l'art. 10 para 1.

[37]L. FAVOREU et P. PHILIP, Les grandes décisions du conseil constitutionnel, Paris, Sirey, 1993, 7ème éd. N°7, p.726.

[38] Not. J RIVERO, « *Libertés publiques* », 4e éd., Paris, Thémis, P.U.F, 1989, p.152 et s.

[39] L'art. 11 de la Déclaration du 26 Août 1789 dispose que : « La libre communication des pensées et des opinions est un des droits les plus précieux de l'homme. Tout citoyen peut donc parler, écrire, imprimer librement sauf à répondre de l'abus de cette liberté dans les cas déterminés par la loi » ces idées sont reprises par l'art. 19 de la Déclaration Universelle de 1948 ainsi que de nombreux autres textes.

[40] Not. H.LECLERC in Légipresse, Décembre 1991, IIe partie « chronique et opinion » pp. 97 et s.

concurrence »[41]. C'est dans ce contexte qu'a été progressivement consacrée la liberté de communication audiovisuelle, élevée du même coup au rang de liberté fondamentale[42]. Il appartient au législateur de réglementer le secteur de l'audiovisuel en tenant compte des garanties fondamentales relevant de la Constitution[43].

Aujourd'hui, la presse couvre plusieurs aspects : la presse écrite et orale, publique et privée. Au préalable, il faut distinguer la presse écrite de la presse orale. Ainsi, la presse écrite se définit comme « tout journal écrit, périodique, magazine, feuille d'information, destiné à la communication de la pensée, des idées, des opinions, des faits d'actualité ou de société paraissant à intervalle régulier »[44]. La presse orale ou parlée se caractérise par la diffusion des informations à travers le son et l'image.

La distinction peut aussi être faite entre la presse privée et publique. La presse publique s'entend comme tout organe d'information, d'orientation publique et qui de ce fait appartient aux pouvoirs publics. A contrario, la presse privée est un organe d'information appartenant à des personnes privées ; elle est encore appelée au Mali presse indépendante. De manière générale, la presse peut donc se définir comme tout organe d'information servant à la communication des idées, de la pensée et qui se caractérise par ses parutions ou diffusions régulières.

Dans l'accomplissement de cette mission qui consiste essentiellement à informer librement et à former l'opinion publique, la presse ne peut pas se déployer dans le désordre. La liberté consistant à faire ce qui ne nuit pas à autrui, elle suppose que l'exercice des droits naturels de chaque homme n'a de bornes que celles qui assurent aux autres la jouissance de ces mêmes droits. La liberté de presse ne peut échapper à ce principe[45]. Malheureusement, il arrive que ceux qui jouissent des Droits de l'Homme comme le droit à la liberté d'opinion et de presse s'en servent pour violer d'autres droits reconnus par chaque individu et qui sont opposables aux autres acteurs de la société et à l'État. Le métier de journaliste constitue une menace sérieuse pour la protection de la vie privée des citoyens : vendeurs à la sauvette, vedettes de la chanson, étudiants, enseignants…

---

[41] C. DEBBASCH : « *Les grands arrêts du droit de l'audiovisuel* », Paris, Sirey, 1991, p.7.

[42] Le législateur de communication audiovisuelle dans l'article 2 de la loi du 30 Septembre 1986 « in J. O lois et décrets, p.11755 » on entend par communication audiovisuelle toute mise à disposition du public ou de catégories du public, par un procédé de télécommunication, de signes, de signaux, d'écris, d'images, de son ou de messages de toute nature qui n'ont pas le caractère d'une correspondance privée.

[43] C'est la position du conseil constitutionnel français soutendue par des décisions de justice ; Décembre 88 – 248 – DC. C. DEBBASCH, *op.cit.*, n°51. L.FAVOREU et L. PHILIP, op.cit., GDCC, n°44 précitée, P. AVRIL et J-GICOUEL, in pouvoirs précitée n° 50, p.197. L. FAVOREU in RDP, 1989, p.399.

[44] Art 2 de la loi n°00-046 portant régime de la presse et délit de presse au Mali.

[45] A. MAMGNO, *op.cit.*, p. 2.

La question de la protection du secret des sources des journalistes est ancienne et garantie[46]. Elle est indispensable compte tenu de l'importance de l'information. Car, « si on procède à une généalogie de la profession de journaliste, il apparait que sans information, il n y a pas de journaliste, et sans informateur, il n y a pas d'information. Davantage, sans confidentialité des sources, il n y a pas d'informateur ».[47] Il est donc clair que le rôle du journaliste est primordial et que ses sources méritent une protection accrue au détriment de la vie privée car c'est « celui qui informe, c'est-à-dire qui cherche, obtient des informations et les divulgue au public »[48]. Certaines personnes ne parlent que si on leur promet le secret sur la source, de préserver l'anonymat. Protéger ses sources, revient à préserver le secret qui est à la base de l'information et qui est « la clé de la démocratie »[49]. C'est la position de la CEDH qui l'a plusieurs fois rappelé en statuant que : « la liberté d'expression constitue l'un des fondements essentiels d'une société démocratique et les garanties à accorder à la presse revêtent une importance particulière. La protection des sources journalistiques est l'une des pierres angulaires de la liberté de la presse (...). L'absence d'une telle protection pourrait dissuader les sources journalistiques d'aider la presse à informer le public sur les questions d'intérêt général. En conséquence, la presse pourrait être au moins à même de jouer son rôle indispensable de « chien de garde » et son aptitude à fournir des informations précises et fiables pourrait s'en trouver amoindries »[50].

Le problème des sources journalistiques se pose aussi au Mali, même si le degré est différent car la liberté d'expression semble être encore un mythe et l'on comprend donc que la protection des sources n'est pas très évidente. Il est donc indispensable que le Mali élabore un texte spécial garantissant efficacement la protection des sources journalistiques tout en recherchant une cohabitation entre droit à l'information du public et protection de la vie privée.

B- Un essai de cohabitation entre droit a l'information et protection de la vie privée

La vie privée peut donc connaître une limitation à travers la liberté d'expression et de communication. Les textes[51] consacrent seulement la liberté de communication, des pensées et des opinions, ce qui ne comprend pas les évènements de la vie personnelle et familiale. Ce droit s'étend aux activités publiques mais pas aux évènements de la vie privée. Face à une atteinte à la vie privée notamment par voie de presse, la réaction du législateur est mitigée soit à cause du domaine concerné, soit à cause du statut de la victime.

---

[46]Voir sur ce thème, A. GUEDJ, *Liberté et responsabilité du journaliste dans l'ordre juridique européen et international,* coll. Droit et justice, Bruyant, 2003, spéc. pp. 141-145.
[47] M. RECIO, *op.cit.,* p. 292.
[48] M. JACQUEMIN, *La protection des sources des journalistes*, CFPJ Ed, 2000, p. 16.
[49] A. SAUVY, « L'information, clef de la démocratie », *RFSP*, 1951, volume1, n°1-2, pp. 26-39.
[50] C.E.D.H, 27 mars 1996, Goodgwin contre Royaume Uni, Recueil 1996-II ; *RTDH*, 1996, p. 433.
[51] La constitution malienne du 22 juillet 2023 ;
Loi n°00-046 portant régime de la presse et délit de presse au Mali.

Il faudra insister sur quelques délits de presse qui font l'objet d'une répression ambigüe ainsi que des moyens de réparation. Mais au préalable, il est nécessaire de déterminer en quoi consiste la réaction sociale. La réaction sociale est l'ensemble des moyens que déploie la société pour mettre fin au phénomène criminel, à travers la sanction des délinquants. Pour ceci, il y a un rapprochement avec la politique criminelle qui a le même but. En effet, c'est le criminaliste allemand FEUERBAC qui, au début du XIX siècle, fut l'un des premiers à employer cette expression, si répandue à cette époque par la doctrine[52].

Ainsi la politique criminelle est l'ensemble des procédés susceptibles d'être proposés au législateur ou effectivement utilisés par celui-ci à un moment donné dans un pays donné, pour combattre, la criminalité. La politique criminelle est donc un art et en même temps une science, qui consiste à découvrir et à organiser rationnellement les meilleures solutions possibles aux divers problèmes de fond et de forme que pose le phénomène criminel[53]. Seulement la sanction prévue par le législateur pour certains délits de presse est mitigée et la possibilité donnée aux victimes pour réagir est insuffisante.

Cela ressort clairement dans l'affaire M.P et NGAMBI NDJIGUI SIMON contre NTEP VERONIQUE et NGO NTEP NDJOCK EMMANUELLE[54], relativement aux injures.

Ainsi, l'injure en est une parfaite illustration. Elle désigne toute expression outrageante, termes de mépris ou invective, qui ne renferme l'imputation d'aucun fait précis. Dans la mesure où elle n'est pas précédée de provocations, l'injure est un délit lorsqu'elle est publique et une contravention lorsqu'elle n'est pas

---

[52]R. MERLE et A. VITU, Traité de droit criminel, 3ème éd. Cujas, 1978, *op. cit*, textes : MAILLARD, La politique criminelle, thèse, Paris 1889, DONNEDIEU DE VABRES, La politique criminelle des États autoritaires, Paris, 1938. Mélanges DONNEDIEU DE VABRES, Les principaux aspects de la politique criminelle moderne ; ANCEL, la défense sociale nouvelle, un mouvement de politique criminelle humaniste, éd. CUJAS, 2ème éd, 1966 ; VOUIN, politique et jurisprudence criminelle, Mélanges PANTIN, p. 47. Voir aussi la revue internationale de la politique criminelle, publiée par les Nations-Unies ; JESCHEK, politique criminelle en France et en Allemagne, *R.S.C,* 1968. p. 519 ; BARANIKAS, BRAUN-SCHEWEIG et autres, la politique criminelle, in L'action judiciaire, 1968, p.100. KARANIKAS, le néo humanisme et la politique criminelle, MELANGES CONSTANT, p.57 ; LODGE, la recherche scientifique des problèmes de politique criminelle, R-S-6, 1974, p.499. DI TULLIO, pour une politique criminelle, *R.I.C.P.T*, 1974, p.113. ANCEL, pour une étude systématique des problèmes de politique criminelle, Archives de politique criminelle, 1975, n°1, p.13 sur les difficultés de la politique criminelle, qui doit satisfaire en même temps à la protection des valeurs sociales et à la réadaptation des délinquants, CF DESJARDIN, La justice pénale et ses antinomies, *R.D.P.C*, 1975-1976, p. 187.

[53] V. La politique criminelle, Livre II, in traité de droit criminel, R. MERLE, A. VITU, Problèmes généraux de la science criminelle, Droit pénal général, Ed, CUJAS, 3ème éd. 1978, 1007p.

[54] Affaire M.P et NGAMBI NDJIGUI Simon contre NTEP VERONIQUE et NGO NTEP NDJOCK EMMANUELLE. Jugement n°906/CO du 11 avril 2012, inédit (Annexe 5). Voir également l'affaire MBARGA Sylvestre (P. APP) contre Ministère Public et ATEBA Salomé épouse ABENA (PC.INT). Arrêt n°34/COR du 03 février 2012, inédit. (Annexe 15).

publique[55]. L'injure peut être dirigée à un particulier ou un auteur. Elle est outrageante[56] à l'exemple de ces termes retenus par la jurisprudence française « bandit, canaille, traite, petit démagogue, saleté, montagne d'ordures, flot fangeux d'un égout, buse, paranoïaque », à un douanier « votre badge vous pouvez le mettre où je pense » ; « barjo » ; « gros zébu fou »[57].

A l'opposé, n'est pas une injure la suggestion faite à quelqu'un de présenter sa démission, ne sont pas des injures raciales : « belle négresse », « traite à la patrie » qui ne vit pas l'appartenance à une ethnie où à une religion[58]. Il n'est pas nécessaire que le terme soit grossier, mais pour l'éducation des enfants, on peut tolérer le terme « sale gosse ». L'injure doit avoir un caractère direct et personnel. La loi malienne réprime l'injure des peines d'emprisonnement de six mois à deux ans et d'une amende de 1000000 à 10000000 de FCA ou de l'une des deux peines seulement celui donc qui, sans avoir été provoqué, use à l'encontre d'une personne, d'une expression outrageante, d'un geste, d'un terme de mépris ou d'une invective qui ne referme l'imputation d'aucun fait[59]. L'injure ne résume donc sur aucun fait précis et peut être écartée au cas où elle est la riposte à une provocation ou une attaque. Alors, si des propos allant à l'encontre de la vie privée sont avancés, mais résultant d'une provocation, ceux-ci seront écartés et il n'y aura pas infraction selon l'esprit du texte. La loi protège ainsi l'intégrité morale de l'individu plus précisément l'honneur et la considération.

D'après MERLE et VITU, « l'honneur est un bien d'ordre moral qui résulte pour chaque homme du sentiment personnel d'agir conformément aux exigences de la morale et du devoir d'État. La considération revêt une portée plus sociale, puisqu'elle consiste dans l'estime que les tiers accordent à celui dont ils jugent la vie privée, professionnelle ou publique »[60]. L'honneur met donc en exergue l'aspect individuel du comportement humain tandis que la considération, qui tend à porter un jugement de valeur sur ce comportement, a plutôt une connotation sociale[61]. Ces attentes sont favorisées par les médias selon M. OTTOU qui pense que : « pendant 30 ans, les camerounais avaient été privés de garder leur langue dans leur poche. Alors au moment du grand boom de la presse privée, tout le monde s'est défoulé en critiquant à tout veut. De la critique, la plupart de journaux sont passés à l'injure, à la Colonie et à l'inquisition »[62].

Le législateur définit, intègre dans le délit d'injure plusieurs éléments à savoir : l'existence d'une expression outrageante, geste, terme de mépris ou invective ; la

---

[55] Lexique des termes juridiques, 17ème éd., *op.cit.*, p. 392.
[56] L. LARGUIER, P. CONTE, A. M. LARGUIER, *Droit pénal spécial*, MEMENTOS, 13ème éd. DALLOZ, 2005, p.154.
[57] Paris 1989, Crim 1994, Paris 1995, Crim 1999.
[58] Versailles 1989, Paris 1998, Crim 2000.
[59] Art. 21 de loi n°2019-056 du 05 décembre portant répression de la cybercriminalité au Mali.
[60] R. MERLE et A. VITU, *op. cit*, p. 1577.
[61] A. ELOUMOU, La protection de l'honneur et de la considération des personnes en matière de délits de presse écrite, Mémoire ENMA, 1997, P.3.
[62] E. KAMGUIA, Le journalisme du carton rouge, l'étincelle d'Afrique, Douala, 2003, p. 60.

détermination de la personne ou du corps visé ; la publicité ; la présence d'une intention coupable.

Le sociologue VALENTIN NGA NDONGO affirme que : « la presse a coutume d'affubler ses cibles de quelques dénominations qualificatives ou disqualificatives. Il s'agit habituellement de propos de médisance et de calomnie destinés à nuire à l'image d'une personne ou d'un groupe visé »[63].

L'injure diffère de la diffamation parce qu'elle ne repose sur aucun fait « précis » et la provocation constitue pour l'injure un fait justificatif. La diffamation se définit comme le fait de « porter atteinte à l'honneur ou à la considération d'une personne en lui imputant directement ou non des faits dont il ne peut rapporter la preuve »[64].

Il existe donc une difficile ou même impossible conciliation entre droit à l'information, à l'expression et vie privée. Pour la jurisprudence, « toute expression qui contient l'imputation d'un fait précis et déterminé de nature à porter atteinte à l'honneur et à la considération de la personne visée constitue une diffamation, même si elle est présentée sous forme déguisée ou dubitative ou par voie d'insinuation »[65].

Le journaliste, plus particulièrement, celui d'investigation voit sa liberté se restreindre par la crainte d'une poursuite en diffamation et par la peur d'une condamnation automatique du fait de l'interdiction d'apporter la preuve de la vérité des faits diffamatoires imputés à la vie privée. La jurisprudence camerounaise par exemple est constante sur ce principe[66].

Le problème de la protection des sources journalistiques se pose relativement à la production des preuves. Selon le Professeur KAMTO, « la production de la preuve du fait diffamatoire pose celui de la protection des sources de l'information du journaliste. Toutes les législations accordent au journaliste un droit de protection desdites sources. Il est sans doute important d'en tenir compte dans l'exigence de la preuve du fait diffamatoire »[67].

C'est pourquoi, le numérique est perçu comme une tendance à la désacralisation de la vie privée.

---

[63] V. NGO NDONGO, *Les médias au Cameroun, mythes et délires d'une société en crise*, Paris, l'harmattan, 1999, p. 152 à 153.

[64] Art. 38 de la loi n°00-046 du 7 juillet 2000 portant régime de la presse et délit de presse au Mali.

[65] Cour de Cassation, Chambre Civile1, du 27 septembre 2004-02-11, du 11 février 2004.

[66] TPI de Douala, jugement 3309 du 04 Février 1993. Dans l'affaire DAME ÉMILIENNE EKOUNS et ministère public contre BENJAMIN MALAKE et le journal « le temps », le tribunal avait admis qu'au « regard des dispositions de l'art 305 al 3-a du Code pénal, la vérité des faits à elle imputés et portant sur sa vie privée ne pouvait être rapportée », cité par Albert MBIDA, les interdictions des preuves de la vérité en matière de la diffamation par voie de presse au Cameroun, juridis-Périodique n°74. Avril – Mai – Juin 2008, p42 et s.

[67] M.KAMTO, Le droit de la presse au Cameroun, étude comparative et prospective, Fondation Friedrich Ebert, Yaoundé, 1993, p.59. La justice des médias au Cameroun, Fondation Friedrich Ebert, Yaoundé, 1994, p.5.

II- Le numérique: une tendance à la désacralisation de la vie privée

Les nouvelles technologies de l'information et de la communication, notamment, l'Internet sont des éléments récents au Mali[68]. Les vices les plus répandus ont trouvé leur place dans l'espace virtuel où se développe une criminalité bien réelle, multiforme et souvent insaisissable[69]. Une protection doit être recherchée **(A)** et elle est plus difficile à assurer dans le cyberespace **(B).** Sur ce point, la position des législateurs français et malien par endroits, est identique.

A- Un essai manqué de protection de la vie privée sur internet

L'Internet, dans le cas français, a dès ses prémices mis l'accent sur plus de liberté et de transparence pour l'utilisateur. Cette tendance laisse penser qu'Internet est par-dessus tout le royaume de la liberté, transformant l'homme en un véritable Dieu capable de défier l'espace et le temps et toutes les limitations humaines dans un nouvel environnement technologique[70].

Le respect de la vie privée constitue un droit fondamental de l'homme. Ses sources légales sont entre autres le code civil[71], la Déclaration Universelle des Droits de l'Homme de 1948[72] de même que la Convention Européenne des Droits de l'Homme et des Libertés fondamentales[73]. Le respect de la vie privée est protégé et sanctionné pénalement en France par le chapitre 6 du Code pénal intitulé « des atteintes à la personnalité »[74], de l'atteinte au secret des correspondances[75] et atteintes aux droits de la personne résultant des fichiers ou des traitements informatiques[76].

Les atteintes sont régulièrement signalées et il semble que l'Internet soit devenu un milieu criminogène avéré. Face à toutes ces situations une préoccupation demeure.

Concernant les photographies, il faut dire avec JOHN LOCKE parlant de la science de la manipulation que « je n'ai aucune raison de croire que celui qui m'enlèverait mes libertés ne m'enlèverait pas, une fois en son pouvoir, tout le reste ». La photographie ou l'image est un « prolongement » de la personne, c'est un attribut de la personnalité par lequel l'on peut se servir pour porter atteinte à sa vie privée. Les photographies doivent être faites avec l'autorisation de la personne photographiée qui dispose d'un droit exclusif sur son image et peut de ce fait s'opposer à sa réalisation et à sa publication.

---

[68] Sans prétendre ignorer ou mépriser l'état actuel de la législation malienne.

[69] M. O'NEIL, concernant les fournisseurs d'accès à Internet in le monde diplomatique, Janvier 1998, les auteurs associés, éd. 2007. Internet ou la fin de la vie privée, p.8.

[70] *Ibid,* p.8 et s.

[71] Art. 9 c-civ.

[72] Art. 12 D.U.D.H.

[73] Art. 8 C.E.D.H.L.F.

[74] Art .226-1 à 226-7 Code pénal français

[75] Art. 226-15 Code pénal français.

[76] Art. 226 16 à 226 - 24 Code pénal français

L'atteinte peut concerner le monopole d'exploitation que la personne a sur son image, surtout lorsque celle-ci a une certaine notoriété. Si elle outrepasse le cadre prédéfini, l'atteinte est illicite quel que soit le support et donne lieu à une indemnisation. De même, les photos des stars ou artistes de notoriété publique ne donnent pas le droit à toute personne de s'en acquérir pour des fins commerciales en l'absence d'une autorisation[77]. La jurisprudence exige que celle-ci soit spéciale et limitée dans le temps.

La protection des photographies (images) ou de la vie privée trouve ainsi des limites aussi bien en présence du consentement de la « victime », qu'en présence du droit à l'information et à la communication du public. Il s'agira de mettre ces deux intérêts (privé et général) sur une balance et préserver celui qui parait le plus digne de considération. Le droit à l'information et à la communication est fondamental. Il constitue généralement le «baromètre » servant à cerner le niveau de démocratie d'un État. Il renvoie à l'intérêt général (l'intérêt du public) et prime sur l'intérêt particulier (individuel). En outre, les photographies diffusées sur Internet doivent être celles des personnes prises lors des évènements publics dans un lien public pour ne pas être censurées. En effet, le cadrage ne doit pas viser spécifiquement une personne isolée dans un ensemble.

Par ailleurs, l'absence d'autorisation est limitée aux seules nécessitées de l'actualité. Ainsi, l'information diffusée doit être ponctuelle, nécessaire ce qui amènera les juges à apprécier strictement la mise en ligne d'anciens numéros d'un journal.

Dans ce cas, « la publication n'est plus contemporaine des faits qui sont relatés et perd ainsi la justification de l'actualité sans rencontrer celle de l'histoire »[78]. Cependant, l'infraction n'est pas accomplie s'il s'agit d'une personne publique dans l'exercice de ses fonctions. Le consentement a un cadre bien précis et la personne concernée peut se rétracter *ad mutum* à l'égard de l'auteur de la photographie, pour mettre fin à la vendetaria.

Il faut dire d'emblée que les utilisateurs du courrier électronique s'en servent, soit dans un cadre privé, soit dans un cadre professionnel et le plus souvent pour un usage privé.

La préoccupation précise est relative aux moyens utilisés par le travailleur pour ses besoins personnels ou encore si les messages émis et reçus conservent un caractère personnel.

La réponse à cette interrogation est sujette à des bémols, notamment, si l'objet du message précise bien son caractère privé. La position de la Commission Nationale de l'Informatique et des Libertés[79] suite à la cyber- surveillance sur les lieux de travail du 05 Février 2002 en France est bien précise. Elle répond aux

---

[77] T.G.I Paris, Ch. De la presse, 12 Déc. 2000

[78] T.G.I Nanterre, 1è ch. Sect. A.1 juill.2000. Com.com. élec. 2001, com. N°69, obs. et voir également, A. LUCAS, J. DEVEZE, J. FRAYSSINET, *Droit de l'informatique et de l'Internet*, Thémis, droit privé, P.U.F.2001, p.673 et s.

[79] La Commission Nationale de l'Informatique et des Libertés a été créée par la loi informatique et libertés du 6 janvier 1978.

deux préoccupations préalablement formulées lorsqu'elle affirme que : « L'utilisation de la messagerie électronique professionnelle pour envoyer ou recevoir, dans des propositions raisonnables, un message à caractère personnel correspond à un usage généralement et socialement admis… ».
« Il doit être généralement considéré qu'un message envoyé ou reçu depuis le poste de travail mis à la disposition par l'entreprise ou l'administration revêt un caractère professionnel, sauf indication manifeste dans l'objet du message[80] qui lui confèrerait alors le caractère et la nature d'une correspondance privée protégée par le secret des correspondances … ».

La position de la Commission Nationale de l'Informatique et des Libertés est soutenue par une jurisprudence composée de deux décisions de justice :

-Décision du tribunal correctionnel de Paris du 02 Novembre 2000[81]. Le tribunal condamne l'employeur en estimant que le courrier électronique est une correspondance privée.

-Arrêt de la chambre sociale de la Cour de Cassation du 02 Octobre 2001[82]. Les messages électroniques personnels émis par un salarié et reçus par celui-ci à partir de son poste de travail rentrent dans la sphère de sa vie privée.

L'avis de la Commission Nationale de l'Informatique et des Libertés fait comprendre que le courrier électronique répond au même régime que les correspondances privées relativement à la deuxième préoccupation. Le Code pénal français confirme cette position dans ses articles 226-15 et 432-9 al 2[83]. L'article 432-9 al 2 du Code pénal dispose qu'est punissable de trois ans d'emprisonnement et 300 000 F d'amende « le fait par une personne visée à l'alinéa précédent (personne dépositaire de l'autorité publique ou chargée d'une mission de service public) ou un agent d'un exploitant de réseau de télécommunications autorisé en vertu de L33-1 du Code des postes et télécommunication ou d'un fournisseur de services de télécommunications, agissant dans l'exercice de ses fonctions d'ordonner, de commettre ou de faciliter, hors les cas prévus par la loi, l'interception ou le détournement des correspondances émises, transmises ou reçues par la voie des télécommunications, l'utilisation ou la divulgation de leur contenu ».

Par exemple, au Cameroun c'est la même position à travers loi N° 98/014 du 14 Juillet 1998 régissant les communications sociales en son article 53 al 1 qui dispose que : « toute personne admise à participer à l'exécution d'un service de télécommunications qui viole le secret d'une correspondance ou qui sans l'autorisation de l'expéditeur ou du destinataire, divulgue, publie ou utilise le

[81]TGI Paris, 2 nov. 2000, n° 9725223011. Lire en ligne : https://www.doctrine.fr/d/TGI/Paris/2000/U96F7BC5F8BCDF9AFCC05.

[82]Bulletin 2001V N°291 p. 233.

[83]Art. 226-15 du Code pénal français interdit et punit d'un an d'emprisonnement et de 300 000 F d'amende « le fait commis de mauvaise foi, d'intercepter, de détourner, d'utiliser ou de divulguer des correspondances émises, transmises ou reçues par la voie des télécommunications ou de procéder à l'installation d'appareils conçus pour réaliser de telles interceptions ».

contenu de ladite correspondance est punie des peines prévues à l'article 300 du code pénal »[84].

« L'inviolabilité des correspondances a été encadrée pour la première fois par un arrêté de MIRABEAU en date du 05 Décembre 1789. Elle a depuis été victime des affres de l'histoire en France, figurant souvent parmi les premières libertés publiques sacrifiées par les régimes autoritaires »[85].

Aujourd'hui heureusement, les correspondances sont légalement protégées. La jurisprudence est assez peu fournie en la matière, mais retient un champ d'application large de l'inviolabilité du courrier. Ainsi, le mode de transmission du courrier ou le caractère fermé ou non du pli sont indifférents[86]. Des éclaircissements sont apportés pour démontrer que le courrier électronique est assimilé à une correspondance privée et bénéficie du même régime de protection.

La circulaire française du 17 Février 1988 dispose que « il y a correspondance privée lorsque le message est exclusivement destiné à une ou plusieurs personnes physiques ou morales, déterminées et individualisées ».

En effet, toute personne[87] a le droit de bénéficier des services de communications électroniques, quelle que soit sa localisation géographique sur le territoire national[88]. Elle peut donc à travers l'accès[89] mis en place, communiquer avec d'autres personnes pour des préoccupations qui lui sont propres. Les opinions tendent à donner le caractère personnel aux correspondances. Seulement, il faut éviter une définition trop large de la correspondance privée en décidant que tout message électronique est de la correspondance privée. L'envoi par exemple d'un journal numérique ou des notes de service ne relèvent pas de la correspondance privée.

Toutes ces allégations font croire à la similitude entre les communications électroniques et privées en les soumettant au même régime juridique. Ceci est vrai en partie concernant le courrier électronique proprement dit. Cependant, l'activité donnant lieu à la circulation des messages électroniques, impliquant les fournisseurs d'accès et les hébergeurs, répondent à un régime spécial. Au Mali depuis le 5 décembre 2019 cette situation est régie par la loi n°2019-056 du 05

---

[84]L'art 300 al 1 du cp sur la violation de correspondance dispose que : « est puni d'un emprisonnement de 15 jours à un an et d'une amende de 5 000 F à 100 000 F ou de l'une de ces deux peines seulement, celui qui sans l'autorisation du destinataire supprime ou ouvre la correspondance d'autrui ».

[85]F. PANSIER et E. JEZ, *op. cit*, p70.

[86]T. corr. Seine, 10 Juin 1959, D. 1959, 592.

[87]Cette personne appelée abonné, est toute personne physique ou morale, partie à un contrat avec un opérateur pour l'utilisation des services de communications électroniques.

[88] Art.4 de la loi n°2010/013 du 21décembre 2010 régissant les communications électroniques au Cameroun.

[89]Accès : mise à la disposition d'un opérateur d'éléments de réseau, ou de services de communications électroniques en vue de la fourniture par ledit opérateur des services de communications électroniques.

décembre 2019 relative à la cybercriminalité. Ce qui constitue une véritable évolution[90].

L'État, à travers ces dispositions impose aux exploitants le respect de certaines formalités avant et même pendant l'exercice de leur activité sous peine de sanctions.

Ainsi, les exploitants sont tenus d'informer leurs abonnés de l'existence de moyens permettant de restreindre l'accès à certains services ou de les sélectionner en leur proposant l'un d' entre eux.[91]

La question se pose de savoir si effectivement un de ces moyens suffit. Par ailleurs, il serait aussi intéressant de se questionner sur les conséquences de l'impact de ce moyen. Où, quand est ce que l'obligation d'identification à la charge de l'hébergeur doit être précisée ?

C'est à ces questions que GERALDINE CRIQUI a tenté de répondre[92]. Le constat était qu'un décret devait voir le jour et préciser les données et déterminer la durée et les modalités de leur conservation. Malgré l'absence de décret ou tout autre texte, les hébergeurs doivent tout de même identifier, or ils estiment que les informations données peuvent être fausses ou fantaisistes comme dans la célèbre affaire TISCALI et ses coordonnées fantaisistes « Nom : bande, Prénom : Dessinée, Adresse : rue de la BD »[93]. Cette situation semble absurde car l'adresse IP qu'ils fournissent peut aussi s'avérer fausse comme l'affirment les juges en statuant que : « Nul ne peut se soustraire à cette obligation de collecte de données relatives à l'éditeur au motif qu'elles peuvent être fausses. Un nom, un prénom ou une adresse peuvent aussi bien qu'une adresse IP être falsifiés ; cependant, les relations entre les internautes, les hébergeurs et les tiers sont régies, outre les spécificités de la loi pour la confiance dans l'économie numérique, par les dispositions du Code civil au sein duquel la présomption de bonne foi prévaut »[94]. En effet, l'adresse IP[95] est constituée par un numéro d'identification propre à chaque ordinateur et à chaque connexion. Elle permet donc de remonter à une machine et à une date précise de connexion, mais pas directement à un utilisateur. Ce lien direct peut donc permettre les falsifications d'identité[96], ce qui ne justifie pas tout de même suffisamment la position des hébergeurs.

---

[90]Cette loi précédente semble approprier au contexte numérique qui évolue sans cesse et ne facilite pas la tâche aux juges qui ont sans recours aux experts informatiques même pour des questions élémentaires. Le problème de formation des juges en informatique n'est pas exclu non plus…

[91] *Ibid,* art 33.

[92]G. CRIQUI, la fourniture d'une simple adresse IP est-elle suffisante ? ou quand l'obligation d'identification à la charge de l'hébergeur doit être précisée. Revue Lamy, Mai 2009, N°49. P.74.

[93]CA Paris, 4e ch, sect, 1 ; 7 juin 2006, Tiscali Média c/ Dargaud, lucky Comio, cet arrêt a fait l'objet d'un pourvoi en Cassation.

[94]T.G.I Paris, ref, 8 juill 2008, J-Y Lambert dit Lafesse c/ Dailymotion

[95] Internet Protocol.

[96]Voir en ce sens les précisions de Saint Martin A., les obligations du fournisseur d'hébergement, Web 2.0, RLDI 2008/36, n°1204, P30.

Les données devant être conservées pendant au moins dix ans sont celles qui permettent l'identification de toute personne ayant contribué à la création du contenu des services dont ces personnes (exploitants) sont prestataires. Ces derniers doivent donc fournir aux personnes qui éditent un service de communications électroniques, des moyens techniques permettant de satisfaire aux conditions d'identification relatives à l'état civil, la dénomination sociale, téléphone, adresse, noms des directeurs et codirecteurs de la publication.

La position est pratiquement identique en France même si les textes ne précisent pas la durée et les modalités de conservation des données. La loi dispose que:« les hébergeurs et fournisseurs d'accès détiennent et conservent les données de nature à permettre l'identification de quiconque a contribué à la création du contenu ou de l'un des contenus des services dont (ils) sont prestataires »[97]. Il n'y a pas de précision sur le statut de ces exploitants quant à savoir s'il s'agit des personnes physiques ou morales et si leurs activités est à titre gratuit ou onéreux pour engager une quelconque procédure judiciaire.

Par ailleurs, la loi française exige une identification des usagers ou toute personne qui a accès au service sans énumérer comme en droit malien les éléments qui doivent être fournis[98]. Ces personnes, prestataires sont assujetties au secret professionnel car les données qu'elles possèdent peuvent porter atteinte à la vie privée en cas de divulgation. En cas de mise en œuvre d'une procédure dans le cadre d'enquête, les officiers ou agents de police et toute autre personne concernée par l'enquête est astreint aussi au secret professionnel après avoir prêté serment[99].

L'hébergeur doit donner toutes les informations sur l'éditeur pour ne pas voir sa responsabilité retenue, à défaut, les juges qualifient l'hébergeur d'éditeur puisqu'ils recherchent un débiteur d'indemnités. L'éditeur doit répondre du contenu dont il est à l'origine et l'hébergeur répond de l'identification des éditeurs. L'éditeur doit prendre ses responsabilités, soit en donnant ses véritables coordonnées, soit en indiquant de fausses données qui pourront, alors, se révéler

---

[97] LCEN, art. 6-II, JO 22 Juin, p. 11168.

[98]L'art. 27 de la loi n°219-056 du 05 décembre 219 portant répression de la cybercriminalité au Mali dispose que : « les personnes dont l'activité consiste à éditer un service de communications électroniques, mettent à la disposition du public :
-leur nom, prénom, domicile et numéro de téléphone et, si elles sont assujetties aux formalités d'inscription au registre de commerce et du crédit mobilier, le numéro de leur inscription, s'il s'agit des personnes physiques ; -Leur dénomination ou leur raison sociale et leur siège social, leur numéro de téléphone et, s'il s'agit des personnes morales assujetties aux formalités d'inscription au registre de commerce et du crédit mobilier, le numéro de leur inscription, leur capital social, l'adresse de leur siège social, s'il s'agit des personnes ; - Le nom du directeur ou du codirecteur de la publication et, le cas échéant, celui du responsable de la rédaction ; - Le nom, la dénomination ou la raison sociale, l'adresse et le numéro du prestataire… ».

[99] L'art 52 de la loi précitée au titre III. Chap. I dispose que : « Avant leur entrée en fonction, les agents habilités de l'agence prêtent serment, devant le Tribunal de Première Instance compétent, selon la formule suivante : « je jure de remplir loyalement mes fonctions et d'observer en tout les devoirs qu'elles m'imposent, de garder secrètement les informations dont j'ai eu connaissance à l'occasion ou dans l'exercice de mes fonctions ».

utiles pour juger de sa bonne foi. L'obligation d'identification doit être renforcée pour restaurer l'imputabilité. A partir des qualifications établies, les juges n'auront qu'à appliquer les lois et éviterons des « gymnastiques juridiques »[100]à la recherche d'un débiteur d'indemnités. Les juges auront à leur disposition des sanctions.
Ils devront les utiliser pour que les services d'hébergement mettent leur architecture en conformité avec la loi et permettre ainsi le contrôle des connexions Internet et de l'interconnexion des réseaux.

Pour le contrôle des connexions, il faut selon un rapport de la Commission Nationale de l'Informatique et de libertés sur la cyber surveillance sur les lieux de travail du 05 Février 2002, dire qu'aucune disposition légale en France n'interdit à l'employeur de fixer les conditions et limites des connexions à Internet (filtrage des sites, pare-feu). Les utilisateurs doivent en être préalablement informés ? De plus, un contrôle à postériori des données de connexion à Internet de façon globale ou de l'utilisateur en particulier. Il est lorsqu'un dispositif de contrôle individuel destiné à produire poste par poste un relevé des durées de connexion ou des sites visités est mis en place, ce traitement automatisé d'informations doit être déclaré à la Commission Nationale de l'Informatique et des Libertés.

Concernant l'interconnexion des réseaux, il s'agit d'un facteur dangereux car celui-ci peut fragiliser la sécurité informatique selon Messieurs PANSIER et JEZ. Les postes informatiques sont reliés en réseaux fermés eux-mêmes interconnectés à des structures plus vastes. On oppose généralement les réseaux fermés dans lesquels l'accès est limité sur le plan géographique ou fonctionnel[101] aux réseaux ouverts où toute personne à vocation à pénétrer. Les réseaux fermés sont Intranet et les Ethernet. L'Internet et l'Usenet sont les réseaux ouverts à caractère international. La mise en place d'accès à l'Internet à partir de réseaux locaux crée des passerelles qui sont autant de « portes ouvertes » pour la contamination par des programmes de corruption, la prise de contrôle illégale ou blocage des systèmes par des pirates informatiques.

La loi contrôle ainsi les connexions Internet et protège les informations et données nominatives. Chaque fois qu'un internaute se connecte à un site web, ce dernier récupère dans ses « logos »[102] l'adresse IP de l'ordinateur de l'internaute en question, l'heure à laquelle il s'est connecté et déconnecté du site et plusieurs autres indices plus ou moins négligeables. Il faut rappeler en langage simple que l'adresse IP « est une succession de chiffres qui permet d'identifier l'accès à partir duquel un ordinateur se connecte à Internet »[103]. Déterminer sa nature et sa

[100] « Pirouettes juridiques » selon L. CHAUMONT, où finira la responsabilité des fournisseurs d'hébergement ? Legipresse 2006, n°235, p.184.
[101] Par exemple : réseau interne à une entreprise ou réseau national d'une administration.
[102] Sorte de journal récapitulatif des connexions qui prend la forme d'un petit fichier « texte ».
[103] C. CARON, Qualification de l'adresse « IP » : état des lieux jurisprudentiel, comm. Com. Electr. 2007, 12. Comm. 144.

qualification se révèlent d'une importance cruciale en matière de lutte contre la contrefaçon et la criminalité sur Internet.

La question du numérique amène à s'intéresser à un autre de ses aspects moins visible celui de l'impact sur la vie privée dans le cyberespace.

B- Une difficile protection de la vie privée dans le cyberespace

Les avancées technologiques liées à l'amélioration du traitement et du stockage de données, aussi attrayantes soient-elles, sont également source d'inquiétude parce qu'elles menacent la vie privée des personnes. En effet, la numérisation massive, la récolte incessante de données via les objets connectés et les plateformes informatiques, ainsi que le raffinement algorithmique posent des enjeux inédits au maintien et à la protection de la vie privée. Autre fois promesse de liberté et d'accessibilité, la toile qu'ont tissé le web et l'ensemble des objets connectés est devenue un réseau épais dans lequel les comportements sont épiés et enregistrés, une toile sur laquelle il est désormais impossible de demeurer anonyme.

Alors que le concept de vie privée est présent dans la littérature depuis des décennies, ces enjeux spécifiques aux technologies numériques sont relativement nouveaux. Cette nouvelle réalité, et les enjeux qu'elle soulève ont d'ailleurs donné lieu à de nouveaux courants théoriques dans plusieurs domaines, dont la philosophie. L'éthique des données s'intéresse par exemple aux problèmes moraux liés aux données numériques.

On ne peut parler d'enjeux de vie privée dans le contexte numérique sans parler des données. Les données sont l'objet de convoitise à la source de l'assaut mené contre la vie privée. VELIZ identifie la source de cette course à l'or numérique (les données) à leur transformation en une ressource à valeur monétaire. À l'aurore de l'Internet, au moment où de nombreuses startups essayaient de percer un marché jusqu'alors exempt d'un modèle d'affaire rentable, une toute petite compagnie du nom de Google change la donne du tout au tout. Le moteur de recherche commence alors à utiliser les données de ses utilisateurs pour vendre des publicités[104]. C'est précisément ce changement dans le modèle d'affaire de la compagnie - aujourd'hui la deuxième plus profitable au monde après Apple[105] qui a complètement changé le paradigme numérique : les utilisateurs du web sont devenus le produit plutôt que d'être le client. Voici, simplement résumé, ce qui a transformé un outil de démocratisation de l'information en une usine à données personnelles et qui a inauguré « l'âge de la surveillance numérique[106] ».

Les possibilités qu'offre le traitement augmenté des données motivent une tendance à capter, enregistrer et cumuler toujours plus de données. Or les données concernant les personnes et leurs activités ne sont pas épargnées, au contraire. Dans un monde centré sur l'humain, les données dites « personnelles » sont

---

[104] C. Véliz, « Privacy is Power », éd. par Kindle Edition, 2021, p. 34.

[105] Marty Swant, « The 2020 World's Most Valuable Brands », Forbes Media, juillet 2020, https://www.forbes.com/the-worlds-most-valuable-brands/#579b01b4119c.

[106] C. Véliz, *op. cit.*, p. 34.

rapidement devenues une denrée recherchée alors qu'un éventail croissant de technologies vise à capter divers aspects de la vie humaine et à les traduire en ensembles de données numériques « afin de pouvoir 'capitaliser' sur les risques et opportunités dont nous sommes porteurs[107] ». Ceci pose des enjeux inédits pour la vie privée.

« *You are your information* [108]». C'est du moins la thèse défendue par LUCIAN FLORIDI, théoricien de la philosophie de l'information et de l'éthique informatique. Floridi propose une interprétation qu'il qualifie lui-même de radicale : "one that takes into account the informational nature of ourselves, and our interactions as inforgs"[109]. L'auteur s'oppose notamment à une conception faisant de l'information personnelle un objet de propriété. Selon cette dernière approche, l'information personnelle serait la propriété des personnes au même titre que leurs biens matériels[110]. Une telle interprétation contribue selon lui à une culture marchande régie par des rapports d'échanges et dans laquelle l'information pourrait alors faire l'objet de transaction comme le reste des possessions[111]. Selon lui, si les données personnelles « appartiennent » aux personnes, elles leur appartiennent de la même façon que leur main et leur corps sont « *à* » elles[112]. L'argument principal présenté par Floridi pour appuyer sa thèse est que l'information personnelle est une partie constitutive de l'identité et de l'individualité d'une personne, de ce qu'une personne est et ce qu'elle peut devenir[113].

Les personnes, à plusieurs égards, sont des entités informationnelles. Socialement, on ne connaît l'autre qu'à travers l'image que l'on s'en est construite et que l'on continue de se construire à chaque interaction. C'est un processus intellectuel qui requiert des informations entrantes; les formes de son visage, le son de sa voix, ses attitudes et traits de personnalité. La somme de ces informations, toujours partagée de façon partielle à autrui, forme d'une certaine façon l'identité d'une personne. Ainsi, Floridi conçoit chaque personne comme

---

107 A. ROUVROY, « Des données sans personne : le fétichisme de la donnée à caractère personnel à l'épreuve de l'idéologie des Big Data », Le numérique et les droits et libertés fondamentaux, Étude annuelle du Conseil d'État (Paris, 2014).

108 L. FLORIDI, « The ontological interpretation of informational privacy », Ethics and Information Technology, 2005, p. 195.

109 D. BAWDEN et L. ROBINSON, « "The dearest of our possessions": Applying Floridi's information privacy concept in models of information behavior and information literacy », Journal of the Association for Information Science and Technology 71, no9 (2020): 1032, https://doi.org/10.1002/asi.24367, citant Luciano Floridi, The fourth revolution: how the infosphere is reshaping human reality (Oxford University Press, 2014).

110 M. Nycyk, « From data serfdom to data ownership: An alternative futures view of personal data as property rights », Journal of Futures Studies 24, no 4 (2020): 25-34, https://doi.org/10.6531/JFS.202006_24(4).0003

111 L. FLORIDI, « The ontological interpretation of informational privacy », *op. cit.*, p. 194

112 L. FLORIDI, « Four challenges for a theory of informational privacy », Ethics and Information Technology 8, no 3 (2006): p.8, https://doi.org/10.1007/s10676-006-9121-3.

113 L. FLORIDI, « Four challenges for a theory of informational privacy », p.8-9

étant constituée de ses informations, faisant de la 'informational privacy' un type de vie privée à part entière qui est selon lui central[114].

C'est pour cette raison que FLORIDI maintient qu'il faut considérer une violation de l'information personnelle non pas comme un vol, mais plutôt comme un « enlèvement numérique » (digital kidnapping)[115]. Contrairement à l'enlèvement classique, les données personnelles ne sont pas physiquement enlevées, mais plutôt clonées, ou dupliquées, mais il n'en demeure pas moins que ces informations constituent, au moins en partie, la personne ayant subi l'intrusion. Il s'agit d'une agression à l'encontre de l'identité personnelle. Cette approche permet de changer la perspective concernant la protection des données personnelles, appuyant par exemple l'idée que le vol d'identité, un crime en forte croissance, dépasse largement le simple vol de données. Un vol d'identité confère en quelque sorte au pirate une identité « augmentée »[116], ou bonifiée et laisse, en revanche, la victime avec des conséquences non seulement financières, mais également physiques et psychologiques comme le démontrent de plus en d'études[117].

En adoptant l'approche de FLORIDI, il apparaît dès lors évident que les données confèrent un accès réel et immédiat aux personnes. C'est pourquoi l'accès aux données personnelles peut et doit être considéré comme une menace sérieuse dans une perspective de régulation de l'accès à soi qui a été établie comme la définition de la vie privée. Or, il existe de grands incitatifs à faire la collecte de ces données alors que l'on assiste à la mise en données de nos sociétés sous l'ère des « données massives »[118].

Il y a aujourd'hui une économie des données des utilisateurs puisqu'elles constituent une source de revenus pour les entreprises qui les collectent, les minent, les revendent ou les conservent simplement pour usage ultérieur – ne sait-on jamais. Il n'y a pas seulement les données dites « personnelles » qui peuvent être l'objet d'une intrusion dans la vie privée. Toutes les données sont sensibles à un certain degré, parce qu'elles ont le potentiel de révéler des informations personnelles via le datamining, même si elles n'en fournissent pas a priori. Les données récoltées sur les individus sont le carburant pour des techniques d'Intelligence Artificielle dont les prédictions ont des conséquences directes sur les personnes, permettant notamment de tirer profit de ces mêmes personnes.

En somme, la migration de l'information vers le numérique, combinée à la monétisation des données, ont fait du privé un marché.

---

[114] BAWDEN et al., *op. cit.,* p.1034.

[115] L. FLORIDI, « The ontological interpretation of informational privacy », *op. cit.*, p.195.

[116] *Ibid.,* p.196.

[117] Katelyn Golladay et Kristy Holtfreter, « The Consequences of Identity Theft Victimization: An Examination of Emotional and Physical Health Outcomes », Victims and Offenders 12, no 5 (3 septembre 2017): 741-60, https://doi.org/10.1080/15564886.2016.1177766.

[118] Maya Bacach- Beauvallet et al., « Le rôle des données et des algorithmes dans l'accès aux contenus », Premier rapport de la série Les mutations de la mise à disposition de contenus audiovisuels à l'ère du numérique : conséquences et enjeux (CSA Lab, 2017), p.7.

La structure du cyber espace et les dynamiques en place exacerbent les effets négatifs de l'utilisation massive des données sur la vie privée.

Le cyber espace, initialement censé être un espace complètement libre, voir même anarchique, s'est tout de même vu assimilé par un système de contrôle à la hiérarchie et aux lois bien rigoureuses : le marché capitaliste d'une économie des données. Rappelons que la notion de « cyber espace », par moment désigné par le terme « monde ou espace numérique » réfère à l'ensemble de l'espace virtuel. Il s'agit d'un espace bien plus large que le simple internet sur lequel tous et toutes ont déjà navigué[119]. Le cyber espace est un monde riche et complexe dont l'expérience dépasse aujourd'hui les écrans et est de plus en plus liée à celle du monde naturel. On en fait l'expérience quotidienne à travers les multiples interactions qu'offrent les objets connectés qui peuplent le quotidien.

Des structures qui contribuent à l'affaissement de la vie privée et contreviennent à la mise en place de processus de privacy, deux sont présentées : d'abord la culture de surveillance telle qu'identifiée par VELIZ, puis la construction panoptique du cyber espace.

Selon VELIZ, après la monétisation des données, la seconde raison à la source de la marchandisation des données est en lien avec les répercussions ayant suivi les attentats du 11 septembre. Elle rappelle qu'un peu avant cet événement tragique, plusieurs organismes de réglementation commençaient déjà à s'inquiéter des pratiques de collectes de données employées par les compagnies[120]. En 2000, un rapport de la Commission Fédérale de Commerce américaine déposé auprès du Congrès faisait état de plusieurs préoccupations concernant la protection de la vie privée sur Internet et suggérait de prendre des mesures législatives afin de protéger les informations des usagers[121]. VELIZ fait l'hypothèse que, sans le 11 septembre, il y aurait peut-être des processus de privacy beaucoup plus développés dans le cyber espace aujourd'hui, mais que cette attaque terroriste a soudainement mis à l'arrière-plan tout discours sur la protection de la vie privée et fait basculer l'occident dans ce que plusieurs théoriciens qualifient une « culture de la surveillance »[122].

D'après LYON, la surveillance est en quelque sorte devenue un mode de vie pour les citoyens qui s'y conforment, que ce soit de façon volontaire et consciente, ou non. Il identifie trois raisons qui expliqueraient le conformisme des gens à la culture de surveillance[123]. D'abord, la multiplication des outils de surveillance dans l'environnement aurait contribué à désensibiliser les gens à ces outils, développant une sorte de familiarité. La caméra dans le bus, dans le supermarché, devant la maison du voisin, la surveillance au travail, le radar sur la route, sont tant d'outils de surveillance qui font partie du quotidien de tout un chacun et qui

---

[119]LAWRENCE LESSIG, Code, (Basic Book, 2006): 2, p.9

[120] VELIZ, *op.cit.,* p. 40.

[121] *Ibid.*, p. 41.

[122] *Ibid.*, p.42.

[123] D. LYON, « Surveillance culture: Engagement, exposure, and ethics in digital modernity », International Journal of Communication 11, no February (2017), p.829

éventuellement ont habitué les gens à se savoir continuellement potentiellement épiés, normalisant le fait de la surveillance[124]. Puis, tout comme VELIZ, LYON identifie la peur généralisée et entretenue depuis les attentats de 2001 à New York, comme une menace ayant servi à justifier les pratiques de surveillance[125]. « On vous surveille pour votre propre sécurité » expliquent les autorités. Acceptant cette logique, personne ne remet en question la présence de caméras ou les contrôles identitaires ; les personnes se soumettent à la surveillance parce qu'elles désirent voir les autres surveillés également. Finalement, avec l'apogée de la connectivité et de l'ère du partage, les personnes ont développé un certain plaisir à se montrer aux autres. Surveiller et être surveillé seraient devenues des formes de divertissement, explique LYON[126]. On pense évidemment aux nombreux réseaux sociaux sur lesquels les usagers exposent constamment leur quotidien, puis observent celui des autres à travers leurs écrans. Ce sont ces trois composantes : l'habitude, la peur et le plaisir, qui ont progressivement et collectivement internalisé une culture de surveillance chez les gens.

La surveillance ayant ainsi pénétré chaque facette de la vie sociale et intime, il ne s'agit plus seulement d'un état passif dans lequel les personnes se savent surveillées sans chercher à s'y opposer. La surveillance est à ce point intégrée dans l'imaginaire collectif que les gens participent maintenant activement à leur propre surveillance dans une forme autosurveillance réalisée via les outils technologiques à la mode : une montre calcule le nombre de pas effectués, donne le battement cardiaque ainsi que le taux d'oxygène dans le sang, une application informe du nombre de cycles de sommeil complétés et de la qualité de ces derniers, et enregistre chaque jour l'heure du couché et du réveil, tandis qu'une assistance vocale rappelle de prendre une pause lorsque des signes de fatigue sont affichés au volant. Sous prétexte d'atteindre une plus grande connaissance de soi, afin de pouvoir mener une vie meilleure, surveiller son propre corps et esprit sont devenues pratiques courantes[127]. Toutefois prévient Lyon, parmi la multitude de données générées par ces pratiques d'autosurveillance dans le but d'atteindre le 'quantified-self,' une infime partie est réellement rendue accessible aux usagers des objets connectés : "the vast majority of the data [ends] up in the databases of the wearable device corporations"[128]. Peu importe puisque dans une culture de la surveillance, cela va de soi.

La loi sur la cybercriminalité[129] apporte une définition de cette notion à l'article 3 al 4 en disposant que : « la cybercriminalité est un ensemble des infractions pénales commises à l'aide de réseaux de communications électroniques et des systèmes d'information ou contre lesdits réseaux et systèmes ».

---

[124] *Ibid.*,p. 829.
[125] *Ibid.*,p. 829
[126] *Ibid.*,p.829.
[127] *Ibid.*, p.827.
[128] *Ibid.*, p.829
[129] La loi n°2019 -056 du 05 décembre 2019 portant répression de la cybercriminalité au Mali.

En ce sens un ancien ministre de la solidarité française s'insurgeant contre la musique d'un rappeur, affirmait que « Internet est une zone de liberté, et pas de non droit ». Il faut reconnaître au-delà des affirmations péremptoires et contradictoires qu'« il existe un vide juridique concernant Internet », « tout est interdit sur l'Internet si la loi est appliquée »[130].
Ces propos ne sont plus d'actualité en raison de multiples textes applicables aujourd'hui en la matière. La règle de droit demeure permanente, c'est-à-dire qu'elle s'adapte à l'évolution du temps et Internet, les messageries électroniques ne constituent plus comme avant une zone de « non droit ». Ainsi, comme dans d'autres domaines, parler d'imputabilité revient à faire au préalable une qualification pénale en tenant compte des éléments constitutifs d'une infraction et du contenu illicite d'une information.

Monsieur BARLOW s'exclamait ainsi : « vos concepts juridiques ... ne s'appliquent pas à nous. Ils sont basés sur la matière. Il n'y a pas de matière ici »[131]. Il existe comme une sensation d'immatérialité des faits sur Internet, mais ceci n'exclut pas que les acteurs soient identifiés, voire matérialisés.

Il faut reconnaître tout de même que le courrier électronique permet des échanges, est plus sécurisé que le courrier papier et le tiers ne peut en prendre connaissance que par des moyens frauduleux comme le vol de mot de passe. Il existe des forums de discussion où des personnes, par millions échangent, lisent, écrivent et envoient des sons et images.

Cependant, des messages susceptibles d'être vus ou perçus par un mineur sont prohibés. Les actes identifiés peuvent tomber sous le coup des sanctions de droit commun. Les activités sur Internet dépassent les frontières, mais reposent sur des machines et des hommes bien concrets. Il faut cependant dire que les activités sur Internet peuvent être connues à partir du contenu qui n'est sanctionné que s'il est illicite. Si les activités sont immatérielles, ce n'est pas le cas des responsables.

Être responsable, c'est répondre de ses actes. Les auteurs, personnes responsables des contenus de réseaux de communications électroniques, du stockage des signaux, écrits ou images peuvent voir leur responsabilité engagée relativement à la traçabilité des actes accomplis.

La matérialisation de l'information permet d'établir la preuve en cas de conflit ou d'infraction. L'Internet est une potentialité, il s'agit des ordinateurs de diverses puissances repartis dans le monde, qui ont généralement chacun des tâches propres, peuvent dialoguer ensemble pour la satisfaction des utilisateurs qui individuellement leur sont reliés.

---

[130] J. F.CHASSAING, L'Internet et le Droit pénal, recueil DALLOZ Sirey, 1996, 38e cahier chronique/

[131] « Déclaration d'indépendance du cyberespace » de Percy BARLOW. Cf. Richard FALK. « Vers une domination politique mondiale d'un nouveau type », Le monde diplomatique Mai 1996.

Ainsi, toute opération sur Internet laisse des traces informatiques, qui permettent si elles sont exploitées de constituer les banques très riches en données personnelles. Il faut cependant avouer que si l'identification des auteurs des contenus préjudiciables est difficilement réalisable en raison de l'environnement numérique ouvert, celle des auteurs des contenus, des prestataires intermédiaires est plus aisée. Ces auteurs bien identifiés constituent donc une proie facile en raison aussi de leur matérialisation et de leur solvabilité.

La chaîne qui va de l'émetteur d'une information jusqu'au récepteur final comporte un certain nombre d'intermédiaires techniques, variable en fonction du service Internet impliqué : les fournisseurs de contenus, les fournisseurs d'accès, les fournisseurs d'hébergement, les opérateurs.... Ces intermédiaires assurent en particulier le transport et le stockage d'informations.

La loi sur la cybercriminalité apporte une définition sur le contenu illicite en disposant que c'est un contenu portant atteinte à la dignité humaine, à la vie privée, à l'honneur ou à la sécurité nationale[132].

Il faut donc concilier dans la mesure du possible, le droit à la sécurité et le droit à la liberté d'expression et de communication.

L'Internet permet ainsi de diffuser des informations. On n'assiste plus aujourd'hui à la « presse-papier », mais aussi à la presse-Internet d'où les délits de presse[133].

Les informations diffusées ou messages peuvent être faits par les journaux, communiqués, circulaires, de commentaires, d'intérêt général, de notes et destinés à un « public » de l'inconnu, d'auditeurs éventuels et potentiels.

Pour les publications par presse, il est facile de mettre en mouvement l'action publique pour diffamation ou délits de presse dès la publication pour ne pas tomber sous le coup de la prescription. Pour les diffusions par Internet, la jurisprudence française reconnaît que les infractions de presse sont des infractions instantanées, elles se réalisent en un trait de temps : le temps d'une déclaration diffamatoire ou d'une injure publique. Cette infraction est considérée comme instantanée, car son élément matériel c'est-à-dire la publication de l'information litigeuse, est-elle même instantané. Cette information litigeuse peut être relative à la haine, à la violence, à l'égard d'une personne ou d'un groupe de personnes, à raison de leur origine, de leur appartenance ou de leur non appartenance à une ethnie, une nation, une race ou une religion de même que des publications contestant les crimes contre l'humanité et l'apologie du crime[134] entre autres.

---

[132]Art. 3 al. 10 de la loi n°2019- 056 du 05 décembre 2019 portant répression de la cybercriminalité au Mali.

[133] Les délits de presse déjà abordés ne connaissent une spécificité que de par le support qui n'est plus le papier. Il peut être un site web, des blogs, etc à travers lesquels les utilisateurs portent atteinte aux droits de la personnalité. Il n'en demeure pas moins que ces actes sont sanctionnés.

[134] L'apologie du crime renvoie à l'idée de faire des éloges à une ou plusieurs personnes relativement aux actes qu'elles ont accomplis et qui sont contraires à la loi. Exemple : porter

Les atteintes aux droits de la personnalité par voie d'Internet peuvent affecter également les mineurs sur plusieurs plans.

En outre, l'Internet ne doit pas être une entrave à l'intérêt du mineur, à sa morale, vu l'extrême diversité des contenus circulant sur le réseau. Il se pose un véritable problème d'effectivité malgré le rappel du rapport du Conseil d'État en France sur Internet et les réseaux numériques qui pensent que la protection de la moralité du mineur est avant tout un devoir parental[135]. Il semble légitime de craindre les dérives liberticides de ce nouvel instrument de contrôle[136]. C'est cette situation qui justifie le contrôle administratif. En effet, le mécanisme de protection administrative repose essentiellement sur les recommandations du conseil supérieur de l'audiovisuel qui se voit confier par la loi du 30 Septembre 1986 en France, la mission de veiller au « respect de la personne humaine et de sa dignité, à la protection de l'enfance et de l'adolescence ».

Au Mali, la loi[137] sanctionne la corruption de la jeunesse et toutes autres pratiques allant en défaveur de l'intérêt de l'enfant. Ce contrôle pénal est aussi effectif en France à travers l'art 13 qui réprime désormais « le fait de favoriser ou de tenter de favoriser la corruption d'un mineur »[138].

En clair, il s'agira de réprimer les correspondances et images érotiques, pornographiques, les réseaux pédophiles sur Internet dans le but de protéger l'intégrité physique ou morale des mineurs. Cette répression ne semble pas suffisante pour remédier à la cybercriminalité.

Conclusion

Dans cette étude, nous nous sommes penchés sur un sujet d'actualité: celui de l'impact du numérique sur la vie privée, explorant les considérations philosophiques impliquées dans ce contexte.

Elle nous a permis d'identifier les spécificités propres aux nouvelles technologies qui posent de nouveaux défis à la protection de la vie privée.

Quel que soit le domaine découvert, la vie privée mérite une attention particulière.

De même, il est encore plus difficile de préserver le droit au respect de la vie privée et le droit de la preuve.

Le droit au respect de la vie privée est difficile à concilier avec d'autres droits indispensables dans toute société démocratique notamment le droit de l'information et de communication, ainsi que le droit de la preuve. Entre la soif

---

des vêtements sur lesquels il y a l'image des criminels de guerre, tes terroristes, encourager les actes par des slogans…

135 Art. 371-2 du c. civ français.

136 P. CRAMIER, Prévention, répression des infractions sexuelles et protection des mineurs, légipresse, Mars .1999, n°159, p. 25.

137 Code pénal malien de 2001, amendé par la loi n°2016-039 de juillet 2016.
Loi de 2014, portant prévention et répression sur l'enrichissement illicite au Mali.

138 Art. 13 de la loi française n° 98-468 du 17 Juin 1998, l'article 227-22 du nouveau Code pénal.

d'information du public, le droit de connaitre la vérité sur les dirigeants qu'ils ont choisis et le respect de la vie privée, l'écart n'est pas abyssal.

En somme, il est plus que nécessaire d'adopter des textes beaucoup plus spécifiques sur la cybercriminalité qui doivent tenir compte des évolutions de la technologie et de l'environnement numérique.

Face à l'utilisation inconséquente des outils numériques dans ce monde qui bouge, nous ne devons pas perdre de vue les menaces qui pèsent sur notre vie privée. Nul n'est à l'abri d'atteintes diverses sur sa vie privée. Nous devons en prendre conscience désormais.

Les garanties des droits humains à l'ère du numérique en Afrique

Anmonka Jeanine-Armelle TANO-BIAN
Docteur en droit public
Assistante à l'UFR Science Juridique Administrative et Politique
Université Félix Houphouët Boigny- Côte d'Ivoire.

RÉSUMÉ

Intelligence artificielle, objets connectés, marketing digital, voici des vocables qui irriguent aujourd'hui notre quotidien. C'est le passage au digital à la vitesse grand V, un véritable virage à 360 degrés où l'on fait désormais référence à une nouvelle notion : le big data, c'est-à-dire des données collectées, traitées, échangées et produites en masse. Le corollaire de cette collecte massive est l'interrogation que cela pose sur le point de savoir si la pleine jouissance de nos droits dans le cyberespace est oui ou non une réalité. Dans la mesure où plusieurs nouveaux paramètres techniques entrent en ligne de compte et que de nouveaux risques sont encourus, la protection de ces données collectées dans un environnement devenu insaisissable se pose comme une problématique aux États en général et aux États africains en particulier.

Comment les États africains assurent-ils la protection des citoyens à l'ère numérique ?

Il y a dans ce défi la nécessité d'un équilibre minutieux à assurer entre la justice pénale pour fournir une réponse efficace avec des garanties appropriées quant à la sauvegarde des droits des individus et la souveraineté des États, garant des droits humains.

Mots clés : Afrique, droits humains, États, garantie, numérique

ABSTRACT

Artificial intelligence, connected objects, digital marketing, these are the terms that permeate our daily lives today. It is the transition to digital at high speed, a real 360-degree turn where we now refer to a new notion: big data, i.e. data collected, processed, exchanged and mass-produced. The corollary of this massive collection is the question it raises about whether or not the full enjoyment of our rights in cyberspace is a reality. Insofar as several new technical parameters come into play and new risks are incurred, the protection of this data collected in an environment that has become elusive is a problem for States in general and African States in particular. How do African states ensure the protection of citizens in the digital age?

In this challenge, there is the need for a careful balance to be ensured between the criminal justice system in order to provide an effective response with appropriate guarantees as to the safeguarding of the rights of individuals and the sovereignty of States, guarantors of human rights.

Keywords : Africa, human rights, States, guaranties, digital.

Introduction

René DEGNI SEGUI a dit : « les droits de l'homme, à tout le moins les droits élémentaires et les libertés fondamentales sont consubstantiels à la personne humaine, c'est-à-dire inhérents à l'homme »[1]. Il ressort de l'analyse de cette citation que tous les domaines de la vie de l'homme sont liés au respect de ses droits.

Le numérique n'est pas en reste. Le numérique représente *toutes les applications qui utilisent un langage binaire qui classe, trie et diffuse des données. Il englobe les interfaces, smartphone, tablettes, ordinateurs, téléviseurs, ainsi que les réseaux qui transportent les données*[2].

Quant à la donnée, elle est une information qui peut être de caractère personnel dès lors qu'elle permet d'identifier directement ou indirectement une personne. La donnée peut également revêtir un caractère générique et dans ce cas, il est fait référence aux bases de données génériques[3] ou encore aux données qui communiquent entre elles et de ce point de vue, on parle de données relationnelles[4]. On pourrait dans le même temps faire allusion aux données

[1] R. DEGNI-SEGUI, *Les droits de l'homme en Afrique Noire Francophone*, théorie et réalités, 3è éditions, les Editions du CERAP, 2015, page 28.

[2] Définition proposée par D. DUBASQUE, « Chapitre 1. Qu'est-ce que le « numérique » ? Regards sur le champ lexical qui l'accompagne », dans *Comprendre et maîtriser les excès de la société numérique s*ous la direction de D. DUBASQUE. Rennes, Presses de l'EHESP, « Politiques et interventions sociales », 2019, p. 17-22. URL: https://www.cairn.info/comprendre-et-maitriser-les-exces-de-la-societe--9782810906994-page-17.htm.

[3] Une base de données générique est une table dans laquelle les noms des champs sont stockés comme valeurs de champ dans une colonne tandis que les valeurs des champs sont stockées dans une deuxième colonne. Les bases de données génériques sont habituellement utilisées pour les attributs de différents objets. Voir à cet effet le rapport d'appui du 26 août 2015, n° DRA-15-149432-07746A relatif à la hiérarchisation des bases de données génériques et produit par INERIS et disponible en ligne sous https://www.ineris.fr/fr/hierarchisation-bases-donnees-generiques, consulté le 27 août 2024.

[4] Une base de données relationnelle est un type de base de données qui stocke et fournit un accès à des points de données liés les uns aux autres : cf. Qu'est-ce qu'une base de données relationnelle ? | Oracle France, consultée le 17 août 2024. Oracle Cloud illustre avec une base utilisant deux tables et la base de données relationnelle est en mesure de créer une relation entre les deux tables : deux tables utilisées par une petite entreprise pour traiter les commandes qu'elle reçoit. La première table contient les informations client. Chaque enregistrement comprend donc le nom d'un client, son adresse, ses informations de livraison et de facturation, son numéro de téléphone et d'autres coordonnées. Chaque information (chaque attribut) est dans sa propre colonne, et la base de données attribue un ID unique (une clé) à chaque ligne.

interconnectées[5] en ce qu'elles sont interactives ou à l'intérieur d'un langage hôte[6].

Tous ces langages, ces demandes de recherches empruntant les canaux numériques, mettent en lumière les usages des nouvelles formes de communication. En marge de ces activités nouvelles qui évoluent et se développent, les informations communiquées deviennent de plus en plus fugaces. Par ailleurs, la limite entre la vie numérique et la vie privée s'efface peu à peu. Désormais, la vie numérique des citoyens n'est ni plus ni moins qu'une vie publique rendue telle par tous les usages des interfaces numériques et des réseaux sociaux en tout genre. Or, protéger la vie privée c'est défendre les droits humains. Mais, dans le contexte actuel, la dignité humaine, la sécurité, l'intégrité de la personne, la non-discrimination sont menacées par la cybercriminalité qui se nourrit d'un accès trop grand aux données privées des citoyens, abondamment disponibles dans l'univers numérique.

Fort de l'importance des droits liés aux vies privées comme publiques, ce colloque relatif aux grands enjeux des droits humains comporte un axe spécifique de réflexion lié au numérique. Dans cette optique, il convient d'analyser de près les garanties des droits humains dans cette nouvelle ère dite numérique.

Les articles 1 à 9 de la Charte africaine des droits de l'homme et des peuples[7] du 28 juin 1981 opèrent une reconnaissance explicite des droits à toute personne en tant qu'être humain et surtout individuellement avant d'étendre cette reconnaissance à l'aspect collectif. Ces libertés et droits tels qu'ils figurent dans la Charte africaine des droits de l'homme trouvent une réalité grâce au numérique[8] : non seulement l'une de ses composantes que constitue internet permet aux personnes d'avoir accès à l'information, et de la diffuser, mais, internet permet de se réunir librement et le cadre présent de ce colloque en est une illustration, et in fine de s'associer par le truchement des médias.

---

[5] L'interconnexion est définie par la Commission Nationale Informatique et libertés (CNIL) comme L'interconnexion est la mise en relation automatisée d'informations provenant de fichiers ou de traitements, qui étaient au préalable, distincts, cf. Comment déterminer la notion d'interconnexion ? | CNIL disponible sur https://www.cnil.fr/ consulté le 15 août 2024.

[6] C'est le cas des requêtes formulées pour interroger des bases de données stockées dans différents services.

[7] Charte africaine des droits de l'homme et des peuples disponible sur : 36390-treaty-0011_-_african_charter_on_human_and_peoples_rights_f.pdf (au.int). Compléter avec le Pacte international relatif aux droits économiques, sociaux et culturels disponible sur https://www.ohchr.org/ consulté le 24 août 2024.

[8] Dans la mesure où le numérique facilite les échanges via des plateformes à distance, et qu'il fait appel à pratiquement toutes les subdivisions de la communication, que ce soient les échanges par courrier électronique que la visio-conférence, la télévision, la radio, les ondes ou encore les fréquences.

L'outil numérique et le système[9] qu'il crée, participe de la vie des individus : mieux, il l'améliore[10]. Outil de communication et d'échange, l'Internet a la particularité d'être à la fois virtuel[11], par ses composantes[12] et sa constitution intrinsèque et réel[13] du fait de ses implications directes et concrètes à la réalité quotidienne des individus.
La garantie de confiance et de sécurité[14] liée aux droits attachés à la communication, à la manière d'échanger ou encore au moment d'échange apparaît tantôt comme une illusion tantôt, comme une arlésienne. Force est de constater malheureusement, que, internet peut être source de difficultés et faire courir des risques au point de porter atteinte à la vie des usagers qui y recourent[15].
Face à ce constat, les exigences de plusieurs garanties sont incontournables : indice de sécurité et de confiance quand les citoyens ont recours à des plateformes numériques autorisées par les Etats, garantie des droits de la défense en cas de contrats exécutés ou mal exécutés, garantie de l'accès au juge en cas de violation des droits inhérents à l'usage des outils numériques, des échanges pouvant avoir été occasionnés ou créés par le numérique, garantie à la vie contractuelle et au

[9] C'est-à-dire le système d'information défini notamment par J.-L. PEAUCELLE comme : « *un langage de communication de l'organisation, construit pour représenter, de manière fiable et objective, rapidement et économiquement, certains aspects de son activité passée ou à venir* », in les systèmes d'information : la représentation, PUF, Paris, 1981. P 2.

[10] Avec des illustrations comme une plus large ouverture des accès aux données d'enseignements, de recherches et d'apprentissage notamment, un accès à des soins de santé, à des zones enclavées, à des services plus rapides et efficaces.

[11] Virtuel pour renvoyer à une fiction ou un code matériel à l'instar de M. TRELEANI, dans son article l'internet est-il virtuel disponible sur : https://larevuedesmedias.ina.fr/. En s'appuyant sur les écrits de T. D'AQUIN, G. LEIBNIZ, et G. DELEUZE, M. VITALI-ROSATI note que le terme virtuel est né pour faire face à l'aporie des possibles en philosophie : comment passer du possible à la réalisation de ce qui est possible ? cf. VITALI-ROSATI M., Perceptibilité du virtuel et virtualisation de la perception, dans A. MONS (dir.), La transition du perçu à l'ère des communications, Presses Universitaires de Bordeaux, Bordeaux 2013, p. 191-206.

[12] Internet est un réseau d'infrastructures comme le mentionne H. LE CROSNIER, in « Internet et numérique », *Hermès La Revue*, vol. 70, no. 3, 2014, pp. 25-33.

[13] Rapport mondial sur l'Internet 2017 : « Chemins vers notre avenir numérique - Internet Society vers notre avenir numérique », cf. : https://www.internetsociety.org/fr/resources/doc/2017/global-internet-report-2017 consulté le 28 août 2024.

[14] Et comme le souligne A.-L. CASSARD-VALEMBOIS, la sécurité juridique peut être définie par la trilogie : clarté, stabilité et prévisibilité du droit, in *L'exigence de sécurité juridique et l'ordre juridique français : « je t'aime, moi non plus*, Titre VII, vol. 5, no. 2, 2020, pp. 1-10, Éditions Conseil constitutionnel.

[15] Internet introduit de nouveaux risques en devenant parfois un outil de destruction comme cela a été le cas avec le vers informatique Stuxnet découvert en 2010. Voir en ce sens S. GHERNAOUTI, C. AGHROUM, « Cyber-résilience, risques et dépendances : pour une nouvelle approche de la cybersécurité », *Sécurité et stratégie*, 2012/4 (11), p. 74-83. DOI : 10.3917/sestr.011.0074. URL: https://www.cairn.info/revue-securite-et-strategie-2012-4-page-74.htm.

respect des droits comme le droit à l'image, le droit de pouvoir contester des publications considérées comme fausses ou mensongères. Pléthore d'exigences nécessaires à assurer la confiance des peuples qui attendent. Sous cette bannière, quel sens exact confère-t-on à la garantie ?

La garantie au sens du droit international public s'entend de l'engagement pris par un ou plusieurs États de répondre de l'exécution des obligations internationales d'un Etat tiers ou de maintenir une situation juridique donnée[16]. En s'appuyant sur cette définition et au regard de ce qui précède, l'existence de garanties des droits des personnes, garanties nées des usages et recours au numérique incombent naturellement aux Etats.

Il appert que les lignes de cet article optent pour une approche souverainiste des garanties fondamentales des droits humains à l'ère du numérique. Cette approche souverainiste oblige à souligner que la question de savoir comme « appliquer » les droits de l'homme a conduit à discuter la valeur de la souveraineté dans le droit international et à multiplier les propositions de réforme[17]. A ce sujet Jean L. COHEN précise que *l'égalité souveraine comme concept juridique ne peut pas effacer la signification politique de la souveraineté, qui implique une relation entre un gouvernement et un peuple et le principe, important entre tous, d'autonomie politique*[18].

Pour en revenir à l'approche souverainiste des garanties des droits humains, il est possible de la concevoir comme la manière dont chaque Etat du fait de sa souveraineté, entend assurer l'efficience et l'effectivité des droits reconnus à ses populations. Cette approche souverainiste pourrait s'analyser dans le sens de l'approche basée sur les droits de l'homme. Cette conception, exige que les principes relatifs aux droits humains (universalité, indivisibilité, égalité, non-discrimination, participation, responsabilité) guident l'action des Nations Unies en matière de coopération pour le développement et s'attachent principalement à renforcer la capacité des "débiteurs d'obligations" à s'acquitter de leurs obligations et celle des "détenteurs de droits" à revendiquer leurs droits.[19]

L'approche souverainiste s'oppose à l'approche fondamentaliste des droits humains telle que conçue par le Doyen Favoreu sur la base des trois critères spécifiques d'identification des droits fondamentaux qui : « sont, en premier lieu, la protection contre les pouvoir exécutif et législatif, en deuxième lieu la garantie légale mais surtout celle de la Constitution ou des textes internationaux ou supranationaux et en troisième lieu, la garantie juridictionnelle non plus seulement

---

[16] Lexique des termes juridiques, éditions Dalloz, 2017/2018, page 926.

[17] A. BUCHANAN, Justice, Legitimacy and Self-Determination : Moral Foundations for International Law, Oxford University Press, Oxford, 2007, 520pp.

[18] J. L. COHEN, « Les transformations contemporaines de la souveraineté », *raison publique*, 2015, consultable en ligne : https://raison-publique.fr/2015/#awef_ident_16_2015, consulté le 27 août 2024.

[19] Rapport rédigé du Groupe des Nations Unies pour le développement durable intitulé « Approche fondée sur les droits de l'homme », disponible sur https://unsdg.un.org/fr/2030-agenda/universal-values/human-rights-based-approach, consulté le 23 août 2024.

assurée par les juges ordinaires, mais aussi les juges constitutionnels et même les juges internationaux[20].

Si l'approche fondamentaliste se cantonne uniquement au caractère fondamental ou non du droit concerné pour en assumer la protection, l'approche souverainiste est, quant à elle, plus large et commande aux Etats d'assurer l'effectivité des droits concernés. En l'occurrence, à l'ère numérique, les États doivent en vertu de l'approche souverainiste des droits humains protéger leurs populations pour la sauvegarde de leurs droits humains aussi bien pour les assumer que pour en garantir la défense en cas de violation. C'est pourquoi, la démarche méthodologique est celle d'observer les actes et décisions que prennent les Etats en faveur de leurs ressortissants. Cette approche souverainiste est celle qui est davantage conseillée face au numérique et fait apparaitre plusieurs intérêts dans le cadre de cette étude envisagée. Tout d'abord un intérêt doctrinal théorique : celui de la construction des idées essentielles quant à la politique de protection souveraine des Etats dans l'usage du numérique. Il est de la sorte question ensuite de bâtir une culture de protection souveraine et adaptée au contexte africain de l'usage du numérique. Ce débat doctrinal revêt des aspects pratiques qui se dégagent sur plan national mais aussi et surtout communautaire puisqu'il permettra aux Etats y prenant part de mettre en lumière leurs conceptions nationales et attentes spécifiques afin de mieux appréhender exécuter la mutualisation des efforts institutionnels. Cet intérêt pratique tient compte des avancées des Etats africains quant à la réalité des droits humains dans le numérique. C'est aussi le lieu de préciser les exigences d'adaptabilité du numérique au contexte africain et aux problèmes sociaux propres à l'Afrique quant aux technologies. Enfin et par-dessus tout l'intérêt est géopolitique et géostratégique dans la mesure où les États africains ont leur mot à dire dans la digitalisation du monde et dans ses adaptations techniques et technologiques.

Dès lors, La question principale est la suivante : comment les États africains assurent-ils la protection des citoyens à l'ère numérique ?

De cette interrogation plusieurs autres sont sous-entendues et sont relatives aux ressources existantes ou à créer quant à cette protection des citoyens. Les garanties envisagées disposent-elles de cadres institutionnels adéquats et les acteurs sont-ils suffisamment outillés en termes technologiques, pédagogiques, relationnels ? Quels sont les mécanismes communautaires pouvant faciliter les réponses à la protection des citoyens quand on observe le caractère transversal et transfrontalier du numérique ?

---

[20] L. FAVOREU, Universalité des droits fondamentaux et diversité culturelle in *L'effectivité des droits fondamentaux dans les pays de la communauté francophone*, acte de colloque international de l'Ile Maurice, 29 septembre-1er octobre 1993, Ed. AUPELF-UREF, 1994, p. 48, et cité par CABRILLAC Rémy, M. A. FRISON-ROCHE, T. REVET (sous la direction de), *Libertés et droits fondamentaux,* 13e édition, Paris, Dalloz, 2007, p. 6, cité par C. COUDERT, Réflexions sur le concept de fondamentalité en droit public français, Droit, Université d'Auvergne - Clermont-Ferrand I, 2011. Français. ffNNT : 2011CLF10360ff. Fftel-01064280f

La réponse à la question principale fait ressortir l'importance de la souveraineté numérique des États africains (I) dans la réalité des garanties en faveur de la pleine jouissance réelle des droits humains dans le domaine numérique (II).

I. La souveraineté des Etats africains à l'ère du numérique

Attribut principal de tout Etat, la souveraineté implique le pouvoir suprême dans l'ordre interne et dans l'ordre international, elle signifie que l'Etat n'est limité que par ses propres engagements et par le droit international[21]. Fort de cette acception de la souveraineté tout Etat impose ses décisions grâce à la souveraineté qui lui est reconnue et de même il défend ses populations et les protège sur ce même fondement puisqu'il édicte des lois en ces termes[22]. Au regard du contexte numérique, la souveraineté[23] pourrait s'entendre de la capacité à agir dans le cyberespace et à peser sur l'économie numérique.

L'expression de « souveraineté numérique » est utilisée dès 2012 lors de la Conférence mondiale des télécommunications internationales, notamment par la Russie et la Chine qui revendiquent la restauration de leurs « droits souverains » sur la gestion du réseau et défendent le « droit souverain » des gouvernements à « réguler le segment national de l'Internet ». Les États occidentaux sont alors soucieux, avant tout, de protéger la liberté du cyberespace[24].

Des critères de considérations de la souveraineté numérique, il plane une incertitude quant à celle des États africains (A). Cet amer constat à la date actuelle est cependant en train d'être résorbé dans la mesure où les États africains ont pris conscience de l'importance de construire le fondement d'une souveraineté numérique africaine qui décide à l'instar des autres acteurs du numérique (B).

L'incertitude actuelle d'une souveraineté numérique des États africains

La souveraineté numérique est une question cruciale pour imposer une régulation. Un Etat souverain est *dominant dans les secteurs clés, il impose des normes et favorise ses acteurs économiques au détriment des autres*[25]. En recherchant les fondements juridiques des garanties de protection que les Etats africains doivent assurer à leurs populations, il apparaît primordial d'identifier comment en pratique un Etat procèderait, dès lors que le pouvoir semble lui

---

[21] Lexique des termes juridiques, éditions Dalloz, 2017-2018, p 1768.

[22] C'est d'ailleurs en cela que nous rejoignons BODIN qui définit dans son traité *La République, la souveraineté comme la puissance absolue et perpétuelle d'une République* et S. GOYARD-FABRE, « Jean Bodin et le droit de la république ». *Presses Universitaires de France*, 1989.

[23] Voir P. TÜRK, « la souveraineté des Etats à l'épreuve d'internet », *Revue du droit public et de la science politique en France et à l'étranger*, n°6 - page 1489, 2013 ⟨hal-02493141⟩

[24] B. BENHAMOU, « La gouvernance de l'internet après Snowden », *la politique étrangère*, 2014, Pages 15 à 27.

[25] C. MORIN-DESAILLY, dans un discours devant le Sénat, a utilisé cette métaphore pour présenter la stratégie ultra-libérale des Etats Unis au sein du cyberespace, voir Rapport n° 7 (2019-2020) de la commission d'enquête du Sénat, tome I, déposé le 1er octobre 2019, disponible sur le site du Sénat français :https://www.senat.fr/rap/r19-007-1/r19-007-11.html#fn19, consulté le 01 septembre 2024.

échapper face à l'octroi dudit pouvoir à des forces exogènes[26] telles que les plateformes d'intermédiation, les places de marchés, les réseaux sociaux. Quels sont les critères de la souveraineté numérique (1) au regard de l'octroi des pouvoirs de souveraineté aux forces exogènes (2) ?

1.Les critères de la souveraineté numérique des États

La souveraineté numérique se caractérise par deux piliers que sont la souveraineté des données et la souveraineté technologique c'est-à-dire le degré de contrôle qu'un organisme exerce sur son environnement numérique constitué des données, applications, logiciels, matériels et système.

Au vu de ces deux piliers, la souveraineté numérique des États africains reste à définir et à catégoriser. Tandis que la souveraineté numérique américaine paraît stratégique, celle des États Chinois et russe est taxée d'autoritaire. Quant à la souveraineté numérique européenne, elle est qualifiée d'idéaliste et peu pragmatique au point de s'interroger sur sa qualité d'État acteur du numérique. Ces spécificités se dégagent de la lecture du rapport de la commission d'enquête du Sénat Français, intitulé « le devoir de souveraineté numérique »[27].

La souveraineté des données renvoie à la maîtrise des informations produites, à la qualité de ces informations c'est-à-dire dans leur intégrité, à la sécurité qui y est attachée c'est-à-dire à leur confidentialité et in fine à leur disponibilité et de ce point de vue on entend le fait de pouvoir y avoir accès sans difficultés. Produire des données de qualité favorise pour celui qui les crée de la crédibilité. Ce qui crée la confiance pour ceux qui la consultent ou y ont accès.

En sus de la qualité des données, l'environnement dans lequel elles vivent, évoluent et se transfèrent doit être géré avec maîtrise par les États. Et dans ce cadre, c'est le système d'informations dans son intégralité qui est visé.

Selon les termes du dernier rapport de l'Institut de Souveraineté Numérique et de l'AFNIC[28] on peut résumer l'enjeu de la manière suivante : *« pour les pays de l'Union, la souveraineté numérique ne consiste plus seulement à conserver la maîtrise de leurs infrastructures informationnelles ou à garantir leur indépendance vis-à-vis des technologies extra européennes, il s'agit aussi de veiller à ce que ces technologies ne remettent pas en cause nos libertés*

---

[26] Et sur ce point, il faut prendre en considération le fait que *« s'il est vrai qu'Internet n'appartient pas à une entreprise ou à une organisation particulière, il n'en reste pas moins que des organismes encadrent son évolution »* tiré de A. DUFOUR, « Les technologies Internet », dans : Arnaud Dufour éd., *Internet.* Paris cedex 14, Presses Universitaires de France, « Que sais-je ? », 2006, p. 18-38. URL : https://www.cairn.info/internet--9782130554714-page-18.htm

[27] Rapport n° 7 (2019-2020), tome I, déposé le 1er octobre 2019 disponible sur https://www.senat.fr/rap/r19-007-1/r19-007-11.html#fn19 consulté le 30 août 2024.

[28] Institut de Souveraineté Numérique et de l'AFNIC, « Internet des Objets & Souveraineté Numérique : Perspectives industrielles et enjeux de régulation » Rapport du 01 mars 2021 disponible sous https://www.globalsecuritymag.fr/Rapport-Internet-des-Objets,20210301,108771.html

fondamentales ou même les bases de nos systèmes de protection sociale », de démocratie et de modèles de société.

Il y a au vu de ce qui précèdent que plusieurs niveaux permettent de qualifier la souveraineté numérique notamment la conservation de la maîtrise des infrastructures informationnelles, la garantie de leur indépendance et enfin le fait que ces technologies ne remettent pas en cause les libertés fondamentales des personnes.

Tous les États semblent avoir dépassé le simple cap de la captation des données pour assurer l'indépendance des données en évitant de les confier aux forces qui leur sont extérieures, voire exogènes.

2.L'octroi des pouvoirs souverains aux forces exogènes

Les premières forces exogènes identifiées sont les plateformes d'intermédiation souvent étrangères aux États africains. Au sujet des plateformes d'intermédiation, GRUMBACH Stéphane explique qu'elles permettent de connecter au réseau les personnes, au moyen des smartphones par exemple, ainsi que les objets technologiques au moyen de dispositifs embarqués, ou encore les entités de l'environnement global, vivantes ou inertes, grâce aux capteurs permettant de les mesurer continûment[29].

Ces entités ne rentrent pas dans la catégorie des sujets traditionnels de droit international[30]. Cependant, ils exercent une mainmise extraordinaire dans le monde virtuel et cette attitude crée une certaine souveraineté à leur endroit dans l'espace dit numérique. D'ailleurs, il faut y ajouter sans risque de se tromper les grandes entreprises technologiques. Ces dernières dépossèdent les Etats de toute souveraineté grâce à leur émergence et leur capacité à entrainer des milliards d'utilisateurs.

En recherchant des critères pour identifier et apprécier la souveraineté des Etats africains, il appert en réalité, à l'instar de la Chaire Digitale Gouvernance et souveraineté de sciences politiques de Paris[31] que la souveraineté numérique est *la capacité des Etats à agir dans le cyberespace uniquement pour exprimer leurs difficultés à y assumer leurs fonctions traditionnelles face aux acteurs transnationaux puissants*[32].

Les critères retenus ou dégagés sont à la fois juridiques, économiques et industriels. Sur quels aspects s'applique la souveraineté numérique : essentiellement sur les données. La donnée est définie par le dictionnaire comme

---

[29] S. GRUMBACH « Les plateformes d'intermédiation » *L'empire des algorithmes. Une géopolitique du contrôle à l'ère de l'anthropocène*, sous la direction de S. GRUMBACH, Armand Colin, 2022, pp. 79-102.

[30] H. RUIZ FABRI, *les catégories de sujets du droit international*, acte de colloque de la Société française pour le droit international (SFDI) Extrait du Colloque du Mans intitulé : « le sujet en droit international », Paris, éditions Pedone, 2005, pp. 53-166.

[31] F. G'SELL, « Remarques sur les aspects juridiques de la « souveraineté numérique », *Revue des Juristes de Sciences Po,* n°19, septembre 2020, art. 13, p. 52.

[32] Voir à cet effet https://www.sciencespo.fr/public/chaire-numerique/2020/07/09/quest-ce-que-la-souverainete-numerique/ consulté le 20 août 2024

une représentation conventionnelle d'une information permettant d'en faire le traitement automatique. Le cœur, le terreau de la vie numérique, digitale et dans le cyberespace sont donc les données. On parlera de ce fait de souveraineté des données. Et ce vocable vise la nécessité de conserver un contrôle sur les données. A ce stade, il faut préciser qu'il existe différentes catégories de données[33] dont nous retiendrons particulièrement les données à caractère personnel.

Pour davantage de précisions, il convient de mentionner que la donnée à caractère personnel est *toute information relative à une personne physique identifiée ou identifiable directement ou indirectement, par référence à un numéro d'identification ou à plusieurs éléments propres à son identification physique, psychologique, génétique, psychique, culturelle, sociale ou économique*[34]. L'illustration la plus simple est le nom d'une personne accolé à sa taille par exemple. Ces deux informations constituent ensemble une donnée à caractère personnel qui favorise l'identification directe de la personne : grâce à des informations uniques et propres à cet individu, il sera facilement et directement identifié. Quant à l'identification indirecte, il est possible de retrouver l'identité d'une personne grâce à son adresse géographique, notamment celle de son domicile personnel : c'est l'hypothèse d'un individu qui utilise les plateformes numériques de commandes de taxi pour se déplacer. Il se peut que ce client de taxi ait géolocalisé ses déplacements de sorte à marquer sur son interface de connexion des points correspondants à ses lieux de vie et travail. Sur la base de ces informations de géolocalisations qui constituent des données, elle peut être identifiée indirectement.

Il est dès lors possible de procéder à l'analyse suivante quant à la vie de la donnée : une donnée existe parce qu'elle a été produite, c'est-à-dire créée grâce à sa collecte. Ensuite pour qu'elle vive, elle doit être traitée par exemple l'inscription d'un usager sur la page d'un site pour en recevoir la newsletter régulièrement implique qu'il renseigne ses noms, prénoms, contacts téléphoniques et électroniques, parfois date d'anniversaire, nationalité, pays de résidence. Cette inscription permet ainsi la collecte de la donnée de cet usager. Un traitement s'en suivra et il sera intégré à une base de sonnées notamment des personnes désireuses de recevoir la newsletter du site concerné. Cela constitue un traitement que d'inscrire tous les usagers sollicitant dans une base de données dédiée. Tous les traitements qu'elle subit obligent qu'elle voyage, qu'elle transite, qu'elle soit échangée entre des acteurs et consommateurs du monde virtuelle, elle vit et passe sur les canaux numériques, les réseaux sociaux.

---

[33] Les données d'entreprises, les données à caractère personnel, les données sensibles, les données de santé

[34] La définition est tirée de l'Acte additionnel A/SA/.1/01/10 relatif à la protection des données à caractère personnel dans l'espace de la CEDEAO. Voir aussi la Convention de Malabo du 27 juin 2014 ratifiée en 2023 par 15 Etats africains ; à cette définition, on peut ajouter par ailleurs celle tirée de l'ordonnance-loi n°23/010 du 23 mars 2023 portant code du numérique en République Démocratique du Congo.

Toutes ces étapes supposent qu'elle soit sécurisée et surtout qu'elle conserve son intégrité, sa confidentialité, sa disponibilité et son authenticité[35]. Elle doit être de qualité grâce à ces caractéristiques. Les échanges et les transferts dont la donnée fera l'objet font qu'elle devra être hébergée. Où sont hébergées les données des États africains ?
En effet, l'hébergement des données est leur stockage et leur conservation sur des serveurs. Cette technique pose des problèmes en ce qui concerne la souveraineté numérique des États africains : ces données collectées seront stockées avant d'opérer des transferts.
La question du stockage met à nu le fait qu'il n'existe pas encore suffisamment d'espace dédié pour conserver les données localement en Afrique. Seulement quelques États ont inauguré depuis 2021 des centres d'hébergement de données. Il s'agit du Bénin, du Sénégal, et du Togo[36]. C'est un data center qui héberge les données collectées.
Or, le constat est le suivant : la quasi-totalité des données collectées par les entreprises installées sur le territoire africain sont hébergées à l'étranger et plus précisément en dehors de l'Afrique. D'un point de vue juridique, ces données collectées sont, pour ce qui concerne leur conservation et leur stockage, régies par les lois des États dans lesquels elles sont conservées. De ce fait, comment un État conserverait-il un contrôle quand l'hébergement des données lui échappe ?
Il est possible de faire cas d'une souveraineté numérique incertaine et quasi-inexistante si l'on s'en tient à l'état des lieux de l'hébergement des données collectés en Afrique.
Pour faire face à ce manque, la recommandation principale demeure une accélération nécessaire de l'acquisition de la souveraineté numérique par les Etats Africains.

B.La nécessité d'une accélération accrue de la souveraineté numérique africaine

Toutes les législations africaines légiférant sur les services de télécommunication traitent de stockage sans référence directe aux techniques d'hébergement en local à l'exception des données publiques[37]. La souveraineté numérique est désormais

[35] S. GHERNAOUTI, *Cybersécurité - Analyser les risques Mettre en œuvre les solutions*, 7e édition, Dunod, p.84
[36] Article publié dans le magazine en ligne CIO MAG disponible sous Datacenters africains : souveraineté numérique ou mirage ? - CIOMAG (cio-mag.com), consulté le 19 août 2024.
[37] Seule la loi congolaise envisage clairement cette référence aux données publiques dans la définition de ses notions de base : la notion de donnée publique définie à l'article 2 alinéa 31 :« Donnée publique : donnée produite et stockée dans les registres publics de données sur le territoire de la République Démocratique du Congo dans le cadre d'une mission de service public par l'Etat, les provinces, les entités territoriales, les services, établissements et organismes publics ainsi que les personnes morales de droit privé chargées d'une mission de service public » ; voir sur ce point également A. MBENOUN-NGOUE, *Revue de l'actualité des données à caractère personnel en Afrique, Revue Semestrielle de la Propriété Intellectuelle en Afrique*, n°4, octobre 2023.

une quête pour les Etats africains. Seulement 1% des données sont hébergées en Afrique.
La souveraineté numérique technologique se mesure à la capacité des Etats africains à héberger en local les données en Afrique (1). Cette capacité aura pour conséquence de faire de ces Etats des zones géographiques adéquates vers qui les données pourront être transférées avec des risques mesurés voire moindre notamment sur le plan des échanges internationaux (2).

1.L'hébergement et le stockage des données en Afrique

L'hébergement est défini comme le fait de mettre à disposition un espace de stockage internet. C'est donc une prestation technique qui exige de disposer de cet espace en étant propriétaire ou titulaire de droits sur cet espace, objet d'un contrat entre la partie qui sollicite l'hébergement et le prestataire qui le propose. L'hébergement peut se faire selon plusieurs modalités c'est-à-dire en interne, sur des disques durs internes ou sur des serveurs externes ou même sur des espaces dédiés spécialement appelé « cloud computing ».
Le stockage est, quant à lui, constitué de l'ensemble des techniques et méthodes qui permettent de déposer et de conserver des informations de manière organisée sur un support numérique[38].
A côté de l'hébergement et du stockage, existe l'archivage qui lui, va plus loin dans la conservation des données sur une durée plus longue et avec des méthodes techniques plus complexes. L'archivage des données intervient en fin de vie d'un cycle ou dans l'optique de conserver des informations dans un contexte spécifique de manière à pouvoir en faire une mémoire, à l'instar d'une bibliothèque[39]. Selon le Centre Informatique National de l'Enseignement Supérieur (CINES), l'archivage numérique pérenne des documents électroniques consiste *à conserver le document et l'information qu'il contient, dans son aspect physique comme dans son aspect intellectuel, sur le très long terme, de manière à ce qu'il soit en permanence accessible et compréhensible. Cela consiste ainsi à lutter contre plusieurs menaces : l'obsolescence matérielle, l'obsolescence logicielle, l'obsolescence du format de fichier et la perte de la signification du contenu*[40].
Ces précisions techniques soulèvent la question de la proposition de ces services et prestations en Afrique : où en sont les hébergements en local ? La plupart des données générées au sein des entreprises et des administrations publiques et privées en Afrique sont hébergées en externe sur des serveurs dits de confiance et même sur des cloud appartenant pour la plupart à des géants de l'informatique

[38] Qu'est-ce que le stockage numérique ? | La science ouverte à INRAE disponible sur https://science-ouverte.inrae.fr/fr/les-donnees-et-le-numerique-scientifiques/gerer-des-donnees-et-des-codes/quest-ce-que-le-stockage consulté le 17 août 2024.
[39] L. CORTI, « Améliorer la disponibilité des ressources de données qualitatives : services et besoins infrastructurels », in *Revue internationale des sciences sociales* 2003/3 n° 177, pages 467 à 484.
[40] Cf. article du Centre Informatique National de l'Enseignement Supérieur CINES, https://www.cines.fr/archivage/un-concept-des-problematiques/, consulté le 1 er septembre 2024.

comme les Google ou Microsoft. Les hébergeurs africains ne sont pas encore suffisamment prêts en termes de sécurité et de technicité. Mais il convient de souligner que l'offre de service en question est en cours d'élaboration.
Le Ghana a entrepris de pourvoir, depuis 2022, l'Afrique en data center, afin de stocker des données et surtout de permettre aux Etats africains de devenir des industries technologiques tout en assurant le contrôle desdites données. Un data center, ou centre de données, est une installation physique utilisée pour héberger des applications et des données stratégiques. Ces infrastructures sont essentielles pour stocker, gérer et diffuser de grandes quantités de données à travers un réseau de serveurs, de systèmes de stockage et d'autres composants informatiques[41].
Outre la question de l'hébergement des données sur l'espace africain, la fracture numérique intègre des limites numériques comme l'absence de prise en compte de certaines technologies dans les services publics. A ce stade, il n'y a pas encore d'état civil centralisé en Afrique au point où l'identification des personnes réellement vulnérables s'en trouve affectée. Les naissances sont difficiles à retracer et les données les concernant ne figurent pas toujours dans des fichiers numériques centralisés et sécurisés. C'est une dématérialisation des registres, qui est à l'heure actuelle en cours dans de nombreux États. De plus, ce constat s'étend aux décès, dans certaines zones sinistrées[42], dont les statistiques fiables et exactes restent difficiles faute de données mises ensemble dans un seul système entièrement digitalisé. Bon nombre d'informations sur des secteurs ou domaines sensibles dépendent des organismes internationaux ou d'autres institutions étrangères aux Etats africains.
Lors du déclenchement de la maladie à corona virus, certaines institutions financières disposaient de subventions financières mais n'ont pas su à quelles institutions faire parvenir les fonds. Une illustration est soulignée dans le journal Le monde « en Afrique, une partie des aides financières destinées aux ménages les plus pauvres n'ont pu être distribuées par les Etats et les bailleurs internationaux, faute de savoir comment les envoyer, et surtout à qui les faire parvenir[43].

---

[41] Un datacenter (ou centre de données) – parfois écrit *data center* - est un référentiel centralisé, physique ou virtuel, destiné au stockage, à la gestion et à la diffusion de données et d'informations axées sur un domaine de connaissance particulier ou concernant une activité particulière, disponible sous https://www.lemagit.fr/definition/Datacenter, consulté le 1er septembre 2024.

[42] Sur les 55 pays et territoires africains étudiés par la BBC, seuls huit - l'Égypte, l'Afrique du Sud et la Tunisie, l'Algérie et les îles du Cap-Vert, Sao Tomé-et-Principe, les Seychelles et Maurice - disposent de systèmes d'enregistrement des décès fonctionnels, obligatoires et universels, voir à cet effet *Manque de données en Afrique : "pour aider les vivants, nous devons compter les morts" - BBC News Afrique* : https://www.bbc.com/afrique/region-55707158, consulté le 31 août 2024.

[43] M. JEANNIN, « l'Afrique face au défi de sa souveraineté numérique », publié le 13 juin 2022 à 14h08, modifié le 04 juillet 2022, disponible sous : L'Afrique face au défi de sa souveraineté numérique (lemonde.fr), consulté le 30 août 2024.

La nécessité d'accélérer la conquête de la souveraineté numérique est d'autant plus accentuée en Afrique que les évolutions dans le domaine du numérique sont sans cesse en cours : les développements actuels liés à la production des données en matière d'intelligence artificielle et d'objets connectés en sont la preuve. Sur ces technologies, l'Afrique est attendue pour les compétences aussi bien en techniques qu'en ressources humaines.

D'ailleurs, la nécessité de stocker ses données en local est étendue à l'exigence de présenter des garanties suffisantes en vue des échanges sécurisés avec le reste du monde.

2.L'exigence d'un niveau suffisant de transfert pour les échanges internationaux

Le niveau suffisant de sécurité exigé pour les échanges internationaux est élevé de la part des Etats qui se sont érigés en Etats souverains en termes de domination numérique. C'est ainsi que les Etats européens notamment apparaissent aux yeux des Etats africains. Sur la question, certains politiques européens ont cité l'exemple de l'Allemagne qui a opté pour une stratégie appréciable en termes d'avancée technologique. En effet, les autorités allemandes associent cybersécurité et développement industriel en imposant aux sociétés américaines de créer des « *data centers* » sur le territoire européen plutôt que d'accepter le transfert des données et de l'expertise sur leur traitement aux Etats-Unis.

L'émergence d'un écosystème numérique souverain est directement liée à la part d'investissement de l'utilisation de la captation des données au sein de la stratégie économique et politique de sécurité. C'est d'ailleurs le lieu d'observer que la politique américaine vise un contrôle interne et externe des frontières dans le cyberespace. Ce qui constitue un avantage concurrentiel important et concrétise sa qualité de souverain parmi les Etats au point de vue du numérique.

En analysant la question des transferts des données, les différents échanges commerciaux[44] que le continent Africain entretient avec les autres parties du monde l'obligent à anticiper sur certains aspects du numérique notamment les législations internes, la qualité des données et surtout la disponibilité des réseaux et des contenus qu'elle produit.

Ces exigences contribuent de manière significative à la réalité de la protection des droits des personnes physiques et même morales quant au numérique et à ses usages.

II.La réalité de la jouissance des droits humains à l'ère numérique

Les garanties proposées par les Etats africains à leurs populations quant à la protection de leurs droits en matière de numérique sont une réalité. En effet, il

[44] L'importance des échanges commerciaux qui exigent des pays d'atteindre un seuil de sécurité notamment a conduit les Etats Africains à ne pas rester en marge des avancées technologiques : ainsi en témoigne leur présence aux différents forums internationaux et aux sommets mondiaux relatifs aux avancées technologiques ou en lien avec le numérique.

existe dans les Etats africains plusieurs textes encadrant le domaine et pour mieux parvenir à une applicabilité de ces dispositifs légaux, de nombreuses institutions ont été créés et déployés sur l'ensemble des territoires. (A)
Ces gages de l'affirmation des droits humains restent toutefois perfectibles du point de vue de la pratique et exigent quelques recommandations dans ce sens (B).

A.Une réalité textuelle et institutionnelle florissante

Il est possible d'affirmer au regard de l'existence des textes juridiques que depuis les années 2008[45], les Etats africains ont édicté des lois pour offrir des garanties aux africains et prévoir un cadre légal intéressant pour l'ère numérique (1). En plus des textes de lois et des textes règlementaires, les institutions comme les autorités en charge de la protection des données[46], les autorités de régulation et les autorités administratives indépendantes d'une manière générale ont vu le jour pour mettre en œuvre les obligations positives ou même parfois faire office d'organe régulateur (2).

1.Un florilège de textes législatifs et règlementaires, garantie de reconnaissance des droits humains

La plupart des textes interviennent de manière sectorielle : ils vont du domaine de la technicité des opérateurs par rapport aux plateformes[47] dont ils ont la gestion, aux informations qu'ils traitent dans le cadre de leurs relations avec les usagers. Autrement dit, plusieurs textes régulent l'activité des acteurs du numérique, des éditeurs de plateformes numériques, des fournisseurs d'accès[48] et même des entreprises traitant des données de manière générale. Ces textes établissent des conditions de responsabilité à la charge des opérateurs de télécommunication afin que la sécurité des personnes soit garantie dans l'usage des plateformes numériques sur lesquelles elles proposent des services ou des prestations.

A ce titre, Il est possible de mentionner au Burkina Faso, l'article 8 du décret n°2000-087/PRES/PM du 13 mars 2000, pris en application de l'article 20

[45] La première loi de protection des données à caractère personnel en Afrique est celle du Sénégal notamment la loi n° 2008-12 du 25 janvier 2008 portant sur la Protection des données à caractère personnel disponible sur LOI n° 2008-12 du 25 janvier 2008 portant sur la Protection des données à caractère personnel | CDP

[46] En Afrique, sur les 52 Etats, il existe à ce jour 34 autorités de protection des données à caractère personnel : cf. J.H. YIMEUMI, « Il faut multiplier les initiatives pour accompagner l'Afrique dans la protection des données personnelles » - CIOMAG (cio-mag.com), consulté le 31 août 2024.

[47] Au Burundi, en avril 2014, le décret n° 100/97 oblige les fournisseurs de services de télécommunications à assurer la géolocalisation des utilisateurs finaux et leur identification « pour les besoins de la sécurité publique, de la lutte contre la fraude, de la poursuite des infractions pénales ». Le décret est disponible sous http://www.arct.gov.bi/images/decretslois/decret1.pdf

[48] Par exemple en Côte d'ivoire le décret n°2021-916 portant adoption du référentiel général de sécurité des systèmes d'information et adoption du plan de protection des infrastructures critiques disponible sous decret_2021_916_du_22_decembre_2021.pdf (artci.ci)

de la loi n°051/98/AN du 4 décembre 1998 portant réforme du secteur des télécommunications. Cet article fixe les Conditions générales d'interconnexion des réseaux et services de télécommunications en précisant que : « les *opérateurs prennent l'ensemble des mesures nécessaires pour garantir le respect des exigences essentielles et en particulier : • a) la sécurité de formation des réseaux ; • b) le maintien de l'intégrité des réseaux ; • c) l'interopérabilité des services (...) »*.
A la suite du Burkina Faso, et plus récemment, l'exemple du Congo en matière de cybercriminalité[49] et cybersécurité[50] est illustrateur[51]. D'abord, le Congo s'inscrit en modèle en ce qu'il a conçu séparément deux textes en guise de garantie : un texte de loi pour réprimer les infractions cybercriminelles dans sa loi portant lutte contre la cybercriminalité et un texte pour assurer la cybersécurité. Il en ressort qu'en amont et en aval de la sécurité, est prise en compte la cybercriminalité telle qu'envisagée par la plupart des Etats dans le monde. Ensuite, le niveau d'exigence de responsabilité des opérateurs et des prestataires techniques constitue une garantie de sécurité pour les consommateurs et les personnes qui sollicitent ces opérateurs.
Les exemples d'autres Etats comme le Bénin[52], le Burundi[53], la Côte-d'Ivoire[54], le Mali[55], le Sénégal[56], le Togo[57] sont à mentionner : en plus de la sécurité des réseaux et des systèmes d'information qui est visée, celle des données à caractère

[49] Loi n° 27-2020 du 5 juin 2020 portant lutte contre la cybercriminalité, JO 2020-23.
[50] Loi n° 26-2020 du 5 juin 2020 relative à la cybersécurité, JO 2020-23.
[51] Puisque les deux textes séparent la lutte contre les infractions du numérique de la sécurité des systèmes d'information dans leur intégralité.
[52] Loi n° 2017-20 du 20 Avril 2018 portant Code du numérique en République du Bénin, disponible sous CODE-DU-NUMERIQUE-DU-BENIN_2018-version-APDP.pdf ; Loi n° 2009-09 du 22 mai 2009 portant protection des données à caractère personnel en République du Bénin.
[53] Décret N°100/085 du 25 juillet 2018 portant Cadre National de Collecte, de Diffusion, d'Accès, d'Archivage et de Sécurisation des Données et des Micro-Données disponible sous Décret N°100/085 du 25 juillet 2018 portant Cadre National de Collecte, de Diffusion, d'Accès, d'Archivage et de Sécurisation des Données et des Micro-Données – Présidence de la République du Burundi (gov.bi) ; loi n°1/10 du 16 mars 2022 portant prévention et Répression de la cybercriminalité au Burundi disponible sous Burundi - Loi n°1/10 du 16 mars 2022 portant prevention et repression de la cybercriminalite (www.droit-afrique.com) (gov.bi), consulté le 31 août 2024.
[54] Loi n°2013-450 du 19 juin 2013 portant protection des données à caractère personnel publiée au Journal Officiel de la République de Côte -d'Ivoire (JORCI) du 08 août 2013, p 474 et la loi n°2013-451 du 19 juin 2013 portant lutte contre la cybercriminalité publiée au JORCI du 12 août 2013, 450 E.C.
[55] Loi n° 2013-015 du 21 mai 2013 Portant protection des données à caractère personnel en République du Mali, Journal Officiel de la République du Mali du 28 juin 2013, numéro 26.
[56] Loi n° 2008-12 du 25 janvier 2008 portant sur la Protection des données à caractère personnel, disponible sur https://www.cdp.sn/supports-vulgarisation/booklet-loi-2008-12/Loi_2008-12_%5Bbooklet%5D.pdf, consulté le 21 août 2024.
[57] Loi n° 2019-014 relative à la protection des données à caractère personnel publiée au Journal officiel de la République Togolaise, du 29 octobre 2019, numéro spécial ter numéro 26.

personnel l'est également puisqu'il existe dans ces Etats des lois de protection des données à caractère personnel ou même plus exactement des codes du numérique. Ces lois ne sont pas encore parfaites en ce qu'elles n'abordent pas l'intégralité des problèmes nés du numérique ou ne les contextualisent pas suffisamment mais elles ont le mérite d'offrir des garanties essentielles de protection quant à l'intégrité, à la confidentialité et à la disponibilité des données que ces usagers transmettent aux entreprises.

Il convient ainsi de mentionner toutes les lois nationales à la périphérie[58], de protection des données à caractère personnel notamment les cadres légaux de transactions électroniques[59] ou encore de la règlementation des communications électroniques qui constituent la garantie fondamentale de la protection des droits des personnes en commençant par la formulation du consentement.

Il faut souligner que ces lois tirent leur inspiration des actes additionnels de 2010 de la Communauté Economique des Etats d'Afrique de l'Ouest[60] (CEDEAO) mais aussi d'autres textes comme ceux de l'Union Economique et Ouest Africaine (UEMOA)[61]. Ce qui implique que la dimension communautaire a plusieurs fois été la solution avant que d'autres Etats plus réticents réalisent l'importance de l'impact du numérique sur leurs obligations positives de protection de leurs peuples.

C'est cet aspect communautaire et de mutualisation des efforts qui a guidé la Zone continentale africaine de libre-échange, dans sa quête de la place du continent dans les débats internationaux : en effet, depuis le 09 février 2024, la Zone continentale africaine de libre-échange (ZLECAF) a introduit le protocole sur le commerce électronique[62], en vue d'établir un marché numérique unifié sur tout le

---

[58] Loi n° 2001-339 du 14 Juin 2001 instituant le paiement d'une contrepartie financière pour la délivrance de la licence définitive aux opérateurs de télécommunications ; loi n°2017-803 du 07 décembre 2017 d'orientation de la Société de l'Information en Côte d'Ivoire ; loi n° 2008-41 du 20 août 2008 portant sur la Cryptologie au Sénégal.

[59] En Côte-d'Ivoire par exemple avec la loi n° 2013-546 du 30 Juillet 2013 relative aux transactions électroniques publiée au JORCI du 12 septembre 2013 et compléter avec celle du Mali : la loi n°2016-012 du 06 mai 2016 relative aux transactions échanges et services électroniques disponible sous amrtp.ml/download/loi-n2016-012-du-6-mai-2016-relative-aux-transactions-echanges-et-services-electroniques/?wpdmdl=4055&refresh=66c7029d32f1c1724318365, consulté le 24 août 2024.

[60] Acte additionnel A/SA.1/01/10 du 16 février 2010 relatif à la protection des données a caractère personnel dans l'espace de la CEDEAO disponible sous https://www.afapdp.org/wp-content/uploads/2018/06/CEDEAO-Acte-2010-01-protection-des-donnees.pdf; Acte additionnel A/SA.1/01/10 du 16 février 2010 relatif aux transactions électroniques disponible sous https://droit-afrique.com/upload/doc/uemoa/CEDEAO-Acte-2010-02-transactions-electroniques.pdf, consulté le 26 août 2024.

[61] Directive n° 04/2006/cm/UEMOA relative au service universel et aux obligations de performance du réseau ; Règlement n°15/2002/CM/UEMOA du 23 mai 2002 relatif aux systèmes de paiement dans les états membres de l'Union Economique et Monétaire Ouest Africaine (UEOMA).

[62] Guide TRALAC sur le commerce dans l'économie numérique disponible en version électronique sur https://tradeunionsinafcfta.org/fr/protocole-zlecaf-sur-le-commerce-electronique/ consulté le 31 août 2024.

continent, en soulignant le rôle central du commerce numérique dans l'avenir économique de l'Afrique et ses interactions avec l'économie mondiale. Ce protocole doit être exploité par tous les Etats signataires au titre des garanties des droits humains relatifs au numérique. Il confère une place de choix aux Etats africains surtout dans le positionnement stratégique lié au numérique.
En application des textes édictés, plusieurs institutions sont créées et sollicités. Elles présentent une réalité institutionnelle, qui apparaît comme un gage de l'expression d'une souveraineté potentielle numérique des Etats africains.

2.Une réalité institutionnelle des droits humains à l'ère numérique

Force est de constater cependant que le recours aux juridictions pénales est peu exercé. Il y a, à ce jour, très peu de décisions de justice dans le domaine de la lutte contre la cybercriminalité et la jurisprudence en la matière est peu foisonnante. Il aurait été intéressant de trouver beaucoup de décisions de justice sur des questions pointues comme l'usurpation d'identité via les réseaux sociaux notamment. Est-ce à dire que les populations signalent peu ces infractions en portant plainte notamment ? Ou alors la raison est-elle liée au fait que plusieurs plaintes sont classées sans suite du fait de la difficulté de constituer des preuves sur ces questions ?
A ce stade de la réflexion, il convient de souligner que si certaines infractions, qui nécessitent des preuves électroniques ont du mal à connaître des sanctions judiciaires, les institutions comme la plateforme de lutte contre la cybercriminalité[63] en Côte d'Ivoire ou même les brigades de lutte contre la cybercriminalité au Sénégal[64] sont des organismes permettant aux Etats d'assurer à leurs populations la défense de leurs droits face aux violations éventuelles liées au numérique.
Ces interrogations relatives au recours au juge pour assurer la garantie des droits des citoyens en lien avec le numérique oblige à constater qu'il convient de ne pas se limiter au juge dans son acception traditionnelle : en matière de garantie des droits liés au numérique, non seulement le juge pénal, ou même les autres juridictions peuvent être sollicités, mais également les autorités de protection des données à caractère personnel et même parfois, pour les cas où elles sont distinctes[65], les autorités de contrôle des données, en leur qualité d'institutions

---

[63] Composée d'enquêteurs, d'ingénieurs et de techniciens en matière de lutte contre la cybercriminalité, la Plateforme de Lutte Contre la Cybercriminalité effectue des enquêtes judiciaires et organise la traque contre les cybercriminels.
[64] « Une division contre la cybercriminalité au sein de la police judiciaire », *Justice*, disponible sur https://www.lessentiel.sn/Une-division-contre-la-cybercriminalite-au-sein-de-la-police-judiciaire_a2454.html, consulté le 29 août 2024.
[65] Il arrive dans certains cas que l'autorité de protection soit différente de celle qui effectue les contrôles. A ce sujet, les lignes directrices sur la protection des données à caractère personnel pour l'Afrique, une initiative conjointe de l'Internet Society et de la Commission de l'Union africaine, distingue les Autorités de protection des données (DPA) des Contrôleurs de données et responsables du traitement des données au niveau de leurs rôles. Il est précisé dans ces lignes que les autorités de protection des données ont pour rôle d'accroître la sécurité juridique, en

juridictionnelles quand elles prennent des sanctions ou rendent des avis en matière de contrôle des règles d'intégrité, de confidentialité ou de données sont concernées.
A cet effet, et pour ce faire, des institutions comme la Commission des Données Personnelles au Sénégal, rendent régulièrement des avis quant à l'application des textes en faveur de la conservation des données notamment. En témoigne un récent avis sur l'usage de la biométrie sur les lieux de travail et de la collecte des données qui suit son recours[66].
C'est dans cette optique que s'inscrivent les avertissements, mises en demeure ou sanctions prononcées en cas de manquements notamment des entreprises à leurs obligations comme cela a été le cas récemment dans la décision du conseil de Régulation contre les plateformes numériques YANGO en Côte-d'Ivoire[67]. Cette décision adresse un avertissement et met en demeure la société YANGO CIV LLC en matière de protection des données à caractère personnel. L'Autorité de Régulation des Télécommunications de Côte-d'Ivoire a ordonné à YANGO CIV LLC *de désactiver immédiatement et jusqu'à nouvel ordre l'option d'enregistrement des conversations téléphoniques sur l'application YANGO.* De plus, la société a été sommée *de supprimer sans délai les données d'enregistrement audio des clients.*
Ce type de décision est une occasion pour l'autorité de régulation de préciser davantage certaines dispositions qui peuvent parfois prêter à confusion comme l'exigence de déclaration des traitements et la démarche administrative de mise en conformité des entreprises aux lois locales de protection des données à caractère personnel.
S'il se dégage des textes et des institutions que la moisson est abondante, la réalité pratique reste perfectible en termes d'actions concrètes garantissant leurs droits aux citoyens à l'ère numérique.

B. Une réalité pratique perfectible

La réalité de la protection est perfectible en ce qu'elle doit prendre davantage en compte l'aspect préventif des infractions (1) commises contre les personnes dans

---

appliquant les lois sur la protection des données, en enquêtant sur les violations présumées de la vie privée, en imposant des sanctions, le cas échéant, et en travaillant avec les groupes de parties prenantes et d'autres DPA tandis qu'il revient aux contrôleurs de données de créer et appliquer des pratiques responsables et durables en matière de traitement des données à caractère personnel, qui prenne en compte les intérêts de la personne concernée ainsi que ceux du contrôleur de données et des partenaires : voir à cet effet les lignes directrices du 9 mai 2018 disponibles sous https://au.int/sites/default/files/newsevents/workingdocuments/37470-wd-annex_3_aucprivacyguidelines_201809june_final_fr.pdf, consulté le 25 août 2024.

[66] Cf. délibération de portée générale n°00645/CDP du 13 avril 2023 relative à l'utilisation de dispositifs biométriques dans les lieux de travail, disponible sur https://www.cdp.sn/autres-deliberations, consulté le 26 août 2024.

[67] Décision n°2023-0937 en date du 23 août 2023, décision disponible sous https://www.artci.ci/images/stories/pdf/decisions_conseil_reg/decision_2023_0937_conseil_regulation.pdf, consulté le 27 août 2024.

le cadre du numérique[68]. En marge de cet aspect législatif, les garanties seront davantage explicitées avec l'augmentation des cas soumis aux juges et aboutissant à un traitement juridictionnel ou même judiciaire, de plus en plus exigé (2).

1.La prise en compte de l'aspect préventif des infractions aux droits humains à l'ère numérique

Garantir les droits humains à l'ère du numérique suppose l'existence de normes davantage préventives. C'est pourquoi, une première recommandation à cet effet réside dans le toilettage des textes existants en vue d'une clarification des domaines du numérique. En Côte d'Ivoire par exemple la question de la déclaration des entreprises[69] et de leur autorisation, pour effectuer conformément à la loi, des traitements n'est pas claire et la pratique est sujette à discussions constantes.

En outre, et ce, en guise de deuxième recommandation, il serait intéressant de conférer une vraie autonomie à certaines institutions ayant vocation à protéger davantage les personnes dans le numérique est fortement recommandé. La question des institutions élaborées dans le cadre des avancées numériques a souvent des allures de simples déclarations quand la pratique laisse parfois transparaître que les avis émis par certaines commissions comme au Sénégal souffrent par manque d'écho réel. Les avis fournis par les institutions de protection qui agissent en amont pourraient contribuer à une anticipation des infractions ou des écueils dans le domaine du numérique. En cela les deux recommandations sont complémentaires et convergent vers l'exigence de la multiplication des cas soumis au juge, garant des libertés fondamentales.

2.Une exigence quant à la croissance de la casuistique juridictionnelle

Avoir davantage de décisions de justice grâce à des textes législatifs qui adressent des questions posées à l'occasion des cas soumis au juge pénal mais aussi aux juridictions spécialisées et dédiées au numérique serait un avantage considérable. La garantie d'un procès équitable et de pouvoir faire valoir ses droits dans le domaine du numérique est encore aujourd'hui très attendue. Il existe très peu de jurisprudence sur les problèmes liés au numérique alors que les juges africains ont encore de nombreux domaines à clarifier : la conservation générale

---

[68] J.-P.VAN BELLE, Rapport 2018 sur la révolution des données en Afrique statut et impacts émergents des données ouvertes en Afrique, élaboré sous l'égide du Centre pour la technologie de l'information et le développement national en Afrique (CITANDA), Université de Cape Town, Afrique du Sud, Le Programme des Nations Unies pour le développement (PNUD) La Commission Economique des Nations Unies pour l'Afrique (CEA) La World Wide Web Foundation (WF) Le Réseau Données ouvertes pour le développement (OD4D), adrr_2018_fr_web_.pdf (uneca.org) consulté le 30 août 2024.

[69] Voir par exemple un avis de l'expert L. BRANDRE, dans la pratique et la formation des entreprises, avis publié sur « Quelles politiques de protection des données personnelles utilisent les entreprises en Afrique pour la sécurité de leurs employés ? » disponible sur le site d'Africa Cybersécurité Magazine : https://cybersecuritymag.africa/consulté le 30 août 2024.

des données par les entreprises[70] a fait l'objet d'une décision européenne qui a par la suite été relayée dans les cours françaises[71] . A ce stade, les juges africains ne se sont pas prononcés alors que de nombreuses institutions internationales sont implantées en Afrique et conservent les données des africains. Quelle est la position de nos cours de justice africaines sur ce point ? l'interrogation reste pour l'heure de mise.

Par ailleurs, la garantie offerte aux individus, quand ils ont recours au numérique gagnerait à s'améliorer et à être plus efficace si une stratégie numérique plus concertée en amont était élaborée en tenant compte d'une mutualisation des efforts entre les Etats africains. Les stratégies conçues par les Etats semblent trop éparses et dispersées de sorte qu'elles donnent le sentiment d'avoir une stratégie par zone communautaire.

En effet, autour de la Convention de Malabo récemment ratifiée, il est possible d'élaborer une vraie coopération judiciaire et une vraie culture de cybersécurité qui tiennent compte des disparités et des avancées de chaque Etat de l'Afrique pour créer un cadre plus intensifié et plus confiant. Il en résulterait une création coordonnée en vue d'une réelle souveraineté numérique : les Etats africains devraient dans ce cadre élaborer et imposer des normes de conformité tirées de leurs traditions et des atouts ainsi que des avantages de chaque culture. L'idée d'insérer les langues maternelles faciles d'accès dans certains Etats et permettant à un nombre important des populations de comprendre l'outil numérique est une autre piste à explorer davantage.

Enfin, au titre des efforts à intégrer au niveau des Etats africains, l'intervention du juge doit davantage être perfectionnée dans ce domaine[72]. Il faut entendre dans cette optique, que le fait que la garantie des droits en général est revendiquée devant les juges, est une occasion d'exiger des compétences accrues en la matière et ce, en vue de décisions de qualité supérieure.

---

[70] CJUE gr.ch., 21 décembre 2016, *Tele2 Sverige AB* et *Secretary of State for the Home Department c. Tom Watson*, Aff. C-203/15 et C-698/15 : même pour des motifs de sauvegarde de l'ordre public, les États membres ne pouvaient imposer une obligation générale, y compris pendant une durée prédéterminée, de conservation de données aux fournisseurs de services de communications électroniques.

[71] S'agissant de la conservation des données au titre de l'article 34-1, III, du code des postes et des communications électroniques, mis en application par l'article 3.10-13 du même code, tel qu'en vigueur à l'époque des faits, la Cour retient que ces dispositions « ne sont conformes au droit de l'Union qu'en ce qu'elles imposent une obligation de conservation des données de trafic et de localisation pour la recherche, la constatation et la poursuite des infractions incriminées aux articles 410-1 à 422-7 du code pénal ». S'agissant de la durée, la Cour retient que la conservation pour une année apparaît comme strictement nécessaire aux besoins de sauvegarde de la sécurité nationale. Enfin, la Cour précise que « cette obligation de conservation ne vaut injonction au sens où l'entend la CJUE et cette conservation n'est régulière que si le juge saisi du contentieux constate, sous le contrôle de la Cour de cassation, l'existence d'une menace » grave, réelle et actuelle ou prévisible pour la sécurité nationale.

[72] N. BLANC et M. MEKKI (dir.), *Le juge et le numérique : un défi pour la justice du XXIe siècle* : Dalloz, coll. « Thèmes et commentaires », 2019, p 47.

A l'instar de la jurisprudence européenne qui s'est construite au fil des applications pratiques et des questions des usagers, les populations gagneraient à adresser des demandes au juge afin de garantir leurs droits aussi bien pour les faire reconnaitre que pour les défendre en cas de violation. En cela, *internet concourt à l'affermissement de l'une des libertés les plus fondamentales de l'homme*[73] : la liberté d'expression. C'est ainsi que par son arrêt *Tele2 Sverige* du 21 décembre 2016, la Cour de justice de l'Union européenne a aussi précisé, d'une manière qui peut paraître excessivement contraignante, les conditions de la conciliation des impératifs de sauvegarde de l'ordre public avec le droit à la protection des données personnelles et au respect de la vie privée et familiale dans un sens résolument favorable à ces derniers. Elle a ainsi jugé que, même pour des motifs de sauvegarde de l'ordre public, les États membres ne pouvaient imposer une obligation générale, y compris pendant une durée prédéterminée, de conservation de données aux fournisseurs de services de communications électroniques[74].

C'est pourquoi les questions de respect des droits humains primordiaux sont des problématiques dont les juges africains doivent avoir la maitrise. Parmi ces droits, on note les droits à la vie privé, les droits à la déconnexion, les droits liés aux publications sur les réseaux numériques et même les droits à liés à la qualité de récepteur ou même de consommateurs. Il arrive que le juge soit saisi des questions de violations des droits en matière de numérique. Il est de la sorte permis au juge, avec les cas qui lui sont soumis, d'offrir les garanties juridictionnelles attendues, aux populations. C'est ainsi que le juge sénégalais s'est prononcé sur l'incrimination d'actes malveillants commis en atteinte à la protection à la vie privée et à leurs données à caractère personnel, et ce via les outils numériques ou systèmes d'information. Dans le jugement n° 3375 du 29 juillet 2009[75], le Tribunal Régional Hors Classe de Dakar a statué sur une tentative d'escroquerie par le biais d'un système informatique. En l'espèce, il s'agissait de condamner les agissements d'une personne, qui utilisant les nouvelles technologies (un site web et des SMS), proposait des relations sexuelles en contrepartie d'une offre d'emploi.

En outre, quelques mois plus tard, dans la décision n° 4241/ 09 du 18 septembre 2009[76], le juge sénégalais a condamné un prévenu pour avoir accédé frauduleusement à tout ou partie d'un système informatique. En l'espèce, il est reproché au prévenu d'avoir accédé à l'ordinateur d'un collègue et d'envoyer dans sa propre boîte électronique une copie de données de nature commerciale. En application de l'article 431-8 de la loi sur la cybercriminalité, le juge, pour condamner le prévenu à trois mois d'emprisonnement assorti du sursis, soulève

---

[73] Intervention de J.-M. SAUVE, lors de la remise des prix de thèse de la Fondation Varenne le 12 décembre 2017, la protection des droits fondamentaux à l'ère du numérique - Conseil d'État (conseil-etat.fr) consulté le 28 août 2024.

[74] CJUE gr.ch., 21 décembre 2016, Tele2 Sverige AB et Secretary of State for the Home Department c. Tom Watson, aff. C-203/15 et C-698/15.

[75] Tribunal Régional Hors Classe de Dakar, jugement n° 3375 du 29 juillet 2009.

[76] Tribunal Régional Hors Classe de Dakar, jugement n° 4241/ 09 du 18 septembre 2009.

l'absence d'une autorisation du propriétaire de l'ordinateur. Ce constat matérialise le caractère frauduleux de tout accès à un système informatique sans autorisation du responsable.
Il serait profitable aux populations que le juge se prononce de plus en plus sur ces infractions qui semblent malheureusement banalisées sous les cieux africains, alors pourtant qu'elles produisent d'importants dégâts psychologiques comme des suicides : il s'agit des menaces de publications d'images à caractère sexuel et de harcèlement sexuel sur les réseaux sociaux (Facebook, Instagram, Twitter, Snapchat, WhatsApp), des fraudes sur les transactions électroniques, utilisation frauduleuse d'éléments d'identification de personne physique, qui constituent des atteinte à l'image et à l'honneur en plus d'utiliser des canaux d' escroquerie en ligne[77].
Il est possible au titre des illustrations jurisprudentielles de mentionner l'hypothèse récente de la décision nigériane condamnant le géant des réseaux sociaux Meta afin de sanctionner une violation de la protection des données des consommateurs[78]. Ces hypothèses ne sont pas toujours portées devant les juridictions, or il y a plusieurs qui pourraient présenter des cas de traitement judiciaire garantissant que les droits concernés soient de plus en plus respectés par les contrevenants.
C'est d'ailleurs dans ce cadre qu'il faut relever le rôle des institutions encadrant les agissements des pouvoirs exécutifs notamment dans le respect des droits liés aux données : par la décision de l'autorité sud-africaine de protection des données à caractère personnel, dénommée « régulateur » en charge de la protection des renseignements personnels, a, dans sa fonction juridictionnelle, le 3 juillet 2023, émis à l'encontre du ministère de la Justice et du Développement constitutionnel une sanction pour manquement au respect de la loi sud-africaine sur la protection des renseignements personnels de 2013 (POPIA)[79].
En marge du juge, et ce, dans les échanges des informations, les droits des personnes peuvent être violés : des entreprises qui ne respecteraient pas les conditions de transfert des données des personnes d'un Etat à un autre notamment. C'est dans ce cadre que les autorités de protection peuvent, du fait de leurs

---

[77] D'ailleurs, au sujet de ces infractions, le directeur de l'Informatique et des Traces technologiques (DITT) au ministère de l'Intérieur et de la Sécurité, colonel MOUSSA GUELPETCHIN OUATTARA, la Plateforme enregistre, en moyenne, 4 500 à 5 000 plaintes par an, en Côte d'Ivoire, cf. lutte contre la cybercriminalite en cote d'ivoire : des resultats probants (www.gouv.ci)

[78] Meta, la maison mère de Facebook et WhatsApp, fait face à une amende historique de 220 millions de dollars infligée par le Nigéria pour des violations répétées de la protection des données personnelles et des droits des consommateurs. Cette décision marque un tournant dans la régulation des géants de la tech en Afrique, voir Nigéria : Meta sous le coup d'une amende de 220 millions de dollars pour non-respect des données personnelles (afrik.com).

[79] Publication du ministère de la Justice en Afrique du sud, disponible sur https://inforegulator.org.za/wp-content/uploads/2020/07/MEDIA-STATEMENT-INFRINGEMENT-NOTICE-ISSUED-TO-THE-DEPARTMENT-OF-JUSTICE-AND-CONSTITUTIONAL.pdf

missions juridictionnelles, rendre des décisions aux allures d'alerte, de sanctions[80] ou d'avertissement[81] ou même émettre des avis, pour alerter les entreprises, les recadrer avec des avertissements ou même les sanctionner en cas de nécessité.

La création notamment d'institutions comme des juridictions davantage spécialisées telles que le pôle pénal économique et financier[82], tel que prévu, est une juridiction correctionnelle de premier degré, spécialisée en matière de délinquance économique et financière, en Côte-d'Ivoire par exemple seront de plus en plus appréciées. En effet, ces juridictions spécialisées permettraient de rendre plus précise les décisions et actes des juges en faveur d'une réalité plus plausible des garanties de reconnaissance et de défense des droits des populations pour des domaines aussi spécifiques que sont les questions liées au numérique. Ces juridictions, si elles existent aujourd'hui, ne doivent plus se cantonner aux infractions comme le blanchiment des capitaux mais doivent davantage s'intéresser à traiter comme leurs noms l'indique les infractions de criminalité financière et technologique.

Les actes perpétrés à l'ère du numérique concerne directement ce domaine : on en veut pour preuve les détournements de fonds via les ransomware, les usurpations d'identité des pages de réseaux sociaux, les cyberattaques à destination des banques et même des institutions publiques comme les hôpitaux ou même les systèmes d'information des universités.

CONCLUSION

Le numérique influence considérablement le quotidien des hommes et ce quelle que soit la société considérée. Il a certes des aspects positifs en ce qu'il améliore le quotidien mais il a aussi des effets négatifs en ce qu'il peut faciliter des préjudices à ses utilisateurs aussi bien les personnes physiques, morales que les Etats[83]. C'est fort de ces aspects négatifs que porte le numérique que les Etats ont une obligation d'assurer la garantie du respect des droits de leurs populations.

Au titre de cet exercice relatif aux garanties des droits humains, il n'est pas toujours aisé pour les Etats d'assurer un équilibre entre la recherche de la souveraineté numérique et la garantie de tous les droits de ceux qui ont recours au numérique. En l'état actuel, des efforts considérables sont déployés, pour élaborer un cadre législatif et règlementaire rassurant sur toute l'étendue du continent

---

[80] Décision n°2022-0804 du Conseil de Régulation de l'Autorité de Régulation des Télécommunications/TIC de Côte d'Ivoire en date du 12 décembre 2022 portant sanction de l'opérateur MTN Côte d'Ivoire (MTN CI) pour manquements à ses obligations de qualité de service au titre de l'année 2021.

[81] Décision n°2023-0899 de l'Autorité de Protection de la République de Côte d'Ivoire en date du 08 juin 2023 portant avertissement et mise en demeure de la société BICICI en matière de protection des données à caractère personnel.

[82] Juridiction ivoirienne spécialisée créée par la loi n°2022-193 du 11 mars 2022 portant création fonctionnement du pôle pénal économique et financier.

[83] Pour une illustration concrète, la billetterie de la Coupe d'Afrique des Nations, organisée pour son édition de 2023 en Côte-d'Ivoire a fait l'objet de cyberattaques causant des possibilités infinies d'achats de billets de matchs à des prix dérisoires. Dans ce cadre, le numérique devient un vecteur pour commettre des infractions pénales portant atteinte aux Etats.

africain, en dépit des difficultés d'adaptation et de mise en œuvre desdits encadrements. La tâche n'est pas rendue facile par le contexte technologique, la présence des entreprises, hautement technologiques et économiquement puissantes et surtout étrangères au continent africain.
La donnée qu'elle soit informatique, publique ou à caractère personnel reste le terreau du numérique, de ses améliorations et des éventuels détournements ou infractions qui peuvent être perpétrées.
A la question de savoir comment les Etats assurent l'équilibre entre leur recherche de souveraineté et le respect des droits humains à l'ère du numérique, il est possible de répondre que les Etats africains sont encore à un stade de prise de conscience de l'importance de la nécessité d'une souveraineté numérique sans avoir réellement franchi les grands sauts attendus. D'autres efforts concrets restent à effectuer dans le sens d'une mutualisation accrue des forces des Etats africains. L'accélération de ces activités, dans le sens de prendre les rênes de leur propre souveraineté numérique, les rendant totalement indépendants des Etats occidentaux et orientaux et de leurs grandes entreprises technologiques. Les avancées des Etats africains en termes de pratique et d'application des textes édictés doivent être plus exponentielles compte tenu des progrès liés aux nouvelles problématiques de l'intelligence artificielle et de la fabrication et surtout de l'hébergement local des données, ainsi que celles des objets connectés qui se présentent déjà en des termes assez complexes[84]. Les bonnes pratiques par des actes seront davantage plus au faîte de la réalisation des droits reconnus aux citoyens. Permettre davantage aux talents africains de s'exprimer en leur ouvrant des champs de possibles aussi bien financiers que pratiques.

---

[84] Sécurité numérique : Une protection des données centrée sur l'Afrique (2ème partie) - Resilient Digital Africa (digital-africa.co)

L'efficacité de la lutte contre l'usurpation d'identité numérique au Mali

Ousmane Alassane SIDDO
Enseignant chercheur à la Faculté de Droit Privé
De l'Université des Sciences Juridiques et Politiques de Bamako

Résumé

L'identité numérique est au cœur de la confiance numérique. Sans une gestion fiable de l'identité numérique, il est illusoire de croire au développement des services de confiance. L'usurpation d'identité, bien que peu médiatisée, est bien réelle et constitue un obstacle au développement de l'espace numérique. Sans une identité fiable et qualifiée, l'utilisation du numérique sera difficile et les auteurs des infractions seront difficilement identifiés.

Si l'identité n'est pas sécurisée, la probabilité de l'augmentation de la fraude va s'accroître, les conséquences associées à cette fraude seront de plus en plus préjudiciables pour les usagers des services numériques. Pour cela, l'Etat malien a engagé une lutte contre l'usurpation d'identité numérique, mais cette lutte est loin d'être efficace.

Mots clés : efficacité-cybercriminalité- identité- numérique-usurpation

Summary

Digital identity is at the heart of digital trust. Without reliable digital identity management, it is unrealistic to believe in the development of reliable services. Identity usurpation, although a bit broadcasted, is very real and constitutes an obstacle to the development of the digital space. Without a reliable and qualified identity, the use of digital technology will be difficult and the perpetrators of the offenses will be difficult to identify.

if identity is not safe, the likelihood of increased fraud will increase, the consequences associated with this fraud will be increasingly harmful for users of digital services. For this reason, the Malian State has initiated a struggle against digital identity usurpation, but this struggle is far from being achieved.

Keywords: effectiveness - cybercrime- identity- digital – usurpation

Introduction

« L'informatique doit être au service de chaque citoyen. Son développement doit s'opérer dans le cadre de la coopération internationale. Elle ne doit porter atteinte ni à l'identité humaine, ni aux droits de l'homme, ni à la vie privée, ni aux libertés individuelles ou publiques[1] *».*

Le développement de l'internet au Mali à partir de l'an 2000[2] et la prolifération des réseaux sociaux quelques années plus tard ont favorisé l'apparition des nouvelles pratiques. Ces éléments électroniques font partie de la vie quotidienne des maliens aujourd'hui. Il serait même difficile de constater que les communications électroniques ne soient pas utilisées dans une journée[3]: soit pour se connecter sur les réseaux sociaux, écrire un courriel, ou même encore acheter un bien sur un site, même si cette dernière pratique n'est pas fréquente au Mali[4].
Les communications électroniques ont pris d'assaut le mode de vie des maliens, et sont devenues indispensables. A partir de là, l'identité numérique s'est imposée et est devenue courant, car sans identité, la société ne peut reconnaître l'existence des droits comme la propriété, l'accès à des services administratifs, sociaux, financiers, ou constater la bonne exécution des devoirs[5].
Prouver son identité numérique est rendu encore plus nécessaire par la multiplication rapide des transactions électroniques, qui s'effectuent le plus souvent à distance et non en face à face[6]. Compte tenu des moyens et bénéfices qu'elle apporte, l'identité est devenue l'objet de toutes sortes de fraudes sur l'internet[7].
Le monde est confronté à des défis qui tournent de plus en plus autour de la gestion des identités : l'usurpation d'identité se multiplie au même moment que le monde numérique apporte des nouvelles pratiques instantanées, ludiques,

---

[1] A. VITALIS, « Informatique et libertés » : une histoire de trente ans in *Hermès, La Revue* 2009/1 (n° 53), p.2.

[2] A.J. A. TANO-BIAN, *La répression de la cybercriminalité dans les Etats de l'Union européenne et de l'Afrique de l'Ouest,* Thèse de Doctorat de la faculté de droit de l'Université Paris Descartes 2014/2015, p.233.

[3] Y. KASSIANIDES, « Identité numérique : enjeux et solutions » in *dossier de presse* juin 2012, disponible sur www.confiance-numerique.fr, consulté le 14 Avril 2021.

[4] Le commerce électronique existe mais pas trop développé au Mali. Cette activité est régie au Mali par la loi N°2016-012 du 6 Mai 2016 relative aux échanges, transactions et services électroniques.

[5] P. ARRIGO, « La cybercriminalité : vers une régulation internationale de l'Internet ? », *Gaz. Pal.*, 16 octobre 2001, n°289, p. 35.

[6] Le commerce électronique par exemple : achat et vente sur l'inertent.

[7] Vous procédez à un achat en ligne. Pour payer, vous pouvez opter pour le paiement par carte bancaire, en communiquant les informations le numéro de la carte, date de validité et le code de sécurité. Toutes ces informations sont marquées en clair sur la carte. Toute personne qui a eu la carte entre ses mains, ne serait ce que quelques instants, peut en prendre connaissance, et donc s'en servir frauduleusement.

sociales, mais aussi commerciales et administratives. Par ces usages diversifiés qu'il propose, certains risques tendent à se développer. La fraude à l'identité peut être non seulement le fait de personnes malintentionnées, mais aussi celui de réseaux mafieux organisés pour exploiter cette fraude et maximiser des profits délictueux[8].

Le phénomène d'usurpation d'identité est par conséquent florissant. Il met en exergue à lui seul plusieurs problématiques. Depuis quelques années, ce phénomène est devenu une des inquiétudes majeures des États d'Afrique de l'Ouest francophone et particulièrement le Mali[9], dans le cadre de la lutte contre la cybercriminalité. La raison de telles inquiétudes, tient au fait que cette forme de criminalité peut toucher chacun. Elle peut, tantôt concerner une personne physique, tantôt une personne morale, comme l'Administration elle-même. Or les services de l'internet font désormais partie de la vie courante[10]. Les internautes confient de plus en plus des données personnelles à des plates-formes de services, et recourent à un nombre grandissant de mots de passe et d'identifiants à mémoriser[11].

Cependant, bien qu'il soit incriminé presque dans tous les pays de l'Afrique de l'Ouest francophone et au Mali en particulier, l'usurpation d'identité numérique persiste. Ce délit constitue aujourd'hui un véritable souci pour les maliens, car nul n'est épargné par le phénomène. C'est ce qui a motivé le choix de ce sujet intitulé, l'efficacité de la lutte contre l'usurpation d'identité numérique au Mali.

En effet, selon le Doyen Carbonnier, l'efficacité est un mode d'appréciation des conséquences des normes juridiques et de leur adéquation aux fins qu'elles visent[12]. Pour ce qui concerne, l'usurpation d'identité numérique, elle ne fait pas l'objet d'une définition harmonisée[13]. Certains optent pour une vision large du

---

[8]Y. KASSIANIDES, « Identité numérique : enjeux et solutions », Op. cit. p. 5.

[9] Idem, p. 8.

[10]V. La loi N°2019-056 du 05 Décembre 2019 portant répression de la cybercriminalité, publiée dans le journal officiel N°43 du 13 décembre 2019.

[11]L'identité numérique est une réalité quotidienne. Le besoin, c'est de sécuriser cette identité numérique pour qu'elle ne soit pas, ou très difficilement fraudable afin de protéger l'internaute contre le traçage de ses transactions et protéger les données le concernant qu'il communique.

[12]J. Carbonnier, Sociologie juridique, 1ère éd., 1978, réédition PUF, Coll. Quadrige, 1994, p. 17 : « Le juriste dogmatique est, par profession, logé à l'intérieur d'un système juridique, son système national. Ne fût-il que théoricien, il peut légitimement prétendre agir sur son droit, car il en fait partie, puisqu'il est un membre de la doctrine (tout docteur participe à la doctrine) : à ce titre, il est lui-même autorité dans le droit, s'il n'est pas tout à fait source du droit. Le sociologue, au contraire, demeure en dehors du système qu'il observe, ce système fût-il le sien, et l'observation qu'il en fait ne saurait le moins du monde en influencer le fonctionnement. En d'autres termes, la sociologie juridique connaît la séparation radicale, propre aux sciences expérimentales, entre l'observateur et la matière observée. Et si le droit est Dieu pour le dogmaticien, le sociologue, lui, s'impose de pratiquer l'athéisme méthodologique ». V. également, A.-J. Arnaud (dir.), Dictionnaire encyclopédique de théorie et de sociologie du droit, L.G.D.J., 1993, V° Efficacité.

[13]A.J. A. TANO-BIAN, *La répression de la cybercriminalité dans les Etats de l'Union européenne et de l'Afrique de l'Ouest,* Thèse de Doctorat de la faculté de droit de l'Université Paris Descartes 2014/2015, pp.221 à 325. Il convient de signaler qu'il y a eu une tentative

concept, couvrant à la fois l'usurpation d'identité en ligne et hors ligne, tandis que pour d'autres, elle ne constitue pas une infraction spécifique. Il existe donc des approches différentes par rapport à sa nature juridique : délit pénal spécifique, délit civil ou encore une étape préparatoire d'infraction comme la fraude, la falsification, le terrorisme ou le blanchiment d'argent. L'usurpation d'identité numérique est donc une activité illicite aux multiples aspects, qui s'inscrit généralement dans la chaîne d'infractions ou de délits plus large. Elle peut même se réaliser en différentes étapes. Cette complexité ouvre la voie à différentes qualifications du phénomène usurpation d'identité numérique[14].

L'usurpation d'identité est le fait de prendre délibérément l'identité d'une autre personne dans le but de réaliser des actions frauduleuses commerciales, civiles ou pénales, Quant à l'identité numérique, c'est un identifiant auquel s'ajoute un mot de passe, une adresse email, adresse IP, numéro de téléphone ou d'abonné, adresse électronique, pseudonyme etc. Autrement dit l'ensemble des informations que l'internaute aura communiquées le concernant[15].

S'agissant de l'usurpation d'identité numérique : c'est le fait de faire usage d'une ou de plusieurs données, de toute nature, permettant d'identifier un tiers sur l'internet, dans le but de troubler sa tranquillité ou celle d'autrui ou de porter atteinte à son honneur ou à sa considération. En d'autres termes, il s'agit de prendre le nom d'un tiers sur l'internet dans des circonstances qui auraient pu entrainer des poursuites pénales à son encontre[16].

Pour tenir compte de tous ces facteurs, ce travail sera examiné sous l'angle péna l en conformité avec la loi portant répression de la cyber criminalité au Mali[17].

Le besoin est de sécuriser l'identité numérique pour qu'elle ne soit pas, ou très difficilement fraudable. Sans une gestion fiable de l'identité numérique, il sera illusoire de croire au développement des services de l'économie numérique.

---

d'harmonisation des textes relatifs à la Cybercriminalité de façon générale dans les pays membres de l'UEMOA. Cela a même fait l'objet d'un sommet des chefs de gouvernements des Etats membres de l'Union en 2010. Mais, à présent cette harmonisation n'est pas au rendez-vous. Au Mali par exemple, la loi N°2019-056 du 05 décembre 2019 portant répression de la cybercriminalité, publiée dans le journal officiel N°43 du 13 décembre 2019, ne définit pas clairement l'usurpation d'identité numérique. Elle a prévu simplement, la punition de l'infraction en son article 58 et a déterminé les conditions dans lesquelles on parle d'usurpation d'identité numérique.

[14]Document exploratoire sur le vol d'identité de la réunion ministérielle de l'OCDE, le futur de l'économie internet, Séoul, Corée du 17-18 juin 2008, p. 14.

[15]Y. KASSIANIDES, « Identité numérique : enjeux et solutions » in dossier de presse juin 2012, disponible sur www.confiance-numerique.fr, p. 9, consulté le 14 avril 2021. Voir également F. MATTATIA « l'usurpation d'identité sur internet dans tous ses états » in *Revue de science criminelle et de droit pénal comparé* 2014/2 N° 2, p. 332.

[16]S. GUINCHARD et G. MONTAGNIER (Dir), Lexique des termes juridiques, Paris, 24ème éd Dalloz, 2016-2017, p. 1107.

[17]Article 58 de la loi N°2019-056 du 05 Décembre 2019 portant répression de la cybercriminalité, publiée dans le journal officiel N°43 du 13 décembre 2019.

La pluralité des approches par rapport à la nature juridique de l'usurpation d'ide ntité numérique et les stratégies des délinquants qui commettent cette infraction rendent complexe, la lutte contre le phénomène. Ces aspects jouent énormément sur les efforts de l'Etat malien, dans le cadre de la lutte répressive. A ce titre, il sera donc important de savoir si, la lutte contre l'usurpation d'identité numérique au Mali est-elle efficace ?

Ce sujet revêt assez d'intérêts : sur le plan théorique, il nous permettra d'analyser la lutte contre l'usurpation d'identité numérique au Mali dans son ensemble; sur le plan pratique, nous verrons la manière par laquelle le phénomène est pris en charge par le droit malien.

En effet, pour traiter ce sujet, nous nous sommes intéressés à la méthode qualitative, en nous basant sur la recherche documentaire et les interviews dans les structures en charge des questions de cybercriminalité au Mali.

Ainsi, pour appréhender la quintessence du thème, il sera intéressant de voir dans une première phase la consécration de la lutte contre l'usurpation numérique (I), qui passe par l'incrimination et la répression du phénomène. Dans une seconde phase, il conviendra de signaler les insuffisances de la lutte contre l'usurpation d'identité numérique (II) pour des raisons diverses allant de l'inadaptation de certains textes aux réalités actuelles à l'impréparation en terme de capacité technique et juridique des acteurs de la lutte.

I.La consécration de la lutte contre l'usurpation d'identité numérique

L'évolution des mœurs et des techniques donne naissance à des nouvelles formes de délinquance[18]. De ce fait, les individus expriment un fort besoin de sécurité et de garantie de leurs identités à l'ère numérique[19]. C'est dans ce sens que le Mali a jugé utile à l'instar de plusieurs pays d'incriminer l'usurpation d'identité numérique (A) mais aussi de la réprimer
(B).

A.L'incrimination de l'usurpation d'identité numérique

L'usurpation d'identité numérique est une infraction non ignorée en droit malien (1), pour des multiples raisons qui ont d'ailleurs encouragé le législateur à aller vers une meilleure implication dans la lutte contre le phénomène (2).

1.L'usurpation d'identité numérique, une infraction non ignorée en droit malien

L'identité de l'individu représente un élément fondamental de sa personnalité, p récisément un élément de sa vie privée. Elle fait l'objet d'une protection pénale. Elle est aussi la première source d'intégration de l'individu au monde extérieur

---

[18]G. DESGENS-PASANAU et E. FREYSSINET, L'identité à l'ère du numérique, Paris édition Dalloz, 2009, p. 9.
[19] Idem.

et représente un premier pas dans l'exposition de sa vie privée[20]. Ainsi, la vie pri vée de l'individu se nourrit également des relations sociales qu'il entretient et de sa place au sein de la société. Dès l'instant où une personne peut être individualisée, sa vie privée est concernée, et dès l'instant où elle perd la maîtrise de l'information, sa vie privée est violée[21]. Par conséquent, identifier un individu, c'est porter atteinte à sa vie privée[22].

Le droit pénal malien n'a pas attendu le développement des usurpations d'identité sur le numérique, pour prendre en considération ce phénomène délictueux qui n'est en réalité pas nouveau. Plusieurs infractions renvoyaient déjà, avant l'adoption de la loi N°2019-056 du 05 Décembre 2019 portant répression de la cybercriminalité, à des comportements d'usurpation d'identité. Toutefois, si les comportements d'usurpation d'identité sont traditionnellement pris en compte par le droit pénal malien, le développement des formes d'atteinte à l'identité numérique a révélé une protection pénale incomplète de l'identité par les incriminations préexistantes[23].

Si l'usurpation d'identité n'est pas un fait nouveau, le délit d'usurpation d'identité numérique constitue de nos jours un moyen juridique récent, pour lutter convenablement contre ce phénomène qui pollue l'internet et le système d'information[24]. Ce délit est créé au Mali par la loi N°2019-056 du 05 Décembre 2019 portant répression de la cybercriminalité en son article 58 qui dispose que *« Est puni d'un emprisonnement de six mois à cinq ans et d'une amande de 500.000 à 10. 000.000 de francs CFA ou l'une des deux peines, quiconque usurpe l'identité numérique d'un tiers ou une ou plusieurs données permettant de l'identifier, en vue de troubler sa tranquillité ou celle d'autrui ou de porter atteinte à son honneur, à sa considération ou à ses intérêts »*. Mais aussi à travers

---

[20] La notion de vie privée ne peut dès lors être limitée à l'intimité des individus qui n'en constitue qu'une facette. Suivant cette idée, le Professeur Jacques Ravanas explique la difficulté de déterminer le contenu de la vie privée : « *le privé, c'est la solitude, c'est l'intimité ; mais c'est aussi la rencontre, c'est-à-dire un ensemble d'activités non solitaires et pas forcément intimes, si bien que l'intimité n'est que l'un des aspects de la vie privée* » (J. RAVANAS, *La protection des personnes contre la réalisation et la publication de leur image,* LGDJ, coll. « Bibliothèque de droit privé », 1978, p. 129, n° 107). Dans le même sens, Madame Delphine Chauvet affirme que « *la personne ne vit pas que dans le secret et qu'il ne faut pas sous-évaluer la protection de sa vie privée à son intimité* » D. CHAUVET, *Vie privée, étude de droit privé,* Thèse Université Paris-Sud, 2014, p. 89, n° 99, in E. STTELA, *l'adaptation du droit pénal aux réseaux sociaux en ligne,* Thèse de l'Université de Lorraine, 2019, p.152.

[21] D. CHAUVET, *Vie privée, étude de droit privé,* Thèse Université Paris-Sud, 2014, p. 83-84, n° 91, in E. STTELA, l'adaptation du droit pénal aux réseaux sociaux en ligne, Op.cit. p. 152.

[22] D. GUTMANN, *Le sentiment d'identité,* LGDJ, coll. « Bibliothèque de droit privé », 2000, p. 317.

[23] T. CASSUTO, « Usurpation d'identité numérique », *AJ Pénal* 2010, p. 220, in E. STTELA, l'adaptation du droit pénal aux réseaux sociaux en ligne, Op.cit. p. 152.

[24] Ibid.

l'adoption des instruments juridiques internationaux prenant en compte le phénomène[25].

Les échanges internationaux ont obligé les africains à s'aligner sur les normes internationales en matière de flux de données via les réseaux informatiques. C'est ainsi, qu'en Afrique de l'Ouest par exemple, la directive du 1er Août 2011 portant lutte contre la cybercriminalité dans l'espace de la CEDEAO, contient des dispositions sanctionnant les actes relevant de la cybercriminalité. Elle vise différents domaines pour lesquels les Etats sont appelés à légiférer. Il s'agit de la technologie et des domaines des communications et des télécommunications, de la coopération judiciaire, de technologies de l'information et de la communication, de la protection des données à caractère personnel, des transactions électroniques, de l'entraide judiciaire en matière pénale et de l'extradition. Au regard de l'ensemble de ces domaines visés par la directive CEDEAO portant lutte contre la cybercriminalité, il existe des sanctions édictées à l'encontre des délinquants. La mise en place de cet arsenal juridique contre la cybercriminalité a été d'abord faite sur un plan régional. Certains Etats membres de la Communauté Economique ont ensuite transposé les directives et continuent à mettre à jour leurs corpus législatifs de façon progressive, c'est le cas notamment du Mali. Mais, c'est dans la Directive de 2011 que la CEDEAO invite ses Etats membres à adapter leur droit pénal de fond et leur procédure pénale au phénomène de la cybercriminalité[26]. Cette Directive s'applique à toutes les infractions relatives à la cybercriminalité dans l'espace CEDEAO, ainsi qu'à toutes les infractions pénales dont la constatation requiert la collecte d'une preuve électronique[27]. Il convient quand même de signaler que cette directive ne vise pas spécialement l'usurpation d'identité numérique. Elle traite de façon globale les infractions liées à la cybercriminalité. C'est d'ailleurs pour cela qu'il sera important d'examiner les raisons de l'incrimination du phénomène d'usurpation d'identité numérique au Mali.

2.Les raisons de l'incrimination de l'usurpation d'identité numérique

La création de ce délit en droit malien provient du nombre grandissant d'usurpation d'identité numérique, surtout sur les réseaux sociaux, et dans les cyberespaces. Il convient de retenir que dans la plupart des cas, l'infraction est

---

[25]Convention de l'Union Africaine sur la cyber sécurité et la protection des données à caractère personnel, Acte additionnel A/SA.1/01/10 au Traité CEDEAO relatif à la protection des données à caractère personnel dans l'espace de la CEDEAO Directive c/dir/1/08/11 portant lutte contre la cybercriminalité dans l'espace de la CEDEAO adopté à Abuja du 17 au 19 Août 2021 par la soixante sixième session ordinaire du conseil des Ministres, la convention de 2001 sur la cybercriminalité, dite Convention de Budapest.

[26]Directive c/dir/1/08/11 portant lutte contre la cybercriminalité dans l'espace de la CEDEAO.

[27]V. Article 3 de la Directive c/dir/1/08/11 portant lutte contre la cybercriminalité dans l'espace de la CEDEAO.

commise dans l'optique soit de soutirer de l'argent à la victime, soit de troubler sa tranquillité ou celle d'autrui, soit de porter atteinte à son honneur[28].
En effet, le nouveau délit d'usurpation d'identité numérique permettra de couvrir au Mali un grand nombre de situations du monde virtuel et du monde réel[29]. Parce que d'une part, les victimes du phénomène d'usurpation d'identité numérique peuvent être des personnes physiques ou morales. D'autre part, l'infraction est constituée non seulement par le fait d'usurper l'identité d'un tiers, mais aussi le fait de faire usage d'une ou plusieurs données identifiantes d'une personne.
Une donnée identifiante peut correspondre aux informations relatives à l'identité d'une personne physique ou morale (nom, prénom, pseudonyme, dénomination sociale, sigle, marque, enseigne, nom de domaine nom commercial, un logo, etc.). Il peut être également des données de connexion comme l'adresse IP ou l'adresse email d'une personne, la photographie ou l'image représentant une personne physique ou morale. En somme toutes les données à caractère personnel peuvent être prises en compte dans ce cadre[30].
Par conséquent, peuvent être punissables selon la loi française par exemple les faits suivants :

- dissimuler ses propres agissements sur le net derrière l'identité d'une autre personne qui existe effectivement (pas derrière un pseudo) ;
- utiliser l'identité d'une personne ou certaine de ses données sans son consentement pour accéder à des informations confidentielles et / ou de nature privée et /ou protégées par le secret de correspondances (à titre d'exemple l'accès au poste de travail informatique d'une personne par l'utilisation de son identifiant ou login et son mot de passe, accès au compte de messagerie électronique, accès au compte d'une personne sur les réseaux sociaux ou forum, etc.) ;
- utiliser l'identité d'une personne (par exemple pour la création d'un profile sur une plateforme de partage d'informations, whatsapp ou facebook par exemple), pour faciliter l'entrée en relation avec une autre ;
- utiliser les coordonnées bancaires d'une personne pour réaliser un achat sur l'internet ;
- inscrire une personne sur une newsletter ou une pétition en ligne sans son consentement ;
- pirater un site internet ;

---

[28]M. griguer, « Le point sur la lutte contre l'usurpation d'identité numérique », in *cahier de droit de l'entreprise* N°4, Juillet- Août 2011, p.62.

[29] V. l'article 2 de la loi N°2019-056 du 05 Décembre 2019 portant répression de la cybercriminalité qui dispose que « la présente loi s'applique à :
- toute infraction commise au moyen des technologies de l'information et de la communication en tout ou partie sur le territoire de la République du Mali ;
- toute infraction commise dans le cyberespace et dont les effets se produisent sur le territoire national ».

[30]O. ITEANU, *L'identité numérique en question,* Eyrolles, 2008, p. 8.

- enregistrer et exploiter un nom de domaine reproduisant l'identité ou les données identifiantes d'une personne ;
- envoyer un mail injurieux ou diffamatoire à plusieurs destinataires sous le nom d'une autre personne ou encore twitter au nom d'un autre personne.

Ce nouveau délit peut aussi s'appliquer facilement dans le cadre des affaires d'espionnage industriel et commercial, souvent constituées à travers l'usurpation d'identité numérique d'une personne à des informations confidentielles ou protégées par le secret professionnel.

Cependant, il convient de signaler qu'avant la loi portant répression de la cybercriminalité au Mali, l'usurpation d'identité numérique était sanctionnée par le code pénal malien sur la base de la fraude informatique[31]. C'est de là que naquit l'idée d'examiner la répression de l'usurpation d'identité numérique.

B.La répression de l'usurpation d'identité numérique

Pour réprimer la cybercriminalité de façon générale et en particulier l'usurpation d'identité numérique les autorités maliennes ont mis à la disposition du système judiciaire un arsenal juridique. Mais, malgré l'existence des textes, la répression du délit demeure difficile (1) et l'élément intentionnel occupe une place importante dans sa qualification (2).

1.Les difficultés liées à la répression de l'usurpation d'identité numérique

Bien que, les textes réprimant le délit d'usurpation d'identité numérique soient renforcés par l'élargissement du champ d'application de la loi portant répression de la cybercriminalité à travers son article 2 qui dispose que « la présente loi s'applique à :

- toute infraction commise au moyen de technologie de l'information et de la communication en tout ou partie sur le territoire de la République du Mali ;
- toute infraction commise dans le cyberespace et dont les effets se reproduisent sur le territoire national ».

Le constat est que ce texte matérialise, le critère de rattachement territorial. Le législateur a voulu le texte dans une certaine prévention répressive, c'est ce qui est plus dissuasif[32]. Parce que jadis, les infractions qualifiées d'usurpation d'identité numérique étaient traitées par les juridictions de droit commun et obéissent au régime général des enquêtes. Ces enquêtes sont diligentées par les officiers de police judiciaire ou par les juges d'instruction. Mais depuis novembre 2022 un pôle judiciaire spécialisé pour lutter efficacement contre la cybercriminalité a été créé au Mali[33].

---

[31] V. article 264 à 271 du Code pénal du Mali.

[32] V. l'Essor quotidien national d'information du Mali N°19428 du Mardi 29 juin 2021, p3.

[33] V. la décision prise au conseil de Ministre du gouvernement du Mali du vendredi 11 novembre 2022.

Parmi les raisons pour lesquelles l'usurpation d'identité numérique est réprimée, il y a le fait qu'elle porte atteinte à plusieurs aspects des droits fondamentaux des personnes, à titre d'exemple : l'atteinte à la vie privée, au secret de correspondance, aux systèmes de traitement automatisé de données. Toutes ces infractions sont réprimées par le code pénal malien, mais aussi par des instruments juridiques internationaux auxquels le Mali a souscrit. Mais, la jurisprudence malienne n'est pas abondante en la matière contrairement à certains pays africains et européens[34].

L'univers numérique qui nous entoure est en train de bouleverser la construction de l'identité en la rendant plus complexe, plus volatile et au même moment plus réglementée et plus figée. L'identité n'était qu'une rumeur faisant consensus, qui peut être attestée. Ce sont ces mêmes traces que conserve le Code civil français par exemple en matière de possession d'état. Le témoignage humain confirme ce qu'on observe et qui a valeur de preuve devant le juge notamment en matière de filiation[35].

Le temps de la rumeur est révolu, aujourd'hui c'est le temps de la rationalité. De ce fait, on est plus qui on est parce que cela se disait, on est qui on est parce qu'un fichier informatique l'atteste. Les liens entre identité et technologie sont complexes. La quête par chaque individu, des nouveaux ressorts identitaires peut se résumer à notre avis à la recherche de deux valeurs : la sécurité et la liberté. Pour cela, lorsque la sécurité manque au rendez-vous, les individus perdent la confiance. Mais si c'est la liberté qui fait défaut, la sécurité peut devenir une véritable mesure d'enfermement[36].

D'une part, par désir de liberté, chaque individu souhaite maîtriser la technologie, s'assurer qu'elle ne portera atteinte à son identité. Mais d'autre part, les individus expriment un fort besoin de sécurité à cette ère du numérique, l'identité doit être garantie. Il est alors évident que face à ce nouveau phénomène de délinquance, les citoyens attendent légitimement de l'Etat la protection de leurs identités. L'Etat doit faire face à ses missions traditionnelles parmi lesquelles se trouve la protection contre toute atteinte. C'est dans ce sens que le Mali lutte contre l'usurpation d'identité numérique à travers sa répression. Bien que le phénomène n'a pas été largement traité dans la loi portant répression de la cybercriminalité[37]. Cependant, contrairement au droit malien, La jurisprudence française a amplement détaillé la répression de ce délit. Ainsi, selon la jurisprudence française, pour que l'usurpation d'identité numérique soit réprimée l'agent doit

---

[34] V. *Crim.* 12 janv.1989 : *Bull. crim.* n° 14 ; Gaz. Pal. 1989, 2, somm. p. 283; *Rev. sc. crim.* 1990, p. 346, note P. Bouzat. Cité par D. M. KOITA, la preuve pénale au prisme des NTIC au Mali, thèse de Doctorat en droit de l'Institut de Pédagogie Universitaire du Mali du 8 juillet 2023 p.132.

[35]G. DESGENS-PASANAU et E. FREYSSINET, L'identité à l'ère du numérique, Paris édition Dalloz, 2009, p. 10.

[36]Idem, p. 11.

[37]V. La loi N°2019-056 du 05 Décembre 2019 portant répression de la cybercriminalité au Mali.

commettre l'acte incriminé en vue de troubler la tranquillité de l'usurpé ou de celle d'un tiers ou de porter atteinte à son honneur ou à sa considération. Il ne s'agit que d'un résultat redouté, autrement dit, il n'est pas nécessaire que l'individu y parvienne. L'intentionnalité de l'infraction est plus ample que sa matérialité manifestant ainsi son caractère formel[38].

2.L'importance de l'élément moral dans la répression de l'usurpation d'identité numérique

Le trouble à la tranquillité ou l'atteinte à l'honneur et à la considération fait partie de l'élément moral de l'infraction. Le droit pénal français par exemple exige simplement, un double niveau d'intentionnalité se retrouvant dans un dol général et un dol spécial[39].

Le dol général suppose que l'agent doit avoir la volonté consciente d'usurper l'identité d'un tiers ou de faire usage de données de toute nature permettant de l'identifier. Ce dol général qui unit la volonté à la matérialité des faits n'est pas suffisant pour saisir l'infraction dans sa globalité. Celle-ci se compose également d'un résultat redouté, élément de la volonté de l'auteur de l'infraction et non de la matérialité des faits.

Quant au dol spécial qui est le but recherché par le délinquant, il renvoie à d'autres notions familières du droit pénal. La volonté de nuire à la tranquillité fait ainsi penser à l'infraction d'appels téléphoniques malveillants[40].

La jurisprudence relative à ce délit est particulièrement exigeante dans la preuve de l'atteinte à la tranquillité. Celle-ci se déduit de la réitération outrancière des appels mais également de la nuisance sonore qui accompagne ces derniers[41]. Le texte qui régit l'infraction semble distinguer l'acte d'usurpation d'identité et la volonté spéciale qui accompagne l'auteur de l'infraction. Le trouble à la tranquillité peut cependant se déduire du fait pour la victime d'être dépossédée de son identité et donc de la seule matérialité des faits[42].

En revanche, il en est autrement concernant le second résultat redouté : l'atteinte à l'honneur et à la considération de la victime. Ce dernier fait écho au délit de diffamation.

Sur ce point du Code pénal français dispose d'une force particulière au regard des nouveaux comportements rencontrés sur les sites de réseaux sociaux[43].

L'infraction est à la fois assez englobante pour protéger les éléments de l'identité numérique de l'individu. Et elle prend en exigence, sans non plus l'élever au rang

---

[38]À la différence d'une infraction matérielle qui suppose que le résultat soit effectivement atteint.

[39]Article 226-4-1 du Code pénal français.

[40]Article 222-16 du Code pénal français.

[41]Crim., 17 septembre 2014, n° 13-85637 : inédit.

[42]E. STELLA, *l'adaptation du droit pénal aux réseaux sociaux en ligne,* Thèse de l'Université de Lorraine : Institut Français Gény, 2019, p.182.

[43] V. L'article 226-4-1 du Code pénal français.

d'élément matériel, la volonté du délinquant de porter atteinte à la réputation de la personne dont il aurait usurpé l'identité. L'existence de ce dol spécial permet de préciser un peu plus le contour pénal de l'infraction et d'encadrer son champ d'application. Le juge pénal dispose donc d'un outil efficace lui permettant de sanctionner ce type de comportement qui n'entrait auparavant sous aucune qualification spécifique[44].

La jurisprudence est alors venue apporter des précisions quant à l'interprétation de ce dol spécial animant l'auteur de l'acte délictueux. En l'occurrence, dans l'affaire du faux site de la personnalité politique, les juges du fond avaient démontré l'existence du trouble à la tranquillité de la victime[45]. Cette jurisprudence permet aussi de clarifier l'articulation entre le délit d'usurpation d'identité et d'autres qualifications pénales telles que la diffamation.

En effet, la diffamation et l'usurpation d'identité ont deux fondements différents. Si les délits d'usurpation d'identité et de diffamation se recoupent dans leur volonté de protéger l'honneur et la considération de la victime, la matérialité de ces deux incriminations est toutefois différente. Le délit d'usurpation d'identité numérique n'élève pas au rang d'élément matériel l'atteinte à la réputation de la victime mais exige seulement, au travers d'un dol spécial, que l'auteur du délit ait eu l'intention de le faire[46]. Cependant, contrairement à la France qui a beaucoup évolué dans la lutte contre l'usurpation d'identité numérique, au Mali malgré les mesures prises pour lutter efficacement contre le phénomène, cette lutte demeure insuffisante, pour diverses raisons.

II.Les insuffisances de la lutte contre l'usurpation d'identité numérique

La lutte engagée contre le phénomène d'usurpation d'identité numérique au Mali montre deux insuffisances majeures. D'une part la faible adaptation des règles répressives aux réalités actuelles (A), d'autre part la faiblesse du pouvoir des autorités de répression (B).

A.La faible adaptation des règles répressives aux réalités actuelles

Cette faible adaptation révèle la faiblesse de la prise en charge de l'usurpation d'identité numérique dans les textes répressifs (1) mais aussi la faiblesse de la coopération pénale internationale malienne (2).

1.La faiblesse de la prise en charge de l'usurpation d'identité numérique dans les textes répressifs

Certes, le droit malien a pris en compte l'usurpation d'identité numérique dans la loi N°2019-056 du 05 Décembre 2019 portant répression de la cybercriminalité.

---

[44] E. STELLA, l'adaptation du droit pénal aux réseaux sociaux en ligne, Op. cit. 182.

[45]TGI Paris, 13ème ch. corr., 18 décembre 2014, n°12010064012 : *RLDI,* 2015, n° 111, obs. J. de ROMANET; *RSC,* janvier-mars 2015, p. 101, chron. J. FRANCILLON.

[46]TGI Paris, 13ème ch. corr., 18 décembre 2014, n° 12010064012 : *RLDI,* 2015, n° 111, Obs. J. de ROMANET ; *RSC,* janvier-mars 2015, p. 101, chron. J. FRANCILLON.

Mais cet effort du législateur malien reste encore limité. Seul l'article 58 de ladite loi prend en charge le phénomène[47]. Quant au Code pénal qui devait palier les lacunes de la loi relative à la cybercriminalité, il vise de façon globale les infractions relatives à l'informatique de son article 264 à 271[48]. Or, l'irruption du numérique dans le quotidien des maliens engendre de multiples problèmes aussi bien en droit pénal qu'en procédure pénale, des problèmes auxquels il faut faire face[49]. De ce fait, une vision globale de la cybercriminalité est nécessaire[50].
Pendant longtemps, la cybercriminalité et singulièrement, le phénomène du vol d'identité numérique a été considéré comme un problème national, de sorte que les enquêtes et les poursuites furent limitées à l'intérieur des frontières nationales[51]. Le droit pénal est resté un droit essentiellement territorial[52]. Il ne vise que les infractions commises sur le territoire de l'Etat du for. Les autorités nationales ne se sentent pas concernées par les infractions commises à l'étranger. Par conséquent, elles sont peu disposées à aider les autorités d'un autre Etat à traduire les délinquants en justice à rassembler les preuves nécessaires pour entamer des poursuites ou un procès ou confisquer des biens acquis par les délinquants au moyen de leurs agissements[53].
Le recours aux nouvelles technologies de l'information pour commettre des infractions a démontré de nos jours les limites des règles classiques de procédure. En effet, autant la pluralité des intervenants complique la recherche de celui qui

---

[47] A.J. A. TANO-BIAN, *La répression de la cybercriminalité dans les Etats de l'Union européenne et de l'Afrique de l'Ouest,* Thèse de Doctorat de la faculté de droit de l'Université Paris Descartes 2014/2015, p. 319.
[48]Code pénal du Mali.
[49]N. DIOUF, « Infractions en relations avec les nouvelles technologies de l'information et Procédure pénale : l'inadaptation des réponses nationales face à un phénomène de dimension internationale », *AFRILEX,* N° 4, p. 251.
[50] A.J. A. TANO-BIAN, *La répression de la cybercriminalité dans les Etats de l'Union européenne et de l'Afrique de l'Ouest,* Thèse de Doctorat, Op. cit. p.333.
[51] R. TITOUCHE, « Territorialité du droit pénal et cybercriminalité », *Cahiers de Politique et de Droit,* 2019,
Volume 11 – n° 01, p. 26, cité par A. SOW, « La territorialité du droit pénal au prisme de la cybercriminalité » in *cahiers africains de droit international,* N° 022 Avril 2022, p.5.
[52]V. Merle et Vitu, Traité de Droit criminel T. 1 - Problèmes généraux de la science criminelle – Droit Pénal Général - Pans Cujas 6ème édit. 1988 n° 277 p. 372. Il convient, de noter chaque Etat de dire quelles sont les infractions présentant un élément d'extranéité qui peuvent être jugées par les juridictions relevant de sa souveraineté. Presque tous les Etats sont attachés au principe de la territorialité qui veut que la « loi pénale s'applique à tous les individus quelle que soit leur nationalité ou celle de leurs victimes, qui ont commis une infraction sur le territoire de l'Etat où cette loi est en vigueur. Mais, la mise en œuvre de ce principe pose des problèmes dans certains cas ; il n'est pas toujours facile de déterminer le lieu de commission de l'infraction. Comme on l'a fait observer, « de même qu'une activité délictueuse peut se prolonger dans le temps et s'y exprimer par des actes ou des états successifs, il lui arrive d'éclater dans l'espace et de se situer à la foi en deux lieux différents... ». Si les divers éléments d'une même activité criminelle sont situés sur des territoires différents, il sera difficile de localiser l'infraction.
[53] Padouin, Lutter contre la criminalité sur les systèmes d'information : La police judiciaire RFC 1996, p. 66.

doit être tenu pour responsable, autant la dispersion des éléments de l'infraction rend aléatoire le rattachement de celle-ci à un territoire déterminé[54].

Les infractions commises à travers les nouvelles technologies d'information et de communication posent beaucoup des problèmes de compétence[55]. Plusieurs théories ont d'ailleurs été développées dans ce sens, il s'agit des théories : de l'action, du résultat de l'ubiquité ou de l'indifférence[56]. Mais, face aux difficultés qu'engendre l'universalité de l'internet, le juge répressif français par exemple s'est permis d'avoir une conception étendue de sa compétence en faisant une application large de la théorie de l'ubiquité et retenant pour seul critère de rattachement au territoire l'accessibilité[57] du site Internet, il convient également de signaler l'évolution jurisprudentielle en faveur de la théorie de la focalisation[58]. Cependant ni le législateur malien, encore moins la jurisprudence n'ont prévu la théorie de l'accessibilité et la théorie de la focalisation[59]. L'accent est mis sur la théorie de la territorialité d'une manière générale et d'une manière spécifique, une application double de la théorie de la territorialité et de la théorie de l'ubiquité prévue à l'article 2[60] de la loi portant répression de la cybercriminalité en République du Mali.

L'utilisation des réseaux sociaux entraine souvent l'internationalisation de l'infraction, si elle est commise dans des pays différents. Par exemple, si celui qui met en ligne l'information illicite, se trouve dans un pays autre que celui dans lequel l'information est reçue. Il se posera la question de savoir, dans quel pays

---

[54] Idem, p. 257.

[55] V. A.J. A. TANO-BIAN, *La répression de la cybercriminalité dans les Etats de l'Union européenne et de l'Afrique de l'Ouest,* Thèse de Doctorat, Op. cit. pp. 324 à 325.

[56] V. la théorie de l'action puis la théorie du résultat, in Henri DONNEDIEU DE VABRES, « Traité élémentaire de droit criminel et législation pénale comparée », Paris, Recueil Sirey, 3e éd., 1947, n° 1635.

[57]Selon cette théorie, c'est l'accessibilité du site Internet dans le pays, qui définit la compétence territoriale du juge de ce pays. C'est dans ce sens que la jurisprudence reconnaît dans l'ordonnance rendue en référé, appelée communément arrêt Yahoo du Tribunal de Grande Instance de Paris en date du 22 mai 2000, la compétence des juridictions françaises dès lors que le site concerné était accessible en France. V. A. SOW, « la territorialité du droit pénal au prisme de la cybercriminalité », in *Cahiers Africains de Droit International,* n° 022 avril 2022, p. 11.

[58]Pour que la focalisation soit mise en œuvre, il faut que le public du pas qui réclame la compétence, soit spécialement ciblé par le site Internet. Le site doit aussi présenter un caractère actif, et non simplement passif. Ce concept de focalisation permettrait alors de répondre aux difficultés existantes apparues avec la théorie de l'accessibilité, à savoir la difficulté de déterminer dans quelle mesure la seule accessibilité d'un site Internet sur le territoire d'un État suffit à le rendre compétent.

[59]A. SOW, « la territorialité du droit pénal au prisme de la cybercriminalité », in *Cahiers Africains de Droit International,* n° 022 avril 2022, p. 13.

[60]L'Article 2 dispose que « la présente loi s'applique à : toute infraction commise au moyen des technologies de l'information et de la communication en tout ou partie du territoire de la République du Mali ; toute infraction commise dans le cyberespace et dont les effets se produisent sur le territoire national ».

l'infraction est-elle commise[61]? Il faut que la loi malienne s'apprête pour ces genres de situation[62], en adoptant ses textes aux réalités actuelles, en renforçant sa coopération judiciaire internationale et former les acteurs judiciaires, chargés de trancher les différends relevant de la cybercriminalité.
L'inexistence de règle de Droit International Public fixant la compétence internationale des juridictions, a permis à chaque Etat de dire les infractions présentant un élément d'extranéité qui peuvent être jugées par les juridictions nationales. Même si traditionnellement, presque tous les Etats sont attachés au principe de la territorialité qui veut que la « loi pénale s'applique à tous les individus quelle que soit leur nationalité ou celle de leurs victimes, qui ont commis une infraction sur le territoire de l'Etat où cette loi est en vigueur »[63]. Cependant, la mise en œuvre de ce principe peut poser des problèmes, car il n'est pas toujours facile de déterminer le lieu de commission de l'infraction. Une activité délictueuse peut se prolonger dans le temps et s'y exprimer par des actes ou des états successifs, il lui arrive d'éclater dans l'espace et de se situer à la foi en deux lieux différents[64]. Si les divers éléments d'une même activité criminelle sont situés sur des territoires différents, il sera difficile de localiser l'infraction[65]. Il vaut mieux dans ces cas de figure, avoir une bonne coopération pénale internationale.

---

[61] N. DIOUF, « Infractions en relations avec les nouvelles technologies de l'information et Procédure pénale : l'inadaptation des réponses nationales face à un phénomène de dimension internationale », *AFRILEX*, N° 4, pp. 267-268.

[62]En se référant à la théorie de l'action, la compétence pour réprimer l'infraction est attribuée aux tribunaux et aux lois de l'État sur le territoire duquel le délinquant a agi, au sens strict du terme. Considérer cette théorie revient donc à consacrer la compétence du droit pénal de l'État sur le territoire duquel l'infraction pénale commise au moyen d'Internet a eu lieu. Elle énonce que la loi applicable est celle du lieu de l'acte infractionnel. Cela se justifie par le fait que c'est l'endroit où se situent généralement les preuves de l'infraction. Cependant, « avec la théorie du résultat L'infraction se situe où se produit le résultat de l'acte. Le résultat serait l'atteinte effective à la valeur protégée par loi pénale. Cependant cet angle est porté vers la victime tandis que le droit pénal s'intéresse traditionnellement à l'auteur de l'infraction. L'autre faiblesse est que cette théorie ne prend pas en compte le comportement délictuel donc aussi l'élément psychologique. Cette analyse objective est en inadéquation avec le droit pénal qui a une logique normalement subjective ». Selon E. JOSEPH, L'appréhension du territoire pénal par le Canada et la France, Mémoire Maîtrise en droit Master 2 Droit pénal et sciences criminelle, Université Laval, p. 55. Cité par A. SOW, « la territorialité du droit pénal au prisme de la cybercriminalité », Op. cit. p. 7. Il y a aussi la théorie de l'ubiquité ou de l'indifférence, elle mêle les deux précédentes théories, c'est à dire que les juridictions d'un État seront compétentes si l'acte répréhensible ou si son résultat se produit dans ce pays.

[63]Merle et Vitu, Traité de Droit criminel T.1 - Problèmes généraux de la science criminelle - Droit Pénal Général - Pans Cujas 6ème édit. 1988 n° 277 p. 372, in Ndiaw DIOUF, « Infractions en relations avec les nouvelles technologies de l'information et Procédure pénale : l'inadaptation des réponses nationales face à un phénomène de dimension internationale », *AFRILEX*, N° 4, p.266.

[64] D. M. KOITA, la preuve pénale au prisme des NTIC au Mali, thèse de Doctorat en droit de l'Institut de Pédagogie Universitaire du Mali du 8 juillet 2023 p.116.

[65]N. DIOUF, « Infractions en relations avec les nouvelles technologies de l'information et Procédure pénale : l'inadaptation des réponses nationales face à un phénomène de dimension internationale », Op. cit, p.266.

2.La faiblesse de la coopération pénale internationale malienne

Plusieurs problèmes des compétences sont liés aux infractions commises au moyen des nouvelles technologies de l'information, particulièrement l'usurpation d'identité numérique : l'utilisation des réseaux entraîne obligatoirement des flux transfrontaliers de données et généralise l'internationalisation des infractions. En guise d'exemple, il arrive souvent que celui qui met en ligne l'information illicite reçue dans un pays donné se trouve dans un autre pays[66]. La question qui se pose est de savoir, si l'infraction est-elle commise dans le pays où l'information est mise en ligne ou si doit-on considérer qu'elle est commise dans le pays où elle est reçue ? A ce niveau la loi malienne est claire, elle s'applique à toute infraction commise au moyen des technologies de l'information et de la communication en tout ou partie sur le territoire malien et sur toute infraction commise dans le cyberespace et dont les effets se produisent au Mali[67]. Tout comme la loi relative à la cybercriminalité, celle portant protection des données à caractère personnel a emboité les mêmes pats par rapport à la compétence territoriale. Le juge malien peut se prononcer sur tout traitement des données à caractère personnel opéré en tout ou en partie sur le territoire national[68]. Le législateur malien s'est focalisé sur la théorie de l'ubiquité. Mais, cette théorie s'est révélée inefficace. Puisque, la lutte contre l'usurpation d'identité numérique nécessite aussi d'autres moyens, par exemple une bonne coopération pénale internationale[69].

En effet, la coopération pénale internationale est désormais, indispensable pour lutter efficacement contre l'usurpation d'identité numérique et la cybercriminalité de façon générale. Malheureusement, le plus souvent cette coopération pénale n'existe pas entre le Mali et les pays dans lesquels les infractions sont commises, surtout en matière d'extradition[70]. Or, pour bien enquêter sur une affaire dépassant les frontières nationales tous les outils juridiques doivent être rassemblés. Tous les mécanismes nécessaires liés à la coopération en matière pénale, doivent être pris en compte dans le droit pénal malien. A savoir l'entraide judiciaire,

---

[66] L'amélioration de la coopération judiciaire internationale dans le domaine de la lutte contre la cybercriminalité est désormais une nécessité qui s'impose aux pays qui veulent lutter efficacement contre ce phénomène, car sans une coopération pénale adéquate, les poursuites seront toujours abandonnées à mi-chemin. V. P. A. TOURE, *Le traitement de la cybercriminalité devant le juge : l'exemple du Sénégal*, Paris édition Harmattan, 2014, pp.453 à 466. V. également, A. SOW, « la territorialité du droit pénal au prisme de la cybercriminalité », in *Cahiers Africains de Droit International,* Op. cit. pp. 13-14.

[67] Article 2 de la loi N°2019-056 du 05 Décembre 2019 portant répression de la cybercriminalité, publiée dans le journal officiel N°43 du 13 décembre 2019.

[68] Loi n° 2013-015 du 21 mai 2013portant protection des données à caractère personnel en république du Mali

[69]P. A. TOURE, *Le traitement de la cybercriminalité devant le juge : l'exemple du Sénégal*, Paris édition Harmattan, 2014, pp.458-459.

[70] V. l'Essor quotidien national d'information du Mali N°19428 du Mardi 29 juin 2021, p3.

l'extradition, le transfert de la procédure pénale, le gel et la confiscation des produits de l'activité criminelle[71].

Mais, pour ce qui concerne l'extradition il faut une double incrimination. Les faits poursuivis doivent être incriminés dans les législations de deux Etats signataires de la coopération d'extradition c'est à dire l'Etat requérant et l'Etat requis[72].

Le Mali doit améliorer considérablement sa coopération judiciaire internationale contre la cybercriminalité[73]. Parce que « *Le droit est nécessairement influencé par les données, qui lui sont extérieures, mais qu'il est appelé à régir. Les faits transforment toujours le droit*[74] ».

B.La faiblesse des pouvoirs des autorités de répression

La faiblesse des pouvoirs des autorités répressives se caractérise par l'inaptitude technique des autorités répressives (1), mais aussi par la faible implication des opérateurs privés dans le processus de la répression (2).

1.L'inaptitude technique des autorités répressives

Les autorités en charge de la répression de la cybercriminalité et en particulier de l'usurpation d'identité numérique se sont très souvent révélées inefficaces en la matière car mal outillées pour faire face à ce nouveau type de délinquance[75]. La lutte contre l'usurpation d'identité requiert à la fois des aptitudes techniques et de larges pouvoirs et possibilités sur le plan juridique. C'est pourquoi, il est nécessaire d'adapter les pouvoirs du juge face à la criminalité informatique de façon générale et en particulier face à l'usurpation d'identité numérique[76].

Pour pallier les difficultés d'une répression efficace des comportements antisociaux liés aux technologies de l'information, un pôle judiciaire spécialisé de lutte contre la Cybercriminalité a été créé au Mali, avec pour mission de déterminer les modalités de poursuite, d'instruction et de jugement, de préciser les compétences de la brigade spécialisée et des assistants en matière de lutte contre la cybercriminalité[77]. Mais, hélas les dérives des réseaux sociaux

---

[71] P. A. TOURE, *Le traitement de la cybercriminalité devant le juge : l'exemple du Sénégal*, Op. cit, pp. 458 à 460.

[72] N. DIOUF, « Infractions en relations avec les nouvelles technologies de l'information et Procédure pénale : l'inadaptation des réponses nationales face à un phénomène de dimension internationale », Op. cit, p. 269.

[73] P. A. TOURE, *Le traitement de la cybercriminalité devant le juge : l'exemple du Sénégal*, Op. cit, pp. 453 à 461.

[74]Ph. Le TOURNEAU, *Contrats informatiques et électroniques*, 2ème éd. refondue, Dalloz, coll. Dalloz Référence, 2002, n° 0.15 in D. SOW, "L'adaptation du droit au numérique", *RCDA*, N° 1, Janvier-Mars 2013, p. 5.

[75] A. J. A. TANO-BIAN, *La répression de la cybercriminalité dans les Etats de l'Union européenne et de l'Afrique de l'Ouest,* Thèse de Doctorat. Op. cit. 345.

[76]Idem p.333.

[77] V. La Décision du 11 novembre 2022 instituant le pôle judiciaire spécialisé en matière de cybercriminalité.

deviennent de plus en plus énormes et continuels[78]. Le milieu des réseaux sociaux est devenu un espace où nul n'est à l'abri des attaques contre sa personne et sa propriété, de l'escroquerie et d'autres infractions du genre en particulier des vols d'identité numérique[79] sont toujours perpétrés[80].

La répression des délinquants sur le fondement d'une décision de justice suppose de rassembler des preuves attestant de la commission des actes qui leur sont reprochés. Dans le cas de la cybercriminalité, il s'agit d'actes commis sur les réseaux internet ou sur d'autres outils informatiques[81]. L'ensemble de ces éléments techniques collectés obéit à un traitement particulier selon les textes de lois. C'est dans ce cadre que la Convention de Budapest relativement à la collecte en temps réel des données relatives au trafic dispose en son article 20 que : « *chaque partie adopte les mesures législatives et autres qui se révèlent nécessaires pour habiliter ses autorités compétentes à collecter ou enregistre par l'application de moyens techniques existant sur son territoire à obliger les fournisseurs de service, dans le cadre de ses capacités techniques existantes (...)*». Cet article démontre que la convention accorde certes une importance à la production des preuves. Il souligne aussi la latitude laissée aux Etats de tenir compte de leur niveau d'avancement technologique, quant à l'établissement des preuves des infractions en matière de cybercriminalité,

Les preuves numériques sont effet, encadrées aussi bien dans leur collecte que dans leur traitement. Les acteurs habilités à les recueillir doivent dès lors respecter les conditions prévues par les lois et les règlements du droit pénal des preuves. De ce fait, plusieurs acteurs sont habilités par la loi à collecter les preuves en matière numérique. Cette collecte est soumise à diverses exigences légales. Au titre des personnes autorisées, sont visés les officiers de police judiciaire et certains auxiliaires de justice comme les huissiers. Outre cette inaptitude technique des autorités répressives, il y a aussi la faible implication des opérateurs privés qui mérite une attention particulière.

---

[78]Il convient de noter qu'il n'existe pas pour le moment, des statistiques fiables qui déterminent le nombre des infractions liées à la cybercriminalité au Mali, malgré la création du pôle judiciaire spécialisé de lutte contre la Cybercriminalité.

[79]Le rythme rapide de l'évolution de la cybercriminalité rend difficile l'appréhension des malfaiteurs. En effet, les cyber-délinquants adaptent leur manière d'opérer à l'évolution des nouvelles technologies, de telle sorte qu'ils ont une avance réelle sur les services classiques de détection et de répression de la criminalité. Il faut donc, une véritable adaptation des autorités répressive aux nouvelles réalités.

[80]V. TGI Ziuinchor, n°02 du 06 janvier 2004, affaire Robert Sagna inédit. Cité par P. A. TOURE « Les infractions commises par tous moyens de diffusion publique à l'épreuve du cyberespace », in mélange en l'honneur du Professeur Cossi Dorothé SOSSA « Droit et investissement », Tome II Droit processuel, éditions du Credu 2021, p. 674.

[81] V. A.J. A. TANO-BIAN, *La répression de la cybercriminalité dans les Etats de l'Union européenne et de l'Afrique de l'Ouest,* Thèse de Doctorat, Op. cit. p.308.

2.La faible implication des opérateurs privés dans le processus de la répression

Il est donc indispensable d'inclure les opérateurs privés dans le processus de répression. Il faut responsabiliser les fournisseurs de service en matière de TIC[82]. Car pour le moment, les fournisseurs de service ne sont pas responsables des publications des utilisateurs desdits services. Leur responsabilité n'est engagée que lorsque ces derniers contreviennent aux obligations qui leur sont imposées par la loi[83].

Les raisons suivantes doivent motiver le renforcement de capacités des acteurs de la lutte contre l'usurpation d'identité numérique au Mali. Puisque, les caractéristiques de l'identité virtuelle bouleversent presque chaque jour, un grand nombre d'institutions établies par le Droit. L'intégrité de la personne, la permanence et l'unicité du corps sont remises en cause au profit d'informations fragmentaires, éparpillées et dont la véracité ne peut être établie. Par conséquent, le consentement peut être donné sous un faux nom. La volonté exprimée par un acte juridique ne sera peut-être pas celle de la personne sous le nom de laquelle il est passé. De même que l'engagement de la responsabilité pourra se heurter au voile d'une identité de dissimulation[84].

L'usurpation est désormais rendue possible par la reprise libre des données. Elle dépassera la simple reprise du nom, et s'accompagnera souvent d'autres données identifiantes, comme l'image de la personne. Au-delà, leur utilisation peut encore donner lieu à la diffamation, l'injure, ou simplement la déformation de la réalité. De manière générale, la sécurité juridique est remise en cause, la confiance en l'économie numérique peine à s'affirmer[85].

Ces constats interpellent le juriste, et l'amènent à examiner de plus près l'identité virtuelle. Son lien avec l'identité réelle est totalement insaisissable, voire même indéfinissable, tant les potentialités sont nombreuses. Pourtant, cette caractéristique ne le rend pas inexistant. La technique assure avant tout un prolongement de l'identité réelle dans le monde virtuel. Ce n'est que ce prolongement qui est qualifiable d'identité virtuelle. Il convient alors de rechercher quels peuvent être ses éléments constitutifs. Si elle doit exister, comment le droit pourrait l'appréhender ? Quel en est le régime juridique ?

La réponse est multiple, car la définition de l'identité virtuelle recouvre des données bien différentes. Mais elle est simple, parce que le droit existant suffit pour les qualifier et en définir les régimes juridiques. En cela, le cyberespace n'est

---

[82] Idem, p.338.

[83] N. DIOUF, « Infractions en relations avec les nouvelles technologies de l'information et Procédure pénale : l'inadaptation des réponses nationales face à un phénomène de dimension internationale », Op. cit, pp. 262 à 263.

[84] F. GRANET-LAMBRECHTS, « Le droit à l'identité », *in* F. SUDRE (dir.), *Le droit au respect de la vie privée au sens de la Convention européenne des droits de l'homme,* Bruylant, 2005, p. 193.

[85] C. MANARA, « Conditions de la sanction de l'usurpation de nom sur Internet », note sous Cass. Crim., 29 mars 2006, *D.*, 2006, Actualité Jurisprudentielle, pp. 1443-1444 ;

que le vecteur de comportements dont il ne détermine que le mode d'expression, sans le conditionner.

L'évolution de la notion d'identité personnelle et le droit au respect d'identité doivent être maitrisés[86] par les autorités répressives particulièrement les juges en charge de ces questions de cybercriminalité[87]. Il faut aussi déterminer quels types de données seraient concernés par ce droit. Une gradation peut être établie, allant de celles qui relèvent objectivement d'une personne réelle vers celles qui tendent à plus de virtualité. L'identité virtuelle recouvre ainsi les trois acceptions suivantes, présentées dans leur ordre logique :

- l'identité numérique ; il s'agit de la représentation technique de la personne et de ses actes dans le cyberespace ; elle est la plus proche de la personne réelle, traduisant ses actes en données numériques (adresse IP, données de connexion).
- l'identité « virtualisée » ; elle consiste en une projection de l'identité réelle dans le monde virtuel, assumée ou non par son titulaire. Elle est donc constituée de données identifiantes réelles (nom, prénom, âge, orientation sexuelle, opinions, centres d'intérêt, ...).
- l'identité immatérielle ; ici, l'identité virtuelle est volontairement sans rapport avec l'identité réelle. La virtualité est alors absolue. L'anonymat refoulé cède le pas à la dissimulation sur le réseau ; l'internaute bénéficie du confort d'une identité fabriquée de toutes pièces, frauduleuse ou idéalisée, telle celle de l'avatar de jeu vidéo[88].

A l'opposé de l'identité réelle unique, se trouve donc une identité virtuelle plurielle. Le lien entre ses trois dimensions est aisé à tracer. La première, l'identité numérique, constitue un prolongement technique de l'identité réelle. Mais ses éléments constitutifs peuvent faire l'objet d'une virtualisation indépendante de la volonté de son titulaire, grâce à des logiciels de traçabilité[89]; ces derniers visent à reconstituer l'identité réelle de la personne sur la base des sites visités. A ce titre, ces mêmes éléments intègrent aussi la seconde dimension, l'identité virtualisée. Celle-ci comprend également des informations (textuelles ou visuelles) de l'identité réelle divulguées dans le cyberespace. De ce fait, l'identité virtualisé recouvre elle-même deux acceptions bien différentes : dans le premier cas, il s'agit d'un « potentiel » de l'identité réelle, un portrait-robot déterminé par la technique ; dans le deuxième cas, il s'agit d'une transposition plus exacte, mais non totale, de l'identité réelle dans le monde virtuel. Dans les deux cas, nous pouvons affirmer le caractère très improbable de la virtualisation. Enfin, dans la continuité

---

[86]TGI Paris, ord. ref., 28 juin et 31 juillet 2000 (concernant notamment l'utilisation abusive du nom de Bertrand Delanoë) , *CCE*, novembre 2000, pp. 24-25, note A. LEPAGE.

[87]Les juges du pôle judiciaire national spécialisé en matière de cybercriminalité, mis en place par la décision du Conseil des Ministres du 11 novembre 2022.

[88]D.POUSSON, « L'identité informatisée », *L'identité de la personne humaine – Etude de droit français et de droit comparé* (ss la dir. de POUSSON PETIT J.), Bruylant, Bruxelles, 2002, p. 373.

[89]J. FRAYSSINET, « La traçabilité des personnes sur l'internet », *Droit et Patrimoine*, n° 93, mai 2001, p. 76.

de ce processus apparaît l'identité immatérielle, qui tend à se détacher au maximum de l'identité réelle. En vérité, elle en reste dépendante, car n'étant que le fruit de l'imagination d'une personne bien réelle[90].
Au-delà du travail de classification, il est important de relever que le Droit tend déjà à renforcer l'adéquation de l'identité virtuelle plurielle avec l'identité réelle unique. Un grand nombre de textes, épars et variés, protègent la personne contre toute utilisation non souhaitée de ses données en Afrique de l'Ouest et particulièrement au Mali. Ces dispositions sont vouées à s'enrichir, en vue de protéger toujours plus l'intégrité de l'identité personnelle[91]. La maitrise de ces contours par les autorités en charge des questions de cybercriminalité est indispensable, pour une lutte efficace. Le cas échéant, cette lutte demeurera vaine au Mali.

Conclusion

La lutte contre l'usurpation d'identité numérique est une réalité au Mali. Cette lutte qui se manifeste par l'incrimination et la répression du phénomène fut déjà prise en compte jadis, par la loi pénale malienne à travers les délits de fraude informatique ; plus tard, cette loi est renforcée de façon spécifique par :

- la loi N°2019-056 du 05 Décembre 2019 portant répression de la cybercriminalité[92] ;
- loi n° 2013-015 du 21 mai 2013 portant protection des données à caractère personnel en république du Mali[93] ;
- les différents instruments juridiques internationaux qui incriminent et répriment la cybercriminalité ratifiés par le Mali;
- et la création du pôle judiciaire spécialisé en matière de cybercriminalité par la décision du 11 Novembre 2022 du Ministre de la justice et des Droits de l'Homme Garde des Sceaux du Mali.

Cependant malgré les nouvelles mesures prises par les autorités maliennes, la lutte demeure inefficace pour le moment compte tenu des multiples insuffisances liées à la faible adaptation des règles répressives aux réalités actuelles, mais aussi à la faiblesse des pouvoirs des autorités de répression. Il convient dès lors, de se poser la question de savoir, si la lutte contre la cybercriminalité et particulièrement celle contre l'usurpation d'identité numérique ne doivent-elles pas être renforcées davantage au Mali ?

---

[90] A. GUADAMUZ « Habeas Data vs. The European Data Protection Directive », *The Journal of Information, Law and Technology*, 7 novembre 2001, http://www2.warwick.ac.uk, cité par P. MOURRON, « Internet et identité virtuelle des personnes » in *Revue de la Recherche Juridique - Droit prospectif*, 2008, 124 (2008/4), pp.2409-2438. hal-01486751v2, p. 3.
[91]Loi n° 2013-015 du 21 mai 2013portant protection des données à caractère personnel en république du Mali
[92] Publiée dans le journal officiel N°43 du 13 décembre 2019.
[93] Publiée dans le journal officiel N°26 du 28 juin 2013.

BIBLIOGRAPHIE INDICATIVE

OUVRAGES

R. DEGNI-SEGUI, Les droits de l'homme en Afrique Noire Francophone, théorie et réalités, 3è éditions, les Editions du CERAP, 2015, 432p.

D. DUBASQUE, Comprendre et maîtriser les excès de la société numérique, Rennes, Presses de l'EHESP, « Politiques et interventions sociales », 2019, p. 17-22.

S. GHERNAOUTI, Cybersécurité Analyser les risques Mettre en œuvre les solutions, 7e édition, DUNOD, 384 p.

P. A. TOURE, le traitement de la cybercriminalité devant le juge, l'exemple Du Sénégal, L'harmattan, 2014, 618 p.

ARTICLES

S. GHERNAOUTI, Christian AGHROUM, « Cyber-résilience, risques et dépendances : pour une nouvelle approche de la cyber-sécurité », Sécurité et stratégie, 2012/4 (11), p. 74-83.

A. MBENOUN-NGOUE, Revue de l'actualité des données à caractère personnel en Afrique

Revue Semestrielle de la Propriété Intellectuelle en Afrique, n°4, octobre 2023, p. 87- 90.

J.B. THOMAS-SERTILLANGES, « Droit et technologies : concilier l'inconciliable ? Réflexions épistémologiques pour un droit des libertés technologiques », Les Cahiers du numérique, 2014/2 (Vol. 10), p. 17-40.

TEXTES JURIQUES

Textes internationaux et communautaires

- Traité modifié de l'UEMOA, Traité du 29 Janvier 2003 portant création du parlement de l'Union économique et monétaire ouest africaine
- Règlement N°15/2002/CM/UEMOA du 19 septembre 2002 relatif aux systèmes de paiement dans les états membres de l'UEMOA
- Protocole additionnel n° II relatif aux politiques sectorielles de l'UEMOA, 8/12/2015
- Recommandation n° 03/2000/CM/UEMOA du 22 novembre 2000 relative à la mise en œuvre d'un programme d'actions pour l'amélioration des télécommunications dans l'UEMOA
- Directive n° 04/2006/cm/UEMOA relative au service universel et aux obligations de performance du réseau

- Convention A/P1/7/92 de la CEDEAO relative à l'entraide judiciaire en matière pénale
- Convention de l'Union africaine sur la cybersécurité et la protection des données à caractère personnel dite Convention de Malabo du 27 juin 2014 ratifiée en 2023 ;
- Acte additionnel A/SA 1/01/07 du 19 janvier 2007 de la CEDEAO relatif à l'harmonisation des politiques et du cadre réglementaire du secteur des Technologies de l'Information et de la Communication (TIC) ;
- Acte additionnel A/SA.1/01/10 du 16 février 2010 relatif à la protection des données à caractère personnel dans l'espace de la CEDEAO ;
- Acte additionnel A/SA.2/01/10 du 16 février 2010 portant transactions électroniques dans l'espace de la CEDEAO
- Directive C/DIR/1/08111 portant lutte contre la cybercriminalité dans l'espace de la CEDEAO

Textes nationaux

Bénin

Loi n° 2017-20 du 20 Avril 2018 portant code du numérique en République du Bénin

Loi n° 2020 - 35 DU 06 JANVIER 2021 -, I modifiant la loi n° 2017-20 du 20 avril 2018 portant code du numérique en République du Bénin

Burkina Faso

- Loi n°051/98/AN du 4 décembre 1998 portant réforme du secteur des télécommunications
- Loi n°001-2021/an portant protection des personnes à l'égard du traitement des données à caractère personnel

Burundi

- Loi n°1/10 du 16 mars 2022 portant prévention et Répression de la cybercriminalité au Burundi.
- Décret N°100/085 du 25 juillet 2018 portant Cadre National de Collecte, de Diffusion, d'Accès, d'Archivage et de Sécurisation des Données et des Micro-Données

Congo

- Loi n° 27-2020 du 5 juin 2020 portant lutte contre la cybercriminalité, JO 2020-23.
- Loi n° 26-2020 du 5 juin 2020 relative à la cybersécurité, JO 2020-23.
- Ordonnance-loi n°23/010 du 23 mars 2023 portant code du numérique en République Démocratique du Congo.

Côte-d'Ivoire

- Loi n°2017-803 du 07 décembre 2017 d'orientation de la Société de l'Information
- Loi n°450-2013 du 19 juin 2013 portant protection des données à caractère personnel ;
- Loi n°451-2013 du 19 juin 2013 portant lutte contre la cybercriminalité
- Loi du 30 juillet 2013 relative aux transactions électroniques

Mali

- Loi n°2017-070 du 18 décembre 2017 portant modification de la loi n° 2013-015 du 21 mai 2013 portant protection des données à caractère personnel en république du Mali
- Loi-n°2019-056 du 05 décembre 2019 portant répression de la cybercriminalité

Togo

- Loi n° 2019-014 du 29 octobre 2019 relative à la protection des données à caractère personnel

Sénégal

- Loi n° 2008-12 du 25 janvier 2008 portant sur la Protection des données à caractère personnel

QUELQUES DECISIONS DE JUSTICE ET AVIS et ou décisions DES AUTORITES DE PROTECTION OU AUTORITE DE REGULATION

- Tribunal Régional Hors Classe de Dakar, Jugement n° 3375 du 29 juillet 2009
- Tribunal Régional Hors Classe de Dakar, Jugement n° 4241/ 09 du 18 septembre 2009.
- Décision n°2022-0804 du Conseil de Régulation de l'Autorité de Régulation des Télécommunications/TIC de Côte d'Ivoire en date du 12 décembre 2022 portant sanction de l'opérateur MTN Côte d'Ivoire (MTN CI) pour manquements à ses obligations de qualité de service au titre de l'année 2021.
- Décision n°2023-0899 de l'Autorité de Protection de la République de Côte d'Ivoire en date du 08 juin 2023 portant avertissement et mise en demeure de la société BICICI en matière de protection des données à caractère personnel.
- Décision n°2023-0937 en date du 23 août 2023 portant avertissement et mise en demeure de la société Yango CIV LLC en matière de protection des données à caractère personnel.

WEBOGRAPHIE

https://www.artci.ci/index.php/textes-de-reference/arretes.html
https://au.int
https://shs.cairn.info/
https://www.cairn.info/revue-securite-et-strategie-2012-4-page-74.htm
https://www.cdp.sn/
https://cybersecuritymag.africa/autorite-protection-donnees-afrique-etat-des-lieux-par-pays
https://www.dalloz-actualite.fr/
https://www.gouv.ci/
https://resilient.digital-africa.co/blog/tech_voices/10581/
https://www.uemoa.int/

Droits civils et politiques dans le cyberespace au Mali : des droits doublement menacés

Zoumana DIARRA,
Enseignant-chercheur à la Faculté des Sciences Administratives et Politiques de l'Université des Sciences Juridiques et Politiques de Bamako
Secrétaire général de la Commission Nationale des Droits de l'Homme (CNDH)
Chercheur -associé au Centre d'Etudes et de Recherche sur la Diplomatie, l'Administration Publique et le Politique (CERDAP2)

RESUME EN FRANÇAIS
La révolution numérique est certainement l'une des plus rapides que l'humanité n'ait jamais connue. Cette mutation se manifeste dans tous les domaines tels que l'information, la culture, la consommation, le commerce, le travail, l'éducation. Aucun continent, aucun pays n'échappe à cette transition qui se traduit par des progrès remarquables sur la jouissance des droits humains. Les TIC détiennent le potentiel de modifier favorablement nos vies en améliorant la mise en œuvre des droits de l'homme, tels que l'accès à l'éducation, aux soins de santé, à l'emploi, ainsi qu'à de nombreux autres services essentiels.
Toutefois, de nombreuses préoccupations demeurent sur les conséquences de cette révolution numérique sur l'exercice de certains droits et libertés fondamentaux, comme déclarait le président de la Cour Européenne des Droits de l'Homme : « Si la sphère numérique est une source indéniable d'espoirs et de progrès, elle peut également être à l'origine de nombreux risques pour les droits de l'homme (…) ».
S'il est indéniable que le cyberespace est devenu un cadre par excellence d'exercice et de jouissance des droits civils et politiques au Mali, il faut tout de même reconnaître que ceux-ci sont de plus en plus menacés, notamment dans un contexte de crise sociopolitique.
La question centrale retenue, ici, est celle de savoir comment les droits civils et politiques font objet de menaces, voire de violations au Mali, dans le cyberespace.
Les menaces pesant sur les droits civils et politiques peuvent être de deux ordres. D'un côté, le gouvernement, pour lutter contre les infractions commises dans le cyberespace ou pour des raisons d'ordre public, peut prendre certaines dispositions ou mesures dont la mise en œuvre porte parfois atteinte auxdits droits. De l'autre, et dans la majeure partie des cas, des atteintes aux droits civils et politiques, notamment le droit à la vie privée et à la dignité humaine, les libertés d'opinion, d'expression sont l'œuvre d'individus.
Les menaces sur l'exercice des droits civils et politique dans le cyberespace seraient atténuées si l'on mettait plus d'accès aux activités de prévention.

SUMMARY :

The digital revolution is certainly one of the most rapid that humanity has ever experienced. This mutation is manifesting itself in all fields, including information, culture, consumption, commerce, work and education. No continent, no country escapes this transition, which is translating into remarkable progress in the enjoyment of human rights. ICTs have the potential to positively change our lives by improving the implementation of human rights, such as access to education, healthcare, employment and many other essential services.

However, many preoccupations remain about the consequences of this digital revolution on the exercise of certain fundamental rights and freedoms, as stated by the President of the European Court of Human Rights: "While the digital sphere is an undeniable source of hope and progress, it can also be the source of numerous risks for human rights (...)".

While it is undeniable that cyberspace has become a framework par excellence for the exercise and enjoyment of civil and political rights in Mali, it must also be recognized that these rights are increasingly under threat, particularly in a context of socio-political crisis.

The central question here is how civil and political rights are threatened or even violated in cyberspace in Mali.

Threats to civil and political rights can be of two kinds. On the one hand, the government, in order to combat offences committed in cyberspace or for reasons of public order, may take certain provisions or measures, the implementation of which sometimes infringes these rights. On the other, and in the majority of cases, infringements of civil and political rights, notably the right to privacy and human dignity, freedom of opinion and expression, are the work of individuals.

Threats to the exercise of civil and political rights in cyberspace in Mali would be mitigated by greater access to prevention activities.

Introduction

La révolution numérique est certainement l'une des plus rapides que l'humanité n'ait jamais connues. Cette mutation se manifeste dans tous les domaines tels que l'information, la culture, la consommation, le commerce, le travail, le télétravail, l'éducation. Aucun continent, aucun pays n'échappe à cette transition qui se traduit par des progrès remarquables sur la jouissance des droits humains. Toutefois, de nombreuses préoccupations demeurent sur les conséquences de cette transformation sur l'exercice de certains droits et libertés fondamentaux, comme déclarait le président de la Cour Européenne des Droits de l'Homme : « Si la sphère numérique est une source indéniable d'espoirs et de progrès, elle peut également être à l'origine de nombreux risques pour les droits de l'Homme (…) »[1].

Le Mali, en raison particulièrement du contexte de crise multidimensionnelle qu'il traverse, connaît des situations conflictuelles relatives à l'exercice des droits civils et politiques dans le cyberespace. Ainsi le droit à la vie privée, la dignité humaine, la sécurité, les libertés d'expression, d'opinion et de presse, pour ne citer que ceux-ci, sont doublement menacés à la fois par des activités cybercriminelles que par des mesures gouvernementales de lutte contre ces phénomènes. Il convient d'abord de définir les notions de droits civils et politiques, et de cyberespace.

En l'absence de définition juridique, les droits civils et politiques sont reconnus et garantis par le Pacte International relatif aux Droits et Politiques « PIDCP) adopté par l'Assemblée générale des Nations Unies le 16 décembre 1966 et il est entré en vigueur le 23 mars 1976, notamment à ses articles 6 à 27[2]. Ils sont également consacrés par la Constitution du 22 juillet 2023, dont la plupart sont reconnus et garantis, notamment au chapitre I relatifs aux « droits et libertés ». Nous pouvons donc retenir une définition doctrinaire, selon laquelle « Les droits civils et politiques sont une classe de droits qui protègent les libertés individuelles des individus contre les atteintes des gouvernements, des organisations sociales et des particuliers, et qui garantissent à chacun la possibilité de participer à la vie civile et politique de la société et de l'État sans être discriminé ni réprimé »[3].

Quant au cyberespace, il n'est pas non plus défini par aucun texte à valeur juridique au Mali, même la Loi n°056 du 05 décembre 2019 portant répression de la cybercriminalité, encore moins la Convention de Budapest sur la cybercriminalité[4] n'en fait mention. En effet, selon Barbara LOUIS-SIDNEY, « le cyberespace, en tant que tel, et ses notions, sous-jacentes, de cyberattaque, cyberterrorisme, ou de cyberguerre ne sont définis par aucun texte à valeur

---

[1] https://www.coe.int/fr/web/freedom-expression/human-rights-in-digital-sphere , consulté le 29/12/2023.

[2] Le PIDCP a été adopté et ratifié par le Mali le 16 juillet 1974.

[3] https://www.frontlinedefenders.org/fr/right/civil-political-rights, consulté le 15 mai 2024.

[4] Cf. chapitre I « Terminologie », article 1 « Définition » de la Convention sur la cybercriminalité, Budapest, 23.XI.2001.

juridique »[5]. Il serait toutefois préférable de se référer à la doctrine française de défense qui définit le cyberespace comme « un domaine global constitué du réseau maillé des infrastructures des technologies de l'information (dont Internet), des réseaux de télécommunication, des systèmes informatiques, des processeurs et des mécanismes de contrôle intégrés. Il inclut l'information numérique transportée ainsi que les opérateurs des services en ligne »[6]. C'est cette définition que retiendrons ici car elle a le mérite d'englober le cyberespace dans sa globalité. S'il est indéniable que le cyberespace est devenu un cadre par excellence d'exercice et de jouissance des droits civils et politiques au Mali, il faut tout de même reconnaître que ceux-ci sont de plus en plus menacés. La question centrale retenue, ici, est celle de savoir comment les droits civils et politiques font objet de menaces, voire de violations au Mali, dans le cyberespace.

Pour répondre à cette problématique, nous avons adopté une méthodologique de recherche basée à la fois sur l'approche théorique et empirique. La première a consisté en une revue de littérature se rapportant à l'analyse documentaire. La seconde a trait aux entretiens qualitatifs réalisés, notamment avec des acteurs intervenant dans le domaine de la défense des droits civils et politiques.

L'intérêt de cet article est de contribuer aux débats et aux réflexions sur la problématique de la protection des droits de l'Homme dans le cyberespace au Mali. L'objectif est d'identifier les menaces qui pèsent sur les droits civils et politiques, et dans une moindre mesure, sur les droits économiques dans le cyberespace malien, dans un contexte de crise sociopolitique.

Les menaces pesant sur les droits civils et politiques peuvent être de deux ordres. D'une part, le gouvernement, pour lutter contre les infractions commises dans le cyberespace ou pour des raisons d'ordre public, peut prendre certaines dispositions ou mesures dont la mise en œuvre porte souvent atteinte auxdits droits (I). D'autre part, et dans la majeure partie des cas, les graves atteintes aux droits civils et politiques, notamment le droit à la vie privée et à la dignité humaine, les libertés d'opinion, d'expression et de presse sont l'œuvre des personnes physiques (II).

I.Des droits de l'homme menacés par des réponses gouvernementales

Les droits de l'homme relèvent de la lutte perpétuelle des citoyens et des peuples face aux abus, voire aux dérives de l'Etat, dans le but de préserver leur dignité et leurs libertés fondamentales. C'est pourquoi, les textes constitutionnels consacrent des droits qui créent à la charge de l'Etat des obligations d'abstention

---

[5] LOUIS-SIDNEY (Barbara), « La Dimension juridique du cyberespace », *in Revue internationale et stratégique,* 2012, volume 3, n° 87, pages 75.

[6] Glossaire interarmées de terminologie opérationnelle, PIA-7.2.6-3, 2012, N° 001/DEF/CICDE/ NP du 3 janvier 2012, http://fr.scribd.com/doc/78959133/PIA-7-2-6-3-Glossaire-InterArmees-de-Terminologie-Operationnelle-France-2012.

essentiellement, que l'on peut qualifier d'obligations négatives[7]. Les menaces qui planent sur l'exercice de certains droits civils et politiques sont imputables aux mesures étatiques dans le cadre de la lutte contre le cyber crime, qui se manifestent par voie règlementaire à travers des coupures de l'accès à Internet affectant ainsi la jouissance d'un nombre important de droits (A), d'une part, d'autre part, par voie judiciaire avec le recours abusif au mandat de dépôt (B).

A.Coupure de l'accès à Internet

Les coupures de l'accès à Internet peuvent être définies comme « des mesures prises par un gouvernement, ou au nom d'un gouvernement, afin de perturber intentionnellement l'accès aux systèmes d'information et de communication en ligne et leur utilisation »[8]. Elles peuvent être « expressément destinées à empêcher ou à perturber la consultation ou la diffusion de l'information en ligne, en violation du droit des droits de l'homme »[9]. Il arrive que les autorités bloquent l'accès à Internet lors des manifestations ou d'« évènements concernant de très près le grand public »[10].

Les restrictions de l'accès à Internet pendant l'élection présidentielle de 2018 ont été dénoncées par l'ONG Internet Sans Frontières (ISF) en ces termes « Nous regrettons que le Mali choisisse de ne pas respecter le droit international qui protège la liberté d'expression (…) C'est un droit civique important en période électorale »[11]. Elles ont également été déplorées, en juillet 2020, lors de certaines manifestations du Mouvement politique dit « M5 RFP ».

Les conséquences désastreuses que ces coupures produisent sur la jouissance des droits de milliers de personnes ne sont pas objet d'une véritable prise de conscience de la part des autorités. Celles-ci estiment que les raisons qui motivent ces coupures (sauvegarde de l'ordre public notamment) l'emportent sur les conséquences préjudiciables[12]. Or, l'accès à Internet est largement reconnu comme un facteur indispensable à la réalisation d'une panoplie de droits de l'homme[13] : liberté d'association et de réunion, la participation à la vie sociale, culturelle, politique, etc.

Les Principes de régulation des plateformes numériques de l'UNESCO rappellent aux États l'obligation de « respecter et promouvoir les droits humains, y compris

---

[7] https://sherloc.unodc.org/cld/fr/education/tertiary/tip-and-som/module-2/key-issues/positive-and-negative-obligations-of-the-state.html, consulté le 12/03/2024.

[8] Rapport A/HRC/50/55 du Haut-commissariat des Nations Unies aux Droits de l'Homme, « Coupures de l'accès à Internet : tendances, causes, implications juridiques et conséquences sur une série de droits de l'homme », § 4, 13 mai 2022.

[9] Rapport du Rapporteur spécial sur la promotion et la protection du droit à la liberté d'opinion et d'expression, mars 2017, § 8.

[10] *Idem.*

[11] Cf. https://www.ouestaf.com/mali-les-restrictions-de-lacces-a-internet-pendant-la-presidentielle-denoncees/, consulté le 12/03/2024.

[12] Rapport A/HRC/50/55, *op. cit.*, §1.

[13] Cf. Résolution 47/16 du Conseil des droits de l'homme et A/66/290, §12.

le droit à la liberté d'expression et le droit d'accès à l'information. Les restrictions à la liberté d'expression ne sont admissibles que dans les conditions prévues aux Articles 19 (3) et 20 du Pacte International relatif aux Droits Civils et Politiques (PIDCP)»[14] en vertu desquels: « toute restriction appliquée aux contenus doit être fondée sur la loi, avoir un but légitime, et être nécessaire et proportionnelle, garantissant les droits des utilisateurs à la liberté d'expression, à l'accès à l'information, à l'égalité et à la non-discrimination, à l'autonomie, à la dignité, à la réputation, à la vie privée, à l'association et à la participation publique ». Ils appellent également les Etats à « S'abstenir de prendre des mesures disproportionnées, notamment la censure préalable et la coupure de l'Internet, sous couvert de lutte contre la désinformation ou pour toute autre raison incompatible avec le PIDCP »[15].

Dans le même ordre d'idées, les mandants internationaux spéciaux sur la liberté d'expression ont indiqué que : « Donner effet au droit à la liberté d'expression impose aux États l'obligation de promouvoir l'accès universel à l'Internet ».[16]

Si les coupures de l'accès à Internet ne sont plus fréquemment utilisées depuis le début de la transition politique, force est de reconnaître qu'elles demeurent un outil efficace entre les mains des autorités visant à restreindre l'exercice de certains droits dans le cyberespace, en plus du recours excessif aux décernements du mandat de dépôt dans le cadre de l'application de la loi relative à la lutte contre la cybercriminalité.

B.Le recours abusif aux moyens répressifs de l'Etat : cas du décernement abusif des mandats de dépôt

L'Etat est la condition *sine qua non* pour la mise en œuvre effective et efficace des droits de l'homme. En effet, dans leur formulation aussi bien que dans les différentes stratégies de leur mise en œuvre effective, les droits de l'homme exercent une fonction légitimatrice qui fait d'eux à la fois la raison d'être et la finalité de l'Etat. C'est sans doute cette vocation des droits de l'homme qui leur confère en même temps une fonction éminemment critique par rapport à l'action de l'Etat, ici dans le cadre de la lutte contre la cybercriminalité.

L'article 19 de la Déclaration Universelle des Droits de l'Homme (DUDH) et le paragraphe 2 de l'article 19 du PIDCP protègent le droit à la liberté d'expression, notamment le droit de chercher, de recevoir et de répandre, sans considérations de frontières, les informations et les idées par quelque moyen d'expression que ce soit, sous une forme orale, écrite, imprimée ou artistique, ou par tout autre moyen de son choix. Il est fondamental de rappeler aussi que le droit des personnes aux libertés d'expression, d'opinion et de presse ne se limite pas aux informations

---

[14] UNESCO, Principes pour la gouvernance des plateformes numériques : préserver la liberté d'expression et l'accès à l'information- une approche multipartite, Paris, 2023, §26, page 20.
[15] *Idem.*
[16] Déclaration conjointe sur la liberté d'expression et l'Internet adoptée le 1er juin 2011, Microsoft Word - mandates.decl.2011.Internet.final.doc (law-democracy.org), para. 6(a).

accueillies avec faveur, de la part des autorités ou des populations, mais vaut également pour les idées et informations qui peuvent « heurter, choquer ou inquiéter »[17] , sans considération de la véracité ou de la fausseté du contenu[18]. Comme l'a clairement indiqué le Comité des droits de l'homme, le PIDCP ne permet pas les interdictions générales de l'expression d'une opinion erronée ou d'une interprétation incorrecte d'événements du passé[19].

Au Mali, à l'instar de bien d'autres pays africains, malgré une législation spécifique[20] sur le cyberespace, les difficultés sont relatives au droit pénal substantiel et à la procédure pénale. En ce sens, comme le soutient Rosalie DIARRA « L'absence de législation adaptée a le désavantage de faire basculer les acteurs de mise en œuvre des lois pénales, surtout le juge, dans l'arbitraire (...) dans leur volonté effrénée de sanctionner la cybercriminalité »[21]. A cela, il faut noter que « La recherche de la preuve dans un contexte de volatilité des informations et d'ubiquité du réseau auxquels s'ajoute la méconnaissance des Technologies de l'Information et de la Communication (TIC) par les acteurs de mise en œuvre des règles de procédure pose problème. Le caractère immatériel des lieux et de certains éléments faisant l'objet de la perquisition refoule automatiquement les règles classiques de procédure pénale qui sont conçues uniquement pour un espace matériel »[22].

Des poursuites judiciaires sur la base des chefs d'accusation dont le contenu peut être qualifié de fourre-tout : « atteinte au crédit de l'Etat », « trouble à l'ordre public », « outrage au Chef de l'Etat » etc. L'application excessive des dispositions du code pénal ou de la loi réprimant la cybercriminalité est de nature, aux yeux des défenseurs des droits de l'homme, à porter atteinte aux libertés d'opinion, d'expression et de presse.

Un membre du Conseil National de Transition (CNT), après avoir exprimé son opinion sur une décision du gouvernement, s'est vu décerné un dépôt de mandat le 28 octobre 2021, pour flagrant délit de troubles à l'ordre public, d'atteinte au crédit de l'Etat.

Dans une vidéo publiée et largement partagée sur les médias, une activiste et influenceuse dénonçait la cherté de la vie et la flambée des prix des denrées de première nécessité en l'occurrence le sucre, l'huile et la viande et interpellait les autorités quant à leur responsabilité. Elle a été présentée au parquet du Tribunal de Grande Instance (TGI) de la Commune IV du District de Bamako le mercredi

---

[17] Cf. Cour européenne des droits de l'homme, Handyside c. Royaume-Uni, requête n° 5493/72, arrêt du 7 décembre 1976, par. 49.

[18] Cf. observation générale no 34 (2011) du Comité des droits de l'homme, par. 49 et Cour européenne des droits de l'homme, Lingens c. Autriche, no 9815/82, 8 juillet 1986, par. 46.

[19] Cf. Comité des droits de l'homme, observation générale no 34 (2011), par. 49.

[20] Loi n°015 du 21 mai 2013 portant protection des données à caractère personnel en République du Mali ; Loi n°056 du 05 décembre 2019 portant répression de la cybercriminalité.

[21] DIARRA (Rosalie), *La Répression de la cybercriminalité en Afrique*, Paris, L'Harmattan, Collection « Etudes Euroafricaines », 2021, page 9.

[22] *Idem.*

15 mars 2023, lequel l'a entendue avant de la placer sous mandat de dépôt pour quatre (04) chefs d'accusation « Incitation à la révolte, troubles à l'ordre public, outrage et violence envers le Chef de l'Etat »[23]. Elle a été condamnée le 02 août 2023 à un an de prison ferme et une amende d'un million de francs CFA pour incitation à la révolte et trouble à l'ordre public par l'usage des technologies de l'information et de la communication.
Un autre membre du CNT a été placé sous mandat de dépôt par le Pôle national de lutte contre la cybercriminalité pour « atteinte au crédit de l'Etat », le 05 septembre 2023, après s'être prononcé, dans une vidéo publiée et largement partagée, en faveur du maintien de l'élection présidentielle à la date échue, et avoir dénoncé certains agissements des services de renseignements.
Le 11 septembre 2023, un journaliste est mis sous mandat de dépôt par le Pôle national de lutte contre la cybercriminalité pour motif d'atteinte au crédit de l'Etat, sur la base d'un élément audio qui a circulé sur les réseaux sociaux, qui serait truqué selon l'inculpé.
Le 20 novembre 2023, le président de la Plateforme de Lutte contre la Corruption et le Chômage (PLCC) a été placé sous mandat de dépôt pour « menace de mort à l'encontre du Président de la Transition et de sa famille » à la suite de la diffusion d'un audio sur les réseaux sociaux.
Tout en excluant l'idée de remettre en cause la légalité ou de sous-estimer la gravité des infractions pour lesquelles toutes ces personnes ont été placées sous mandat de dépôt, le décernement de ces mandats semblerait excessif et abusif, sous l'angle des droits humains. Ne pouvait-on pas poursuivre ces personnes non détenues ? N'avaient-elles pas toutes les garanties liées à la domiciliation ? Avaient-elles la possibilité d'effacer les preuves des infractions pour lesquelles elles sont poursuivies d'autant plus que les éléments incriminés circulent sur les réseaux sociaux ?
Le cyberespace, longtemps perçu comme « une zone de non-droit », est-il devenu en réalité « une zone d'hyper-droit »[24] dont l'application menacerait l'exercice de certains droits civils au Mali? Dans tous les cas, tout laisse à croire que le décernement abusif du mandat de dépôt menace directement ou indirectement l'exercice de certains droits civils et politiques dans le cyberespace : les libertés d'expression, d'opinion et de presse. Il contribue au développement d'un sentiment de musellement et d'une posture d'autocensure de la part des défenseurs des droits de l'homme.
Préoccupée par cette situation, la Commission Nationale des Droits de l'Homme (CNDH), qui est également le Mécanisme national de protection des défenseurs

---

[23] Rapport de visite de la CNDH au Centre de détention pour Femmes de Bollé, le 17 mars 2023 (non publié) .

[24] THOMAS-SERTILLANGE (Jean-Baptiste), « Droit et technologies : concilier l'inconciliable ? Réflexions épistémologiques pour un droit des libertés technologiques », *in Les Cahiers du numérique*, 2014/2 (Vol.10), page 18.

des droits de l'homme[25], a publié, rien qu'en 2023, trois communiqués dans lesquels elle « rappelle l'obligation pour l'Etat de veiller au respect des droits et libertés ci-dessus mentionnés, conformément à la réglementation, en tout temps, en tout lieu et en toute circonstance ; que l'exercice des droits civils et politiques ci-dessus évoqués constitue l'essence d'un Etat démocratique respectueux des droits de l'Homme »[26].
Dans le même ordre d'idées, selon l'Expert indépendant des Nations Unies sur la situation des droits de l'homme au Mali, « Plusieurs personnes ont été arrêtées, détenues, jugées et/ou condamnées simplement pour avoir tenu des propos qui semblent plutôt relever de l'exercice légitime du droit à la liberté d'expression, protégé par plusieurs instruments internationaux auxquels le Mali est partie, notamment le Pacte international relatif aux droits civils et politiques (art. 19) et la Charte africaine des droits de l'homme et des peuples (art. 9) »[27].
Pour ainsi paraphraser un homme politique français, si la République vit de libertés, elle pourrait mourir de la répression[28]. En effet, la répression judiciaire constitue une réelle menace pour l'exercice de certains droits civils et politiques au Mali. Des menaces proviennent aussi de l'agissement de certains acteurs non étatiques.

II.Des droits menacés par des activités cybercriminelles

En plus d'être des outils de développement, les TIC présentent tout de même des menaces sur la jouissance de certains droits de l'Homme. Ces menaces sont générées par la multiplicité des infractions et leur vitesse de commission[29]. Les atteintes aux droits civils et politiques se traduisent notamment par des atteintes aux droits à la vie privée et à la dignité (A), aux libertés d'opinion, d'expression et de presse imputables, ici, non pas à l'Etat mais aux particuliers (B).

A .Des atteintes aux droits à la vie privée et à la dignité

Boris BARRAUD nous rappelle que « La dignité dépend du respect de la vie privée, le droit à la vie privée étant sans doute une liberté. Sans intimité, on n'est plus grand chose. Violer l'intimité, c'est violer la personne humaine »[30]. En effet,

[25] Cf. Article 13 du Décret fixant les modalités d'application de la loi relative aux défenseurs des droits de l'homme en République du Mali.
[26] Communiqué n°0003-2023/CNDH-P du 23 février 2023 ; Communiqué n°0007-2023/CNDH-P du 11 avril 2023 ; Communiqué n°0023-2023/CNDH-P du 22 décembre 2022.
[27] Rapport de l'Expert indépendant sur la situation des droits de l'homme au Mali, Alioune TINE, 13 février 2024, https://reliefweb.int/report/mali/situation-human-rights-mali-report-independent-expert-situation-human-rights-mali-alioune-tine-ahrc5579-enarruzh, consulté le 11/03/2024.
[28] CLEMENCEAU (Georges), député français, discours prononcé le 29 juillet 1881 à l'Assemblée nationale.
[29] DIARRA (Rosalie), *Ibidem*, page 7.
[30] BARRAUD (Boris), *Dignité, égalité, liberté : pratiques des droits de l'homme numérique*, Paris, L'Harmattan, 2022, pages 67-68.

au-delà la protection de la vie privée, dans ses éléments matériels, tel que le domicile, celle relative aux éléments immatériels est aussi indispensable. En d'autres termes, « Le domicile numérique doit donc être protégé, en tant qu'espace d'intimité, contre toute surveillance, intrusion ou gêne »[31].
Les atteintes aux droits à la vie privée et à la dignité dans le cyberespace couvrent un large éventail qui va de la diffamation à l'injure en passant par le harcèlement, l'intimidation, les atteintes à l'honneur, même s'il existe des réponses juridiques à chacun de ces abus de droits de l'homme[32], notamment dans le cadre de l'application de la loi relative à la lutte contre la cybercriminalité au Mali.
Le respect de la vie privée est un droit fondamental consacré dans les principaux textes en matière de droits de l'Homme. Aux termes de l'article 12 de la DUDH, « Nul ne sera l'objet d'immixtions arbitraires dans sa vie privée, sa famille, son domicile ou sa correspondance, ni d'atteintes à son honneur et à sa réputation. Toute personne a droit à la protection de la loi contre de telles immixtions ou de telles atteintes ». Le PIDCP réitère cette protection en son article 17.
En droit malien, le droit au respect de la vie privée a été formellement reconnu et garanti, notamment par la Constitution du 22 juillet 2023, le Code pénal[33], la loi sur la protection des données à caractère personnel[34] et celle sur la cybercriminalité[35].
La vie privée, espace dans lequel on peut se replier, être à l'abri des regards et des écoutes, tranquille, est un « droit de se voiler »[36]. En effet, l'individu doit être protégé contre toute sorte d'intrusion dans sa vie privée, quelle qu'en soit l'origine, individuelle ou étatique. Au Mali, cette protection semble insuffisante face à l'évolution du cyberespace. Nous assistons au développement des infractions dont la commission échappe souvent à la répression des autorités compétentes soit par incapacité, inaction ou omission, toute chose dont les conséquences sont de nature à porter atteinte aux droits à la vie privée des citoyens et dont les manifestations sont multiformes.
La Rapporteuse spéciale sur le droit à la vie privée réaffirme que « La doctrine qui protège la vie privée et les données personnelles résulte des préoccupations croissantes que suscitent les progrès des technologies de l'information et de la communication, qui offrent des possibilités de gestion et de manipulation de l'information de plus en plus »[37]. Ainsi, les internautes, qui se caractérisent souvent par une appartenance à plusieurs réseaux sociaux, s'exposent à des

---

[31] *Ibidem*, page 130.
[32] HENOCQUE (Bruno), « Réseaux sociaux, responsabilité juridique et éducation aux médias », *in Les Cahiers du numérique*, 2014/2 (vol.10), Editions Lavoisier, page 67.
[33] Cf. Articles 124 et ss. de la Loi n°01-79 du 20 août 2001 portant Code pénal (modifiée).
[34] Loi n°015 du 21 mai 2013 portant protection des données à caractère personnel.
[35] Loi n°056 du 05 décembre 2019 portant répression de la cybercriminalité.
[36] HENNETTE-VAUCHEZ (Stéphanie), ROMAN (Diane), *Droits de l'homme et libertés fondamentales*, Paris, Dalloz, coll. Hypercours, 2017, page 514.
[37] Conseil des Droits de l'Homme, Rapport de la Rapporteuse spéciale sur le droit à la vie privée, « La vie privée et la protection des données personnelles dans les pays ibéro-américains : un pas vers la mondialisation ? », avril 2022, page 2.

atteintes à leurs droits du fait de la multiplication des interactions numériques[38] et de l'incapacité de maîtriser la vitesse de propagation des données personnelles qui y circulent. Par exemple, « La consultation de sites tels que les réseaux sociaux par un internaute peut révéler ses préférences politiques, religieuses ou sexuelles, alors même qu'il souhaite les garder secrètes. Même sans révéler par des actes positifs ces informations, la seule consultation de certains sites extériorise possiblement des convictions personnelles, au risque qu'elles soient ensuite révélées ou du moins conservées »[39].

Ces atteintes relèvent plus de la vulnérabilité humaine que de la fragilité des dispositifs techniques et des failles de sécurité, propices à des usurpations d'identité, selon Bruno HENOCQUE[40]. En effet, « Les actes illicites dont sont victimes des enfants ou des adolescents sur le web social provoquent une inquiétude légitime dans l'opinion publique en raison des atteintes au droit de plus en plus nombreuses qui s'exercent sur la toile »[41].

Aussi, de nombreux éléments montrent-ils que les femmes dans la vie publique, notamment des femmes politiques, journalistes et autres actrices de la vie sociale sont la cible de désinformation, de rumeurs, de harcèlement et de menaces sexistes, ainsi que d'incitation à la violence. Si certains de ces cas peuvent être le fait d'individus, d'autres sont le résultat de campagnes délibérées visant à saper la participation des femmes à la vie civile et politique, à entacher leur crédibilité, ou tout simplement à les expulser de la plateforme numérique et à nier leur droit à la liberté d'expression. Cette désinformation peut trop souvent conduire à des violences sexistes sur les toiles. Cela peut constituer une atteinte importante aux droits des femmes.

B.Des atteintes aux libertés d'expression, d'opinion et de presse

L'article 20, §2 du PIDCP stipule que tout appel à la haine nationale, raciale ou religieuse qui constitue une incitation à la discrimination, à l'hostilité ou à la violence est interdit par la loi. Aussi, les articles 19, 20 et 21 de la loi portant répression de la cybercriminalité répriment-ils les actes racistes, xénophobes, de menaces et d'injures par le biais d'un système d'information.

En 2021, les participants à la Journée mondiale de la presse à Windoek se disaient « préoccupés par la prolifération, l'amplification et la promotion, par des systèmes humains et automatisés, de contenus numériques potentiellement néfastes, relevant notamment de la désinformation et des discours de haine, qui portent atteinte aux droits des personnes et à la qualité du débat public »[42]. Dans la même veine, les experts de l'Atelier de Rabat réaffirment l'interdiction de tout appel à la

---

[38] HENOCQUE (Bruno), *op. cit.*, page 65.

[39] BARRAUD (Boris), *op. cit.*, page 123.

[40] *Ibidem*, page 65.

[41] *Idem.*

[42] UNESCO, Déclaration de Windock +30 « L'information comme bien commun », Journée mondiale de la liberté de la presse », 2021, 29 avril - 3 mai, Namibie.

haine nationale, raciale ou religieuse qui constitue une incitation à la discrimination, à l'hostilité ou à la violence[43].
« Le web est devenu la tribune, le terreau, de propos haineux ou racistes »[44]. Si des internautes diffusent leurs messages de haine auprès de milliers de membres de réseaux sociaux, les victimes de leur côté, sont souvent désarmées[45], en témoignent quelques cas emblématiques que nous pouvons citer au Mali.
On peut citer en exemple, l'audio d'une chanson à caractère injurieux qui a circulé sur les réseaux sociaux insultant un membre du gouvernement qui avait initié un avant-projet de loi réprimant les violences basées sur le genre.
Aussi en 2022 et 2023 deux militantes de la société civile ont subi des injures parfois à caractère sexiste et des appels à la haine, et à la violence pour avoir prononcé un discours devant le Conseil de Sécurité de l'ONU, dans l'exercice de leur droit à la liberté d'opinion et d'expression quant à la situation des droits de l'homme au Mali. Ces discours de haine ont été suffisamment relayés sur les réseaux sociaux et ont suscité des réactions d'autres défenseurs des droits de l'homme. Une chroniqueuse a ainsi répliqué aux injures qui étaient destinées à l'une d'elles en disant « Que chacune et chacun se réservent des insultes, se réservent de porter atteinte aux droits fondamentaux, à l'intégrité physique (...) C'est son droit de s'exprimer, c'est son droit le plus absolu, qu'on l'aime ou qu'on ne l'aime pas »[46]. Dans la même démarche, la CNDH a publié un communiqué dans lequel, elle « fustige certains actes, écrits, propos et autres slogans remettant ou tendant à remettre en cause l'exercice de ces droits et libertés fondamentaux ; invite le Gouvernement à un meilleur respect des droits humains, du droit international humanitaire en général et des libertés fondamentales en particulier ; appelle les populations et les médias à s'abstenir des écrits, discours, propos, slogans incitant à la haine et à la violence (…) »[47].
Par ailleurs, le cyberharcèlement est une pratique courante dont sont victimes les citoyens. Il se définit comme le fait d'utiliser les nouvelles TIC pour humilier ou intimider une personne de manière répétée, principalement par les outils disponibles (réseaux sociaux, forums, tchats ou messageries électroniques)[48]. Le cyberharcèlement consiste entre autres à diffuser des photos ou des vidéos sur le web prises à l'insu des victimes. Des personnes voient impuissamment circuler leurs images ou vidéos sur les réseaux.

---

[43] Plan d'action de Rabat, Conclusions et les recommandations issues des quatre ateliers d'experts organisés par le HCDH en 2011 et adoptés par les experts à Rabat, Maroc le 5 octobre 2012 https://www.ohchr.org/fr/freedom-of-expression, consulté le 15/03/2024.
[44] UNESCO, Déclaration de Windock +30, *op. cit.*
[45] *Idem.*
[46] Interview accordée à la chaîne Deutsche Wele, le 03 mars 2023, https://www.dw.com/fr/aminata-cheick-dicko-onu-wagner/a-64608326, consulté le 14 mars 2024.
[47] Communiqué n°0023-2023/CNDH-P du 22 décembre 2023.
[48] *Ibidem*, page 71.

Le problème juridique posé est, dans une telle situation, celui relatif à l'identité civile de la personne qui se cache derrière son identité numérique, d'autant plus que de tels actes cybercriminels ne sont pas toujours commis au Mali mais dans de lointains cybercafés. Mieux, les présumés auteurs des actes cybercriminels se trouvent dans des pays où la coopération judiciaire avec le Mali n'est pas ou plus opérante ou efficace.

CONCLUSION

Les défis, liés au cyberespace à travers l'adoption des mesures ou politiques qui soient à la fois efficaces pour répondre aux préjudices potentiels et respectueuses des libertés d'expression, d'opinion et de presse ainsi que de la vie privée, telle que garanties par les instruments juridiques nationaux et internationaux auxquels le Mali a souscrit, demeurent une réalité à surmonter.

Il convient d'insister sur le fait que l'Etat demeure le principal responsable à la fois pour lutter contre la cybercriminalité et pour réduire ses mesures de lutte contre ce phénomène qui menacent l'exercice de certains droits civils et politiques dans le cyberespace. Les raisons relatives à l'ordre public couramment évoquées par les autorités sous-estiment souvent la gravité des atteintes aux droits de l'homme que celles-ci peuvent engendrer. Or, le Juge Kéba M'Baye affirmait : « Le chemin qui conduit vers le développement économique et social et vers la consolidation des institutions (...) ne doit pas contourner les principes essentiels qui fondent la dignité de l'homme car après tout, la finalité du développement et le but de toute politique doivent tendre à la réalisation de l'humain »[49].

En vue de lutter efficacement contre les atteintes aux droits de l'homme dans le cyberespace malien, les organisations de la société civile ont un rôle majeur à jouer. En effet, selon les Principes Directeurs UNESCO « La société civile joue un rôle essentiel dans la compréhension de la nature des comportements abusifs en ligne et dans la lutte contre ces derniers, ainsi que dans la contestation de toute régulation restreignant indûment la liberté d'expression, l'accès à l'information et d'autres droits de l'homme ».

La CNDH a également un rôle de premier plan en la matière, notamment dans le cadre de l'exercice de son mandat de promotion, de protection des droits de l'homme, de prévention de la torture mais surtout de protection des défenseurs des droits de l'Homme. D'autres autorités administratives indépendantes, comme l'Autorité de Protection des Données à caractère Personnel (APDP) doivent être renforcées pour leur permettre de jouer pleinement leur rôle en matière de protection des droits dans le cyberespace au Mali.

De notre point de vue, il serait préférable pour les autorités d'œuvrer pour plus d'actions de prévention, dans le sens d'une meilleure sensibilisation, information et formation à l'attention, d'une part, des populations sur les risques des activités cybercriminelles, d'autre part, des acteurs étatiques (notamment sécuritaires et

---

[49] MBAYE (Kéba), *in Revue sénégalaise de droit*, 1977 cité par Guy AURENCHE, *La dynamique des Droits de l'homme*, édition Desclée de Brouwer, 1998 page 55.

judiciaires) sur l'impérieuse nécessité de prévaloir davantage le respect des droits humains dans leurs activités de lutte contre la cybercriminalité.

<u>Quelques références bibliographiques</u> :

AURENCHE (Guy), *La dynamique des Droits de l'homme*, édition Desclée de Brouwer, 1998, 241 pages.

BANNELIER (Karine) et CHRISTAKIS (Théodore), « Cyberattaques. Prévention-réaction : rôle des Etats et des acteurs privés », Paris, *in Les Cahiers de la Défense Nationale*, 2017, 92 pages.

BARRAUD (Boris), *Dignité, égalité, liberté : pratiques des droits de l'homme numérique*, Paris, L'Harmattan, 2022, 646 pages.

DIARRA (Rosalie), *La Répression de la cybercriminalité en Afrique*, Paris, L'Harmattan, Collection « Etudes Euroafricaines », 2021, 328 pages.

HENOCQUE (Bruno), « Réseaux sociaux, responsabilité juridique et éducation aux médias », *in Les Cahiers du numérique*, 2014/2 (vol.10), Editions Lavoisier, pages 63-91.

KOUMPLI (Christina), *Les données personnelles sensibles – Contribution à l'évolution du droit fondamental à la protection des données personnelles,* Thèse de Doctorat, Droit public, Université Paris I, 2019.

LOUIS-SIDNEY (Barbara), « La Dimension juridique du cyberespace », *in Revue internationale et stratégique,* 2012, volume 3, n° 87, pages 73-82.

THOMAS-SERTILLANGE (Jean-Baptiste), « Droit et technologies : concilier l'inconciliable ? Réflexions épistémologiques pour un droit des libertés technologiques », *in Les Cahiers du numérique*, 2014/2 (Vol.10), pages 17-40.

UNESCO, « Principes pour la gouvernance des plateformes numériques : préserver la liberté d'expression et l'accès à l'information- une approche multipartite », Paris, 2023.

Le sexe et le numérique : Étude sur les nouvelles orientations du droit à la vie privée au Cameroun

Firmin Rossi CHUITON TENE
Docteur Ph/D, Droit public
Université de Dschang-Cameroun

Résumé : Face au développement rapide et sans cesse croissant du numérique, la vie privée a perdu son attribut traditionnel, celui de l'inaccessibilité, du mystère. La sexualité, domaine réservé à la vie privée a fait sa révolution numérique, entrainant une orientation nouvelle de la vie privée. La diffusion de l'intimité sexuelle des individus au Cameroun par le numérique, a conduit à une désacralisation de l'intimité des uns et autres. Ce faisant, les auteurs de telles pratiques portent atteinte à la moralité publique, dans une société fortement conservatrice. Pour organiser la riposte contre cette tendance de l'extériorisation de la vie privée, le législateur camerounais a mis en œuvre un cadre normatif répressif appliqué par des organismes gouvernementaux en vue de prévenir, de traquer et de réprimer les auteurs de telles pratiques. L'objectif affiché étant de freiner, voire d'annuler cette tendance du déconfinement de la vie privée, notamment dans son versant sexuel, afin qu'il demeure sous le joug du secret.
Mots-clés : Numérique, intimité, droit à la vie privée, sexualité.
Abstract : With the rapid and ever-increasing development of digital technology, privacy has lost its traditional attribute of inaccessibility and mystery. Sexuality, an area reserved for privacy, has undergone a digital revolution, leading to a new orientation in private life. The digital dissemination of sexual intimacy in Cameroon has led to a desacralisation of individual privacy. In so doing, the perpetrators of such practices are undermining public morality in a highly conservative society. To fight back against this tendency to externalise private life, the Cameroonian legislator has implemented a repressive regulatory framework applied by government bodies with a view to preventing, tracking down and punishing the perpetrators of such practices. The stated aim is to curb, or even reverse, the trend towards the deconfinement of private life, particularly in its sexual aspect, so that it remains under the yoke of secrecy.
Key words : Digital, privacy, right to privacy, sexuality.

Introduction :

« Dans une société libre, chaque individu a deux vies: sa vie publique et sa vie privée »[1]. Cette analyse de François Terrier traduit bien les deux facettes de la vie de l'Homme. Le visible et le non visible, l'accessibilité et l'inaccessibilité.

---

[1] TERRE François, «La vie privée», *in* TABATONI (Dir.), *Société de l'information et vie privée*, Paris, Puf, Tome 3, 2002 ; DEMONCEAUX Sophie, «S'aimer à l'heure du numérique : la relation conjugale à l'épreuve de l'hyperconnectivité», *Sociologie et sociétés*, Vol. 46, N°1, 2014, p.126.

L'intimité se rapproche sans doute de ce dernier pan. Derrière la locution intimité, résident un ensemble d'expressions : « vie privée, domaine réservé, privacité »[2]. Malgré cette diversité de langage, l'intimité est généralement convoquée pour faire référence à la vie privée. L'intime est, par définition, ce que l'on cache aux regards des autres[3], ce qui est réservé à soi, à la vie privée. La notion de vie privée est plus étendue que celle d'intimité qui en constitue le cœur, la sphère propre à chaque individu ou la part secrète de toute famille[3].

Aucune définition légale n'est donnée de la vie privée, celle-ci étant une notion relative et évolutive, appréciée au cas par cas par les tribunaux en cas d'atteinte à la vie privée[4]. Malgré cet énoncé, la vie privée peut se percevoir comme ce qui concerne la vie de chacun, ce qui ne regarde personne d'autre que soi et ses intimes[5]. C'est selon Hervé Martial Tchabo Sontang, « la sphère d'intimité réservée à chaque individu et protégée contre les intrusions extérieures, qu'elles proviennent des autres individus ou même de l'État »[6].

Sous ce prisme, la vie privée est traditionnellement opposée à la vie publique, autrement dit à l'espace public, ce qui est accessible par et à tous. « Essentielle à la vie démocratique»[7], tant elle contribue à réguler l'exercice des droits des citoyens, la vie privée constitue un ilot, un refuge pour tout individu. C'est le lieu où il se recroqueville, se retrouve avec soi-même, surtout dans une société « où l'équilibre entre vie privée et vie publique tend à s'inverser, où publier ne coûte rien »[8]. Fort de son importance dans l'épanouissement quotidien de l'homme, la vie privée a été érigée en droit, d'où l'idée de droit à la vie privée, ce qui garantit son respect et sa protection[9].

Le droit à la vie privée couvre des domaines pluriels comme la famille, les sentiments, l'état de santé, les correspondances, le domicile, l'image, et surtout la vie sexuelle. La vie sexuelle est à l'évidence le domaine par excellence de la vie privée, le cadre réservé à chaque individu. Le rapport sexuel fait sans aucun doute

---

[2] MATIA-PORTILLA Francisco Javier, « Le droit à la protection de l'intimité », *Annuaire international de justice constitutionnelle*, 18-2002, 2003, pp. 394-432, p.394.

[3] BARRE-PEPIN Martine, « Concepts et contours de l'intime en droit positif - la protection de la dignité », *in* CRINQUAND Sylvie, BRAVO Paloma (Dir.), *L'intime a ses frontières*, Editions Modulaires Européennes InterCommunication (E.M.E.), 2012, pp.17-34, p.17.

[4] BESSON Dominique, « Droit et intimité Comment concilier protection et droits fondamentaux des mineurs et majeurs protégés », *Le Sociographe*, 2008/3 (n° 27), pp.76-84, p.82.

[5] CORNU Gérard, *Vocabulaire juridique,* Paris, 12e ed, p.2256.

[6] TCHABO SONTANG Hervé Martial, « Le droit à la vie privée à l'ère des TIC au Cameroun », *La Revue des droits de l'homme*[En ligne], 17 | 2020, p.1.

[7] VITALIS André, *L'incertaine révolution numérique*, Londres, ISTE Éditions, 2016, 117p.

[8] UNTERSINGER (M.), *Anonymat sur internet, protéger sa vie privée*, 2ème édition, Eyrolles, 2014, cité par TCHABO SONTANG Hervé Martial, « Le droit à la vie privée à l'ère des TIC au Cameroun », *op.cit.*

[9] L'article article 12 de la Déclaration Universelle des Droits de l'Homme dispose que « Nul ne sera l'objet d'immixtions arbitraires dans sa vie privée, sa famille, son domicile ou sa correspondance, ni d'atteintes à son honneur et à sa réputation. Toute personne a droit à la protection de la loi contre de telles immixtions ou de telles atteintes ».

partie de ces pratiques de la vie de l'Homme, qui relèvent ontologiquement du non visible, du mystère, de l'intimité. L'exercice de ce droit à la vie privée est largement exprimé et consommé par le recours aux rapports sexuels. De ce fait, sa pratique n'a pour seul destinataire que la ou les personne(s) qui s'y livre(nt). C'est donc le cadre par excellence de la discrétion, mais au-delà, du secret. Cette évidence semble pourtant remise en cause par l'outil numérique, qui offre une conception nouvelle de la vie sexuelle, celle d'un rapport sexuel qui a cessé d'être réservé, pour être partagé, publié, exhibé.

Le développement des technologies de l'information et de la communication a imposé au sexe « sa transition numérique »[10]. Cette évolution a eu pour conséquence première une perméabilité des vies privée et publique à l'aune du numérique. C'est que, « la révolution numérique qui marque l'époque contemporaine draine dans son sillage une métamorphose des mœurs, des usages et des pratiques sociales ne s'accommodant pas toujours avec le caractère fondamental de la vie privée et de ses attributs »[11]. La révolution sexuelle ou le sexe 2.0 a pris ses marques au Cameroun au point où parler de « banalisation de la vie sexuelle » apparait comme une lapalissade.

En effet, il est devenu banal de constater au sein des fora de communications et réseaux sociaux, la publication des « pratiques sexuelles » des personnes de diverses ordres, mineure, majeure, responsable administratif ou personnage public. Le numérique s'est accaparé de la sexualité et a donné une nouvelle direction au droit à la vie privée et à l'intimité. Beaucoup d'outils et de procédés techniques permettent de nos jours aux tiers d'accéder, à distance, dans la sphère d'intimité d'autrui[12]. Si pendant longtemps le sexe a été considéré comme un tabou au sein des sociétés africaines, la tendance actuelle marquée par le tout numérique, conduit à faire de lui la chose désormais la mieux partagée. Auparavant accessible par des procédés cryptés sur des sites et plateformes spécialisés, le sexe est désormais en libre accès. Autrefois consommateurs, de nombreuses personnes sont devenues des actrices de la promotion du sexe, tantôt contre leur propre gré, tantôt avec leur consentement. Ce qui ne manque pas de dépeindre sur la vie privée, dont la vie sexuelle, qui est présumée être confinée entre quatre murs.

Volens nolens, on ne peut que le constater, la vie privée « réservée » s'est muée vers une vie privée « partagée », ce qui a délité la cloison étanche entre le public et le privé. Tout se passe comme si la ligne de démarcation entre la vie publique et celle privée serait tombée en désuétude. Par un clic et une connexion internet, il est possible d'accéder librement aux données personnelles des individus. C'est le temps du numérique et avec lui, le sexe décomplexé. Cependant, il ne faut pas

---

[10] MOTA Adriana, ALEWA Dorian, BERCHT Thomas, « Le sexe fait sa transition numérique », *Médiamorphoses*, article N° 4925, Mai 2021, pp.1-2.

[11] TCHABO SONTANG Hervé Martial, « Le droit à la vie privée à l'ère des TIC au Cameroun », *op.cit,* p.3

[12] *Ibid*

oublier que la notion de vie privée est une notion essentiellement contingente, celle-ci n'ayant pas toujours la même signification en fonction des sociétés où elle est évoquée.

Francis Javier Matia-Portilla fait par exemple savoir que « ce sont les habitudes sociales et anthropologiques du peuple qui détermineront, dans chaque Etat, quelle intimité doit être préservée»[13]. Autrement dit, les mutations sociales qui se déroulent au sein d'une société peuvent contribuer à donner un contenu nouveau à l'idée de vie privée au sein de cette dernière. L'émergence en Europe du phénomène des « nudistes », en référence à ce comportement visant à exposer sa nudité dans l'espace public, comme modèle de vie, conduit bien à redéfinir les visages de la vie privée dans cette société. De ce fait, « la notion de vie privée de même que le régime de sa protection doivent épouser le contexte social dans lequel les citoyens vivent»[14].

Dans la société conservatrice et fortement traditionnelle africaine, dont camerounaise, la vie sexuelle demeure encore confinée dans ses attributs les plus fondamentaux : l'inaccessibilité. En conséquence, l'intimité sexuelle ne saurait être sujette à la divulgation ou à une quelconque intrusion d'un tiers. Pourtant, au contact du numérique, la pertinence de ce cadre traditionnel s'érode et se fissure en contexte camerounais. Le numérique, en offrant de nouvelles possibilités d'exercice des droits, a conduit à la porosité de certains droits, dont celui à la sexualité et l'intimité.

Dès lors, la problématique qui émerge est la suivante : quel est le sort réservé au droit à l'intimité sexuelle face au numérique au Cameroun? La première réponse est celle de son élargissement. Cet élargissement du droit à l'intimité sexuelle ne manque pas de fragiliser le droit à la vie privée, y compris la vie des personnes mineures ou majeures. D'un point de vue juridique, l'étude permet de mener une réflexion sur les dynamiques de protection du droit à la vie privée face aux intrusions du numérique au Cameroun. Au plan pratique, l'intérêt de l'étude réside dans son actualité.

En effet, elle est menée dans un contexte où la recrudescence des publications, *via* le numérique sur divers aspects de la vie sexuelle des individus est observée au sein de la société camerounaise. En mobilisant le syncrétisme méthodologique qui mettra en exergue les méthodes juridique et sociologique, il importera alors de démontrer que le numérique offre un terrain favorable à l'extériorisation de la vie sexuelle (I), ce qui implique de panser la vie sexuelle à l'aune du numérique (II).

I.Le numérique : lieu d'extériorisation de la vie privée sexuelle

L'outil numérique occupe une place ascendante dans la vie sexuelle des individus au Cameroun. Il a offert de nouvelles possibilités pour l'expression de

---

[13] MATIA-PORTILLA Francisco Javier, « Le droit à la protection de l'intimité », *op.cit*, p.395.

[14] TCHABO SONTANG Hervé Martial, « Le droit à la vie privée à l'ère des TIC au Cameroun », *op.cit,* p.4.

la vie sexuelle. Qu'elles soient mineures ou majeures, nombreuses sont ces personnes qui recourent volontairement au numérique pour extérioriser leur vie sexuelle (A). *A contrario* de cette ouverture volontaire, l'extériorisation de la vie sexuelle peut également résulter d'un acte involontaire (B).

A.L'extériorisation voulue de la vie sexuelle

De la vie sexuelle, l'on sait qu'elle se caractérise principalement par le consentement des parties et le secret. Toutefois, ce secret autour de la pratique sexuelle peut être déconstruit par la volonté même des personnes qui s'y livrent. Autrement dit, des individus font le choix libre et éclairé de partager publiquement leur intimité sexuelle. Le numérique sert alors de support au partage (1), ce qui entraine une intimité sexuelle galvaudée (2).

1.Le numérique : nouveau lit de la sexualité

La vie sexuelle est essentiellement un rapport mettant en exergue des personnes physiques. C'est un exercice de contact et de toucher charnel, visuel. Cette construction traditionnelle du rapport sexuel se déconstruit pourtant face au numérique. À l'évidence, *« le plaisir sexuel ne se limite plus au monde physique. Il fait désormais intervenir les technologies numériques, ou le digital, et prend une forme mixant les deux mondes »*[15]. La pratique sexuelle a évolué avec l'usage du numérique.

Elle se digitalise, se numérise, s'extériorise. On observe aujourd'hui une sexualité qui se pratique avec le concours de l'outil numérique, par le numérique en faisant intervenir une sexualité virtuelle. Si autrefois, le sexe se pratiquait avec le contact des personnes physiques, nombreuses aujourd'hui sont ces personnes qui volontairement, décident de recourir au numérique pour exercer leur vie sexuelle.

Au Cameroun, l'engouement pour le web 2.0 s'est accompagné d'une forte augmentation de la visibilité de contenus personnels, voire intimes[16]. C'est le temps du « sexting », « sextage », des « sextapes » et « sexcams ». Toutes ces locutions expriment le procédé par lequel des personnes recourent à l'usage numérique tantôt pour diffuser des photos/vidéos de leurs ébats sexuels ou parties intimes, tantôt pour pratiquer le sexe avec des personnes en ligne. Par un clic, une connexion internet, un appel vidéo, des personnes font le choix de partager leur vie ou intimité sexuelle ou encore de pratiquer le sexe par des interactions érotiques avec des personnes à distance.

Au sein de l'espace public camerounais, l'extériorisation de la vie sexuelle très tendance, a pris ses marques et concerne l'intimité des personnes mineures comme majeures. L'essor du « cybersexe » offre aux individus « plusieurs

---

[15] MOTA Adriana, ALEWA Dorian, BERCHT Thomas, « Le sexe fait sa transition numérique », *op.cit,* p.1.

[16] Les publications du CRIPS Sud, Place d'internet et du numérique dans la vie relationnelle et sexuelle des jeunes Dossier de synthèse documentaire, et bibliographique, Novembre 2017, p.10.

univers bien différents, ralliant des contenus digitaux et érotiques avec possibilité d'interaction, ceci grâce à une technologie toujours plus performante »[17]. Saisissant les opportunités offertes par ce cybersexe, des personnes de tous bords font le choix de partager volontairement, des pans de leur intimité corporelle et même de leurs pratiques sexuelles sur les réseaux sociaux, contribuant à étendre le champ de cette intimité qui devient alors publicisé. Cette exposition voulue permet à chaque individu par les solutions numériques, de jouir de manière différente de sa sexualité.

Manifestement, « les technologies de l'information et de la communication s'inscrivent dans une transformation du lit conjugal »[18]. La connectivité redessine et reconfigure la sexualité et donc, de l'intimité. La floraison des outils connectés modifie la vie sexuelle qui se trouve de ce fait enrichie par de nouvelles manières de faire, de satisfaire, d'interagir. Le numérique s'impose en conséquence comme le nouveau lit d'expression de la sexualité des individus. Il devient le nouveau terrain de jeu érotiques avec parfois des enjeux pluriels comme la recherche de notoriété et même de bashing.

2.L'intimité sexuelle galvaudée à l'ère du numérique

Récurrente au sein du cyberespace camerounais, la diffusion de l'intimité sexuelle des personnes côtoie fièrement l'usage quotidien des réseaux sociaux. Tout le monde s'y mêle, personnalités publiques ou anonymes. On se souvient encore de la diffusion des ébats sexuels d'un footballeur professionnel « Clinton Njie » en l'occurrence, par ce personnage publique sur le réseau social « snapchat» en septembre 2019.

Plus récemment, c'est l'affaire « Brigitte Christelle Biloa Atangana » en 2022 qui avait fait parler plus d'un. Cette jeune mineure, au cours du mois de janvier 2022 publia volontairement des vidéos de sa nudité sur les réseaux sociaux. Nonobstant les dénonciations formulées ici et là, elle récidiva et diffusa plus tard les vidéos et photos d'elle dans des gestes, positions et attitudes sexuelles, y compris ses ébats avec ses partenaires masculins qui se sont retrouvés exposés du fait de ces actes. La levée de bouclier qui suivra sur les réseaux sociaux obligera les autorités judiciaires à l'interpeller le 18 juillet 2022, et à la placer sous mandat de dépôt le 21 juillet 2022 à la prison de centrale de Yaoundé où elle passera 3 mois.

Ces illustrations permettent de percevoir que la technologie numérique contribue à redéfinir la vie sexuelle en la transformant. Selon certains auteurs, « la technologie numérique a permis la diffusion massive de nombreux contenus à caractère sexuel, mais elle a également offert une nouvelle forme d'anonymat, permettant à tout un chacun de revêtir d'autres personnalités, de multiplier les interactions, d'explorer mieux sa propre sexualité et d'expérimenter de nombreux

---

[17] MOTA Adriana, ALEWA Dorian, BERCHT Thomas, « Le sexe fait sa transition numérique », *op.cit,* p.1.

[18] DEMONCEAUX Sophie, «S'aimer à l'heure du numérique : la relation conjugale à l'épreuve de l'hyperconnectivité», *op.cit,* p.125.

fantasmes »[19]. Le web devient dans cette nouvelle donne, le nouveau cadre d'expression du droit à la sexualité. Ce qui ne manque pas de dépeindre sur la vie privée, qui se trouve dépouillée de sa caractéristique propre, le secret, car, « en autorisant leur publication, l'intéressé(e) en modifie la nature : il les disqualifie, leur ôte tout caractère intime »[20].

Pour la grande majorité des jeunes chez qui cette tendance est à la mode, cette ouverture de la vie sexuelle est un moyen d'affirmation, de recherche de likes, de vue, de popularités et d'appréciations de la part des profils qui les suivent. Les réseaux sociaux deviennent alors le lieu d'affirmation de leur identité, de leur autonomie et même de leur virilité par le partage instantané de leurs photos, vidéos qui dévoilent les traits de leur intimité. Par cette ouverture volontaire, les citoyens, mineurs et majeurs se livrent à la « publicisation de leur vie privée », ce qui banalise du coup leur intimité et conséquemment leur droit à la vie privée. Cette banalisation prend des proportions plus graves lorsque l'on passe d'acteur à victime de l'extériorisation de la vie sexuelle.

B.L'extériorisation subie de la vie sexuelle

Il est de notoriété publique que « le droit discrétionnaire de garder secrets les faits ou données que l'individu considère personnels et intimes a pour corollaire l'exigence de son consentement pour leur révélation et leur utilisation. L'autorisation de l'intéressé à la publication de son image ou d'éléments relatifs à sa vie privée est le moyen d'en contrôler tout usage ultérieur et de sauvegarder son intimité »[21]. L'émergence des TIC a contribué à éroder cet énoncé, pourtant séduisant. En effet, à l'opposé des personnes qui font le choix de rendre volontairement publics les aspects de leur intimité sexuelle, il se trouve des personnes qui subissent la publication de leur intimité. Autrement dit, des personnes qui voient des traits de leur intimité sexuelle être publiés sur le cyberespace sans leur consentement. Cette violation s'opère par la cybercriminalité (1), ce qui entraine une exposition des individus (2).

1.La cybercriminalité au service de la violation de l'intimité

Cette violation de l'intimité des personnes par une publication sans leur consentement, s'exerce par les actes de cybercriminalité dont le cyber harcèlement en constitue la face visible. Il s'agit d'un acte agressif et intentionnel exercé de façon répétée à l'encontre d'une victime, qui ne peut facilement se défendre seule et perpétré par un individu ou un groupe d'individus au moyen de communication électronique[22]. En d'autres termes, c'est l'acte par lequel une

---

[19] MOTA Adriana, ALEWA Dorian, BERCHT Thomas, « Le sexe fait sa transition numérique », *op.cit,* p.1.

[20] BARRE-PEPIN Martine, « Concepts et contours de l'intime en droit positif - la protection de la dignité », *op.cit*, p.17.

[21] *Ibid*, p.23.

[22] SCAULTZ Célia, *La protection du mineur à l'aune des réseaux sociaux*, Mémoire en Droit, Université Grenoble Alpes, 2020, p.24.

personne, le cybercriminel, par le piratage des supports de communications électroniques, parvient à extirper des données personnelles dont les photos et vidéos intimes, et les diffuse sans le consentement d'une victime au sein des réseaux sociaux. En général, cette publication est souvent la résultante d'un chantage non abouti en vue de récupérer des biens ou d'obtenir des exigences de la personne qui en est victime.

Apparu avec l'avènement des TIC, ce phénomène du cyber harcèlement prend plusieurs formes. Dans le cadre de la vie sexuelle, il se manifeste par « l'usurpation d'identité ». Il s'agit d'un acte qui consiste « à utiliser le pseudonyme d'une personne ou d'accéder à sa messagerie ou son profil et de se faire passer pour elle en envoyant des messages insultants à une autre personne »[23]. Cette divulgation se manifeste également par « l'outing » qui « consiste à divulguer des informations intimes ou confidentielles sur une personne»[24]. La récente publication d'une vidéo mettant en scène des pratiques sexuelles d'un haut fonctionnaire, sous-préfet en l'occurrence[25], s'inscrit d'ailleurs dans le cadre de ce type de cyber harcèlement.

Dans certains, cas, le cyber harcèlement se manifeste par le « happy slapping », pratique qui a beaucoup fait parler au milieu des années 2000 ; Il s'agit de filmer une scène de violence ou une scène intime et de diffuser la vidéo sur les réseaux sociaux sans l'autorisation de la victime[26]. L'affaire Malika Bayemi c. Martin Camus Mimb et Wilfried Eteki en 2021 illustre bien cette pratique. En effet, elle portait sur la diffusion non consentie d'une sextape, c'est-à-dire une vidéo érotique destinée à un visionnage privé, par des célébrités qui en étaient les protagonistes au détriment de l'autre protagoniste, Malika Bayemi mineure.

2. L'exposition de la vie privée des individus

La floraison du cyberharcelement a permis de saisir l'ampleur de la fragilité des mineurs face aux usages du numérique. Le développement rapide du numérique au Cameroun a malheureusement eu pour conséquence, d'exposer les enfants à des contenus et comportements choquants et illégaux qui sévissent dans le cyberespace[27], rendant nécessaire la mise sur pied d'un cadre normatif spécifique[28]. Cette exposition de l'intimité des personnes dont celle des enfants à de tels contenus semble avoir atteint son paroxysme au sein de la société camerounaise.

---

[23] *Ibid,*

[24] *Ibid.*

[25] L'affaire « Abena jean Patrick » victime annoncée d'une publication par un cybercriminel d'une vidéo le montrant nu et se livrant à des actes sexuels le 24 octobre 2023.

[26] SCAULTZ Célia, *La protection du mineur à l'aune des réseaux sociaux*, *op.cit,* p.24.

[27] WANGKARI WAIROU (Gaorang.), « Regard sur la loi n° 2023/009 du 25 juillet 2023 portant charte de protection des enfants en ligne au Cameroun », *La Revue des droits de l'homme [Online]*, Actualités Droits Libertés, 16 October 2023, pp.1-7.

[28] La loi n° 2023/009 du 25 juillet 2023 portant charte de protection des enfants en ligne au Cameroun.

Phénomène récent mais fulgurant et permanent, le cyber harcèlement s'est lancé à la conquête de la vie privée. L'activité sexuelle des individus constitue le terrain de jeu et d'infiltration préférée des cybers harceleurs qui a coût de chantage, ou pour des raisons ludiques n'hésitent pas à faire intrusion dans la vie privée des personnes, en collectant et en diffusant les traits de leur intimité sexuelle. Loin des actes de cybercriminalité, l'extériorisation de l'intimité des personnes s'exerce souvent par la capture non consentie des traits intimes de certaines personnes, au moyen de procédés violents ou dissimulés en vue de les publier au sein de l'espace public.

Si l'on admet avec François Terré que « dans une société libre, chaque individu a deux vies : sa vie publique et sa vie privée », alors l'on se rend bien compte de la frontière qui doit exister entre les deux mondes. L'un est réservé au public et l'autre à soi-même. Malheureusement, le numérique avec ses usages, habitudes et vices a contribué à rendre fissuré cette frontière entre les deux espaces. Evoluant dorénavant en milieu hostile qui est celui du numérique, la vie sexuelle, chasse gardée du droit à l'intimité, se trouve partagée et donc accessible par tous.

Manifestement, on ne peut que partager l'idée selon laquelle « les frontières de l'intime ont bougé avec les nouvelles pratiques largement déterminées par l'évolution des technologies de l'information et de la communication »[29]. Malmené, désacralisé, violé, extériorisé, le droit à la vie privée sexuelle est aujourd'hui vidé de sa substance à l'aune du numérique, toute chose qui rend nécessaire son pansement.

II.Le confinement des pratiques sexuelles dans le ressort de la vie privée

Selon l'article 41 de la loi n°2010/012 du 21 décembre 2010 relative à la cyber sécurité et la cybercriminalité au Cameroun, « toute personne a droit au respect de sa vie privée ». Cette disposition sonne comme un rappel, celui de la sacralité de la vie privée. En ce sens, celle-ci doit être protégée. Face aux usages du numérique, le droit à la vie privée a été confiné à l'espace privé au plan pénal (A) et sa sauvegarde administrative organisée (B).

A.La pénalisation des atteintes à la vie privée

Il ne serait pas superfétatoire de relever que le numérique a pris ses aises dans notre société et dans divers aspects de notre quotidien, contribuant à offrir des solutions nouvelles[30]. Malgré son caractère mélioratif, son usage non maitrisé a engendré des risques pour la vie privée, tant celle-ci s'est trouvée fragilisée. Le numérique menaçant un droit, celui à la vie privée, il revenait au dispositif juridique de sonner le glas de cette immixtion et intrusion récurrente au sein d'un espace « privé », afin de panser une intimité malmenée au sein de la société

[29] BARRE-PEPIN Martine, « Concepts et contours de l'intime en droit positif - la protection de la dignité », *op.cit,* p.25.
[30] Lire en ce sens BEVIERE-BOYER Bénédicte, DIBIE Dorothée, (Dir.), *Numérique, droit et société,* Paris, Dalloz, 2022, 350 p.

camerounaise. Le pansement de la vie privée en droit camerounais a été organisé par une criminalisation à double détente. D'une part, une criminalisation des actes portant atteinte à la vie privée avec des incidences sur l'ordre public (1), et d'autre part une criminalisation des infractions portant atteinte à la vie privée des enfants (2).

1.La criminalisation en vue de la protection de l'ordre public

La criminalisation des actes portant atteinte à la vie privée avec des incidences sur l'ordre public, a été la première réaction du législateur face aux dérives sexuelles observées sur les réseaux sociaux. Cette pénalisation a pour principale conséquence de mettre en œuvre la responsabilité des personnes qui se livreraient à de tels actes. De manière concrète, il s'agit de restreindre la liberté d'expression des individus, afin que ceux-ci ne divulguent guère, même volontairement au sein de l'espace public, des pans soit de leur intimité sexuelle, soit celle des autres. Comme il a été précédemment relevé, il arrive que des personnes consentent librement la divulgation de leur vie sexuelle sur les réseaux sociaux, ceci *à priori* au nom de la liberté d'expression dont elles sont détentrices.

En faisant le choix d'exposer ainsi leur vie privée au sein de l'espace public, elles se livrent à ce qui s'apparente à une violation de la morale publique, car au sein de la société traditionnelle africaine, dont celle camerounaise, la publication des images et vidéos intimes relève de l'indécence, et est de nature à choquer la sensibilité des uns et autres. Fortement conservatrice, la société camerounaise, *a contrario* de celle européenne ou occidentale, rechigne encore à faire de la sexualité un sujet de partage public, ce qui de toute évidence peut se comprendre, le sexe étant une activité qui par essence est empreinte de « secret ». Le droit intervient alors pour restreindre la liberté des personnes en veillant à ce que leur liberté ne porte pas atteinte à celle des autres.

La publication sur l'espace public des traits de l'intimité est incriminée par le législateur. Ces infractions sont constituées de l'outrage public à la pudeur[31], de l'outrage public aux mœurs[32], des publications obscènes[33]. Ces infractions sont pour la plupart sanctionnées par des peines d'emprisonnement allant respectivement de 15 jours à deux (2) ans, et de 1 mois à deux ans. L'ordre public étant constitué dans un de ses versants de la moralité publique, le législateur fait ainsi le choix de protéger les sensibilités publiques face aux pratiques privées qui pourraient se retrouver diffuser *via* les TIC. Le message ici est de protéger d'une part la vie privée en la contenant dans son espace privé, mais aussi de protéger la morale publique en l'éloignant de l'intimité des uns et des autres, car que serait une société sans pudeur et sans valeur ?

---

[31] Art.263 du code pénal
[32] Art.264
[33] Art.265

2.La criminalisation en vue de protéger la vie privée des enfants

Le législateur a également pénalisé les infractions commises contre la vie privée des enfants. Face aux usages pervers du numérique mettant à mal l'équilibre des enfants, la nécessité d'un cadre juridique adapté s'est imposé afin de mieux protéger la vie privée de ceux-ci, par une densification du cadre institutionnel et juridique. C'est dans ce sillage que le législateur a institué la loi n° 2023/009 du 25 juillet 2023 portant charte de protection des enfants en ligne au Cameroun, afin de protéger les enfants contre les usages pervers générés par le numérique.

Les infractions retenues par le législateur sont de divers ordres. Sans être exhaustif, il s'agit des infractions telles que la pornographie enfantine et consommation de pornographie enfantine, la pédophilie, les propositions sexuelles à un enfant, le cyber harcèlement, l'exploitation sexuelle des enfants, l'abus sexuel sur les enfants, la violation du droit à la vie privée de l'enfant, l'exposition des enfants à des contenus inappropriés ou encore l'outrage à la pudeur. Des peines d'emprisonnement et amendes sont prévues à l'encontre des personnes qui se livrent à de telles pratiques par les articles 33-46 de ladite loi. Soit 13 articles, ce qui démontre de la volonté du législateur de protéger la vie privée des enfants, notamment leur intimité sexuelle.

Outre ce dispositif, le législateur par la loi sur la cybercriminalité a davantage renforcé le cadre normatif de protection de la vie publique face aux usages malveillants des réseaux sociaux. En considération du fait que toute personne a droit au respect de sa vie privée, les juges pour assurer cette sauvegarde sont habiletés à prendre les mesures conservatoires, notamment le séquestre et la saisie pour empêcher ou faire cesser une atteinte à la vie privée[34].

Ensuite, le législateur incrimine et sanctionne par des peines d'emprisonnement ainsi que des amendes, tout acte portant atteinte à l'intimité de la vie privée d'autrui en fixant, enregistrant ou transmettant, sans le consentement de leur auteur, les données électroniques ayant un caractère privé ou confidentiel ; La collecte par des moyens illicites, des données nominatives d'une personne en vue de porter atteinte à son intimité et à sa considération[20] ; L'enregistrement et la diffusion à but lucratif, par la voie de communications électroniques ou d'un système d'information sans le consentement de l'intéressé, des images portant atteinte à l'intégrité corporelle[35].

Cette densité de l'incrimination des infractions notamment au plan pénal traduit une tendance, celle d'une vie privée à préserver face aux assauts bouleversants et déstabilisants du numérique. *Volens nolens*, celui-ci côtoie nos mœurs et il influe sur celles-ci, y compris la vie sexuelle, chasse gardée de l'intimité. Ce pansement normatif de la vie privée, par la variété des dispositions applicables est également assuré par la riposte administrative.

---

[34] Art.41 de la loi n°2010/012 du 21 décembre 2010 relative à la cyber sécurité et la cybercriminalité au Cameroun [20] Art.74 de la loi n°2010/012 du 21 décembre 2010.

[35] Art.75 de la loi n°2010/012 du 21 décembre 2010.

B. La sauvegarde administrative de la vie privée

L'espace cybernétique de par ses travers et ses vices a rendu nécessaire et obligatoire son encadrement. Le développement rapide des TIC au Cameroun a modifié les habitudes des citoyens, qui n'étaient pas toujours préparés à faire face au côté obscur du numérique. Pour rattraper ce retard manifestement consommé face au numérique, le Gouvernement a organisé la riposte administrative, bien conscient que « l'utilisateur ne pouvant seul assurer le respect de sa vie privée dans l'environnement électronique »[36]. Dans cette dynamique, il a été impérieux de mettre sur pied un organe neutre, impartial, vigilant et suffisamment efficace, pour encadrer les rapports entre les différentes parties prenantes, c'est le sens de l'institutionnalisation de la riposte (1), dont le bien-fondé sur la moralité publique est observé (2).

1.La riposte administrative instituée

Cet encadrement s'est acté par la régulation du secteur numérique et des communications électroniques. Pour ce faire, l'Etat a mis sur pied l'Agence Nationale des Technologies de l'Information et de la Communication « ANTIC », qui est chargée de la régulation des activités de sécurité électronique en collaboration avec l'Agence de Régulation des Télécommunications.

Elle assure au nom et pour le compte de l'Etat, la régulation, le contrôle et le suivi des activités liées à la sécurité des systèmes d'information et des réseaux de communications électroniques, et à la certification électronique[37]. Bras armé de l'Etat dans la veille cybernétique, l'ANTIC, au-delà des activités de sécurité et de certification électronique qu'elle exerce auprès de fournisseurs d'accès, joue un rôle majeur dans la protection des données personnelles des individus et la protection de leur vie privée. L'article 5 du Décret du 10 avril 2012 qui organise son fonctionnement, précise qu'elle a pour mission « de veiller, dans l'usage des TIC, au respect de l'éthique, ainsi qu'à la protection de la propriété intellectuelle, des consommateurs, des bonnes mœurs et de la vie privée ».

En ce sens, les agents habilités de l'Agence peuvent mener des investigations, procéder à des perquisitions lorsque des infractions cybercriminelles sont dénoncées par des individus qui seraient des victimes des cybercriminels, afin de les traduire devant les instances judiciaires. Les activités cybernétiques étant de nature immatérielle et susceptible d'être commises à n'importe quel lieu géographique, l'apport de l'agence se révèle d'une importance substantielle. En effet, elle concourt à travers l'expertise de ses agents à la recherche des auteurs des infractions cybercriminelles, là où des officiers de police judiciaire traditionnels ne sont pas toujours les mieux outillés, compte tenu de la technicité des questions en cause. En cela, ils constituent des officiers de police judiciaire spéciaux.

---

[36] TCHABO SONTANG Hervé Martial, « Le droit à la vie privée à l'ère des TIC au Cameroun », *op.cit,* p.10.

[37] Art.7 al.2 de la loi la loi n°2010/012 du 21 décembre 2010

Autrement dit, toute personne qui s'estime victime d'une violation de ses données personnelles, d'une atteinte à sa vie privée ou d'un chantage cybernétique peut légitimement saisir l'agence, qui se chargera de traquer les auteurs desdites infractions. Dans certains cas, notamment en matière de protection cybernétique des enfants, l'agence est habilitée à prendre des sanctions administratives de nature pécuniaires (1 à 10 millions de francs) à l'endroit des opérateurs. Celle-ci est prise après une mise en demeure de 15 jours demeurée infructueuse à l'endroit des opérateurs, en cas de manquement de leurs obligatoires et qui n'ont pas daigné s'exécuter, pour faire cesser les violations exercées en ligne à l'encontre des enfants[38].

2.La sauvegarde de la moralité publique observée

Cette répression administrative se présente comme un moyen de sauvegarde de la moralité publique mais aussi de l'image des personnes. Spécifiquement à la moralité publique, il est à souligner que celle-ci se définie suivant la société dans laquelle elle se déploie. Autant chaque société a son droit, autant chaque société a également sa morale, ses valeurs. De ce fait, si l'exhibition volontaire de sa nudité d'un point de vue vestimentaire parait être la « norme » au sein de certaines sociétés occidentales, d'où le phénomène des « nudistes », la société africaine dont camerounaise, se vit et se décrit à partir d'autres valeurs, dont celle du respect de la pudeur.

En conséquence, il devient alors impérieux de préserver cette pudeur propre à cette société, face aux assauts répétés des « modèles occidentaux » véhiculés par le numérique. L'exercice de la liberté des uns, y compris sexuelle, doit tenir compte des sensibilités des autres, c'est d'ailleurs le sens même de la maxime « la liberté des uns s'arrête là où commence celle des autres ». D'un point de vue personnel, la personnalité juridique dont bénéficie la personne lui octroie un droit à l'image qui doit pouvoir être protégée contre toute forme d'intrusion et de violation. Le droit à l'image, patrimoine de l'individu fait partie de ce qui le constitue, le définit. Cette image, susceptible de générer des revenus marketings et commerciaux importants est donc devenue une valeur marchande qui peut croitre et décroître, d'où la nécessité d'en prendre soin et de la préserver, au risque d'en perdre de la valeur et de subir le regard parfois dégradant des autres et de vivre avec cette marque indélébile.

CONCLUSION :

Le numérique est-il le nouveau lieu d'expression de la sexualité des individus ? Telle est la question qui se dessine aux termes de cette réflexion. De manière péremptoire, l'on sera tenté de répondre que le rapport sexuel est une activité relevant de la vie privée. Cette affirmation semble relever de la lapalissade. Le sexe de par sa nature fait partie du domaine réservé à l'intimité, au

[38] Article 27 de la loi n° 2023/009 du 25 juillet 2023

sacré, à l'inaccessible, à soi-même. Pourtant, cette évidence se déconstruit à l'aune du numérique. Admettons-le, le rapport sexuel face à l'avènement des TIC et du numérique s'est ouvert vers le monde. Il se publicise, s'extériorise. Autrement dit, le numérique modifie le droit à la vie privée en l'exposant. Ce déconfinement de la face cachée de l'intimité est en contexte camerounais d'abord voulu, car les individus se livrent volontairement à la diffusion sur le cyberespace de leurs ébats sexuels, suscitant joies et désarrois des « consommateurs ».

Le déconfinement est ensuite subi. Dans ce cas, ce sont les cybercriminels qui prennent le pas en collectant, et diffusant parfois au moyen des chantages des données personnelles des individus, dont des données à caractère sexuel. Dans cette mouvance, le droit à l'intimité se trouve poreux, désacralisé. Les pouvoirs publics ont pris l'ampleur de la situation et organisent tant bien que mal la riposte. Cette dernière est d'abord judiciaire, avec des incriminations dont la violation est sanctionnée par le juge pénal.

La sauvegarde est ensuite administrative, par la mise sur pied d'institutions spécialisées, chargées de réguler l'usage du cyberespace, de traquer les cybercriminels et d'infliger des sanctions administratives auprès des fournisseurs d'accès ne respectant pas leurs obligations. Si le numérique est porteur de nouvelles habitudes, il contribue à donner une orientation nouvelle à la vie privée qui plus que jamais, doit être protégée, tant le respect de celle-ci et de la morale publique sont des marqueurs de l'équilibre, d'abord de l'individu ensuit de toute société démocratique.

TABLE DES MATIERES

Sylvie NGAMALEU DJUIKO
Chargée de cours/Maître-assistant
Département de Droit Privé Fondamental
Membre du Laboratoire d'études et de recherches en droit des affaires
Université de Yaoundé II (Cameroun)

Coretha H. Achécilè GOUMISSI
Docteure en droit privé de l'Université d'Abomey-calavi (UAC/Bénin)

Structures éditoriales du groupe L'Harmattan

L'Harmattan Italie
Via degli Artisti, 15
10124 Torino
harmattan.italia@gmail.com

L'Harmattan Hongrie
Kossuth l. u. 14-16.
1053 Budapest
harmattan@harmattan.hu

L'Harmattan Sénégal
10 VDN SICAP AMITIE 3
BP 45034 Dakar-Fann
direction@senharmattan.com

L'Harmattan Cameroun
Tsinga/Derrière polyclinique FECAFOOT
BP 11486 Yaoundé
Jacques.koukam@harmattan.fr

L'Harmattan Burkina Faso
Villa 281, secteur 23 623, rue 14.32
Ouagadougou
zagbie@outlook.fr

L'Harmattan Guinée
Almamya, rue KA 028 OKB Agency
BP 3470 Conakry
harmattanguinee@yahoo.fr

L'Harmattan RDC
185, avenue Nyangwe
Commune de Lingwala – Kinshasa
matangilamusadila@yahoo.fr

L'Harmattan Congo
219, avenue Nelson Mandela
BP 2874 Brazzaville
deunovmikhael@gmail.com

L'Harmattan Mali
Immeuble Mgr Jean Marie Cissé
Aci Hamadallaye
BP 145 Bamako
syllaka@yahoo.fr

L'Harmattan Togo
Djidjole – Maison Amela
face EPP BATOME
02 BP 20680 Lomé
didieramela11@gmail.com

L'Harmattan Côte d'Ivoire
Résidence Karl – Cité des Arts
Abidjan-Cocody
03 BP 1588 Abidjan
harmattan.ivoire@gmail.com

L'Harmattan Bénin
Rue 604, (Immeuble à l'entrée
de la rue UCAO- Cite de Saint-Jean)
Cotonou
stepcorpus@gmail.com

Nos librairies en France

Librairie internationale
16, rue des Écoles
75005 Paris
librairie.internationale@harmattan.fr
01 40 46 79 11
www.librairieharmattan.com

Librairie des savoirs
21, rue des Écoles
75005 Paris
librairie.sh@harmattan.fr
01 46 34 13 71
www.librairieharmattansh.com

www.ingramcontent.com/pod-product-compliance
Lightning Source LLC
LaVergne TN
LVHW011217061026
849535LV00001BA/66
* 9 7 8 2 3 3 6 5 6 4 7 3 9 *

www.ingramcontent.com/pod-product-compliance
Lightning Source LLC
LaVergne TN
LVHW011157061026
849535LV00003B/765